国際課税の研究

租税法論集 IV

中里 実 著

Collected articles
and
essays on tax law

有斐閣

はしがき

　私がこれまで発表してきた論文を整理・分類した，この「租税法論集」全4巻においては，様々な論文をおおまかに6つの編に分けて，それらを以下の各巻に収録した。

　　第1編　法人税　　　　第1巻「法人税の研究」　既刊，2021年
　　第2編　所得税　　　　第2巻「所得税の研究」　既刊，2022年
　　第3編　基礎理論　　　第3巻「課税理論の研究」既刊，2023年
　　第4編　政策税制　　　　　　　〃
　　第5編　課税管轄権　　第4巻「国際課税の研究」（本巻）
　　第6編　移転価格課税　　　　　〃

　これらのうち，この第4巻「国際課税の研究」は，以下のように，上記第5編の「課税管轄権」に関する諸論文と第6編の「移転価格課税」に関する諸論文を収録したものである。

第5編　課税管轄権

　第5編「課税管轄権」は，国家や地方団体の課税管轄権について扱うもので，第1部「国際課税総論」と，第2部「地方税」の，二つの部からなっている。

　まず，第1部「国際課税総論」は，国際租税法における理論的検討を行ったもので，幅広いテーマを扱った14本の論文からなる。

　　Ⅰ「国際租税訴訟概論」
　　Ⅱ「租税訴訟に有用な理論的フレームワーク」
　　Ⅲ「最近の国際課税制度の流れ」

　これらの三つの論文は，主に，国際租税法とそれに関する訴訟の概観について述べたものである。

　　Ⅳ「タックスヘイブン対策税制と子会社の赤字」
　　Ⅴ「タックス・ヘイブン対策税制改正の必要性」

これらの二つの論文は，制定以来やや古いものとなった日本のタックスヘイブン対策税制について，早急に改正すべきと考えられる点について分析を加えたものである。

Ⅵ「課税管轄権からの離脱をはかる行為について」
Ⅶ「外国子会社配当益金不算入制度導入の影響」
Ⅷ「国際通信と課税」
Ⅸ「中間持株会社について」
Ⅹ「国内支店への海外本店からの資産の持ち込み」

これら五つの論文は，その時々に現実に生じた国際租税法におけるかなり技術的な問題について，やや詳細な理論的分析を加えたものである。

Ⅺ「BEPSプロジェクトはどこまで実現されるか」

この論文は，最近，急速な変化・進展の見られるOECDのBEPSプロジェクトについて，その基本的な限界及び問題点を扱ったものである。

Ⅻ「付加価値税と国際取引」
ⅩⅢ「税制改革と貿易収支」

これら二つの論文は，35年以上前に考えていた論点について，若い頃の私があれこれと議論した，とても懐かしいものである。

ⅩⅣ「タックスヘイブン対策税制」

この論文は，タックスヘイブン対策税制と租税条約の関係をめぐるグラクソ事件について，(当時の日本においてほとんど知られていなかった)フランス国務院の判決において示された理論を基礎に，理論的に詳しい検討を加えたものである。

次の第2部「地方税」は，地方税について，主に，課税管轄権という視点から論ずるもので，以下の6本の論文からなる。地方税については，国と地方の税収や課税権の対立というかたちで，あたかもすべての地方団体が「地方」という単一の存在であるかのような議論がなされがちである。しかし，この第2

部においては，それぞれの地方団体が独自に課税権を有するという基本的な立場に立った議論を展開している。すなわち，そこにおける論文は，地方税の問題を，国と地方の税収や課税権の配分という通常の視点から論ずるのではなく，それぞれが課税権を有するところの国と地方団体の課税管轄権の衝突，地方団体と地方団体の課税管轄権の衝突，日本の地方団体と外国の国家・地方団体の間の課税管轄権の衝突といった視点から分析を行うという基本的な立場から執筆されたものである。

Ⅰ「地方税の管轄権と地域間調整」
Ⅱ「地方税条例の効力の地域的限界」
Ⅲ「固定資産税の負担状況について」
Ⅳ「地方税における企業課税」
Ⅴ「これからの法定外税のあり方」
Ⅵ「間接税と地方税」

第6編　移転価格課税

第6編「移転価格課税」は，文字通り，移転価格税制について，その導入された昭和61年（＝1986年）当時から最近に至るまでの諸問題について多角的に扱うもので，四つの部からなっている。

まず，第1部「背景」は，国際租税法に関する議論の導入部であり，以下の三つの論文で構成されている。

Ⅰ「国際取引への課税」
Ⅱ「日米租税摩擦と対抗立法」
Ⅲ「移転価格税制」

次に，第2部「利益の計算」は，移転価格課税における利益の計算方法に関する技術的な論点についての議論に関する，以下の三つの論文からなる。

Ⅰ「OECDモデル租税条約7条における利益の計算方法について」
Ⅱ「グローバル・トレーディングにおける利益の配分」
Ⅲ「ベリー・レイショに関する覚え書」

また，第3部「経済理論」は，アメリカにおいて発展させられた移転価格課税における経済理論の利用について理論的に分析を加えた，以下の四つの論文で構成されている。
　　Ⅰ「国際課税におけるリスクの取扱い」
　　Ⅱ「移転価格課税における無形資産の扱い」
　　Ⅲ「移転価格課税と経済理論」
　　Ⅳ「適正価格規制の調和に関する諸問題」

　そして，第4部「手続」は，国際租税法における種々の手続について議論した，以下の四つの論文からなっている。
　　Ⅰ「ヨーロッパにおける租税情報の国際的な交換」
　　Ⅱ「移転価格課税に関連する付随的問題点──フランスにおける状況を中心に」
　　Ⅲ「相互協議における合意と国内法との調整」
　　Ⅳ「国際的租税回避否認規定によりもたらされる国内的二重課税」

　この第4巻には，執筆時期のかなり古い論文も含まれるが，変化の激しい国際租税法の世界におけるその時々の議論を跡づける際に意味もあるのではないかと思い，可能な限り多くのものを収録することとした。

　なお，私は，単著の研究書としては，これまでに，以下のものを発表してきたが，この「租税法論集」においては，これらの研究書に掲載されている論文は含まれていない点に留意されたい。
　　「国際取引と課税──課税権の配分と国際的租税回避」（有斐閣，1994年）
　　「金融取引と課税──金融革命下の租税法」（有斐閣，1998年）
　　「タックスシェルター」（有斐閣，2002年）
　　「財政と金融の法的構造（有斐閣，2018年）
　この「租税法論集」全4巻は，これらと一体をなす論文集である。
　　　令和6年10月

中　里　　　実

目　次

第 5 編　課税管轄権

第 1 部　国際課税総論 ―― 3

Ⅰ　国際租税訴訟概論 …… 4
　　一　はじめに …… 4
　　二　納税者と課税庁の前に立ちはだかる国際法 …… 4
　　三　国際的課税問題の諸段階 …… 6
　　四　国際租税訴訟 …… 8

Ⅱ　租税訴訟に有用な理論的フレームワーク …… 15
　　一　はじめに …… 15
　　二　国際課税で裁判が起こるのは，租税法総論との関係においてである …… 17
　　三　基本的な方針 …… 23
　　四　第三者的に見た的確な裁判対応・問題のある裁判対応 …… 25
　　五　最後に …… 27

Ⅲ　最近の国際課税制度の流れ …… 28
　　一　はじめに …… 28
　　二　国際課税制度に注目が集まる背景 …… 28
　　三　政府税制調査会で議論されている三つのテーマ …… 30
　　四　その他の実務的に重要な論点 …… 31
　　五　国際取引に係る租税回避否認規定について …… 32
　　六　おわりに …… 34

Ⅳ　タックスヘイブン対策税制と子会社の赤字 …… 35
　　一　はじめに …… 35

二　タックスヘイブン対策税制の本質 …………………………………… 37
　　三　タックスヘイブン対策税制という政策税制の目的的解釈 ……… 39
　　四　タックスヘイブン対策税制における租税回避否認と事実認定 … 44
　　五　双輝汽船事件最高裁判決 ……………………………………………… 46
　　六　結　　論 ………………………………………………………………… 47

Ⅴ　タックス・ヘイブン対策税制改正の必要性 ……………………… 49
　　一　はじめに ………………………………………………………………… 49
　　二　本格的整備の必要な日本のタックス・ヘイブン対策税制 ……… 50
　　三　タックス・ヘイブン対策税制の性質に関する考え方 …………… 55
　　四　成立経緯から見たタックス・ヘイブン対策税制の位置付け …… 59
　　五　国際的租税回避否認立法の法的性格と解釈 ……………………… 62
　　六　タックス・ヘイブン対策税制による国内的二重課税の惹起 …… 67
　　七　まとめ …………………………………………………………………… 81

Ⅵ　課税管轄権からの離脱をはかる行為について ………………… 83
　　一　はじめに ………………………………………………………………… 83
　　二　課税管轄権 ……………………………………………………………… 84
　　三　居住地の移転 …………………………………………………………… 89
　　四　非居住者・外国法人に対する課税
　　　　──国外源泉所得に課税できるか ……………………………………… 109
　　五　資産や取引の海外移転──インバージョン ……………………… 120
　　六　まとめ …………………………………………………………………… 125

Ⅶ　外国子会社配当益金不算入制度導入の影響 ………………… 127
　　一　はじめに ………………………………………………………………… 127
　　二　配当後の移転価格課税 ………………………………………………… 130
　　三　外国子会社からの受取配当益金不算入制度の導入 ……………… 141
　　四　租税回避が存在しない場合の租税回避否認規定の適用の可否 … 146

Ⅷ 国際通信と課税 ………………………………………………… 149
　一　はじめに ……………………………………………………… 149
　二　国際通信と源泉徴収所得税 ………………………………… 150
　三　国際通信と法人税 …………………………………………… 153
　四　国際通信と付加価値税 ……………………………………… 155
　五　国際通信に関する課税の将来 ……………………………… 156

Ⅸ 中間持株会社について ………………………………………… 159
　一　はじめに ……………………………………………………… 159
　二　本稿で論じる問題について ………………………………… 160
　三　第一の論点──法人の利用 ………………………………… 161
　四　第二の論点──中間持株会社の利用 ……………………… 165
　五　第三の論点
　　　──中間持株会社の資本・負債比率決定と源泉徴収所得税 ……… 171
　六　結　論 ………………………………………………………… 174

Ⅹ 国内支店への海外本店からの資産の持ち込み ……………… 176
　一　はじめに ……………………………………………………… 176
　二　国内事業所得と国内資産所得の関係 ……………………… 176
　三　国内支店への海外本店からの資産の持ち込みと国内源泉所得 … 180
　四　ソース・ルールにおける国内事業所得と独立企業原則 …… 186
　五　国内事業所得に関する法人税法142条の「準」ずる計算 …… 188
　六　おわりに ……………………………………………………… 191

Ⅺ BEPSプロジェクトはどこまで実現されるか ………………… 192
　一　はじめに ……………………………………………………… 192
　二　国家主権の縛り ……………………………………………… 193
　三　国際的経済秩序の縛り ……………………………………… 194
　四　文化団体等の存在 …………………………………………… 196

五　BEPSプロジェクトは国際的な課税逃れ対策として有効か …… 197
　　　六　まとめ ……………………………………………………………… 199

XII　付加価値税と国際取引 ……………………………………………… 201
　　　一　はじめに …………………………………………………………… 201
　　　二　国際取引に関する付加価値税課税の原則
　　　　　——生産地主義と消費地主義 ………………………………… 201
　　　三　課税取引（les opérations imposables）の範囲
　　　　　——国内課税主義（territorialité）……………………………… 204
　　　四　国境における調整と貿易摩擦 …………………………………… 207
　　　五　国際的租税回避に対する対抗措置 ……………………………… 209
　　　六　おわりに …………………………………………………………… 210

XIII　税制改革と貿易収支 ………………………………………………… 212
　　　一　はじめに …………………………………………………………… 212
　　　二　日本の租税制度が経済に及ぼした影響 ………………………… 213
　　　三　利子所得非課税制度の廃止 ……………………………………… 214
　　　四　新型の間接税の導入 ……………………………………………… 216
　　　五　日本社会の変化 …………………………………………………… 218

XIV　タックスヘイブン対策税制 ………………………………………… 221
　　　一　はじめに …………………………………………………………… 221
　　　二　タックスヘイブン対策税制と租税条約の関係 ………………… 221

第2部　地　方　税 ——————————————————— 235

I　地方税の管轄権と地域間調整 ………………………………………… 236
　　　一　はじめに …………………………………………………………… 236
　　　二　国と地方，地方と地方 …………………………………………… 236
　　　三　地方団体の課税管轄権 …………………………………………… 237
　　　四　地方の疲弊 ………………………………………………………… 238

五　地方団体の財政破綻 ……………………………………… 240
　　六　放棄される土地 …………………………………………… 241
　　七　将来への展望 ……………………………………………… 242
Ⅱ　地方税条例の効力の地域的限界 ………………………………… 243
　　一　はじめに …………………………………………………… 243
　　二　国際課税における国家の課税管轄権 …………………… 246
　　三　条例の管轄権 ……………………………………………… 247
　　四　条例の法令審査 …………………………………………… 251
Ⅲ　固定資産税の負担状況について ………………………………… 253
　　一　固定資産税の法人における負担と個人における負担について … 254
　　二　個人については所得に対する逆進性があり得ると考えられるが，この関連とその是非について ……………………… 259
　　三　事業者において固定資産税が損金又は必要経費に算入される根拠とその意義について ……………………………… 262
Ⅳ　地方税における企業課税 ………………………………………… 264
　　一　はじめに …………………………………………………… 264
　　二　地方税と国際課税 ………………………………………… 266
　　三　課税管轄権衝突の解消 …………………………………… 274
　　四　地方税と企業課税 ………………………………………… 277
Ⅴ　これからの法定外税のあり方 …………………………………… 283
　　一　疑義ある課税自主権行使の出現 ………………………… 283
　　二　新税の具体例 ……………………………………………… 284
　　三　臨時特例企業税 …………………………………………… 285
　　四　三重県の産業廃棄物処理税 ……………………………… 287
　　五　まとめ ……………………………………………………… 289

Ⅵ　間接税と地方税 …………………………………………………… 292
　　一　はじめに ……………………………………………………… 292
　　二　地方税制改革を考える際の法的制約条件 ………………… 294
　　三　間接税と地方税 ……………………………………………… 296
　　四　地方消費税 …………………………………………………… 298

第6編　移転価格課税

第1部　背　　景 ─────────────────── 303

Ⅰ　国際取引への課税 ………………………………………………… 304
　第1章　所得税・法人税と国際取引 ……………………………… 304
　　一　はじめに ……………………………………………………… 304
　　二　外国法人課税 ………………………………………………… 304
　　三　内国法人の国際的二重課税排除 …………………………… 307
　　四　租税条約 ……………………………………………………… 309
　　五　国際租税法をめぐる利害対立 ……………………………… 310
　第2章　国際的租税回避 …………………………………………… 311
　　一　国際的租税回避の諸類型 …………………………………… 311
　　二　移転価格の現状 ……………………………………………… 313
　第3章　国際通信と課税 …………………………………………… 324
　　一　はじめに ……………………………………………………… 324
　　二　国際通信と源泉徴収所得税 ………………………………… 325
　　三　国際通信と法人税 …………………………………………… 328
　　四　国際通信と付加価値税 ……………………………………… 330
　　五　国際通信に関する課税の将来 ……………………………… 332

II 日米租税摩擦と対抗立法 …………………………………………… 334
- 一 「国際租税法上の諸問題」について ………………………………… 334
- 二 日米租税摩擦 ………………………………………………………… 336
- 三 対抗立法 ……………………………………………………………… 338

III 移転価格税制 ……………………………………………………… 342
- 一 はじめに ……………………………………………………………… 342
- 二 企業内取引と市場取引の選択に関する課税の中立性 …………… 343
- 三 実質的企業内取引＝形式的市場取引に関する課税方式 ………… 345
- 四 価格か, 利益か ……………………………………………………… 347
- 五 移転価格税制の今後 ………………………………………………… 350

第2部 利益の計算 ─────────────────────────── 353

I OECDモデル租税条約7条における利益の計算方法について ………………………………………………… 354
- 一 はじめに ……………………………………………………………… 354
- 二 歴史的検討 …………………………………………………………… 356
  - 1 国内法 …………………………………………………………… 356
  - 2 条 約 …………………………………………………………… 357
- 三 比較法的検討 ………………………………………………………… 362
  - 1 アメリカ ………………………………………………………… 362
  - 2 ドイツ国内法 …………………………………………………… 366
  - 3 フランス国内法 ………………………………………………… 368
- 四 理論的研究の紹介 …………………………………………………… 368
  - 1 クラウス・フォーゲルのコンメンタール …………………… 368
  - 2 ヘルムート・ベッカーの考え方 ……………………………… 387
  - 3 フウバート・ビーアラーの考え方 …………………………… 394
  - 4 ケイス・ウァン・ラートの考え方 …………………………… 397

	五	理論的検討 …………………………………………………… 401
	六	まとめ ……………………………………………………… 406

Ⅱ　グローバル・トレーディングにおける利益の配分 ………… 408

　一　はじめに …………………………………………………… 408
　二　市場と企業──管理会計の役割 ………………………… 409
　三　問題の列挙 ………………………………………………… 411
　四　租税条約上の考慮
　　　──本支店間の利益配分と，親子会社間の利益配分 …… 414
　五　金融取引の事業所得課税上の扱い ……………………… 422

Ⅲ　ベリー・レイショに関する覚え書 ………………………… 433

　一　はじめに …………………………………………………… 433
　二　アメリカ内国歳入庁の公式文書における
　　　ベリー・レイショの位置付け ……………………………… 434
　三　財務省の移転価格白書における議論 …………………… 439
　四　アメリカの裁判例 ………………………………………… 445
　五　ベリー・レイショに関する多少の理論的検討 ………… 449
　六　データの質および入手可能性 …………………………… 459
　七　まとめ──複数の方法を同時に適用してみる意味 …… 468

第3部　経 済 理 論 ──────────── 473

Ⅰ　国際課税におけるリスクの取扱い ………………………… 474

　一　はじめに …………………………………………………… 474
　二　リスクの分類 ……………………………………………… 479
　三　移転価格課税・PE課税とリスク ………………………… 483
　四　国際金融取引とリスク …………………………………… 490
　五　まとめ ……………………………………………………… 496

Ⅱ	移転価格課税における無形資産の扱い ………………………	497
	一 はじめに──移転価格課税分析の前提としての経済理論 …………	497
	二 移転価格税制の分析における経済理論の応用 ………………………	499
	三 無形資産の意義 …………………………………………………………	502
	四 経営指導と無形資産 ……………………………………………………	506
	五 残余利益分割法と重要な無形資産 ……………………………………	520
	六 シークレット・コンパラブルについて ……………………………	526
	七 まとめ ……………………………………………………………………	531
Ⅲ	移転価格課税と経済理論 …………………………………………	532
	──実務における経済理論の利用可能性──	
	一 はじめに──移転価格課税における経済理論 ………………………	532
	二 経済分析前史 ……………………………………………………………	533
	三 移転価格税制 ……………………………………………………………	535
	四 経済理論の応用	
	──移転価格問題の発生メカニズムと取引費用経済学 …………	537
	五 arm's length price の算定をめぐるファイナンス理論の活用 ……	540
	六 移転価格課税における無形資産 ………………………………………	544
	七 まとめ ……………………………………………………………………	550
Ⅳ	管理会計は統一的な基準を提供しうるか ………………………	551
	本研究の意義 …………………………………………………………………	551
	管理会計は，統一的な基準を提供しうるか ………………………………	554
	一 はじめに …………………………………………………………………	554
	二 管理会計の概要 …………………………………………………………	555
	三 統一的な評価方法の可能性 ……………………………………………	560
	まとめ──価格を媒介とした規制の意味 ………………………………	563

第4部 手　続 ————————————————— 565

Ⅰ　ヨーロッパにおける租税情報の国際的な交換 ……… 566
一　はじめに ……………………………………………………… 566
二　異なる二つの対応 …………………………………………… 567
1　スイスにおける消極的対応 ……………………………… 567
2　アメリカにおける積極的対応 …………………………… 570
3　世界の趨勢 ………………………………………………… 571
三　ド　イ　ツ …………………………………………………… 573
1　総　　説 …………………………………………………… 574
2　納税者等の協力義務 ……………………………………… 574
3　国際的情報交換——総説 ………………………………… 575
4　ドイツ租税行政庁による，外国への情報提供 ………… 577
四　イ ギ リ ス …………………………………………………… 585
1　調査権限一般 ……………………………………………… 585
2　情報交換 …………………………………………………… 586
五　フ ラ ン ス …………………………………………………… 589
1　情報交換の国内法上の根拠 ……………………………… 589
2　情報交換に関する条約上の定め ………………………… 590
六　ま　と　め …………………………………………………… 591
1　日本の状況 ………………………………………………… 591
2　改革の方向 ………………………………………………… 592

Ⅱ　移転価格課税に関連する付随的問題点 …………………… 594
　　——フランスにおける状況を中心に——
一　はじめに ……………………………………………………… 594
二　移転価格における第二次調整 ……………………………… 595
三　フランスにおける相互協議の手続 ………………………… 603
四　外国における第二次調整と外国税額控除 ………………… 608
五　資料——フランスにおける相互協議に関する通達の翻訳 ……… 615

Ⅲ 相互協議における合意と国内法との調整 ················· 623
　一　はじめに ··· 623
　二　租税条約の解釈権限 ·· 623
　三　相互協議に関する法の定め ······························ 625
　四　相互協議の合意の効力 ···································· 630
　五　国内法における期間制限と合意の実施 ·············· 637
　六　相互協議の合意と還付 ···································· 639
　七　まとめ ··· 642

Ⅳ 国際的租税回避否認規定によりもたらされる
　 国内的二重課税 ··· 644
　一　はじめに ··· 644
　二　租税回避否認規定の問題点 ······························ 646
　三　国際的租税回避否認規定の位置付け ·················· 658
　四　国際的二重課税と国内的二重課税 ····················· 662
　五　移転価格課税によりもたらされる国内的二重課税 ··· 662
　六　タックスヘイブン対策税制によりもたらされる国内的二重課税 ··· 664
　七　配当益金不算入 ·· 667
　八　まとめ ··· 669

初出一覧（673）
索　　引（677）

第 5 編　課税管轄権

第1部　国際課税総論

I
国際租税訴訟概論

一　はじめに

　企業活動の様々な局面において発生する国際的課税問題に対してどのように対応するかという点は，現代において，すべての企業にとって重大な関心事である。この問題に対する対応を誤れば，企業は深刻なダメージを受ける可能性が高いからである。

　そうであるにもかかわらず，この問題に対して正面から総合的かつ本格的に取り組んだ書物はあまり存在しないのが実情である。このような実態を前に，単なる制度解説にとどまらない，個別事案の解説にとどまらない，しかも抽象的議論に脱しないところの国際租税訴訟の概論を，事案の進行段階を意識しながら描き出そうとしたのが本件プロジェクトである。本書（中里実ほか編著『国際租税訴訟の最前線』（2010年））の執筆者は全員が，それぞれの専門領域から問題に取り組んではいるが，上のように国際的課税問題と国際租税訴訟を事案の進行段階に応じて総合的に把握しようという点で，問題意識を共有している。

　その中で，研究者として国際的課税問題や国際租税訴訟について，中立的な立場で，いわば外部から客観的かつ理論的に観察した場合に考えたことをまとめたのが，本稿である。もちろん，私は実務家ではないので述べられることには限界があるが，それでも，様々な租税訴訟について研究する過程において気付いた点は少なくない。

二　納税者と課税庁の前に立ちはだかる国際法

　ここでいまさら強調すべきことでもなかろうが，日本の国税庁は，世界的に見てもきわめて優秀な組織である。通達の定めもかなり詳細であり，つい

年ほど前（刊行時では 25 年ほど前）までは，特に国内取引の問題については，問題はもちろん起こってはいたが，諸外国と比べると，それほど大きなリティゲーション（訴訟）にまでいくような問題がいくつも起こるというような状況ではなかった。それにもかかわらず，最近タックス・リティゲーション（税務訴訟）がどんどん増えている。これはなぜかと言うと，国際課税が絡んでくるからである。課税処分が一般国際法や租税条約，場合によっては通商条約に抵触する可能性がでてきて，思ってもみなかった論点がどんどん浮かび上がってきているのである。

　これについては，納税者側も課税庁側も，条文に書いてない世界が目の前に広がってきたということで，少なからずフラストレーションを覚えているというのが実情なのではなかろうか。詳細な条文に慣れ親しんだ伝統的な税務の専門家が，国際課税の世界で，国際法，特に一般国際法が引き合いに出されてとまどうのは自然なことである。このような国際法の尊重が前面にでてきている背景には，おそらく EU 裁判所の積極的な活動や WTO の活動に代表されるヨーロッパなりアメリカなりの動きが大きな影響を及ぼしているのではないかと思われる。いわば，従来の国際租税法の議論は，国際法の専門家ではない人が片手間で行ってきたわけで，今までの国内法律の解釈の延長線上で国際課税の問題が解けると信じていたのであるが，ようやく最近になって，実際には国際法の知識がなければどうにもならないという事実に多くの者が気付きはじめたのである。

　その国際法はどういうものかというと，条約の条文になっているものもあるが，一般国際法という必ずしも条文になっていない部分が非常に多く，いわば民法 1 条のような基本原則の世界が広がっていて，それこそが「法の支配」であるという感覚さえ存在する法分野である。したがって，国際法が問題になる領域において，否応なしに我々は不文の法の世界に巻き込まれるわけで，国税も事前に詳細なルールをおくことができない場合が少なくないのである。このように国際法が日本の国際課税のあり方とか裁判のあり方を変えていくインパクトを持ちつつあるのではないかというのが，現在の状況であると言えよう。国際法というと特殊なもののように思っていたのが，現実の世界でどんどんそのインパクトが大きくなってきているのではないかというのが最近の印象である。

三　国際的課税問題の諸段階

1　国際的課税問題の発生

　玄人どうしが正面から激突する国際課税問題に関しては，それが発生する場合というものが，意外と限定されている。刑事事件を考慮に入れずに，それを，大雑把に類型化すると，以下のようになろう。その第一は，企業が，課税庁の目から見て不自然に見えるような取引を行って節税を図った場合である。租税回避否認規定の適用や，事実認定による「否認」が問題となるのが，この場合である。また，第二は，課税庁が租税回避否認規定を機械的に適用したことにより，納税者の立場から見て不合理な課税が行われる場合である。課税庁が租税回避否認規定を形式的に適用したことに対して，納税者がその不合理性をうったえるのが，この場合である。さらに，第三は，それほど頻繁に生ずることではないかもしれないが，様々な理由により，納税者が処理や予測を誤った場合である。

2　国際的課税問題の種類

　国際的な課税問題を，租税法上の技術的な観点から分類すると，所得源泉地や恒久的施設や源泉徴収といった外国法人課税関連のもの，外国税額控除関連のもの，移転価格課税関連のもの，タックス・ヘイブン対策税制関連のもの等に分けられる。これらは，確かにそれぞれ性格を異にするものであるが，しかし，法律家が対応を迫られる場合に重要なのは，それらに関連する条文のテクニカルな論点に関連する部分であることもあるが，実際には，そのような感覚では必ずしも割り切れない，より基本原則に即した問題である場合が少なくない。

　これは，テクニカルな問題については，実務上，課税庁と企業の間の税務上の議論により落ち着くところに落ち着くのであり，そこで決着のつかないような基本的な問題が不服申立てや裁判といった法的な紛争解決手続の世界に移行するからであろう。

3　国際的課税問題の特色

　国際的な課税問題の特色は，その総合的性格にある。すなわち，それは，租税法における個別分野の知識のみで乗り切れない，様々な法的問題が錯綜する

総合的な領域なのである。そこにおいては，今まで考えられていなかったような問題が提起されることが少なくないし，外国の理論を無視するわけにもいかない場合もあるし，また，移転価格におけるように経済理論が浸透している領域もあるために，伝統的な税務の感覚で問題に対処することが困難な場合が少なくない。

　国際的課税問題の多くが，大企業の関係する大型の訴訟となる場合が通常で，また，従来，まったく議論されてこなかった論点が提示されることも少なくないことを考えれば，相当数の数からなる弁護士のチームが専任で対応する必要性がある場合が少なくない。のみならず，租税法のみの議論では不十分であり，民法・商法や国際法との統合された議論が要求され，場合によっては，外国法上の扱いも論点となることから，かなり専門性の高い，しかも，いくつかの分野に及ぶチーム構成が必要となる場合もある。日本におけるアメリカ型の大型訴訟は，国際的租税分野で発展していく可能性が高いと言えよう。

4　国際的課税問題への対応の諸段階

　国際的課税問題への対応については，様々な段階をふむ必要がある。何よりも重要なのは，取引を行う前に，予期せぬ課税を受けないように，法律家と税務の専門家を交えたチームにより，十分なプランニングを行うことである。特に，大型の国際的取引に着手する場合には，複雑な法的問題をクリアーする必要があるから，専門の弁護士のチームを交えた慎重な対応が必要である。しかし，それにもかかわらず，課税庁との間で意見の相違が生じ，課税問題が発生することがある。それらは，次のような段階のそれぞれにおいて，多少異なった対応の必要なかたちで生ずる。

　第一は，調査段階である。この段階においては，直接的には，企業の税務関係の部署が課税庁の担当官に対応することになる。通常は，ルーティーンの項目に関する調査であるが，場合によって，重大な課税処分につながる課税問題に関するやりとりが行われることがあり，その場合には，企業も，処分を前提とした法的理論武装を行う必要が生ずる。法律事務所が前面に出るか否かはともかくとして，企業の内部においては，契約書その他のチェックも含めて，早めに相応の準備を行っておくか否かが，後の段階における勝敗を分ける決め手になることが少なくない。

　第二は，処分や異議申立ての段階である。この段階においては，課税庁の課税を行おうという意思は明確であるから，企業としては，できる限りの法的な

理論武装を行って，訴訟に至る前段階で紛争を解決する努力を行う必要がある。会計事務所のみによる対応では必ずしも十分な対応が行えない場合もあり，後の審査請求や訴訟の段階になっての混乱を避けるためには，しかるべき対応が必要となろう。

　第三は，審査請求や訴訟の段階である。この段階にまで至ると，企業と課税庁は，正面から対立することになるから，法律事務所が前面に出て，様々な問題を整理し，紛争解決のための努力を行うことになる。私法上の問題点の整理と課税上の問題点の整理を複合的に行うことが必須となる。また，株主代表訴訟をにらんだ対応も必要である。

　第四は，判決確定後の対応である。判決が企業と課税庁のいずれの側を勝訴させたとしても，プレス等への対応が必要であり，コンプライアンス等の観点から，客観的に問題を処理していく必要がある。

四　国際租税訴訟

1　国際的課税問題に対応する手法としての国際租税訴訟

　課税庁との間で意見が対立している分野は，コーポレートの問題（たとえば，M&Aとの関連で生ずる課税問題），ファイナンスの問題（資金調達その他との関連で生ずる課税問題），インタンジブルの問題（無形資産や知的財産権取引との関連で生ずる課税問題）と，多岐に及ぶ。しかし，コーポレートの問題であれ，ファイナンスの問題であれ，インタンジブルの問題であれ，課税というフィルターを通して問題を整理した上で，国際租税訴訟に臨む必要がある。

　その場合に，企業の姿勢として重要なのは，問題を総合的にとらえるという姿勢である。企業の組織は縦割りであり，税務のセクションと法務のセクションの意思疎通の齟齬というような問題も生じうるので，何よりもまして，経営サイドのリーダーシップの下に，組織的体制を確立する必要が生ずる。特に，唯々諾々と課税庁の処分を認めてしまった場合には，株主代表訴訟のリスクも生ずるのであるから，この点は，きわめて重要である。

　かつ，企業内において組織的体制が確立された場合であっても，問題について助言する会計事務所と法律事務所の間の意見の調整という困難な問題も発生する。ここで忘れてはならないのは，こと訴訟という段階になってしまえば，税務的な対応では必ずしも十分ではなく，どうしても，法的な対応が必要であるという点である。もちろん，会計事務所による税務に関する専門的なアドバ

イスはきわめて重要であり，その質のよしあしは問題の解決のための必須の要素となるが，それを裁判所に伝えるためには，法律事務所の対応がキー・ファクターとなる。換言すれば，国際的訴訟問題になってしまった場合には，税務の解説では足りないところの，税務とは別の視点が必要となる。それは，結局，法律事務所が訴訟をにらんで，私法と租税法を組み合わせて総合的に対応するというかたちにおいてしか，解決のつかない問題である。要するに，国際的租税訴訟に関しては，税務と法務の二つが車の両輪として円滑に機能することが必要なのである。課税問題における法務の重要性に関しては，未だ十分に認識されていない場合もあるようであるが，法務の視点を軽視した体制では，訴訟に対応することが不可能なことは自明の理であろう。

　私は，国際的課税問題に関して，税務訴訟（税務のテクニカルな問題が争われるもの）と租税訴訟（租税法も含めた法律問題が複合的に争われるもの）を分けている。しかし，一般的に言って，国際的租税訴訟は大型のものが多く，税務のテクニカルな対応では，十分に対応できないものがほとんどであろう。それは，税務訴訟ではなく租税訴訟にならざるを得ない必然性を有していると言えよう。国際租税訴訟の特色は，大型の案件で，課税問題と民法・商法その他の問題とが複雑に入り組み，法解釈及び事実認定に関するきわめて理論的な点が争われるという点にある。法律事務所のリーダーシップのあり方で，勝敗は分かれてくる場合が少なくない。たとえば，課税庁側が節税スキームと考えて処分をうってきた場合であっても，民法・商法との関係において事実認定を精緻に行うと，企業の採用した私法上の法形式が租税法上尊重されるべきことが当然であるような場合はまま見受けられるのである。このような問題を，単に実質課税というような感覚でとらえてしまえば，納税者が敗訴するのは，ある意味で当然のことなのかもしれない。

2　国際租税訴訟の裁判上の問題

　国際租税訴訟において現実に問題となる論点は多岐に及ぶが，それを大まかに分けてみると，ほぼ以下のようになるのではないかと思われる。

　第一に，基本原則の重要性である。課税問題を裁判所において受け入れられるかたちで理論構成する場合には，法的な理屈付けが決定的に重要である。たとえば，国際租税訴訟で通達を持ち出しても，裁判所がそれを尊重するとは思われず，とりあえず税務の視点を離れて，法的な基本原則を確認した上で対応しなければならない。ここに基本原則としてもっとも重要なのは，租税法にお

ける私法の尊重である。すなわち，租税法律において用いられた私法上の概念は原則として私法におけるのと同じ意義に解釈すべきであり（借用概念の理論），かつ，納税者が用いた私法上の法形式は明文の租税回避否認規定が存在しない限り尊重され，読み替えられることはないという点である[1]。この，私法の尊重と，事実認定における私法上の法形式の尊重という点を無視すると，国際的租税訴訟において勝訴することはきわめて困難である。同様に，一般的にはなじみのない一般国際法上の原則が決定的な要素となることも少なくないし，外国法に基づいて形成された法形式の位置付けといった複雑な問題点が論点となることもある。

特に，税務の専門家が気付きにくいのが，裁判所の法創造機能である。税務の感覚から言えば，租税法規の解釈権限は国税庁長官により通達のかたちで示されるということになるのであろうが，裁判所は，必ずしもそのようには考えない。日本国憲法により付託を受けた裁判官は，租税法規を含めたすべての法律等について最終的な解釈権限を有しているという強い自負をもっており，また，日本の裁判官の能力はきわめて高い。そうであるならば，たとえ通達において示された法解釈であっても，あるいは，立法担当者によって「改正税法のすべて」において示された考え方であっても，裁判所は，それが通達なり立法担当者により示された考え方であるというだけの理由で，それを採用することはないのではないかと思われる。判決は，裁判所の論理によって下されるのである。そのような裁判所による個別の事案において下された判決の積み重ねにより，徐々に先例が積み重ねられていくのであって，この裁判所によるダイナミックな法創造活動を軽視して，国際租税訴訟に対応するわけにはいかない。そうであるならば，国際租税訴訟における法律事務所の役割は決定的に重要であると言わざるを得ないであろう。

3 基本原則の具体例としての一般法と特別法の関係

たとえば，税務の世界において無視されがちな原則として，一般法と特別法の関係に関する基本原則がある。

---

1) これが，租税法と私法の関係に関する金子宏教授の理論である。その背景については，中里実「制定法の解釈と普通法の発見（上）（下）——複数の法が並存・競合する場合の法の選択としての『租税法と私法』論」ジュリスト1368号131頁，1369号107頁。また，本稿よりもかなり後（2022年）に発表したものであるが，中里実「会社法上の経営判断と租税法上の価格決定・会計方針選択〔上〕〔下〕」旬刊商事法務2288号4頁，2289号36頁，参照。

租税特別措置法は，法人税に関する特別措置に関しては，法人税法の特別法である。すなわち，一般法である法人税法の例外を定めているのが，特別法である措置法である[2]。

　法の解釈・適用については，必ずしも条文に書かれていない基本原則が存在する。それらの基本原則は，西洋諸国の法実務の中で，ローマ法以来，歴史的に発展させられてきたものが多い。一般法と特別法の関係に関する原則も，同様に，中世ヨーロッパにおける法の歴史において，発展させられてきた基本原則の一つである[3]。この原則は，後法は先法を廃するという原則とともに，理論上のみならず，実務上もきわめて重要な意味を有するものである。

　特別法は一般法を廃する（*lex specialis derogat legi generali*）という原則は，ヨーロッパの中世における歴史の中で形成されてきたものである。すなわち，同一の事件について，普通法であるローマ法と，地域慣習法（あるいは，市参事会の制定した制定法）の両方が適用される場合に，後者が優先されるとしたのが，この原則である[4]。たとえば，北イタリアの都市国家の商人間の慣習法が存在する場合には，普通法であるローマ法に優先して適用された。

　もっとも，この原則には重大な限定があって，たとえば，市参事会の制定した制定法の内容が不合理なものであるような場合には，そのような特別法の適用は否定され，一般法として，普通法であるローマ法が適用されていた。すなわち，特別法が一般法に優先して適用されるのは，特別法の中に一般法に優先する扱いが明確なかたちで存在し，しかも，その内容が一般法に照らして不合理でない場合であった。ヨーロッパ中世の法曹は，書かれた理性としてのローマ法が，市参事会のような法の素人のつくった特別法で変容させられるのをできる限り阻止しようとしたのである。同様のことは，たとえば，現代のアメリカ法におけるコモンローと制定法の関係においても見られ，連邦最高裁判所においても認められている（Isbrandtsen Co. v. Johnson, 343 U. S. 779, 783-784（1952）参照）。

---

[2] この点は，租税特別措置法1条が，「この法律は，当分の間，……法人税……を軽減し，若しくは免除し，若しくは還付し，又は……〔法人〕税に係る納税義務，課税標準若しくは税額の計算，申告書の提出期限若しくは徴収につき，……法人税法……の特例を設けることについて規定するものとする。」と定めているところから明らかである。

[3] これらの基本原則は，現在においても，ほぼそのままのかたちで国際法において用いられている。事情変更の原則等も同様である。

[4] なお，後法は先法を廃する（*lex posterior derogat legi priori*）という原則も，結果として，同様のことを要求する。

いずれにせよ、一般法と特別法の関係は、原則と例外の関係であるから、例外が例外として妥当するためには、原則に対する例外が明確に示されていなければならないことは当然である。それ故に、一般法と特別法の関係においても、特別法に明示されている限りにおいて特別法が優先するのであって、特別法に明示されていなければ一般法に戻るということにならざるを得ない。特別法に明示されていないことは、特別法において一般法の例外が定められてはいないということであるから、一般法に戻るのはむしろ当然のことである。

　特別法が一般法に優先して適用され、特別法の適用がない部分について一般法が適用されるという関係を、明文のかたちで定めたのが、商法1条（平成17年改正前）の、「商事ニ関シ本法ニ規定ナキモノニ付テハ商慣習法ヲ適用シ商慣習法ナキトキハ民法ヲ適用ス」という定めである。もちろん、この定めは、ヨーロッパ中世の法実践を成文のかたちで示した確認規定である。

　ところで、租税法における一般法と特別法の関係は、通常の場合よりもはるかに厳格に考えなければならないという点に留意しなければならない。すなわち、通常の一般法と特別法の関係の場合においても、特別法に明文で定められていないことは一般法に戻って考えるということになるのが原則であるが、租税法の場合には、これにさらに、法律で定められていない課税はできないという租税法律主義の要請が付け加わる結果、特別法である措置法において明文のかたちで規定されていないことは一般法である法人税法に戻るという局面が、より強調されることになる。すなわち、特別法である措置法の定めが不十分である場合には、租税法律主義の観点から、当該特別措置の定めは存在しないこととなるから、措置法の補充的解釈でそれを補うのではなく、一般法である法人税法に戻らなければならないのである。

　たとえば、特別法である租税特別措置法のタックス・ヘイブン対策税制に関する定めにおいて明文で明確に規定されていない事項については、租税法律主義の厳格な縛りからいって、そのような特別措置を適用するわけにはいかないから、それを租税特別措置法の規定の解釈によってうめるのではなく、一般法である法人税法の定めに戻るべきであるということになる。すなわち、（特別法である措置法に明文で明確に定められていない事項については一般法である法人税法によって課税を考えるという）通常の一般法と特別法の関係に関する原則に加えて、措置法に明文で明確に定められていない以上、租税法律主義の要請からいって措置法のみで課税関係を考えるわけにはいかないということになり、法人税法上の課税上の取扱いを参照する必要性が必然的に出てくるのである。

措置法に明文で明確に定められていない場合の，法人税法への戻り方は，措置法の定めにより異なることになろう。すなわち，以下のように分けて考えることができよう。

・租税を重くする特別措置については，法人税法に戻り課税が軽くなる
・租税を軽くする特別措置については，法人税法に戻り課税が重くなる

実際のところ，これまでの裁判例や課税実務において，租税を軽くする措置法の定めについては，その要件がかなり厳格に解釈されているのは，このように，措置法において租税を軽くすることが明示されていない以上，法人税法に戻って考える（措置法による課税の軽減は行われない）という理由によるものと考えられる。

これに対して，タックス・ヘイブン対策税制のように，課税を重くする措置法の定めについては，そこにおいて明文のかたちで明確に定められていない限りにおいて，措置法の解釈でそれを補って法人税法よりも重い課税を行うことを正当化するわけにはいかない。その場合には，措置法は排除され，本法である法人税法に戻り，結果として，課税を重くする措置は適用されないことになる。

4 コンプライアンスの視点の重要性

国際的な課税問題に対する法的対応は，事前の対応と，国際租税訴訟における対応と，事後の対応の三つに分かれる。

何らかの取引を行う際に，私法上の法形式の採用とそれに伴う課税上の効果を考えて，適正に対応する必要がある。これが事前の対応である。また，国際租税訴訟における対応については，上に述べた。また，事後の対応については，上の三の4で述べた。

いずれについても，重要なのは，コンプライアンスの視点である。いつどのような場合においても，自らの判断を正当化するための対応を考えながら，法的に問題に対応していくことが，現在の企業活動においては，強く求められる。そのように考えると，法律事務所は，単に問題が生じた場合の対応を行うところの，いわば企業活動の病理を扱う専門家集団であるにとどまらず，問題が生じないように通常の企業活動について助言を与える，一種のコンサルタントの役割を果たすことが期待されている。そのようなかたちで法律事務所を使いこ

なすことのできる企業が，将来における発展性を約束されていると考えても，うがちすぎということにはならない時代が到来していると言えよう。

II

租税訴訟に有用な理論的フレームワーク

一　はじめに

　研究者も含めて我々法律家にとって，裁判所というのは，檜舞台であり大舞台です。学者は本を書いて現実離れしたことを言っていればいいかというとそれは違うのでございまして，自分の学説が判決の中で裁判官の方に取り上げていただくと，これは大変に意味が大きいわけです。独自の少数説で一生終わるという，そういう生き方もあるのですが，それだけではなかなかやっていられないわけでして，裁判所を動かすのではなくて，裁判官の方にご理解いただくこと，これが研究者にとっての一つの花道でございます。私は，恩師から教えていただいた学説を，もちろん自分の理解するようなかたちにおいてではありますが，裁判官の方にできるだけ取り入れていただくように，これまで，意見書を国側に立って書いたこともありますし，納税者側に立って書いたこともあります。その際の方針はたった一つで，私は実務家ではありませんので，研究者としての分を守り，理屈だけを述べ，事実認定には入らないということです。その際に，冷静に第三者的に観察しますと，どちらが勝つか，なんとなく分かります。直感的に勝ちそうに見える側の立場は，常識的に見て穏当で，法的に見ても理論武装がしやすいのです。スクリーニングをするということが学者にとっては自分の学説を後世に残すために重要になって参ります。独自の理論を唱えてこれで良いのだという，そういう域に達することはできないわけでございまして，やはり日本を代表する知性の体現者である裁判官の方々に分かっていただきたい。大学の教授ですから学生には何とか分かっていただけるのですが，それを公的な場で認めていただきたいという，欲求なのかもしれません。もちろん，スクリーニングの際の基準というのがありまして，それは筋の良い事件かどうかを瞬時に見抜くことです。話を聞いて，これは筋が良いというこ

とを即座に分からなければいけないわけです。さらに，信頼できる弁護士から依頼があった，筋の良い事件で，もう一つだけ，裁判官の方に納得していただけるだけの理論的な議論が展開できる事件かどうかというのを見抜かなければいけません。筋が良くて，信頼できる弁護士から来ても，学者がそのようなところで意見を述べてもしようがないということはいくらでもあるわけです。租税法の研究者は，税務のプロではございません。別表 4 を作れと言われてもうまくはできないのです。自分の申告書は書けますが，その程度の知識しか持っておりません。実務はよく知らないわけです。ただ，法律の専門家ではありますから，税務ではなくて法律の議論を展開するということを心掛けるようにしております。その方が裁判官の先生方には納得していただけるわけです。先ほど弘中聡浩先生が仰ったとおり（弘中「租税訴訟の実像と戦略」中里実ほか編著『国際租税訴訟の最前線』（2010 年）16 頁以下），裁判官の方は必ずしも税務の専門家ではありませんから，ここはこう仕訳してとか，通達のここではこうなっていると言っても，何だかそのような興味もないことを言うよりは，法律でずばりこうだという所がポイントになってくるのではないかという，こういうことなのでしょう。今述べたようなことを私の経験に照らして申し上げるのが今日のお話でございます。

　大型の租税訴訟の時代が来ているわけですが，これは大企業の国際課税を巡り生ずるものがほとんどでございます。本日はこの国際的課税問題に関する租税訴訟の傾向について，どうして勝ち，どうして負けるのかということを分析したいと思います。税務の技術論のみでは訴訟は勝てないという点が重要です。もちろん，逆に法律家の法務論では申告はできません。これは当たり前の話で，それぞれ専門が違うわけですから。したがいまして，税務の技術論のみで訴訟をするわけにはなかなかいきません。当たり前です。

　裁判所の対応を予測することができるかどうかというのが弁護士にとっても重要ですし，我々研究者にとっても実は重要です。研究者というのは独自の学説を唱えるためにだけこの世に存在するわけではありませんで，判決を整理してその中から法を発見していくという所が非常に重要でございまして，独善的で他の人が誰も分からないような理屈を述べるというのでは，あまり意味がないわけです。国際課税で裁判が起こるのは，税務の問題においてであるように，一見見えるのですが，実際は違います。ほとんど租税法総論との関係において起こるわけでございます。その理由は，裁判においては税務や会計の方々が疑問に思わないことを弁護士は疑問に思い，裁判官はそれに興味を示すというこ

とでしょう。だから，ストレートに税務の方々のお気持ちをいくら裁判官に言っても，それは裁判所はそういうことを判断する場所ではありませんので意味がないということになりかねません。これはメンタリティの問題でございまして，どちらが良いとか悪いとか，そういう話ではありません。どちらが偉いとかという話でもありません。ただ，法律家が法律家である以上，常に裁判所を睨んで考える，そのための論理を考えるということなのです。裁判所に向かって，税務の論理，会計の論理を持って行けば，理解されにくいでしょう。そういうのは別の所でやっていただくということで，職業が違うということなのだろうと思います。

二　国際課税で裁判が起こるのは，租税法総論との関係においてである

1　租税法総論の四つのポイント

　国際課税で裁判が起こるのは，だいたい租税法総論との関係の以下の四つの問題で，この四つの問題を裁判所に持って行けば勝つ可能性が高まるということです。税務については国税の方の方が余程それは深く研究しているわけですし，あるいはここにいらっしゃっている会計事務所や税理士の先生方の方が余程それはご存知でしょう。そういう所で私のような素人，租税法を専門にしておいて素人というのも情けない話ですが，税務の専門家でない人間があれこれ言ったところでしようがない。そうではなくて，この四つの問題であれば，法律家として意見が書けるわけです。

　すなわち，一つ目は国際法の関連，二つ目は民法との関係，三つ目は租税法の解釈と民法の解釈の違い，四つ目が事実認定です。これで裁判所に持って行くと，国税にとって見れば，何か肩すかしされたような気持ちになるようなことがどうもあるようです。逆に，私が国税のために意見書を書く場合であっても，税務で議論するのは止めましょうと，事実認定で行きましょう，あるいは私法で行きましょうというふうに申し上げて，例えば最高裁の判決ではフィルムリースの事案[1]と外国税額控除の事案[2]と，国側の意見書を租税法の解釈ではない所で書いて，勝訴判決をいただいたわけですが，これは偶然ではないの

---

1)　最判平成 18・1・24 民集 60 巻 1 号 252 頁。
2)　最判平成 17・12・19 民集 59 巻 10 号 2964 頁，最判平成 18・2・23 判時 1926 号 57 頁。

でございます。

2　国際法との関係

　まず国際法との関係でございますが，国際法は，憲法98条2項がございまして，国内法律に優位します。所得税法や法人税法に何と書いてあっても，国際法がそれと違っていれば，国内法律の定めに優先するというパワフルなものでございまして，これを出されると引かざるを得ないようなものでございます。しかも国税は国際法の専門家ではありません。ここがポイントなのです。もっとも多くの弁護士の先生も国際法の専門家ではないので，そういう意味では困る話ではあるのですが，大きな法律事務所であれば国際法に精通した弁護士が必ずいらっしゃる。これは非常に重要です。裁判官の方は国際法の感覚というものに一見，興味をお持ちでないように見えますが，実はそうではありません。というのは，国際法というのは元々民法総論と一緒，ローマ法から発展したという歴史があるということなので，裁判官のメンタリティにしっくり来る分野です。特に一般国際法というのが問題になる場合に，税務の専門家の方にとっての戸惑いが生じます。一般国際法というのは慣習法ですから，条文がないのです。条文のないものが国内租税法律の条文を拒絶してしまうわけです。ですから，条文にそう書いてあっても，一般国際法で許されない課税というのはできないというようなことがありまして，これは文言に支配されている税務の人間にとってはショックです。例えば，ある大使館の日本人職員の方が，言いようによってはつまみ申告と言っては失礼ですが，過少申告なさっていて，これに対して大使館の日本人職員の方が課税処分を受けて，訴訟で，大使館に源泉徴収義務があるのだから，そっちから税金をとってくれという主張をした事件がございます。そうすると確かに給与の支払をする者は源泉徴収をしなければいけないと書いてあるわけですから，条文通りだったら，この納税者の仰るとおりなのです。ところが国際法から見ると，外国の大使館は源泉徴収義務を負わないわけです。これは一般国際法の問題でそうなっているわけですから，条文に支払をなす者はどうのこうのと書いてあっても，それを国際法で飛ばすことができます。つまり，大使館には源泉徴収義務はない。したがって納税者に直接払えということができて，この場合には国際法が国に有利に作用したということです。それから国内法律をいくら解釈しても，解釈を変えることによって，条約を乗り越えることはできない，ということです。国内法律をこう解釈すれば，条約とは関係なくなるというのは，そんなことがもし可能ならば，国

内法律の解釈を変えることによって、条約をいくらでも潜脱できることになってしまいますから、そんな甘いものではありません。国際法というのは強烈です。通商法と一緒で国際租税法では、国際法を味方につけられるかどうかが、国側であれ納税者側であれポイントになってくると思います。

3 私法との関係

それから裁判所に行ってパワーを持つ第二番目の論点は、私法との関係です。これは弘中先生が強調なさったとおりです。すべての取引は、我々法律家の見方からすると、私法により規律され、その私法による取引関係を前提として、課税がなされるわけでございます。私法を前提としないで取引というのは成立しませんから、課税も、私法を前提としない限りあり得ないということになります。これに対して、会計の専門家の方は必ずしもこういうふうに考えないですね。ある取引があったら、経済的な実体から、これは簿記上の取引ということで、仕訳がこうなってこういうふうにと考えるわけです。これは当然なのです。会計の方はそうでなければいけないということです。しかし、法律の人間はそうは考えない。裁判官のメンタリティは、おそらく私法を前提に考えるというものです。法人税法22条2項の取引は簿記上の取引だという解釈があるそうですけれども、おそらく裁判所に持って行くと、何でいきなりここに簿記が出てくるのだということで、採用されない。定義もなしにいきなり取引というところに簿記が出てくることは、これは行政法規の最たるものである租税法の中ではあり得ない話でしょう。裁判官のメンタリティというのはそういうものだと思います。私法を前提としているのです。そして、私法というのは法律家の独壇場でございます。

また、法律家は常に裁判を念頭に置いて私法関係を考えるということも重要でございまして、税務の専門家の方は、いちいち裁判を念頭に置いて確定申告をしていないはずです。ここにギャップがあるわけで、それぞれ生理現象というのか、通常の場合には税務の専門家、病理現象の場合には法務の専門家というふうになるのだろうと思います。したがいまして、両者の協働関係がありませんと企業というのは生きていけないわけで、会計事務所と法律事務所で主導権争いをしているような企業もあるのかもしれませんが、そういうところが租税訴訟でうまくいかないということになるのではないかという気さえします。

私法との関係で重要なのは、課税庁が私法上の契約関係を無視することができるのは、二つの場合に限られるということです。一つは明文の租税回避否認

規定が存在する場合です。租税回避否認規定というのは，私法を無視して課税関係を構築して良いですよという授権ですから，これがあれば私法を無視することができます。もう一つの場合は，契約書はあるのだけれども，紙切れがあるだけで，契約は不存在ないし無効である場合というのがこれでございます。契約書があっても，私法上契約が存在していない，あるいは無効である場合には，契約が不存在ないし無効であることを前提に課税関係が構築されるわけですから，いくら納税者が紙切れを出して，こういう契約があると言っても，それは無効だよ，不存在だよと言われてしまえば，それで終わりです。つまり，課税庁の処分が通るわけです。仮装の行為でもって減価償却をとろうとしたりしたら，これは否定されるのは当然で，それが行われたのがフィルムリース事件です。あれは，おそらく仮装なのでしょうね。逆に多少問題はあるのだけれど，契約が有効とされた事案として，航空機リース事件[3]があります。さらに，レポ取引事件[4]は，私は全然問題がなかったと思いますけれども，レポ取引については契約が公明正大のものでそのまま通ったということです。さらに，保険について国税側の認識はいろいろあるのだろうと思いますけれども，デリバティブ的な手法を用いた保険についても，保険が保険である限り私法上は保険であるということを否定することは非常に難しいと思います。保険法というのが商法にありますが，保険法に基づいて保険契約が結ばれているのにそれは保険ではない，預り金だということはおそらく通らないのではないかというふうに思っています。

4　制定法の解釈と私法の解釈

それから，裁判所に言ってわりとお認めいただける話というのは，制定法の解釈と私法の解釈は違うということでございます。何を言っているかと言いますと，租税法律というのは議会の作ったものなのです。議会の作ったものについては非常に厳格に解釈をするというのが，法的な考え方です。民法というのは確かに帝国議会が作ったものではあるのですが，これは別に帝国議会がその中身を作り出したわけではありません。昔からローマ時代からの法曹，弁護士や研究者や，もちろん裁判官の方，これらの方々の個別の紛争を巡る研究活動というのでしょうか，その活動の中で，自然にできてきたものが民法でござい

---

[3]　名古屋高判平成17・10・27税資255号順号10180。
[4]　東京高判平成20・3・12金判1290号32頁（国の上告受理申立ては不受理により確定）。

ます。それを条文の形に整理したのが今の民法なので，これは法曹が作り出したものです。我々法律家は，法曹が作り出した民法を，非常に美しいものだと考えております。法律の専門家でない議会が作り出した制定法律は政治的妥協の産物であり，美しい普通法とは異なるものだと考えているわけです。その点については，「制定法の解釈と普通法の発見」という，ジュリストに私が書いた論文[5]]がございまして，これはラテン語まで引用して，議会の作った法律の解釈と，民法の解釈は同じ解釈という名前でも中身は全然違うということを書いたものです。法曹が作り出した民法に対して，我々法律家は柔軟に対処します。何故なら法曹が作り出したものだからです。しかし，法律の専門家でない議会が，政治的な判断の下で作った条文というのは，余程合理的にできていないと，その中身を限定するというのが，これが司法の存在意義なのでしょう。特に租税法の分野においては，法律で徹底的に細かく書かなければ，課税は認められないというのは1215年のマグナカルタ以来の伝統で，名誉革命で完成したわけですが，それを経済的実質ということで乗り越えるということは，望ましいことではありません。国権の最高機関は国会であると憲法に書いてありますが，裁判所に行けば，個別の訴訟事案の処理に関する限り，至高の存在は個々の裁判官の良心なのだと私は考えております。そうでなければ，そのくらいの自負がなければ，裁判というのはできないのです。それが嫌だったら，国会はどんな法律でも，詳細なものを作らなければならないわけです。例えば，先ほどのレポ取引に課税したいのだったら，レポ取引に課税しますという規定を明文で作れば良いわけで，いつでもそれができるのですから，それがなされていない限りにおいて課税はできないというのが法律家の感覚で，それで不都合も多々生じるのでしょうけれども，これは仕方がないというわけです。

5　事実認定の重要性

　裁判所に持っていってご理解していただきやすい四つ目が，事実認定のお話です。裁判というのは常にこの事実認定を元になされるわけでございまして，それを無視して課税を考える，裁判所での対応を考えるということはできません。ところが，会計の専門家は証拠法，民事訴訟法の専門家ではございませんので，それは法律家が会計の専門家でないのとまったく一緒です。租税法の授

---

[5]　中里実「制定法の解釈と普通法の発見（上）（下）――複数の法が並存・競合する場合の法の選択としての『租税法と私法』論」ジュリスト1368号131頁，1369号107頁。

業を聞いているのに，複式簿記が何たるかも分かっていない人もいるのも寂しい限りですが，逆に会計士の先生，税理士の先生に，民事訴訟法の証拠のところを持ち出しても戸惑うのだろうと思うのです。処分を避けたい一心で，企業や会計士の先生が，出す必要のないような情報まで課税庁に対して出してしまう，ということがあると聞いています。課税庁というのは，これは本来そういうものであるべきだと私は思いますけれども，出された資料の中から課税するのに都合の良いものをピックアップしてある種の図を描かざるを得ないわけです。これは，悪気があってそうするのではなくて，そうでなければ課税はできないわけです。そうすると，あるスキームを作る時に，これは課税されるかどうかの検討会を企業の内部で開いたとします。この，組織図か何かに，これは課税されるおそれもあるのかもしれないというメモを書いた，そういうメモを提出してしまいますと，課税されるかもしれないということを分かっていてやったのだろう，これは課税逃れだとやられてしまうかもしれません。そのつもりが全然なくてもやられてしまうというようなことが起こり得るので，情報をどの程度出すかということに関して，嘘をついてはいけませんし，出す前に情報を隠しては，これは絶対にいけませんけれども，しかし出さなくて良いものは出さなくて良いわけですから，その辺のコントロールがどこまでできるかということが重要でございます。それから，事実というのは当事者がそういっているから事実なのではなくて，客観的に証明して初めて事実になるので，裁判というのはある意味バーチャルリアリティの世界なのです。真実というものは実は神様でない限り，誰にも明らかにならないわけです。したがいまして，裁判においては，一定のルールに基づいて証拠を提出して，裁判官が裁判官の良心と法律に基づいて事実認定をした，この事実が事実として生きてくるわけです。だから裁判官というのは，事実を認定する全能者の立場に立つわけでございます。そういう裁判官に対して，本人が言っているから確かなのだと言ってクレームをつけても，裁判官は耳を傾けないでしょう。それでは訴訟に勝つことはできません。これは国税もそうですし，納税者の方もそうなのですが，感情的になるのは当たり前なのですけれど，事実認定に関して，事実認定の全権を委ねられている裁判官に向かって感情を吐露しても勝てるはずはないわけです。そこをやはり弁護士の先生と税理士の先生方との間の協働作業の中で，どこをどういうふうに主張していくか，発言していくかということに関して，大きなストラテジーを描いてやっていくということが，どうしても必要になるのではないか，と思うわけです。

三　基本的な方針

　多くの租税事件において，租税法律の細かい解釈や通達の援用だけではどうにもならないというと言いすぎなのですが，税務の知識が詳しいだけでは，租税に関する訴訟には勝てないということです。租税法律の解釈の詳細に入る，つまり税務に立ち入るということは，実は課税を受け入れるということに半ば等しい場合がないわけではない。当局の租税法解釈と，納税者の租税法解釈，どちらが正しいだろうと考えた時に，国税6万人の組織の選りすぐりの方が，徹底的に理論武装をして出したものが，そうそう間違っているということは，そんなには多くないのだろうと思います。あるのかもしれませんけれども，それは間違いではなくて別の考え方も成立し得るという程度の話なのだろうと思うのです。それを国税の解釈は間違っているからというので，独自の説を唱えたところで，勝てない場合が多いだろうと思うわけです。国税の解釈を全面的に取り入れろと言っているのではなくて，そこで勝負をするのは相当リスクがあるということを申し上げているということです。客観的に見て租税制度の詳細，いわゆる税務に関しては日本の国税庁の能力は優秀でございます。世界的に見て日本の国税庁はレベルの高い存在だというふうに思っております。これは持ち上げるわけではなくて，客観的に見てそうなのです。それから主税局で立法担当をなさっている方の能力というのも高いと思います。ただそこにも一定の限界があるわけです。税務についてはという発想の中に，どうしても限界が出てきてしまうのは，税務の専門家なのですから当たり前なのですけれど，やはり幅広くものを見るというためには専門化しすぎているというところが，ある意味逆に弱点になるということでございます。したがって，租税事案で課税処分を避けたければ，税務の知識だけではなくて，他法分野との関連で物事を考えていく必要があります。先ほどの国際法，民事訴訟法の事実認定，民法，憲法，そういうものを絡み合わせながら租税法律の中で通常論点とされていないようなところを見つけ出していく必要があるのではないかと思っております。

　要点は簡単でして，一つ目は**国際法は国内法に優位する**という点です。これは憲法がそれを言っているのですから文句の言いようがないわけです。したがって国内法律についていかに詳しい解釈を国税が展開しても，あるいは納税者が展開しても，国際法を出されれば相手方は引っ込まざるを得ない場合が多いということです。

それから二つ目は私法上の法形成を無視して課税を行うことはできないという点です。私法上有効なものは租税法上も有効なものとして扱う必要があります。租税回避否認規定がない限りそうなるわけでして，租税回避否認規定がないにもかかわらず，民法上適正に有効に成立した契約を，それは経済的実質からいってこれは売買ではないといったところで，裁判官を説得することはできないのは，当たり前のことです。民法上有効なものを無効にするためには根拠規定がいるわけで，根拠規定がなくて無効にされてしまったら民法は一体何なんだということになりかねません。

　それから三つ目は租税法の解釈と民法の解釈は同じ解釈という名前でも中身は全然違うということです。租税法律の解釈というのは徹底的に厳格に行われます。民法の法の解釈はもうちょっと柔軟に行われている。これは法曹職業人がどこまで形成・発展にタッチしたかというところから差が生じるわけでございます。

　それから四つ目は事実認定です。事実認定においては裁判官が全能者ですから，裁判官に分かるように事実を証明しなければいけない。思いこみや感情を述べても仕方がないということだと思います。

　今のような方針，国際法や私法，あるいは民事訴訟法その他を重視して課税事例に立ち向かう場合には，会計事務所とか経理部とか，そこだけでの対応では不十分だと思うわけです。日々の申告については，これは経理部の方，あるいは会計士の方，税理士の方，これは玄人中の玄人で，弁護士にそれをやれと言ってもなかなかそうはいかない，できる人もいるのですが，なかなか難しいと思います。しかし，こと，訴訟を睨んだ場合には，会計事務所だけで対応をするというのは難しいし，無謀な企てになってしまうと思います。

　税務訴訟と呼ばれることがありますけれども，この税務訴訟という名前は，私はミスリーディングだと思うのです。だから租税訴訟という言葉を使っていますが，これは租税法に関する訴訟ですから，税務ではないわけでして，税務の訴訟で国税に勝つといったらなかなか難しいですが，租税法の訴訟であれば民法や民事訴訟法も一緒になって考えられます。あるいは国際法も一緒になって考えられますから，裁判官の方にアピールするような形で物事を証明することができるということでございます。

四　第三者的に見た的確な裁判対応・問題のある裁判対応

1　法律事務所と会計事務所の役割分担

　私のような研究者が税務の世界を覗いた場合に，やはり二つのものがこの世の中にあると考えざるを得ません。一つは，ここにいらっしゃる多くの方々が専門であるところの税務の世界で，私どもは法科大学院で租税法を教えていますから，税務についても一定の知識を学生に伝える義務がありますし，非常に細かなことに関して税務の中に入り込んで論文を書くということも当然ございます。しかし，もちろん先生方，ここにいらっしゃる皆様，税務の専門家の方に，我々研究者は勝てないわけです。我々の税務の知識はかなり断片的ですから。もちろん本当に特殊な場合には研究者もやることがございますが。

　ところが，二つ目に，そうではない場合，すなわち税務ではない場合があります。商学部の税務会計ではなくて法学部で租税法を教えることの意味は，商学部の税務会計とは別のことを我々がやっているからです。それは何かといったら，いろいろな法律分野を総合して物事を考えるということです。縦割りではないのです，法律の世界というのは。裁判官の方，行政部とか民事部とか刑事部とかいろいろあるのでしょうけれども，基本的に裁判官の方々の頭の中というのは，縦割りで，例えば特許法だけ考えるとか，法人税法だけ考えるとか，そういうことになっていないのです。民法も民事訴訟法も租税法も総合的に考えて結論を出すというふうになるのではないかと思います。司法試験の科目でいろんな科目をこんなに教えなくて良いのではないかというほど教えるのは，総合的な判断のできる人間を養成しているのではないでしょうか。日本はそういう養成にかなりの部分成功している国ではないかと思います。特殊な専門のことしか分からないのでは法律家はやはり困るのだろうと思います。私どもも法学部で租税法を教えているからといって民法や民訴法が分からなかったら教えられないのです。いろんな分野の知識がなければいけないわけです。逆に言いますと，法学部における税務の知識というのは断片的になります。それは先生方にはとても勝てないということになるわけです。

　このように，税務会計的なものと租税法的なものの中には，自ずとメンタリティの差があります。これはどちらも必要でして，どちらが上という話ではないということだけはご理解いただきたいと思います。それで，法律事務所と会計事務所の役割分担というのは，今のそれぞれのメンタリティの差を考えてや

れば良いわけです。通常の場合には税務の専門家，何かトラブルが起きた場合には法務の専門家にタッチしていただくということです。その際に何といっても重要なのは主導権争いを避けるということです。これは余り言うべきことではないのかもしれませんけれども，大物の会計事務所の方と大物の弁護士の方で主導権争いをやっているなどということもないわけではありません。しかし，そのようなことはやるだけ無駄で，困るのはクライアントですから，それは避けていただきたい。

2 的確な社内体制の整備の重要性

社内体制でも同じでございまして，法務部と経理部で，ライバルだったりします。会社によっては法務部が強いところと，経理部が強いところといろいろあり，社内で対立が起こってしまうことがあり得ます。そのように経理部に会計事務所の方がついて，法務部に法律事務所の方がついてお互いに対立していると，いつまでたっても埒が明かないで，多額の事案が棚晒しにされるなどということが現実にもあるようですから，これは恐ろしいことになるわけです。国税もそれでは困るわけで，どちらでも良いから早く意思を統一してくれという気持ちに当局がなってしまうくらいのことが，起こり得るわけです。ここで重要なのは社内でのボードのバックアップだと思います。結局各部単位でやっていれば対立になってしまうので，社長が自分が責任を取るからと言って，大きな方針はこちらで決めるということになれば問題は少なくなるでしょう。旧興銀事件[6]でなぜ 1,500 億円（地方税を含めて 2,200 億円余）に還付加算金 1,000 億円を付けて 3,200 億円戻ってきたか。あれは納税者がなぜ勝てたかというと，それは社内の体制が一枚岩だったからではないかと思います。西村正雄頭取が責任をもって全体を仕切られましたから，下の方で，セクショナリズムが起こりようがなかったわけです。租税訴訟というのは，こういう立派な方が仕切るというくらいの高度のマターだということなのです。大型の租税訴訟を軽い気持ちで考えたらいけないので，これは企業の経営に直接絡むような話でございます。それで株主総会も代表訴訟の問題がありますから常にボードの方針を考えなければならないということです。

3 意見書の有効的利用

専門家の意見書ですが，役に立つところが仮にあるとすれば，実務の方々が

---

[6] 最高裁平成 16 年 12 月 24 日判決・民集 58 巻 9 号 2637 頁。

気付かない論点を発掘できるということなのだと思います。「そんなことあり？」というようなことを出せるかどうかが研究者等の器量なのではないのかと思います。それを判例の形で残せたら，専門家として嬉しいことです。実務家の考えつかないような基本的な理論が重要な場合があります。旧興銀事件では貸倒れの認定を社会通念によるということで，最高裁もこれを認めたわけですけれども，私は第一審の訴訟で貸倒れの認定は社会通念によるべきであるという意見書を提出致しました。もちろん，貸倒れが社会通念によって決まるというのはおかしいという考え方もあり得ますが，刑法の猥褻の概念さえ社会通念で決まるのだから，貸倒れが社会通念で決まったって良いではないかと思いました。社会通念に従って貸倒れを認定するというのは，法人税基本通達や所得税基本通達の前文に，通達の運用は社会通念に従って行えると書いてあって，貸倒れしているかどうかも通達に書いてあるわけですから，これでよろしいでしょう。

4 裁判所に対する対外的意思表示

対外的な意思表示の問題でございますけれども，日本の国税も日本の裁判所も非常に優秀で信頼できますから，国税と不必要な対立をしてもいけませんが，裁判所と無意味に敵対しないということも重要です。裁判所へ出かけて行って税務は自分の方が詳しいのだといっても，なかなか難しいでしょう。教会へ行って柏手を打ってお賽銭を入れたりはしないように，裁判所では裁判所のお作法があるのです。

5 報道機関との関係

報道機関との関係というのも重要でございまして，これは法律事務所も対応してくれます。

五　最　後　に

まとめとして，考える順番は次のように考えています。
・税務の専門家は，租税法の解釈のみから入ろうとするが，それでは不十分であり，
・私法上の取引があり，その後の課税がある，

要するに，これだけです。ご静聴ありがとうございました。

Ⅲ
最近の国際課税制度の流れ

　一　はじめに

　長い間，その実務的重要性にもかかわらず孤立した特殊な領域と意識されることの多かった国際租税法が，現在においては，次第に主要な分野の一つとして認識されるようになってきている。その端的な現れは，昨年（2013年）の6月に組織された新たな政府税制調査会における最初の重大テーマの一つが国際課税制度であったという点に凝縮されているのではなかろうか。本稿は，国際租税法に関するこのような最近の現象とその背景について，この特集における他の論文や座談会の序説として，その概要を述べようとするものである。

　本特集においては，国際的な課税問題について様々なかたちで私も一緒に研究を行ってきた方々を中心に，最近特に重要と思われる四つの論点について，それぞれ原稿を執筆していただいた。すなわち，BEPS（Base Erosion and Profit Shifting，課税ベースの浸食と利益移転），外国法人の支店課税における帰属主義への移行，外国法人が日本に対して販売するネット・コンテンツに関する消費税の課税，そして，消費税の輸出免税，の四つの論点である。

　これらの論点に関する解説と座談会を通じて，国際租税法に関する最近の動きが読者の方々にとって明確に示されるものと期待している。

　二　国際課税制度に注目が集まる背景

　最近において国際課税制度に大きな注目が集まっている最大の要因は，国際通信技術や国際金融技術の発展とともに，インターネット取引やファイナンス取引を用いた国際的な課税逃れが実務的に重要性を増し，先進諸国において法人税等の課税が徐々に困難になりつつあるという事実にほかならない。これは，

すなわち，インターネット取引は，国家の課税管轄権を超えた取引を可能にし，また，デリバティブ取引は法人税制度の弱点をついた課税逃れを可能にするからである。そのことを反映して，世界における法人税の税率は，徐々に減少してきている。この現象について，ロンドンのエコノミスト誌は，かなり前に，以下のような二つの衝撃的な記事を掲載した。

- "The disappearing taxpayer", The Economist, May 29th 1997（From the print edition），http://www.economist.com/node/150080
- "The mystery of the vanishing taxpayer", The Economist, Jan 27th 2000（From the print edition），http://www.economist.com/node/276945

　インターネット取引とファイナンス取引の発展に裏づけられた経済のグローバル化に，主権国家の並存状態を前提とする現在の租税制度（その背後には，複数の主権国家の並存状態をもたらした1648年のウェストファリア条約以来の国際秩序が存在する）が未だ十分に対応できておらず，その結果，特に法人税に関して，先進諸国が，課税逃れの蔓延などによる税収減少等の危機的な状況に陥っているというのが，これらの二つの記事の要点である。それから15年も（刊行時には25年も）経過した現在においても，このような状況は改善されるどころか，深刻化の一途をたどっているといってよかろう。

　もちろん，このような法人税等の退行現象に対して，適正な課税確保を模索しようとする国側の動きも活発化してきている。たとえば，1990年代後半には，OECDにおいて有害な租税競争をめぐる議論が活発に行われ，Organisation for Economic Co-operation and Development, Harmful Tax Competition, An Emerging Global Issue, 1998という報告書が公表されたことは，われわれの記憶に新しい。残念なことに，この動きは，事実上，数年後には消えてしまったが，最近，また，OECDやG8その他において，BEPSと呼ばれる国際的課税逃れに関する議論が活発に行われている（Cf. http://www.oecd.org/ctp/beps.htm）。政府税制調査会においても，これをめぐる議論は，国際課税ディスカッショングループが検討対象としている主要テーマの一つである。

　しかし，このような努力にもかかわらず，課税の網目を掻い潜ろうとする市場の力は強く，経済取引の国際化・ネット化を背景とする課税逃れの蔓延はとどまるところを知らず，先進諸国はいずれも深刻な税収不足に陥っているというのが偽らざる現状である。

それでは，はたして法人税等は，エコノミスト誌の記事のいうように，消えゆく運命にあるのであろうか。ちょうど50年前に，アメリカの哲学者ダントーは，新たな抽象的表現の枯渇により現代美術は終焉を迎えつつあると述べ[1]，さらに，同様の状況はその後においても変わっていないと述べた[2]が，法人税等についても同様なのであろうか。この点こそが，私たちの最大の関心事である。

また，はたして法人税が生き残れるかという点はかねてより議論されてきたが，最近においては，それにとどまらず，消費税についても，課税の及ばない取引が拡大しており，事態はさらに深刻化しているのである。

三　政府税制調査会で議論されている三つのテーマ

昨年（2013年）6月に発足した政府税制調査会においては，発足直後に，国際課税ディスカッショングループ（座長：田近栄治一橋大学特任教授）が設けられ，国際課税に関する喫緊の課題についての議論が活発に行われている。そこにおける主要な検討テーマとこれまでの動きは，以下の三つである。

- 外国法人の国内支店に対する課税の際の国内源泉所得の算定方法について，全所得主義（国内支店の活動とは関係のない，本店直取引の国内源泉所得についても，申告納付を求める方式）から，帰属所得主義（国内支店の活動に起因する所得を国内源泉の事業所得として，これについて申告納付を求める方式）へ移行を図るという点については，政府税制調査会の議論を受け，今年（2014年）の税制改正で具体的な方向性が示された。これは，国際租税法における長年の懸案であった。
- 日本の企業や消費者が外国法人からネット・コンテンツを購入する（本や音楽のダウンロード，あるいは，インターネットによる広告サービスの提供等）に際しては，現在までのところ，消費税の課税が行われておらず，外国法人と内国法人の間で競争条件が異なるという深刻な問題が存在している。そこで，このような取引に対しても消費税を課税する方向で議論が行われているところであるが，来年（2015年）の税制改正で，政府税制調査会の議論を受けて，具体的な課税方式について一定の方向性が示されることに

---

[1] Arthur C. Danto, The Artworld, The Journal of Philosophy, Volume 61, Issue 19, American Philosophical Association Eastern Division Sixty-First Annual Meeting (Oct. 15, 1964), 571-584.

[2] Arthur C. Danto, After the End of Art: Contemporary Art and the Pale of History, 1998.

なっている。
・　国際的な課税逃れ（BEPS）に関する取引実態の把握と，それに対する対応措置の探求については，現在，OECD等における議論と並行するかたちで検討が進行中である。

ここでは，これらの具体的な中身について個別に深入りはせずに，本特集におけるそれぞれの論文にその詳細を委ねることとするが，いずれも一筋縄ではいかない複雑な問題であり，今後の議論の展開が待たれるところである。

そして，これらの問題は，国際的な情報収集・情報交換の動きとの関連で，政府税制調査会のマイナンバー・税務執行ディスカッショングループ（座長：神野直彦東京大学名誉教授）における議論と関係し，また，日本の法人税の課税ベースの範囲の問題との関連で，法人課税ディスカッショングループ（座長：大田弘子政策研究大学院大学教授）における議論とも密接に関係してくる。したがって，いずれは，政府税制調査会において全体を統合した議論が必要となってくるかもしれない。最近，政府税制調査会に設けられた基本問題小委員会（小委員長は，中里が会長と兼任）は，そのような議論の受け皿としての性格も有するものである。

四　その他の実務的に重要な論点

さらに，三で述べた最近の問題のほかにも，国際租税法において従来も熱心に検討されてきた以下のような問題について，今後，さらに議論が深められることが予想される。
・　移転価格課税は，今後も，国際課税における最重要問題の一つであり続けるであろう。特に，無形資産の取引をめぐり引き起こされる様々な課税問題は，BEPSとも密接に関連する問題であり，実務における喫緊の課題として，それに関する真剣な理論的検討が必要なテーマといえよう。
・　タックスヘイブン対策税制をめぐる検討も，BEPSをめぐる議論との関連において，重要な位置を占め続けるであろう。また，タックスヘイブン地域との間で近年において締結された租税条約を用いての情報交換の有効性が，国際的情報収集に関する国内法の整備と相まって，実務に深刻な影響を及ぼすであろう。
・　さらに，現在，法人税の実効税率引下げによる税収減少をうめあわせるべく，課税ベース拡大措置の一つとして，外国法人からの受取配当の益金

不算入制度の見直しが検討されているが，これなども実務的影響が大きいものと考えられる。

ここで，これらについて詳しく検討する余裕はないが，国際課税をめぐる様々な議論が行われている現在，研究者も実務家も，これらの問題から目が離せないといえよう。

五　国際取引に係る租税回避否認規定について

国の側から見た場合，国際取引をめぐる課税問題への対応において，特に重要な位置を占めるのが，租税回避否認規定をめぐる議論である。

租税回避否認とは，理論上，私法上の法律関係の形成可能性の濫用が行われた場合に，私法上の法形式を無視して課税関係を考えることであるが，それが認められるためには，租税法上の明文の根拠規定が必要であるとされている。この根拠規定が，租税回避否認規定である。

しかし，最近，所得税法等の一部を改正する法律（平成26年3月31日法律第10号）3条による改正（平成28年〔2016年〕4月1日施行）により，その適用範囲があいまいな否認規定が制定された点は，注目に値する。すなわち，それが，「外国法人の恒久的施設帰属所得に係る行為又は計算の否認」と題する法人税法147条の2である。同条は，「〔法人税法〕141条1号イ（課税標準）に掲げる国内源泉所得」（すなわち，「恒久的施設帰属所得」）に係る所得に対する更正・決定に際して，「その外国法人の行為又は計算で，これを容認した場合には，当該各事業年度の恒久的施設帰属所得に係る所得の金額から控除する金額の増加，当該各事業年度の恒久的施設帰属所得に係る所得に対する法人税の額から控除する金額の増加，第138条第1項第1号（国内源泉所得）に規定する内部取引に係る利益の額の減少又は損失の額の増加その他の事由」により，「法人税の負担を不当に減少させる結果となると認められるものがあるときは」，当該行為または計算を否認する権限を税務署長に対して与えている。

ところで，同じ改正により設けられた新しい138条1項1号は，「外国法人が恒久的施設を通じて事業を行う場合において，当該恒久的施設が当該外国法人から独立して事業を行う事業者であるとしたならば，当該恒久的施設が果たす機能，当該恒久的施設において使用する資産，当該恒久的施設と当該外国法人の本店等（……）との間の内部取引その他の状況を勘案して，当該恒久的施設に帰せられるべき所得（……）」を国内源泉所得として規定する。

ここで疑問なのが，147条の2が，「内部取引に係る利益の額の減少又は損失の額の増加その他の事由」による法人税負担の不当な減少の際に，行為・計算の否認ができると定めている点である。なぜならば，内部取引は，いかなる意味においても私法上の取引ではない（企業内部のものにすぎない）から，そこにおいては，（租税回避否認の本質である）私法上の法形式を否定して課税関係を考えるということが行われ得ないのである。そもそも，138条1項1号は，内部取引が行われた場合において，私法関係から離れて，租税法独自に，内部取引に係る利益の額または損失の額を国内源泉所得とする定めである（いわば，私法関係から離れて課税関係を考えるという意味において，138条1項1号自体が一種の「否認規定」である）。したがって，そこにおける内部取引に係る利益の額または損失の額の計算が租税法上適正に行われていれば，それでよいのであって，そこに重ねて（私法関係を否定して課税関係を考える）租税回避否認規定を設ける意味は存在しないのではなかろうか。
　すなわち，147条の2（の内部取引に関する部分）は，138条1項1号にいう内部取引について租税法上定められた私法と異なる国内源泉所得の計算方法に合致しない不適切な所得計算が行われた場合に，それを「否認」して適正な計算方法を採用すべきことを要求する定めであり，要するに，内部取引に関して138条1項1号の計算を適正に行うべきであるといっているだけの確認的な規定にすぎないといえるのではなかろうか。その限りで，それは，私法上の法形式を否定する規定とは全く異なるものであり，その意味において租税回避否認規定ではないといえよう。
　このように位置付けのあいまいな「否認規定」が設けられたのは，138条1項1号に従って本支店間取引について独立企業原則を適用し国内源泉所得を計算する際に，租税法上適正な計算がなされることを念入りに担保しようとしてのことであろう。しかし，138条1項1号それ自体に従って国内源泉所得が適正に計算されれば，それで足りるのであって，147条の2は，内部取引に係る利益の額または損失の額に関しては当然のことを定めているだけであり，いわば不要なものといえよう。そもそも，本店と支店の間に「行為」は存在しない点を無視するわけにはいかないからである。
　また，同条は，租税条約との関係においても，微妙な問題を引き起こす。138条1項1号に基づく内部取引に係る利益の額または損失の額の計算は，租税条約において認められた本支店間の所得配分方法に基づく支店利益の算定方法を国内法において定めたものである。そして，国内源泉所得の算定に関して

は，租税条約上，特別な否認規定は存在しない。したがって，147条の2は，租税条約において認められていない租税回避否認を国内法上定めたものであって，その限りにおいて租税条約に反すると考えることも不可能ではない。そのように考えた場合においては，同条は，租税条約が存在しない場合にのみ適用される定めということになるのかもしれない。

六　おわりに

　私たちは，現在，国際課税制度の急速な変化に直面している。そのような状況の下においては，納税者は制度の変化について，また，国側は取引の変化について，それぞれ疑心暗鬼な状態になりやすい。このような場合において重要なのが，正確な情報の共有である。すなわち，適正な課税制度の構築のためには，両者の間の密接な情報交換が不可欠である。その意味において，現在，政府税制調査会において，国際課税，執行制度，法人課税のそれぞれのディスカッショングループが連携して動いていることの意味は大きいのではなかろうか。そこにおける議論を通じて，より広い範囲における活発な議論が，納税者のためにも課税庁のためにも真摯に行われることが期待されよう。

Ⅳ

タックスヘイブン対策税制と子会社の赤字

一 はじめに

　本稿においては，タックスヘイブン対策税制を，法人税法 11 条（所得の私法上の帰属に関する定め）の特別規定ではなく，それとは別世界の，租税回避否認規定（すなわち，当事者の採用した私法上の法形式を無視して課税要件の充足を認める定め）であると考えた場合，それが必ずしも赤字子会社の赤字の合算を否定したものとは解せないという点について，タックスヘイブン対策税制という政策税制の目的的解釈による射程範囲の限定という観点から述べることとする[1]。

　実は，タックスヘイブン対策税制が，この制度が存在しないとしても法人税法 11 条の適用により当然に認められるような措置（すなわち，所得の帰属を私法上の形式ではなく，私法上の実質に基づいて決めるという措置）を，明確性や画一的処理等の見地から条文のかたちにして確認した，私法上の法関係に基づいて所得の帰属を認定するための規定なのか，それとも，当事者の採用した私法上の法関係を無視して課税を行うことを許容する租税回避否認規定（法人税法 11 条の定める所得の帰属も，通説の法的帰属説の立場からは，私法上の法関係に基づく所得の帰属を尊重しようとするものであるという点に留意）なのか，立法の際の立案担当者の解説からは必ずしも判然としない。

　すなわち，第一に，立案担当者により，タックスヘイブン対策税制は，その

---

1) 私は，かつて，都市銀行三行の外国税額控除をめぐる事案において，課税減免規定の射程範囲の限定という金子宏名誉教授の理論を適用して問題解決を図るべきであるとして，国側の立場に立った意見書を裁判所に提出したが，その際に，京都大学の岡村忠生教授が裁判所に提出した納税者側の意見書において，課税減免規定についてのみ射程範囲の限定を行うことは，単なる課税要件の拡張に他ならないという趣旨の鋭い理論的な反論をいただいた。その時から考え続けてきたことをここに述べて，岡村教授に対するお答えとしたい。

制定以前から存在した実質所得者課税の原則に関する法人税法11条の規定を，タックスヘイブンに設立された内国法人の子会社との関連において（確認的に）明確にするという趣旨を有しているという点が指摘されている。すなわち，この点について，立案担当者の手になる，高橋元監修『タックス・ヘイブン対策税制の解説』（1979年）91頁には，「課税の要件を明確化し，執行面でも安定性を確保することが必要であることが強く意識されるようになり」タックスヘイブン対策税制の導入が検討されるようになったと述べられているのに続いて，次のような叙述がある（同書，82頁）。

　「行政当局においては，タックス・ヘイブンを利用する我が国［企業の］税負担の不当な軽減に対して，従来から法人税法第11条の実質所得者課税の規定により，それを適用し得る範囲において規制してきたが，適用に当っての所得の実質的な帰属についての具体的な判定基準が明示されていないため，課税執行面での安定性に必ずしも問題なしとしない面があった。このため，租税法律主義を維持しつつ課税の執行の安定性を確保するという観点からも，租税回避対策のための明文規定の整備が強く要請されていた。」

他方，第二に，歴史的に見て，タックスヘイブン対策税制は，租税負担の不当な軽減を防止することを目的として設けられたものであるという点が指摘される。すなわち，この点については，税制調査会の「昭和53年度の税制改正に関する答申」において，「税負担の不当な軽減を防止するというこの制度本来の趣旨」という表現が用いられている。

特に，上記の立案担当者の手になる書物における，私法上の取決めに基づく所得の帰属に関する（すなわち，基本的に事実認定に関する）法人税法11条では不明確な場合があったので，租税回避防止のために租税特別措置法66条の6が設けられたという立案担当者の説明には，実は，多少の混乱がある。というのも，事実認定に関して判断する基準が不明確であるならば，事実認定に関する規定を設ければいいわけであるから，私法を無視して課税を行うことを許容する租税回避否認規定を設けたというのは，多少わかりくい説明だからである。

考えてみると，取引の私法上の性格が必ずしも明らかではない場合に，租税法上，それを一定の性格付けに統一したとしても，取引の私法上の性格は不変である。したがって，その場合であっても，私法上の性格と租税法により統一された性格とが同じであれば，単にあるべき課税（私法上の法形式に従った課税）が行われただけであって，当事者の採用した私法上の法形式を無視する租税回避否認が行われているわけでは決してない。そこで，私法上の性格が不明確で

ある場合に，それを租税法上一定の性格付けに統一することは，（取引の私法上の性格を無視して課税を行うことを許容するのが租税回避否認規定の意味であることを前提とすれば）単なる事実認定に関するみなしなのか，それとも，私法上の性格を無視する租税回避の否認なのかという点が問題となる。

　ただ，課税庁は，明確に，租税特別措置法 66 条の 6 は，租税回避否認規定であるという立場をとっている（実際，国は，松山地裁平成 16 年 2 月 10 日判決・訟務月報 52 巻 2 号 690 頁，その控訴審である，高松高裁平成 16 年 12 月 7 日判決・判タ 1213 号 129 頁，その上告審である最高裁平成 19 年 9 月 28 日判決・民集 61 巻 6 号 2486 頁のみならず，東京地裁平成 19 年 3 月 29 日判決・税資 257 号順号 10675，および，その控訴審である，東京高裁平成 19 年 11 月 1 日判決・税資 257 号順号 10816 においても，租税特別措置法 66 条の 6 が，私法上の法関係に基づく所得の帰属の認定に関する法人税法 11 条とは無関係で，それとは独立の，租税回避否認に関する規定であると主張している。なおその上告審である最高裁平成 21 年 10 月 29 日判決・民集 63 巻 8 号 1881 頁，参照）ので，以下においては，そのような立場を採用した場合，実は，結果として，同条を所得の帰属に関する特別規定であると理解した場合よりも，より一層，海外の赤字子会社の赤字を合算することが要求されるようになる可能性があるのではないかという点について述べる。

二　タックスヘイブン対策税制の本質

　タックスヘイブン対策税制の本質は，これを租税回避否認規定であるとするのが，判例であり（双輝汽船事件における最高裁平成 19 年 9 月 28 日判決・民集 61 巻 6 号 2486 頁。以下「双輝汽船判決」と呼ぶ），通説（金子宏『租税法〔第 12 版〕』〔2007 年〕416 頁）である。内国法人である親会社（課税の対象が個人株主の場合もあろうが，以下ではこのような個人株主も含めて便宜的に「親会社」と記載する）の子会社がタックスヘイブンに存在する場合の，タックスヘイブン対策税制の具体的適用は，子会社の事業活動がどのようなものと考えられるかに応じて，以下のようになる。

1　実質的に親会社の事業活動である場合（法人税法 11 条）

　まず，そもそも法人の所得は法人の事業活動の成果を意味するものであり（金子宏『租税法〔第 12 版〕』242 頁），当該事業活動を行った法人に帰属するものである。このことは，双輝汽船判決も，特定外国子会社が親会社とは別法人と

して独自の活動を行っていた以上，その活動に基づく損益は当該特定外国子会社に帰属し，親会社に帰属するとは認められない旨判示しているところである（なお，同判決には，「法人は，法律により，損益の帰属すべき主体として設立が認められるものであり，その事業として行われた活動に係る損益は，特殊な事情がない限り，法律上その法人に帰属するものと認めるべきもの」との補足意見がある）。

したがって，ある事業活動が法形式上は子会社において行われていた場合でも，実質的には（すなわち，私法上の法形式の実質に従った場合）親会社の事業活動であると認められる場合には，法人税法11条が適用され，その所得は親会社の所得として課税がなされる。ただし，これはきわめて例外的な場合である（これは，すなわち，双輝汽船判決の上記補足意見における「特殊な事情」がある場合ということになろう）。また，これは，タックスヘイブン対策税制とは一応無関係であり，それがなくとも，法人税法11条により認められる扱いである。

2 実質的に子会社の事業活動である場合（タックスヘイブン対策税制）

他方，所得が実質的にも（すなわち，私法上の法形式の実質に従った場合）子会社の事業活動の成果であると認められる場合には，タックスヘイブン対策税制が適用され，当該事業活動に基づく所得は，親会社の所得に合算して課税がなされる。これは，私法上の法形式（子会社の事業活動）に基づき子会社に帰属する所得が，租税回避否認規定である租税特別措置法66条の6により，租税法上は親会社に帰属するものとされるためである。子会社の所得を親会社の「収益の額とみなして」課税するという定めは，このように，私法上の法形式に基づき子会社に帰属する所得を，課税上，親会社に帰属するものとして課税するという趣旨である（すなわち，当事者が親会社ではなく子会社で事業活動を行うという法形式を選択したにもかかわらず，課税上はこれを否認し，子会社の事業活動の成果を親会社の事業活動の成果と認めるものである）。その意味において，タックスヘイブン対策税制は，同じく租税回避否認規定である移転価格税制と同様に，私法上の法形式に基づき子会社に帰属する所得を，課税上，親会社に帰属するものとして親会社に配分する制度として機能する。

なお，タックスヘイブン対策税制を，このように，所得の帰属を私法に基づいた場合とは異なるかたちに変更するという効果を有する租税回避否認のための制度ととらえる場合には，そのような帰属の変更を租税条約は定めていない（そのような帰属の変更は，租税条約上は，移転価格課税の場合についてのみ認められている）ので，租税条約との関係が問題となる点を付記しておく。

三 タックスヘイブン対策税制という政策税制の目的的解釈

　赤字子会社の赤字の合算という本稿の対象となる問題について考える際に，まず何よりも注目すべき点は，租税回避の否認とは，加重的な課税を行うということではなくて，迂回的な私法上の法形式を用いた取引が行われた場合に，租税法上それから離れて，通常利用される私法上の法形式が利用された場合と同じ課税の状態を租税法律でもって作り出す（あるべき課税状態に戻す）ものであるという点である。それは，特別に重い課税を行うことを意図した懲罰的な定めではない。また，タックスヘイブン対策税制の立法過程においても，それを懲罰的な定めとして適用するということは特に考えられていなかったように思われる。何よりの証拠に，タックスヘイブン対策税制の適用を行う場合においても，重加算税に相当するような加重的ないし懲罰的な課税は行われることにはなっていない。そのことを前提として，解釈論としてより詳しいかたちで議論を展開すると，以下のようになるのではないかと思われる。

　タックスヘイブン対策税制が，（当事者の採用した私法上の法形式から離れて課税要件が充足されることを租税法上認める）租税回避否認のための制度であったとしても，それを，外国に所在する赤字法人の赤字を無視して，わざわざ同制度の制定前よりも納税者に対して厳しい課税（一種の懲罰的な課税）を行うものとして解釈することは，（迂回的な私法上の法形式を用いた取引が行われた場合に，それを）通常利用される私法上の法形式が利用された場合と同じように課税条件が充足された状態を，租税法律でもって作り出す（すなわち，あるべき課税状態に戻す）という租税回避否認規定の制度の本質からして，採用することの困難な考え方なのではなかろうか。

　規定の趣旨に適合した解釈を行うためには，以下のように，一定の政策目的の実現のために設けられた政策税制を，当該目的から乖離したかたちで解釈適用することは許されないという考え方のもとに，タックスヘイブン対策税制の適用を考えていくべきであると思われる。

　まず，一定の政策目的実現のために採用された課税減免規定の目的的解釈による当該規定の射程範囲の限定という考え方（この考え方は，金子宏名誉教授が主張されているものである。金子宏『租税法〔第12版〕』111頁，参照。なお，それを，外国税額控除事件における課税庁側の鑑定書において，私は具体例に基づくかたちで展開した。詳しくは，中里実『タックスシェルター』〔2002年〕第11章参照）が，都市

銀行の外国税額控除に関する最高裁判決によって認められたという点について，一応，次の1において確認しておきたい。

1　外国税額控除の最高裁判決の認める，課税減免規定の射程範囲の限定

いくつかの都市銀行の，外国税額控除の控除限度額を利用したさまざまなスキームをめぐる課税問題については，公表されている最高裁判決が二つ存在する。

すなわち，その第一は，最高裁（第二小法廷）平成17年12月19日判決（破棄自判・平成15年（行ヒ）第215号）・民集59巻10号2964頁である。この判決は，外国税額控除の制度を，「同一の所得に対する国際的二重課税を排斥し，かつ，事業活動に対する税制の中立性を確保しようとする政策目的に基づく制度である」とした上で，以下のように判示して，その制度の適用される範囲を限定した。

「本件取引は，全体としてみれば，本来は外国法人が負担すべき外国法人税について我が国の銀行である被上告人が対価を得て引き受け，その負担を自己の外国税額控除の余裕枠を利用して国内で納付すべき法人税額を減らすことによって免れ，最終的に利益を得ようとするものであるということができる。これは，我が国の外国税額控除制度をその本来の趣旨目的から著しく逸脱する態様で利用して納税を免れ，我が国において納付されるべき法人税額を減少させた上，この免れた税額を原資とする利益を取引関係者が享受するために，取引自体によっては外国法人税を負担すれば損失が生ずるだけであるという本件取引をあえて行うというものであって，我が国ひいては我が国の納税者の負担の下に取引関係者の利益を図るものというほかない。そうすると，本件取引に基づいて生じた所得に対する外国法人税を法人税法69条の定める外国税額控除の対象とすることは，外国税額控除制度を濫用するものであり，さらには，税負担の公平を著しく害するものとして許されないというべきである。」

ここにおいては，外国税額控除の制度が政策目的に基づく制度であることを前提とした上で，その濫用は許されず，濫用の場合については，外国税額控除の対象とならないということが，説得的に述べられている。

もう一つは，最高裁（第一小法廷）平成18年2月23日判決・判時1926号57頁（破棄自判）である。この判決も，上の判決と同様に，外国税額控除の制度を，「我が国の企業の海外における経済活動の振興を図るという政策的要請の下に，国際的二重課税を防止し，海外取引に対する課税の公平と税制の中立性

を維持することを目的として設けられたものである」とした上で，以下のように判示して，この制度をその本来の趣旨および目的から著しく逸脱する態様で利用する場合については，当該制度の適用される射程範囲の外であるとしている。

> 「本件各取引は，これを全体として見ると，本来は内国法人が負担すべきでない外国法人税について，内国法人である本件銀行が対価を得て引き受け，これを自らの外国税額控除の余裕枠を利用して我が国において納付されるべき法人税額を減らすことによって回収することを内容とするものであることは明らかである。これは，我が国の外国税額控除の制度をその本来の趣旨及び目的から著しく逸脱する態様で利用することにより納税を免れ，我が国において納付されるべき法人税額を減少させた上，この免れた税額を原資とする利益を取引関係者が分け合うために，本件銀行にとっては外国法人税を負担することにより損失が生ずるだけの取引をあえて行うものというべきであって，我が国ひいては我が国の納税者の負担の下に取引関係者の利益を図るものにほかならない。そうすると，本件各取引は，外国税額控除の制度を濫用するものであり，これに基づいて生じた所得に対する外国法人税を法人税法69条の定める外国税額控除の対象とすることはできないというべきである。」

この判決の述べるところも，基本的に前の最高裁判決とまったく同様であるが，ここでは，単なる表現の差にすぎないのかもしれないが，濫用の場合を外国税額控除制度の射程範囲外とするということがより明確に述べられているように見受けられる。

このように，最高裁は，政策目的で導入された租税制度（具体的には，外国税額控除制度）について，その濫用が行われた場合に適用することは許されないとしている。すなわち，外国税額控除制度が政策目的で特別に導入された制度である以上，当該政策目的にそっていない（濫用のような）極端な場合には，当該制度の射程外とされるのである。これは，明らかに，金子宏名誉教授の考え方を正面から採用したものである。すなわち，金子宏『租税法〔第12版〕』111頁は，次のように述べる。

> 「なお，一定の政策目的を実現するために税負担を免除ないし軽減している規定に形式的には該当する行為や取引であっても，税負担の回避・軽減が主な目的で，その規定の本来の政策目的の実現とは無縁であるという場合がある。このような場合には，その規定がもともと予定している行為や取引には当たらないと考えて，その規定の縮小解釈ないし限定解釈によって，その適用を否定

することができると解すべきであろう。これは，アメリカのグレゴリー事件の判決によって認められた法理（プロパー・ビジネス・パーパスの法理）であるが，わが国でも，解釈論として同じ法理が認められてしかるべきであろう。この法理を適用すると，結果的には租税回避行為の否認を認めたのと同じことになるが，それは理論上は否認ではなく，縮小解釈ないし限定解釈の結果である。最高裁判所が，平成17年12月19日判決において，ある銀行の取引が法人税法69条の定める外国税額控除制度の濫用に当たるとして，その適用を否認したのも，法律上の根拠がない場合に否認を認める趣旨ではなく，外国税額控除制度の趣旨・目的にてらして規定の限定解釈を行った例であると理解しておきたい。ただし，租税法律主義の趣旨からして，この限定解釈の法理の適用については，十分に慎重でなければならないと考える。」

　この外国税額控除関係の一連の事件において，私は，国側の立場に立って裁判所に意見書を提出し，政策目的で導入された課税減免規定の限定解釈という金子名誉教授の考え方を当該事案に適用して結論を出すべきであることを主張した（その中身について，詳しくは，中里『タックスシェルター』第11章を参照されたい。この第11章は，政策目的のために設けられた課税減免規定の限定解釈と，事実認定による「否認」という，金子名誉教授の提唱される二つの理論の具体的な適用について，裁判所に提出した鑑定書に基づいて執筆したものである）。そして，それが認められたのが，上に引用した二つの最高裁判決である。

　なお，注意しなければならないのは，そのような目的的解釈を行う際にも，当該規定の中に私法上の概念が用いられている場合には，借用概念に関する解釈一般におけるとまったく同じように，私法におけるのと同じ意義に解すべきであるという点である。すなわち，政策目的のために設けられた課税減免規定を目的的に解釈するといっても，それは，その中の借用概念を目的的に解釈するという意味ではまったくなく，ただ，課税減免規定の射程範囲を政策目的との関連で目的的に考えるという意味なのである。その意味において，政策目的のために設けられた課税減免規定の目的的解釈と，借用概念の解釈における統一説・一体説の間には，何の矛盾も存在しないと考えることができる。

2　政策税制の射程範囲限定論の拡張

　では，外国税額控除に関する法人税法69条のような課税減免規定ではなく，一定の政策目的から設けられた課税規定についても，同様に，上のような考え方が認められるのであろうか。すなわち，上の理論を，政策目的のために導入

された課税規定に対して適用することは認められるのであろうか。

　この点，理論的に考えると，政策目的のために導入された課税規定についても，基本的に，政策目的のために導入された課税減免規定の場合とまったく同様に，当該政策目的との関連で規定の射程範囲に関する検討を行うことは，法解釈として当然のことであると思われる。そのような解釈の結果として，課税規定の射程範囲が限定されるように見えても，それは，法の解釈の当然の帰結にすぎないといえよう。

　政策目的で設けられた課税規定の射程範囲の限定は，二で述べた外国税額控除に関する最高裁判決において用いられた論理から自然に導かれるものであり，そのような解釈を課税減免規定についてのみ用いなければならない必然性は，基本的に存在しない。もちろん，課税庁が，政策目的のために導入された課税規定の射程範囲の限定を自ら行うことは現実には困難かもしれず，そのような規定をいわば機械的に適用するのが自然なことなのかもしれない（大量反復的な業務を遂行するためには，これは，一定程度やむをえないことであろう）。しかし，裁判所に事件が持ち出された場合においては，裁判所は，1で述べた最高裁判決において用いられた論理を十分に尊重して，政策目的のために導入された課税規定の射程範囲の限定を行うことができると考えるべきである。具体的妥当性の尊重こそが，司法の使命だからである。

3　タックスヘイブン対策税制という政策税制の射程範囲の限定

　では，具体的には，政策目的のために導入された課税規定の射程範囲の限定という方法は，いかなる場合に認められると考えるべきであろうか。以下においては，タックスヘイブン対策税制を例として用いることにより，この考え方の具体的な適用事例について，多少の検討を加えてみたい。

　ここでは，はじめに述べたように，タックスヘイブン対策税制を，法人税法11条の私法上の法関係に基づく所得の帰属に関する定めでは十分に対応しきれない場合があることを考慮して，国際的租税回避に対処する等の目的を実現するためにわざわざ設けられた政策的な制度であると考えることにしよう。一定の形式的要件を満たす場合に，外国子会社の所得を日本の親会社の所得に合算して課税するというタックスヘイブン対策税制において採用されたきわめてドラスティックな課税方式は，その意味で，典型的な政策税制の一類型であるといえよう。したがって，その政策目的に応じて，同制度の射程範囲を考えることはきわめて自然なことである。そのように考えると，比較的自然に，国際

的な租税回避の防止という本来の政策目的をふみこえて，同制度を納税者に対して懲罰的な課税を行うためのものとして適用すべきではないし，また，国際的な租税回避が存在しないような場合においてまで同制度を適用すべきでもないという考え方が導かれるのではなかろうか。

したがって，たとえば，海外子会社が赤字である場合に，その赤字を無視して，黒字の海外子会社についてのみ合算課税を行うことは，（以下の四で述べるように，その場合には，当該赤字に関する限り，国際的租税回避は存在しないから）国際的租税回避への対処とは無関係の懲罰的な意味合いをもつことであると考えられる。したがって，そのような課税は，タックスヘイブン対策税制の制定された本来の政策目的（国際的租税回避の防止）の実現とは無関係であると考えられる。したがって，海外子会社が赤字である場合についてはタックスヘイブン対策税制は適用されず（射程範囲の限定），本来の法人税法11条に立ち返って，同条の要件を満たす場合には，私法上の法律関係に基づく所得の帰属を尊重して，海外子会社の赤字を親会社の赤字として取り扱うことが許されると解すべきである（ただし，法人税法11条の要件を満たさない場合には，双輝汽船判決におけるように，もちろん，海外子会社の赤字を親会社の赤字として取り扱うことは許されない点に留意されたい。したがって，ここで述べた考え方は，双輝汽船判決と矛盾しない）。

四　タックスヘイブン対策税制における租税回避否認と事実認定

ここでは，上の三の最後で述べた結論について，さらに詳しく述べることとする。すなわち，タックスヘイブン対策税制を租税回避否認規定ととらえる場合には，理論的に，租税回避の否認（租税特別措置法66条の6のタックスヘイブン対策税制）と，事実認定（私法上の法律関係に基づく所得の帰属に関する法人税法11条）の関係をどのように考えるかという混乱しやすい問題が生ずるので，ここで少し検討しておこう。

繰り返しになるが，租税回避の否認とは，当事者の選択した迂回的な私法上の法形式を無視して，租税回避の行われていない通常の状態に戻す（通常の法形式が選択されたものとして，課税関係を考える）ことである。ところで，租税特別措置法66条の6が，課税に関して私法上の法形式を無視することを許容する租税回避否認規定であるならば，それは，所得の帰属に関して私法上の実質を尊重する法人税法11条とは独立・無関係であり，子会社の合算課税の対象となる所得は，租税特別措置法66条の6適用後も，私法上は，あくまでも子

会社の所得のままである。そのように私法上は子会社の所得であるものに対して，租税法上，私法を無視して，親会社に対して課税することを認めるというのが，租税回避の否認ということの意味だからである。これに対して，法人税法11条の場合には（法的帰属説のもとにおいては），子会社の所得は，私法上の法関係に基づいて親会社に帰属する（したがって，租税法上も親会社に帰属する）ものとされる。

　しかし，このような，租税特別措置法66条の6が租税回避否認規定であり，所得の帰属に関して私法上の実質を尊重する法人税法11条とは独立・無関係であるという考え方は，実務上，重大な影響を及ぼす。

　なぜならば，第一に，そのように両制度が独立であるという考え方に立つ場合，タックスヘイブン子会社の留保所得について租税特別措置法66条の6に基づいて（私法上の法関係に基づいた所得の帰属を課税上無視して）親会社に対する合算課税を行いつつ，同時に，別のタックスヘイブン子会社の赤字を法人税法11条に基づいて親会社に帰属するものとして扱うことに，特に制限は存在しないことになると思われるからである（これに対して，租税特別措置法66条の6を，所得の私法上の帰属に関する法人税法11条の特別規定であると解した場合には，法人税法11条は，租税特別措置法66条の6の定めの範囲で修正されるので，その範囲が問題となる）。

　しかるに，国は，松山地裁平成16年2月10日判決・訟務月報52巻2号690頁，その控訴審である高松高裁平成16年12月7日判決・判タ1213号129頁，その上告審である最高裁平成19年9月28日判決・民集61巻6号2486頁（双輝汽船判決）において，タックスヘイブン子会社の赤字を法人税法11条に基づいて（私法上）親会社に帰属するものとして扱うことは，（私法上の法関係に基づく所得の帰属を租税法上無視する）タックスヘイブン対策税制に反するという主張を行っているように見受けられる。

　しかし，法人税法11条と，タックスヘイブン対策税制を定めた租税特別措置法66条の6が仮に無関係のものであるならば，タックスヘイブン子会社の赤字を法人税法11条に基づいて（私法上）親会社に帰属するものとして扱うことが，（私法上の法関係に基づく所得の帰属を無視する）タックスヘイブン対策税制に反するという主張は，理論的に矛盾したものであるということにならざるをえないのではなかろうか。

　また，第二に，そもそも，租税特別措置法66条の6の定めるタックスヘイブン対策税制が，租税回避否認に関する制度（すなわち，私法上の法形式を租税

法上無視して課税関係を考えることを許す制度）であるとすれば，それは，海外子会社が赤字の場合とは無関係であると考えざるをえない強い理由がある。なぜならば，海外子会社が赤字である場合には，（国内親会社の所得が増えているので）基本的に租税回避は存在しえないからである。そのような場合に問題となるのは，海外子会社の赤字が，法人税法11条により，親会社に帰属するとされるか否かという私法上の事実認定に関する点のみである。

五　双輝汽船事件最高裁判決

　本件問題について，最高裁平成19年9月28日判決（前出双輝汽船判決）は，「本件においては上告人に損益が帰属すると認めるべき事情がないことは明らかであって，本件各事業年度においては，A社に損益が帰属し，同社に欠損が生じたものというべきであり，上告人の所得の金額を算定するに当たり，A社の欠損の金額を損金の額に算入することはできない」と述べ，事実認定を重視して結論を下している。このように，本判決は，事実認定において，本件赤字はタックスヘイブン子会社に帰属する赤字であって，親会社の赤字ではないという理由により下されたものであるから，そうであるならば，本件について，私法上の事実認定に関する法人税法11条の適用により，親会社の赤字とする余地がないことは明らかである。しかし，さらに議論すべき点が二つあるように思われる。

　第一に，本件において，（法人税法11条ではできないとしても）タックスヘイブン対策税制により親会社に赤字が合算されるという解釈は，最高裁により否定されている（ただし，最高裁は，子会社の赤字の合算がタックスヘイブン対策税制により禁止されているとは述べておらず，法人税法22条3項により認められていないと述べている点に留意）。しかし，最高裁判決の述べるように，子会社の赤字を親会社が利用することが法人税法22条3項により認められないのは当然であるとしても，それがタックスヘイブン対策税制において禁止されていると考えるべきであるか否かという点については，別途の考察が必要であろう。すなわち，赤字が私法上子会社に帰属する場合，租税回避は存在しない（租税負担は減少させられてはいない）のであるから，上に述べたような（租税回避否認規定としての）タックスヘイブン対策税制の射程範囲の限定により赤字の合算が認められる可能性は，少なくとも理論的には問題となりうるのではなかろうかという疑問が残る。

これに対して，第二に，仮に，赤字が私法上の法関係に基づいて親会社に帰属する場合には，より理論的な問題が生ずる。すなわち，その場合には，（タックスヘイブン対策税制とは独立に）法人税法 11 条により赤字を親会社に帰属させることを，そもそもタックスヘイブン対策税制が禁止しているかどうかが正面から問題となるからである。この点，法人税法 11 条により赤字が私法上の法関係に基づいて親会社に帰属するとすれば，それは，上で議論したように，濫用的な私法上の法形成を無視する租税回避否認とは，別世界の問題となるから，租税回避否認規定であるタックスヘイブン対策税制とは独立に，私法上の法関係に基づく所得の帰属に関する法人税法 11 条により，親会社は当該赤字を利用できると解すべきであろう。

ただし，もちろん，法人税法 11 条に基づく帰属がタックスヘイブン対策税制により修正されている（その結果として，タックスヘイブン対策税制により，親会社に帰属する赤字を，親会社自体が利用することが許されない）と解する余地がまったくないわけではない。しかし，その場合，タックスヘイブン対策税制は，租税回避否認規定であるとともに，所得の帰属に関する修正規定であるという二重の性格をおびることになるであろう。しかし，最高裁は，あくまでも，タックスヘイブン対策税制を租税回避否認規定として理解しているように見受けられる。

このように，最高裁平成 19 年 9 月 28 日判決は，子会社の赤字は子会社に帰属するという事実認定の上に立って，親会社は子会社の赤字を利用することはできないと判示している。子会社の赤字が（法人税法 11 条に基づいて）子会社に帰属するならば，それを親会社が利用することができないのは，いわば当然のことである。したがって，この最高裁判決は，①タックスヘイブン対策税制の結果としては，子会社に帰属する赤字を親会社が利用することは認められないとしているだけであり，②子会社の赤字が（法人税法 11 条に基づいて）親会社に帰属すると認定される場合に，親会社が当該赤字を利用することまで否定しているわけではないと考えるべきであろう。

六　結　論

以上のように，租税特別措置法 66 条の 6 が国の主張するように租税回避否認規定であるならば，それは，所得の帰属が問題となっている事案とは基本的に無関係である。私法上の法関係に基づく所得の帰属が問題となっている事案

において，私法を無視して課税を行うことを許容する租税回避否認規定が問題になることはない。したがって，法人税法 11 条に基づいて海外子会社の赤字を親会社に帰属するものとして課税関係を考えることは，論理的に，租税特別措置法 66 条の 6 に矛盾することはない。

V

タックス・ヘイブン対策税制改正の必要性

一　はじめに

　本稿は，日本のタックス・ヘイブン対策税制の引き起こす国内的二重課税の問題を具体的な素材として，この制度の本質とその改正の方向性について若干の理論的検討を行おうとするものである。

　タックス・ヘイブン対策税制に関する租税特別措置法（以下，「租特法」という）の規定の中には，日本におけるタックス・ヘイブン対策税制の発動により引き起こされる国際的二重課税を排除するための，タックス・ヘイブン対策税制上の外国税額控除の制度のみならず，タックス・ヘイブン対策税制による親会社に対する合算課税と，親会社に対する通常の法人税課税との間の国内的二重課税の調整に関する措置（合算課税済みの留保金額を原資として支払われた配当を受領した際の損金算入の措置）が組み込まれている。そうであるにもかかわらず，タックス・ヘイブン対策税制が適用される場合で，かつ，特定外国子会社等（以下，「タックス・ヘイブン子会社」という）の日本支店が日本において外国法人課税を受けている場合における，タックス・ヘイブン対策税制による親会社に対する合算課税と，タックス・ヘイブン子会社の日本支店に対する日本における外国法人課税の両方が行われた場合の日本の課税庁による二重課税の調整措置については，定めが存在しない。しかし，このように，日本の課税庁によりなされる二重課税について調整措置が存在しないことは，そのような二重課税を放置すべきであるという立法者の意思を表しているとは到底考えられない。この点が本稿のテーマである。

　本稿における最大の関心事は，形式主義をどこまで尊重するかという点である。一般的に，課税庁は，納税者が利用している法形式は実質とは異なるものであるとして否認しようとすることが多く，他方で，納税者の行為が課税要件

に形式的に該当する場合には課税を貫徹しようとする。逆に，納税者は，課税が軽減される場合には形式を尊重すべきであると主張するのに対して，課税が重くなる場合には，形式主義の貫徹を批判する。このような場合，果たしてどのように問題を解決すべきなのであろうか。

二　本格的整備の必要な日本のタックス・ヘイブン対策税制

昭和 53 年に成立したタックス・ヘイブン対策税制については根本的な改正もなく 35 年が経過（本稿執筆当時）し，時間の経過とともに問題点が種々生じている。国際的な流れの中で頻繁に見直しの行われる移転価格税制と異なり，国内的な措置であるためか，本格的な議論もあまり行われてこなかった。この点について，私は，2003 年に公表した『デフレ下の法人課税改革』と題する書物において，

「他の制度との関係についての問題を度外視しても，制度それ自体の問題点として，適用対象となる外国法人の範囲の問題（どの段階の会社まで対象とするか，適用除外をどのようにするか），適用要件の見直しの問題，二重課税の排除措置のあり方の問題，合算された所得の所得類型と源泉地の問題，等々，広範囲の問題が存在する」[1]

とした上で，特に，欠損金の扱い，課税済留保金額の損金算入，移転価格税制との関係の三点について，改正すべき点を論じた[2]。しかし，10 年後の現在になっても，根本的な状況はさほど変わっていない。

1　本格的改正の必要な点

タックス・ヘイブン対策税制は，比較的短期間の間に立法されたものである。それは，確かに，立法当初においては斬新なものであったかもしれない。しかし，その後，様々な国々で同様の立法がなされていく中で，時間の流れにあわせて徐々に修正はなされたものの，それが必ずしも十分ではなかったのではないかと思われる点がいくつかある。例えば，以下のような点である。

(1)　一か零かという方式の採用

日本の制度の下においては，汚れた所得（tainted income）のみを合算の対象

---

[1]　中里実『デフレ下の法人課税改革』（2003 年）129 頁。
[2]　中里・前掲注 1）第 6 章。

とするアメリカの制度と異なり，一度要件が満たされるとすべての所得が合算課税の対象となる。これは，場合により不合理な結果をもたらしかねない。本稿で論ずるタックス・ヘイブン子会社の支店が日本で課税を受けている場合の取扱いについても，日本においてすでに外国法人課税が行われている事業活動からの所得を合算の対象から除外せずに，本店がタックス・ヘイブンに存在する以上，さらに日本で合算課税がなされるという方針を課税庁が採用している点が問題となる。

(2) 法人税法 11 条との関係が不明

法人税法 11 条とタックス・ヘイブン対策税制との関係も必ずしも明確ではない。論理的に考えれば，法人税法 11 条により親会社に私法上帰属する所得で名義のみ子会社のものとされているものは，本来親会社のものなのであるから，タックス・ヘイブン対策税制の合算の対象外ということになるはずである[3]。そうであるならば，子会社の赤字も，本来，法人税法 11 条により親会社に帰属するとされる場合には，たとえタックス・ヘイブン対策税制が存在する場合であっても，その適用以前の段階で親会社の所得計算において考慮されなければならないであろう。双輝汽船事件最高裁判決[4]においては，赤字を合算することが否定されたが，これは，当該事実関係の下においては子会社の赤字が法人税法 11 条により親会社に帰属するとは考えられなかったためであり，事実関係によっては，（私法上親会社に帰属する所得は本来親会社のものなのであるから）法人税法 11 条により私法上親会社に帰属する赤字は（名義上は子会社のものとされていても）親会社において損益通算され，その後に，タックス・ヘイブン対策税制による合算課税が行われると考える余地はなお存在する[5]のではなかろうか。

(3) 租税条約との関係が十分に議論されていない

タックス・ヘイブン対策税制それ自体は内国法人である親会社に対する課税であるが，外国子会社の所得を親会社の所得に合算して課税するという制度になっているところから，日本に恒久的施設のない外国法人の「企業の利益」に

---

3) 所得の私法上の帰属に関する法人税法 11 条はタックス・ヘイブン対策税制を適用する以前の段階で考慮されるべきもので，タックス・ヘイブン対策税制が同条の適用を排除しているとは考え難い。
4) 最二小判平成 19・9・28 民集 61 巻 6 号 2486 頁。
5) 中里実「タックスヘイブン対策税制と子会社の赤字」西村あさひ法律事務所＝西村高等法務研究所編『西村利郎先生追悼論文集――グローバリゼーションの中の日本法』（2008 年）225～240 頁参照。

対して課税しており，恒久的施設なければ課税なしという租税条約の原則[6]に反するのではないかという疑問が生ずる。しかし，立法過程においてこの問題について議論がなされた形跡はない。この点に関して，グラクソ事件最高裁判決[7]は，タックス・ヘイブン対策税制は内国法人である親会社に対する課税に関する定めであるから租税条約は無関係であるという考え方を退けつつも，それが合理的な制度であり租税条約には反しないとした。しかし，今後は，国内法上の租税回避否認規定がどの範囲で租税条約上もそのまま認められるかというかたちにおいて，より本質的に，様々な租税回避否認規定と条約との関係が問題となりえよう。

(4) 二重課税の問題

合算済み所得を原資として配当が支払われた場合の，親会社の手元における当該配当の益金不算入に期間制限が付されている。しかし，配当とはいっても，そもそも合算課税により過去において親会社に対する課税が行われた所得が送金されたにすぎないのであるから，益金不算入に期間制限が存在する理由が不明である（もっとも，タックス・ヘイブン法人が日本法人の孫会社等である等複雑な持株関係が存在する場合を考えると，実際上，配当にどの程度タックス・ヘイブンの会社の利益が反映されているかを明らかにできないこともあろうから，その限りにおいては益金不算入を制限することにも理由はあろう）。また，タックス・ヘイブン子会社の株式の値上がり益は，合算課税により課税済みの利益が留保されて生じたものであるから，子会社株式が譲渡された場合の譲渡益課税は不要であるにもかかわらず，非課税規定が存在しない。

(5) タックス・ヘイブン子会社の海外支店の存在を考慮していない

これが，本稿で扱うテーマと関連する問題である。日本の現行の制度は，タックス・ヘイブン子会社がそのタックス・ヘイブン以外の国・地域に海外支店（日本支店を含む）を有する可能性を考慮せずに立法されている。その結果，例えば，来料加工の事案（香港子会社の中国支店が事業活動を行っている場合に当該支店の利益も合算課税の対象とするという処分が行われている）において，必ずしも租税回避とはいえなくとも，単に形式的要件に合致するという理由で合算課税が行われるという不都合が生じている。租税回避が存在しない場合に租税回避否認規定が適用されるというのは，皮肉な結果という他ない。来料加工事件の高

---

6) OECD モデル租税条約 7 条 1 項。
7) 最一小判平成 21・10・29 民集 63 巻 8 号 1881 頁。

裁判決[8]においては，来料加工契約の特殊性ゆえに事実関係が必ずしも明確ではないようにも思えるが，香港法人の中国支店が事業活動を行っていても，香港において事業活動を行ってはいないからタックス・ヘイブン対策税制が適用されると判示された。ここにおいて，タックス・ヘイブン対策税制が，タックス・ヘイブン子会社の支店において事業活動が行われている場合を必ずしも想定せずに作られたものであることが露呈されたといえよう。問題は，それを放置するか否かである。

2 国外所得免税への移行との関係

国際課税のルールが揺らぎ，国外所得免税へと移行しつつある時期に，どの範囲でタックス・ヘイブン対策税制を継続するのかという問題が生じている。この点は，タックス・ヘイブン対策税制の基本的性格の問題とも密接な関連を有する。すなわち，それを実質的に内国法人の所得であるものに対して課税する制度であると考えないと，その正当化が困難になりかねないのである。

日本においては，現在，外国法人からの受取配当についても益金不算入とする制度が採用されている。この点に関しては，国際的二重課税の問題と，法人・株主の経済的二重課税の問題が複合するが，制度の基本は，法人段階と株主段階の経済的二重課税を保持しながら，国際的二重課税の排除をはかるというものである。すなわち，かつての間接外国税額控除方式の下においては，外国法人からの受取配当を益金に算入しつつ，それについて外国法人段階で支払われた法人税について間接外国税額控除を認めていた。現在の外国法人からの受取配当の益金不算入方式の下においては，外国法人に対しては外国の課税が行われ，それとは無関係に内国法人に対しては日本の課税が行われる。この例外をなすのがタックス・ヘイブン対策税制であり，そこにおいては，外国法人とその株主である内国法人の一体化ともいうべき扱いがなされる。すなわち，外国法人の留保所得が親会社の所得に合算された上で，外国法人が外国で支払った租税について外国税額控除が認められるから，課税上の結果においては，留保所得の全額が配当された上で間接外国税額控除が認められるのと同様の扱いになる[9]。

---

8) 東京高判平成 23・8・30 訟月 59 巻 1 号 1 頁，大阪高判平成 24・7・20 税資 262 号順号 12006。
9) 後に現実に配当がなされた場合は，課税済み利益を原資とする送金類似ということで，一定の条件の下に益金不算入となる。

3 訴訟の数が物語る制度の疲弊

タックス・ヘイブン対策税制をめぐる訴訟については，本書（中里実ほか編著『タックス・ヘイブン対策税制のフロンティア』(2013年)）の他の論文において言及されるから，詳細な紹介は省くが，上の1でふれた事案の他にも，例えば以下のようなものが存在する。

(1) ファイナイト事件[10]

もっとも，この事件は，私法上の法形式の尊重の問題が争われたものであり，タックス・ヘイブン対策税制は直接的には関係はない。

(2) ガーンジー島事件[11]

国際法上，ガーンジーが国ないし国類似の存在であるならば，そこにおいて課される金銭賦課で一定の要件を満たすものは租税といえるので，最高裁判決は妥当である。しかし，イギリス王室属領（Crown Dependencies）の一つであるガーンジーが歴史的・国際法的に見て，近代的な意味の国家と同視できる存在であるか否かという点については，検討の余地がありえた[12]。もっとも，現在は，ガーンジー島と日本との間で租税条約が結ばれている[13]ので，日本は，同島を国際法の主体として扱っていると考えられるから，そのような議論はもはや意味はないかもしれない。

このような紛争の多さ，すなわち，実に様々な問題に関して訴訟が提起されているという事実自体が，タックス・ヘイブン対策税制の不完全さを表現していると考えられないであろうか。タックス・ヘイブン対策税制が租税回避否認規定として制定されたという出発点から離れ，形式にこだわり，租税回避でない場合にまでその適用を拡大しようとするところに問題はないであろうか。そ

---

10) 東京高判平成22・5・27判時2115号35頁。損害保険業を営む内国法人がその海外子会社との間で掛捨て型再保険契約を締結し，さらに当該海外子会社が他社との間で保険事故発生の有無等に応じて事後的に保険料を調整するとの取決めをしたいわゆるファイナイト型の再々保険契約を締結した事案において，再保険契約に基づく再保険料として支出した金員のうちの再々保険契約に係る事後調整部分につき，租税回避を目的とした預け金と認めることはできないとされた事例。

11) 最一小判平成21・12・3民集63巻10号2283頁。内国法人によりチャネル諸島ガーンジーに設立された子会社において，0％超30％以下の範囲で税務当局に申請し承認された税率が適用税率になるとの制度に基づき26％の税率でガーンジーに納付した所得税が，当時の法人税法69条1項，同法施行令141条1項にいう外国法人税に該当しないとはいえないとされた事例。

12) 中里実「財政法の私法的構成（下）――民法959条と国庫の関係を素材として」ジュリスト1403号169～173頁。

13) 平成23年12月6日に，ロンドンにおいて，「租税に関する情報の交換及び個人の所得に対する租税に関する二重課税の回避のための日本国政府とガーンジー政府との間の協定」（日・ガーンジー租税協定）の署名が行われた。

れにもかかわらず，特別法である租特法に立法の不備がある場合に，一般法である法人税法に戻るべきではないかという考え方が議論されることは，不思議なことにほとんどない。

　租税回避の定義は，私法の形成可能性の濫用により不当に支払税額を減少させるというものであり，租税回避の否認とは，租税回避が行われた場合に，当事者の選択した私法上の法形式を無視して課税を行うことである。タックス・ヘイブン対策税制が租税回避否認立法であることを否定する者はいない。そうであるならば，租税回避が行われている場合にのみ私法の形成可能性の濫用が行われていない状態の課税に戻せばよい（tainted income のみを合算するアメリカの方式は，一種この方式とも考えられる）のであって，租税回避が行われていない場合にまでそれを機械的に適用して過重な課税を引き起こすべきではなかろう。

　そのように考えた場合に特に疑問となるのが，一号外国法人課税とタックス・ヘイブン対策税制の二重課税の問題（タックス・ヘイブン子会社の日本支店が日本で事業活動をしている場合，二重課税がもたらされてしまうこと）[14]である。

三　タックス・ヘイブン対策税制の性質に関する考え方

1　ありうる考え方の理論的整理

　ここで，タックス・ヘイブン対策税制の構造に関して，理論的にありうる考え方を簡単に検討しておこう。外国子会社の上げた収益に関する課税を親会社である内国法人との間で調整する方法には，大まかにいって持分法と連結法の二種類が存在する。現実には，この二つのそれぞれについて多少のバリエーションがある。いずれの場合においても，基本的に，子会社に利益の生じた時点で課税が行われる（発生時課税）。それらを大まかに整理すると，以下のようになろう（なお，私は，後述 3(2) の帰属変更説の立場に立っている）。

2　持分法

　持分法は，親会社の保有する子会社株式に着目し，そこから生ずる配当とキャピタルゲインについて未実現の段階で課税する方法である。これは，親会社と子会社の独立性を前提とする考え方であり，さらに，次の二つに分けられる。

---

[14]　この問題については，平成25年度税制改正で，外国税額控除制度の拡張により救済が図られた。租税特別措置法施行令39条の18第9項但書参照。しかし，外国税額控除の改正では，六2(5)で見るように，本質的な解決とはならない。

(1) 配当擬制説

　タックス・ヘイブン子会社への利益留保により親会社に配当がなされるまで課税が繰り延べられることを防止するために，タックス・ヘイブン子会社の留保利益が親会社に配当されたものと擬制して課税するという考え方である。私法上配当でないものを配当として課税するのであるから私法上の法形式を無視して課税を行うという点で租税回避の否認そのものであるという考え方も成立しうるが，配当を擬制するという制度は，親会社の手に配当が支払われる前に課税するという点で課税の時期を早めているだけであると考えれば，私法上の法形式を無視しているとはいえないかもしれない。いずれにせよ，現実の制度においては，個人株主への合算の際に配当所得ではなく雑所得とされるところから見て，合算所得を配当と見る考え方を採用してはいないと考えられる。なお，配当擬制説は，所得の種類の点を度外視すると，私法上の帰属を無視して子会社の所得を親会社の所得として課税するという点において，結局，帰属を変更していると考えることも可能かもしれない。

(2) 未実現キャピタルゲインに対する課税

　タックス・ヘイブン子会社における利益留保により子会社株式の譲渡がなされるまで課税を繰り延べることを防止するために，タックス・ヘイブン子会社株式の未実現のキャピタルゲインについて課税するという考え方である。確かにタックス・ヘイブン対策税制の適用により合算される所得は，タックス・ヘイブン子会社株式の毎年度の未実現キャピタルゲインに対応すると考えることができるが，現実の制度は，合算課税の後においても，タックス・ヘイブン子会社株式を譲渡した場合にキャピタルゲイン課税を行うこととしている（二重課税が放置されている）ために，この説明は，日本の制度には妥当しない。なお，仮に，この説に基づいて制度を設計し，合算課税後の子会社株式譲渡に際して生じるキャピタルゲインを非課税とする場合であっても，親会社の課税の時期を早めるだけであるから，私法上の法形式を無視しているとはいえないかもしれない。

　いずれについても，租税回避否認との関係で留意すべきは，単なる繰延防止（年度帰属の変更）それ自体は必ずしも私法上の法形式の否定ではなく，それ故に定義上は租税回避否認とならない可能性があるという点である[15]。

---

15) すなわち，私法上の法形式の無視（否認）の単なる効果として年度帰属の変更が行われることもあるが，私法上の法形式の無視と無関係の年度帰属の変更もあり，この後者の場合には否認とはいえないであろう。

3 連結法

連結法とは，(子会社の株式ではなく) 子会社の利益に着目して，それを親会社の利益に合算する方法である。これは，次の二つに分かれるのではないかと思われる。

(1) 適正所得算出説

親会社の適正所得の算出という目的から，親会社の所得に何らかの数字を加算するという考え方である。この考え方は，おそらく，タックス・ヘイブン対策税制と移転価格税制をともに適正所得算出という視点から統合的に説明しようとするものと思われる。その場合，タックス・ヘイブン対策税制を租税回避否認（当事者の採用した異常な私法上の法形式を無視して課税関係を考えることを認めること）のための制度と考えると，具体的にいかなる形で私法上の法形式を無視する態様で課税を行っているのかが問題となるが，私法上の法形式を無視することをしないのであれば，定義上，租税回避否認とは言い難い。また，一定の目的から親会社の所得に何らかの数字を加算するということの意味を追求しても明確な答えは得難いであろう。仮にこの説が親会社の所得にあるべき所得を加算しているのであるとすれば，そのあるべき所得を求める過程で，子会社の所得の帰属を変更していると考えられるのではなかろうか。そうであるとすれば，それは，次の帰属変更説と同一のものということになるのではなかろうか。

(2) 帰属変更説

私法上子会社に帰属する所得を，租税法上は親会社に帰属するものとして課税するという考え方である。結局，タックス・ヘイブン対策税制が租税回避否認のための制度であるという前提に立つならば，それは，私法上子会社に帰属する所得を親会社に帰属するものとして課税するという意味において，私法上の法形式を変更していると考えざるをえないであろう。そして，そのような帰属変更の効果として，国際的な課税繰延防止が行われるのである。その際に，所得の帰属に関する法人税法11条とタックス・ヘイブン対策税制との関係は，以下のように整理することが可能である。まず，子会社の名義となっているが私法上の実質において親会社に帰属する所得については，法人税法11条を適用する[16]。親会社のものを親会社のものとして課税するのは，タックス・ヘイブン対策税制適用以前の単なる私法上の問題である。次に，租税回避否認規定

---

16) これは，租税回避否認の問題ではなく，事実認定による「否認」である。

としてのタックス・ヘイブン対策税制が適用される。これは，私法上は子会社に帰属するものを課税上は親会社に帰属するものとみなして課税する制度である。

4 帰属変更説の合理性

仮に，適正所得算出説が，何らかの数字を親会社に合算するというものであるとするならば，そこには問題がある。所得課税の世界において単なる数字に対して課税するということは考えられない。それは，結局，所得の帰属を変更していると考えざるをえないのではないか。この点において参考となるのが，直接的にはタックス・ヘイブン対策税制に関するものではないが，あるイギリス貴族院の判決である[17)18)]。

すなわち，イギリス貴族院の，Ostime v. Australian Mutual Provident Society 判決[19)]は，オーストラリアの生命保険会社のイギリスにおける恒久的施設の利益に，当該保険会社の想定上の投資収益（notional return on the corporation's life assurance investments）が含まれるとみなすイギリス国内法の定めが，1946年の英豪租税条約の事業所得条項に反するか否かが争われた事案に関するものである。この判決において，Lord Radcliffe は，確かに課税される所得は数学的計算の産物でしかないけれども，国内法律が当該想定上の投資収益をイギリス PE の利益の一部とみなしているので，この国内法律の定めは，（PE を独立企業であるかのように扱った上でそれに帰属する所得に課税することを定めている）租税条約3条(3)の規定に反しているとして，次のように述べている。

> 「当該生命保険ファンドの投資からの世界所得［すなわち，みなされた利益］は，利益の計算の第一段階［すなわち，国内法律に基づく計算］をなすものであるが，それが仮定された独立企業［すなわち，独立企業であるかの如く扱われる PE］に帰属させられるとするならば，条約の3条(3)が課税の根拠として据えようとしている，まさにその仮説に反する。」[20)]

そして，貴族院のこの判決は，以下のような Bricom 事件[21)]における下級審

---

17) 中里実「タックスヘイブン対策税制」税研 124 号 75 頁。
18) Cf. Daniel Sandler, Tax Treaties and Controlled Foreign Company Legislation, 1998. at 206.
19) ［1960］AC 459（HL）.
20) ［1960］AC 459, at 481.
21) Bricom Holdings Ltd. V. IRC, ［1996］STC（SCD）228, appeal dismissed ［1997］STC 1179（CA）. Cf. Daniel Sandler, case comment, 1996 British Tax Review 544, and 1998 British Tax Review 52.

判決を踏まえたものである[22]。

「〔Bricom 社の〕主張の問題点は，〔1988 年 ICTA747(6)(b)の〕『課税利益』とは，単なる想定上の額にすぎないという点である。それは，仮定に基づいてなされた数学的な計算の結果にすぎず，事実に反する想定を行っている（The difficulty with [Bricom's] submission is that the "chargeable profits" as defined by [s.747 (6)(b) ICTA 1988] are a purely notional sum. They are merely the product of a mathematical calculation made on a hypothetical basis and making counterfactual assumptions.）」[23]

そうであるならば，タックスヘイブン対策税制においても，同様の議論が可能である。すなわち，単なる計算上の数字を合算するという説明は，理論的に受け入れ難い。合算されるのは何者かの何らかの所得でなければならず，タックス・ヘイブン対策税制の下においても，合算課税される所得の計算とは，タックス・ヘイブン子会社の利益の計算そのものである[24]。したがって，適正所得算出説とは，結局のところ，帰属変更説の一種なのではないかと思われる。

四　成立経緯から見たタックス・ヘイブン対策税制の位置付け

次に，日本におけるタックス・ヘイブン対策税制の導入時の位置付けについて考えてみよう。そこからは，立法時に，この制度が所得の帰属を変更する租税回避否認規定として位置付けられていたことが見てとれる。

1　立案担当者の考え方

昭和 53 年のタックス・ヘイブン対策税制導入時の資料を調べ直したところ，立法立案担当部局在職者その他の政府関係者等の解説において，タックス・ヘイブン対策税制により親会社において合算課税される所得は，タックス・ヘイブン子会社の所得そのものであるということを，直接に記述した文献を見つけることができた[25]。すなわち，タックス・ヘイブン対策税制導入時に公表された，昭和 53 年度税制改正に関する『改正税法のすべて』の中の，「タックスヘイブ

---

22) Charles Haccius, Ireland in International Tax Planning, 2nd ed., pp. 179-181, 2004.
23) Bricom Holdings Ltd. v. IRC［1997］STC 1179, 1194 per Millett LJ.
24) したがって，そのような利益を親会社に帰属させることは，租税条約の基本原則（すなわち，それぞれの法人は独立の納税主体として扱われ，一方の締約国の居住法人の所得は，PE が存在しない限り，他方の締約国において課税されることはないという原則）に違反することになると考えられよう。
25) 国税庁『昭和 53 年度版　改正税法のすべて』（1978 年）156 頁。

ン対策税制の導入」と題する箇所において，立法立案担当部局在職者その他の政府関係者等によって，明確に，以下のように述べられている[26]。

　「合算の対象となる課税対象留保金額に対し既に外国の法人税が課されているとしますと，同一所得に対し外国の法人税と我が国の法人税とが二重に課されることとなります」（強調・中里）

　「課税対象留保金額が合算の対象とされ我が国の法人税が課されている場合に，その金額を原資とする特定外国子会社等からの配当があったときには，その配当についても法人税が課されるので，同一所得に対し我が国の法人税が二重に課されることとなります。」（強調・中里）

　ここから明らかなように，立法立案担当部局在職者その他の政府関係者等は，外国法人税の課税対象となるタックス・ヘイブン子会社の利益と，タックス・ヘイブン対策税制の適用によって，親会社にとって合算の対象となる課税対象留保金額が同一のものであること，及び，親会社にとって合算の対象となった課税対象留保金額と，当該課税対象留保金額を原資としてタックス・ヘイブン子会社から親会社に支払われた配当が同一のものであることを，「同一所得」というこれ以上ないほど直接的な表現を用いて，正面から認めている。

　これは，まさに，上記三の3の(2)で述べた私の考え方（帰属変更説）と同一のものである。タックス・ヘイブン対策税制は，タックス・ヘイブン子会社の所得を，国内法律により親会社の所得とみなして，それに対して課税する制度であり，そこで（親会社の許で配当前に）課税されているのは，タックス・ヘイブン子会社の所得それ自体なのである。

　上述のような『改正税法のすべて』において述べられた基本的な考え方を受けて，タックス・ヘイブン対策税制成立後においては，本制度の立法立案担当部局在職者その他の政府関係者等によって，タックス・ヘイブン対策税制は「本来対人主権の及ばない外国法人の，しかも領土主権の及ばない外国での事業活動から生じた所得をわが国の課税権に服せしめるいわば例外的な制度」である[27]とか，「別個の法人格を有する外国法人の所得を株主の所得に算入するような措置」である[28]などと説明されてきた（強調・いずれも中里）。

　また，法務省の担当者も同様の趣旨で，わが国が海外子会社に対して課税す

---

[26]　国税庁・前掲注25）165頁。
[27]　元国税庁長官である大武健一郎編『図説日本の税制〔平成4年度版〕』（1992年）228頁。
[28]　本制度導入時に大蔵省主税局長であり後に大蔵事務次官となった高橋元監修『タックス・ヘイブン対策税制の解説』（1979年）93頁。

る方法として，間接課税と直接課税とがあることを述べた上で，「ここで『間接課税』とは，海外子会社の利益について日本親会社に対して課税処分をする方法である。つまり，『親子会社同一体論』を適用（下向的適用）し，『海外子会社の利益』イコール『日本親会社の利益』とみなして，日本親会社に対して課税処分をするのである。海外子会社の利益についての課税を，日本親会社を通じて行う恰好になるから，これは『間接課税』である。」（強調・中里）とし，その直後に，当時，大蔵省においてタックス・ヘイブン対策税制の立法立案者であった石山嘉英氏のタックス・ヘイブン対策税制に関する解説[29]を引用して，我が国がかかる方式を採用していることを示している[30]。

つまり，タックス・ヘイブン対策税制は，「海外子会社の利益を日本親会社の利益として，日本親会社に対して課税処分を行う制度」であることが，同制度の立法立案担当部局在職者その他の政府関係者等によって明確に説明されている。何よりも，タックス・ヘイブン対策税制が財政当局により「合算課税制度」と呼ばれていることが，タックス・ヘイブン対策税制が，単に内国法人の計算方法のみに関する定めではないと国側が認識してきたことの証といえよう。

2 タックス・ヘイブン対策税制についての考え方

したがって，前述の昭和53年度税制改正に関する『改正税法のすべて』165頁において述べられた考え方を前提とすると，タックス・ヘイブン対策税制による課税は，以下のようなものとして制定されたものであると考えられる。

① 第一に，タックス・ヘイブン対策税制の適用によって，「同一所得」に対し外国及び我が国の法人税が二重に課されることが説明されている。親会社に合算される所得が単に親会社独自の擬制所得であるとするならば，それは「同一所得」ではないのであるから，同一所得に対する二重課税の調整を行う必要はないはずである。つまり，タックス・ヘイブン対策税制は，タックス・ヘイブン子会社の所得とは独立に認定された，親会社独自の「計算上の数字」に対する課税ではない（適正所得算出説の否定）。

② また，タックス・ヘイブン対策税制の適用によって，親会社において既に課税対象留保金額について課税がなされている場合に，その課税対象留保金額を原資として外国子会社から配当があったときは，「同一所得」に対して我

---

29) 石山嘉英「タックス・ヘイブン対策税制の採用」商事法務791号24頁。
30) 田代有嗣「海外子会社の運営に伴う法律問題」別冊商事法務40号36頁。

が国の法人税が二重に課されることが説明されている（それを避けるために，受取配当の損金算入が一定期間認められている）。これは，タックス・ヘイブン子会社の同一所得に対して，タックス・ヘイブン対策税制による課税対象留保金額への課税と，タックス・ヘイブン子会社からの配当への課税が二度にわたって行われることを述べているものである。つまり，親会社に対する配当への課税は，課税対象留保金額への課税とは別に改めて行われるのであるから，タックス・ヘイブン対策税制は，親会社の受領する配当に対する課税ではない（配当擬制説の否定）。

③　したがって，それは，タックス・ヘイブン子会社の利益そのものを親会社に合算して課税する特別な制度であると考えざるをえない性格のものである（子会社利益に対する課税であるとする帰属変更説の採用）。

そうであるにもかかわらず，タックス・ヘイブン対策税制に基づく合算課税を，タックス・ヘイブン子会社の利益とは無関係の単なる親会社に対する課税にすぎないと説明することは困難である。タックス・ヘイブン対策税制は，その本質において，親会社に対する合算の対象となる所得が私法上はタックス・ヘイブン子会社の所得であることを前提として，その上で租税法上その帰属を変更して親会社を介して課税する制度なのである。

五　国際的租税回避否認立法の法的性格と解釈

ここでは，タックス・ヘイブン対策税制の適用により懲罰的にわざわざ国際的二重課税を引き起こす必要はないが故に，国際的二重課税排除措置（タックス・ヘイブン対策税制上の外国税額控除）が認められているが，それでは，外国法人の支払った日本の租税についてはどう考えるべきかという点について，課税をあるべき姿にもっていくという国際的租税回避否認立法の趣旨目的との関係で議論する。租特法のみを形式的に読んで，単純に結論を出してよいのかという点が，主たる関心事項である。

1　タックス・ヘイブン対策税制に懲罰的な意味合いはない

何よりも注目すべきは，タックス・ヘイブン対策税制が，懲罰的な定めでは必ずしもないという点である。租税回避否認規定は，租税回避により減少させられた税額をあるべき税額にまで戻せばそれでよいのであり，それを超えた懲罰的な課税を行うためのものではない。また，タックス・ヘイブン対策税制の

立法過程においても，それを懲罰的な定めとして適用するということは考えられていなかった。何よりの証拠に，タックス・ヘイブン対策税制の適用を行う場合においても，重加算税に相当するような加重的ないし懲罰的な課税が行われることにはなっていないのである。そのことを前提として，解釈論としてより緻密なかたちで，以下の議論を展開していく。

2　タックス・ヘイブン対策税制という政策税制の目的的解釈

タックス・ヘイブン対策税制は，国際的な租税回避を防止し日本の課税ベースを守るという政策目的のために導入された制度である。このように，一定の政策目的の実現のために設けられた政策税制については，当該目的から離脱したかたちで解釈適用することは許されないと考えていくべきであると思われる。

その前提として，まず，一定の政策目的実現のために採用された課税減免規定の目的的解釈による当該規定の射程範囲の限定という考え方[31]が，都市銀行の外国税額控除に関する最高裁判決によって認められたという点について確認しておきたい。

(1)　最高裁判決が認める，外国税額控除という課税減免規定の射程範囲の限定

いくつかの都市銀行の，外国税額控除の控除限度額を利用した様々なスキームをめぐる課税問題については，最高裁判所のホームページで公表されている最高裁判決が，二つ存在する。

すなわち，その第一は，最高裁（第二小法廷）平成17年12月19日判決[32]である。この判決は，外国税額控除の制度を，「同一の所得に対する国際的二重課税を排斥し，かつ，事業活動に対する税制の中立性を確保しようとする政策目的に基づく制度である」（強調・中里）とした上で，以下のように判示して，その制度の適用される範囲を限定した。

> 「本件取引は，全体としてみれば，本来は外国法人が負担すべき外国法人税について我が国の銀行である被上告人が対価を得て引き受け，その負担を自己の外国税額控除の余裕枠を利用して国内で納付すべき法人税額を減らすことによって免れ，最終的に利益を得ようとするものであるということができる。こ

---

31)　この考え方は，金子宏名誉教授が主張されているものである（金子宏『租税法〔第18版〕』〔2013年〕126〜127頁）。なお，それを，下記で詳述する外国税額控除事件を素材に，私は具体例に基づくかたちで展開した。詳しくは，中里実『タックスシェルター』（2002年）第11章参照。
32)　破棄自判・民集59巻10号2964頁。

れは，我が国の外国税額控除制度をその本来の趣旨目的から著しく逸脱する態様で利用して納税を免れ，我が国において納付されるべき法人税額を減少させた上，この免れた税額を原資とする利益を取引関係者が享受するために，取引自体によっては外国法人税を負担すれば損失が生ずるだけであるという本件取引をあえて行うというものであって，我が国ひいては我が国の納税者の負担の下に取引関係者の利益を図るものというほかない。そうすると，本件取引に基づいて生じた所得に対する外国法人税を法人税法 69 条の定める外国税額控除の対象とすることは，外国税額控除制度を濫用するものであり，さらには，税負担の公平を著しく害するものとして許されないというべきである。」(強調・中里)

ここにおいては，外国税額控除の制度が政策目的に基づく制度であることを前提とした上で，その濫用は許されず，濫用の場合については，外国税額控除の対象とならないということが，説得的に述べられている。

もう一つは，最高裁（第一小法廷）平成 18 年 2 月 23 日判決[33]である。この判決も，上の判決と同様に，外国税額控除の制度を，「我が国の企業の海外における経済活動の振興を図るという政策的要請の下に，国際的二重課税を防止し，海外取引に対する課税の公平と税制の中立性を維持することを目的として設けられたものである」とした上で，以下のように判示して，この制度をその本来の趣旨及び目的から著しく逸脱する態様で利用する場合については，当該制度の適用される射程範囲の外であるとしている。

「本件各取引は，これを全体として見ると，本来は内国法人が負担すべきでない外国法人税について，内国法人である本件銀行が対価を得て引き受け，これを自らの外国税額控除の余裕枠を利用して我が国において納付されるべき法人税額を減らすことによって回収することを内容とするものであることは明らかである。これは，我が国の外国税額控除の制度をその本来の趣旨及び目的から著しく逸脱する態様で利用することにより納税を免れ，我が国において納付されるべき法人税額を減少させた上，この免れた税額を原資とする利益を取引関係者が分け合うために，本件銀行にとっては外国法人税を負担することにより損失が生ずるだけの取引をあえて行うものというべきであって，我が国ひいては我が国の納税者の負担の下に取引関係者の利益を図るものにほかならない。そうすると，本件各取引は，外国税額控除の制度を濫用するものであり，これに基づいて生じた所得に対する外国法人税を法人税法 69 条の定める外国税額

---

[33] 破棄自判・判時 1926 号 57 頁。

控除の対象とすることはできないというべきである。」(強調・中里)

　この判決の述べるところも，基本的に前の最高裁判決とまったく同様であるが，ここでは，単なる表現の差にすぎないのかもしれないが，濫用の場合を外国税額控除制度の射程範囲外とするということがより明確に述べられているように見受けられる。

　このように，最高裁は，政策目的で導入された租税制度（具体的には，外国税額控除制度）について濫用は許されないとしている。すなわち，外国税額控除制度が政策目的で特別に導入された制度である以上，当該政策目的にそっていない極端な場合には，当該制度の射程外とされるのである。これは，明らかに，金子宏名誉教授の次の考え方を正面から採用したものである。

> 「なお，一定の政策目的を実現するために税負担を免除ないし軽減している規定に形式的には該当する行為や取引であっても，税負担の回避・軽減が主な目的で，その規定の本来の政策目的の実現とは無縁であるという場合がある。このような場合には，その規定がもともと予定している行為や取引には当たらないと考えて，その規定の縮小解釈ないし限定解釈によって，その適用を否定することができると解すべきであろう。これは，アメリカのグレゴリー事件の判決によって認められた法理（プロパー・ビジネス・パーパスの法理）であるが，わが国でも，解釈論として同じ法理が認められてしかるべきであろう。この法理を適用すると，結果的には租税回避行為の否認を認めたのと同じことになるが，それは理論上は否認ではなく，規定の本来の趣旨・目的にそった縮小解釈ないし限定解釈の結果である。最高裁判所が，平成17年12月19日判決（民集59巻10号2964頁，判時1918号3頁，月報53巻8号2447頁）および同18年2月23日判決（判時1926号57頁，月報53巻8号2461頁）において，ある銀行の取引が法人税法69条の定める外国税額控除制度の濫用にあたるとして，その適用を否認したのも，法律上の根拠がない場合に否認を認める趣旨ではなく，外国税額控除制度の趣旨・目的にてらして規定の限定解釈を行った例であると理解しておきたい。ただし，租税法律主義の趣旨からして，この限定解釈の法理の適用については，十分に慎重でなければならないと考える。」[34]

　なお，この外国税額控除関係の一連の事件において，私は，かつて，政策目的で導入された課税減免規定の限定解釈という考え方を適用して結論を出すべきであると述べた[35]。

---

34) 金子・前掲注31) 126～127頁。
35) その中身について，詳しくは，中里・前掲注31) 第11章を参照されたい。この第11章は，政策目的のために設けられた課税減免規定の限定解釈と，事実認定による「否認」という，二つの理

(2) 政策税制の目的的解釈論の適用範囲

では，外国税額控除に関する法人税法69条のような課税減免規定ではなく，一定の政策目的から設けられた課税規定についても，上記のような考え方が認められるのであろうか。すなわち，上記理論を，政策目的のために導入された課税規定に対して適用することはできるのであろうか。

この点，理論的に考えてみると，政策目的のために導入された課税規定についても，政策目的のために導入された課税減免規定の場合とまったく同様に，当該課税規定の目的的解釈を行うことにより，当該政策目的との関連で規定の射程範囲に関する検討を行うことは，法解釈として当然のことであると思われる。そのような解釈の結果として，課税規定の射程範囲が限定されるように見えても，それは，法の目的的解釈の当然の帰結にすぎない。

政策目的で設けられた課税規定の目的的解釈は，(1)で述べた外国税額控除に関する最高裁判決の論理から自然に導かれるものであり，そのような解釈を課税減免規定についてのみ用いなければならない必然性は，基本的に存在しない。特に，裁判所に事件が持ち出された場合においては，裁判所は，(1)で述べた最高裁判決の論理を十分に尊重して，政策目的のために導入された課税規定の目的的解釈によりその射程範囲の限定を行うことができると考えるべきである。

(3) タックス・ヘイブン対策税制という政策税制の目的的解釈による射程範囲の限定

では，具体的には，政策目的のために導入された課税規定の目的的解釈によるその射程範囲の限定という方法は，いかなる場合に認められると考えるべきであろうか。実は，その代表的な例が，タックス・ヘイブン対策税制であると考えられる。政策目的税制の目的的解釈による射程範囲の限定という考え方の本件における具体的な適用について，以下，多少の検討を加えてみたい。

日本の課税ベースを守るべく，一定の形式的要件を満たす場合に，外国子会社の所得を日本の親会社の所得に合算して課税するという租税法において採用されたドラスティックな課税方式であるタックス・ヘイブン対策税制は，政策税制の一類型であるといえよう。したがって，上記(1)で引用した外国税額控除に関する二つの最高裁判決の立場に立つならば，例外的な場合に，タックス・ヘイブン対策税制の政策目的に応じて，同制度の射程範囲を考えるのはきわめ

論の具体的な適用について，裁判所に提出した意見書に基づいて執筆したものである。そして，それが認められたのが，上に引用した二つの最高裁判決なのである。

て自然なことである。本来，親会社の居住地国で課税できる所得が外国に逃避してしまうことにより国内の課税ベースが侵害されることを防止するというタックス・ヘイブン対策税制の政策目的をふみこえて，同制度を納税者に対する懲罰的なものとして適用すべきではないし，また，国際的な租税回避が存在しないような場合においてまで同制度を適用すべきでもない。

　国際的な租税回避が存在しないにもかかわらず合算課税を行うことは，租税回避の否認というタックス・ヘイブン対策税制の趣旨目的を明らかに逸脱したものであり，そのような場合には，タックス・ヘイブン対策税制の射程の範囲外と考えるべきであり，タックス・ヘイブン対策税制を適用すべきではないのである。

六　タックス・ヘイブン対策税制による国内的二重課税の惹起

　さて，ここでいよいよ，本稿の直接のテーマである，タックス・ヘイブン子会社の日本支店が日本で外国法人課税を受けている場合のタックス・ヘイブン対策税制の適用の可否という問題（以下,「本件」と呼ぶ）について検討を加えることとする。

1　問題の所在——国際的租税回避否認と国内的二重課税の排除

　国際的租税回避否認の結果としての国内的二重課税は，以下のような場合に生ずる（なお，平成21年度税制改正に際して,「適用対象留保金額」及び「課税対象留保金額」は，それぞれ,「適用対象金額」及び「課税対象金額」に変更されたので，その点に留意されたい)。

（1）課税済み利益からの配当

　タックス・ヘイブン対策税制により合算課税された留保利益を原資とする配当が内国法人親会社に対してなされた場合に，一定期間を超えると益金不算入の適用がなくなるので，合算課税と配当課税の国内的二重課税が発生する。なお，移転価格課税でも同様の問題が生ずる。

（2）株式譲渡益

　特定外国子会社等の株式売却益について課税し，かつ，当該内国法人に対するタックス・ヘイブン対策税制に基づき課税対象金額に対して合算課税することは，特定外国子会社の株式に対する投資により実際に得たすべての所得（株式売却益）を超えて課税するものであり，所得のないところに課税するもので

あって許されないと考えるべきではないかという疑問が生ずる（もっとも，タックス・ヘイブンの会社が孫会社等である場合等複雑な持株関係が存在する場合を考えると，実際上，配当にどの程度タックス・ヘイブンの会社の利益が反映されているかを明らかにできないこともあろうから，複雑な調整が必要となってしまうので，むしろ，親会社に留保利益をすべて吐き出させてから株式を売却することにより二重課税を回避することが可能かもしれない）。なお，ここにおいても，(1)の場合と同様に，移転価格課税でも同様の問題が生ずる。

(3) 外国法人の日本支店に対する法人税課税との関係

さらに，合算課税と，一号所得に対する外国法人課税との二重課税の問題が存在する。すなわち，タックス・ヘイブン子会社が日本に存在する場合に，その日本支店に対する外国法人課税と合算課税との関係が問題となるのである。

これらのうち，(1)と(2)については別に議論した[36]ので，ここでは，本稿の直接の対象である(3)の問題について検討する。この問題は，結局，一般法である法人税法と，特別法である租特法の関係をどのように考えるかというものであり，理論的な検討が必要である。これらの問題について，単なる形式主義に立って，条文がそうなっているのだから課税されても仕方がないということで放置できるとは思われない。解釈で対応すべき場合が生じてくるのではないかというのが，本稿の問題意識である。

そもそも，租特法66条の6は，タックス・ヘイブン子会社が適用対象金額ないし部分適用対象金額を有する場合には，課税対象金額ないし部分課税対象金額に相当する金額は，「その内国法人の収益の額とみなして」，当該内国法人の所得の金額の計算上，益金の額に算入すると定めている。このように，タックス・ヘイブン子会社の課税対象金額等が内国親会社の収益の額とみなされる[37]のであれば，当該タックス・ヘイブン子会社の国内支店の所得は，当該

---

36) 中里実「国際的租税回避否認規定によりもたらされる国内的二重課税」日本租税研究協会第62回租税研究大会記録2010『税制改革の課題と国際課税の潮流』（2010年）88〜107頁（本書第6編第4部Ⅳ），及び，中里実「移転価格課税と他の課税との二重課税――外国子会社配当益金不算入制度導入の影響」租税研究720号228〜242頁参照。

37) 立法趣旨が何であれ，租特法66条の6によるみなしの本質は国内法上の規定を簡略化するための立法技術にすぎないのであって，それ以上でもそれ以下でもない。租特法66条の6のように「課税対象金額」についてあえて「内国法人の収益の額」とみなさなくとも，法人税法上の関係規定と同じ内容を繰り返して規定するなり，個別に準用するなりすることは当然にできる。しかし，擬制の形式により一括して準用した方が便宜かつ簡略であり，立法経済に資するということだけのことである（来栖三郎「『法における擬制』について」星野英一編『私法学の新たな展開』〔1975年〕54頁）。

内国親会社の所得なのであるから，そもそも，それに対して別途，外国法人に対する一号法人課税を行うことはできないのではないかという，根本的な疑問が生ずる。本節においては，この疑問にこたえるために，租特法の解釈のあり方について考えてみたい。

2 一般法と特別法の関係から見たタックス・ヘイブン対策税制の解釈

タックス・ヘイブン対策税制による合算課税は，租特法に基づいて行われるのに対して，タックス・ヘイブン子会社の日本支店の得た国内源泉所得に対する外国法人課税は，法人税法に基づいて行われる。ところで，租特法は法人税法の特別法であるから，特別法において明示的に規定された限りにおいて一般法である法人税法の定めが排除され，特別法の定めが優先適用される。以下においては，この一般法と特別法の関係という視点から，租特法に基づくタックス・ヘイブン対策税制による親会社に対する合算課税と，法人税法に基づくタックス・ヘイブン子会社の日本支店の国内源泉所得に対する外国法人課税が両立しえず，本件において合算課税は行うべきではないという点について論ずる。

(1) 租税回避否認規定としてのタックス・ヘイブン対策税制

タックス・ヘイブン対策税制に関する租特法の定めを解釈する際に，単に当該規定のみに対象を限定して解釈を行う考え方には，根本的な問題がある。タックス・ヘイブン対策税制に関する租特法の（法人税に関する）定めは，法人税法の特例として，政策立法の観点から，租税回避否認規定として，国際的租税回避に対処しようとしたものであり，このような性格を正面に据えた解釈が要請される。

すなわち，その適切な解釈のためには，一般法と特別法の関係，政策立法としての租特法の性格，租税回避否認規定としてのタックス・ヘイブン対策税制の性格，国際的租税回避否認のあり方，等の観点から，より包括的な検討を加える必要がある。本稿は，そのような検討をめざすものである。

来栖三郎教授はいみじくも，「擬制は推論の過程において，便宜，一時的に挿入する思考上の媒介物である。それは一定の目的のためにのみ行われ，一定の関係についてのみ及ぶ。（中略）『……と看做す』という擬制の形式それ自体がそのことの警告であるが，擬制規定の適用に当っては，常に擬制の及ぶ一定の関係が何であるかを見定め，それ以外の関係についてまで擬制を及ぼす誤りに陥らないように注意しなければならない。」（強調・中里）と述べておられる（来栖・前掲論文55頁）。国内法にすぎない租特法66条の6によるみなしについてもまったく同様のことがあてはまるであろう。

(2) 一般法と特別法の関係から見た租税特別措置

(a) はじめに　租特法は，法人税に関する特別措置に関しては，法人税法の特別法である。すなわち，一般法である法人税法の例外を定めているのが，特別法である租特法である。この点は，租特法1条に，「この法律は，当分の間，……法人税……を軽減し，若しくは免除し，若しくは還付し，又は……〔法人〕税に係る納税義務，課税標準若しくは税額の計算，申告書の提出期限若しくは徴収につき，……法人税法……の特例を設けることについて規定するものとする。」（強調・中里）と定められているところからも明らかである。

法の解釈については，必ずしも条文に書かれていない基本原則が存在する。それらの基本原則は，西洋諸国の法実務の中で，ローマ法以来，歴史的に発展させられてきたものが多い。一般法と特別法の関係に関する原則も，同様に，中世ヨーロッパにおける法の歴史において，発展させられてきた基本原則の一つである[38]。この原則は，後法は先法を廃するという原則とともに，理論上のみならず，実務上もきわめて重要な意味を有するものである。

(b) 一般法と特別法の関係[39]　特別法は一般法を廃する（*lex specialis derogat legi generali*）という原則は，ヨーロッパの中世における歴史の中で形成されてきたものである。すなわち，同一の事件について，普通法であるローマ法と，地域慣習法（あるいは，市参事会の制定した制定法）の両方が適用される場合に，後者が優先されるとしたのが，この原則である[40]。例えば，北イタリアの都市国家の商人間の慣習法が存在する場合には，それが，普通法であるローマ法に優先して適用された。

もっとも，この原則には重大な限定があって，例えば，市参事会の制定した制定法の内容が不合理なものであるような場合には，そのような特別法の適用は否定され，一般法として普通法であるローマ法が適用されていた。すなわち，特別法が一般法に優先して適用されるのは，特別法の中に一般法に優先する扱いが明確なかたちで存在し，しかも，その内容が一般法に照らして不合理でないという二つの要件が満たされる場合であった。したがって，特別法に一般法に優先す

---

38) これらの基本原則は，現在においても，ほぼそのままのかたちで，国内法においても国際法においても用いられている。事情変更の原則等も同様である。

39) 中里実「制定法の解釈と普通法の発見（上）――複数の法が並存・競合する場合の法の選択としての『租税法と私法』論」ジュリスト1368号131〜140頁。

40) なお，後法は先法を廃する（*lex posterior derogat legi priori*）という原則も，結果として，同様のことを要求する。

る旨の明確な規定がある場合であっても，その内容が一般法に照らして不合理であるという場合は，特別法は適用されるべきではないということになる。より詳しく述べると，特別法が一般法に優先して適用されないのは，以下のような場合になる。

- 一般法に優先する扱いが特別法に明確なかたちで存在しない場合
- 表面的には特別法に規定されている事項のように見えなくもないが，その規定が（あるいはその規定を適用した結論が）他の関連規定ないし制度の仕組みと整合性がないか又は制度趣旨を逸脱する場合

ヨーロッパ中世の法曹は，法曹の矜持にかけて，書かれた理性としてのローマ法が，市参事会のような法の素人の作った特別法で変容させられるのをできる限り阻止しようとしたのである。同様のことは，現代ヨーロッパの大陸法国における法解釈の原則として妥当するとされているのみならず，現代のアメリカ法におけるコモンローと制定法の関係においても見られ，連邦最高裁判所においても認められている（Isbrandtsen Co. v. Johnson, 343 U. S. 779, 783-784（1952）参照）。当然に，日本においても，同様の原則が妥当する。

一般法と特別法の関係は，原則と例外の関係であるから，例外が例外として妥当するためには，原則に対する例外であることが明確に示されていなければならないことは当然である。それ故に，一般法と特別法の関係においても，特別法に明示されている限りにおいて特別法が優先するのであって，特別法に明示されていなければ一般法に戻るということにならざるをえない。特別法に明示されていないということは，特別法において一般法の例外が定められていないということであるから，一般法に戻るのはむしろ当然のことである。

特別法が一般法に優先して適用され，特別法の適用がない部分について一般法が適用されるという関係を，明文のかたちで定めたのが，明治 32 年に制定された旧商法 1 条の，「商事ニ関シ本法ニ規定ナキモノニ付テハ商慣習法ヲ適用シ商慣習法ナキトキハ民法ヲ適用ス」[41] という定めである。もちろん，この定めは，ヨーロッパ中世の法実践を成文のかたちで示した確認規定である。

(c) 租税法律における一般法と特別法の関係の特殊性　　ところで，租税法における一般法と特別法の関係は，通常の場合よりも厳格に考えなければならないという点に留意しなければならない。すなわち，通常の一般法と特別法の

---

41) 現行商法 1 条 2 項では，「商事に関し，この法律に定めがない事項については商慣習に従い，商慣習がないときは，民法（明治 29 年法律第 89 号）の定めるところによる」と定められている。

関係の場合においても，特別法に明文で定められていないことは一般法に戻って考えるということになるのが原則であるが，租税法の場合には，これにさらに，法律で明確に定められていない課税はできないという租税法律主義の要請が付け加わる結果，特別法である租特法において明文のかたちで規定されていないことは一般法である法人税法に戻るという局面が，より強調されることになる。特別法である租特法の定めが不明確である場合には，租税法律主義の観点から，当該特別措置の定めは存在しないこととなるから，租税法の補充的解釈でそれを補うのではなく，一般法である法人税法に戻らなければならないのである。

これを具体的に考えると，例えば，特別法である租特法のタックス・ヘイブン対策税制に関する定めにおいて明文で明確に規定されていない事項については，一般法と特別法の関係から考えても，租税法律主義の厳格な縛りからいっても，そのような特別措置を適用するわけにはいかないから，それを租特法の規定の柔軟な解釈によって埋めるのではなく，一般法である法人税法の定めに戻るべきであるということになる。すなわち，（特別法である租特法に明文で明確に定められていない事項については一般法である法人税法によって課税を考えるという）通常の一般法と特別法の関係に関する原則に加えて，租特法に明文で明確に定められていない以上，租税法律主義の要請からいって租特法のみで課税関係を考えるわけにはいかないということになり，法人税法上の課税上の取扱いを参照する必要性が必然的に出てくるのである。

このように，特別法である租特法によって一般法である法人税法における課税と異なる課税を行う場合には，一般法と特別法の関係からいっても，租税法律主義の原則からいっても，特に，その要件が明確に定められていなければならず，租特法において明文で明確に規定されていない事項については一般法である法人税法の定めによらなければならない。

これを本件に即して述べると，タックス・ヘイブン対策税制においては，タックス・ヘイブン子会社の日本国内源泉所得が合算課税の対象であるとは必ずしも明確に規定されていないことから，特別法である租特法のタックス・ヘイブン対策税制に関する規定を適用することは許されず，したがって，タックス・ヘイブン子会社の国内源泉所得を，タックス・ヘイブン子会社の親会社に対して合算課税することは許されない，ということになる[42]。

---

42) タックス・ヘイブン子会社の未処分所得の金額の計算における「決算に基づく所得の金額」（租

ここでは，租特法66条の6以下（租特法第3章第7節の4第1款）の中に，①同税制に基づく合算課税と外国の法人税との二重課税を調整する仕組み，及び，②配当やみなし配当等がなされた場合の二重課税を調整する仕組みが設けられているのに対して，③合算課税と日本の法人税との二重課税を調整する仕組みは①や②と同じレベルでは設けられていないという事実（つまり，日本のタックス・ヘイブン対策税制の制度そのものの仕組み方の特徴）が重要な意味を持つ。この事実（すなわち，タックス・ヘイブン対策税制は，③についての調整の仕組みを欠く制度として立法されていること）それ自体が，（外国法人課税により日本で課税される）国内源泉所得に対して，あえて重ねて合算課税を行うことはないという立法上の判断を暗黙に示していると考えられ，また，その判断とタックス・ヘイブン子会社の国内源泉所得をタックス・ヘイブン対策税制の対象とすることとは矛盾するものである。それ故に，このような矛盾を放置したままタックス・ヘイブン子会社の国内源泉所得についてタックス・ヘイブン対策税制を適用することは，そもそもこの税制の政策目的によっても正当化しえないとともに立法者の判断にも反する課税を是認するものであるから，そのような適用は許されず，不当な拡張適用であるとのそしりを免れないことになる。

このように，タックス・ヘイブン対策税制に関する定めにおいて，表面的には特別法に規定されている事項のように見えなくもないが，その規定が（あるいはその規定を適用した結論が）他の関連規定ないし制度の仕組みと整合性がないか又は制度趣旨を逸脱する場合には，当該事項に当該規定を適用することが許されないという点を強調しておきたい。本件において，おそらくはタックス・ヘイブン対策税制の背後にある二重課税は調整すべきという理念から導きだされたと思われる（法律上の明文の根拠を欠く）租税特別措置法関係通達（法人税編）（以下，「租特法通達」という）66の6-20を適用して二重課税を調整することも考えられるかもしれないが，そもそも国内源泉所得にタックス・ヘイブン対策税制を適用することは同税制の趣旨・目的に合致しないのであり，日本

税特別措置法施行令〔以下，「租特法施行令」という〕39条の15第1項1号柱書き）に具体的にどの範囲の所得が含まれるのかが文言上一義的に明らかであるとはいえず，当該規定をもって特別法が一般法に優先して適用されることが明確であるとはいえない。また，本件の場合には，その規定が（あるいはその規定を適用した結論が）「他の関連規定ないし制度の仕組みと整合性がないか又は制度趣旨を逸脱する」のであるから，特別法を一般法に優先して適用する前提である「その内容が一般法に照らして不合理でない場合」ということもできない。したがって，特別法である租特法を適用することは許されず，やはり一般法である法人税法の定めによらなければならないであろう。

の外国法人課税を受けた所得について合算課税を行わないという点については，法律上の明文の根拠は不要であると考えるべきである。

　租特法に明文で明確に定められていない場合，及び，表面的には特別法に規定されている事項のように見えなくもないが，その規定が（あるいはその規定を適用した結論が）他の関連規定ないし制度の仕組みと整合性がないか又は制度趣旨を逸脱する場合であって，当該事項に当該規定を適用することが許されない場合の，法人税法への戻り方は，租特法の定めにより異なることになろう。すなわち，以下のように分けて考えることができよう。

　　・租税を重くする特別措置については，法人税法に戻り課税が軽くなる
　　・租税を軽くする特別措置については，法人税法に戻り課税が重くなる

　実際のところ，これまでの裁判例[43]や課税実務において，租税を軽くする租特法の定めについては，その要件がかなり厳格に解釈されているのは，このように，租特法において租税を軽くすることが明示されていない以上，法人税法に戻って考える（租特法による課税の軽減は行われない）という理由によるものと考えられる。

　これに対して，タックス・ヘイブン対策税制のように，課税を重くする租特法の定めについては，そこにおいて明文のかたちで明確に定められていない限り，あるいは，表面的には特別法に規定されている事項のように見えなくもないが，その規定が（あるいはその規定を適用した結論が）他の関連規定ないし制度の仕組みと整合性がないか又は制度趣旨を逸脱する場合であって，当該事項に当該規定を適用することが許されない場合に該当する限り，租特法の解釈でそれを補って法人税法よりも重い課税を行うことを正当化するわけにはいかない。その場合には，租特法は排除され，本法である法人税法に戻り，結果として，課税を重くする措置は適用されないことになる。

　(3) 租特法の性格からくる考慮

　(a) 租特法は政策立法である　　ここで思い起こさなければならないのは，五2で述べたように，特別法である租特法は，特別な目的のために立法された政策立法であり，その目的の範囲内においてのみ，本法である法人税法を修正するにすぎないという点である。租特法の定めは政策的観点から特に課税を

---

43) 例えば，最近の裁判例として，東京高判平成21・4・15税資259号順号11179では，柔道整復師がした租特法26条1項に定める社会保険診療報酬の所得計算の特例を適用して同項所定の率の必要経費を控除した所得税の申告について，柔道整復師は同項に規定する「医業又は歯科医業を営む個人」に当たらないとして，税務署長がした所得税の更正が適法とされた。

重くしたり軽くしたりするものであり，本来，当該政策的観点を逸脱してまで特に課税を重くしたり軽くしたりするような性格のものではないのである。

(b) 国際的租税回避否認規定の性格　国際的租税回避否認規定の例としてタックス・ヘイブン対策税制について考えると，それは，タックス・ヘイブン国・地域に設立された子会社を用いた国際的租税回避を防止するという政策目的から特別に設けられたものであるから，それを超えて，日本国による二重課税を引き起こすことを目的としてはいない。

そして，タックス・ヘイブン対策税制が国際的租税回避を防止するという政策目的から設けられた特別の規定であることを踏まえるならば，本件におけるように，法人税法上当然我が国での法人税課税に服することとされており，国際的租税回避自体がまったく認められないような所得に対してもタックス・ヘイブン対策税制を適用して我が国の所得課税を行うことは，国際的租税回避を防止するという政策目的から設けられたタックス・ヘイブン対策税制の政策目的に合致しないことが明らかである。このような場合には，制度の趣旨・目的，条文のその他の部分の内容との整合性の有無，国際的租税回避を防止するという政策目的を凌駕するより高次の政策目的が存在するか否かなどを総合的に検討して，万が一にも不当な拡張適用が安易に是認され，租税法律主義が犯されることがないように細心の注意を払うべきなのである。

特に，タックス・ヘイブン対策税制は執行の便宜のために租税回避があろうがなかろうが適用できるように作られたものだという発想で，明文で明確に定められていないにもかかわらず，あるいは，表面的には特別法に規定されている事項のように見えなくもないが，その規定が（あるいはその規定を適用した結論が）他の関連規定ないし制度の仕組みと整合性がないか又は制度趣旨を逸脱するにもかかわらず，同税制の適用を行うことは，許されるものではない。

(4) 租税回避否認規定の性格からくる考慮

(a) 租税回避否認規定は懲罰的性格のものではない　次に，タックス・ヘイブン対策税制に関する租特法の規定が課税を重くするものであることは確かであるが，それは，租税回避否認規定であり，上記五の1で述べたことの繰り返しになるが，懲罰的な色彩は有していないという点に留意しなければならない。

租税回避とは，迂回的な私法上の法形式を用いて取引を行うことにより，課税要件に該当することを回避することであり，これに対抗するための租税回避否認規定とは，租税回避が行われた場合に，迂回的な法形式ではなく，一般的

な法形式が用いられていたとした場合におけるように，課税要件が充足されたものとして取り扱うことを定めた規定である。このように，あくまでも租税回避が行われた場合に，租税回避が行われていない通常の状態へと課税を引きなおすのが租税回避否認規定の役割であり，懲罰的な部分は，別途，加算税に委ねられる。したがって，租税回避が行われていないにもかかわらず，租税回避否認規定の要件に形式上該当するかのように見受けられるからといって，租税回避否認規定を適用すれば，租税回避が行われていないにもかかわらず課税が重くなり，租税回避否認規定が懲罰的色彩を帯びることになるが，これはそもそも租税回避否認規定の趣旨に合致しない。

(b) 租税回避否認規定においても立法趣旨に反する解釈は許されない　特に，租税回避否認規定の解釈上，その適用の有無が必ずしもはっきりしないような場合においてまで，条文上は非課税とは書いていないから課税するのは当然であるというようなかたちで，租税回避否認規定を適用することは慎まなければならない。また，表面的には租特法に規定されている事項のように見えなくもないが，その規定が（あるいはその規定を適用した結論が）他の関連規定ないし制度の仕組みと整合性がないか又は制度趣旨を逸脱する場合であって，当該事項に当該規定を適用することが許されない場合においても同様である。したがって，本件で問題としている日本国による二重課税をわざわざ引き起こすような租特法の適用は，課税要件のないところに課税を作り出すもので，拡張適用といわざるをえない。

なお，以上述べた考え方は，租税回避否認規定に条文にない要件を加えているのでは決してなく，特別法である租特法の条文上明確でない，あるいはその内容が不合理であるから，一般法である法人税法に戻るべきであると述べているだけであるという点に留意されたい。

(c) 本法上の否認規定と，租特法上の否認規定　法人税法上の否認規定と，租特法上の否認規定の間に，特別な優先劣後関係が存在するわけではない。ただ，一般法である法人税法と，特別法である租特法の優先劣後関係が存在するだけである。したがって，租特法上の否認規定における特別に課税を重くする要件が不明確であれば，本法全体に戻り，租特法による特別な重課が行われなくなるだけである。

日本の課税権が侵害されていて，国際的な無課税状態等が生じている場合に，それを取り戻すのが，国際的租税回避否認規定である。したがって，タックス・ヘイブン対策税制のような国際的租税回避否認規定の適用により，わざわ

ざ日本による二重課税を惹起するような処分を行うことは，タックス・ヘイブン対策税制の趣旨を逸脱したもので，誤りであるといわざるをえない。

　ここでは，むしろ，本件のような事態（すなわち，タックス・ヘイブン子会社の日本支店が日本で国内源泉所得を得て，日本の法人税の課税を受けるという事態）を想定せずに，立法がなされたことを正面から認めるべきであろう。それは立法の過誤でもなんでもなく，今後の改正で対応していけばよいことであり，無理な現行法の適用により対応すべき問題ではない。

　いずれの国の課税をも免れている所得が，実質的に日本の所得である場合に，これについて日本で課税するために設けられたのがタックス・ヘイブン対策税制であり，その定めを，日本国による二重課税を容認するかのように解釈する必要はない。

(5)　租特法通達の件

　租特法通達66の6-20は，「措置法第66条の7第1項及び措置法令第39条の14第2項第1号に規定する外国法人税の額には，特定外国子会社等が法第138条又は所得税法第161条に規定する国内源泉所得に係る所得について課された法人税，所得税及び法第38条第2項第2号に掲げるものの額を含めることができる。」として，タックス・ヘイブン対策税制上の外国税額控除の対象となる（外国法人であるタックス・ヘイブン子会社の支払った）外国法人税の範囲に，日本の法人税や所得税を含めている。この通達は，タックス・ヘイブン対策税制の適用により，日本の法人税や所得税が二重に課税されないように図ったものであると考えられる。

　しかし，わざわざ議論するまでもなく，文言上当然のこととして，日本の法人税や所得税は「外国法人税」ではない。この点は，租特法施行令39条の14第2項1号の規定する「外国法人税」とは，同号自体に「法人税法第69条第1項に規定する外国法人税をいう」と定められていることからも明らかである。そして，この点について疑義をさしはさむ者が存在するとは思えない。

　そうすると，この通達は法律の根拠のない外国税額控除を定めたものであると思われるが，必ずしもそうではないという考え方も成立しえないではなかろう。すなわち，課税庁は，その根拠として，あくまでも，タックス・ヘイブン対策税制の適用により日本の法人税や所得税が二重に課税されることをタックス・ヘイブン対策税制それ自体が意図していないから，そのような状態が生ずるのを排除しようと考えたのではないか。つまり，タックス・ヘイブン対策税制の本質から考えたのではないかと推測される。

しかしながら，そのような課税庁の意図は，外国税額控除のメカニズムを利用した場合には常に実現されるとは限らず，むしろ，結果として実現されないことが多い。なぜならば，タックス・ヘイブン対策税制の適用により日本の法人税や所得税が二重に課税されないようにすることを，タックス・ヘイブン対策税制上の外国税額控除の制度を用いて行うと，本件のようなタックス・ヘイブン子会社が法人の所得に対して課される税が存在しない国に本店を有する事案においては，外国税額控除の控除限度額等の定めが存在する関係から，結果として，どうしても，日本の法人税や所得税の二重課税が残ってしまうからである。

　さらにいえば，そもそもタックス・ヘイブン子会社に課された日本の法人税とその親会社である内国法人に課された日本の法人税の二重課税の調整をする場合には，外国税額控除制度上の控除限度額制限の趣旨の一つである控除枠の彼此流用はおよそ問題になりえないのであるから，日本の法人税と日本の法人税の間の二重課税の調整のために外国税額控除制度を流用すること自体，合理性がなく，そもそも法律によって許される取扱いであるということもできない。

　このように二重課税が調整されない結論が導かれる場合には，租特法通達66の6-20は有害でさえあって，むしろ，表面的な問題解決のみを図ろうとする同通達は，端的に，「タックスヘイブン対策税制の本質」に反した違法な通達であると考えるべきであろう。このような問題を避けるためには，本件のような場合において，外国税額控除制度を用いて問題の解消を図るのではなく，そもそも，タックス・ヘイブン対策税制は適用されないこととしなければならない。

　なお，日本のタックス・ヘイブン対策税制に相当する諸外国のCFC税制において，法人の所得に対して課される税が存在しない国に本店を有する子会社が，親会社の本店所在地国に支店を有し，当該支店に帰属する親会社国を源泉とする所得につき親会社国で納税している場合に，当該親会社国を源泉とするタックス・ヘイブン子会社の所得に対する課税とCFC税制における合算課税との間でわざわざ二重課税されるように制度を作ったということを，私は未だ聞いたことがない。例えば，米国のCFC税制は，日本の制度とは異なる方式による制度なので，単純な比較はできないというべきかもしれないが，米国においては，(1)米国源泉から得た所得であって，(2)米国の通商又は事業にeffectively connectedであり，かつ(3)租税条約に基づく軽減税率や免除の対象とならない所得（すなわち，米国において通常のルールにしたがって課税を受けている所得）

は，合算対象から除かれるという明文の規定（内国歳入法セクション 952(b)）が おかれ，本件で問題とされているような二重課税の調整がなされる仕組みになっている[44]。また，フランスにおいても，本件におけるような所得について一般租税法典 209B 条による合算課税を行うことはできないという判決が下されている[45]。

そのように考えると，本件における課税庁の主張する取扱いは，世界的に見てもかなり異質であることがうかがえる。

(6) タックス・ヘイブンとされる地域の二分割の問題点

平成 4 年度税制改正以降のタックス・ヘイブン対策税制には，根本的な疑問が存在する。すなわち，制度導入当初の立法時における大蔵省告示で対象地域を指定する方式が，当該税制改正で現在の税率により判断する方式に変わった。この平成 4 年度税制改正においてはタックス・ヘイブンを二つの地域に分離しているが，二つの地域は，果たして別世界なのかという点が最大の問題である。

特定外国子会社等の範囲を定めた租特法施行令 39 条の 14 第 1 項は，まず，特定外国子会社を以下のように二つに分けている。

「第 1 項　法第 66 条の 6 第 1 項に規定する政令で定める外国関係会社……

1. 法人の所得に対して課される税が存在しない国又は地域に**本店又は主たる事務所**を有する外国関係会社

2. その各事業年度の所得に対して課される租税の額が当該所得の金額の 100 分の 20 以下である外国関係会社」

その上で，その 2 項 1 号は，1 項 2 号に該当するかという点について，以下のように定めている。

「第 2 項　外国関係会社が前項第 2 号の外国関係会社に該当するかどうかの判定……

1. 前項第 2 号の所得の金額は，当該外国関係会社の当該各事業年度の決算に基づく所得の金額につき，その**本店又は主たる事務所の所在する国又は地域**……の外国法人税に……関する法令……の規定により計算した所得の金額に当該所得の金額に係るイからホまでに掲げる金額の合計額を加算した金額から当該所得の金額に係るへに掲げる金額を控除した残額とする。

---

44) なお，付言すると，アメリカにおいては，タックス・ヘイブン子会社の留保所得全体を合算するという仕組みではなく，その汚れた所得（tainted income）のみが合算の対象とされるから，本件におけるような二重課税は生じない構造となっているということができる。

45) Cour administrative d'appel de Paris, arrêt du 30 décembre 2008, No 06PA03136, Société industrielle et Financière de l'Artois.

……以下，省略……」（強調・いずれも中里）

このような定めの結果，同条1項1号に該当する会社についても，2号に該当する会社についても，タックス・ヘイブン子会社の本店所在地の制度が重要な意味を持つ。これらの条文は，タックス・ヘイブン子会社が，他の国や地域に支店を持ち事業活動を行うことを予定していない。そこで，タックス・ヘイブン対策税制の適用に際して，果たして，本店所在地のみを見て判断してよいのかという点が問題となる。

この点について，私は，平成4年度税制改正以後のタックス・ヘイブン対策税制においては，本店所在地国主義的な考え方は必ずしも前提とされておらず，当該税制改正以降は，あくまでも，税率を基準として同税制の適用を判断する方式への移行がなされたと考えている。

そもそも，タックス・ヘイブン子会社の恒久的施設（PE）が日本国内で事業活動を行う場合の我が国の租税法上の扱いをまとめると，次のようになる。

① PEに帰属しない所得　　タックス・ヘイブン対策税制で，日本の親会社に対して課税
② PEに帰属する所得　　日本でPE課税

ここから明らかなように，この②の所得については，法人税法に定められている外国法人課税により必要にして十分な課税が行われているのであるから，これに加えて，さらに，②の所得について，親会社に対してタックス・ヘイブン対策税制により合算課税を行うべきことを租特法が定めているとは考えられない。制度の趣旨から合理性のない②の所得に係る合算課税について，特別法である租特法の条文上明文の定めで排除していないから，当然に行われるという「解釈」は，租税法律主義の厳格な制限の下，特別法である租特法で特に課税を重くするというのがタックス・ヘイブン対策税制の本質である以上，採用できるものではない。

平成4年度税制改正により軽課税国指定制度が廃止された後にも，租特法66条の6の政令委任を受けた租特法施行令39条の14には本店所在地国主義的な考え方が残存しているが，法人の所得に対して課される税が存在しない国又は地域に本店を有する外国関係会社は，本店所在地国において税の負担がない以上，当然にタックス・ヘイブン子会社に該当し，（当該タックス・ヘイブン子会社の本店所在地国外の所得の有無にかかわらず）当該タックス・ヘイブン子会社の所得につき，タックス・ヘイブン対策税制により合算課税することは許されるというような解釈には無理がある。租特法施行令39条の14第2項1号柱

書き（そこでは,「本店所在地国法の法令」が定義されている）のような本店所在地国主義的な条文の文言があることは認識しつつも，平成4年度税制改正により，特定外国子会社等の判定方式について，軽課税国指定制度が廃止され，個々の法人ごとに，かつ事業年度ごとに税負担率が25％以下（現在は20％以下）か否かにより特定外国子会社等に該当するか否かを判定する方式（いわゆる税負担率判定方式）に変更された以上，何らかのかたちで，本店所在地国主義的な考え方は放棄された，あるいはそこまでいうことができないにしても本店所在地国主義的な考え方のみで法解釈を行うのは誤りであると考えるべきである。平成4年度税制改正以後のタックス・ヘイブン対策税制においては，本店所在地国主義的な考え方は前提とされていない。当該税制改正以降は，あくまでも，税率を基準として同税制の適用を判断する方式が採用されたのである。

七　ま と め

　本件想定事例は，タックス・ヘイブン子会社の恒久的施設が日本国内で事業活動を行っている場合に，当該事業所得に対する外国法人課税に加えて，さらに，タックス・ヘイブン対策税制による親会社に対する合算課税が必要かという問題に関するものである。タックス・ヘイブン対策税制により引き起こされる日本による二重課税は，様々な局面において発生する[46]が，本件において問題となっている外国法人の日本支店に対する法人税課税との関係については，そもそも二重課税を調整する仕組みが法律に何も規定されていない。このことは，同税制の解釈に当たり，重要な意味を持つ。すなわち，このような法制度の解釈・運用に当たっては，解釈上も，制度の趣旨・目的を踏まえた合目的的な解釈がなされるべきであり，無理な課税を強行することによって現実的な不都合が生じないようにしなければならない。

　本稿で検討したのは，達成しようとする目的からはずれた課税を引き起こす法律を作りいわば放置しておきながら，租税法律主義を理由に法律を機械的に適用するということで果たしてよいのかという点である。租税法律主義というのは，納税者と課税権者との合意の上に，納税者の納得する課税を行うためのものであって，形式論理を満たせば不合理な課税が行われても放置するというものではないはずである[47]。単純な形式論理で制度上の不都合を正当化するこ

46）　中里・前掲注1）132〜134頁。

とは困難であろう。

---

47) 本来ならば，そこで，31条や比例原則のような憲法上の制約が出てくるべきなのかもしれないが，合理的な課税という原則をどこまで憲法から導くことができるか，現実には簡単に判断のできる問題ではない。なお，本節の校正に際し，太田洋弁護士，伊東有理子弁護士，小田嶋清治税理士に，貴重なコメントをいただいたので，ここにお礼を申し上げたい。

VI

課税管轄権からの離脱をはかる行為について

一　はじめに

　国際的な租税回避や節税について，租税法の観点のみからではなく，より基本的な国際法的観点をも交えて検討を加えるのが，本稿の目的である。
　租税回避は，租税裁定取引（すなわち，ハイタックス・ポジションをロータックス・ポジションに転換すること）により行われる。より具体的には，課税の軽い者への所得等の付替え，課税の繰延，所得等の課税の軽い種類・類型への転換等が，その手法として用いられる。このうち，国際的な租税回避は，課税の軽い地域に存在する者への所得等の移転により行われる場合が多いが，どのような手法が用いられる場合であっても，国際的租税回避は，多くの場合に，日本の課税管轄権からの離脱をはかる行為であるという点において共通性がある。その際に用いられる手法について実例をあげて，やや具体的に検討するのが，本稿の目的である。
　国際社会は，法的に見て相互に対等の地位を有する主権国家により構成され，そこにおいては国際法が妥当しているために，主権国家は，たとえその国家にとって不都合な場合であっても，国際法の制限を受け，その課税管轄権の及ぶ範囲内においてしか，課税権を行使することができない。そこで，納税者の一部は，契約の自由や居住移転の自由を逆手にとって，課税管轄権からの離脱をねらった様々な取引を行うことがある。課税管轄権を離脱してしまえば，合法的に（場合によっては，違法になるが）課税を逃れることができるからである。これに対して，課税当局が対抗しようとすることになるが，国際法による課税管轄権の制限が存在するが故に，多くの場合において，課税当局はきわめて困難な局面に直面せざるを得ないことになる。
　経済学の専門家が分析の対象とするには，国際課税の制度が複雑すぎるため

か，この分野においては，経済分析があまり活発に行われず，また，行われたとしても，さほど有効に機能してこなかった。しかしながら，国際的な租税回避ということであれば，基本的に，国内における租税裁定取引の分析モデルで分析することが可能なのではなかろうか。いわば，そのような研究のための，若干の素材を提供しようというのが，本稿の目的である。

二　課税管轄権

1　課税管轄権の意味

法律学の専門家以外の者にとって，管轄権は，わかりにくい概念である。しかし，この概念の概要を把握することなしに，国際課税の制度を正確に理解することは不可能である。そこで，以下においては，国際法における管轄権をめぐる議論を整理したうえで，租税法における管轄権について若干の検討を加えることとする。

(1)　国際法における管轄権の定義

まず，国際法において，管轄権の概念がどのように議論されているかという点について，ごくごく簡単に見ておこう。国際法における管轄権の概念[1]については，刑事法の分野を念頭においたものであるが，以下のような解説がなされている[2]。

---

1) 中川淳司「国家管轄権の規律原理——国内法は国外でどこまで適用されるか」奥脇直也＝小寺彰編『国際法キーワード〔第2版〕』(2006年) 所収80頁は，以下のように述べている。
　「伝統的な国際法の下で，国家管轄権の及ぶ範囲については国家領域と国際公域で異なる基準が適用されてきた。国家領域では，領域主権に基づき，国際法上特別の制限がない限り領域国の管轄権が優先するとされた（属地主義 principle of territoriality）。……
　属地主義の例外として国家管轄権が他国の領域内に及ぶことが認められたのは，……管轄権行使を許容する一般国際法上の根拠が存在するか，相手国の同意がある場合に限られていた。しかも，他国領域内における管轄権行使が認められる場合も，認められるのは原則として立法管轄権に限られ，執行管轄権の行使は条約上の根拠あるいは相手国の同意がある場合に限って認められた。つまり，伝統的な国際法の下では，領域主義の尊重を基軸として国家管轄権の及ぶ範囲が画定され，管轄権の抵触の回避が図られていたのである。」
2) 村瀬信也「国際法における国家管轄権の域外執行——国際テロリズムへの対応」上智法学論集49巻3・4号119頁，121〜122頁。また，この論文は，山本草二『国際法〔新版〕』(1994年) 84頁以下，及び，cf. American Law Institute, Restatement of the Law, Third. The Foreign Relations Law of the United States, vol. Ⅰ, 1987, pp. 230〜234; F. A. Mann. "The Doctrine of Jurisdiction in International Law", in Studies of International Law. Oxford. 1973, pp. 39〜41; Werner Meng. "Extraterritorial Effects of Administrative, Judicial and Legislative Acts", in R. Bernhardt. ed., Encyclopedia of Public International Law, vol. Ⅱ, 1992, p. 340; Bernard H. Oxman, "Jurisdiction of States", in Ibid., vol. Ⅲ, 1997. pp. 55〜60 を

「周知のように，国家管轄権は，その作用上，立法管轄権（legislative or prescriptive jurisdiction）と執行管轄権（強制管轄権 enforcement jurisdiction）に分かれる。いずれについても，その行使は，当該国家の領域内に限定される（もとより，公海など国際公域においては属人的な旗国管轄権が適用される）。

もっとも，立法管轄権については，国際法上，一定の場合，一定の条件のもとに，『域外適用』（extraterritorial application）が認められる。域外管轄権の適用基準として従来主張されてきたものには，客観的属地主義，保護主義，受動的属人主義，普遍主義などがある。……

これに対して，執行管轄権については，域外における行使は，原則として禁止される。……国際慣習法や条約で特別に許容されているか，あるいは相手国から特別の許可がある場合は別として，国家は他国の領域内での物理的な権力行使（捜査，逮捕，抑留，押収など）はすべて禁止されるのである。国家管轄権の属地性の優位は，この執行管轄権において極めて顕著である。

しかしそうした殆ど不動の原則にも関わらず，国際法上，国家管轄権の域外『執行』が認められる場合がありうるか，という問題が本稿のテーマである。最近では，極めて例外的な状況において，国家により域外で執行管轄権が一方的に行使される事例も散見される。」

これは，きわめて簡潔でわかりやすい管轄権に関する標準的な説明である。そして，国際租税法においても，次に見るように，状況はこの刑事法の場合とほとんど同様である。

(2) 租税法における管轄権の定義

次に，国際租税法において，課税管轄権についてどのような議論が行われてきたかという点について，簡単に整理しておくこととする。[3]

まず，第一に，課税管轄権についての一般国際法は存在しないという見解がアメリカの研究者を中心に存在する。その代表は，以下の二人である[4]。

・Martin Norr は，「いかなる国の課税管轄権であれその範囲を制限する国際法上のルールは存在しない（No rules of international law exist to limit the extent of any country's tax jurisdiction.）」と述べている[5]。
・また，20世紀のアメリカを代表する租税法研究者である Stanley S. Surrey（シ

参照している。
3) Cf. Nancy H. Kaufman, Fairness and the Taxation of International Income, 29 Law and Policy in International Business 145, 173 (1998).
4) さらに古いものとしては，Harold Wurzel, Foreign Investment and Extraterritorial Taxation, 38 Columbia Law Review 809 (1938) がある。
5) Martin Norr, Jurisdiction to Tax and International Income, 17 Tax Law Review 431, 438 (1962).

ャウプ使節団のメンバーの一人。後, ハーバード・ロースクール教授) は, 「連邦政府の課税管轄権の境界は, ここにおいてはいかなる法的制約によっても制限されない。むしろ, 管轄権の行使は, 本質的に, 政府の費用を負担するアメリカ市民及び法人の正当なる義務に関する国家の政策及び姿勢の問題である ([t] he boundaries of the tax jurisdiction of the federal government are here not limited by any legal lines. Instead,the assertion of jurisdiction is essentially a matter of national policy and national attitudes as to the proper obligations of American citizens and corporations in meeting the costs of government.)」と, かなり国家主権を強調する考え方 (国際法を重視しない考え方) を述べている[6]。

これに対して, そのような一般国際法の不存在について断言することに多少慎重な, 次のような考え方も存在する[7]。

・たとえば, Albrecht は, 「国際法の下で外国人に対して課税する権利は, 実際のところ, 現在においては倫理的な原理には依拠していない。さらに, 一般に認められた明確ないかなる公正の基準も, 存在するとは言いがたく, そのような基準を定式化しようとするいかなる試みも, 形而上学的な空論となりがちである (the right to tax aliens under international law is not at present in fact based upon ethical principles. Moreover,no clear and generally accepted standards of fairness can be said to exist,and attempts to formulate them tend to diverge into metaphysical speculation.)」と述べている[8]。

この点, 私は, いかなる国家も, 少なくとも自らと無関係の人・法人, 資産, 所得, 行為等に対して課税管轄権を及ぼすことはできないという意味において, 課税に関する立法管轄権に対する何らかの制限は存在するのではないかと考えている[9]。そのような考え方に立った場合, Norr や Surrey の議論は, 国際社会におけるアメリカの地位が絶対的であった時期のアメリカにおける国際法に対する一定の感覚 (すなわち, アメリカ中心主義ないし国際法軽視の考え方?) を反映したものであるといえるのではなかろうか。それ以前の, 属地主義を重視する

---

6) Stanley S. Surrey, Current Issues in the Taxation of Foreign Corporate Investment, 56 Columbia Law Review 815, 817 (1956).
7) また, cf. Restatement (Third) of Foreign Relations Law of the United States 15 (1986); Arnold Knechtle, Basic Problems of International Fiscal Law (translated by W. E. Weisflog, 1979); Rutsel Silvestre J. Martha, The Jurisdiction to Tax in International Law (1989).
8) A. R. Albrecht, The Taxation of Aliens Under International Law, 29 British Yearbook of International Law 145, 148 (1952).
9) Cf. Rutsel Silvestre J. Martha, The Jurisdiction to Tax in International Law (1989).

伝統的な国際法の常識からいえば法理論的にきわめて問題の多いタックスヘイブン対策税制が，アメリカの絶頂期である 1960 年代初頭に，やや強引ともいえるかたちで，はじめてアメリカにおいて導入されたのは，導入当時のアメリカにおける，このような自国中心主義の考え方を反映したものといえよう[10]。

なお，これらの議論は，いずれも，立法管轄権を念頭においたものであり，執行管轄権についてのものではない。

(3) 課税管轄権の種類とその制限

上の(1)における国際法文献の引用からも明らかなように，国家主権の具体的態様の一つである課税管轄権は，国家機能が三つの権限に分かれているのに対応して，以下の三つに分けて説明されるのが通常である。

　　立法管轄権
　　執行管轄権
　　裁判管轄権

これらのうち，国際租税法においては，主として，立法管轄権と執行管轄権に関する議論が行われる（これに対して，裁判管轄権については，国際民事訴訟法において議論される）。そのような国家の課税管轄権は，国内法および国際法により様々なかたちで制限されている。この課税管轄権の制限に関する議論は，国際租税法において最も基本的な意味を有するものであり，この点に関する国際法的な検討なしに，国際租税法の議論を行うことは許されるものではない[11]。

第一に，立法管轄権は，国際法及び国内法により制限されている。もっとも，実際には，上の(2)における引用からも明らかなように，一般国際法による立法管轄権の制限はあまり明確で厳格なかたちでは存在しない。課税に関する立法管轄権について，一般国際法との関係が問題となるものとして，主要なものは，主権免除（課税に関していえば，主権免税ということになる），及び，外交特権との関係であろう。すなわち，主権を有する国家は相互に対等であるから，商業活動（Commercial Activity）に従事する場合を除いて，他国の裁判権や課税権に服することはない[12]。また，外交官は，他国において逮捕されたり課税されたり

---

10) この点については，別項を執筆する予定である。
11) その意味で，国際租税法は，決して「税務」ではないといえよう。
12) この問題に関しては，外国国家の行為を，その性質が私人でも行うことが可能な商業取引である場合と，民事裁判権が免除されない私法的ないし業務管理的な行為に分けるという考え方を示した最高裁判所平成 18 年 7 月 21 日判決・民集 60 巻 6 号 2542 頁が存在する。曰く，
「外国国家に対する民事裁判権免除に関しては，かつては，外国国家は，法廷地国内に所在する不動産に関する訴訟など特別の理由がある場合や，自ら進んで法廷地国の民事裁判権に服する場合

することはない。もっとも，先進諸国が主権免除に関する法律を有するのに対して，日本においては，まだそのような法律が存在しないが，現在，法務省において主権免除法の準備作業が進行中である[13]。

そのような一般国際法に基づく例外を除けば，課税に関する立法管轄権の制限として問題になるのは，条約による制限と国内法による制限である。すなわち，国家の課税権は，租税条約等の条約により制限される。また，国家の課税権は，その一方的な意思により，国内法律によっても制限される。国際租税法は，主として，このような租税条約及び国内法による課税権の制限について研究する分野であるといってよかろう。課税管轄権の租税条約及び国内法による制限の態様は国により多少異なる。その場合の全世界所得主義とか，国外所得免税主義を，課税原則とよぶこともある。

第二に，課税に関する執行管轄権は，立法管轄権の場合とは異なり，一般国

を除き，原則として，法廷地国の民事裁判権に服することを免除されるという考え方（いわゆる絶対免除主義）が広く受け入れられ，この考え方を内容とする国際慣習法が存在していたものと解される。しかしながら，国家の活動範囲の拡大等に伴い，国家の行為を主権的行為とそれ以外の私法的ないし業務管理的な行為とに区分し，外国国家の私法的ないし業務管理的な行為についてまで法廷地国の民事裁判権を免除するのは相当でないという考え方（いわゆる制限免除主義）が徐々に広がり，現在では多くの国において，この考え方に基づいて，外国国家に対する民事裁判権免除の範囲が制限されるようになってきている。これに加えて，平成16年12月2日に国際連合第59回総会において採択された『国家及び国家財産の裁判権免除に関する国際連合条約』も，制限免除主義を採用している。このような事情を考慮すると，今日においては，外国国家は主権的行為について法廷地国の民事裁判権に服することを免除される旨の国際慣習法の存在については，これを引き続き肯認することができるものの……，外国国家は私法的ないし業務管理的な行為についても法廷地国の民事裁判権から免除される旨の国際慣習法はもはや存在しないものというべきである。……外国国家の主権を侵害するおそれのない場合にまで外国国家に対する民事裁判権免除を認めることは，外国国家の私法的ないし業務管理的な行為の相手方となった私人に対して，合理的な理由のないまま，司法的救済を一方的に否定するという不公平な結果を招くこととなる。したがって，外国国家は，その私法的ないし業務管理的な行為については，我が国による民事裁判権の行使が当該外国国家の主権を侵害するおそれがあるなど特段の事情がない限り，我が国の民事裁判権から免除されないと解するのが相当である。」
「……特定の事件について自ら進んで我が国の民事裁判権に服する意思を表明した場合には，我が国の民事裁判権から免除されないことはいうまでもないが，その外にも，私人との間の書面による契約に含まれた明文の規定により当該契約から生じた紛争について我が国の民事裁判権に服することを約することによって，我が国の民事裁判権に服する旨の意思を明確に表明した場合にも，原則として，当該紛争について我が国の民事裁判権から免除されないと解するのが相当である。なぜなら，このような場合には，通常，我が国が当該外国国家に対して民事裁判権を行使したとしても，当該外国国家の主権を侵害するおそれはなく，また，当該外国国家が我が国の民事裁判権からの免除を主張することは，契約当事者間の公平を欠き，信義則に反するというべきであるからである。」
13) すなわち，法制審議会主権免除法制部会において，作業が進行中である。

際法による厳しい制限に服する。その結果，国家は，自らの領域を超えて外国で調査や徴収を行うことはできない[14]。ただし，この属地主義による執行管轄権の制限については，租税条約等において明示の合意が存在する場合，あるいは，相手国の個別的な同意がある場合には，その例外が認められる。

2 課税管轄権からの離脱の態様

さて，課税管轄権（立法管轄権及び執行管轄権）が国内法及び国際法により制限されているという現実があるが故に，その制限を利用して，課税管轄権からの離脱をはかる納税者の行為が誘発されることは不可避なことである。このような，納税者による課税管轄権からの離脱を目指した行為には，実に，様々なものがある。それらをごく大雑把に分けると，たとえば，次の三つになろう。

・居住地の移転
・取引の移転
・資産や所得の移転

これらの中には，単なる節税として租税法上特段問題がないとされる場合もあれば，租税回避に該当するとされる場合もあるのみならず，脱税になるものも存在しうる。

なお，実際には，これらの課税管轄権の離脱を目的とする行為の具体的態様は，所得課税，資産課税，消費課税，流通課税といった，税目により相当の差異を生ずるが，本稿においては，基本的に所得課税を念頭において検討を行うこととする。

以下においては，これらそれぞれの課税管轄権の離脱を目的とする行為の態様について，具体例を交えながら理論的に見ていくこととする。

三 居住地の移転

法人や個人が直接にその居住地を移転する場合[15]の他に，その一種の変形として，法人でなくなるとか，PEをおかないとか，匿名組合契約を利用するというようなかたちでの，課税管轄権離脱の態様が存在するので，それらも念

---

14) たとえば，二人のフランスの国税職員が納税者を追いかけてスイス国内に潜入し，スイス官憲に逮捕されたという事例が報道されている（Ende einer Dienstreise, Der Spiegel 20/1980 vom 12.05.1980, Seite 182）。
15) もっとも，会社法の制限により，法人が内国法人から他国の法人に変わることは困難である。

頭においた議論を行うこととする。

1　納税する主体の居住地

　納税する主体による課税管轄権の離脱を目的とした居住地の移転は，それ自体独立した行為として単独で行われる場合がある。たとえば，居住者が非居住者になれば，国外源泉所得に対する日本の課税を免れることが可能となる。この場合，居住地の移転にともない，いわば自動的に，課税対象である所得や資産や取引についての課税管轄権からの離脱が可能となる。しかし，一般的には，居住地の移転は，課税対象や取引の移転と複合したかたちで行われる場合が多い。

　ただし，脱税的な居住地の移転は，課税対象や取引の移転とは無関係に，執行管轄権からの離脱を目的として行われる（たとえば，ある年に所得を得た者が，確定申告前に，準確定申告を無視して居住地を外国に移転する場合）が，それについては，ここでは扱わない。また，自然人も法人も居住地を移転するが，ここではもっぱら法人を念頭において検討を加える[16]。もっとも，実際には，法人が居住地を移転することはかなり困難である（設立準拠法主義の下では，特にそうである[17]）から，以下で検討するのは，内国法人が外国法人になるという直接的なかたちの居住地の移転以外の，いわば付随的な形態のみであるという点に留意されたい。

2　法人形態を避けることによる源泉管轄からの離脱——外国法人概念

　居住地の移転そのものではないが，法人に対する源泉管轄[18]を逃れる方法

---

[16]　その他にも，居住地移転と類似する方法がいくつも存在する。たとえば，内国法人についていえば，海外子会社の設立はその代表であろう（タックスヘイブン子会社の利用や，海外子会社との間の移転価格操作）。また，外国法人についていえば，恒久的施設のない外国法人となることによる源泉管轄からの離脱，恒久的施設とならない代理人の利用，電子商取引，匿名組合の利用等，様々なものがある。しかし，ここでは，これらについてはふれない。

[17]　すなわち，本店を移転することはまだしも可能かもしれないが，設立準拠法を変更することは，きわめて困難であろう。

[18]　法人税法における「外国法人」に対する課税は，内国法人に対する課税と比べて，その課税される所得の範囲に関して制限的に行われる。すなわち，内国法人が全世界所得に対して課税されるのに対して，外国法人は，国内に恒久的施設を有する場合と国内に恒久的施設を有しない場合とで，多少の差異はあるが，国内源泉所得に対してのみ課税を受ける。外国法人の日本進出の形態は，子会社，支店，日本への投資，日本への輸出と様々であるが，いずれにせよ，源泉地管轄の対象となる「外国法人」の国内源泉所得に対する課税の問題として議論される。

三　居住地の移転　91

として，法人形態を避けることが行われることがある[19]。これは，法人に対する課税が独立のものとして存在する限りにおいて，租税法上，法人に該当するか否かが重要な意味をもつからである。このことは，国内法においても，租税条約においても同様である[20]。また，同様のことが，ある支払が配当に該当するか否かというかたちで，法人税のみならず，所得税においても問題となる[21]。

(1)　外国法人の概念の取扱い

法人は基本的に各国の国内法律に準拠して設立される存在である[22]ために，外国法に基づいて設立された法人（民法上の外国法人[23]。これは，租税法上の外国法人とは異なる概念である点に留意）等の概念を日本の租税法においてどのように考えるかという困難な問題が生じてくる。外国法上の概念の日本の租税法における取扱いという問題については，原則として，以下のように場合を分けて対応すべきであると考える。

①　第一に，ごく一般的にいって，日本の租税法律において用いられている概念は，外国法上の概念を含むことが明文で排除されているか，あるいは，外国法上の概念を排除することが一見して明らかな場合を除いては，外国法上の概念をも含むと解すべきである。この点は，基本的に，実務においても認められているといえよう。この点が否定されてしまうならば，以下の二つの点について議論する意味はなくなるであろう。

②　第二に，外国の公法上の概念の扱いであるが，これについては，日本の租税法上明文の定めがなければ，基本的に外国法によってその内容を判断すべ

---

19)　とはいえ，組合等の法人でない事業形態を用いる場合には，その組合員等に対する課税が行われるのであるから，それは，法人に対する源泉管轄を逃れる方法ではあっても，厳密な意味においては，課税を逃れる方法ということにはならない。にもかかわらず，法人でない事業形態を用いて法人課税を逃れることが行われるのは，組合員等に対する課税を軽くすることができる（たとえば，不動産所得ということで損失を計上できる）場合や，組合員がだれであるかを日本の課税当局が把握できないような場合があるからであろう。なかでも，この後者の問題は深刻であり，何らかの手続法的対応が必要かもしれない。
20)　租税条約においては，法人であれば独立の居住者となる。また，法人からの支払は配当となりうる。
21)　すなわち，法人税に関しては，法人としての課税を受けるか否かという点が主として問題となるのに対して，所得税においては，法人からの支払＝配当といえるかという所得類型の問題が重要な問題となる（これは，法人税についても重要である）。
22)　もちろん，条約により設立される国際機関も存在するが，これは，例外的な存在である。
23)　民法36条が，「法人及び外国法人は，この法律その他の法令の定めるところにより，登記をするものとする」と定めているとおり，民法上，法人と外国法人は別の概念であるという点に留意しなければならない。

きである[24]。たとえば,「租税」の概念については,外国が租税として課税している以上,それを租税でないものとして,日本における課税関係を考えるべきではなかろう。この点が争われたのが,東京高裁平成19年10月25日判決・民集63巻10号2426頁,及び,その原審の東京地裁平成18年9月5日判決・民集63巻10号2364頁,である(また,最高裁平成21年12月3日判決・民集63巻10号2283頁)。この事件においては,日本法人の子会社がガーンジー島の租税を課されている場合に,これについてタックスヘイブン対策税制の適用が認められるか否かという点が争われた。この事件の東京高裁判決について,裁判所ホームページは以下のように述べている[25]。

「外国の法令により課される税が法人税法69条1項の外国法人税に該当するかどうかは,同項を受けて外国法人税の意義を定めた規定である同法施行令141条1項等の規定に照らして判断すべきところ,同項は,先進諸国において通用している一般的な租税概念を前提とし,そのうち,『法人税』,『法人の所得を課税標準として課される税』に相当するものを控除の対象にしているものと解されるところ,一般に,租税の特性として,公共サービスの提供に必要な資金を調達することを目的とし(租税の公益性),それ以外の目的で課される罰金,科料,過料,交通反則金等のような違法行為に対する刑事上,行政上の制裁の性質を持つ金銭給付とは区別され,国民の富の一部を一方的,強制的に国家の手に移す手段であり(租税の強行性),租税が国民の財産権の侵害の性質を有することから,租税の賦課,徴収が必ず法律の根拠に基づいて行われなければならない(租税法律主義)とされ,特別の反対給付の性質を持たない点で,各種の使用料,手数料,特権料等と区別され,国民にその能力に応じて一般的に課される点で,特定の事業の経費に充てるために,その事業に特別の関係のある者から,その関係に応じて徴収される負担金と区別され,金銭給付であることを原則とする点で挙げられるから,前記外国法人税に該当するかの判

---

[24] 特に,相手国との間で租税条約が締結されている場合には,一層そのようにいうことができる。これは,いやしくも租税条約を結ぶ以上,そして,租税条約が両締約国の租税制度の調整を目的とする以上,両締約国は,相手国の租税制度に対して一定程度の尊重の念をもつことを要求されるからである。したがって,日本法人の子会社が租税条約締結国に存在する場合においては,基本的にタックスヘイブン対策税制を適用すべきでない。相手国の税率が日本で考えると低いと判断されるという理由のみに基づいて,相手国法人の事業所得に対して課税し,租税条約を脱法するかのような(条約を無視する)条約解釈を繰り広げることは,Comityとか,Act of Stateとまでいうかどうかは別として,憲法98条2項により,条約が国内法に優位するとされている点を正面から無視するものである。

[25] 以下の引用は,判決文そのものではなく,裁判所のホームページにおける判決の要約であるが,現在は削除されている点に留意されたい。

断に当たっては，当該外国の法令によって課される税が，このような租税概念に当てはまるのかどうかについて検討する必要があり，その際，我が国の法人税との比較も判断の一要素となり得るとした上，前記外国法人がその本店所在地国で納付した税は，基本的性格を異にする四つの税制が当該法人の選択によって適用され得るという点で税の強行性の概念と相容れず，適用税率について課税権者に広範な裁量の余地を許容する点で租税法律主義に反するものであり，また，税の徴収手段において実効性に欠けるなど，同国における法人税制は，我が国における法人税制とはおよそかけ離れた制度になっていることはもとより，一般的な租税概念に反するものといわざるを得ないから，前記税は，法人税法 69 条 1 項の外国法人税に該当しないとして，前記更正処分を適法とした事例」

　Guernsey は，Isle of Man, Channel Island bailiwicks of Jersey とともに，Crown Dependencies とされる地域であり，イギリス領の高度な自治権を有する地域である。ガーンジーの税制の下では，税率 0％ から 25％ まで納税者が選べるが，納税者である日本法人の子会社は 25％ を選んでいた。これは，25％ を選んでいると日本のタックスヘイブン対策税制の適用を受けないからであると課税庁は考えたようである。そこで，日本の課税当局は，0％～25％ まで税率を選べるというのでは，租税が課されているわけではないとして，タックスヘイブン対策税制を適用した。0％ も選べるのにわざわざ 25％ 支払っているのであるから，それを租税といえるかどうかという点については疑問があるということで，東京地裁も東京高裁も，課税庁の処分を認めた。しかし，国際法には Comity（国際的な礼譲）という考え方があり，一国は，他国の立法・行政・司法上の行為を尊重すべきであり，無視すべきではないという原則が存在する。また，Act of State の概念があり，一国の主権的行為は，他国の裁判所において無視されないとされている[26]。すると，ガーンジーが主権の行使として，租税として賦課したものを日本の裁判所が租税でないというのは，Comity に反するかもしれない。あるいは場合によったら Act of State の原則に反するという考え

26）　なお，アメリカの連邦憲法においても，「Full Faith and Credit」条項（連邦憲法 4 条）に基づき，「各州は，他州の一般法律，記録および司法手続に対して，十分な信頼と信用を与えなければならない。連邦議会は，一般的な法律により，これらの法律，記録および司法手続を証明する方法ならびにその効果につき，規定することができる」とされており，他州における法律等はどの州でも認められるというのが原則である（田中英夫編集代表『BASIC 英米法辞典』〔1993 年〕212～245 頁参照）。

方も，理論的に存在し得ないわけではない。しかし，裁判所は，Comity についても Act of State についてもふれずに，結論を下した。もちろん，Comity や Act of State の考え方が，本件でどこまで適用されるかという点については難しい問題もあるが，少なくともそれを議論したうえで判決を出してほしかったという気がする。Comity や Act of State の概念を考慮するとするならば，他国が租税として賦課したものを租税でないというためには，相当に精緻な理論構成が必要なのではなかろうか。少なくとも，0% も選べるならそれは日本法から見て租税ではないというような理屈だけでは十分ではないように思われる。国際法のルールを考慮することなく，法人税法上，外国法人税に当たるとか当たらないとかという点のみをいくら議論しても，それは所詮，国内法の解釈でしかなく，国際法を無視しているということになりかねないので，十分な注意が必要であろう[27]。

③ 第三に，日本の租税法律の中で外国の私法上の概念が用いられている場合については，外国法上の概念が租税法律の明文で排除されているか，あるいは，外国法上の概念を排除することが一見して明らかな場合を除いては，外国の私法上の概念の意味内容をそのまま尊重すべきであろう。したがって，日本の租税法においては，租税法律に特別な定めがなければ私法上の概念は私法におけると同様に解釈するのが原則であるが，この原則は，外国の私法上の概念についても基本的に妥当する[28]と解すべきである。もっとも，課税関係の前提となる私法関係に関しては，日本の私法上の強行法規（たとえば，民法における法人概念に関する定め）が外国の私法を修正している場合があり，このような場合は，日本の私法上の強行法規による外国私法の修正が行われ，それを前提

---

[27]　もちろん，ある支払を租税として扱わないという点について相手国の同意があれば，国と国との関係においては特段の国際法上の問題は生じないであろう。そして，租税条約を締結している国との間の関係については，相手国の租税制度を一応適正なものとして租税条約を結ぶ（問題があれば，例外を定めておく）のであるから，余計に，相手国の租税を租税ではないと日本が一方的にいうことは困難になるのではなかろうか。

　もっとも，国と国との関係については合意があればそれでよいとしても，外国納税者との関係においては，日本国内法的問題は残るかもしれない（それとも，国と国との約束が私人を国内法的に拘束するから，別に問題はないのであろうか）。

[28]　また，日本においては，明文の租税回避否認規定が存在しない場合，当事者が約した私法上の契約関係等を課税上無視して課税処分を行うことは許されない。すなわち，当事者が締結した契約に関しても，法の適用に関する通則法 7 条の「法律行為の成立及び効力は，当事者が当該法律行為の当時に選択した地の法による」という定めどおり，租税法上の明文の定めが存在しなければ，当事者の意思が優先される。

として租税法の解釈・適用がなされると考えるべきであろう。換言すれば，強行法規についても外国私法によるのであるが，日本の民法上の強行法規が明文で外国法上の概念の取扱いについて定めている場合には，それによるということになる。

(2) 法人税法における「外国法人」の概念

ところで，上の第三の場合について最も問題となるのが，外国法人の概念である。以下では，実務上も重要な意味を有するこの点について，少し詳しく検討を加えることとする。ここでは，具体的な事例として，デラウェア州法に基づいて組成された Limited Partnership（以下，LPS と略する）が，日本の法人税法上，「外国法人」に該当するかという点について，検討を加えることとする。

法人概念については，日本の民法 35 条 1 項[29]が，「外国法人は，国，国の行政区画及び外国会社を除き，その成立を認許しない。ただし，法律又は条約の規定により認許された外国法人は，この限りでない」として，民法上の外国法人（すなわち，外国法に基づいて設立された法人）の取扱いを定めている（これは，当然のことながら，強行法規である）。また，会社法 2 条 2 号は，外国会社を，「外国の法令に準拠して設立された法人その他の外国の団体であって，会社と同種のもの又は会社に類似するものをいう」と，定義している（これも，また，強行法規である）。しかし，法人税法は，内国法人を，「国内に本店又は主たる事務所を有する法人」（同法 2 条 3 号），外国法人を，「内国法人以外の法人」（同法 2 条 4 号）と定義するのみで，租税法独自の「法人」の定義をおいていない。

したがって，このような場合には，当然のことながら，法人税法は「法人」の概念について私法の概念を借用していると考えざるを得ない[30]。すなわち，法人税法上の「法人」の意義については，私法上の「法人」の意義と同義かつ一義的に解釈すべきである。そもそも我が国の私法上の法人制度という強行法規的な制度に関わる概念である「法人」という法概念が，多義的であることは予定されていない[31]。なぜならば，もし，「法人」という法概念自体の意義が

---

29) 平成 18 年 6 月 2 日法律第 50 号における条文。それ以前は，民法 36 条 1 項が，「外国法人は，国，国の行政区画及び商事会社を除き，その成立を認許しない。ただし，法律又は条約の規定により認許された外国法人は，この限りでない」と規定していた。
30) 法人税法に「法人」の定義が存在しない以上，法人税法独自の「法人」の概念を，解釈によって導き出すことは，ほとんど不可能であろう。
31) もちろん，個々の法律において，たとえば法人税法 3 条や所得税法 4 条のように「人格のない社団等」を「法人」とみなすといった明文の規定を置いて別段の定めをしている場合はこの限りでないことは言うまでもない。

我が国の私法上多義的であるということになると、法的安定性が極端に阻害されることになるので、「法人」の意義について多義性を認めることは容認し難いからである。

このように「法人」概念のような私法上の強行法規的な制度に関わる法概念を租税法が用いている場合において、租税法律主義のしばりを受ける租税法上、当該法概念の意義を解釈するにあたっては、租税法上かかる法概念について別段の意味を定める規定が置かれていない以上は、租税法とかかる法概念の意義について定める我が国の私法（すなわち民法）を一体のものと考えて、当該法概念について我が国の私法において定められている意義・内容をもって、一義的に解釈すべきである。言い換えると、租税法上の「法人」の解釈については、租税法独自の解釈を行うべきではなく、「法人」が私法上確立した意味・範囲を与えられた概念であることを踏まえ、我が国の私法上の意義と同じに解すべきである（租税法の解釈・適用における私法概念の尊重）とするのが、租税法の解釈における基本的な考え方である（通説である、借用概念に関する金子宏名誉教授の説）。

(3) 私法上の「法人」の意義と租税法

他方、私法上の「法人」の意義に関しては、国内の事業体については法人法定主義が、外国の事業体については民法35条1項が、それぞれ検討の出発点となると考えられる[32]。

我が国の私法上、ある事業体に法人格を与えるか否かは法律によって定めることとされている（法人法定主義）。言い換えると、我が国の私法上は、法人格を与えられるための実質的な要件が先ず存在していて、その要件を満たす事業体には法人格を与えるという方式がとられているのではなく、実質的な特性の差異とは無関係に、制定法上「法人」とすると規定することによって法人格を与えるという形式に着目する方式が採られている。現に、民法、商法学者の研究においても、「法人」に固有な特質というものを考えることはきわめて難しいことが指摘されている[33]が、そのことも、我が国の法人制度が、実質要件を定めてそれを充足するものに法人格を与えるというものではなく、対象となる事業体の設立根拠法において「法人」とする旨を法定することによって法人格を与えるという制度[34]であることを考えれば、特に不思議なことではない。

---

[32] 私法に依拠するという前提をとりながら、この点を無視して、租税法における「法人」の定義を導こうとする考え方は、恣意的であるといわざるを得ない。

[33] 竹内昭夫＝龍田節編『現代企業法講座第2巻企業組織』（1985年）72頁〔江頭憲治郎〕参照。

したがって，我が国の私法上「法人」と法定された事業体は，「法人」について適用されることとされている国内法上のあらゆる局面において「法人」として扱われるのである[35]。

さて，外国法に基づいて組成された外国の事業体の場合には，諸外国がそれぞれ個別の国家行為によって（かつ，個別に考慮された区々の判断基準によって）当該事業体に対して法人格を付与するか否かを決めているが，ある事業体がそのように外国において法人格を付与されていることは，その事業体につき日本の私法上当然に法人格が認められることを直接的には意味しない。そのような外国による法人格付与を我が国の私法上どのように取り扱うかについては，立法論としては，外国によって法人格を付与されたものについては，たとえば，

（ア）国内法による法人格付与をあらためて行ったうえで，国内法（これには租税法も含まれる）上，内国法人と同じく法定主義によって法人格を付与されたものとして扱う，

（イ）国内法による法人格付与をあらためて行うことなく，すべての外国において法人格を付与された事業体を国内法上も法人格を認める旨の明文規定を国内法に置く，あるいは，

（ウ）国内法による法人格付与をあらためて行うことはしないが，何らかの要件を充足する場合に限って国内法上も法人格を認める旨の明文規定を国内法に置く，

などいくつかの選択肢が考えられる。しかし，ここでの問題は，立法論ではなく，現行法の解釈において，この法人制度という強行法規的な制度の根幹を定める民法が，どのような規定を置いて外国の国家行為によって法人格が付与された者の取扱いを決めているのか，である。

この観点から法人制度について定める民法の規定を検討するに，外国法を準拠法として組成された事業体がその準拠法上法人格を付与されているか否かの

---

34) 法人格を与えられた結果として，一定の法的効果が生じ，一定の性質を有することになるが，逆に，その事業体が一定の性質を有することを理由として法人格が与えられるという関係ではないことに注意すべきである。

35) もちろん，個々の法令において明文の例外規定が置かれている場合には，民法上の「法人」が，特定の法律の目的上は「法人」ではないものと扱われるということは理論上はあり得るし，逆に民法上「法人」ではないものが特定の法律の目的上は「法人」として扱われるということもあり得る。法人税法・所得税法上は，前者の例はなく，後者の例が上記で述べた「人格のない社団等」である。しかし，ある事業体が，我が国の国内法上，Ａという局面では法人格ありとされるが，Ｂという局面では法人格なしとされるというようなことは，法人制度の強行法規性に鑑み，明文の例外規定なしには認められるものではなく，この点は租税法といえども例外ではない。

基準は，上述したとおり我が国の基準と同じであるとは限らないのであるが，
① そもそもその事業体が，その外国準拠法上法人格を付与されていない場合には，我が国の私法上その事業体を「法人」として扱うことを認める規定はなく，
② 外国法を準拠法として組成された事業体が当該準拠法上法人格を付与されている場合については，その事業体を我が国の私法上「法人」として取り扱うか否かについては，民法35条1項が規定していると解することができる（すなわち，我が国においては，立法論に関する上記（ウ）の考え方を採用しているといえる）。

また，このように解することによって，外国法に基づいて組成された事業体が，どのような要件を満たす場合に我が国の私法上「法人」と取り扱われるかが，民法の条文の規定に照らして一義的に確定できる。

そこで，民法35条1項本文を見ると，「外国法人は，国，国の行政区画及び外国会社を除き，その成立を認許しない」と定められている。すなわち，民法35条1項に依拠して考えると，国や行政区画を別とすると，外国法を準拠法として組成された事業体の中で，日本国民法においてその法人格が認許されるのは，①その事業体が外国法上法人格を付与されている場合（つまり民法上の「外国法人」に該当する場合）で，かつ，②「外国会社」に該当する場合のみである[36]。すなわち，外国法準拠の事業体が外国法上法人格を付与されていない場合はもちろん，当該事業体が「外国会社」に該当しない場合は，日本の民法上その法人格が認められず，権利能力が与えられないのである。

このような民法の定めをもとに論理的に考えていくと，租税法上の「法人」を私法上の「法人」と同義であると解する以上，法人税法にいう「外国法人」とは，外国法を準拠法として組成された事業体のうち，外国法上法人格を付与された事業体（民法35条1項にいう「外国法人」）であり，かつ「外国会社」に該当するものに限られるという解釈を導き出すことができる[37]。

---

36) 民法35条1項但書に従い法律又は条約により認許される場合については，ここでは措く。
37) 国税庁も，アメリカのリミテッド・ライアビリティー・カンパニーに関する取扱いに関しては，その質疑応答事例において，「外国の商事会社であると認められる」という旧民法36条1項の文言を明らかに意識した表現を用いているから，やはり同条を前提として「法人」該当性を考える上記のような考え方を採用しているものと思われる（国税庁ホームページ：http://www.nta.go.jp/shiraberu/zeiho-kaishaku/shitsugi/hojin/31/03.htm）。ニューヨーク州のリミテッド・ライアビリティー・カンパニーの「法人」該当性に係るさいたま地判平成19年5月16日・訟月54巻10号2537頁及びこれを支持した東京高判平成19年10月10日・訟月54巻10号2516頁（以下「LLC判決」

(4) 民法35条を無視する考え方

　上記の考え方に対し，民法35条1項は，外国の事業体が我が国において「法人」として活動することを認める際の要件についての規定であるから，我が国において「法人」として活動しない事業体について適用する余地はないとする考え方（以下便宜的に「反対説」という）が存在しうる。すなわち，外国の事業体からなされる支払が配当に該当するか否かを決定する前提として，当該事業体が法人に該当するか否かを判断する場合には，民法35条1項は適用されないという考え方が存在しうるのである。しかし，かかる反対説は，理論的に見て，妥当とは思われない。

　まず，そもそも，租税法の解釈・適用において私法を尊重するという場合，外国の私法についてどのように考えるべきであるかという問題がある。この点については，以下の二つを区別する必要がある。

・契約法等のように強行法規的ではないものについては，外国法を準拠法とするものも含めて尊重する（すなわち，当事者が準拠法として選択した外国の私法及び当該準拠法のもとでの法形式・契約形式を租税法の解釈・適用にあたっても尊重する）。

・国家が一定の要件を充たした事業体に法人格を付与するという法人制度のような強行法規的なものについては，いったん我が国の私法（民法）に戻って考える（すなわち，租税法の解釈・適用において我が国の租税法令と我が国の私法（民法）の強行法規を一体として考える）。

　このうち，本稿での議論において重要なのは後者である。民法35条1項は，まさに，上の後者の考え方を体現した規定であり，外国の国家行為として付与された法人格を，日本法から見て承認するか否かの要件を定めた規定であると考えられる。すなわち，日本や外国の「私法を借用する」といっても，租税法は日本の公法であるから，「法人」の基準がそれぞれの設立準拠法によって区々になるようでは，統一的に公法である租税法を解釈適用することができないので，日本の目から見て外国が付与した法人格を承認するかという統一的な

と総称する）も，旧民法36条を引用する判示をしている（ただし，後記のとおり，LLC判決は，旧民法36条を引用してはいるが，その「法人」該当性の規範の定立に関しては賛成できない）。

基準を定立することが必要であり，かかる基準が民法35条1項であると解され，日本の租税法はその民法35条1項を前提としているのである。民法35条1項についてこのように解すべきである以上，同条の適用を，外国の事業体が我が国において「法人」として活動する場合に限る（したがって，外国の事業体から支払がなされた場合に，それが日本の租税法上「配当」に該当するか否かについては，民法35条1項は無関係と考える）理由は何ら存在しない。したがって，反対説を採用することはできない。

また，反対説によると，外国の事業体が我が国において「法人」として活動することにより我が国で法人税の納税義務を負うか否かという場面と，そうではない場面（たとえば，外国の事業体からなされた支払が日本の租税法上「配当」に該当するか否かを問題とする場面）とで，当該外国の事業体の「法人」該当性の検討手法・基準が異なることになってしまうと考えられるが，それも正しくない。

すなわち，外国の事業体が我が国において「法人」として活動することにより我が国で法人税の納税義務を負うか否かという場面においては，まさに当該事業体の法人税の納税義務者性が問題となるから，その意味で当該外国の事業体が法人税法上の「法人」に該当するかが問題となる。これは，外国の事業体が我が国において「法人」として活動する場合であるから，反対説によっても，「法人」該当性の検討に際しては，民法35条1項が出発点となるものと考えられる。しかるに，外国の事業体が我が国において活動しない場合においては，反対説は，外国の事業体の納税義務者性も問題でなければ，民法35条1項も問題とはならないと解するものである。

しかしながら，上記二つの場合について検討すべき問題は，当該外国の事業体が租税法上の「法人」に該当するか否かというまったく同一の問題である。しかも，反対説も，租税法上の「法人」とは私法上の「法人」と同義であると解するであろうから，かかる議論の前提にはまったく争いはないはずである。しかるに，反対説のように，同一の問題の検討に際して，ある場面については民法35条1項を適用して納税義務者性を問題とし，またある場面においては民法35条1項も納税義務者性もまったく問題とならないというのは，論理の一貫性を欠く。のみならず，反対説のように「法人」の意義について場面毎に異なる検討をするのは，租税法の解釈適用において当然に要請される予測可能性・法的安定性を著しく欠くものというべきである。与えられた問題が，外国の事業体が租税法上の「法人」に該当するか否かという問題一つである以上は，

予測可能性・法的安定性の観点からしても，その検討の枠組みも一つでなければならない。

すなわち，上記で述べたとおり，民法35条1項は，外国の国家行為として付与された法人格を日本から見て承認するか否かの要件を定めた規定であると解すべきであって，私法上及び租税法上の「法人」該当性の検討においては，外国の事業体が我が国において法人として活動するか否かにかかわらず，すべからく民法35条1項を出発点として検討すべきなのである。

(5) 法人税法上の「外国法人」について考える際の判断枠組み

したがって，法人税法における「外国法人」の意義について考える際の判断枠組みとしては，民法35条1項を前提として，

A. 設立準拠法において法人格を与えられているか，及び
B. 設立準拠法において会社として扱われているか

の二つの点を重視すべきである。そのうえで，

・Aの要件が充たされていない場合は，日本で法人格は与えられない
・Bの要件を充たせば，日本の会社法上「外国会社」になる
・Aの要件が充たされてはいるが，Bの要件を充たさない（準拠法において会社として扱われていない）場合には，日本の会社法の解釈上，外国会社に該当しないのみならず，日本で民法35条1項により権利能力は与えられない
・Aの要件に加えてBの要件が充たされている場合には，（日本の商法上も外国会社になるのみならず）民法上も法人格を認許される

というかたちで場合分けがなされる。

したがって，この判断枠組みにしたがえば，たとえば，設立準拠法において会社ではあるが権利能力の与えられていないドイツの人的会社については，上のBの要件は充たすが，Aの要件は充たさないが故に，日本においては「法人」としては扱われないことになろう。すなわち，外国法において権利能力を，与えられていない組織が，たとえ日本の会社法上，「外国会社」に該当するとしても，それは「外国法に基づいて設立された法人」ではないから，日本の民法35条1項により権利能力は与えられないということになる。すなわち，ドイツの人的会社のように外国法により法人格を与えられていない社団について，日本の会社法上，明文の規定により「外国会社」に該当しうることが明らかにされている（同法2条2号）[38]が，そのように外国法で法人格を与えられていない社団は民法35条の「外国法人」に該当しないので，日本においても法人格

は認許されないということになる[39]。

(6) デラウェア州のLL.C.と，LPS

上の(5)の判断枠組みに照らして考えると，デラウェア州のLL.C.とLPSについては，以下のようになるものと思われる。

・デラウェア州のLL.C.は，設立準拠法において会社とされ，権利能力を認められているが，法人課税（連邦所得税法の課税）は受けない。しかし，これについては，上のAの要件もBの要件も充たされるが故に，日本の民法上「法人」となり，その結果，日本の法人税法上「外国法人」となる。

・デラウェア州のLPSは，設立準拠法においては，権利能力は認められているが，（会社ではなく）パートナーシップとされており，法人課税（連邦所得税法の課税）は受けない。これについては，上のAの要件を充たすが，Bの要件を充たさない。したがって，それは，日本の会社法及び民法上「外国会社」とはならず，それ故に，法人税法上も「外国会社」とはならない。

以下，この点について，より詳しく検討してみよう。以下，デラウェア州のLPSの法人性と，その社団性と，課税庁の取扱いとの整合性という三つの観点から，検討を加える。

(a) デラウェア州のLPSは法人格を有していないこと　まず，第一に，デラウェア州法にいうseparate legal entityという用語は，日本の「法人」概念を意味する言葉ではないという点に留意しなければならない。そもそも，米国においては通常corporationが，日本でいう法人の意味で使用されるのであり，legal entityというのは，corporationよりもより広い概念であると解される[40]。したがって，しいてそれ（legal entity）を日本語に訳すとすれば，事業体とでもなるのではなかろうか。

---

38) 外国法において社団として設立されているか否かが，日本の会社法上「外国会社」とされるか否かの基準となる。

39) すなわち，会社法上の外国会社には，外国法人（外国法を準拠法として設立された法人）である外国会社と，外国法人でない外国会社とがあり，民法35条1項は，前者の外国会社についての定めであるということになる。

40) すなわち，Unincorporated legal entityという概念の存在が，そのことをものがたっている。これは，文字通り，Separate legal entityではあるが，法人ではない。このように考えてくると，結局，Separate legal entityという場合に，権利能力を有する法人としてとらえるべきではないということになり，Separate legal entityという概念自体の意義が問題ということになろう。

また, Delaware Revised Uniform Limited Partnership Act の規定を見ても, やはりリミティッド・パートナーシップが同 Act 上法人格を付与されていることを基礎づけることはできない。そもそも, 我が国の租税法上の「法人」または「人格のない社団等」(所得税法 4 条, 法人税法 3 条) は, 我が国の私法 (民法) 上の概念を借用したものであって, 民法上の「組合」とは明確にかつ排他的に区別された概念であることを念頭におく必要がある (所得税法施行令 291 条 4 項 3 号, 法人税法施行令 187 条 4 項 3 号, 所得税基本通達 2-5, 法人税基本通達 1-1-1 参照)。したがって, ある事業体が「組合」に該当すればそれは「法人」または「人格のない社団等」ではあり得ず, 逆に「法人」または「人格のない社団等」に該当すれば「組合」ではない。このように, 両概念は論理的に排他的である。

かかる観点から, デラウェア州法の規定を見るに, (連邦所得税法〔内国歳入法〕の規定ではなく, 私法上の規定として) リミティッド・パートナーシップへの contribution については,

"The contribution of a partner may be in cash, property or services rendered, or a promissory note or other obligation to contribute cash or property or to perform services."

という規定があり (17-501 条), また Allocation of profits and losses という表題で,

"The profits and losses of a limited partnership shall be allocated among the partners ……in the manner provided in the partnership agreement."

という規定があり (17-503 条), (それらの規定の私法上の効果として) リミティッド・パートナーシップの損益はパートナーに直接帰属することが定められている[41]。

すなわち, これらの規定の存在自体から, デラウェア州のリミティッド・パートナーシップが, 日本における法人格ある者あるいは権利能力のない社団とはまったく異なった扱いを受けていることがわかる。

また, 同じ Delaware Revised Uniform Limited Partnership Act の中には,

"It is the policy of this chapter to give maximum effect to the principle of freedom of contract and to the enforceability of partnership agreements."

という解釈指針を与える規定 (17-1101 条 (c)) もある。

このような規定を見ると, デラウェア州のリミティッド・パートナーシップ

---

41) したがって, パートナーへの支払は, (はじめから, パートナーに帰属する金額の) 単なる送金にすぎず, 配当ではないといえよう。

は，あくまでも契約による関係を基礎とする組合的要素が色濃く支配する事業体であって，私法的に見てむしろ日本の組合ないし匿名組合に対して強い近親性があると結論することができる（したがって，日本の組合や匿名組合が法人ではないのと同じ理由でデラウェア州のリミティッド・パートナーシップも法人ではないということになる）。

また，そのように考える場合，デラウェア州のリミティッド・パートナーシップが"separate legal entity"であるという規定には，単に第三者との取引の便宜（というよりは対外的な債権・債務関係の簡素化）のために名目上，ないしは形式名義上の取引主体性を認めるという一点にのみその意義があるのであって，これはそもそも corporation のような"incorporated legal entity"とは区別された意義を有する表現であり，"separate legal entity"とされることによって，契約による関係を基礎とする組合的要素が色濃く支配する事業体という性格が変更されるわけではないと考えるべきである。かかる規定をデラウェア州のリミティッド・パートナーシップに対して corporation のような"incorporated legal entity"と同様の意味で権利能力を与えている規定と解することはできない。

また，「A partner has no interest in specific limited partnership property」（17-701条）という規定も，単に第三者との取引の便宜ないし対外的な債権・債務関係の簡素化のための名目上・形式名義上の規定にすぎないと解することが可能であり，そう解する場合には，それはデラウェア州のリミティッド・パートナーシップに対して corporation のような"incorporated legal entity"と同様の意味における資産の帰属を認める規定と解することはできない。

このように，私法である Delaware Revised Uniform Limited Partnership Act の中に上記のような規定があるということからすると，デラウェア州のリミティッド・パートナーシップは，その準拠法上法人格を与えられた事業体ではない（それが unincorporated legal entity の一つとされている点も，それを裏付けている）ので，それは，そもそも民法35条1項にいう「外国法人」ではないということになる。したがって，「外国法人」でないものが日本の民法上「法人」となることは，民法35条1項からしてありえないから，本件リミティッド・パートナーシップは，日本の所得税法・法人税法上，「法人」に該当しないのである。

(b) デラウェア州のリミティッド・パートナーシップの社団性の欠如　第二に，デラウェア州のリミティッド・パートナーシップは，「社団」ではないから，民法35条1項にいう「外国会社」には該当せず，したがって，日本の所得税法・法人税法上，「法人」となることはない。デラウェア州法は，リミ

ティッド・パートナーシップのみならず，ジェネラル・パートナーシップをも"legal entity"としているが，これは，パートナーシップに対して一定の範囲内においてのみ私法上の機能を与えているにすぎず，パートナーシップを「社団」とするものではない。日本法上，会社は「社団」であり，したがって，民法 35 条 1 項にいう「外国会社」も「社団」でなければならない。「社団」でないものは，民法 35 条 1 項にいう「外国会社」ではない。したがって，「社団」でないものが所得税法・法人税法上，「法人」となることもあり得ない。それ故に，デラウェア州のリミティッド・パートナーシップは，日本の所得税法・法人税法上，「法人」となることはない。

　換言すると，ここでのポイントは，デラウェア州のリミティッド・パートナーシップを組成する行為が社団を設立する合同行為なのか，それとも契約なのかという点であると思われる。すなわち，民法 35 条 1 項でいうところの「外国法人」（外国法に準拠して設立され外国法上法人格を付与された事業体）のうち，日本で認許される（法人格を認められる）事業体は，公法人を除くと「外国会社」のみであり，その「外国会社」は，何を措いても，まず「商行為ヲ為スヲ業トスル目的ヲ以テ設立シタル」「社団」でなければならない（会社法による改正前の商法 52 条 1 項参照）。そして，日本の会社（社団）と組合の重要な違いの一つとして，会社の場合は設立行為・定款作成行為は社員の合同行為と一般に解されているのに対し[42]，組合の場合は組合員間の契約により組成されると一般に解されている[43]という点を挙げることができる。

　そうすると，外国の法令に準拠する外国の事業体につき，その事業体を組成する行為が「社団」を「設立」する合同行為でないのであれば，その事業体は，「商行為ヲ為スヲ業トスル目的ヲ以テ設立シタル」「社団」ではあり得ず，むしろ事業体の構成員の集合にすぎないということができよう。同様に，separate legal entity ということの意味も，組成行為が契約であって合同行為ではない上記のような事業体については，その事業体は「社団」ではあり得ないから，その事業体に法人格を付与するというものではあり得ず，名目上ないし形式名義上のみの取引主体性を認めた概念にすぎないということになるであろう。つまり，外国の法令に準拠する外国の事業体が日本の会社法の「外国会社」に該当するか否かについては，その組成行為が「社団」を「設立」する合同行為で

---

42) 上柳克郎他編『新版注釈会社法 (1)』(1985 年) 196 頁〔大沢康孝〕参照。
43) 鈴木禄彌編『新版注釈民法 (17)』(1993 年) 32 頁〔福地俊雄〕参照

あるか，それとも契約であるかという，行為の面から論ずるという視点が必要なのである。

これを，デラウェア州のリミティッド・パートナーシップについて見ると，(そもそもデラウェア州法に基づいて組成されたリミティッド・パートナーシップは同州法上法人格を付与されているとはいえないが，その点を措いたとしても)，(1)それは，パートナー間におけるリミティッド・パートナーシップ契約の作成（パートナー間の契約締結）と登録により成立することとされているが，登録は単なる公示手段とされていること，(2) 2 名以上のパートナーが必要とされていることから，その組成行為は，合同行為と評価することは難しく，契約により類似するものといえよう。

このように，デラウェア州のリミティッド・パートナーシップは，「商行為ヲ為スヲ業トスル目的ヲ以テ設立シタル」「社団」とはいえず，「外国会社」に該当しないものと解される。したがって，デラウェア州のリミティッド・パートナーシップは，民法 35 条 1 項の要件に該当せず，我が国においては私法上（かつ租税法上）法人格を認められないと考えられる。むしろ，デラウェア州のリミティッド・パートナーシップは，上記のように契約による関係を基礎とする組合的要素が色濃く支配する事業体なのであるから，民法上の組合に類する事業体と考えられる。

(c) 課税庁の取扱いとの整合性　第三に，もし，本件リミティッド・パートナーシップが日本の所得税法・法人税法上，「法人」として扱われるというのであれば，デラウェア州のリミティッド・パートナーシップに対して投資している日本の投資家は，（タックスヘイブン税制の適用を捨象して考えると，）配当を受領しない限り日本の所得税・法人税の納税義務を負わないはずである。しかるに，課税当局は，デラウェア州のリミティッド・パートナーシップに対して投資している投資家の所得を，パススルー・エンティティーに対して投資して利益を得たものとして，分配を待たずに所得税・法人税を課税するという取扱いを採用していると聞いている。このような課税上の取扱いは，リミティッド・パートナーシップを租税法上「法人」として扱わないという考え方に反するものである。

(7) LLC 判決について

ニューヨーク州のリミティッド・ライアビリティー・カンパニーの「法人」該当性に係るさいたま地裁平成 19 年 5 月 16 日判決及びこれを支持した東京高裁平成 19 年 10 月 10 日判決（以下「LLC 判決」と総称する。注37) で引用）は，

外国の法令によって組成された事業体が我が国の租税法上の「法人」に該当するか否かを判断するにあたり、基本的には、①訴訟当事者となること、②法人の名において財産を取得・処分すること、③法人の名において契約を締結すること、④法人印（corporate seal）を使用することという四つの要件について検討を加え、その上で、ニューヨーク州の LLC は、日本の租税法上、「法人」に該当するという判断を下している。

　しかし、LLC 判決の根本的な問題点は、同判決が「法人」の要件として挙げる①ないし④が、何法のいかなる条文から導かれるのか、その法解釈上の根拠（条文上の根拠）が明らかではないという点である。なるほど、ある事業体が我が国の私法上「法人」であるという前提があれば、その事業体については上記の①ないし④といった属性を有するという命題を導くことができるというのは、それはそれで確かに正しいであろう。しかし、その逆は正しくない。つまり、ある事業体について上記の①ないし④といった属性が認められるからといって、その事業体が「法人」に該当するわけではない。このことは、たとえば、民法上の組合（上記のとおり、租税法上、民法上の組合と、「法人」または「人格のない社団等」は明確に排他的に区別されている）についても、訴訟における当事者能力が認められており（最高裁昭和 37 年 12 月 18 日判決・民集 16 巻 12 号 2422 頁）、組合名義での契約の締結が認められており（最高裁昭和 36 年 7 月 31 日判決・民集 15 巻 7 号 1982 頁）、組合財産はいわゆる「合有」として組合員の個人財産から一定の独立性を有する（民法 668 条参照）ことが認められていることからも明らかである。つまり、LLC 判決の規範は、「法人」または「人格のない社団等」とは厳格に区別される組合にも等しく認められるような属性を取り出して、何らの条文上の根拠も示すことなく、それを「法人」の要件としているものであり、これが私法の解釈として論理的に採用し得ないものであることは明らかであるというほかないのではなかろうか。

　また、LLC 判決は、上記の規範を導く理由として、民法旧 36 条（すなわち、平成 18 年 6 月 2 日法律第 50 号による改正後の 35 条に対応する条文）を引用する判示をしている。それにもかかわらず、民法旧 36 条 1 項の「商事会社」の要件、特に「社団」性の検討は、一切行っていない。上記で論じたとおり、正しく民法旧 36 条 1 項を適用するならば、「社団」性の検討は論理的に必要不可欠であるのみならず、同条の検討から、LLC 判決がいう上記①ないし④という属性を導き出すことは不可能といわなければならない。換言するならば、LLC が我が国において「法人」として活動すると仮定した場合において、当該 LLC

に我が国私法上の法人格が認められるか否かという純粋な私法上の（租税法とは直接に関係のない）検討をすべき場合において，LLC判決の①ないし④といった点を検討すべきとする見解が，私法の解釈としてあり得るとは考えられない。言うまでもなく，かかる検討においては，民法旧36条1項を適用し，LLCが「外国法人」に該当し，かつ「商事会社」ひいては「社団」に該当するか否かを判断しなければならない。つまり，LLC判決は，私法上の「法人」該当性の検討をしているものと考えることができないのである。

畢竟，LLC判決は，私法上の「法人」該当性の検討をしていると表面上は述べながらも，上記で指摘したとおり，それは実際には私法上の検討ではなく，①ないし④という属性を，LLCを「法人」と判断すべきという結論がまずありきという前提で，もっぱら租税法独自の観点から，制定法上の根拠なく，持ち出したものであるというべきである。LLC判決の判示の実質がこのようなものである以上，その議論は，通説である借用概念論に依拠したものということはできない。そのような租税法独自の立場から「法人」性を判断する見解は，正しいものとは思われない。

(8) 平成20年4月30日の改正について

拙著『金融取引と課税』（1998年）の433頁に，外国の公益法人は，認許されず，法人税法にいう「外国法人」に該当しないという解釈論が述べられているが，平成20年4月30日の法人税法の改正は，この考え方を採用したものと考えられる。

平成20年税制改正に係る『改正税法のすべて』（2008年）の財務省解説512頁は「これまでは，外国法人がわが国で公益活動を行う場合，相互主義的な観点から一定の要件を満たすものについて，財務大臣の指定により公益法人等と同様の課税関係とすることとされていました。しかし，今後は新たな公益法人制度の下で法人格を取得し，その事業の公益性について公益認定等委員会による認定を受けることが適当であることから，外国公益法人等の指定は廃止することとされました。」と説明している。

もっとも，いわゆる公益法人改革関連三法は，外国の公益法人が日本で法人格を取得する手続を定めているわけではなく，あくまでも一般社団法人又は一般財団法人という内国法人として法人格を取得してから公益性の認定を受けるべきことを定めている。したがって，従来と同様に，外国の公益法人が日本において法人格を取得することはできず，一般社団法人又は一般財団法人という内国法人を別途設立することによって法人格を取得するしかない。

『金融取引と課税』434 頁において言及されているように，旧法人税法別表第 2 第 2 号は，例外的に外国の公益法人を日本では法人格が認められていないにもかかわらず「法人」として取り扱うための規定であったと説明することができる。この考え方に従えば，平成 20 年の税制改正は，このような例外規定を廃止して，例外なく，日本民法においてその法人格が認められている外国法上法人格が付与された事業体のみ租税法上「法人」として取り扱うことにしたと説明できる。換言すると，平成 20 年税制改正前においては，上記の外国の公益法人の唯一の例外を除いては，いかなる外国法上法人格が付与された事業体も，民法旧 36 条 1 項に基づき我が国で「法人」として認許されない限り，日本の租税法上も「法人」としては取り扱われなかった，というのが法の趣旨であると解される。

(9) 組合員に対する課税の確保

もっとも，上のように LPS それ自体を法人として扱うことができないとした場合であっても，その組合員に対する課税が適正に行われなければならないことはいうまでもない。ここで問題となるのは，現行法の下において，LPS のリミティッド・パートナーの中に日本の居住者・内国法人がいた場合に，課税庁がその事実を把握する手段が存在しないと，課税上，大きな問題が生ずるという点である。もちろん，この問題は，そのような居住者・内国法人が適正に申告していれば生じないのであるが，そうでない場合もあり得るとすれば，課税庁に対して，申告が適正に行われていることを確認できる手段を与えることが必要となるであろう。したがって，そのために，何らかのかたちの手続法の整備が必要といえよう。

四　非居住者・外国法人に対する課税
　　——国外源泉所得に課税できるか

1　国内源泉所得と政令

租税条約の定めに反しない限り，国内源泉所得の範囲は，各国がその国内租税法で定めることができる[44]。日本の法人税法において，国内源泉所得の範囲を定めているのが，138 条，139 条，及び 140 条である。

法人税法 138 条は国内源泉所得の範囲を規定し，139 条は条約上の源泉地に

---

44)　ただし，各国の定めは，基本的に類似している。

関する定めの尊重を規定し，140条は，138条と139条に定めるもののほか，「国内源泉所得の範囲に関し必要な事項は，政令で定める」と規定している。

ここで問題となるのが，政令でもって国内源泉所得の範囲を定めることがどこまで許されるのかという点である。法律の委任があるとはいえ，課税要件の一部を政令で定めるならば，租税法律主義に反するおそれがあるからである。ここでは，法人税法138条1号におけるその他所得に関する政令と，法人税法140条にいう政令のそれぞれについて，簡単に論ずる。

(1) 138条1号のその他所得

法人税法138条1号は，「国内において行う事業から生じ，又は国内にある資産の運用，保有若しくは譲渡により生ずる所得（次号から第11号までに該当するものを除く。）その他その源泉が国内にある所得として政令で定めるもの」を国内源泉所得の一つとして列挙している。

これを受けて，法人税法施行令178条は，「その他その源泉が国内にある所得として政令で定めるもの」に関して，次のように定めている。

> 「法第138条第1号（国内源泉所得）に規定する政令で定める所得は，次に掲げる所得（同条第2号から第11号までに該当するものを除く。）とする。
> 一 国内において行う業務又は国内にある資産に関し受ける保険金，補償金又は損害賠償金（これらに類するものを含む。）に係る所得
> 二 国内にある資産の贈与を受けたことによる所得
> 三 国内において発見された埋蔵物又は国内において拾得された遺失物に係る所得
> 四 国内において行う懸賞募集に基づいて懸賞として受ける金品その他の経済的な利益に係る所得
> 五 前各号に掲げるもののほか，国内において行う業務又は国内にある資産に関し供与を受ける経済的な利益に係る所得」

ここで問題としたいのは，この法人税法施行令178条5号と，新株引受権の取得との関係である[45]。この5号にいう，同条1号から4号に定めるもの以外の，国内において行う業務または国内にある資産に関して供与を受ける経済的な利益に係る所得としては，たとえば，新株引受権の取得や債務免除益があげられることが多い。しかし，この新株引受権については若干の議論が必要である。

---

45) なお，施行令178条と法人税法22条2項との関係については，別稿を執筆する予定である。

すなわち，株式の第三者割当による有利発行に際しては，租税法において，旧株主から新株主への利益の移転が問題とされてきた。そして，この問題は，新株主が法人の場合には，有価証券の取得価額の問題として議論されており，株式の時価と発行価額との差額が受贈益とされている（法人税法施行令119条1項4号）。しかし，果たして，有利発行による第三者割当増資が行われた場合，法人税法施行令119条1項4号を根拠として，常に，旧株主から新株主への利益の移転が贈与として認定されるのであろうか。

この問題について考える際に重要なのは，オウブンシャホールディング事件における最高裁判決（最高裁平成18年1月24日判決・判時1923号20頁）である。すなわち，この判決においては，日本法人Y社の100％子会社であるオランダ法人X社が，別のオランダ法人Z社に対して有利発行による第三者割当増資を行った場合に，日本法人Y社からオランダ法人Z社に対して，X社株式に関する価値の移転がなされたことになり，法人税法22条2項により，Y社に寄附金課税がなされることとされた[46]。

すなわち，最高裁は，有利発行による第三者割当増資を通じた関連会社への資産価値の移転が，法人税法22条2項に規定する「無償による資産の譲渡」に該当するか否かという点について，

> 「上告人の保有するD社株式に表章された同社の資産価値については，上告人が支配し，処分することができる利益として明確に認めることができるところ，上告人は，このような利益を，Eファンド社との合意に基づいて同社に移転したというべきである。したがって，この資産価値の移転は，上告人の支配の及ばない外的要因によって生じたものではなく，上告人において意図し，かつ，Eファンド社において了解したところが実現したものということができるから，法人税法22条2項にいう取引に当たるというべきである。」

と判示して，原判決を破棄し，資産価値の移転額等を算定させるため，本件を東京高裁に差し戻した。

要するに，旧株主と新株主の間に，価値の移転に関する合意が認定される場合には，有利発行による第三者割当増資を通じた関連会社への資産価値の移転が，法人税法22条2項に規定する「無償による資産の譲渡」に該当するというのである。

---

[46] したがって，Z社が日本の課税に服すとすれば，それに対する受贈益課税がなされうるということになろう。

有利発行による第三者割当増資について，この最高裁判決から読み取れるのは，以下の二点である。すなわち，
・課税の際の価額は施行令119条1項4号により決まるが，施行令が課税の根拠となるわけではない。
・旧株主と新株主の間に，合意が認定されない場合には，22条2項に基づく課税はできない。

有利発行による第三者割当増資で，新株の引受けがなされた場合，他の株主から，当該株主への経済的利益の移転は存在しうる。しかし，有利発行による第三者割当増資において株主間の「取引」が私法上存在しない場合においては，株主間で取引が存在しないのに，明文で「取引」の存在を課税の要件としている22条2項を適用していいのかという法解釈・適用上の深刻な問題が生ずる[47]。

これは，いわば，みなし配当と類似の状況である。すなわち，実質的に株主に対する経済的利益の移転が生じても，みなし配当の条文が存在しない限り課税を行うことはできない。したがって，有利発行による第三者割当増資の事案においても，法律上の根拠がないと，課税は行うことができないと考えるべきである。では，法人税法22条2項は，有利発行による第三者割当増資の場合にも適用されるのであろうか。

この問題について，最高裁判決は，旧株主と新株主の間に合意を認定することにより，課税を正当化した。したがって，本件事案における課税が正当化されるか否かは，旧株主と新株主の間に合意が存在するか否かという事実認定の問題により決定されるということになる。この点，一般的に考えると，旧株主と新株主の間に，特別な合意が認定される場合というのは，かなり例外的なのではないかと思われる。また，少なくとも，それは，課税庁が立証すべき事実である。新株引受権の事案において受贈益として課税処分を行うというのであれば，課税庁は，誰からのいかなる取引に基づく贈与なのかを，私法関係に基づいて立証する必要がある。そのような贈与が事実認定の問題として存在しなければ，課税は行われない。なお，このように考えた場合の法人税法施行令119条1項4号の位置付けは，旧株主と新株主の間に合意が存在し，課税が行われる場合の株式の取得価額について定めたのが同号であるということになろ

---

[47] ただし，新株主が個人であれば，相続税法9条が存在するために，このような問題は生じにくいものと思われる。

う。すなわち，同号があるから課税が行われるわけではないという点は，確認しておかなければならない。

　旧株主と新株主の間に合意がある場合というのは，多くの場合において，租税回避の事案ということになろう。そのような場合には，租税回避否認規定が存在すれば，課税を行うことが可能である。しかし，個別的な租税回避否認規定が存在しない場合には，新株主が個人である時は，相続税法9条に従った課税が行われるであろうし，また，新株主が法人である時は，株主間の合意が認定されれば，法人税法22条2項により課税が行われるであろう。

　また，少なくとも，有利発行により新株主が得る利益が，旧株主からの利益の移転であるか否かは，事実認定により明らかにされる問題である。しかし，それが，会社からの利益の移転によるものではないという点は確かである。会社において，新株主が得る利益に対応する損失等は，一切生じていない。会社との間においては，行われているのはあくまでも資本取引である。十分な対価が払い込まれてはいないが，それにより会社が損失を被るわけではないから，損益取引が内包されているということもできない。また，本件は，引当金や減価償却のような内部取引でもない。

　さらに，新株主が受けた「受贈益」部分は，新株主が当該株式を譲渡する際に実現する。このように有利発行を受けた株主が当該株式を売却した時点で実現するのであるから，有利発行を受けた段階では，実現してはいない。したがって，課税するとしても，有利発行を受けた株主が当該株式を売却する時点まで待つべきである。なによりも，旧株主の損失は含み損にとどまるのであるから，新株主についても，含み益にとどまると考えるべきである。

　たとえば，旧株主に対して新株が有利発行された場合，株式分割と同じ状況になるが，払込がある点は異なる。しかし，この場合，株主は，旧株について含み損，新株について利益を得ることになるが，旧株について含み損である以上，新株についても，含み益であると考えることができる。

(2)　法人税法140条にいう政令

　次に，法人税法140条について，租税法律主義の観点から少し考えてみよう。法人税法140条は，「国内源泉所得の範囲の細目」と題して，次のように定めている。

　　「前2条に定めるもののほか，国内源泉所得の範囲に関し必要な事項は，政令で定める。」

　この規定により，政令に委ねられているのは，「国内源泉所得の細目」のみ

であり，国内源泉所得の範囲に関する本質的な事項は，課税要件の重要な一部であり，政令に委ねることはできないと解すべきである。

(3) 国外源泉所得に対する課税は可能か

次に問題となるのは，日本において，果たして非居住者・外国法人の国外源泉所得に対して課税することは許されるかという点である。

この点，法人税法施行令176条5項は，国内と国外の両方で事業を営む法人が法人税法141条1号の恒久的施設を通じて行う国外にある者に対してなす金銭の貸付，投資その他の行為から生ずる所得のうち，当該恒久的施設に帰属する部分は，その全額が国内源泉所得（一号所得のうち，国内において行う事業から生ずる所得）となると定めている。その結果，たとえば，貸付金の利子であっても，法人税法138条6号の要件を充たさず，六号所得としては国内源泉所得とはならないものが，一号所得として国内源泉所得になるという一見したところ不思議な結果が生ずる。このような規定の仕方に問題はないわけではないが，その点は，ここではおいておくとしよう[48]。

ここで問題としたいのは，法人税法141条4号イに定める政令との関連におけるファンドの課税上の扱いである。法人税法141条4号は，同条1号から3号に掲げる外国法人以外の外国法人（すなわち，日本国内に恒久的施設を有しない外国法人）については，各事業年度の所得のうち次に掲げる国内源泉所得に係る所得の金額が，外国法人に対して課する各事業年度の所得に対する法人税の課税標準となると定めている。

「イ　第138条第1号に掲げる国内源泉所得のうち，国内にある資産の運用若しくは保有又は国内にある不動産の譲渡により生ずるものその他政令で定めるもの

ロ　第138条第2号及び第3号に掲げる国内源泉所得」

このイの「政令で定めるもの」について，恒久的施設を有しない外国法人の課税所得に関する法人税法施行令187条1項3号イは，次のように定めている。

「法第141条第4号（外国法人に係る法人税の課税標準）に規定する政令で定める国内源泉所得は，次に掲げる所得とする。

三　内国法人の発行する株式（株主となる権利，株式の割当てを受ける権利，新株予約権及び新株予約権の割当てを受ける権利を含む。）（略）の譲渡による所得で次に掲げるもの

---

[48] この点に関しては，中里実「外国法人・非居住者に対する所得課税」日税研論集33号187～198頁（特に，196～197頁）参照。

イ　同一銘柄の内国法人の株式等の買集めをし，その所有者である地位を利用して，当該株式等をその内国法人若しくはその特殊関係者に対し，又はこれらの者若しくはその依頼する者のあっせんにより譲渡をすることによる所得」

また，同条2項は，以下のように定めている。

「2　前項第3号イに規定する株式等の買集めとは，証券取引所（証券取引法第2条第16項（定義）に規定する証券取引所をいう。第10項において同じ。）又は証券業協会がその会員（同法第2条第19項に規定する取引参加者を含む。）に対し特定の銘柄の株式につき価格の変動その他売買状況等に異常な動きをもたらす基因となると認められる相当数の株式の買集めがあり，又はその疑いがあるものとしてその売買内容等につき報告又は資料の提出を求めた場合における買集めその他これに類する買集めをいう。」

　これは，ファンドに対する課税を確保するために定められた規定であると思われる。しかし，現実に，ファンドに対してこの定めが機能するのであろうか。なぜならば，現実の企業買収に登場するファンドは，ケイマンのリミティッド・パートナーシップであることが少なくないからである。そして，リミティッド・パートナーシップが法人ではなく，独立の納税義務者とはなりえないという点については，すでに上に述べた。

　今，企業買収事案における買収当事者であるファンドが，ケイマン諸島に本拠を置くリミティッド・パートナーシップである場合について考えてみよう。このようなケイマン諸島籍のリミティッド・パートナーシップに関しては，日本の租税法の適用上，これまで独立の納税義務者としては捉えられておらず，その個々の構成員について納税義務者であるか否かを判断すべきであると考えられてきた。すなわち，民法35条1項本文は，「外国法人は国，国の行政区画及び外国会社を除き，その成立を認許しない」と定め，外国法に基づいて設立された法人は，外国の国自体や地方公共団体を除けば，基本的に，外国会社だけが権利能力を有すると定めている。ところで，一般的にいって，リミティッド・パートナーシップは「外国会社」ではないから，民法35条1項本文により，民法上は「法人」として認許されず，したがって，それは，法人税法2条3号，4号の定める「法人」（これは，租税法律が私法から借用した，いわゆる「借用概念」であり，私法におけるのと同様の意味内容を有するものと解釈される）ではないことになるから，同条3号にいう「内国法人」にも，同条4号にいう「外国法人」にも該当しない。このため，リミティッド・パートナーシップそれ自体

についてではなく，その構成員について，課税がなされるか否かを検討する必要があるものと思われる。

そこで，リミティッド・パートナーシップであるファンドの構成員の全員が仮に非居住者・外国法人であるとした場合の課税関係について考えてみよう。取引が有価証券市場外で行われるものであり，証券が発行されない場合，株式の取得等が，ファンドの名義で行われており，その構成員の営業所を通じて行われているのではないことを前提とすれば，リミティッド・パートナーシップの構成員の恒久的施設の有無にかかわらず，国内源泉所得としては，①上で述べた同一銘柄の株式等の買集めをし，所有者である地位を利用して当該株式をその発行法人等に譲渡するもの，及び，②内国法人の特殊関係株主等である外国法人が行うその内国法人の株式等の譲渡による所得のいずれかのみである（所得税法 161 条 1 項 1 号，同法施行令 280 条 2 項 2 号，4 号，291 条 1 項 3 号，法人税法 138 条 1 号，同法施行令 177 条 2 項 2 号，4 号，187 条 1 項 3 号）。そして，ある事案がかかる要件に該当するか否かは，一に，事実認定の問題であると考えられる。

次に，リミティッド・パートナーシップであるファンドの構成員が居住者・内国法人であるとした場合，それらの者に対して課税が行われるべきことは当然のことであるが，課税庁がそれらの者についての情報を入手することが困難な場合が少なくないのではないかと思われる。これは，手続法上，深刻な問題であり，何らかの措置が必要であろう。

なお，事業譲渡類似の株式譲渡における株式保有割合について，平成 17 年度税制改正においては組合単位で判定することとされていたが，平成 21 年度税制改正の大綱によると，一定の場合に，組合員ごとに計算した株式保有割合によることとされることになった点を付記しておく。

2 償還差益の扱い

次に，最近の法改正との関連で，国外源泉所得への課税が可能か否かという点について考える際の素材となるのが，償還差益の扱いである[49]。果たして，国内源泉所得でない償還差益に対する源泉徴収は許されるのであろうか。

平成 20 年改正により利子の源泉地規定が改正された（所得税法 161 条 4 号ロ，所得税法施行令 282 条の 2，法人税法 138 条 4 号ロ，法人税法施行令 179 条の 2）のと

---

49) ここでの問題点と理論については，宮崎裕子弁護士にご教示いただいた。

同時に，償還差益についても規定が整備された。
　まず，償還差益については，租税特別措置法 41 条の 12 が，以下のように分離課税を定めている。
　「1 項　個人が……割引債について支払を受けるべき償還差益については，所得税法第 22 条及び第 89 条並びに第 165 条の規定にかかわらず，他の所得と区分し，その支払を受けるべき金額（外国法人により国外において発行された割引債の償還差益にあっては，当該外国法人が国内において行う事業に係るものとして政令で定める金額。次項において同じ。）に対し，100 分の 18（括弧内略）の税率を適用して所得税を課する。
　2 項　内国法人又は外国法人は，……割引債につき支払を受けるべき償還差益について所得税を納める義務があるものとし，その支払を受けるべき金額について 100 分の 18（括弧内略）の税率を適用して所得税を課する。
　3 項　……割引債の発行者（これに準ずる者として政令で定めるものを含む。第 5 項及び第 6 項において同じ。）は，政令で定めるところにより，当該割引債の発行の際これを取得する者からその割引債の券面金額から発行価額を控除した金額（外国法人が国外において発行した割引債にあっては，当該外国法人が国内において行う事業に係るものとして政令で定める金額）に 100 分の 18（括弧内略）の税率を乗じて計算した金額の所得税を徴収し，その徴収の日の属する月の翌月 10 日までに，これを国に納付しなければならない。
　4 項　省略
　5 項　省略
　6 項　省略
　7 項　前各項に規定する割引債とは，割引の方法により発行される公社債（政令で定めるものに限る。）で次に掲げるもの以外のものをいい，これらの規定に規定する償還差益とは，割引債の償還金額（買入消却が行われる場合には，その買入金額）がその発行価額を超える場合におけるその差益をいう。
　一　外貨公債の発行に関する法律第 1 条第 1 項又は第 3 項（同法第 4 条において準用する場合を含む。）の規定により発行される同法第 1 条第 1 項に規定する外貨債（同法第 4 条に規定する外貨債を含む。）
　二　特別の法令により設立された法人が当該法令の規定により発行する債券のうち政令で定めるもの
　8 項　第 3 項から第 6 項までに定めるもののほか，外国法人により発行される前項に規定する割引債の譲渡をしたことによる所得その他第 1 項及び第 2 項の規定の適用に関し必要な事項は，政令で定める。
（9 項以下，省略）」

平成 20 年改正により，利子の源泉地規定の変更と同時に，租税特別措置法 41 条の 12 の第 7 項の「割引の方法により発行される公社債（政令で定めるものに限る。）」という定めを受けた，（償還差益の分離課税等に係る割引債の範囲に関する）同法施行令 26 条の 15 が改正され，同条 1 項 3 号において外国法人が国外で割引の方法により発行される公社債で一定の条件を充たすものも，租税特別措置法 41 条の 12 第 7 項に規定する「政令で定める公社債」に，含まれるようになった。次に掲げるのが，同条 1 項 3 号である。

「三　外国法人が発行する債券（国外において発行する債券にあっては，次に掲げるものに限る。）
　イ　法人税法第 141 条第 1 号に掲げる外国法人が国外において発行する債券の社債発行差金の全部又は一部が当該外国法人の同号に規定する事業を行う一定の場所を通じて国内において行う事業に帰せられる場合における当該債券
　ロ　法人税法第 141 条第 2 号又は第 3 号に掲げる外国法人が国外において発行する債券の社債発行差金の全部又は一部がこれらの外国法人のこれらの号に規定する事業に帰せられる場合における当該債券」

これは，明文から明らかなように所得源泉地を変更する定めではなく，源泉徴収の対象となる割引債の範囲を変更したものである。ここで注目したいのは，外国法人が外国において発行した割引債も，日本の恒久的施設が日本において行う事業に帰せられるものについては，租税特別措置法 41 条の 12 の定める源泉徴収に服することになったという点である。

ところで，（非居住者が支払を受けるべき償還差益に関する所得税法等の適用と題する）租税特別措置法施行令 26 条の 15 の 2 には，次に掲げるように，「非居住者」との関係で，償還差益が一号所得とみなされるという規定が入っている。しかし，外国法人に関する施行令 26 条の 15 においては，そのような源泉地の変更に関する定めは存在しない。

「非居住者が支払を受けるべき前条第 1 項第 3 号に掲げる公社債（法第 41 条の 12 第 9 項に規定する特定短期公社債を除く。）の償還差益については，所得税法第 161 条第 1 号に規定する国内にある資産の運用又は保有により生ずる所得とみなして，同法その他所得税に関する法令の規定（所得税法第 2 条第 1 項第 45 号に規定する源泉徴収に係る所得税に関する規定を除く。）を適用する。」

さて，平成 20 年改正により新たに導入された，外国法人が国外で発行した債券を外国法人（四号法人）が取得した場合の課税関係について，この場合の償還差益は，所得税法上は当該四号法人の国内源泉所得であるが，法人税法上

は国内源泉所得ではないので、その四号法人には所得税の源泉徴収税は課税されるが、その四号法人は法人税の確定申告をすることはできない（したがって、利子と同様、源泉徴収税はとりきりになる）、という説明が一部で行われているという。しかし、租税特別措置法施行令26条の15の2は、上で引用のとおり、非居住者の所得税に関する源泉地変更の定めであり外国法人に対しても法人税についても適用されない。したがって、非居住者に対する施行令26条の15の2における源泉地の変更に関する定めが外国法人については存在しない以上、この場合の償還差益に対して源泉徴収をするということは、結局、所得税法上も法人税法上も国外源泉所得であるものに対して源泉徴収税を課すということになってしまわないであろうか。ここは、やはり、このような償還差益も国内源泉所得である（1号の所得のうち、資産の運用保有による所得に該当する）として、源泉徴収を受けた後に、法人税の確定申告書を提出し、所得税額控除を受けることができると解すべきなのではなかろうか。

以上のような疑問を、平成20年改正についてもった。このような点を考慮したためであろうか、「平成21年度税制改正の大綱」において、以下のような記述が加えられた。

「外国法人が受ける割引債の償還差益に係る国内源泉所得の範囲等について、次の見直しを行う。
(1) 外国法人が発行する割引債の償還差益のうち、その外国法人の国内において行う事業に帰せられるものを、法人税法上の国内源泉所得とみなすこととする。
(2) 国内に恒久的施設を有しない外国法人が受ける割引債の償還差益を、法人税の申告の対象から除外する。
(3) 上記の改正は、平成21年4月1日以後に発行される割引債について適用する。」

これで、ひとまず問題は解決されたことになる。いずれにせよ、日本においては、法人についての源泉徴収も法人税法に規定されているために、様々な技術的な問題が生ずるということであろう。

3 租税条約の取締役報酬

たとえば、新しい日中租税条約の16条は、「一方の締約国の居住者が他方の締約国の居住者である法人の役員の資格で取得する役員報酬は、当該他方の締約国において租税を課することができる」と定めている。すると、たとえば、

日本法人から中国に派遣された日本人が、中国の居住者でありながら、日本法人の役員をも兼ねている場合、この者が日本法人から受ける役員報酬に対しては、日本で所得税が課税されることになる。

これは、所得税法 161 条 8 号のイの、「俸給、給料、賃金、歳費、賞与又はこれらの性質を有する給与その他人的役務の提供に対する報酬のうち、国内において行う勤務その他の人的役務の提供（内国法人の役員として国外において行う勤務その他の政令で定める人的役務の提供を含む。）に基因するもの」の、括弧書きを、条約で確認したものと考えることができる。なお、同号括弧書きにいう政令とは、所得税法施行令 285 条 1 項である。すなわち、同項は、次のように定めている。

「法第 161 条第 8 号イ（国内源泉所得）に規定する政令で定める人的役務の提供は、次に掲げる勤務その他の人的役務の提供とする。
一 内国法人の役員としての勤務で国外において行なうもの（当該役員としての勤務を行なう者が同時にその内国法人の使用人として常時勤務を行なう場合の当該役員としての勤務を除く。）
二 居住者又は内国法人が運航する船舶又は航空機において行なう勤務その他の人的役務の提供（国外における寄航地において行なわれる一時的な人的役務の提供を除く。）」

これは、国内法律及び租税条約により、いわば日本の課税管轄権が拡大されている実例の一つと考えることができよう。

五　資産や取引の海外移転
——インバージョン

資産や取引を海外に移転することにより、課税管轄権からの離脱をはかる行為で典型的なのは、流通税の国内法主義を逃れるために課税文書の作成を国外において行うことである。ここでは、主に、資産の海外移転について、法人税と相続税を例に検討する。

1　三角合併の場合の否認規定

まず、平成 19 年改正により導入された三角合併に関する課税繰延の制度について検討する。三角合併を用いた国際的な租税回避の防止については二つの留意点がある。すなわち、ここでのポイントは、課税対象を国外資産にしてし

まい納税者を外国法人にしてしまえば日本における課税はなくなってしまう，という点である。

　三角合併との関連における納税者側の動きとしては，第一にキャピタルゲインを国外に流出させてしまうことによって課税されにくくするという動きが予想される。非居住者に対する内国法人株式の譲渡益課税については，内国法人株式を外国法人株式に転換してしまえば譲渡益課税を免れる可能性が高くなる。もう一つ三角合併で可能なのが，Corporate Inversion で，内国法人を外国企業の子会社にしてしまうということである。内国法人を外国企業の子会社にしてしまうと，タックスヘイブン対策税制が機能しなくなる。平成19年改正においては，この二つの視点から対応策が考えられた。

　まず，第一のキャピタルゲインの国外流出であるが，三角合併の対価である株式を非居住者株主に渡す場合に，三角合併を適格として課税繰延を認めるか否かを考える際に，株式の譲渡益に関する非居住者・外国法人に対する課税の範囲の広狭の関係で，日本株式であれば一定の範囲で将来の課税が可能であるが，外国の株式ということになると将来の譲渡益に対して日本で課税できない可能性が高まるという点を無視することはできない。したがって，これに対応するために，租税回避否認規定が設けられ，日本企業の非居住者株主で日本国内に恒久的施設を有していない者は，三角合併が適格であっても課税の繰延を受けられないこととされた（租税特別措置法37条の14の2）。さもないと，将来，当該納税者＝株主が外国企業株式を売却しても日本で課税できない場合がほとんどということになってしまうからである。また，株主が個人であれば，場合によってはその個人が非居住者である場合には相続税・贈与税も課税できなくなる可能性も出てくる。

　次に，二番目の Corporate Inversion，すなわち，日本企業が外国法人の子会社となる問題であるが，課税の原則からいって内国法人は全世界所得に課税されるが，外国法人は国内源泉所得に課税されるので，外国法人になると国外所得に対する課税を受けなくなるということになる。したがって，外国法人になって，その上でキャピタルゲインを国外に流出させることを組み合わせると，日本で課税できない所得を作り出すことができる。つまり日本で課税できない外国法人の国外所得を人為的に作り出すことが可能になるのである。これに対する対策として国が導入したのが内国法人の居住者株主が組織再編により特定外国法人を通じて当該内国法人を間接保有することとなる場合に，特定外国法人に留保された所得を，内国法人の株主に合算課税するという制度である（す

なわち，特殊関係株主等である居住者に係る特定外国法人の留保金額の総収入金額算入に関する租税特別措置法40条の10から40条の12，特殊関係株主等である内国法人に係る特定外国法人の留保金額の益金算入に関する租税特別措置法66条の9の6から66条の9の9，特殊関係株主等である連結法人に係る特定外国法人の留保金額の益金算入に関する租税特別措置法68条の93の6から68条の93の9）。これは，タックスヘイブン対策税制に類似した制度で，親会社に留保された所得を内国法人の株主に合算してしまうというものである。もっとも，これは，国内法限りの改正であり，これらの制度が租税条約に反する場合がありうるか否かが理論的には問題となろう。

なお，アメリカで典型的な Corporate Inversion においては，保険会社について，バミューダ法人のアメリカ子会社がアメリカ国内で事業を行うという取引形態にわざわざ変えるというもので，ここ10年ほど行われてきた。その場合，バミューダ親会社への再保険料の支払については，源泉徴収はない。にもかかわらず，バミューダ親会社への事業保険会社からの再保険料の支払は損金算入されるから，アメリカで課税される所得がアメリカで課税できない所得に簡単に転換されてしまうので，アメリカで大問題になった。保険料について，アメリカにおいては，海外への保険料支払に対して特別な流通税が存在するが，その他にも，このような問題について，アメリカでは，古くから Toll charge，通行料という課税が行われてきており，M&Aと移転価格類似課税の関係の問題が議論されてきた。すなわち，内国歳入法典の367条は，国内資産が企業組織再編等を通じて国外に持ち出されるときに一定の通行料としての課税を行うというものである[50]。日本においても，内国歳入法典の482条の移転価格の規定だけではなく，それに対応するものを組織再編にも入れる必要が出てくるであろう。

2　居住地移転とセットの資産移転

ここでは事実関係について詳しく述べることをしないが，東京高裁平成20年1月23日判決・判タ1283号119頁は，一審の東京地裁平成19年5月23日判決・訟月55巻2号267頁を覆して，外国に住所を移すことにより贈与税の課税を回避しようとした納税者に1300億円もの追徴課税を認めた（なお，最高裁平成23年2月18日判決・判時2111号3頁，参照）。この事案においては，住所

---

[50]　中里実『国際取引と課税』（1994年）303〜304頁。

を外国に移すとともに，日本法人の株式を複雑なスキームを用いて外国法人の株式にするということが行われた。東京高裁は，納税者の住所が日本にあるとして，事実認定の問題で納税者を敗訴させた。このように，日本法人の株式を売却（ただし，その際には譲渡所得課税が行われる点に留意）して外国法人に所有させ，外国株式に転換したうえで，その外国法人の株式の贈与を受ける行為と，贈与の受ける者の住所を国外に移転する行為を組み合わせて，贈与税（そして，究極的には相続税）を逃れようとする行為は，かなり広く行われているようである。

個人がどの国に住所を移そうと，憲法が居住移転の自由を保障している以上，課税制度がこれを妨害することができないことは当然としても，日本において形成・蓄積された財産が，日本の課税を受けることなく海外に流出して戻ってこないとすれば，租税政策上，それはそれで大きな問題である。そこで，提案したいのが，相続税法 10 条の改正である。すなわち，内国法人を，外国法人を通じて間接保有するようなかたちのスキームが形成され，かつ，納税者が非居住者になるという行為が行われた場合に，当該外国法人の株式を一定の範囲で国内財産とみなすという改正を行うことは，それなりに合理性のあることなのではないかと思われる。

3　対抗立法としての TH 税制拡大

法人税法は，2 条 27 号は，「証券投資信託」を，「投資信託及び投資法人に関する法律第 2 条第 4 項に規定する証券投資信託及びこれに類する外国投資信託をいう」と定義している。他方，投資信託及び投資法人に関する法律 2 条 22 項は，「この法律において『外国投資信託』とは，外国において外国の法令に基づいて設定された信託で，投資信託に類するものをいう」と定めている[51]。この外国投資信託との関連で，最近，二つの興味深い事例が生じている。

第一は，ある税理士法人の広報誌に，LPS への投資が外国信託への投資とされた事例が掲載されている（税理士法人わかば「国際税務ニュースレター」2006 年 3 月）[52] という点である。

---

[51]　なお，外国信託は団体ではない。したがって，課税上は，何法の適用を受けどこで設立されたかという点よりも，受託者の居住地が問題なのではないかと思われるが，投資信託及び投資法人に関する法律の書き方は，設立準拠法と設立地の両方が意味を有するかのようなものとなっていて，個別的な場合に，両者の衝突といった問題が生じかねない。

[52]　http://www.wakaba-tax.com/letter0603.pdf

「2005年10月13日，新聞各紙は，外資系証券会社が斡旋した海外不動産リース事業から生じた赤字を，個人の所得から差引いた投資家が，総額約30億円の申告もれを国税当局から指摘されたことを報じている。

投資家は『金融機関と信託契約を結んで米・ロサンゼルスに設立された投資事業の組合（LPS：リミテッドパートナーシップ）に出資し，LPSはこの資金などを元手に，米国内の中古マンションを購入した（読売新聞）』が，『国税当局は，投資家の資金がルクセンブルクの銀行に開いた個人口座に送金され，銀行がこれをまとめてLPSに出資して資産運用していたと判断。投資家は不動産を買ったのではなく，銀行に金を預けて運用利益を得る投資信託にあたると指摘，LPSも設立登記がなされ，賃貸契約の当事者でもあることから法人と認定した（朝日新聞）』としている。」

「国税当局は，一連の投資スキームを，原則的な信託ではなく，投資信託と主張しているようです。投資信託では，信託課税の一般原則が修正され，信託財産が委託者に配分された時点で初めて，投資家に課税関係が生じることとされています。したがって，投資信託の場合には，信託財産の運用が，ある時点まで赤字であっても，それは無視され，将来赤字と黒字が相殺された以後，利益が投資家に分配されるまでは，投資家に課税関係は生じません。

LPSが法人税の課税対象であるという当局の主張を，仮に審判所が認めないとしても，投資信託のスキームが存在するという当局のもう一つの主張が認められれば，課税処分は維持され，課税所得を減らすための初期投資段階での赤字の使用は，否認されます。

これを裏返して考えれば，投資信託に利益（黒字）が蓄積していても，利益が分配されるまでは，原則として投資家に対する課税は繰り延べられるということです。」

しかし，前述のように，LPSは合同行為により設立されるものではなく，契約に基づいて組成されるものである。すなわち，私法上，それは組織ではなく契約関係である。そのような存在であるLPSを，「外国において外国の法令に基づいて設定された信託で，投資信託に類するもの」と考えることは果たして妥当なのであろうか[53]。また，特に，外国投資信託の定義の中の「外国におい

---

[53] なお，金融庁は，「『投資信託及び投資法人に関する法律施行令等の改正案』に対するパブリックコメントの結果について」と題するそのホームページ（http://www.fsa.go.jp/news/newsj/14/syouken/f-20021205-1.html）において，「特定資産の範囲拡大措置を講じることにより，外国において外国の法令に基づいて設定され，主として外国の法令に基づく投資事業有限責任組合出資に類する持分を組入れている投資信託につきましては，外国投資信託と位置付けられることとなります。」

て」という文言の意味が不明であり，現実に，外国投資信託に関する定めを租税法上どこまで適用できるのか，必ずしも明確ではないという問題も存在する。

　第二は，平成 19 年度税制改正により，タックスヘイブン対策税制に，「特定外国信託の留保金額の益金算入の制度（租税特別措置法 66 条の 6 第 7 項，8 項）」が設けられたことである。すなわち，平成 19 年度改正までは，タックスヘイブン対策税制においては，外国信託の受益者は，分配を受けるまで課税の繰延が認められていたが，平成 19 年度改正により，特定投資信託に類するものとされると合算課税がなされることとなった。合算課税の対象となる外国投資信託は，投資信託及び投資法人に関する法律 2 条 22 項に規定する外国投資信託のうち，租税特別措置法 68 条の 3 の 3 第 1 項の定める特定投資信託（すなわち，投資信託及び投資法人に関する法律 2 条 22 項に規定する投資信託のうち，法人課税信託に該当するもの）に類するものである（租税特別措置法 66 条の 6 第 7 項）。

六　ま と め

　国際課税は，国際法，租税法，私法が複層的に入り組んで適用されるために，一筋縄ではいかない複雑な領域である。そのような領域において，立法による対応が不十分な場合に，これを解釈で補おうとしても限界がある。国が公平な課税を心がけるならば，立法による適切な対応を常に心がけることが必要であろう。そのような手間を惜しんで，一般的否認規定を設けて問題を解決しようとしても，今度は一般的否認規定の解釈・適用をめぐる紛争が増加し，結局，公平な課税は達成されないことになる。急がば回れというどっしりとした態度こそ，租税回避を防止する最も有効な対応策なのである。租税回避の否認を権利濫用の法理との関連で説明する考え方があるが，これは，私法上の理論と租税法上の理論を混同するものである。私法上，権利濫用が行われているというのであれば，それを前提として課税を行えばいいだけのことであり，わざわざ，租税法上の権利濫用の法理なるものを作り出す必要はない。そもそも，権利濫用の法理が租税法にそのまま適用されるのであれば，信義則その他も租税法にそのまま適用されることになるかもしれず，租税法総論は混乱することになろう。租税法律主義のしばりのきつい租税法においては，立法の不備を解釈で補うことはできない。やはり，ここは，租税法律主義の原則に戻って，明確な個

　と述べている。

別立法により問題を解決するのが一番なのである。

　なお，一般的に，租税法の専門家は国際法の正しい理解が不十分である場合が少なくない。国際課税の問題を国内法の解釈論のみで解決しようとするならば，様々なほころびが出てくるであろう。租税法の専門家たる者，常に国際法の理解に努めなければならない。

VII

外国子会社配当益金不算入制度導入の影響

一 はじめに

　外国子会社からの受取配当の益金不算入とほかの制度との関連について，最近考えているところを簡単にお話ししたいと思います。ずっと考えていたことで具体的にこんな問題が出てくるのではないかということに即してお話ししたいと思っております。
　ここにいらしている皆さんも既にそんな問題があることはご承知だと思いますが，問題はご承知でも，どう考えたらいいかという点になるとお立場によって考え方が随分違ってくると思うのです。役所の方が考える場合と，企業，プロフェッショナルの方がお考えになる場合と，それぞれお立場によって物の考え方は当然違ってくるのではないかと思います。どの立場が正しいかは裁判官だけが最終判断権限を持っていることですから，私どもがあれこれ言うことはできませんが，学者ですから，理屈を突き詰めて考えると，こうではないかということについて申し上げるということでご勘弁いただきたいと思います。
　何だそんな結論かということでお怒りになる方もいらっしゃるかもしれませんが，私ども研究者はどの利害関係からも切り離されている，中立的な立場を守ることが重要だと思います。中立的な立場を守る中でも人によって考え方の差異が生じますので，本当に中立的かどうかは疑問ですが，中立的だと本人は考えていることだけが重要なのかもしれません。研究者でも人によっては，国税で課税を主張なさる方よりももっときびしい見解を唱えられる方，逆にそんな考えで果たして税金など取れるのかというような考えをおっしゃる方もいらっしゃるかもしれませんから，いろいろな立場が研究者にはあるわけで，どの方もそれぞれご自分の立場を考えてやっているのではないかと思います。
　以下では，第一に，「配当後の移転価格課税」ということで，外国子会社か

らの受取配当益金不算入導入前に問題になったことを簡単に復習して，その上で，第二に，外国子会社からの受取配当益金不算入制度が導入されたことによってどんな問題が起こってきたのかに簡単に触れ，第三に，それを一般論として，租税回避が存在しない場合に租税回避否認規定をどう適用したらいいのかという問題として述べていくという順番でお話をさし上げたいと思います。

　外国子会社からの受取配当益金不算入制度は，いろいろな背景があって入ったのでしょうが，どうも導入の議論がなされているときに私たちが考えていたよりもはるかに深刻な影響をあちこちに及ぼす，単に技術的な改正ではなく，ものの考え方に大きな影響を及ぼす話でして，それとの関連でどう考えていいのかわからないような問題が恐らく多々出てきているのではないかと想像しています。制度自体は極めて明確にできているのですが，こんな場合はどうなるのかということが思いもしないところで起こり，人それぞれ考え方は違うでしょうけれども，それについて一定の立場から結論を出していかざるを得ないということが起こって，当局と企業の間でそれなりの対立が起こり得るのではないかと思います。

　これは，執行当局はその立場でお考えを述べられ，企業は企業でそのお立場でお考えを述べられるということになるでしょうから，どちらが正しいと一概に言える話ではありませんけれども，最終的には判決になれば裁判所が判断を示すということになると思います。ほかに両者の対立を解決してくれる場所はないですから，片方があきらめない限りは裁判所で問題を解決するしかないわけで，これはもう仕方がないことだろうと思います。

　もっとも，裁判でいろいろな問題を解決するしかないと前にある講演会で申し上げたら，会計士の先生が「何でも裁判で問題を解決しろと言うのはおかしい」とおっしゃいました。私もそう思いますけれども，裁判で問題を解決するのが望ましいかどうかはともかく，最終的に決着をつけるところがほかにないものですから，法律家が裁判は望ましくないなどと言えるはずもないので，われわれは最終的な問題は裁判所でと言わざるを得ないということだけはご勘弁いただきたいと思います。「そんないちいち裁判所に行っていられるか」という議論はここではなしにしていただきたいと思います。望ましいかどうかはよくわかりませんけれども，とにかくほかに方法はないということです。

　どんな偉い方が結論を述べられても，それが公定解釈ということにはなりません。それから，立法を担当した方が『改正税法のすべて』である考え方を述べたからといって，必ずしもそれが正しい解釈ということにもならないわけで

一　はじめに　129

　す。これは，裁判官が，最終的には最高裁が，ある具体的な問題についてこれが正しいとおっしゃったことのみが唯一正しいということにならざるを得ないということです。そうすると，いろいろな問題が出てきまして，本当にどうなるかわかりません。これからどんな問題が出てきて，それに対してどんな執行がなされ，それについて企業がどういう立場で問題を解決していくかということに関してはもうじき方向性が明らかになるのだろうと思います。

　移転価格税制とは何かというと，国際的租税回避を否認するための制度であると書いてあります。もっと通俗的な言葉ですと，外国関連会社の所得を内国法人の所得とみなす制度だとあります。みなすという言葉が正しいのかどうかわかりませんが，とにかく国際的な租税回避の否認のための制度だと言われているわけです。

　租税回避の否認というのは，何か迂遠なことが行われている場合に，民法上の法律構成を無視して，通常用いられている私法関係に即して課税関係を構成し直すというのが定義です。税負担が減少されていなければ租税回避はないと思いますから，そこには税負担の減少などが当然要求されるわけでしょう。

　ところが，ときどき租税回避否認規定を執行する場合に，租税回避がない場合にもこの規定を適用してしまうことが起こってきます。要するに，租税回避否認規定を形式的に適用する結果，あえて二重課税を作り出すような規定の適用が行われる場合があるわけです。これを責めては気の毒で，執行当局としては形式的に執行するのはある意味当たり前のことです。しかし，納税者側から見ればなぜわざわざ二重課税を引き起こすような執行を行うのかが疑問になります。これもまた当たり前です。そうすると，最終的な問題の解決は裁判所でということになります。

　租税負担を著しく減少させる行為を否定して，通常の租税負担まで持っていくのが租税回避否認の効果ですが，租税負担が引き下げられていないのにそれをより引き上げてしまうような租税回避否認規定の適用は，形式的にはそのとおりだからということで本当に許されるのかは法律家であれば誰でも興味を持つことです。一概にこれだけが正しいという結論があるわけではありませんが，常識的に考えて租税回避がないところで租税回避否認規定を適用するのは論理矛盾のような気がしないわけではありません。ただ，それは気がするだけですから，本当にそうなのかを実例とともに見ていこうということです。常に正しい答えがあるわけではありませんから，場合により異なるのだとは思いますが，租税回避が存在しない場合に租税回避否認規定の適用を本当に認めていいのだ

ろうかということについて議論したいということです。

外国子会社からの受取配当益金不算入制度の導入によって，実はこのあたりについてかなりいろいろな問題が生じ得るのではないかとずっと心配しておりました。これについて整理してみたいというのが今日の目的です。

二　配当後の移転価格課税

配当後の移転価格課税について，外国子会社からの受取配当益金不算入制度導入前の状況につきまして，そのころ問題となっていたことについての論文を発表する前にこの制度が導入されて発表のしようがなくなってしまったということがありましたが，まず，その話をいたします。ごく例外的には今でもあり得るだろうと思いますが，著しく問題の重要性は落ちてしまいました。まず，外国子会社からの受取配当益金不算入制度が導入される以前を前提として，配当後に移転価格課税を打つことが許されるかという理念的な問題を扱ってみましょう。2009年の3月までの課税年度についてこの問題が起こるわけですから，そういう意味では現実問題かもしれません。2009年の4月以降の年度については基本的に起こりにくいでしょうが，ないとも限らないと思います。

設例として，外国法人からの受取配当に対して日本で親会社に対して配当課税をしている場合に，その配当の原資となった外国法人の利益との関係で，日本の親会社に対して移転価格課税を行うことが許されるのかについて考えてみたいと思います。

1　問題の所在

外国法人からの配当支払後に移転価格課税を用いて，配当支払の元となった利益との関係で，内国法人の利益のかさ上げを行うことが許されるかについて触れます。これは，日本による同一の利益に対する二重の課税が許されるかという問題にほかならないわけです。配当としても課税し，移転価格でも課税するということで，両者は別だから両方やってもいいのだということに果たしてなるのでしょうか。本質的に国際的二重課税の問題とは異なる，国内的二重課税の問題ですから深刻です。

実はこれと同じ問題が，今，タックス・ヘイブン対策税制の関係でも起こっていまして，これに係る外国税額控除の話で，タックス・ヘイブン子会社の支店が日本国内で事業を行っていた場合，日本で払った（外国法人に対する）法人

税について，当該タックス・ヘイブン子会社の利益が日本の親会社に合算課税される場合に，タックス・ヘイブン対策税制の適用がそもそも許されるのか，あるいは，タックス・ヘイブン対策税制上の外国税額控除との関係でどうなるかという問題が現実には起こっているわけです。考えてみるとおかしいですね。タックス・ヘイブン対策税制でも課税し，その子会社の支店が日本国内にあるからそれに対しても課税するというのは，国際的二重課税どころではなく国内的二重課税を引き起こします（租税特別措置法基本通達66条の6-20参照）。ただ，国際的二重課税の問題ではない，国内法では二重課税だろうが，三重課税だろうが，法律で定めればいくらだってできるのだという考え方もあるかもしれませんが，それが望ましいかどうかはまた別の問題ですので，なかなか形式的要件だけで突っ走るわけにもいかないのだろうと思います。

もう少し財政，経済状態がいい時代であれば，執行は形式的に行って，実際的な判断はやらなくても問題はなかったかもしれませんが，今の財政状態であまりに過酷な課税というか，国内的二重課税を惹起するような処分が行われますと，納税者の租税制度に対する不信感が醸成され，結果として税制改革等ができなくなるのではと実は一番心配しております。局部戦で勝って全体戦で負けるということを日本国の財政当局がやってしまったらえらいことになるわけですから，国全体がうまく回るように，当局も常に全体的なことを考えて執行しているわけですが，課税する側とされる側とでは気持ちが違ってきますので，そこで心理的な摩擦が起こってしまいますと，深刻な事態になってしまうのではないかというのが一番の心配の種です。いずれにせよ，国内的二重課税は非常に聞こえが悪いということだけは事実だと思います。

移転価格課税の本質というのは，親会社の利益に対する日本の課税権の侵食をふせぐことで，それ以上余計に取る必要は恐らくないのだろうと思っています。移転価格のようなことが行われていることを奇貨として，あるべき状態よりも税収が増えることを目的とするものではないということが租税回避否認規定の本質ではないかと思います。もちろん反対のお立場もあるかもしれませんが，常識的にはそうではないかと思います。

この設例では，親会社は既に配当を受領しているのですから，この受取配当益金不算入制度導入前の時点では，その原資となった利益に対する日本の課税権は特に侵食されていないと考えることもできないわけではありません。従って，配当支払の元となった外国法人の利益を移転価格課税を用いてまで親会社の利益に取りこむ必要はないのではないかということは，疑問として当然出て

きます。どちらの結論かわかりませんが、全く疑問に感じない方は少ないのではないかと思います。それが許されるかどうかは別として、こういうことが問題として成立するだろうということに関しては大方の意見は一致しているのではないかと思います。そんなものは何でもない、当然やっていいのだと言ってしまえばそこまでですが、そういう方は比較的少ないのではないかと思います。

　この問題は第二次調整の問題と密接に関連していまして、自国において移転価格課税が行われた場合に、関連会社間の貸借対照表や損益計算書の中身を当該移転価格課税に従う形に変更することが必要になってまいります。移転価格課税を適用しますと、関連会社の一方が、取引が独立企業間価格で行われたとしたら保有されていなかったであろう資金を現実に保有することになることから、調整がどうしても必要になってきます。従って、この状況を修正するために、移転価格課税により加算された利益と同額のみなし配当、みなし出資、みなし貸付金等を認定することによって第二次調整を行います。それをしますと、源泉税との課税の関係が引き起こされる場合が存在するということです。

　これは皆さんご承知のことですが、例えば、自国に存在する外国親会社の子会社に対して移転価格課税を適用して、自国の子会社の利益に加算を行った国が、現実には外国の親会社の手に存在する資金について、自国に存在する子会社から配当されたものとして、源泉徴収所得税を課すような場合があるということです。その場合、当該外国において当該源泉税について外国税額控除等が認められなければ、第二次調整の結果として、国際的二重課税が発生することになるでしょう。

　ところが、移転価格課税が行われた後に、そのような課税の結果に沿うように関連企業間で現実に送金等が行われる場合（先ほどの例で言えば、移転価格課税を受けた日本の子会社に対して、外国の親会社から送金が行われた場合）、当該送金等に課税する必要性はないということになるのではないかと思います。すなわち、ある国に、移転価格課税が発動された場合、移転価格課税適用による利益加算と同一方向の支払がなされた場合、それは関連会社間取引が独立企業間価格で行われたとした場合に行われる支払ですから、移転価格課税を適用する以上、移転価格課税の結果に沿うように関連企業間で現実に送金等が行われる場合において、当該送金等に対して課税する必要はないということです。

2　実務における扱い

　この問題について実務はどうなっているかといいますと、関連会社間の取引

に対して移転価格課税が行われた場合に，当該取引が独立企業間価格で行われたとしたら存在したであろう現金ポジションと関連企業の現金ポジションに現実を合わせるための資金の送金が行われると第二次調整の必要がなくなるということです。国によってはそのような送金を奨励するために特別な手続を用意していることがあります。

事実，米国では，移転価格課税後にこのような送金等が行われた場合，これに対して課税しないための手続が行政上の措置として特別に用意されています。Rev. Proc. 65-17 と，それを改訂した Rev. Proc. 99-32 がそれです。ともに，482条による課税が行われた後における現金の非課税の送金を認める手続となります。

また英国でも，移転価格課税により再配分された利益額を超えない範囲の利益の送金が英国国内の関連企業に対してなされた場合に，それに対して課税しないような手続が用意されています。また，移転価格課税の後に，英国国内の関連企業から外国関連企業に対して利益が送金された場合についても特別な課税は行われないとされています（cf. HM Revenue and Customs, The Mutual Agreement Procedure in UK Double Taxation Conventions, Inland Revenue Tax Bulletin, Issue 25）。

日本においても租税特別措置法基本通達 66 条の 4(8)-1 において，国外移転所得金額の取扱いとして，利益の社外流出として扱うという定めが置かれており，それを受け，同 2 項において国外移転所得金額の返還を受ける場合の取扱いとして，一定の手続が規定されているわけでございます。

更にこれを受けて，移転価格事務運営要領 4-1，国外移転所得金額の返還を受ける場合の取扱いに関する留意事項ということで，措置法通達 66 条の 4(8)-2 に規定する書面を提出した法人が，当該書面に記載された金額の全部，又は一部について返還を受ける予定の日以降に返還を受けた場合には，予定の日以降に返還を受けたことについて，合理的な理由があるかどうかを検討した上で措置法の規定の適用の有無を判断すると定めています。

いずれにしても，日本において，返還を受けた金額の益金不算入を規定した法律の定めが特に存在しないように見えます。そうすると，このような取扱いの根拠は，移転価格課税の本質からして，社外流出が返還されるのであるから，返還について課税しないのは当然であるという，理論上の根拠があるからこういう規定が置かれている。そうでないと，通達で勝手に非課税にする規定を設けたということになってしまいますから，そういうことはないだろうと思いますので，理屈上，当然ではないかと思います。

移転価格課税が行われるということは、考えようによりますと、現実に行われた取引とは別の取引が行われたかのように利益の再計算が行われるということですので、移転価格課税後にその利益等の返還等が行われた場合の取扱いのほかにもさまざまな問題が生じます。

例えば、これは税大論叢の論文で見たわけですが、移転価格課税後に返還が行われた場合の海外関連会社への超過支払が既に行われていて、それに対して日本で既に源泉徴収も行われてしまっている場合についてどう考えるかという問題が存在します。超過支払額が返還される以上、超過支払の際に行われた超過額についての源泉徴収は不要であったとして、その還付が認められるかどうかという問題が存在するわけです。超過というくらいですから、払う必要のないものを払って、その際に源徴について払ったということです。しかし、後に戻された場合に、この源徴についてどう考えるかという問題ですが、次のような考えが存在します（高久隆太「移転価格課税における無形資産の使用により生じた利益の帰属及びその配分」税務大学校論叢49号48～49頁）。

> 「我が国の移転価格税制は、国外関連者との取引価格のうち超過額を法人税の課税所得の計算上損金の額に算入しないという規定であり、国外関連者との取引の存在自体を否認するものではない。我が国法人が国外関連者に支払ったロイヤルティが独立企業間価格を超えていたとして移転価格課税が行われても、超過額をロイヤルティに該当しないものとして否認したのではなく、超過額はあくまでもロイヤルティであると認識した上で」、つまり、私法上の性格はそのままで「法人税の適正な課税所得の計算のために、移転価格税制の規定にしたがって（数字上の）調整を行ったに過ぎない。したがって、ロイヤルティについて税務上損金性を否定されたとしてもロイヤルティとしての性格を失うものではないこととなる。更に、国外移転所得金額について国外関連者から送金が行われても、当初の契約関係が異なることとならない以上、支払ったロイヤルティの返還ではないため、超過ロイヤルティ額に係る源泉所得税については誤納及び過納の事実は無く、還付されないこととなる。」

こういうお考えも当然成立し得るし、論理的に誤っているところがあるわけではないと思います。しかし、これはいくら何でもあまりではないかと思えてなりません。必要以上に税金を取るのがどうして必要なのかは不明です。もちろん、執行当局にこれ以外の考えを求めるのも酷かもしれませんが、ただ、なぜ必要以上の税金を取ることが条文上、要求されると解釈せざるを得ないのか、なかなかわかりにくいところがあります。

なぜかと言いますと，このような取扱いでは移転価格課税の本質に反することになるのではないかということが疑問なのです。本質などはないのだ，条文に書いてあるとおりに取ればいいので，それで余計に取られようが何だろうが特に問題ではないという考え方ももちろんあると思うのですが，そういう不必要な納税者と国税の間の対立をもたらすような解釈をして，税収がそれほど上がるかといったらそんなこともないと思いますし，余計なトラブルが増えるだけではないかと危惧するわけです。相手方も納得というほどのものはなかなか難しいと思いますが，この辺は私が民法1条的な世界に毒されているせいなのかもしれませんが，それこそ正義，公平の理念に照らして，こういう考え方はまずいのではないかという気がしてならないわけです。

もちろん，条文を読んだらこう解釈できるのだからこれでいいのだという考え方を否定するほど私は傲慢ではありませんが，納得しにくいという感覚をぬぐえないわけです。先ほどの論文ですと，私法上の性格を無視していないのだということですが，私は，租税回避否認規定というのは，私法上，幾つかのオルタナティブがある中で，わざわざ迂回的な私法上の構成を取った場合に，その迂回的な，私法上の構成を否定して，通常行われる私法上の構成で取引が行われたかのごとくみなして，それに該当する，当てはまる課税要件が充足されたものとして課税するものだと認識しています。

ですから，私法が関係なくはなくて，租税回避否認である以上，ある私法上の構成を否定して，別の私法上の構成に置き換えて課税しているのではないかという気がするわけです。単に数字といいますが，数字が変わるためには，私法上の構成を変えないと，数字だけが変わることはないのではないかと思うのです。民法上の性格付けを変更せずに数字だけが変わるということがあるのでしょうか。もしかするとあるのかもしれませんが，通常，あまりないのではないかという気がするわけです。

取引や契約が，私法上，無効ではないにも拘らず，その効力を租税法規によって否定して，収益加算を行うということが租税回避否認の本質であるとすると，源泉税についても本来の目的に限定した形の課税にとどめるべきでないかという気がしてなりません。否認はしておきながら，私法上の形式は無視していないから源泉税はそのままというのは，否認をしているということは私法上の形式を無視しているということだとすれば，私法上の形式は無視していないというのは論理矛盾のような気がしてならないわけです。

先ほど引用したようなお考えを正面から否定するつもりは毛頭ございません

が，ここまでやるのかという気がしないではありません。お立場はわかりますが，私はこういう立場は取りにくいということでございます。

それと同様に問題となるのが本件設例の事案で，この本件設例の事案というのは，配当等が支払われた後に移転価格課税が行われるという点で，移転価格課税後に返還が行われた場合と時間的な順序は逆ですが，移転価格課税後に返還が行われた場合の調整という措置の背後に存在する考え方を尊重した場合，移転価格課税が行われた後に送金がなされた場合と同様に考える余地があるのではないかと考えています。時間の順序によって物事が全然変わってくるということが果たしてあるのでしょうか。もちろん，時間的な順序はものすごく重要だという考えももちろんあります。例えば，相続において，最初に近親者のある人が死んで，その1時間後に別の人が死んだということになれば，その逆の場合と比べて相続の順序は違ってきますから，生き残った人が受け取る金額にも大きな差が出てくるというのは当たり前のことで，飛行機事故等で同時死亡の推定という規定がわざわざ置かれたということですから，時間の順序はもちろん無視することはできません。ですが，課税の場合に時間という要素は重要だとしても，返還後に移転価格課税か，移転価格課税後に返還かということで，順序が違うように見えても実際は同じなのではないかという気がしてならないわけです。

3 配当後に移転価格課税が行われた場合

その配当後に移転価格課税が行われた場合にどう考えればいいのか。本件設例におけるように，子会社との関連において，同一の利益について，まず配当等として課税し，その後にこの移転価格税制を適用して，親会社の利益として課税することは許されるのかどうかという問題が起こってきます。

先ほどと順序が逆の場合においても，国外に利益が移転されたから，取り戻して課税するというのが移転価格課税の本質です。そうすると，移転価格課税の後に返還が行われた場合と全く同様に，移転価格課税よりも前に配当がなされた場合と同じように考えていいのではないかと言えるわけで，国外に流出してないのであれば返還が前であっても後であってもあまり大きな差はないということです。

ところが，国税不服審判所の平成14年5月24日裁決・裁決事例集 No. 63, 454頁では，納税者の主張は，G社が，原処分庁が認定する適正保証料と請求人が収受していた保証料との差額を原資として請求人に配当を行っていたとす

ると，本件各更正処分により，その原資は存在していなかったことになり，配当については既に課税が行われているから，その後で移転価格課税を行うことは，二重課税が生じることとなって不当であるとしたわけです。課税庁の主張は，子会社であるG社の利益を配当で還元させるかどうかは，親会社である請求人の任意であるから，配当させたことにより請求人に受取配当金に対する課税が発生したとしても，それは二重課税には該当しないというのです。

　本当に該当しませんでしょうか。同じものに二度課税しているのではないのだということですが，同じものにしているかどうかはともかく，二度課税して，本来取るべき税金よりも多く取っている気がしてならないのですが，私が素朴過ぎるのでしょうか。これはよくわかりません。形式論理で課税庁の主張ももちろん成立し得ると思うのですが，移転価格税制というのは，一粒で二度おいしいものをわざと作り出さないといけないものなのでしょうか。もちろん，ほかにもいろいろ不適切なことをやっているのであればそこをたたくというのはわからなくもないですが，それにしてもこれはあまりではないかという気がするのです。

　ところが，裁決は，わが国の移転価格税制は，国外関連者との取引が独立企業間価格で行われたものとみなして，税務上の課税所得を計算するものにすぎず，これは先ほど引用した論文と同じで国税庁のお立場なのでしょうが，本件各更正処分がG社の過年度の決算上の利益に何ら影響を与えることはないというのです。また，過年度に受け取った配当に対して課税が行われたとしても，それは移転価格税制とは別個の課税要件に基づくものであり，また移転価格課税に当たり，過年度の受取配当に対する課税を調整すべき旨の法令上の規定もないという裁決を下しました。

　これは，不都合があったら，条文を変えて納税者を救済すればいいではないかというお立場だろうと思います。こういう場合に課税を減免するのはけしからんとまでおっしゃっているわけではなくて，現行法上，これはやむを得ないことだというおっしゃり方だと思うのですが，こういう立場も確かにあるということです。

　しかし，そもそも措置法の通達が，移転価格課税の対象となった利益を，社外流出として取り扱った後に，それが返還された場合の非課税を定めているのは，いろいろとお考えがあるのだろうと思いますが，どう考えても移転価格課税の本質からして，本来的に，法律上，それを非課税とすべきであると解されるからにほかならないと思います。そうではないという考え方もあるのだろう

と思いますが，私にはそう思えてならないわけです。

　通達は，そのような非課税とすべきという価値判断が別にあって，その際の実務的な取扱いを定めているにすぎないわけで，通達があるから非課税になるわけではないのでしょう。別に非課税となる法律上の根拠があるから非課税となるのであって，通達はその際の手続，取扱いを定めているだけだというのが常識的な物の見方だろうと思います。

　通達限りで非課税，課税を定めるということは，問題ですから，これはできないわけで，法律の根拠があって初めて決まります。法律の条文に明確になくても，制度の趣旨からそれが読めるということであれば，非課税であり，その手続，取扱いを通達で定めているというのが通常の読み方ではないかと思います。私は間違っているかもしれませんが，そんな気がします。

　そして，このように移転価格課税後の返還が非課税とされるのであれば，移転価格課税前に配当支払がなされたとしても，その点を考慮して移転価格課税の適用の可否を考えるべきではないかという感覚がします。なぜならば，移転価格課税に先だって配当等がなされている限りにおいて，移転された利益は既に「返還」されていますから，その部分についてあえて移転価格税制を適用してその対象に取り込む必要は存在しないのではなかろうかということです。必要は存在しないけれども，条文がそうなっているからそうするというのも一つの立場ですが，本来，移転価格税制によってもたらすべき理想の状況を超えて課税することがそんなに重要なことなのかがわからないわけです。もちろん，今の財政状況は悲惨ですから，少しでも税収が増えた方がいいと私も思いますが，あるべき姿を超えてまで否認規定で課税することが常に必要か，認めるか認めないかはともかくとして，考えるくらいはしてもいいだろう，考える必要もないということではないのではないかという気がするわけです。

　独立企業間価格で取引がなされると擬制して移転価格課税の処分を行うのは，移転された利益を取り戻して日本の課税権に服させるためであるにすぎず，独立企業間価格はその際の道具として用いられているわけです。処分ではなく申告の場合ももちろんあります。独立企業間価格を認定して，取引を引き直して利益の再配分を行う際に，配当により利益が事前に取り戻されている分を考慮して移転価格課税を行うべきであるという考え方も，それはあり得ないというほど無理のある議論ではないという気がします。つまり，さもないと課税庁がわざわざ二重課税を引き起こすことになるわけで，それが移転価格課税の目的かと言われれば少し違うのではないか，制度本来の趣旨，目的からそんな気が

いたします。

　ただ，この辺は価値判断の分かれるところですから，一概にどちらとは言えないわけで，先ほどの論文や裁決のお考えも十分に成り立つというのもわかりますし，それは十分に論理は通っていますが，わざわざ二重課税を引き起こすのは変ではないかということに関してそれなりに説明されていれば，それも一つの立場である，そのくらいのところはあっていいのではないかと思います。

　いずれにせよ，これは課税当局のお立場からすれば不愉快なステートメントになるかもしれませんが，移転されていない利益に対して移転価格税制を適用するというのは論理矛盾ではないかと思うわけです。外国に利益が流出していないのに移転価格税制を適用するというのは，形式論理でこれはいいのだと言われてしまえばそこまでなのですが，移転されていない利益に対して移転価格税制を適用しても構わないというのであれば，今の移転価格税制の出来が悪いということを認めていることになりはしないでしょうか。本来，課税する必要もないものに課税しなければならない条文を，当然，そういう場合には課税すればいいのだと読むことが許されるとしても，それは条文の出来が悪いことを認めることになるのではないかと思います。いや，これは素晴らしい条文だ，これなら二重課税があっても構わないというお立場の方は割と少ないのではないかと思えてならないわけです。もちろん私も，自分の考えていることが正しいという自信は誠にないのですが。

　ただ，移転価格課税後に送金がなされた場合に非課税とされているから，配当後に移転価格課税を行う場合，配当により事前返還された利益を考慮して移転価格課税の額を調整すべきであると考えても，そう罰当たりなことにはならないではないかという気がいたします。

4　タックス・ヘイブン対策税制の場合との類似

　ここはあまり詳しいことは述べませんが，同様の問題は移転価格税制だけではなくてタックス・ヘイブン対策税制でも生じます。既に課税したものについて後から課税する必要はないではないかという考慮から，米国合衆国による二重課税を引き起こすような形でタックス・ヘイブン対策税制の適用を行うべきではないと，ある論文に書いてあります。すなわち，同じ所得に対して国内法による二重の課税が行われるのはおかしいというわけです（Reuven Avi-Yonah, SLICING THE SHADOW: A PROPOSAL FOR UPDATING U. S. INTERNATIONAL TAXATION, 58 Tax Notes 1511）。

"Third, subpart F of the code could be abolished because there would be no deferral; the United States would tax currently only that proportion of worldwide income that is properly apportionable to it. Since the United States [*1514] would have already taxed all the income it had a right to tax, subsequent dividends (as well as interest or royalties) paid within the corporate group should be ignored and not be regarded as income."

　Reuven Avi-Yonah 教授は，ハーバード・ロースクールの助教授をなさっていまして，教授になるときにミシガン大学ロースクールに移られた方ですが，50歳ちょっとの大変頭のいい方で，米国における国際課税の研究者としては超一流の方であると評価して差し支えないと思います。ミシガン大学ロースクールのインターナショナル・タックス・プログラムは，彼の努力によって非常に格調の高いものとなっています。日本からの留学生もちらほらと見られます。ハーバードの方にインターナショナル・タックス・プログラムがなくなってしまった今，ミシガンのプログラムはなかなか格調高いものとして注目されているところです。非常にいい方で，そうむちゃくちゃをおっしゃる方ではないという気がします。

　タックス・ヘイブン対策税制においては，Avi-Yonah 先生のおっしゃるような考慮があって，受取配当について一定限度で非課税としているということです。一定の限度でしか非課税としていないところは問題ですが，少なくとも非課税としているわけです。すると，移転価格税制の場合にどこまで同じように考えるかという問題ではないかと思われます。移転価格税制とタックス・ヘイブン対策税制でどこまで等しくてどこまで違うのかはよくわかりませんが，先ほどの裁決の考え方ですと移転価格税制は数字をいじっているだけだということです。すると，タックス・ヘイブン対策税制についても，数字をいじればどんな課税でもできるのでしょうか。国内法律によって数字をいじるということをやれば，国内的な二重課税を惹起してでもそのような課税をすべきであるかどうかというのは，法解釈としても問題ですし，もちろん政策論としてはもっとより深刻に問題になるのではないかと思います。数字を少し変えているだけだから二重課税など関係ないのだと本当に言えるのかということは，私の物わかりが悪いだけかもしれませんが，どうもよくわからないわけです。

　ただ，私に強固な考えがないものですから，言われてみればそうだなと思わず納得してしまうのですが，後で家に帰って考えてみると，やはりおかしいのではないかということで心が揺れているところです。裁判所がどう判断するか

わかりませんけれども，問題はあります。解釈は置いておくとして，政策としてどうかと聞かれたらおかしいと言えるのではと思います。解釈論と政策論のレベルは当然分けないといけませんが，少なくとも政策論としてはそれはきついのではないかという気はするわけです。解釈論としてもなかなか難しいのではないかという気が今はしているのですけれども，これはよくわかりません。あとは裁判所による判断です。争う納税者がいない限りは裁判所による判断は出てこないわけですが，裁判所による判断をまつしか方法はないだろうという気がいたします。

　以上，長々と外国子会社からの受取配当の益金不算入制度が導入される前の状況を前提として議論してきましたけれども，そのような問題はこれからもまだ少しは起こるでしょう。しかし次に，2009年の4月からの外国子会社からの受取配当益金不算入制度が導入された後のことについて考えてみたいと思います。

三　外国子会社からの受取配当益金不算入制度の導入

　この問題について，いろいろな事例を集めたわけでもなく，外国子会社からの受取配当益金不算入制度のさまざまな解説を詳細に読んだわけでもありません。この制度が入ってきたことによってどんな影響があるのか，どんな問題が起こるか自分なりに考えてみたということで，こういう問題があるのかどうかさえ何も具体的に知っているわけではありません。ただ，想像の産物です。

　最初は，外国子会社からの配当について受取配当益金不算入制度を適用した後に移転価格課税を行うことは可能かという問題が起こってくるということです。先ほどは配当課税をした後に移転価格税制を適用することはそもそも可能かという問題でしたが，配当は支払われているけれども，配当課税はなされていない，その場合に移転価格課税を行うことはできるかという問題が生じるだろうということです。配当を受け取った場合には非課税にするという方針を，一定の要件の下，法律が採用して，それと移転価格税制は全く別物だと言ってしまうことができるのかできないのかという問題です。

　両者は全く別物だということであれば，受取配当益金不算入制度を設けたところで，移転価格税制を多用すれば国税は受取配当益金不算入制度を導入しなかったころと同じくらいの効果を上げることは，やろうと思えばできないわけでもなかろうということになってしまいますので，これはかなり深刻な問題で

す。この問題について考えるためには，配当に課税がなされて，それに移転価格課税を行うことが許されるかという問題に結論を出さないと，配当が非課税という扱いを受けた後で移転価格課税を打つことが許されるかという問題に答えることはできないのではないかと実は思っています。配当と移転価格課税は全然別だという先ほどの裁決のような立場に立てば，配当について益金不算入制度を適用した後に移転価格課税を行うことは何の問題もないということになると思います。

　もちろんそのように問題のない場合もあるのでしょうけれども，そうではない場合もあるのではないかと思います。あえて受取配当益金不算入制度を入れて，その限りで日本で課税されているかどうかはともかく，利益は日本に戻ってきているわけです。それなのに利益流出があるとして移転価格課税を打っていいのかというのは相当に問題です。

　ただこの場合に二重課税を国税は惹起しないわけです。しかし，受取配当について非課税にするという制度は台無しになってしまうという気がしますので，外国子会社からの受取配当益金不算入制度というのはそういう意味では大変思い切った制度で，こういう場合どう考えるのでしょうか。当然それについていろいろな議論がなされたのだろうと思いますが，さてこういう問題についてどうなのか，私にはいまひとつよくわからないわけです。今後，問題になるのかならないのかも含めてよくわかりませんが，先ほどは配当として課税した後に移転価格課税では二重課税だからおかしいという言い方をしたのですが，今度の場合は二重課税ではないので両者は別々だという意見が果たして通るのでしょうか。私は通りにくいと思うのですけれども，人によって考え方は分かれるところではないかと思います。これは深刻な問題ではないかと思います。

　それから，類似の問題ですが，相手国で配当として支払う際に，例えば損金算入がなされている場合があったとします。配当が，何らかの理由で特別措置のようなものがあって，それが損金算入される場合に，日本で外国子会社からの受取配当益金不算入制度の適用が可能なのかどうかという問題が起こり得るわけです。

　相手国で課税するかどうかというのは相手国の租税法の問題ですが，日本法人が受け取るものが配当であるかどうかというのは，相手国の損金算入の有無とは切り離された相手国の会社法上の問題ですから，相手国の会社法上，配当として支払われているのであれば，それについて損金算入がなされようがなされまいが，それは相手国の税制がそうしているだけの結果であって，日本でそ

れを配当として見る，要するに私法上の取引を尊重するという意味では日本で受取配当益金不算入の適用は可能なのではないかと私には思えてならないのです。いや，そんなことはない，相手国で損金算入しているのなら，日本で益金不算入を認める必要はないという考え方もあり得るかもしれません。要するに，相手国が非課税とした以上，日本で課税するのはみなし外国税額控除のような話になってしまうということでしょうか（租税特別措置法基本通達66条の6-(6)参照）。みなし外国税額控除のない場合の外税控除のようになるのでしょうか。向こうで特にまけた分，こちらの税収を増やすということが果たしていいのかどうかという話だと思うのです。みなし配当損金算入何とかというのを条約上入れないと駄目なのでしょうか。これは難しいところです。

　ただ，相手国の租税法がどうであるかということと，日本の国内法上配当となるかどうかは別の話です。配当となるかどうかは租税法で決まるのではなくて，相手国の会社法によって決まるのでしょうから，相手国の会社法上配当であれば，日本の租税法上は配当になるのではないかという気がするのですけれども，反対の考え方もあるかもしれません。

　タックス・ヘイブン対策税制について，ご承知のとおり，外国子会社からの配当の益金不算入制度が導入された際に，タックス・ヘイブン対策税制についてのみ，少なくとも明文の形では特別な措置が入れられたわけで，外国子会社からの配当益金不算入制度とタックス・ヘイブン対策税制による合算課税との間の調整が図られていてなかなか気のきいた規定になっています。

　書いてあることを簡単に見ておきますと，特定外国子会社等が支払う配当等の額は，当該子会社等の適用対象金額の計算上，控除しない，配当を日本に配っても留保所得は減らないということです。内国法人等が特定外国子会社等から受ける配当の額がある場合には，その配当の額のうち，特定課税対象金額等に達するまでの金額は益金の額に算入しない，こういう調整が図られているわけです。

　そうしますと，外国子会社からの受取配当益金不算入は，普通の国から受け取ると益金不算入であるけれども，タックス・ヘイブンから受け取るとしっかりと日本で課税がなされるという二本立ての制度になってしまっていますが，これはどうなのか，どう説明するのだろうということです。日本で益金不算入にする以上は，外国で課税していようが課税していまいが関係ないというのが一つの立場だと思います。外国で課税であれ，非課税であれ，日本では受取配当は益金不算入とするというのは一つの在り方ですが，日本はそういう立場を

取らずに，普通の国から受け取った場合には配当を益金不算入にする，タックス・ヘイブンの場合には課税するという二本立ての制度になったわけです。

　ご承知のとおり，日本と米国だけが法人税率が高いという現状がございまして，そのうち世界中の国が日本にとってタックス・ヘイブンになる可能性さえ出てきているような状況です（現在は，25％基準が変更されて，多少改善されている）。日本のタックス・ヘイブン対策税制は，できてからもう三十何年たっていますが，作った当時はレベルの高い最先端の制度でした。米国のように所得ごとに分ける制度は実際的ではないという理由で，オール・オア・ナッシングというのか，所得類型に着目せずに一括していく制度を取ったもので，これは短期間に作った割に出来が良かったものです。立法なさった方々が本当に一生懸命作られていて，米国とドイツ以外に例のないようなときによくあそこまでのことをなさったと思うのですが，さすがにできてから三十何年とたちますとほかの国にもできていて，その中身について，さまざまな当時考えていなかったような問題，あるいは考えていたが，とりあえずそれ以上深く追及することなしにやらなければならなかった問題が起こってきています。ですから，今，われわれが持っている日本のタックス・ヘイブン対策税制というのは，決して理想的な欠陥のない制度ということにはなりにくいだろうと思います。さまざまな問題が起こってきています。その問題をここで逐一取り上げる余裕も何もないわけですけれども，少なくともこの外国子会社からの受取配当益金不算入制度の導入はタックス・ヘイブン対策税制の本質に影響を一定程度与えるようなものである可能性は否定できないのではないかという気がいたします。今のタックス・ヘイブン対策税制を今のままの形で保持し続けるといろいろな問題が出てきますので難しいと思います。そうすると，改正についてさまざまな視点から議論していくことが必要になるのではないかと思わざるを得ません。

　悪いと言っているのではなく，よく頑張ってきた，更にいいものにするにはどうしたらいいかということです。機械的に執行しますとどうしても不都合が出てくるのは，オール・オア・ナッシングの課税ですからある程度やむを得ないわけです。これについて，いろいろな形で改正を考える努力というものはもちろんなされているのだろうと思いますけれども，この外国子会社からの受取配当益金不算入制度という，国際課税の在り方の根本にかかわり得るような制度が入った後のタックス・ヘイブン対策税制の在り方はそう簡単に議論できるものではないということでしょう。

　私たちは，タックス・ヘイブン対策税制を当然のものだと頭の中に入れてい

ると思います。私は昭和 53 年に大学を出ておりますから，租税法の授業を聞いたときにはタックス・ヘイブン対策税制はぎりぎりできておりましたから，この税制がなかった時代を知らない世代の人間ですけれども，今のタックス・ヘイブン対策税制の抱える問題点は，その導入当初にもあったことを忘れてはいけないのではないかと思います。

　もともと，ケネディ大統領が外国子会社の利益を米国法人の利益に合算する制度を提案したそのときには，タックス・ヘイブン国の利益だけではなくて，すべての外国の子会社の利益を米国法人の利益に合算するという強烈な制度だったわけです。しかし，これはさすがに国際法違反だろうとなりました。なぜかというと，外国の法人に対して課税してしまっていいのかという問題があったからで，米国の連邦議会でこの国際法違反性についてシビアな議論が展開されました。かなり厳しい議論が展開されて，その結果，ケネディ政権は対象を縮小して，タックス・ヘイブン国だけを前提とするとしたのですが，タックス・ヘイブンであろうがなかろうが国際法違反という感覚は 100％ 払拭されているわけではないということです。

　われわれは当然の制度だと思っていますが，当時の議論を見ていると，こんな極端な制度があっていいのかという考え方の人もすごく多かったわけです。もちろん，産業界の人たちが，その立場でものをおっしゃっているのでいろいろあるのでしょうけれども，それは当然の制度で，外国法人の所得に課税しているわけではなくて，計算上，親会社に数字を乗せているだけではないかという説明が仮に正しいとすれば，米国の連邦議会でタックス・ヘイブン対策税制なり，外国子会社の利益の合算税制が国際法違反だなどという議論は出てこなかったはずです。でも，米国の連邦議会で国際法違反であるということが正面から議論されていたということは，外国子会社の利益を米国子会社の利益に合算する制度が，外国子会社の利益に対して課税するものであるという恐れを持っていた人が少なくなかったということを反映しているわけで，それは聞く必要もないような荒唐無稽な議論だということには恐らくならないだろうと思うわけです。

　もちろん，タックス・ヘイブン対策税制をなくそうと言っているわけではありません。この税制の本質は，親会社に帰属する所得だから親会社に対して課税するところにあると思いますから，単なるペーパーで何もしていないところに利益だけというのはあまりいいことではないので，それを合算することはよろしいのですが，さてその範囲をどこでとどめるかということは思ったよりも

難しい話ですし，国際法のジュリスディクションの問題が背後にどうしても出てくるわけです。

　米国は，国内法を比較的重視する国です。国内法が国際法よりも重要なのだという感覚を持っている国の連邦議会でもってタックス・ヘイブン対策税制導入時にこれは国際法違反ではないかという議論がなされたという事実は，思ったよりも深刻なのではないかというのが立法史を見たときの私の感覚でした。それを日本がまねして，ヨーロッパの国々も導入をしていくということになったのですが，日本がまねをする以前の段階で米国の制度をまねしようという国はドイツを除けばあまりなかったわけです。日本が導入したからこそほかも追随したという意味で，日本の主税局の作業は非常に大きな意味を持っているわけですが，そのときに国際法に関する議論がどの程度なされたかはなかなか立法担当者ではないですからわかりませんが，米国における連邦議会の議論のように，国際法上，これは許されるのか許されないのかということも含めた課税管轄権の議論がどこまでなされたのかということに関してはまだ調査してみる必要があるかもしれません。

　ということで，この外国子会社からの受取配当益金不算入制度も，タックス・ヘイブン対策税制も，移転価格税制も，突き詰めて考えるとなかなか一筋縄ではいきません。技術論でこの制度については詳しいということで実務をなさることはもちろんいいのですが，本当に突き詰めて考えた場合にそれでいいという保証が実はどこにもないのです。一般に「云々と言われている」ぐらいのことしか言えないわけです。「と言われている」から，それが正しいとは限らないところが実は大いに問題なのではないかという気がいたします。

四　租税回避が存在しない場合の租税回避否認規定の適用の可否

　それでこの結論に行くのですが，突き詰めると，租税回避が存在しない場合の租税回避否認規定の適用は許されるのかという問題に答えざるを得ないのではないかと思います。税額が圧縮されているときに，元の状態まで戻すのが租税回避の否認だと思いますけれども，圧縮されているときに，元に戻すだけではなくて更に上に行ってしまって構わないのだということに本当になるのか，あるべき姿よりも上まで課税するのは，租税回避の否認になるのだろうかということが問題となり得るわけです。

租税回避の否認が懲罰であれば別にいいのですが，そういう意識はどうもなさそうで，あくまで更正処分なりの話ですから，あるべき状態まで，所得まで持っていくところがポイントで，それを超えてそういうことをやった人間に，過少申告加算税などは除いても，租税回避否認規定の適用により，それ自体において懲罰的な課税を行うという発想がもしあるのであれば，租税回避否認規定の本質は全然違ったものになります。それは，超過課税を認める制度ということで，租税回避の定義や租税回避否認の定義も根本から変える必要があるわけです。

そうではなく，あるべき状態まで持ってくるというのが租税回避否認の定義だと思うのですけれども，そうであるとするとそれを超える部分について，形式論理でどこまで押し通すことができるのかは難しい話ではないかということです。もちろん，執行当局がこの場合には租税回避でこの場合には租税回避ではないということを逐次判断するのは現実的ではないから，執行は形式的に行わざるを得ないというのは立場上当然かと思いますけれども，一部の方は，一般的租税回避否認規定を設けるべきであるというお立場で論文や本を書かれています。これは，租税回避がある場合に否認するという規定で，形式要件はありません。ということは，一般的租税回避否認規定を設けるべきであるという議論をなさっている方は，これからは逐一，この場合には租税回避で，この場合には租税回避ではないということを個別具体的に判断して執行することができるとお考えだということです。であるとすれば，今の形式的な租税回避否認規定についても，その都度これは租税回避であるかないかを判断して執行してもいいではないかという結論になるのではないでしょうか。私は違っているでしょうか。それとも，そういう方々は，一般的租税回避否認規定を形式的に適用しようとお考えなのでしょうか。一般的租税回避否認規定が，租税回避がない場合にまで適用できてしまうとすれば，それはもう恐ろしい話で，いくら何でもそれはないと思うのです。そうすると，一般的租税回避否認規定を設けるべきであるという考え方は，私にはよくわからないわけです。個別具体的な判断は執行上難しいというお立場を取りながら，個別具体的に判断する規定を入れろというのは一体どういうことなのだということです。一つだけ解決方法はあり得ます。国税の国際部門を増員するという考え方です。ですが，そうではないもっと本質的なことをおっしゃっているわけです。

私は，一般的租税回避否認規定について，あまり賛成ではありません。なぜ賛成ではないかというと，それがいけないと言っているのではなくて，その都

度その都度判断することが訴訟の数などを増やすが，その際の判断の基準を明確にしないとスムーズに執行できないのではないかと思うからです。ただ，その都度その都度租税回避であるかどうかの判断を第一義的には課税庁が行うとしても，結局争いがある場合には裁判に行くでしょうから，裁判に行けば最終的には裁判所が判断することになりますから，法律家としてはその考え方もありかなという気はするのですが，事例の集積には時間がかかります。

　一般的な規定は，個別具体的な適用の集積でもって事例が積み重なっていく中で，だんだん個別具体的な事例の集積に変わっていくというのが法律の発展の姿ですから，そういう意味ではそういうやり方はあると思うのです。しかし，私は今の租税回避否認規定も形式基準による否認だと必ずしも考えていないのですが，先ほどの裁決のようなお立場ですと，これは形式基準による否認で，租税回避があろうがなかろうが，二重課税になろうがなるまいが，それは関係なく適用するのだということでは，形式基準によって否認を認めるということですから，それと実質基準による否認の在り方をバランスの中でどう考えていくのかは実は相当に難しい問題でないかと思っているわけです。

　もちろん，これが唯一正しいという立場がこの種の問題に存在するわけではありません。それぞれの立場でそれぞれのお考えがあるのだろう，明確にしたくてもできないというのが，租税回避否認の難しいところでございます。個別具体的にあらかじめ課税要件を示しておかなければいけないのですが，それがなかなか難しいところから問題が生ずるわけで，その解決方法は二つしかないわけです。一つは形式基準を置くが，租税回避が存在しない場合には否認規定を適用しないというもので，もう一つは否認規定を置いて判例の集積に委ねるというものです。どちらがいいかそう簡単に結論が出ないところが非常に嫌なところですが，どちらの基準を置いたとしても，目指すべき方向は怪しい取引は課税するというもので，怪しくないところまで課税すべきであるとまでは言えないのではないかという気がしてならないわけです。

　ただ，私自身も日本の税収の落ち込みを深く心配をしている人間ですし，財政再建は今最もプライオリティーの高い，われわれがしなければいけない問題ではないかと思いますので，課税当局の執行に対する熱意なしには正義公平の理念にかなった適正な課税はなされないと思います。より良い執行のためにはどうしたらいいかということを，法律家としてなるたけ中立的な立場で考えたということでございます。

VIII

国際通信と課税

一 はじめに

　国際通信産業,および国際通信を用いた情報産業の最近における進展は著しい。ところが,法制度というものは,立法時の経済状況・技術状況を反映しているのが通常であるから,国際的通信・情報産業におけるような比較的新しい経済活動・取引について,旧来の法規制の枠組みをもってしては,必ずしも十分な,あるいは適切な対応のできない新しい法律問題が発生するのは,不可避なことといってよいであろう。このように発生する新しい問題の一部について,筆者は,NIRA の「企業の多国籍化に伴う法的諸問題に関する研究会」に対し,「国際通信をめぐる課税問題の一端——源泉徴収所得税を中心に」と題する報告書(中里実『国際取引と課税』〔1994 年〕第Ⅱ編第 2 章に所収)を執筆したが,ここでは,その報告書におけるよりもさらに広い範囲の問題について,若干の問題の指摘を行うこととする。

　国際通信をめぐる新しい課税問題は,国際的通信・情報産業において行われる取引の特殊性が原因となって生ずる。すなわち,国際通信サービスの提供,あるいは,国際通信を利用して行われる取引(例えば,衛星通信を用いて行われるデータベース・サービスの提供,放送番組の提供,金融情報サービスの提供等)は,第一に,そこにおいて提供されるのが(当然のことであるが,無形の)サービスであること,および,さらに基本的なことであるが,第二に,そのサービスの提供者と受領者が物理的に離れており,しかも両者が移動することなしに,かつ,瞬時にサービスの授受が行われるという特殊性を有している。この特殊性が,国際通信サービスの提供・国際通信を利用して行われる取引に関して生ずる課税問題を,従来の法的枠組みだけでは解決困難なものにしていると思われる。このような新しい課税問題に関する議論は,問題が新しいというまさにそ

の理由によりほとんど検討が行われていない，あるいは，少なくとも研究の成果が公表されていないのが現状である。こうした状況は，決して日本に特有のものではなく，世界的なものと言ってよい。

　本稿においては，国際通信サービスの提供・国際通信を利用して行われる取引に関して生ずる課税問題を，問題となる租税の種類から三つに分けて，その概観を示すことにしたい。すなわち，以下においては，国際通信と関連する源泉徴収所得税，法人税，付加価値税の課税問題を扱うこととする。国際課税をめぐる議論は，それが国際通信と関連しない場合であっても，それ自体比較的最近注目され始めた，しかも極めて技術的なものなので，国際通信をめぐる国際課税の議論は二重の意味で複雑なものとなるが，以下では，極力細部に立ち入ることなく，あくまでも問題の概要を浮かび上がらせることを主眼としたい。

二　国際通信と源泉徴収所得税

　非居住者・外国法人に対して，所得税法 161 条に列挙する各種の国内源泉所得の支払をする者は，その支払の際に源泉徴収をする義務を負う（所得税法 212 条）。

　国際通信に関連する源泉徴収所得税の課税問題で最も重要なのは，外国における情報保有者に対して日本の企業等が源泉徴収を行う必要があるか否かという点である。例えば，日本の企業が外国のデータベース業者からデータベース・サービスの提供を受ける際に支払う対価や，日本の放送局が外国の放送局から衛星中継で番組の提供を受ける際に支払う対価，あるいは，日本の銀行が外国の情報サービス企業からオンラインで世界の市場における外国為替相場の情報の提供を受ける際に支払う対価は，国内源泉所得として源泉徴収の対象となるであろうか。

　上のような場合に問題となるのは，各種の国内源泉所得のうち，所得税法 161 条 7 号ロの「著作権（出版権，著作隣接権その他これに準ずるものを含む）の使用料」であると思われる。所得税法上は，このような使用料のうち，「国内において業務を行う者から受ける」，「当該業務に係るもの」が，国内源泉所得とされる。そして，外国における情報保有者から日本の企業等が情報の提供を受けた際に支払う対価は，所得税法上，①当該情報が著作物となり，かつ，②当該対価が当該著作物の利用（複製，上演，演奏，放送等々の著作権法 63 条にいう「著作物の利用」）の許諾の対価として支払われている場合に，「著作権の使用

料」となる（所得税基本通達161－23）。そして、③この対価が、国内において業務を行う者により、その国内業務に関して支払われる場合に、それは国内源泉所得となる。では、外国における情報保有者から日本の企業等が情報の提供を受けた際に支払う対価のうち、いかなるものがこれらの条件を満たすのであろうか。

　まず、第一の点について考えてみよう。データベースについては、そのうち、「情報の選択または体系的な構成によって創作性を有するもの」が、著作物となる（著作権法12条の2）から、原則として問題はない。これに対して、衛星中継による放送の場合は、番組の内容によって考えていく必要がある。音楽の場合は（作曲家等への対価は別として）、音楽家の演奏自体は著作隣接権の対象となる「実演」であるが、日本は、著作権の場合とは異なり、著作隣接権については、ローマ条約（「実演家等保護条約」）等により日本が保護の義務を負う場合を除けば、外国のそれを保護する条約上の義務を負わないから、外国における実演が日本で放送されても、その対価が「著作隣接権の使用料」にはならない場合がある。スポーツ番組の場合は、「実演」ですらない。ただし、ニュース番組の場合は、講演の著作物が成立する可能性がある。さらに、外国為替相場の情報の提供等の場合には、著作物が成立しないことが多いであろう。このように、情報の内容により、著作物が成立するか否かは異なり、しかもその判定はかなり微妙である。

　第二は、著作物の利用の許諾の有無である。国際放送の場合は、著作物が成立していれば、当該著作物の「放送」という形の利用の許諾がなされていると考えられるから、この点はさほど問題とならない。これに対して、データベースの場合は、この点が多少複雑であり、場合を分けて考えていかなければならない。日本企業甲が外国企業Xからデータベースの提供を受ける場合に、甲の当該データベースの利用形態は、甲がライセンスを受けたデータベースを日本国内のユーザーに利用させる場合（事業型）と、甲が自らユーザーとして利用する場合（自己使用型）に分けられよう。また、甲がXからデータベースの提供を受ける方式は、データの記録された磁気テープ等を借り受ける場合（取付型）、甲がXに電話等で情報検索を依頼し、Xが検索結果を書類等で甲に伝える場合（書類型）、オンラインで情報の提供を受ける場合（オンライン型）に分けることができよう。

　・事業型・取付型——甲からそのユーザーに対するデータベースの提供の方
　　式が取付型ないし書類型であれば、著作物の「複製」、また、甲からその

ユーザーに対するデータベースの提供の方式がオンライン型であれば，著作物の「放送」ないし「有線送信」，という形の利用の許諾がXから甲に対してなされていると考えられる。
・事業型・書類型──実際には考えにくい。
・事業型・オンライン型──ほぼ，事業型・取付型の場合と同様に考えられよう。
・自己使用型・取付型──単に検索結果を画面にディスプレイするだけでは複製とは言えないが，ハードコピーやダウンローディングは複製に当たる。ただし，個々のデータから独立したデータベース自体の複製がなされていると言えるか否かは，検索行為の程度による。
・自己使用型・書類型──この場合，複製の主体は甲ではなくXであるから，甲が著作物の複製を行っているとは言えない。
・自己使用型・オンライン型──ほぼ，自己使用型・取付型の場合と同様である。

　第三は，使用料が国内業務に係るものと言えるか否かという点である。ここで一番問題となるのは，データベースの提供や，外国為替相場等の情報の提供を受けた者が，そのようにして得られた情報を企業の国内業務と国外業務の両方のために利用する場合（例えば，国内と国外で製品販売を行うメーカーが当該製品製造のためにデータベースで諸外国の特許情報を入手する場合）に，使用料のうち，どの部分が国内の「業務に係るもの」と言えるかという点であるが，この点は必ずしも明らかではない。また，租税条約における使用地主義（著作物の利用される場所を所得の源泉地とする方式）と所得税法上の「業務地主義」ないし「国内業務主義」（国内業務に係るものか否かにより源泉地を判断する方式）は，通常は同一のものと解されているが，両者の関係がそのように単純なものであるか否かは必ずしも明確ではない。

　いずれにせよ，現行制度の下においては，国際通信に関連する取引に関して，著作権が成立するか，著作隣接権が成立するか，あるいは，その両方とも成立しないかの限界がかなり微妙である。また，利用者にとっての便益がほとんど変わらないにもかかわらず，課税とはほとんど関係のない要素に影響されて，ある支払が著作権の使用料になったり，著作隣接権の使用料になったり，そのいずれにもならなかったりして，それに応じて課税が変わってくる。さらに，日本と相手国の著作権関係の条約（ベルヌ条約，万国著作権条約，ローマ条約等）への加盟状況によっても，課税が大きな影響を受けることになる。これは，国

際通信に関連する源泉徴収所得税の課税についても，著作権や著作隣接権といって概念を使用して構成された課税要件により課税の有無を判断しなければならないところに問題があるものと思われる。

三　国際通信と法人税

　法人税については，国際通信を行う通信業者の事業所得自体に関する課税問題と，国際通信を利用して取引活動を行う企業の事業所得に関する課税問題の二つを考える必要があろう。まず，国際通信業者の課税問題であるが，これについては，日本の法人税法には特別な定めは存在しない。ここでは，米国の規定を見ておこう。米国においては，1986年の税制改革により，国際通信所得 (international communications income) に対するソース・ルールが，内国歳入法典863条(e)に設けられた[1]。すなわち，同項の(2)によれば，「国際通信所得」とは，「合衆国から外国への，または外国から合衆国への通信あるいはデータの発信 (transmission of communnications or data) から得られる全所得」のことである[2]。そして，同項の(1)によれば，内国法人の得る国際通信所得は，50％が国内源泉，50％が国外源泉とされ，また，外国法人の得る国際通信所得は，原則として国外源泉とされるが，当該外国法人が合衆国内に事務所その他の固定的事業の場所を有している場合には，当該事務所等に帰属する限りにおいて国内源泉とされる。この他，1986年改正においては，内国歳入法典の863条(d)において，宇宙および海洋における活動から生ずる所得のソース・ルールが定められている[3]。それによれば，宇宙等において行われた活動からの所得は，内国法人の

---

1) なお，このほか，レギュレーションの1.863-5や内国歳入法典の883条(b)については，中里実「科学技術と租税法」ジュリスト822号100頁上段注4（本論集3巻第3編第3部Ⅲ）参照。
2) 上院財政委員会の報告書は，「……国際通信所得には，地下・水中ケーブルまたは衛星により全部または部分的に送られる，信号，画像，音声，あるいはデータの2国間の送信に帰せられる所得を含む。例えば，それは，電話の送信から得られる所得を含む」と述べている（CCH, Tax Reform Act of 1986, Law and Controlling Committee Reports, at 1392) のみであり，それ以上の説明を行っていない。
3) これについては，Kelly, Federal Income Taxation of Space and Ocean Activities, 14 The International Tax Journal 69 (1988) 参照。また，上院財政委員会の報告書は，「宇宙・海洋活動という用語は，宇宙で，または海洋の上もしくは中で行われる役務の提供，宇宙または海洋の上もしくは中にある装置（宇宙船を含む）のリース，宇宙または海洋の上もしくは中における技術その他の無体財産権の使用のためのライセンス，宇宙または海洋の上もしくは中における製品の製造を含む」（CCH, supra note 2, at 1392) と述べている。

ものであれば全額が国内源泉に，外国法人のものであれば全額が国外源泉になる。例えば，通信衛星を保有しそのリースを行っている外国法人 X から，他の外国法人 A がリースを受けて，それをテレビ画像の外国への送信に利用する場合，X の所得は宇宙活動からの所得，A の所得は国際通信所得となる[4]。しかし，このような規定がない限り，国際通信業者が国際通信から得る所得の源泉地を決定することは困難であるか，あるいは，不適切な源泉地規定が適用されることになろう。

　次に，国際通信を利用して取引活動を行う企業の課税問題について考えてみよう。ここで注目すべきは，恒久的施設の概念である。従来は，外国に商品やサービスを提供する企業は，当該進出先国に支店なり子会社を設立して取引活動に従事することが多かった。ところが，国際通信を用いたサービスの提供の場合には，物理的に離れた者に対して直接にサービスを提供することが可能であるから，支店や子会社を設ける意味はさほど大きくはない。このことは，恒久的施設（例えば，支店，工場等）なければ課税なしという国際租税法上の事業所得課税の原則（すなわち，ある国家は，自国に外国法人の恒久的施設が存在する場合にのみ，当該外国法人の事業所得に課税できるとする原則）に対して，（例えば，恒久的施設の概念の再検討を迫るといった）少なからぬ影響を持ち得るものと思われる。例えば，日本の企業が，外国の企業が保有する外国に存在する超大型コンピュータを，国際通信回線を通して利用する場合，あるいは，日本の企業が，外国のコンサルタント会社から国際通信によりオンラインでアドバイスを受ける場合について考えてみよう。これらの場合に，当該外国企業が日本に恒久的施設を有さないとすると，これらの外国企業に対する日本における事業所得課税は行われない（ただし，源泉所得税の課税が行われる可能性はないではない）。しかし，物理的に離れた場所に瞬時にサービスの提供ができる点に国際通信を用いた取引の特殊性があるのであり，日本に支社や工場があろうがあるまいが，提供されるサービスに差があるわけではない。すると，日本に恒久的施設があるかないかという基準により事業所得課税の有無を判断する現行の方式は，少なくとも，国際通信を利用して行われる取引については，必ずしも適切な課税をもたらさないような場合もあり得るのではないかと思われる。

　以上のように，法人税についても，国際通信と関連する取引の特殊性を考慮した法制度を考えていく必要があると言えそうである。

---

[4] Kelly, supra note 3, at 72.

四　国際通信と付加価値税

　さらには，付加価値税についても困難な問題が生ずる。すなわち，付加価値税は，商品等の販売のみならず，サービスの提供に対しても課されるのであるが，国際通信サービスの提供や国際的情報サービスの提供についていかなる課税がなされるかが問題となるのである。この問題は，国際通信に関連する，あるいは国際通信を用いたこのような取引においては，サービスの提供者と受領者が物理的に離れており，サービスの提供がどこでなされているのかが必ずしも明確ではないところから生ずるものと思われる。

　付加価値税等の消費税については，国際取引に対する課税の原則として，GATTにより，輸出免税・輸入課税という方式（すなわち，消費地国で課税する方式）が採用されている[5]。動産の販売については，当該動産が国境を越えて移動するので，原則として，輸出免税・輸入課税という措置を取ることに特別に困難な点はない。ところが，サービス貿易，特に，国際通信サービスの提供や国際的情報サービスの提供については，物理的に離れたサービス提供者と受領者の間で有形物の移動を伴わない取引がなされるから，輸出免税・輸入課税という措置を具体的にどのように適用していくのかが問題となる。すなわち，消費地国で課税するといっても，消費地が必ずしも明確ではない。また，輸出・輸入といっても，有形物が移動するわけではないから，輸出国でサービス提供者の仕入れに含まれている税額を税額控除したり還付したりする（多段階で課される付加価値税については，輸出免税のためには，このような手続が必要である）のが困難であり，輸入国で輸入の際に課税するのも困難である。

　この点，フランスの場合を例に取ると，有形財を媒介としない役務提供（例えば，無体財産権の譲渡・ライセンス供与，広告宣伝，コンサルタント等）に関して

---

[5]　この問題については，Organization de coopération et de développement économiques: Aménagements fiscaux aux frontières et structures fiscales des pays membres de L'OCDE, 1968 参照。国際取引に対する消費税課税の原則としては，生産地主義（いずれの国で消費される製品についても，生産地国で課税する）と消費地主義（いずれの国で生産される製品であっても，消費地国で課税する）が存在する。このうち，生産地主義の下においては，生産地からの輸出の際に，輸出価格に生産地国で課された消費税の額が含まれるので，消費税負担の軽い生産地国の製品ほど競争条件が有利となる。これに対して，消費地主義の下においては，輸入品に対する差別が行われなければ，自国産品と輸入品の間の競争条件の中立性が保たれる（中里実「付加価値税と国際取引」税研10号3頁（本編第1部XII）参照）。

は，役務提供者と役務受領者の所在地を基準として，国際取引に対するフランス付加価値税の課税の有無を決定している。それは，大まかには，以下の通りである。

・フランスに活動の場所，役務提供のための固定的施設，住所，居所（以下，「活動拠点」と呼ぶ）を有する者から，フランスに活動拠点を有する者への役務の提供について，フランスが課税できる点に問題はない。

・フランスに活動拠点を有しない者から，フランスに活動拠点を有しない者への役務の提供については，フランスは課税できない。

・フランスに活動拠点を有する者から，フランス（およびEC諸国）に活動拠点を有しない者への役務の提供については，役務の「輸出」であるから，フランスで課税されない。

・フランス（およびEC諸国）に活動拠点を有しない者から，フランスに活動拠点を有する者への役務の提供については，フランスで課税が行われる。ただし，そもそも，国際通信サービスの提供や国際的情報サービスの提供については，サービスの提供者が外国に存在するから，提供者に対してサービス提供の際に税額を価格に含めることを期待することはできない。そこで，この種の取引の場合（役務提供者は国外，役務受領者は国内にいるわけであるから），付加価値税は役務受領者により支払われることになる[6]。

現在，日本で行われている「消費税」導入の議論においては，国際取引に対する付加価値税の課税，特に，サービス貿易に対する付加価値税の課税については，ほとんど触れられていないといってよい。いかなる制度が導入されるにせよ，こうした点に関する議論をおろそかにすることはできない。

五　国際通信に関する課税の将来

以上述べてきた三つの租税のうち，国際通信との関連で比較的対応が容易と

---

[6] ただし，役務受領者が例えば事業者ではなく，個人的に役務を消費していて，付加価値税の課税を受けない場合，この者に付加価値税の支払を期待することは困難である。そこで，このような場合には，役務の利用地がフランスである時のみフランスの課税が及ぶとされている。しかも，この場合，役務受領者が付加価値税を支払うのではなく，役務提供者が課税庁に対しフランスに住所を有する代理人を届け出て，この者に支払を行わせることとされている（ただし，この届け出がない場合，付加価値税は取引の相手である役務受領者が徴収されることになっている）。なお，サービス貿易に対する付加価値税課税については，Kaiser, François: La taxe sur la valeur ajuoutée et les prestations de services internationales, 1981 が詳しいので，そちらを参照されたい。

思われるのは，付加価値税であろう。付加価値税については，サービス貿易の中で，国際通信サービスの提供や国際通信を用いた情報提供サービスを特に他とは別に扱う必要はなく，サービス貿易に対する課税問題一般の中で，国際通信に関する課税問題を考えていけばよいと思われるからである。そして，サービス貿易に対する付加価値税の課税については，1977年5月17日のECの第6指令以来，ヨーロッパ諸国において，一定の議論がなされてきており，とりあえず，これを参考にして考えていけばよいと言えよう。もっとも，日本のように，付加価値税を持たない国の場合，その導入に際して，サービス貿易に対する課税の原則を，国際通信サービスの提供や国際通信を用いた情報提供サービスにも対応できるように，できる限り現代的なものにしておくことが望ましいと言えよう。

　これに対して，源泉徴収所得税や法人税は，国際通信サービスの提供や国際通信を用いた情報提供サービスに対して適応できるように調整していくことは，かなりの困難を伴う。

　源泉徴収所得税においては，前述のように，外国法人からの国際的情報サービス提供の対価が，著作権の使用料と言えるか否かという点から課税を考えていかざるを得ないところに問題がある。このような状況を変えて，類似の取引に対して類似の課税が行われるようにするためには，例えば，「情報の提供の対価」，あるいは「通信によるサービス提供の対価」といった所得類型を設けて，それに対するソース・ルールを定めることが必要かもしれない。このような類型を設ければ，同じような取引であるにもかかわらず，著作権が成立する場合には国内源泉所得，著作権が成立しない場合には，人的役務の対価等として国外源泉所得という，アンバランスが解消できるであろう。遠隔地へのサービス提供が不可能であった時代には，著作物の利用の許諾や金銭の貸付・出資といった特殊なサービス提供についてのみソース・ルールを設ければよかったのであるが，これらにとどまらないサービスの提供を国境を越えて行うことが可能となった現代においては，新しい状況に応じた構成を考えてもいいのではなかろうか。

　また，法人税についても，源泉徴収所得税と同様のことが言えよう。まず，国際通信業者の事業所得や，宇宙・海洋において行われる活動からの所得については，その特殊性に鑑み，米国のような特別なソース・ルールがあってよいのではないかと思われる。このことは，例えば，国際運輸業所得について特別な取扱いがなされていることを考えれば，さほど不自然なことではなかろう。

そして，国際通信業者の事業所得や，宇宙・海洋において行われる活動からの所得については，基本的には，事業者の居住国が課税権を有するという方向が考えられよう。次に，国際通信を利用して取引活動を行う企業の事業所得課税については，「恒久的施設なければ課税なし」という国際租税法上の事業所得課税の原則の再検討を行う必要があると言えるかもしれない。そもそも，国際通信を用いたサービスの提供の場合には，進出先国に支店や工場を設けることなしに，進出先国における事業活動（と同様の活動）を行うことが可能なのであり，この点を考えれば，恒久的施設の概念を柔軟に構成するということもまったく不合理ということにはならない。また，芸能法人が外国で芸能人の役務の提供を行う場合には，当該外国に恒久的施設を有するものとみなされるという租税条約の定めも少なくない（例えば，日英租税条約6条（4）参照）ことから見ても，事業活動の種類により恒久的施設の概念を考えていくことは，それほど不自然なこととは言えないであろう。

　いずれにせよ，本稿で扱ったことは，そのほとんどが立法論に関するものであり，そこで述べられたことも大部分が筆者の単なる思い付きにすぎないものである。しかし，当然のことながら，経済状況・技術状況の進歩とともに法制度も変化していかなければならないことを考えれば，国際通信に関連する課税問題を現行法の枠組みの中にとどまらず，もう少し広い視点から検討していくことは，必要なことである。今後，国際通信に関連する課税問題についてさまざまな議論がなされることを期待して，結びとしたい。

IX

中間持株会社について

一 はじめに

　私は，独占禁止法によってそれまで禁止されていた持株会社の解禁議論が高まってきた 1995 年（当時の独占禁止法 9 条）に，租税法上持株会社の事業内容をどのように理解すべきか，その理解を踏まえて，持株会社たる法人に対する課税はいかにあるべきかを，立法論的な視点から，当時における経済学的分析の成果も参照して研究した論文を発表し[1]，さらに，その後独占禁止法が 1997 年に改正されて持株会社が解禁された後の 1998 年 10 月に出版された拙著『金融取引と課税』（有斐閣）の第 3 章第 3 節に，「金融仲介機関としての持株会社」と題して 1995 年の論文に大幅な加筆・修正を加えた内容の論考（以下「1998 年拙著論考」という）を発表したことがある。日本ではそれまで持株会社の設立が許されていなかったことの当然の帰結として，1997 年の独占禁止法改正前の法人税法においては，持株会社について課税上特別な取扱いをすることを想定した規定はおかれていなかったが，日本の法制度上持株会社は禁止されていたわけであるから，これはむしろ当然のことであった。

　1998 年拙著論考（及びその元となった 1995 年の論文）執筆当時における我が国の法人税法においては，組織再編税制も整備されておらず，連結納税制度も未だ導入されていなかった。したがって，1998 年拙著論考は，当時具体的に存在していた法人税法上の諸制度に照らして持株会社に対する課税のあり方を検討したものではなく，独占禁止法改正により，我が国にも持株会社たる法人が出現することが現実になった機会を捉えて，かかる持株会社が租税法上通常の

---

[1] 中里実「持株会社と課税」資本市場法制研究会編『持株会社の法的諸問題』（1995 年）114 頁。同「持株会社の法的諸問題（5・最終）」月刊資本市場 122 号 71～78 頁，同「持株会社と課税」月刊資本市場 128 号 4～17 頁，同「持株会社の課税」月刊資本市場 146 号 20～29 頁。

法人と異なる課税取扱いを受けるべき理由があるか否かの理論的検討を，当時諸外国において既に導入されていた連結納税制度が将来日本においても導入される可能性をにらみつつ，立法論的視点から，持株会社というものの基本的な性質を明らかにしておきたいという問題意識に立って，行ったものであった。

1998年拙著論考において，私は，（事実上の意味における）持株会社にいくつかの態様があることは認識しつつも，細かい分類はせずに，支配目的で子会社の株式を保有することをその主たる事業目的とする法人をひとくくりにして持株会社と捉え，かかる持株会社は，その株主又は子会社を顧客として，広い意味での金融仲介サーヴィスを提供するものであるという（仮説に立った）分析を示し，その分析を踏まえて，かかる持株会社に対する適正な法人税課税及び付加価値税課税のあり方を論じた。

ところが，私が1998年拙著論考を発表した後に，持株会社については，経営組織論における理論的研究のみならず実証研究というかたちでも，その機能や実態についての分析が進んでいる。

そこで，本稿では，それらの研究の成果も踏まえて，まず，私が1998年拙著論考において述べた持株会社の機能，中でも中間持株会社に焦点をあててその事業目的・機能を改めて整理するとともに，1997年の独占禁止法改正〈持株会社解禁〉以降における我が国の法人税法は，結局のところ持株会社も，課税主体たる法人として，その他の種類の事業を行う法人と同様の課税に服するという原則を採用していることを指摘し，次いで，国際租税法の観点から，外国の多国籍企業においてある国の事業会社を支配する中間持株会社を当該事業会社と同じ国（あるいは，別の国）に設立することはきわめて一般的に行われており，必ずしもそのこと自体が課税上問題とされることはなく，租税回避とはいえないという点について述べることとしたい。

二　本稿で論じる問題について

本稿は，中間持株会社に対する租税法上の考え方を論じるものであるところ，そこにおける問題は三つある。

第一は，そもそも，中間持株会社が果たしている機能が金融仲介サーヴィス機能以外には見出せないことをもって租税法上中間持株会社の設置には経済的合理性がないと評価することの当否，さらには，その評価を根拠に，当該中間持株会社設置後に当該中間持株会社が行った行為を法人税法132条1項（以下，

断りのない限り，引用条文は法人税法のそれを意味する）によって否認して課税することが許容されるか否かという点である。

また，第二は，企業グループ内の組織再編において事業会社を中間持株会社の傘下におくという経営判断（会社法上のそれ）が，租税法上も尊重されるかという問題である。租税法上，明文の否認規定がない限り，納税者が採用した私法上の法形式が尊重されるべきこととの関係で，これは，理論上，重要な問題となる。

そして，第三は，米国系の多国籍企業が，グローバルベースでみた場合の二重課税を回避するために源泉徴収所得税を縮減することにより，資金効率の改善を行った場合に，それを日本の租税法上どのように評価するかという国際租税法上の問題である。

これらの問題について総合的に検討するのが本稿の課題である。

三　第一の論点
　　——法人の利用

1　法人の利用

日本の法人税法は，法人税の納税義務をほとんど全面的に法人格の有無を基準として決していることから明らかなように（4条1項・3項，2条3号・4号参照），法人格をきわめて重視している。そこから考えると，租税に関する法律の明文の定めなく，法人の存在を無視するような課税が，到底許されるものではない。個人事業者による「法人成り」が許容されているのもそのためである。法人格を用いるか否かは，一に経営判断に委ねられている問題であり，132条のような否認規定によっても法人格を無視した課税が許されるわけでは決してない。

我が国の租税法上は，法人に物理的実体（専任の従業員・役員や専用の事業所）があることが，法人が法人として取り扱われることの要件とはされていない。したがって，人的・物的要素を欠くという意味で物理的実体がない法人であっても，法的実体がある限り，その存在を否定することは許されない。ここでいう法的実体は，法人格が与えられた事業体として適法に設立され，存続しており，法人としての意思決定が法律に定められた当該法人の機関によって適法になされていれば，これを認めることができる。仮に，法人としての活動が，法人から委託を受けた第三者によってのみなされているとしても，そのこと故に法人の法

的実体が失われるということもない。

　また，法人税法は，組織再編を行ってどのような組織形態の企業グループを構成するかという点については基本的に企業の経営判断に委ねており，例えば，外国法人が日本に中間持株会社を設立する場合においても，当該中間持株会社が我が国の租税法上課税主体とされる法人として取り扱われるための条件として，その機能，資本構成，事業目的等について格別の要件を設けてはいない。1998年拙著論考以降，我が国の法人税法については，平成13年度税制改正による組織再編税制の整備，平成14年7月に公布された連結納税制度の導入立法，平成22年度税制改正によるグループ法人税制の導入など重要な制度的改正がなされてきたが，それらの改正のいずれにおいても，結局法人税法上我が国において設立された持株会社〈中間持株会社を含む〉たる法人をそれ以外の法人と課税上区別して扱うという立法はなされていない。

2　持株会社

(1)　持株会社の機能——中間本部と中間持株会社

　1998年拙著論考において，私は，持株会社の主要な機能は，投資家・株主と投資先・子会社の間にあって，前者から後者へと資金をつなぎ，また逆に，後者から前者にリターンを戻すことであり[2]，その生み出すものは，「金融仲介サーヴィス」[3]，すなわち，（投資家・株主に対する）投資顧問サーヴィス，及び（投資先・子会社に対する）会社管理サーヴィスである[4]と述べた。そして，そのような機能が具体的な場合においてどのように発揮されるかは，持株会社の置かれた状況により異なるのであり，また，経営判断により決定される問題である。

　上記「はじめに」でも述べたように，1998年拙著論考は，持株会社にいくつかの態様があることは認識しつつも，細かい分類はせずに，支配目的で子会社の株式を保有することをその事業目的とする法人をひとくくりにして持株会社と捉えた分析を行うことを目的としていたため，そこでは，中間本部と中間持株会社の違いを捨象した分析が示されている。ただし，持株会社の顧客は子会社であると考えられる場合，株主であると考えられる場合，子会社と株主の双方であると考えられる場合があることは同論考でも示したとおりである[5]。

---

[2]　拙著『金融取引と課税』（1998年）298頁。
[3]　拙著・前掲注2) 318頁。
[4]　拙著・前掲注2) 303頁。

その分析になぞらえて言えば，中間本部においては，地域事業会社の戦略立案などが行われるとすれば，その顧客は子会社であると理解することができるし，中間持株会社においては，多国籍企業が中央集権的な財務管理を助ける機能や資金管理上の効率を高める機能が果たされるとすれば，その顧客は株主であると理解することができる。また，子会社を顧客とするサーヴィス（経理サーヴィスや税務コンサルテーションサーヴィス）も提供しつつ株主を顧客とするサーヴィス（金融仲介機能）も提供するというタイプの中間持株会社も存在する。重要なことは，株主を顧客とするサーヴィスも子会社を顧客とするサーヴィスも，いずれも企業経営（特に多国籍企業グループの経営）という観点からは十分に経済的合理性のあるサーヴィスであって，子会社を顧客とするサーヴィスにのみ経済的合理性があり，株主を顧客とするサーヴィスには経済的合理性がないということにはならないという点である。

持株会社に関しては，1998年拙著論考後に発表された論文が多数あること，特に，国際機関における議論に関するものが2000年前後以降に多数公表されていることは非常に興味深く，現実世界における中間持株会社の利用とこの分野における実証的研究がさらに進んでいることをよく示している。それらにおける中間本部及び中間持株会社の各機能に関する叙述は，私が1998年拙著論考執筆当時に理論的に分析していた持株会社のサーヴィスには，実は，中間本部において提供されるサーヴィス及び中間持株会社において提供されるサーヴィスの両方が含まれていることを示している。また，中間持株会社の金融仲介サーヴィスは，まさしく私が1998年拙著論考で指摘した持株会社の金融仲介サーヴィスの重要な一部をなすものであると言ってよい。かかるサーヴィスは，特に多国籍企業において中央集権的な財務管理が行われている場合には，まさしく中間持株会社が，中央集権的な管理を行っている最上位の株主を顧客として提供する金融仲介サーヴィスそのものである。それ故に，子会社の株式を保有することを事業目的とし，かかる金融仲介サーヴィスを株主に対して提供する中間持株会社には，正当な事業目的があるのであって，我が国の租税法上この点について別異の評価を行うべき理由はない。

(2) 中間持株会社と我が国の法人税法

次に，我が国の法人税法は，中間持株会社に該当する内国法人の課税取扱いについてどのような考え方で立法されているかについて確認しておく。

---

5) 拙著・前掲注2) 305頁, 306頁。

この点に関しては，まず，何よりも，中間持株会社は多国籍企業においてかなり一般的な存在であるという点を理解しなければならない。中間持株会社（intermediate holding companies. Zwischenholding. sociétés holding intermédiaires）について，たとえば，フランスのある書物[6]は，以下のように述べている[7]。

「中間持株会社の設立あるいは親会社の持株会社への転換を通じた持株会社の利用は，今日，多国籍企業グループにおいてきわめて一般的なものとなっている（Le recours à la société holding par la création de holdings intermédiaires ou la transformation de la société mère en holding, est devenu aujourd'hui extrêmement courant dans les groupes multinationaux.)。

実際のところ，いくつもの国が持株会社に対して課税上の優遇措置を認めている。例えば，1993年に，ドイツはその立法において，国際的な持株会社を自国の領土に設立することに関心を向けさせるようにすることを目的とする措置を導入した（En effet, de nombreux Etats accordent un régime fiscal privilégié aux sociétés holdings. En 1993 par exemple, l'Allemagne a introduit dans sa législation des mesures visant à rendre intéressantes les localisations de holdings internationales sur son territoire.)。」

これに対して，我が国では，持株会社（中間持株会社を含む）である法人について，税制上他の種類の法人と異なる課税取扱いをするという立法は独占禁止法上の持株会社解禁後もなされてこなかった。むしろ，法人税法は，上記で紹介したドイツのような考え方とは異なり，外国法人を親会社とする内国法人については，当該内国法人が事業会社であるか中間本部であるか，あるいは中間持株会社であるかに拘わらず，課税上は同じ取扱いをするという原則を採用しているといってよい。

たとえば，組織再編税制においては，完全支配関係がある内国法人間において適格合併を行うことが法人税法上認められているが[8]，合併法人又は被合併法人が外国会社の子会社である中間持株会社であるか否かが，適格合併の要件として問題とされることは全くない。また，連結納税制度上も，完全支配関係

---

[6] Thierry Lamorlette et Patrick Rassat, Stratégie fiscale international, p. 44, 1997.
[7] また，フランスにおける2011年の財政法律10条による中間持株会社の課税上の扱いについて，cf. Marie-Laure, La suppression du plafonnement de la quote-part de frais et charges du régime mère-fille : une réforme technique à forts enjeux. Revue de Fiscalité de l'Entreprise. 2011, no. 1, p. 10, pp. 12-13.
[8] 2条12の8号イ及び62条の2第1項。ただし，適格合併の定義には外国法人間の合併も含まれているので外国法人間の合併も適格合併に該当し得る。142条参照。

下の法人が連結親法人になることは禁じられているものの，外国法人の子法人は，中間持株会社であるか否かを問わず，一律にその禁止対象から除外されている（4条の2柱書及び同条2号）。このように，我が国の法人税法は，外国法人が国内に（内国法人である）中間持株会社を設立することを許容しているものと考えられるのである。また，所得税法上の源泉徴収義務についても，この点は全く同様であって，源泉徴収義務者が中間持株会社であるか，中間本部であるか，あるいは事業会社であるかによって，源泉徴収にかかる義務の存否及び内容が異なるということは我が国の所得税法上ない。

結局，1997年になされた独占禁止法改正による持株会社解禁後も，我が国の租税法は，ある法人が中間持株会社であるか否かは，当該法人の課税取扱い上全く考慮されないという原則を貫いてきたということができるのである。

四　第二の論点
　　——中間持株会社の利用

1　序——132条の解釈について
(1)　租税回避の否認と132条による否認

租税回避の否認とは，納税者の採用した私法上の法形式（迂遠で異常なもの）を無視して，あたかも通常用いられる法形式が用いられているかのように課税要件の充足を判断することであり，そのためには，明文の租税法上の根拠規定（租税回避否認規定）が必要である。

これに対して，私法上の法形式に関し，納税者が認識した事実関係と異なる事実関係を認定し，かかる事実関係に基づいて課税すること（事実認定による「否認」）は，取引の私法上の実質に基づいて課税をするという点で，あくまでも私法上の（真実の）法形式を尊重するものであるから，私法上の（真実）法形式を無視することを本質とする租税回避の否認とは根本的に異なるものである[9]。私法上の法形式に関し，納税者と異なる事実認定に基づく課税（事実認定による「否認」）を行うには，取引の私法上の実質が，納税者が認識した事実関係と異なることを明らかにするため，私法上の実質を裏付ける事実関係を詳細に主張・立証することが必要である。かかる事実の主張・立証が行われていない場合に，「事実認定」に依拠した課税を行うことができないのは，論理的

---

[9]　詳しくは，中里実『タックスシェルター』（2002年）第11章参照。

に当然のことである。

132条は，事実認定に関する定めではなく，あくまでも一定の要件の下に，同族会社である納税者が選択した行為計算にかかる私法上の法律構成を租税法上否認し，通常行われる法律構成に引き直して法人税負担を計算することを認めるという内容の個別的な租税回避否認規定であって，事実認定による「否認」の根拠規定ではないのみならず，いわゆる包括的な租税回避否認規定でもないし，一般的否認規定でもない。132条に基づく租税回避否認には，固有の射程範囲が存在するのであり，その射程範囲を超える場合に租税回避の否認をすることは許されず，同規定を，私法上の実質的な法形式に関する立証の不備を補うために用いることはできないという点にまずもって留意しなければならない。

(2) 法人税の仕組みの中における132条の限界

132条は，同族会社の行為又は計算が「これを容認した場合に法人税の負担を不当に減少させる結果となる」と認められる場合に，これを否認することができる旨を定めた規定である。ここでいう「不当」性の要件の解釈としては，大別して，同族会社でなければなし得ないような不自然・不合理な行為又は計算とする考え方と，純経済人の行為又は計算として不自然・不合理なものとする考え方の二つがある[10]。前者の考え方については，同族会社でなければなし得ないような行為とはいかなる行為を指すのかが不明確であるという問題があること，後者の解釈は，同族会社を用いた予想もできないような異常な行為により租税回避が行われる場合を想定した否認規定であるという132条の位置づけとも整合的であることから，金子宏名誉教授も指摘されているとおり，後者の解釈，すなわち，「行為・計算が経済的合理性を欠いている場合とは，それが異常ないし変則的で租税回避以外に正当な理由ないし事業目的が存在しないと認められる場合のこと」であると解するのが妥当である[11]。

2 中間持株会社の利用と132条

(1) 総　論

多くの文献において示されている理論的・実証的検討が示すように，持株会社の中には，その存在それ自体に法的・経済的な意義があり，そこに固有の存

---

10) 金子宏『租税法〔第19版〕』(2014年) 456～457頁参照。
11) 金子・前掲注10) 431頁。

在意義が認められるもの（中間持株会社）が存在する。そして，1998年拙著論考において私が論じた持株会社とは，中間持株会社を含む趣旨であり，既に述べたとおり，中間持株会社はまさしく株主を顧客とする金融仲介サーヴィスを提供しているのであるから，そのような中間持株会社には正当な事業目的があることは，経営組織論においてのみならず，我が国の租税法の領域においても同様に認められるべきものである。

このように，中間持株会社を設置することそれ自体には，企業経営上有益な固有の意義が認められるのであるから，企業グループにおいて，中間持株会社を設置するかどうか，そしていかなる中間持株会社を設置するか，という問題は，裁量的な経営判断に委ねられるべき問題であり，課税庁が介入すべき事項ではない。

(2) 中間持株会社

中間持株会社は，上記(1)で述べたように金融仲介機関であるが故に，専任の役員や従業員や専用の事業所をもたず，そのバックオフィス業務をすべて外部に委託して行うことも珍しくないことは，持株会社に関する様々な文献においても指摘されているとおりである。また，中間持株会社の事業が株式保有と金融仲介サーヴィスであるということを考えれば，そのための業務の中には外部委託ではなし得ないものはないことが通常と考えられる。したがって，専任の役員や従業員がいないこと，専用の事業所がないことは何ら中間持株会社の法的な実体を否定するべき理由とはならない。それ故に，企業グループにおいて中間持株会社として設置された法人に専任の役員や従業員がいないからといって，そのことを理由として当該法人の事業目的を否定したり，法人としての実体を否定したりすることはできない。

以上のとおりであるから，中間持株会社が，子会社等の株式を保有することをその事業目的とし，株主を顧客として金融仲介サーヴィスを提供することに上記(1)のとおり固有の意義が認められる以上，ある法人が，株式を保有し，株主を顧客として金融仲介サーヴィスを提供すること以外に事業目的を有しないこと，及び，当該法人に専任従業員や専任役員がおらず，専用の事業所を有さず，業務を第三者に外部委託していることを，当該法人に正当な事業目的がないと租税法上評価することの理由とすることはできないと考えられる。ましてや，（中間持株会社の行為又は計算を132条に基づいて否認することができるかという局面において，否認の対象とされている行為の「不当」性を論じるにあたり，その中間持株会社の事業目的の正当性を考慮することが許される場合が仮にあるとしても）その

ような事実をもって，当該法人の行為又は計算を132条に基づいて否認する場合の「不当」性の根拠事実とすることもできない。このことは，オリジネータから受け入れた資産を形式的に保有する受け皿としてのSPCの行為又は計算が，資産を保有すること以外に事業目的を有しないという事実だけを理由として否認されることがないのと同様である。

なお，裁判においても，外国法に準拠する事業体が法人とされる要件として，物的要件や人的要素は考慮されていないという点も参考になる。たとえば，東京地判平成23年7月19日判例タイムズ1400号180頁は，「我が国の租税法上の法人は，法律により損益の帰属すべき主体（その構成員に直接その損益が帰属することが予定されない主体）として設立が認められたものであり，我が国の私法上の法人と同様，原則として，その準拠法によって法人とする（法人格を付与する）旨を規定されたものをいう」と判示しており，また，それとは異なる基準を採用した大阪地判平成22年12月17日判例時報2126号28頁は，実体法的には，当該事業体が，「①その構成員の個人財産とは区別された独自の財産を有すること」及び「②その名において契約等の法律行為を行い，その名において権利を有し義務を負うことができること」，手続法的には，「③その名において訴訟当事者となり得ること（訴訟上の当事者能力）」が「法人」に該当するか否かの判断基準となる旨を判示しているが，いずれの判決の基準においても物的要件や人的要素は考慮されていない。

念のために付言すると，法人は株主の利益の最大化のために用いられるのであって，その意味においてヴィークル（器）に過ぎず，法人それ自体のメリットなるものは，結局のところ株主のメリットに他ならない。特に，中間持株会社たる法人は，株主（＝顧客）の利益をそのまま反映している金融仲介機関（financial intermediary）であるが故に，当該法人自体のメリットというものを観念することはできない。中間持株会社の経営が，グループ全体の経営方針と整合的な形で遂行されるのも，それ故である。したがって，中間持株会社に対する課税（特に132条の適用の可否）を検討する際に，単独法人のみに着目してその存在意義を論じ，あたかもスタンドアローンの法人として意味のある活動を行っていない限り法人として存在意義を欠くとか正当な事業目的がないと評価することは，誤りである。また，中間持株会社自身が何らかのメリットを享受していないという事実も，むしろ当然のことなのであり，そのことは，中間持株会社の行為又は計算を132条に基づいて否認することができるかという局面において，当該行為又は計算の「不当」性の根拠たる事実とはなり得ない[12]。中間持

株会社も法人であることに何の疑いもなく，そのような法人の存在が法人税法上許されるべきこともまた当然のことである。

3　経営判断における取締役の裁量と132条

上記2(1)で，多国籍企業グループにおいて中間持株会社を設置するか否かは，経営判断に委ねられるべき問題であると述べたので，次にこの点について敷衍する。

会社（法人）が何らかの取引等を行う場合，究極的には当該会社の取締役こそが当該取引等について的確な判断をすることができる主体である。課税庁がこれに代わって判断をすることができるわけではない。そして，当該会社の取締役は，取引等を決定する時点における種々の状況を考慮した上で，最善であると考える判断をするのである。私法上，私的取引主体の行為一般に私的自治の原則が妥当することのコロラリーとして，会社の取引等に係る意思決定に関しては，経営判断の自由が認められるべきであり，会社の取締役が最善であると考えて下した経営判断は，私法上，十分に尊重されるべきものであって，その経営判断には広範な裁量が認められるべきである。そして，この点は，課税関係を考える際にも十分に尊重すべきである。なぜなら，企業の行動は，第一義的に私法によって規律され，租税法は，かかる私法上の法律関係を前提として適用されるものと解されるからである。

すなわち，私法上，取締役が行う経営上の判断には広範な裁量が認められるべきであって，その判断は，原則として合理的な経営判断として尊重されるべきであるところ，私法上の法律関係を前提に適用される租税法においても，かかる取締役の判断は尊重されるべきである。たとえば，取締役がその経営判断において一定の私法上の法形式を選択した場合には，租税法の適用上も，かかる選択をした取締役の裁量が尊重されなくてはならない。一般に，取締役の経営上の判断を無視することができるのは，租税法上の明文の定めが存在する場合に限られるが，132条の適用における，会社の行為又は計算が経済的合理性

---

12) 確かに，法人税法においては基本的に単独法人を前提として制度ができているのではあるが，しかし，132条は，同族会社に関する定めであることから明らかなように，同族会社とその株主を統合的に把握するという立場に立ち，個別法人ではなくグループとしての経済活動ないし意思決定の合理性を見ているということができる。したがって，企業グループの中で仲介機関という一定の機能及び役割を果たしている中間持株会社に対して，単独法人としての存在意義が希薄であるなどとして132条を適用することに，一体どのような意味があるのか，疑問である。

を欠いているか否かという点に関する判断を行うに際しては，私法上取締役に認められる経営判断上の裁量が尊重されなければならないことに変わりはないと解すべきである[13]。

いま，経営上の選択肢として一応の経済的合理性があると考えられるものが複数ある場合において（仮に，Aという行為とBという行為が選択肢としてあるものとする），取締役がAという行為を選択したとする。このときに，事後的に客観的に見れば，Bという行為の方がより合理的だったことが判明したとしても，私法上，そのことによって直ちにAという行為を選択した取締役の経営判断が不合理だったことにはならない。原則として，Aという行為を選択した取締役の裁量的判断が尊重されるのである。このことは，会社法においてのみならず，租税法上においても同様である。取締役が，裁量的判断としてAという行為を選択し，かかる判断が私法上尊重されるのであれば，仮に事後的にBという行為の方がより合理的だったことが判明したとしても，そのことによって直ちにAという行為が不合理であるとして，132条により否認されるべきことにはならない。したがって，仮に取締役の経営判断における裁量を無視した事後的観点からの課税を許容するというのであれば，そのことを明示的に述べた租税法の条文が別途必要ということになるであろうし，立法措置により対処する場合でも，私法活動に対する課税の中立性，法的安定性，予測可能性等の観点から，許容される範囲は限定されるであろう。

かつて，私は，いわゆる事実認定による「否認」に関し，「このような事実認定は，慎重に，あくまでも私法上の事実認定・契約解釈の原則にしたがって行われるべきである，課税庁による事実認定・法律構成の『創造』のようなことが行われれば，それは租税法律主義に正面から違背するものであり納税者の予測可能性を奪う点で，納税者の権利が害されるからである，換言すれば，『租税法独自の観点からの事実認定』なる概念ないし手法は，租税法上は存在しえないのである，なぜなら，これはまさにいわゆる『裸の実質主義』と同義となるからである。」[14]と述べた。132条においては「不当」を含む同条の要件の下に否認が認められるのであるが，その場合であっても，私法上の行為の評価に関する基本的な考え方が異なるわけではなく，「不当」か否かの判断に

---

[13] 以上につき，フランスにおける議論状況も含めて，拙著「資本調達に伴う課税」ジュリスト1445号55頁，とりわけ57～58頁を参照されたい。

[14] 中里実「租税法における事実認定と租税回避否認」金子宏編『租税法の基本問題』（2007年）128頁（本論集3巻第3編第4部Ⅱ）。

おいても同様の考慮が働くものである。

　特に，公開会社の傘下にある同族会社に関しては，個人の支配下にある同族会社とはいささか異なり，経営判断の尊重がいっそう重視されなければならないと言えよう。

　また，過少資本税制（租特法66条の5）や平成24年度税制改正で導入された過大支払利子税制（同法66条の5の2）の適用対象とならない限り，中間持株会社の資本構成に関して（debtとequityの選択に関して）どの程度の負債比率を採用するかという点も，経営判断の問題であり，これに関して，事後的に課税庁が判断をすべきではないことは当然である。

五　第三の論点
　　　——中間持株会社の資本・負債比率決定と源泉徴収所得税

1　中間持株会社の資本・負債比率の決定

　中間持株会社を用いる際に，それが効率的な金融仲介機能を果たすように資本・負債比率を決定することは経営判断に委ねられている問題である。また，中間持株会社を設立する際の組織再編の過程で資産の時価取引が行われる際に，対価を債務とすることで負債比率を高めることがなされたとしても，それも，時価取引を原則とする法令の定め（22条2項，租特法66条の4参照）に従った結果としての経営判断にすぎない。このことは，内国法人が他の内国法人である子会社との間に中間持株会社を設置する場合であっても，外国法人が内国法人である子会社との間に中間持株会社を設置する場合であっても等しく妥当する。

2　国際課税における源泉徴収所得税を巡る国際的二重課税の回避と租税回避

　外国法人（FC）が内国法人である子会社（JC）との間に中間持株会社（IHC）を設置する場合には，当該外国法人（FC）と従前の子会社（JC）との間に，損益の帰属点となり課税主体として取り扱われる法人（IHC）が一つ増え，かつ当該外国法人（FC）と従前の子会社（JC）との法律関係は解消されてしまい，当該外国法人（FC）と中間持株会社（IHC）との間の法律関係と中間持株会社（IHC）と従前の子会社（JC）との間の法律関係という新たな法律関係に置き換わることになることから，国際的二重課税の発生のしかたにも変化が生じることになる。

たとえば，上記1で述べた資本・負債比率にかかる経営判断の結果如何により，内国法人である中間持株会社が国境を越えて行う支払のうち，配当とされる部分と利子とされる部分の割合が異なることになるが，このことは，結果的に，中間持株会社の居住地国における税効果及び中間持株会社の株主の居住地国における税効果に実質的な差をもたらすことがある（ただし，従前の子会社には特段の税効果の違いはもたらさない）。その理由は，主として，（あ）中間持株会社の居住地である我が国においては，支払配当は損金算入されないが，支払利子は損金算入されるという課税上の違いがあること，（い）中間持株会社の資本構成のうち，負債部分については借り主たる中間持株会社は負債の元本を弁済する義務を負うことになるが，元本の返済は配当でも利子でもなく，通常は源泉徴収されるべき性質の支払ではないこと，（う）我が国と，中間持株会社の株主及び中間持株会社に対して貸付を行った貸主の居住地国との間の租税条約の有無及びその内容によっては，支払配当に課される源泉地国課税と支払利子に課される源泉地国課税の税率（つまり源泉徴収税率）が実質的に異なるという違いがあることにある。

　しかしながら，我が国の租税法が法人を課税単位とし，法人を権利義務の帰属点，損益の帰属点として取り扱うこととしていること，外国法人が内国法人から受け取る支払に対する我が国の源泉徴収所得税の課税の有無及びその税率は当該支払法人と支払受領法人との間において，私法上いかなる性質の法律行為に基づいてかかる支払がなされたかによることとされていること，支払法人が中間持株会社であるかそれとも中間本部であるか，はたまた事業会社であるかによって我が国の課税取扱いを異ならせるべき理由は，上記三で述べたとおり，我が国の租税法上全くないことからすれば，中間持株会社が，配当としてではなく，借入元本の返済とその利払いとして資金を送金することにより，全額を配当として送金した場合に比べて，日本において納付される源泉徴収所得税の額が減少することがあるとしても，また，資本・負債比率の経営判断においてそのことが一つの考慮要素とされていたとしても，それは，単に送金された金員の支払の法的性質が変更された結果による資金効率の改善にすぎない。そうである以上，資本が負債に比べて高い比率である場合に比べて，負債が資本に比べて高い比率である場合には，日本において支払時に源泉徴収される源泉徴収所得税の金額が低くなることのみをもって租税回避と呼ぶことはできない。

　また，国際租税法上は，国際的な事業展開を図っている法人の最終的な課税はその居住地国における課税によって完結するのが原則であるが，租税条約に

五　第三の論点——中間持株会社の資本・負債比率決定と源泉徴収所得税　173

おける源泉地国課税の免除・軽減からも明らかなように，源泉地国における課税を縮減することにより，国際的な二重課税を回避することの正当性は，国際租税法の長い歴史の中で，税が国境を越えて行われる経済活動に対して過度の阻害要因となるべきではないという考え方から，OECDにおける議論等をはじめとして国際社会において広く是認されている。したがって，源泉地国における源泉徴収所得税額の縮減によって資金の効率的運用を実現することそれ自体は，通常の事業活動の一環であり，そのことが直ちに，租税回避として否認の対象となることはない。また，たとえば，米国におけるチェックザボックス制度を利用するために，日本における会社設立形態を株式会社ではなく有限会社とすることも，合理的な経営判断の一環であって，そのことが直ちに日本の租税法上不当と評価されるべきものでもないのである。ここでも想起すべきは，取締役が行った経営判断上の裁量の課税関係における尊重である。

　すなわち，（納税者が，法人としての課税とパートナーシップとしての課税を自ら選べるという）チェックザボックスの制度は，確かに米国租税法上のものであるが，国際的な事業展開を図っている企業がこの制度を利用して，日本に有限会社形態の中間持株会社を設立する（そのことにより，米国租税法上は，当該有限会社が米国親会社の支店のように扱われる）こと自体は，事業活動における裁量の範囲内のことであって，それだけで，そのような行為が経済的合理性を欠いているということはできない。

　また，外国法人が，日本における源泉徴収所得税負担を圧縮するために，日本に支店を設立し，同支店が源泉徴収免除の申請（所税180条参照）を行うことは一般に広く行われている。国際課税における源泉徴収は，恒久的施設に対する法人税課税（申告納付）が行えない場合のバックアップであると考えれば，原則である法人税課税が行われている以上，源泉徴収を逃れているというそれだけの理由で，そのような源泉徴収免除の申請を租税回避と評価することはできないであろう。そうであれば，従前配当によって日本から外国へ送金していたところを，借入金の元本返済によって同様の送金を行うことによって日本における源泉徴収所得税額を減少させて資金の効率的利用に資することも，同様に，事業活動における裁量の範囲内のことであるから，それだけで，そのような行為が経済的合理性を欠いているということはできない。

六　結　論

　多国籍企業が利用する中間持株会社の法人税法上の取扱いについて検討する際の出発点は、あくまでも、中間持株会社は一般的かつ普遍的に利用されているものであって、何ら特別なものではなく、その租税法上の位置づけは通常の法人と何ら異なるところはない、という点でなければならない。1998年拙著論考においても論じたところであり、多数の学術的研究及び実証研究の成果が示しているように、中間持株会社の最も重要な特色は、それが、中間持株会社の株主と持株会社の傘下の法人を結ぶ仲介機関であるという点にあるのである。すなわち、自らの株主が同時に顧客であるところに、中間持株会社の最大の特色があると考えられる。このように、中間持株会社は、それが株主と傘下の法人との間に存在すること自体によって株主にサーヴィスを提供しており、その対価は、傘下の会社からの受取配当と株主に対する支払配当の差額というかたちで暗黙裡に徴収されていることになる（したがって、消費税は課されない）[15]。そして、この中間持株会社の事業目的及び機能は経済的合理性という観点からも、また租税法の観点からも、法人の事業目的として正当なものと評価されるべきものなのである。

　この点について正しい理解がなされるならば、本稿で検討したとおり、取締役の経営判断によって設置された中間持株会社が、金融仲介サーヴィスのみを行っていたり、専任の従業員や役員、あるいは専用の事業所を持たなかったりしても、かかる中間持株会社の設置に係る取締役の経営判断上の裁量は尊重されるべきものであることに加え、中間持株会社は、まさに株式保有事業及び金融仲介サーヴィスという事業を行っているのであるから、当該中間持株会社の事業目的の正当性が我が国の租税法上否定されるべき理由はない。また、中間持株会社の資本・負債比率の決定も経営判断に委ねられている事項であり、その判断の効果として中間持株会社の居住地国における源泉徴収所得税の減少がもたらされたことにより、国際的二重課税の回避がなされたという意味で資金効率が改善することがあったとしても、そのこと自体が租税回避とされるべき

15）　このような事業形態は、それほど特殊なものではない。たとえば、預金者は銀行の顧客であるが、銀行が預金者に対して提供する口座管理サーヴィスの対価は、銀行が貸付先から受け取る利子と、預金者に対して支払う預金者利子の差額ということで、暗黙のかたちで受領されている（ここでも、やはり、消費税は課されていない）。

理由はない。

　132条に基づく租税回避の否認とは，異常かつ迂遠な私法上の法形式が用いられた場合に，通常用いられるような法形式が用いられたものとして課税関係を考えることであるが，中間持株会社は，その存在自体についても，またその事業目的及び機能についても，経済的合理性を認めることができるのであるから，ある法人の行為を132条に基づいて否認できるかが問題とされている場合において，当該法人が中間持株会社であって金融仲介サーヴィスのみを行っているという事実は，当該法人が通常の事業会社として製造や販売事業を行っているという事実と同じ程度に，当該行為の「不当」性の根拠とはなり得ない事実というべきである。

　なお，外国法人の中間持株会社が自己株式譲渡を行うことにより有価証券譲渡損失が発生し，その結果累積した繰越欠損金が，当該中間持株会社を親法人とする連結納税を行うことにより利用される結果となったことについて132条を適用して否認した事案が存在する（IBM事件。東京地裁平成26年5月9日判決・判タ1415号186頁，参照）。しかしながら，このような事象（みなし配当の計算方式の改正に伴う有価証券譲渡損失の発生，グループ内取引による繰越欠損金の連結納税による利用）は，組織再編税制，連結納税制度といった新たな税制の制度設計をする際に，そのような効果が生じることが当然に予想されていたものである。そして，これらの税制改正においては，個別の制限規定を設けて対処したもの以外は，税制として容認すると割り切っていた。もちろん，課税の公平を著しく損ねるような予想外の事象が生じた場合に備えて，それぞれ独自の否認規定が設けられていたが（132条の2及び132条の3），それは制度制定時に想像もつかないような事態に備えるものであって，制度制定時に予想されていた事象（みなし配当の計算方式の改正に伴う有価証券譲渡損失の発生や，グループ内取引による繰越欠損金の連結納税による利用）について適用するためのものではない。のみならず，これらの税制改正において想定されていた事象を「租税回避」として，（132条の2や132条の3ではなく）既存の否認規定である132条を適用して否認することには，これらの税制改正の経緯に照らすと違和感がある。これらの税制改正において想定されていた事象が租税回避的に利用された場合への対応については，既に，平成22年度税制改正において，グループ法人税制を導入し，あるいは制度の租税回避的な利用の制限を行うなど，立法措置による対応が行われていることを見ても，本来，執行ではなく立法で対応すべき問題であることは明らかであろう。

X

国内支店への海外本店からの資産の持ち込み

一　はじめに

　現在，当局において，外国法人に対する法人税課税における帰属所得主義への移行に関する検討が行われている。その方向性がいかなるものであれ，このような問題については，基本的な方針の策定と同時に，個別具体的な事例における問題点の発掘と，それについての理論的な解決のあり方の探究の積み重ねという地味な作業が重要な意味を有することになる。本稿は，そのような問題の一つについて検討を加えたものである。

　具体的には，本稿は，外国法人 F 社の日本支店が支店勘定で，支店で行う事業のために保有していた（事業用資産である）外国株式（ただし，外国の本店で取得したものを，後に日本支店に持ち込んだものとする）を譲渡した場合に，当該譲渡により生じる所得（以下，「本件所得」）がどの範囲で法人税法 138 条 1 号の「国内にある資産の運用，保有若しくは譲渡により生ずる所得」に該当するかという想定事例について検討を加えるものである[1]。F 社の居住地国と日本との間には租税条約はないとする。

二　国内事業所得と国内資産所得の関係

　まず，本件想定事例について考える際の前提であるが，法人税法 138 条 1 号の条文解釈として，「国内において行う事業から生〔ずる所得〕」に係るソース・ルールと「国内にある資産の運用，保有若しくは譲渡により生ずる所得」

---

1)　渡辺淑夫「外国法人の本支店間の株式移管と課税関係」国際税務 23 巻 7 号 92 頁は，本支店間の資産の移動については所得を認識しないというルールが存在するとして，本稿とは異なる結論を述べているが，その根拠は不明である。

に係るソース・ルールとはそれぞれ独立に適用されると解すべきか，それともいずれかが他方に優先して適用され，その結果残ったものについて他方のソース・ルールが適用されると解釈すべきかというきわめて基本的な点について考えてみる。

1 基本的な考え方

法人税法138条1号は，「国内において行う事業から生じ，又は国内にある資産の運用，保有若しくは譲渡により生ずる所得（次号から第11号までに該当するものを除く。）その他その源泉が国内にある所得として政令で定めるもの」は国内源泉所得であると定めている。

国内において行う事業から生ずる所得（以下，「国内事業所得」）と，国内にある資産の運用，保有若しくは譲渡により生ずる所得（以下，「国内資産所得」）の関係に関しては，理論的な議論はあまり行われていないが，法律の条文に忠実に解釈するならば，支店等の事業所が国内に存在する限りにおいて国内事業所得類型が優先するという解釈が自然であり，国内資産所得とは，国内事業所が存在しない場合，あるいは，国内事業所が存在しても，国内事業所に帰属しない資産所得が存在する場合のものであると解すべきである。したがって，国内にある資産の譲渡により生ずる所得とは，もっぱら，国内事業所とは無関係に生ずる所得のことのみを指すと考えるべきである。

このことは，条文の変遷からも説明することができる。すなわち，昭和37年（1962年）改正当時の法人税法施行規則1条の2では，明示的に「法施行地にある事業の所得」から「この法律の施行地にある資産の……所得」（当時の法人税法1条3項1号）を除くと規定していた。昭和37年法人税法は，国内事業所得と国内資産所得が重複しているので，施行規則に明文の定めをおいて，国内資産所得を国内事業所得から除いたのである。これに対して，現行法（昭和40年〔1965年〕改正以降）においては，「国内において行う事業から生〔ずる所得〕」と「国内にある資産の運用，保有若しくは譲渡により生ずる所得」が「又は」でつながれているという点は昭和37年改正法と同じであるが，事業と資産の順番が逆転されている上，その下の法人税法施行令においては，昭和37年当時の法人税法施行規則に置かれていたような国内事業所得の範囲から国内資産所得を除くという規定は置かれていない（法税令176条以下参照）。このように，現行の法令上は，国内資産所得が国内事業所得に優先することを示す明文の規定がないことを考慮すると，昭和40年改正以降，国内事業所得が

国内資産所得に優先することが確認されたと見ることも可能であろう。

2　法人税と所得税の差異

　日本の所得税の所得分類においては，資産の譲渡から生ずる所得は，たとえ事業用資産の譲渡から生ずる場合であっても，譲渡所得であるとされている。しかし，このような立法例は特異なものである。ヨーロッパでは，事業用資産の譲渡から生ずる所得は事業所得とされている。

　問題なのは，このように日本の所得税に関して，事業用資産の譲渡から生ずる所得が事業所得ではなく譲渡所得となる（譲渡所得類型が事業所得類型に優先する）のと同様のことが，日本の法人税法の138条1号においても妥当するかのように考える見解が一部に見受けられるという点である[2]。しかし，これは，法人の活動から生ずる所得はすべて事業から生ずるものであるという点を無視したものである。

　法人税法においては，所得税法と異なり，法人の行うすべての行為が「事業」とされるから，法人の行う活動から生ずる所得は，すべて「事業」から生ずる所得である。したがって，法人税法138条1号においても，基本となるのは，あくまでも国内事業所得であると解すべきである。これを，外国法人に即していうならば，国内事業所の行う活動はすべて国内「事業」とされ，その活動に基因する所得は（国内資産所得も含めて）すべて，国内事業所得となると考えられる。

　しかし，これでは，国内事業所の活動と関連せずに生ずる所得が国内源泉所得から漏れてしまうので，法人税法は，国内事業所の行う活動に基因しない所得を，国内事業所得以外の所得（すなわち国内資産所得）として，138条1号の国内事業所得の後に列挙したと考えられる。「又は」という文言が用いられているところから見て，国内資産所得は，国内事業所得から抜き出されたものを含まない。

　そして，1号から抜き出されて2号以下に列挙された所得は，（国内事業所の行う活動である国内事業に基因して生ずる）国内事業所得のうち源泉徴収になじむものと，（国内事業所の行う活動に基因して生ずるのではない）国内資産所得のうち源泉徴収になじむものとを合わせて，別掲したものである。

---

[2]　なお，そもそもこのような誤解が生じたのは，昭和37年改正において，所得税のソース・ルールと，法人税のソース・ルールが一緒くたにされ検討された結果なのではないかと思われる。

これは分離観察法の適用の結果といってよく，国内の事情のみを考えると，国内事業所の行う活動である国内事業から生ずる所得が，国内事業所得とされ，国内事業所の行う活動に基因しない所得が，そこから除かれ，国内資産所得とされるのである。すなわち，本件において考慮すべきなのが，支店利益の算定に関する分離観察法という，ドイツ国際課税の世界で妥当するとされる考え方である[3]。分離観察法の内容をここで正確に再現することはできないが，それは，要するに，源泉地国においては，自国における事象のみを考慮して課税を考えるべきであるという原則である。その背後には，源泉地国の課税当局は，源泉地国に所在する支店のことしか基本的にはわからず，外国法人の居住地国の事情については調査できないので，源泉地国に存在する事象のみを観察して課税関係を考えるしかないという点が存在する。

3　国内事業所に帰属する資産の譲渡から生ずる所得

　以上のように解すると，国内事業所に帰属する資産の譲渡から生ずる所得は，138条1号の内部において，国内資産所得ではなく，国内事業所得になると考えられる。

　繰り返しになるが，法人の本質からいって，内国法人についてその行うすべての活動が事業とされるように，外国法人の国内事業所の行う活動はすべて事業であると考えられる。したがって，国内事業所に帰属する資産の譲渡から生ずる所得が，国内事業所得に該当することは，否定のしようがない。

　そして，国内事業所に帰属する資産の譲渡から生ずる所得が，同時に，国内資産所得に該当するかという点に関しては，否定すべきであると思われる。なぜならば，法人税法138条1号が，「国内において行う事業から生じ，又は国内にある資産の運用，保有若しくは譲渡により生ずる所得」（強調・中里）と，「又は」という文言を用いて規定しているところから見て，国内事業所得と国内資産所得は二者択一の関係にあると考えられるからである。また，何よりも，国内事業所が事業用資産を有する際に，そこから国内資産所得ではなく国内事業所得が生ずると解する最大の理由は，事業に資産が付随することはあっても，資産に事業が付随することはないからである[4]。

---

[3]　分離観察法（Die isolierende Betrachtungsweise）については，谷口勢津夫「外国企業課税に関する帰属所得主義と全所得主義（1）（2・完）」税法学389号1〜20頁，同390号1〜19頁参照。
[4]　国内事業所に帰属する資産を有する場合，文言上は，国内事業所得と国内資産所得の両方に該当しうるようにも見えるが，「又は」とあることを考えると両者は二者択一的なものであるから，よ

このように，法人の活動はすべて事業であるという点を前提に考えるならば，法人税法138条1号が，国内事業所得のほかに国内資産所得をあげているのは，国内事業所得に該当しない資産の譲渡による所得（それも，本店から見れば，当然に事業から生ずる所得に該当する）を，拾い上げるためである。すなわち，単に国内事業所得というのでは，国内に事業所等を有していない法人の（国内事業に帰属しない）資産の譲渡による所得，あるいは，国内に事業所等を有している法人の，当該事業所等の活動に基因しないところの資産の譲渡による所得が国内源泉所得から漏れてしまうので，それを防止するために，補充的に，国内資産所得類型が設けられているのである。

このことはまた，国内及び国外の双方にわたって事業を行う外国法人が，その国内事業所を通じて行う「国外にある者に対する金銭の貸付け，投資その他これらに準ずる行為により生ずる所得で当該場所において行う事業に帰せられるもの」は，法人税法施行令176条1項の規定にかかわらず，「当該法人の〔法人税〕法第138条第1号に規定する国内において行う事業から生ずる所得とする」と定める，同施行令176条5項からも導くことができる。その結果，国内事業所に帰属する外国株式の譲渡から生ずる所得は，同項の定める「国外にある者に対する金銭の貸付け，投資その他これらに準ずる行為により生ずる所得で当該場所において行う事業に帰せられるもの」に該当するであろうから，同項の適用の結果，結局，それは国内事業所得とされることになる。

したがって，国内事業所に帰属する事業用資産の譲渡から生ずる所得は，国内事業所得であり，国内資産所得には該当しないと解すべきである。

三　国内支店への海外本店からの資産の持ち込みと国内源泉所得

次に，本件想定事案の検討に入ることとする。本件所得は，法人税法138条1号の「国内にある資産の運用，保有若しくは譲渡により生ずる所得」，すなわち国内資産所得に該当するであろうか。

1　国内事業所得が包括的であることからくる結論

まずもって強調しておかなければならないのは，本件所得が，法人税法138条1号の国内事業所得（すなわち，国内において行う事業から生ずる所得のこと）で

り広い概念である国内事業所得に該当すると解すべきである。

あり，国内資産所得（すなわち，国内にある資産の運用，保有若しくは譲渡により生ずる所得のこと）ではないと解されるという点である。二で述べたところからして，本件所得が国内資産所得となることはない。

　法人税法138条1号に，国内事業から「生じ」た「所得」という文言が用いられているところから見て，本件想定事案においては，本件資産が支店（すなわち，国内事業所）の事業用資産となった後に生じたキャピタルゲインのみが，一号所得となると解される。まだ外国の本店が本件資産を保有している段階で生じたキャピタルゲインは，国内事業所の活動に基因しない所得であり，国内事業から「生じ」た「所得」とはいえないからである[5]。したがって，本件事業用資産の譲渡から生ずる所得を計算する際に用いられる取得価額は，本件資産が国内支店（すなわち，国内事業所）の事業用資産とされた時点において支店の帳簿において付された価額である。

2　国内事業から「生じ」た「所得」の意味

　法人税法138条1号の，国内事業から「生じ」た所得の意義に関して定めた法人税法施行令176条から考えても，国内事業所に帰属する事業用資産の譲渡等から生じた資産所得も，国内事業所得に該当すると考えられる。

　(1)　法人税法施行令176条1項1号ないし7号は，各種の事業について，国内において行う事業から生じた所得のみが国内事業所得となるという点について具体的に定めているが，そこから窺われるのは，国内事業所等の活動から生ずる国内における所得のみが国内事業所得とされているという点である。これは，法人税法138条1号の国内事業から「生じ」た所得という法律の文言を忠実に具体化したものであると考えられる。

　(2)　やや特殊な場合についてであるが，本件支店が日本において行う事業が保険事業である場合においては，法人税法施行令176条1項5号が特別な定めを置いている。すなわち，同号は，「その法人が国内及び国外にわたって損害保険又は生命保険の事業を行なう場合」には，「当該事業により生ずる所得のうち，国内にある当該事業に係る営業所又はこれらの保険の契約の締結の代理をする者を通じて締結したこれらの保険の契約に基因する所得」が国内事業所得となると定めている。ここに「基因する所得」というのは，保険事業と密接

---

[5]　理念的には，キャピタルゲインは，毎年発生したものが譲渡時にまとめて実現するのであり，所得自体は毎年生じていると考えられる。

に関連する所得を含むものと解される。すなわち，保険事業においては，保険業法との関連で，自己資本や責任準備金に関して厳しい規制が加えられている結果として，日本において保険業を営むためには一定の自己資本を保有する必要があるという事情により支店に移転された事業用資産が存在する場合には，そのような事業用資産の譲渡から生ずる所得は，この5号の「保険の契約に基因する所得」として国内事業所得に該当すると考えられる。

（3）また，所得が，上の「保険の契約に基因する所得」に該当しないとしても，法人税法施行令176条1項7号のかっこ書に該当する場合がある。すなわち，同号は，「その法人が国内及び国外にわたって前各号に該当しない事業（事業に係る行為を含む。）を行なう場合」には，以下の所得が，法人税法138条1号の定める国内事業所得に該当すると定めている。

「当該事業により生ずる所得のうち，当該事業に係る業務を国内業務と国外業務とに区分し，これらの業務をそれぞれ独立の事業者が行ない，かつ，これらの事業者の間において通常の取引の条件に従って取引が行なわれたものとした場合にその国内業務につき生ずべき所得又はその国内業務に係る収入金額若しくは経費，その国内業務の用に供する固定資産の価額その他その国内業務が当該事業に係る所得の発生に寄与した程度を推測するに足りる要因を勘案して判定したその国内業務につき生ずべき所得」（強調・中里）

このかっこ書の「事業（事業に係る行為を含む。）」から生ずる所得には，事業用資産の譲渡から生ずる所得も含まれると考えられる。そして，この規定の規定ぶり（独立企業原則の適用）からいって，資産が支店の事業用資産となった後に生じたキャピタルゲインが，法人税法138条1号の国内事業所得となると解される。

なお，このように，176条1項の1号ないし6号に該当しない所得に関する定めである7号が，そのかっこ書において，「事業に係る行為」から生ずる所得が国内事業所得になると定めているところから見て，1号から6号に該当する場合においても同様に，「事業（事業に係る行為を含む。）」から生ずる所得が，法人税法138条1号にいう国内事業所得に含まれると解することも可能であろう。

（4）法人税法施行令188条8項は，棚卸資産や減価償却資産について，次のように定めて，「移入」時に取得があったものとみなすという規定を置いている。

法人税法施行令28条1項（棚卸資産の評価の方法）に関する読み替え

三　国内支店への海外本店からの資産の持ち込みと国内源泉所得　183

「棚卸資産のうちに外国法人が国外に有していた資産で国内に移入したもの……があるときは，当該移入資産については，その移入の時においてその外国法人が当該移入資産を取得したものとして，この目及び次目の規定を適用する。」

法人税法施行令48条1項及び48条の2第1項（減価償却資産の償却の方法）に関する読み替え

「減価償却資産のうちに外国法人が国外に有していた資産で国内に移入したもの……があるときは，当該移入資産については，その移入の時においてその外国法人が当該移入資産の取得をしたものとして，この目から第7目の2まで，第133条（小額の減価償却資産の取得価額の損金算入）及び第133条の2（一括償却資産の損金算入）の規定を適用する。」

このように移入を取得とみなす規定は，国内事業所得については法人税法138条1号の国内事業所得の規定が，支店をあたかも独立の企業として見てその国内源泉所得の範囲を決めるという考え方をとっていることを前提としてこそ初めてよく理解できるであろう。仮に法人税法138条1号がそのような考え方を採用していない，言い換えると支店の独立会計を否定しているのであるとすれば，法律の下位にある政令がこのような規定を置くことは法律違反ということにもなってしまう。

　（5）　さらに，法人税法施行令176条5項が適用される場合についても，同様である。同項の適用される所得が1項の国内事業所得とされるのは，そもそも，それが国内事業所に帰属する場合に限られている。したがって，法人税法施行令176条5項は，もともと法人税法138条1号の国内事業所得に該当するもののうち，源泉徴収の対象となるものとして同条2号以下に抜き出されておらず，一号所得に残存するものについて，1号の国内事業所得に該当することを確認した上で，ただし書において，「当該行為の行われた外国（当該法人の本店又は主たる事務所の所在する国を除く。）において当該行為により生ずる所得に対し第141条第1項（外国法人税の範囲）に規定する外国法人税が課された又は課されるべき旨を証する書面を確定申告書に添付した場合は，この限りでない」として，課税の範囲を限定したところに意義がある。これは，外国法人の国内事業所が本国以外の外国から所得を得た場合に，当該本国以外の外国において課税が行われると，日本においては外国法人について外国税額控除が認められていないために，当該外国法人の本国，当該本国以外の外国，及び日本の課税という国際的三重課税が発生するのを防止するためであるというのが，起

草担当者の説明である[6]。

3 本件所得が国内事業所得にならないとした場合の不都合

本件所得が国内事業所得にならないとすると，以下に述べるような深刻な不都合が生ずる。

(1) 法人税法施行令177条2項2号

第一に論ずべきは，法人税法施行令177条2項2号との関係である。法人税法施行令177条2項は，外国法人の発行する株式等の譲渡により生ずる所得に言及している。すなわち，同項は，「次に掲げる資産の譲渡により生ずる所得は，法第138条第1号に規定する国内にある資産の譲渡により生ずる所得とする」として，2号において，以下のものを掲げている。

「二 金融商品取引法第2条第1項に規定する有価証券又は第11条第1号，第2号若しくは第4号（有価証券に準ずるものの範囲）に掲げる権利（次号に掲げるものを除く。）で次に掲げるもの
　イ　金融商品取引法第2条第17項に規定する取引所金融商品市場において譲渡されるもの
　ロ　国内にある営業所を通じて譲渡されるもの
　ハ　契約その他に基づく引渡しの義務が生じた時の直前において証券若しくは証書又は当該権利を証する書面が国内にあるもの」

このうち，ハには，外国の株式も含まれる。これは，金融商品取引法2条1項が，同法にいう「有価証券」とは，「次に掲げるものをいう」として，その9号で，「株券又は新株予約権証券」をあげ，その上で，同17号で「外国又は外国の者の発行する証券又は証書で第1号から第9号まで又は第12号から前号までに掲げる証券又は証書の性質を有するもの（次号に掲げるものを除く。）」と定めているためである。

ここで，この定めが，国内事業所に帰属する外国株式について適用されるとすると，以下のような不都合が生ずる。

すなわち，（国内事業所に帰属するにもかかわらず）国外にある資産の売却から生ずる所得は，上の法人税法施行令177条2項2号ハにより，法人税法138条1号の国内資産所得に該当しないために，（そのような所得が事業所得ではなく資

---

[6] 中田一男「法人税法の改正」国税庁『昭和48年度改正税法のすべて』（1973年）68頁以下，74頁。

産所得であるという考え方を採用すると）その所得に対する日本の課税は行われないことになってしまう。しかし，これは，あまりに不可解な結論である。

　この点についてさらに敷衍すると，外国法人が発行した株式等の売却から生ずる所得は，（そのような所得が国内事業所得ではなく，当該外国株式等が法人税法施行令177条2項2号のいずれかに該当する場合には国内資産所得であるという考え方を採用すると）法人税法施行令177条2項2号のいずれにも該当しない場合には，（当該外国株式等が国内事業所に帰属する場合であっても）法人税法138条1号の国内事業所得に該当しないこととなるために，そのような所得に対する日本の課税は行われないことになる。これは，たとえば，法人税法施行令177条2項2号ハに該当する外国株式の場合には，そのような外国株式が「契約その他に基づく引渡しの義務が生じた時の直前において証券若しくは証書又は当該権利を証する書面が国内にある」か否かが，国内資産所得となるか否かの基準となるからである。

　しかしながら，そもそも外国法人の国内事業所がその事業活動として外国株式への投資を行っている場合において，当該外国株式の券面を日本国内に置くか，それとも外国のカストディアンとカストディ契約を締結して外国に置く[7]かのみに着目して，前者であれば国内資産所得，後者であれば国内事業所得に該当するという取扱いを行うことには合理的な理由は見出し難いであろう。

　これに対して，そのような所得が資産所得ではなく事業所得に該当すると考えれば，そのような所得に対して法人税法施行令177条2項2号ハは適用されず，それは，法人税法138条1号の国内事業所得となるから，申告納付の対象となり，日本の課税権は守られる。

(2)　法人税法施行令177条2項14号

　第二に論ずべきは，法人税法施行令177条2項14号であろう。すなわち，同項は，「次に掲げる資産の譲渡により生ずる所得は，法第138条第1号に規定する国内にある資産の譲渡により生ずる所得とする」として，その14号で，「前各号に掲げる資産のほか，その譲渡につき契約その他に基づく引渡しの義務が生じた時の直前において国内にある資産（棚卸資産である動産を除く。）」をあげている。

　したがって，本件事業用資産の種類によっては，この14号が適用され，当

---

[7]　そもそも電子化されていれば，券面そのものが存在しなくなるので，外国のカストディアンを介して証券管理機関の口座を通じて保有するしかなくなるであろう。

該資産が「その譲渡につき契約その他に基づく引渡しの義務が生じた時の直前において国内にある」場合にのみ，法人税法 138 条 1 号の「国内にある資産の……譲渡により生ずる所得」とされる。その結果，本件事業用資産が物理的に国内に存在しない場合，それは国内資産の譲渡による所得とはならないことになってしまう。具体的には，支店（国内事業所）の事業用資産が，外国のカストディアンの手元にある場合などが，これに該当するものといえよう。しかし，そうであるとすると，結局同じように支店（国内事業所）に帰属する事業用資産でありながら，その譲渡により国内事業所得が生ずる場合と国内資産所得が生ずる場合とがあるという結論に至ることになるが，そのような迂遠な判断を法が予定しているという解釈にも合理性を見出し難い。

したがって，この点からも，当該資産は，支店（国内事業所）に帰属する事業用資産であるから，やはり，その譲渡からは国内事業所得が生ずると考えるべきである。

四　ソース・ルールにおける国内事業所得と独立企業原則

さらに，法人税法施行令 176 条 1 項が適用される所得についても同条 5 項が適用される所得についても，「国内において行う事業から生〔ずる所得〕」については，法人税法 138 条 1 号は，独立企業原則をソース・ルールの中に取り込むという考え方で立法されていると理解してよいか，という点について考えてみよう。なお，独立企業原則とは，支店をあたかも独立の企業とみなし，本支店間において独立会計を行うことを前提とするものである。

1　日本のソース・ルールにおける国内事業所得

ソース・ルールとは，そもそもは，国家の課税権行使の対象となる所得の判定に関する法原則であり，おおまかに分けると，米国型の，事業所得について包括的類型を設けずに，所得の種類ごとに個別に源泉地を定める方式と，ヨーロッパ型の，事業所得という包括的な類型を設けた上で，それについては国内事業所への帰属を要求し，その他の所得については個別に列挙する方式の，二つのタイプがある。独立企業原則は，後者のタイプのソース・ルールとの関係において，包括的な所得類型である事業所得について国内事業所に帰属するものの範囲を画定する原則として発達したものである。

日本のソース・ルールは，国内事業所において行う事業から生じる所得につ

いて，（歴史的理由で）項目別方式と国内事業所帰属方式の双方をいわば混合したようなつくりになっている。すなわち，法人税法は，ソース・ルールとして，「国内において行う事業から生〔ずる〕」とされる所得については，恒久的施設がなければ課税されないというヨーロッパ的帰属原則を採用しつつ，以下のように，所得の種類ごとに源泉地を設ける方式を部分的に採用している。

　①　法人税法138条1号は，国内事業所の行う活動に基因する所得を国内事業所得として列挙する一方で，国内事業所の行う活動に基因しない所得を，国内事業所得以外の所得（国内資産所得）として，1号の国内事業所得の後に列挙した。国内資産所得は，国内事業所得から抜き出されたものを含まない。法人税法138条1号の国内事業所得に関する法人税法施行令176条は，その1項において，取引の類型に応じて，国内事業所得の範囲を定めている。

　②　法人税法138条2号以下に列挙された所得は，（国内事業所の行う活動である国内事業に基因して生ずる）国内事業所得のうち源泉徴収になじむものと，（国内事業所の行う活動に基因して生ずるのではない）国内資産所得のうち源泉徴収になじむものとを合わせて，別掲したものである。そして，1号の国内事業所得のうち2号以下に抜き出されたものについては，2号以下の定めにより個別に国内源泉所得であるか否かが判断される。

　しかしながら，基本となるのは，あくまでも，法人税法138条1号の国内事業所得に関する定めである。そのことを如実に示しているのが，法人税法施行令176条5項の定めである。三2⑸で述べたように，法人税法施行令176条5項は，もともと法人税法138条1号の国内事業所得に該当するもののうち，源泉徴収の対象となるものとして同条2号以下に抜き出されておらず，一号所得に残存するものについて，1号の国内事業所得に該当することを確認した規定である。この法人税法施行令176条5項の存在が，国内事業所得の包括性を雄弁に物語っている。

2　国内事業所得と独立企業原則

　国内において行う事業から生ずる所得を国内源泉所得とする法人税法138条1号の定めは，国内事業所に帰属する所得を国内事業所得とするもので，独立企業原則を前提とするものである。このことは，昭和37年改正における起草担当者の解説にも，繰り返し述べられているところである[8]。すなわち，同号

---

8)　福山博隆「外国法人及び非居住者の課税その他国際的な側面に関する税制の改正」税経通信17

は，三2で法人税法施行令176条との関連で述べたように，国内事業所に帰属する所得を具体的に確定する原則として独立企業原則も採用していると理解することができる。

　また，法人税法施行令176条5項が適用される場合であっても，そこに述べられた所得は本来，法人税法138条1号の国内事業所得なのであるから，それについては，独立企業原則が適用される。法人税法施行令176条5項かっこ書は，「当該法人の本店又は主たる事務所の所在する国を除く」としているが，ここにも，本店と日本の国内事業所の間で所得を分けようという独立企業原則の趣旨が表れている。したがって，この点から，同項も，独立企業原則を当然の前提としているといえよう。

　以上のように，法人税法138条1号の国内事業所得については，法人税法施行令176条5項が適用される場合も含めて，独立企業原則に基づいて計算される国内事業所に帰属する所得こそが，国内源泉所得としての国内事業所得である，というのが事業所得に関する日本のソース・ルールである。したがって，漠然と，国内事業所に帰属する所得が国内源泉所得たる事業所得であり，それについては，法人税法142条に基づく「準」ずる計算を行うべし，ということにはならず，事業所得については，独立企業原則によって計算されるところの国内事業所に帰属する所得が国内源泉所得たる事業所得なのであるから，「準」ずる計算を行うときには，その前提で行わなければならない。

五　国内事業所得に関する法人税法142条の「準」ずる計算

　法人税法142条では具体的な国内源泉所得の算定については「準」ずる計算をすべきことを定めているが，「国内において行う事業から生〔ずる所得〕」（法138条1号）についてこの「準」ずる計算を行う場合には，あらゆる面において，独立企業原則に適うような「準」ずる計算を行うべきである，という理解が果たして正しいか否かという点について考えてみよう。

　国内源泉所得に係る所得の金額の計算に関する法人税法142条は，「外国法人の前条に規定する国内源泉所得に係る所得の金額は，当該国内源泉所得に係る所得について，政令で定めるところにより」，内国法人の所得の算定に関する「規定に準じて計算した金額とする」としているが，「準」ずるといっても

巻6号101頁以下，108頁，109頁，110頁及び111頁。

一様ではない。

　すなわち，第一に，国内事業所得については，四で述べたように，ソース・ルールそれ自体の中に基本的に本支店間において独立会計を行うことを前提とする独立企業原則がうめこまれており，これを用いて計算される国内事業所に帰属する所得の算定について，「準じて」計算することになる。これに対して，第二に，国内資産所得については，独立企業原則とは必ずしも関係なく，「準じて」計算することになる[9]。

　日本は全所得主義を採用しているから，申告納付の対象となるのは，国内事業所に帰属する所得の他に，国内事業所に帰属しない国内資産所得，その他の所得を含むが，このことは，国内事業所に帰属する所得について独立企業原則が採用されていることと何ら矛盾しない。むしろ，全所得主義の下，申告納付の対象となる所得のうち，国内事業所に帰属する所得についてのみ，独立企業原則が適用され，国内資産所得やその他の所得（これらは，国内事業所に帰属しない）については，独立企業原則の対象外となる。

　法人税法施行令188条8項は，棚卸資産や減価償却資産について読み替え規定を置き，「移入」後のキャピタルゲイン等のみが課税されるとしているが，有価証券の取得価額に関する読み替えについては，組織再編関連の若干の規定を置くのみで，「移入」時に取得したものとみなすという定めを置いていない。しかし，国内源泉所得の範囲を定めているのは，あくまでも法人税法それ自体であって，法人税法施行令は，その内容を具体化したものにすぎず，そこに定めがないからといって，法人税法138条1号が，国内事業から「生じ」た所得を国内源泉所得と定めている点が覆されるわけでは決してない。

　この点については，昭和40年の法人税法全文改正の起草担当者の解説である，田口克彦「非居住者，外国法人課税の改正の概要」[10] が，以下のように述べているところからも窺われる。

　　「このように，準じ規定において除外されている規定の他，条理上当然に非居住者・外国法人に不適用となるもの……などは，特に手当てをしていない。」
　　「非居住者又は外国法人は，制限納税義務を負うに過ぎず，その年又はその事業年度の全世界所得のうちの一部分である国内源泉所得についてのみ納税義務

---

[9]　法人税法22条4項は，収益，費用，損失の計上に関する定めであり，国内資産所得についても，（独立企業原則で計算することにはならないが）実現主義，発生主義で算定する等の意味で，内国法人の所得の算定に関する規定に「準」ずることになる。
[10]　税経通信20巻7号230頁以下，241頁。

を負うに過ぎないから，その課税標準等の計算も，全世界所得について納税義務を負う居住者又は内国法人のそれと全く同じという訳にはゆかない。そのための修正を，法律の『政令で定めるところにより』を受けて政令で行なっている。この修正は，必要最少限に止めているので，居住者編，内国法人編の規定に国内源泉所得を当てはめた場合に条理上修正されて読み得るものについては手当てをしていない。」

このように，法人税法施行令188条8項は，法人税法138条1号の国内事業所得に関する定めの趣旨を例示的に示したものであると考えられる。したがって，事業用資産についても，棚卸資産や減価償却資産の場合と同様に，「移入」の概念が妥当するものと解される。

また，法人税法61条の2を，外国法人の国内事業所が有価証券（たとえば外国法人が発行した株式）を譲渡する場合について読み替える場合にも，本支店間において独立会計を行うことを前提とする独立企業原則が適用され，そこにいう「譲渡に係る譲渡利益額又は譲渡損失額」の計算の基礎となる「有価証券の譲渡に係る原価の額」（同条1項2号）については，支店の独立会計を前提として，移入の際の額が用いられると解すべきである。本件においても，支店利益を算定するためには，日本における事情のみを考慮して，支店の利益を算定すべきであり，支店の帳簿において付された簿価を基準として，支店利益を計算すればそれでよいということになろう。

以上の点については，国内事業所得の金額について「準」ずる計算を行う場合，支店の独立会計を前提として，法人税法22条4項が考慮されることからも導くことができよう。すなわち，当該外国株式について，当該支店（国内事業所）が日本において行う事業について適用される規制法関係の会計において当該支店の独立会計が要請されており，移転（移入）時の時価が付されることとされていた場合においては，その譲渡にかかる取得価額は，法人税法22条4項に「準」ずる計算を行う結果として，当該移転（移入）時の時価となるものと解される。法人税法22条4項は，収益，費用等の計上について一般に公正妥当と認められる会計処理の基準に従うべき旨，規定している。ところで，この一般に公正妥当と認められる会計処理の基準が，業種ごとの特殊性を反映したものでなければ，法人税法74条1項で確定決算主義を採用した意味がなくなってしまう。その結果，実務においても，たとえば電力会社については，電気事業会計に基づく会計を基礎として法人税の申告を行っている。外国法人の国内事業所が，日本においてそのような規制業種を行っている場合，その規

制法規の要求する会計処理の基準に従うことが強制されていると思われる。したがって、本店からの移入により外国法人の国内事業所が国内において行う事業に帰属することとなった外国株式の譲渡により生ずる所得の金額の計算においては、国内事業所得に「準」ずる計算であることから、支店（国内事業所）の独立会計を前提として、かかる業法会計上当該国内事業所が当該外国株式を受け入れる際に付すべき価額がその時点における時価であるということであれば、それを取得価額として「準」ずる計算を行うということになる。

なお、実際に支店（国内事業所）が、資産を本店から受け入れる場合の業法会計上の経理処理、かかる受入れは当該支店の事業活動としての受入れであったか、また受入時の時価はいくらであり、それが適正に支店帳簿に記帳されているかなどの点は、基本的に事実認定の問題となるであろうが、いずれにせよ、移転時の時価でもって支店が受け入れることについて、相応の合理性がある場合においては、その価額が尊重されると考えられる。

六　おわりに

本件と類似の問題は、たとえば、外国の航空会社が、日本国内に存在する機内食製造部門（これは、事業用資産といえよう）を譲渡した場合の所得が、国内事業所得になるのか国内資産所得になるのかといった場合にも生じうる（この場合には、非課税の国際運輸業所得となるか否かという問題も関連する）。

具体的事例を離れた法律学は存立しえない。具体的事例は、法律学の理論について検討する際の宝の山である。一見したところ小さな問題にしか見えない事例の奥に、本質的な問題が隠れていることはよくあることである。

XI

BEPS プロジェクトはどこまで実現されるか

一　はじめに

　現在，OECD で行われている，BEPS（Base Erosion and Profit Shifting）プロジェクトは，企業の課税逃れに対抗するための国側からの対抗措置に関する一大プロジェクトであり，G8 や G20 でも話題になり，バラク・オバマ大統領も，所得再分配の財源が必要であるためか熱意を示しており，OECD において数年前から急速な作業が行われ，今秋（2015 年秋）に残りの行動計画が公表される予定である（2015 年 9 月に最終報告書がとりまとめられた）。

　BEPS プロジェクトについては，麻生太郎副総理の熱意と，それを受けた OECD 租税委員会の浅川雅嗣議長（財務省財務官）の活躍のおかげで，難しい国際的プロジェクトが，日本の積極的な関与の下に今秋には何とかまとまりつつあるという点で画期的であったという点を強調しておく必要がある。

　実務家や企業は，このプロジェクトが実際問題としてどの程度の影響力のあるものなのかという点に関して，一定程度の認識を有しておく必要がある。しかしながら，BEPS プロジェクトの実現可能性をめぐっては，立場により，考え方に温度差が存在する。もちろん，国際的課税逃れに関連する問題を幅広く対象として包括的に議論しようとする意欲的なプロジェクトではあるが，わずか数年で 15 の行動計画がまとめられようとしている点から見て，現実的には，それぞれの行動計画について濃淡の差があり，かなり実現可能性の高いものと，そうでもないものとが混在しているのではないかというのが，常識的には一つの想像であろう。しかし，具体的に，どの行動計画の実現可能性が高いのかという点は，必ずしも明確ではない。

　BEPS プロジェクトについては，OECD における議論が進行するたびに，日本においてその中身についての紹介が熱心に行われているが，単に議論の中身

の紹介を網羅的に行うだけでは心もとないので，本稿を執筆した次第である。以下においては，主として理論的な観点から，BEPS プロジェクトの遂行を阻む可能性のある要素について検討してみたい。立法機関でも条約制定機関でもない国際機関が何かをしようとしても，できることは法的に限られているのではないかという推定が成り立つが，ここではその理由について，少し詳しく見ていきたい。なお，以下に述べるのは，法的な視点からの，BEPS プロジェクトの実現可能性とその限界についての，価値判断を除いた一つの「推理」にすぎないという点をあらかじめお断りしておきたい。

　以下，BEPS プロジェクトの阻害要因となりうるいくつかの要因について個別的に検討を加え（二，三，四，五），その上でまとめをする。

二　国家主権の縛り

　国際課税制度の改革を目的とする BEPS プロジェクトの阻害要因として最も大きいのが，国家主権の縛りである。"*Rex est Imperator in Regno suo.*" といわれる通り，王は，自らの王国において支配者であるが，その外では支配者ではない。

　主権の概念は，16 世紀にフランスのジャン・ボーダンにより理論化されたものが，1648 年のウェストファリア条約において実定法化されたものである[1]。そこにおいては，三十年戦争を終結させ，（ヴォルテールにより，神聖でも，ローマでも，帝国でもないといわれた）神聖ローマ帝国を解体し，それぞれの国家の君主や領邦の領主が主権を有する主体として，自らの支配地域において新教か旧教かを選択できるというかたちで，法的に互いに平等な主権国家の併存状態という，現在にまで至る国際法秩序が完成された。ローマ法のアナロジーの下，法的に相互に平等な国家の関係を規律するのが一般国際法であり，国家間で締結されるのが条約である。

　課税管轄権も，その行使が国家主権の及ぶ範囲内に限定されることとなった。この国際法による課税管轄権の制限は，特に，執行管轄権について厳格である。その結果，課税庁は，外国の領域において調査・徴収を行うことが許されない。また，主権免税の原則が貫徹され，いかなる国家も他の国家を納税義務者とし

---

[1] 中里実「主権国家の成立と課税権の変容」金子宏ほか編『租税法と市場』（2014 年）28～53 頁（後に，中里実『財政と金融の法的構造』（2018 年）第 2 章第 1 節に所収）参照。

て課税することは許されない。同様に，外交特権に基づく非課税や，国際機関や国際機関職員に対しての非課税の扱いも認められている。つまり，いかなる制度の下においても，非課税の人・組織は存在する。BEPSプロジェクトをどのように強力に推し進めようとも，国際法の縛りの中で非課税とされる組織は存在するということであろう。

　他方，課税に関する主権国家間の利害対立（換言すれば，国家間の税源の奪い合い）が存在し，特に先進国と途上国の間の利害対立は深刻である。そのために，BEPSプロジェクトで議論された内容を実現しようとしても，それが二国間租税条約のネットワークに反映されるには，時間がかかるという事実も無視できない。

三　国際的経済秩序の縛り

　BEPSプロジェクトは国際的経済秩序の変革を目指す要素を含むが故に，現行秩序におけるステークホルダーの抵抗にあうかもしれない。その淵源が名誉革命にある。現在の国際的経済秩序が成立したのが，同革命においてだからである。ここでは，名誉革命により形成され現代に至っている財政と金融の結びつきについて述べておこう。

　名誉革命においては，国家の財政と金融が密接な関係を保つかたちで，その後の国家間の秩序が形成された点が重要である。租税法律主義と同様に重要なのが，国の債務は議会の関与の下においてのみ認められるとする憲法上の原則である（日本国憲法では85条）が，これは，名誉革命において，課税が議会の支配に服するとされた際に同時に認められた原則である。将来の税収を担保とするかたちで，国債の償還を（課税を決める）議会が事実上保証することにより，国債が信頼されるかたちで発行されるようになり，財政と金融は密接な関係に立つことになった[2]。

　すなわち，現在のような財政と金融の秩序が真の意味で成立したのは，17世紀後半のイギリスの名誉革命においてなのである。名誉革命の世界史的な意義は，現在にまで至る国家の財政と金融の秩序の基本を作り出した点にある。この，名誉革命によって作り出された国家体制を，財政軍事国家（Fiscal Military State）と呼ぶ[3]。

---

[2]　Cf. Mark Dincecco, Political Transformations and Public Finances, Europe, 1650-1913, pp. 4-5, 2011.

スチュアート朝の王ジェームズ2世を追放し，その娘であり，オランダ総督に嫁いでいたメリーと，オランダ総督のウィリアムの2人を共同の王にしたのが1688年～1689年の名誉革命であるが，これは，議会（Parliament）の下院に終局的な権力があることを示したものであった。

　ウィリアムとメリーは，新大陸における植民地競争で優位に立つという目算の下，権利章典を受け入れた。すなわち，名誉革命によって議会の同意なしに課税はできないという租税法律主義が採用されたのみならず，国が借金をするには，議会の承認を要するという原則も採用された。このように，議会が借入れも課税もコントロールし，議会のイニシアティブの下に国債が発行されるようになると，国債は，議会が権限を持つ課税権から生ずる将来の税収を当て込んで償還することができる。つまり，名誉革命以降，イギリス国債を買った者は，議会の力により，将来税収でもって国債の償還がなされるという約束の下に，イギリス国債を買うことができたのである。その結果，イギリス国債のデフォルトのリスクは著しく低くなったため，低金利で資金調達することができるようになり，イギリスは，植民地戦争の資金の効率的調達に成功した。

　これに対して，フランス等は，資金調達の効率化においてイギリスに後れを取った。その結果，新大陸における植民地をめぐる軍事競争で有利となるための効率的な資金調達に成功したイギリスが植民地競争で勝利した。すなわち，Cityを支配している金融資本が覇権を確立したということである。商人達から戦争を請け負った王が軍隊を送って戦うというかたちになり，商人達が軍事も支配するようになったということで，財政軍事国家と呼ばれている。

　このように，財政制度と金融制度が効率的に仕組まれたイギリスにおいて経済発展が達成されたという新制度派経済学の経済史的な分析があり，これが1993年にノーベル経済学賞を取ったダグラス・ノースの考え方である[4]。

　したがって，このように300年以上の伝統を有する，国際的な経済秩序を揺るがすような改革を，一国際機関のプロジェクトにおいて実現することには限界があるという推理が成り立つ。

---

3) Cf. John Brewer, The Sinews of Power, 1989.
4) 中里実「制度の効率性と租税」論究ジュリスト10号84～91頁（本論集3巻第3編第2部Ⅵ）参照。

四　文化団体等の存在

　さらに，BEPS プロジェクトにおいては，現行の課税制度の下で非課税の恩典を享受している組織体の取扱いが問題となりうる。世の中には，様々な非営利組織が存在し，文化，教育，学術，スポーツ，環境，宗教，等々の活動を行っている。

　宗教については，International Religious Freedom という原則[5]があり，宗教団体に対する課税を行うということはできない。そうした中で，最近，バチカンとアメリカとの間で，銀行情報のアメリカへの提供に関する FATCA 関連の取決めが締結された[6]ことは，注目すべき出来事である。

　スポーツ大会を行っている組織も，国内法上非課税の扱いを受けている場合がある。こういう組織も，合法的に非課税の扱いを受けてきたのであって，その原則を簡単に変更はできない。

　そうした中で，最近，サッカー団体（FIFA）について，役員の不祥事に関する報道があった[7]。これは，おそらく，アメリカの当局が長い期間をかけて調査した結果に，スイスの当局が呼応した結果かもしれず，そこに，様々な状況がうかがえるのかもしれない。BEPS プロジェクトの行動計画が出そろう直前の段階で，このような報道がなされたのは，ある種のウォーニングかもしれないという考え方も成立しうる。

　不正に金銭を授受すれば，脱税も介在しようから，これは，課税の問題でもあるということになるのであろうか。問題が報道された事実のみに限定されるのか不明であるが，アメリカの当局は，様々な場所に調査を及ぼしているのではないか。最近では，FIFA の監査を担当している会計事務所に対しても疑惑の目が向けられているとの，ニューヨーク・タイムズの報道も見られる[8]ので，事件はさらに拡大するかもしれない。

　また，文化団体の中には慈善等の目的を掲げながら，実際には別の目的のた

---

5) Cf. http://www.state.gov/j/drl/rls/irf/
6) Matt Apuzzo, A U. S. Tax Investigation Snowballed to Stun the Soccer World, New York Times, May 29, 2015.
7) Brett Wolf, INSIGHT-FIFA scandal shows breaking up deposits is red flag for authorities, Reuters, June 4, 2015, http://www.reuters.com/article/2015/06/04/soccer-fifa-structuring-idUSL1N0YN2QZ20150604
8) Lynnley Browning, Corruption in FIFA? Its Auditors Saw None, New York Tims, June 5, 2015.

めに行動している組織等もあるかもしれず，それらについて各国の捜査，調査がなされているかもしれない。疑いの目だけで見るのはあまりいいことではないが，野放しというわけにはいかないところに，OECDの置かれた厳しい状況があるように思われる。

五　BEPSプロジェクトは国際的な課税逃れ対策として有効か

　国際的な課税逃れについて考える際には，何よりも，当事者である専門家集団や企業の活動が重要である。国際的な課税逃れスキームの開発・販売等を業としている専門家集団や，あるいは，現に国際的課税逃れを行っている企業が，BEPSプロジェクトの進展に異議をさしはさむことは当然に予想される。逆に，BEPSプロジェクトについて，様々なプロフェッショナルな集団が，OECDでなされている議論についての情報を企業に提供し，BEPSプロジェクト自体が，プロフェッショナル集団にとっての新たなビジネスになるということも起こりえよう。

　実際には，BEPSプロジェクトそれ自体の実現可能性がどの程度高いか，OECDの強いイニシアティブがどこまで貫徹されるかは，ふたを開けてみないとわからない。また，実現可能性は，行動計画によっても異なるであろう。例えば，移転価格について，事後的調整を内容とする所得相応性基準のようなものがある程度取り入れられることは比較的実現可能性が高そうである。

　BEPSプロジェクトの中で，日本で憂慮されているのは，タックスヘイブン対策税制に関する行動計画であろう。日本では，タックスヘイブン対策税制を，エンティティアプローチから（汚れた所得のみを合算の対象とする）インカムアプローチにすることに対して，経済団体等が強く批判している。しかし，BEPSプロジェクトの結果，ごく例外的にインカムアプローチが取り入れられることはあるかもしれない。

　筆者は，タックスヘイブン対策税制を強化したり，インカムアプローチにしたりすると，租税条約との関係が深刻になるのではないかと危惧している。当初の立法当局者の説明によると，タックスヘイブン対策税制は，子会社の所得を親会社の所得に合算して課税するものであるということであった。しかし，グラクソ事件[9][10]において，課税当局は，子会社の所得について親会社に対し

---

9)　グラクソ事件（最判平成21・10・29民集63巻8号1881頁）については，中里実「タックスヘ

て課税しているのではなくて，親会社の所得に連動する子会社の数字を親会社の所得に加算して課税しているだけで，親会社に対する課税にすぎないから，租税条約は無関係であるという立法当時の説明とは異なる説明を行った。

しかし，BEPS プロジェクトの中でタックスヘイブン対策税制が変更されると果たしてどうなるのか，現在，課税当局が一番憂慮しているのではないか。インカムアプローチだと，子会社の「汚れた所得」のみが合算されるであろうから，それは，親会社に対する課税にすぎず子会社は無関係だとはいいにくくなるのではなかろうか。また，タックスヘイブン対策税制が強化されて，必ずしも租税回避否認の制度ではなくなる可能性があるとすると，もはやその理屈が通りにくくなるかもしれない。そうすると，租税条約にタックスヘイブン対策税制が反する可能性が強くなるのではなかろうか。

BEPS プロジェクトの中で，とりあえず企業にとって，重要性が高いのは，行動 12 の「義務的情報開示ルール」ではないかと思われる。この手続関連のところで，今後，企業に対して，一層の縛りがかかってくることはありうるのではないか。国はいろいろな縛りの中で，たとえ 100% 課税できなくとも，正しい情報さえ握っていれば，いつか何かできるという気持ちを持っているのではないかという推測も成立しうる。

他方，日本国内で BEPS プロジェクトの与えた影響として大きいのは，国内法の整備がなされたことであろう。税制調査会の中に，国際課税のディスカッショングループが置かれ，外国法人の日本支店に対する課税方式が帰属主義に改められたのは，BEPS プロジェクトと切り離しては考えられないであろう（平成 26 年度税制改正）。外国法人から，日本の消費者や事業者が，音楽等のネットコンテンツをダウンロードした場合，消費税がかからないという問題に対して打ち出された対策も，BEPS プロジェクトなしには考えられない。含み益のある株式を持って外国に移住する者に対して，移住の際に課税する制度も，

イブン対策税制改正の必要性」中里ほか編著『タックスヘイブン対策税制のフロンティア』（2013 年）2～37 頁参照。

10) グラクソ事件判決は以下のように述べる。

「措置法 66 条の 6 第 1 項……の規定による課税が，あくまで我が国の内国法人に対する課税権の行使として行われるものである以上，日星租税条約 7 条 1 項による禁止又は制限の対象に含まれない」「国の課税権を調整し，国際的二重課税を回避しようとする日星租税条約の趣旨目的にかんがみると，その趣旨目的に明らかに反するような合理性を欠く課税制度は，日星租税条約の条項に直接違反しないとしても，実質的に同条約に違反するものとして，その効力を問題とする余地がないではない。……〔しかし〕タックス・ヘイブン対策税制は，……全体として合理性のある制度ということができる。」

BEPS プロジェクトと関係がある。

また，BEPS プロジェクトのもう一つの大きな意味は，どの企業がどのように課税を逃れていたかという点について，その具体的な課税逃れの構造とともに公にされた[11]という点である。例えば，Google 等が Double Irish With a Dutch Sandwich をどのように使っていたかという点，あるいは，Amazon が，各国の顧客に対する販売をルクセンブルク法人との契約であるとして，顧客の居住地に存在するのは支店ではなく倉庫なので PE（恒久的施設）はないから法人税を払う義務はないとしてきた点等が国民に対して明らかにされた。Starbucks が Swiss Trading Company の仕組みを使って法人税課税を圧縮して，イギリス等で顰蹙を買ったということも，報道等で明らかにされた。

このように，BEPS プロジェクトによって課税を行って税収を上げること以上に，国民の納得しない行動をとると，企業は実名をさらされるかもしれず，合法だから何をやってもいいということではなく，レピュテーション・リスクが大きくなるかもしれないということが認知された。その結果，例えば，Amazon の PE の問題について，少なくともイギリスやドイツにおいては，支店等を設けることによって，法人税の納税に応じるかたちに動きつつある等の変化が生じている。

なお，BEPS プロジェクトの各行動計画に対しては，各国の関係機関から，その都度，意見を OECD に対して出しているが，この点も重要である。

六　ま と め

結局，BEPS プロジェクトも，ウェストファリア条約・名誉革命以降の国家と企業・市場との関係についての現行の基本構造の存在があくまでも前提となっており，それを打ち壊すまでのパワーはないのではないかという推理が成り立つ。ただし，中国の台頭によって，ウェストファリア条約体制・名誉革命経済体制に対して揺らぎが生じ，国際法秩序や国際的経済秩序が，少しずつ変えられつつあるという考え方も成立しうるかもしれないが，現代史の話であり，その渦中にいる我々にはわからない。

ルイ・ボナパルトのクーデターのときに，カール・マルクスが，それをほぼ

---

[11] 太田洋「多国籍企業のタックス・プランニングと BEPS プロジェクト」中里実ほか編『クロスボーダー取引課税のフロンティア』（2014 年）9〜41 頁参照。

同時的に分析して発表した論文として,「ルイ・ボナパルトのブリュメール18日」がある。これについて,昔,マルクスが優れたジャーナリスト的能力を有していたことを示しているという話を聞いたことがある。しかし,マルクスではない我々には,今何が起こっているか,それが将来どのような影響を及ぼすかということに関して,軽々しく結論は出せないということなのであろう。

すると,主権国家の併存状態と,財政と金融が密接に関連した資本主義という,ウェストファリア条約あるいは,名誉革命以降の世界的な国際法秩序,国際的経済秩序が,しばらくは続くであろうというのが,常識的な推理なのではないか。すなわち,OECDが租税の観点のみから,国際的経済秩序をどこまで変更できるかという視点からBEPS問題を考えると,BEPS問題を根本的に解決するためには,ウェストファリア条約以来,あるいは,名誉革命以来の国際法秩序,国際的経済秩序をある程度変更しなければならないが,租税の観点のみから一国際機関が始めたプロジェクトにそこまでのインパクトがあると考えるのは,むしろ不自然ではないか。

おそらく,OECDも,そこに参画している世界の課税当局も,過大な期待はしていないが,しかしできることはしていくという姿勢で臨んでいるのではないか。現実的なポリシーを取っているのではないか。ただ,多くは期待しないとしても,今後したいことのリストは全部,行動計画として発表したのではないか。だから,発表された行動計画の中には,喫緊のものと将来に委ねられたものとの両方が混在しているという状況把握は,間違いないのではないか。

長い時間をかけて出来上がった世界秩序を急に改革できるとは思わないし,また,政府がどこまで市場を支配する力を国際的な場面で持つかということについても疑問はある。しかし,先進国の政府が共同で始めた以上,一定程度のインパクトを実務に対して及ぼすであろう故,BEPSプロジェクトについては,これを軽視しすぎてもいけないし,心配しすぎてもいけないというのが,ひとまずのところ常識的な反応なのではないかと考える[12]。

---

[12] なお,本稿は,日本租税研究協会における講演を整理して論文の形式にまとめたものである。

XII

付加価値税と国際取引

一　はじめに

　現在のわが国における付加価値税の導入をめぐる議論において，国際租税法的視点からの検討がなされることはさほど多くはないように見受けられる。しかし，輸出入に関する課税方式や外国企業に対する課税等を考慮に入れないで付加価値税を論議することは，国際取引の重要性を考えれば，妥当なこととはいえないであろう。また，累積売上税と比較した場合の付加価値税の利点の一つに輸出入の際の国境における調整が容易である（租税負担の累積される累積売上税は，輸出の際の国境における調整を行う場合に，輸出以前の段階で課された税額を正確に把握することが困難であるために，租税の還付等を概算的に行わざるをえない）ことがあげられているという点からもうかがえるように，国際租税法の視点から付加価値税を論ずることは，実際上のみならず理論上も意義が少なくない。そこで，本稿においては，付加価値税の母国であるフランスの制度を中心に，企業の国際的活動と付加価値税の関係について若干の点を述べることとする。

二　国際取引に関する付加価値税課税の原則
——生産地主義と消費地主義

　1　所得課税において国家が課税権を及ぼす範囲を確定する基準は居住地管轄と源泉地管轄に大別しうるが，消費について課される付加価値税（ECの付加価値税は消費税として構成されている）について，こうした基準は採用されていない[1]。一般に，消費税についての国家の課税権の配分に関する原則としては，

---

1)　Cartou, Louis: Droit fiscal international et européen, 1981, p. 82.

生産地 (le pays d' origine ; Ursprungsland) 主義と消費地 (le pays de destination ; Bestimmungsland) 主義とが考えられる[2]。生産地主義（源産地主義）とは，いずれの国で消費される製品であっても生産地国で課税する方式であり，消費地主義（仕向地主義）とは，いずれの国で生産された製品であっても消費地国で課税する方式である[3]。

2　生産地国からの輸出の際に輸出価格に生産地国で課された消費税の額が含まれる生産地主義の下においては，消費税負担の軽い生産地国の製品ほど競争条件が有利となる[4]。これに対して，消費地主義の下では，一国内におけるすべての製品について自国産品，輸入品をとわず同じ租税負担が課されれば（すなわち，輸入品に対する差別が行われなければ），自国産品と輸入品の間の競争条件における中立性が保たれる[5]。このように中立性の観点からは，消費地主義の方が望ましいと一般に考えられている[6]。

ただし，消費地主義を小売段階より前の段階で課税される消費税について適用する場合には，国境における調整が必要となる[7]。すなわち，こうした消費税について消費地主義を貫徹するためには，生産地国からの輸出品については生産地国における課税を免税とし，また消費地国への輸入品に対しては消費地

---

[2] Cf. Tipke, Klaus: Steuerrecht. 9. Aufl., 1983, S. 434.
[3] Cf. Jacobs, Otto H.: Internationale Unternehmensbesteuerung, 1983. S. 45 ; Harvard Law School : World Tax Series-Taxation in France, 1966, p. 1028.
[4] Harvard Law School, op. cit., p. 1028, note 159. もっとも，常にこのようにいえるわけではない。たとえば，AとBの二国のうち，Bがそのすべての生産物に対して生産地主義に基づき消費税を課するとしよう（以下は，Musgrave, Richard A. Musgrave, Peggy B. Public Finance in Theory and Practice, 2d ed., 1976, p. 725 による）。その結果，B国の消費者にとって自国産品よりもA国産品の方が有利となり，B国の輸入は増える。逆に，A国の消費者にとってはB国産品よりも自国産品の方が有利となり，A国の輸入は減る。ところが，変動相場制の下では，A国通貨の需要増加とB国通貨の需要減少のために，B国通貨に比してA国通貨の価値があがる。その結果，B国の輸入増加とA国の輸入減少に歯止めがかかることになる。このように，生産地主義によっても中立性が保たれる場合もあるが，しかし，たとえば，一定の製品にのみ課される消費税の下においては中立性が害されるのである。
[5] Musgrave, op. cit., p. 724 et s.
[6] また，消費地主義の方が，消費に対する課税という消費税の目的に合致しているとも考えうる（vgl. Jacobs, a. a. O., S. 45）。さらに，国家間の公平の観点からいって，国家は，自国の消費者に対し課税できるが，他国の消費者に対しては課税すべきでないということができる。すると，消費地主義の方が，生産地主義よりも妥当であるということになろう（Musgrave, op. cit., p. 727）。
[7] これに対して，小売段階で課される消費税について消費地主義を採用する場合には，国境における調整は特に必要はないものと思われる。

国において自国産品と同じ課税を行う必要がある[8]。GATT においても，この方式が採用されている[9]。各国で同様の方式が採用されれば，消費税については基本的に国際的二重課税が発生しない。

3　EC の付加価値税においても，消費地主義に基づき，輸出品免税，輸入品課税という方式が採用されている[10]。また，付加価値税は複数の取引段階で課税されるので，国境における調整の方法として，輸出品について，免税のみならず，輸出以前の段階で徴収された租税の還付ないし税額控除という措置が講じられている[11][12]。フランスにおいても，この EC の方式が採用されている。この方式は，結局，フランスはフランスにおける消費についてのみ課税し，外国の消費者に対しては租税負担を及ぼさず[13]，また，フランスにおける消費については外国産品の消費であっても課税することを意味する[14]。したがって，こうした考え方は，国内課税主義（territorialité）とも呼ばれる。

なお，以上のように，付加価値税については，国境における調整が行われる結果として二重課税が排除されるために，所得課税等において二重課税排除等

---

8)　金子宏『租税法〔補正版〕』（1986 年）295 頁。この方式は日本の消費税においても採用されている。たとえば，物品税法は，「第一種の物品の販売業者又は第二種の物品の製造者が，それぞれ，輸出する目的で，第一種の課税物品の小売をし，又はその製造した第二種の課税物品を当該製造に係る製造場から移出する場合には，当該小売又は移出に係る物品税を免除する」（同法 19 条 1 項）として輸出免税を定める一方で，「課税物品を保税地域から引き取る者は，その引き取る課税物品につき，物品税を納める義務がある」（同法 3 条 3 項）として輸入品に対する物品税の課税を定める。

9)　The General Agreement on Tariffs and Trade, articles Ⅲ（輸入について），XVI（輸出について）。また，ローマ条約においても同様である（cf. Cartou. op. cit., p. 179 et s.）。

10)　GATT のみならず，EC のローマ条約においても消費地主義が採用されている。しかし，付加価値税に関する harmonisation の進展に関して，生産地主義の方が好ましいと考えていた西ドイツは，消費地主義を主張するフランスと対立していた。当時，ドイツにおける間接税の比重がフランスの約半分であったため，両国とも自国産業保護に資する方式を主張したのである。以上は，Harvard Law School, op. cit., p. 1039 による。

11)　もっとも，単段階消費税についても，課税済みの物品を輸出した場合に租税の還付がなされることがある。たとえば，日本の物品税法 21 条は，課税物品で，輸出以外の目的で製造場から移出（これにつき課税がなされる）し，かつ，製造場以外の場所で販売のため所持するものを輸出した場合に，還付がなされる旨定めている。

12)　このように，付加価値税を免税とし，かつ前段階税額控除を認めることを，ゼロ税率を適用するともいう（Cozian, Maurice ; Précis de fiscalité des entreprises, 7^{e}éd., 1983, p. 433, Tixier, Gilbert/Gest, Guy : Droitfiscal, 2^{e}éd., 1978, p. 455）。

13)　Cf Musgrave, op. cit., p. 727.

14)　Harvard Law School, op. cit., p. 1028.

の目的で結ばれる二国間の租税条約は結ばれない[15]。

三　課税取引（les opérations imposables）の範囲
　　──国内課税主義（territorialité）

1　ここで，フランスの付加価値税が，territorialité の原則の下で具体的にいかなる取引について課されているかをみておこう[16]。

1978年までは，「フランスにおいてなされた取引（affaires faites en France）」（一般租税法典の旧256条）に対してフランスの付加価値税が課されることとされていた[17]。しかし，1977年5月17日の第六指令[18]を受けて成立した1978年12月29日の法律の24条から49条[19]により一般租税法典が改正され，1979年1月1日より現行の制度が導入された[20]。それによると，付加価値税の課税される取引は，「動産の引渡（livrasons de biens meubles）」と「有償でなされた役務の提供（prestations de services effectuées á titre onéreux）」に大別される（C. G. I., art. 256-1）[21]。

2　有体動産の引渡がフランスにおいて課税されるのは，買手への発送の際

---

[15]　Cartou, op. cit., p. 82.
[16]　ドイツの付加価値税と国際取引との関係については，Möllering J.: International Transactions under German VAT Law, British Tax Review 1982. p. 332 参照。
[17]　1967年4月11日のECの第二指令（EC型付加価値税の基本的構造を指示）以前の状況については，Harvard Law School, op. cit., p. 1027 et s. 参照。また，第二指令後から1997年5月17日の第六指令までの状況については，Tixier・Gest, op. cit., p. 442 et s.: Jurisclasseur fiscal-T. C. A., Fascs. 2000-8（5, 1978), 2000-11（8, 1977), 2000-12・13（8, 1977), 2000-14（8, 1977）; Jurisclasseur－Droit fiscal international, Fascs. 303-A（5, 1977), 303-B（5, 1977）参照。なお，ECにおける付加価値税の harmonisation については，Cartou, op. cit., p. 83, p. 207 et s.; Cnossen, Sijbren Harmonization of Indirect Taxes in the EEC, British Tax Review 1983, p. 232 参照。
[18]　原文は，J. O. C. E., L. 145, 16 juin 1977; Jurisclasseur fiscal-T. C. A., Fasc. 2000-4, Annexe Ⅰ（5, 1979）参照。また，第六指令について詳しくは，Cartou. op. cit., p. 208 et. s.; Jurisclasseur fiscal-T. C. A., Fasc. 2000-4（5, 1979）参照。
[19]　Cf. Jurisclasseur fiscal-T. C. A., Fasc. 2000-4, Annexe Ⅱ（5, 1979）。
[20]　Cartou, op. cit., p. 83 et s.
[21]　以下の2と3は，主に，Cartou, op. cit., p. 84 et s.; Taxier, Gilbert／Gest, Guy／Kerogues, Jean: Droit fiscal international. 2^{e}éd., 1979, p. 141 et s.; Cozian, op. cit., p. 431 et s.; Plagnet, Bernard: Droit fiscal de l'entreprise, 1984, p. 161 et s., p. 172 et s.: Goré, Francois／Jadaud, Bernard, Droit fiscal des affaires 2^{e}éd., 1984, p. 417 et s.; Coudert, Marie-Antoinette／Gibrat, Dominiquie Kornprobst, Emmanuel／Walter, Roland Fiscalité de l'entreprise 1985; p. 451 et s. による。

三　課税取引（les opérations imposables）の範囲——国内課税主義（territorialité）　205

に当該動産がフランスに存在する場合（ただし，輸出の場合は例外），当該動産が引渡前にフランスにおいて組み立てられる場合，買手への発送の際に当該動産はフランス国外に存在するがそれがフランスの輸入業者により輸入される場合等である（C. G. I., art. 258-Ⅰ）。

製品のフランスへの輸入に際しては，一定の例外（C. G. I., art. 291-Ⅱ, Ⅲ．たとえば，フランスで免税とされている製品の輸入）の場合を除いて付加価値税が課される（C. G. I., art. 291-Ⅰ, 258-Ⅰ）。この輸入に対する付加価値税は，関税と同様に通関の際に関税の申告者に対して（C. G. I., art. 293 A），関税法により定められた価額[22]に基づき（C. G. I., art. 292）課され[23]，その執行は税関によりなされる（C. G. I., art. 1695）。なお，たとえば，輸入者が輸入した製品を転売すると，転売の際に課される付加価値税から輸入の際に課された付加価値税額が税額控除される。

他方，有体動産の輸出ならびにそれと直接に関連する役務の提供について，フランスの付加価値税は免税とされる（C. G. I., art. 262-Ⅰ）のみならず，輸出以前の段階で課された税額は税額控除ないし還付される（C. G. I., art. 271-4-c；C. G. I., art. 242-0-F de l' annexe Ⅱ）。もっとも，輸出業者は，還付等の手間を省くために，付加価値税免税で仕入をなすことができる（C. G. I., art. 275-Ⅰ）。なお，旅行者等がフランス国内で製品を購入し，これを国外に持ち出す場合も，免除となる（C. G. I., art. 262-Ⅰ）[24]。

　3　いかなる範囲の役務提供についてフランスが課税権を及ぼせるかという点に関する一般租税法典の定めはきわめて複雑である[25]。原則としては，役務提供者がフランスに活動の場所，役務提供のための固定的施設，住所，居所（以下，まとめて「活動拠点」と呼ぶ）を有する場合に，当該役務提供についてフランスの付加価値税が課されるとされている（C. G. I., art. 259）が，この原則が適用される場合はそれほど多くはなく，重要なのはむしろ例外的規定（C. G. I., arts. 259A, 259B, 259C, 258-Ⅱ）の方である。まず，賃貸借に関しては，賃貸借の対象である財がフランスで使用される場合（ただし，輸送用機器については，賃貸

---

22)　Code des Douanes, art. 35. Cf. Berr, Claude J.／Tremeau Henri: Le droit douanir, 2ᵉéd., 1981. p. 133 et s.
23)　日本の物品税に関して，物品法 11 条 1 項 3 号参照。
24)　日本の物品税法 20 条参照。
25)　この問題に関しては，Kaiser, François: La taxe sur la valeur ajoutée et les prestations de services internationales, 1981 が詳しい。

		役務提供者の活動拠点		
		フランス	ECの他の国	EC外の国
役務受領者の活動拠点	フランス 受領者が納税義務者	課税（§259）	課税（§259B）	課税（§259B）役務利用地がフランスなら課税（§259, §259C）
	納税義務者でない	課税（§259）	免税（§259）	
	ECの他の国 受領者が納税義務者	免税（§259B）	免税（§259）	免税（§259）
	納税義務者でない	課税（§259）	免税（§259）	免税（§259）
	EC外の国	免税（§259B）	免税（§259）	免税（§259）

人がフランスに活動拠点を有し当該機器がフランスないしEC諸国で用いられる場合，あるいは，賃貸人がEC外に活動拠点を有し当該機器がフランスで使用される場合）に，また，不動産に関連する役務に関しては，当該不動産がフランスに存在する場合にフランスの付加価値税が課される（C. G. I., art. 259A）等の定めがある。これらと異なり，有形財を媒介としない役務提供（たとえば，無体財産権の譲渡・ライセンス供与，広告宣伝，コンサルタント等）に関しては，役務提供者がフランス国外に活動拠点を有し役務受領者がフランス国内に活動拠点を有する付加価値税の納税義務者（付加価値税の課税を受けうる者）である場合（C. G. I., art. 259B）等にフランスの付加価値税が課される。この有形財を媒介としない役務提供に関する取扱いを整理すると上の表のようになる[26]。

以上から，役務に関しても，原則として，輸入につき課税（賃貸借や不動産関連役務については役務提供者が外国企業であっても役務がフランスで利用されれば課税される。有形財を媒介としない役務については表を見よ），輸出につき免税（たとえば，輸出に直接関連する役務は免税とされる。また，有形財を媒介としない役務については表を見よ）とされていることがわかる[27]。

4　ここで，外国企業の課税について一言述べておこう[28]。原則として，外国企業も，フランスの付加価値税の課税が及ぶとされている動産の引渡しや役務の提供を行う限り，同様の活動を行うフランス企業と同じ課税に服する。し

---

26)　この表は，Goré. Jadaud, op. cit., p. 431 による。
27)　Carou, op. cit., p. 90 et s.
28)　Cf. Goré. Jadaud, op. cit., p. 438 et s.；Coudert et al., op. cit., p. 458 et s.；Jurisclasseur-Droit fiscal international. Fasc. 303-A (8,1980).

かし，その細目については，次のように場合を分けて論ずる必要がある。

　　動産引渡，および，（259B 条によりフランスで課税される有形財を媒介としない役務提供以外の）役務提供……フランスに活動拠点を有する外国企業は，これらの取引につき，フランス企業とまったく同じ方式で課税を受ける。これに対し，フランスに活動拠点をもたない外国企業は，これらの取引に関して，課税庁に対しフランスに住所を有する代理人を届け出て，この者に諸手続の履行や付加価値税の支払を行わせる必要がある（C. G. I., art. 289A-1）。この届出がない場合，付加価値税は，取引の相手方から徴収される。

　　259B 条によりフランスで課税される有形財を媒介としない役務提供……この種の取引の場合，役務提供者は国外，役務受領者は国内にいるわけであるから，付加価値税は役務受領者により支払われる（C. G. I., art. 283-2）[29]。

なお，フランスにおいて課税取引を行っておらず，またフランスに活動拠点ももっていない外国企業のフランス国内で受ける役務等（たとえば，展示会場の賃借）についてフランスで課される付加価値税を，この外国企業は税額控除できないので，一定の手続に従って還付が認められている[30]。

四　国境における調整と貿易摩擦[31]

1　付加価値税における二重課税排除等の機能をはたしているのが，国境における調整（la compensation（ou aménagement）aux frontières）の制度である。この制度は，前述のように，消費地主義を前提に，生産地国における輸出免税および輸出以前の既払税額の還付・税額控除（すなわち，いわゆるゼロ税率による課税）と，消費地国における輸入に対する付加価値税課税の二面からなっている。この制度は各国の国内法において設けられ，租税条約が特に結ばれることはない。この制度の目的は，課税の公平性の確保（国際的二重課税の排除と，付加価値税を最終的に負担する消費者の居住する消費地国への税源配分）と，課税の中立性

29）　付加価値税については，納税義務者（assujettis……C. G. I., art. 256 A）と支払義務者（redevables……C. G. I., arts. 283-285）とが区別されている（cf. Cartou, op. cit., p. 210 et s.）。国内取引に関しては両者が一致するが，国際取引については両者が異なることがある。283 条 2 項の役務受領者は支払義務者である。

30）　これについては，1979 年 12 月 6 日の第八指令（原文は，Jurisclasseur fiscal-T. C. A., Fasc. 2000-4, Annexe Ⅱ（11, 1981）参照）が出されている（cf. Jurisclasseur fiscal-T. C. A., Fasc 2000-8 ter（5, 1981）; EC: Experience with the Eighth VAT Directive. Intertax, 1986, n. l, p. 9）。

31）　以下の 1 と 2 における叙述は，主に，Cartou, op. cit., p. 93 et s. による。

の確保（国際的な財・サーヴィスの流れに対し中立的な課税。フランスの輸出品と他国産品の海外市場における競争条件の均一化。フランスの輸入品と自国産品のフランス国内市場における競争条件の均一化）にある[32]。

2　GATT は，関税に代わり内国税が自国産品保護等の目的で用いられないように，輸入と輸出に関する定めをおいている。第一に，GATT は，自国産品を保護する目的で輸入品に対する内国税の課税等を行なうことを禁じている（Ⅲ条1項）。しかし，輸入品に対する内国税の課税が輸入品と類似の自国産品に対する課税より重い等の状況がなければ，輸入品に対して（類似の自国産品に対して課されるのと同じ）課税をなすことはさしつかえない（Ⅲ条2項参照）。第二に，GATT は，輸出に関する補助金を禁じている（XVI 条）。しかし，輸出品についての，輸出品と類似の国内市場向けの自国産品に対して課される租税の免税等は補助金とはみなされない。

したがって，付加価値税に関する国境における調整は，GATT の定めに合致しているのである。

3　このように，付加価値税の国境における調整が理論上正当化され，また GATT にも合致しているにもかかわらず，さらに，この制度の目的の一つとして課税の中立性の確保があげられているにもかかわらず，この制度は，輸出を促進する効果をもつとの指摘がなされる場合がある[33]。

確かに，国境における調整が行われれば，フランスの国内市場であれ，フランス以外の国の国内市場であれ，ある一国の国内市場に関して，フランス製品と他国製品の競争条件は同一である[34]と一応いえる。しかし，たとえば，企業に対して付加価値税のみを課する A 国の製品と，企業に対して法人税のみを課する B 国の製品のある一国の国内市場における競争条件は果たして均一であろうか。法人税の負担の一部が製品の価格に転嫁されるならば，いずれの国の国内市場においても，付加価値税についての国境における調整の結果，A

---

[32] 国境における調整が消費税以外の租税（たとえば法人税）については適用困難であるという点について，Cartou, op. cit., p. 95 et s. 参照。

[33] この点については，Harvard Law School, op. cit., p. 1033 et s. 参照。

[34] たとえば，フランス国内市場において，フランス製品には通常の課税，EC の他の国からの輸入品（それらの国で輸出に関する調整済）には国内産品同様の課税，付加価値税を採用していない国からの輸入品にも同様の課税がなされる。この他，EC の他の国の国内市場や，付加価値税を採用していない国の国内市場においても，フランス製品と他国産品の競争条件は等しい。

国の製品の競争条件が有利になるものと思われる。(製品の価格に転嫁された法人税について国境における調整は行われない)。したがって，法人税の負担が軽く付加価値税の比重の高い国の製品は，付加価値税を採用していない国の製品よりも競争条件において有利となりえよう。

また，付加価値税を採用している国の国内市場と付加価値税を採用していない国の国内市場とを比べてみると，国境における調整の結果，同一の製品であっても，前者における価格の方が後者における価格よりも高くなるものと思われる。すると，たとえば，フランス国内産品のフランス国内における価格よりもアメリカにおける価格の方が低くなり，それはダンピングであるといった批難がなされるおそれもありうる（もっとも，それは，ダンピングではないのであろうが）。

さらに，直接的には国境における調整には関係はないが，ある国が付加価値税を導入すると，税制はより消費抑制的になり，また貯蓄促進的になる場合もありえよう。このことは，当該国家の輸出を増加させる要因となりうる。

さて，ここで，日本が付加価値税を導入した場合のことを考えてみよう。以上の議論によると，付加価値税導入により，日本製品の競争条件は付加価値税を採用していない国（たとえば，アメリカ）の製品よりも有利になり，また，日本製品の日本における価格よりも付加価値税を採用していない国（たとえば，アメリカ）における価格の方が低くなる結果としてダンピングではないかとの批難がおこり，さらに，日本の産業構造がより輸出促進的になる，といった事態が生じうるかもしれない。もちろん，こうした問題については，より一般的かつ詳細な検討が必要である。筆者は，経済学に関しては正確な知識を有していないので，以上の点については今後研究を継続していくつもりであるが，ここでは，一見中立的にみえる国境における調整の制度が国際的経済活動に一定の影響を及ぼしうるという点を指摘したわけである。

五　国際的租税回避に対する対抗措置

1　最後に，付加価値税に関する国際的租税回避等に対処するための EC 内の各国の課税庁間の国際的協力についてふれておくこと[35]とする。この点に

---

35) 以下は，主に，Cartou, Louis: Les Communautés européennes et l'évasion fiscale, in Études de finances publiques, Mélanges en l'honneur de M. le Professeur Paul Marie Gaudemet, 1984, p. 943; Coudert et al., op. cit., p. 482; Jurisclasseur fiscal-T. C. A., Fasc. 2000-4 (8, 1983).

関しては，ECの1976年3月18日の指令76-308号（一定の債権についての徴収協力に関するものであるが，1979年12月6日の指令79-1071号により付加価値税についても適用拡大）と，1977年12月19日の指令77-799号（1979年12月6日の指令79-1070号で修正。直接税と付加価値税における情報交換に関する）[36]とが存在する。

これらの指令を受けて，フランスにおいても，一定の債権の徴収等に関する1977年12月30日の法律77-1467号（1978年度予算法律）の82条と同条の執行に関する1979年11月28日のデクレ79-1025号が制定された。ついで，1981年12月31日の法律81-1179号（1981年度修正予算法律）が，直接税と付加価値税に関する国際的情報交換について定める（11条Ⅰ項）ほか，1977年12月30日法律85条および1979年11月28日のデクレにおける徴収に関する国際協力の制度を付加価値税についても拡大した（11条Ⅱ項）。同法11条の適用に関しては，1982年7月28日のデクレ82-661号が制定されている。

その結果，第一に，直接税と付加価値税に関する国際的情報交換については，1982年7月28日のデクレに詳しく定められている。その定めは，原則として，租税条約における定めと同じである。

第二に付加価値税については，情報交換をこえて，徴収等に関する国際的協力の定めがある。その細目は，1979年11月28日のデクレ（その適用は付加価値税に拡大されている）に定められている。

2　このように，付加価値税に関するEC内部の国家間協力は直接税におけるよりも進展しているといってよかろう。この点に関する検討は，直接税に関する検討に際しても参考になるものと思われる。

六　お わ り に

わが国においては，現在，付加価値税の導入がきわめて現実的なものとして論議されている。そうした議論に際しては，現在活発に行われている検討（すなわち，付加価値税の導入により国民の間の租税負担がどのように変わるのかといった視点からの検討）の他に，付加価値税の新設が日本の企業の国際的活動にいかなる影響を及ぼすかという視点からの検討が必須と思われる。これは，本来的

---

36)　Cf. Jurisclasseur fiscal-T. C. A., Fasc. 2000-4, Annexe Ⅳ（11, 1981）.

には経済学で論ずべき問題であり，そうした点に関する十分な検討を期待したい。

　なお，本稿においては，付加価値税を国際租税法的視点からみてきたが，この他にも，付加価値税について論ずべき点は，法律学的問題にしぼっても，付加価値の算定方式，税額控除の手続，中小企業の記帳義務，免税の範囲，租税回避の態様等々，数多い。今後とも，これらの諸点に関する勉強を継続していきたい。

XIII

税制改革と貿易収支

一 はじめに

　本年4月1日より施行された利子非課税制度の原則的廃止に引き続いて，現在，さらに本格的な税制改革をめぐる論議が活発になされている。これらの議論において示された様々な論点のうち，本稿においては，日本の税制改革がいわゆる貿易摩擦にいかなる影響を及ぼしうるかという点に関する検討を行ってみたい[1]。

　一般に指摘されているように，アメリカの巨大な貿易赤字と日本の巨額の貿易黒字により，世界経済は深刻な事態に直面している。両国の租税制度・租税政策の差も，貿易摩擦の一因となっている面もあることを考えれば，今日の税制改革を語る際には，その国際経済に及ぼす影響を無視するわけにはいかないものと思われる。昭和61年4月7日に発表された，いわゆる前川レポートにおいて，内需を拡大することにより貿易黒字を減少させることがうたわれている[2]が，ここでは，ここ数年の日本の税制改革が前川レポートに示された方向といかなる関係に立つかという点に関する検討を行うこととする。

　以下においては，まず，日本の租税制度がいかにして高貯蓄率・高成長に貢献したかという点について述べる（二）。次いで，一連の税制改革をめぐる議論における二つの重要な柱である，非課税貯蓄制度の廃止と新型の間接税の導

---

1) Cf. Hiroshi Kaneko, Japan: An Overview of Current Taxation Issues, 1986-2 Intertax 32; Kaneko, The Direction of the Japanese Tax Policy, forthcoming. なお，本稿は，本年（1989年）3月1日に，U. C. L. A. School of Law の日本法研究会，および，4月27日に，Harvard Law School, East Asian Legal Studies の昼食会において行った報告の原稿を翻訳し，かつ，書き改めたものである。

2) Cf. Yamamura, Shedding the Shackles of Success: Saving Less for Japan's Future, in K. Pyle (ed.), The Trade Crisis: How Will Japan Respond?, 1987, at 33.

入が，日本の貯蓄率および貿易収支にいかなる影響を及ぼすであろうかという点について検討する（三，四）。そして，最後に，日本の社会・経済の変化について付言することとする（五）。

二　日本の租税制度が経済に及ぼした影響[3]

　日本の租税制度は，いわゆるサプライ・サイドの経済理論を用いることにより理解することが可能である。意識的であったか否かはともかく，日本においては，長い間，サプライ・サイドの租税制度が採用されてきたといえる。

　すなわち，利子所得非課税制度，有価証券譲渡益非課税制度，および，（personal debts に対する）支払利子控除否定制度[4]の組合わせ[5]により，日本の家計は，借入金で実物資産を取得したキャピタル・ゲインを期待するという資産選択行動をとらずに，もっぱら金融資産を保有するという資産選択行動をとってきた[6]。換言すれば，こうした租税制度により，家計の貯蓄はいわゆる financial intermediaries を経由して企業に流入したといえる。その結果，企業は，豊富な資金を設備投資にあてることが可能となり，経済成長がもたらされたと考えることが可能である[7]。もちろん，経済成長や貿易黒字をすべて租税政策に

---

[3]　Cf. Makin and Shoven, Are There Lessons for the United States in the Japanese Tax System?, in P. Cagan, (ed.), Contemporary Economic Problems: Dificits, Taxes, and Economic Adjustments, 1987, at 305. また，田近栄治「資産所得課税の制度と実体——スウェーデン，イギリスおよび日本の事例」金融調査研究会『資産所得課税の実態とその理論』（1986年）第2章参照。

[4]　もちろん，business interest および investment interest は控除を認められているが，後者の控除については，一定の制限が存在する点に留意しなければならない。すなわち，利子所得をもたらす資産に借入金を投資した場合の支払利子については，利子所得の金額の算定上控除が認められておらず，また，配当所得や雑所得をもたらす資産に借入金を投資した場合に支払利子が所得の金額を上回っても，他の所得と通算することは認められていない。以上の点については，中里実＝マーク・ラムザイヤー「所得税における借入金利子の取扱いに関する比較法的研究」一橋大学法学年報法学研究17号1頁参照。

[5]　これに対して，アメリカにおいては，一般的にいって，利子所得が課税される一方で支払利子の控除が認められてきた。

[6]　田近栄治「資産所得課税を巡る諸問題——非課税貯蓄制度の存廃によせて」税経通信昭和61年10月号24頁参照。また，不動産譲渡益の課税が重いことも大きな意味をもつ（同所）。

[7]　田近・前掲注6）。もちろん，経済成長のためには，貯蓄の促進を計るだけでは十分でない。そのためには，貯蓄によって集まった資金が設備投資に回されなければならない。法人の負債利子の控除について，アメリカの過少資本の法理（cf. I. R. C. §385）のような制限が存在しない点等の法人段階における措置が，重要な役割を果たしてきたものと思われるが，こうした点については，cf. Makin and Shoven, supra note 3.

より証明することは妥当ではない。しかし，日本の以上のような租税政策が経済成長や貿易収支に一定の影響を与えたという側面も否定できないであろう。

利子所得非課税制度の廃止や新型の間接税の導入は，経済成長や貿易収支にかなりの影響を及ぼすものと思われるので，以下，この点について考えてみたい。

三　利子所得非課税制度の廃止

本年の4月1日より，利子所得非課税制度が廃止された。巨額の貿易黒字と高い貯蓄率に直面して，政府は，前川レポートにも示されたように，内需を拡大するという方向をうちだしている。利子所得非課税制度の廃止は，貯蓄を減少させ（その結果として）消費を促進する効果をもちうるものと考えられるから，内需拡大という政府の方針にそったものといえる。諸外国の政府も，利子所得非課税制度の廃止を，日本の貯蓄率を減少させ，消費を促進し，ひいては日本の過度の輸出依存体質を改める方向のものとして評価しているように思われる。

しかしながら，利子所得非課税制度の廃止が実際にそれほど日本の貯蓄率を引き下げる効果を持つか否かという点に関しては，多少の疑問もないわけではない。もちろん，利子所得非課税制度や（personal debts に対する）支払利子控除否定制度が，日本の高い貯蓄率の実現に果たした役割は大きい。しかし，その他にも，高貯蓄率の形成に貢献した要因が存在しないわけではない[8]。その中でも，特に重要なのは，以下のような要因であると思われる。

a）　老後のための備え

b）　住宅の取得形態　　ある研究[9]によれば，日本人は，アメリカ人と比較して，より遅い年令で（アメリカの30歳に対して，日本は40歳），しかも，より高い頭金比率で（アメリカの25-30パーセントに対して，日本は35-40パーセント），最初の住宅を取得する。したがって，日本人は高い頭金を備えるために一生の若い時期にアメリカ人よりも多く貯蓄するとされている。

8）　その他にも，たとえば，給与の支払形態等も高貯蓄率の一因となっているかもしれない。月給とボーナスからなる給与体系の下において（しかも，ボーナスの額は支払企業の経営状態に応じて変動する）は，人々は，主に月給で生活し，ボーナスの一部は貯蓄にまわしやすくなるかもしれない。

9）　F. Hayashi, T. Ito and J. Slemrod, Housing Finance Imperfections and Private Saving: A Comparative Simulation Analysis of the U. S. and Japan, National Bureau of Economic Research, Working Papaer, No. 2272, 1987, at 9-13.

c) 親が子のために資産を残そうとする傾向　日本では子が親の老後の世話をすることが多いが，親は，その見返りに子に資産を残す（親の世話をした子が親の住宅等を相続する）。このことが，日本の貯蓄率をおしあげているとする研究がある[10]。

　このような心理的要因を別の言葉で表せば，日本人の効用関数は消費のみならず資産の関数であるということができよう。
　これに対して，アメリカ人は，異なった行動をするように思われる。たとえば，タイム誌は，あるアメリカの女性の以下のような発言を引用している[11]。
　「銀行にお金を預けておいても私にとって何のいいこともない。私は人生を楽しまなければならないと思っています。」
　もし，こうした考え方がアメリカで一般的であるとすれば，アメリカ人の効用関数は消費のみの関数であるということになろう。この1月に，元のアメリカの通商代表であるロバート・S・シュトラウス氏は，New York Times のインタビューに答えて，以下のように述べている[12]。
　「ご承知のように，ドイツ人は，困難な時期を過ごしたことのある国民です。だから，経済的安心のために注意深く貯えをする傾向があります。これは，日本人の場合も同じです。ところが，我々は，消費し物を買う国民であって，貧しい人達でさえここでは，皆，消費者です。我々は貯蓄なんて考えもしません。
　ここで，私がお話しているのは，世界の国民の文化のことなのです。我々がこの国に貯蓄の習慣をもたらすような文化の変革を行い，彼らが，物を買う習慣を身につけるまで，我々はいつも使う側で，彼らはいつも蓄える側であるように私には思えます。」

　いずれにせよ，以上のような心理的要因を考慮にいれると，貯蓄は日本人にとって喜びであるとさえいうことができよう。したがって，利子所得の非課税措置が廃止されても，貯蓄率は，それほど急激に低下することはないと考えることが可能であろう。ただし，そのためには，人々が従来と同様の行動をすることが前提となる。しかし，日本の社会は徐々に変化をしているのである。

---

10) Hayashi, Ito and Slemrod, supra note 9, at 13-15. この論文は，こうした行動を，「戦略的贈与（strategic bequests）」の理論（Bernheim, Shleifer and Summers, The Strategic Bequest Motive, 93 J. Pol. Econ. 1045（1985））の典型例であると述べている。
11) Fighting the Urge to Splurge, Time, Dec. 14, 1987, at 59.
12) U. S. Trade: Taking the Long View, N. Y. Times, Jan. 17, 1988, at E4.

四　新型の間接税の導入

　政府は，ここ10年間程の間，付加価値税タイプの一般的な間接税の導入に努力してきた。大平内閣の「一般消費税」，中曽根内閣の「売上税」についで，竹下内閣も新型の間接税の導入に努力しているようである。これらの改革案で政府が導入を意図してきたのは，付加価値税である。そこで，以下では，付加価値税の国際収支に及ぼす影響について検討してみたい。

1　付加価値税と消費のレベル

　日本で議論されてきた付加価値税は消費に対して課される租税であるから，その導入が消費に対して抑圧的効果をもつと考えることは自然なことであろう。したがって，付加価値税の導入により日本の消費のレベルは減少し，貿易黒字が増加すると考えることも可能であろう。

　しかしながら，以下に述べるような理由で，筆者は，付加価値税の導入は日本の貿易収支にそれほど大きな影響を及ぼさないのではないかと考える。第一に，付加価値税の導入と同時に既存の個別消費税が廃止されるであろうが，この個別消費税の廃止は，付加価値税の諸費抑圧的効果をある程度和らげるであろう。第二に，貯蓄促進のための重要なインセンティヴである利子所得非課税制度が本年4月より廃止されたし，有価証券譲渡益の非課税制度についても廃止の動きがある。これらの貯蓄促進制度の廃止も付加価値税の消費抑圧的効果を和らげるであろう。第三に，付加価値税の導入とともに，所得税・法人税の減税が実施されるであろうが，これも，また，同様の効果をもちうるであろう。第四に，ここ2〜3年の間にほぼ100パーセント近い円高が進行した。このことは，日本の所得税制度に対して，無視すべからざる影響力をもちうる。

　日本の所得税の税率表の累進性は，円で表示された所得に対しては変化しないが，たとえば，世界の通貨を平均した貨幣単位（これは，理念的なものにすぎないが）で表示される所得に対しては，図（次頁）のように，低下している。還元すれば，円高により，日本の物価は下がるはずであるから，円高は，実質所得を引き上げ，その結果として，消費促進的効果を及ぼすにとどまらず，所得税の累進性をも低下させる。したがって，日本は，（インフレのタックス・インデクセーションを行うのと逆に）所得税を増税し，その累進性を高めてもよいはずである。ところが，日本では，これと逆の所得税改革が予定されているの

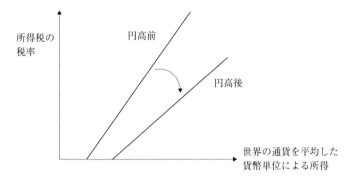

であるから，より強い消費促進的効果が予想される。

２　付加価値税の輸出促進的効果

付加価値税の導入は，輸出促進的効果をもちうる。すなわち，法人税を減税して付加価値税を導入すると，日本製品の輸出価格が下がる可能性がある。その理由は以下のとおりである[13]。

関税と貿易に関する一般協定（GATT）のⅢ条によれば，国家は，その輸出製品に消費税を課さなくともよいとされている。事実，ほとんどの先進国で，輸出製品については，消費税（付加価値税も含む）を免税としている。そして，消費地国（the country of destination）が，輸入品に対して消費税を課する（GATT XVI条）ことにより，消費税の国際的二重課税の調整が行われている。その結果，もし日本が付加価値税を導入して法人税を引き下げると，そしてさらに，もし（法人税の消費者への転嫁が行われていて）法人税の減税が製品の価格を引き下げる効果をもつとすると，高い法人税から，付加価値税と低い法人税の組合わせへの変化は，輸出製品の価格を引き下げる効果をもつことになる[14]。

しかし，ここで我々が注意しなければならないのは，価格引下げ＝輸出促進効果は，付加価値税の導入によってではなく，法人税の引下げによりもたらさ

---

13) 中里実「付加価値税と国際取引」税研10号3頁（本編第1部XII）参照。
14) 付加価値税については，輸出免税・輸入課税という消費地国主義にもとづく国境における租税の調整（border tax adjustments based on the destination principle）が行われるのに対し，法人税については，このような調整は行われない（それは，GATTに反するとされる）点に留意。Cf. Carlson, Hufbauer and Klaus, Destination Principle Border Tax Adjustments for the Corporate Income and Social Security Taxes: An Analysis of Sectoral Effects, National Tax Association-Tax Institute of America, 1976 Proceedings of the 69th Annual Conference on Taxation, 97 (1977).

れるということである。日本の法人税が他の先進諸国より高いことを考えれば，日本の輸出製品の価格は（法人税の消費者への転嫁が行われる限度において）すでに高すぎるということができる。したがって，法人税引下げと付加価値税導入により仮に日本の輸出製品の価格が下がるとしても，それは，他の先進諸国と同じ条件に立とうというにすぎないから，何ら非難するにあたらない。

五　日本社会の変化

　日本の社会は急速に変化している。特に，以下のような変化は，今後の税制改革や租税政策を考える上で重要な意味をもつであろう。

1　若い世代の消費志向と，資産格差の拡大

　第一に，日本の若い世代が今後ますます消費傾向を強めていくことが考えられる。その理由として，朝日新聞は最近の地価の上昇をあげている[15]。すなわち，住宅取得のための多額の頭金を貯蓄した上で，ローンで家を買い，ローンを返還して，家を子に残すという行動パターン[16]が，住宅の異常な値上がりのために変化して，人々は，住宅取得という夢をあきらめて消費に走りつつあるというのである[17]。また，逆に，土地の価格の上昇により資産を増大させた人々は，将来に備えて貯蓄する必要を感じず，消費を拡大するかもしれない[18]。

---

[15]　「消費者の主役が交代中？　資産効果からやけっぱち効果へ」朝日新聞昭和62年12月12日11面。この記事は，「マイホーム断念」した「持たざる層の面々いま突っ走る」という内容である。

[16]　これは，住宅ローンの利子について控除が認められてこなかったこと，および，三で述べた心理的要因が原因になっているように思われる。

[17]　しかしながら，住宅の価格が上昇すれば，賃貸住宅の家賃も上昇すると考えられるから，住宅の価格の上昇（による持家志向の低下）が消費の拡大に直結するとは，必ずしもいえない。ただ，民法等における借家人の保護により，家賃の上昇の方が住宅価格の上昇よりも低めになることはあるかもしれない。

[18]　朝日・前掲注15）。エコノミスト誌のある記事（The Japanese Sitting on a Fortune, Economist, Jan. 16, 1988, at 34）は次のように述べている。「日本人にどの階級に属するかをたずねると，10人のうち9人は『中流』と答える。アメリカの占領は日本の厳しい階級構造を緩め，それ以来，この国は世界で最も平等な富の配分を達成してきた。その結果として，社会的調和のとれた犯罪の少ないスラムのほとんどない社会がもたらされた。このような環境は，消費財の需要を喚起することにより経済発展を助け，そのことが，日本人の大量生産の才能を育んできた。そして，教育を一般的なものとすることにより，質の高い労働力をうみだすのにも貢献した。しかし，こうした利点は今，危機に瀕している。……この変化の最大の理由は土地の価格の急激な上昇である。それは，土地を売れば即席の大金持ちになれる多くの人々をうみだしている。……こうした動きに取り残された，持

いずれにせよ、日本はかつてアメリカの歩んだ道を歩んでいるのかもしれない[19]。そして、利子所得非課税制度の廃止は、こうした傾向を助長するであろう。

2　老齢者人口の増加

かつての日本は、全人口に占める老齢者の割合の少ない国であったが、日本の経済発展にともない、日本人の平均寿命は飛躍的に伸びてきた。その結果、老齢者の全人口に占める割合は急激に増加している[20]。こうした老齢者人口の増加は一人当りの生産性を低下させ、消費および財政支出を増大させる。

3　円の上昇

最近における円高により、日本の企業が海外生産を開始している。このことは、将来、日本における失業を招くかもしれない。

4　税制改革の方向

以上のように、日本は、現在、貿易黒字の縮小に努力すると同時に、多くの老齢者人口をかかえ消費志向の高まるであろう将来に備えなければならない。そのためには、歳入面において、所得税減税、一定の法人税減税、付加価値税の導入を行うとともに、歳出面において、将来まで支出の効果の及ぶような投資を行う必要があるであろう。消費傾向が高まりつつあることを考えれば、貯蓄促進のためのある程度の特別措置は将来的には必要かもしれないが、現在の

家を買えない給与所得者たちは乗遅れたという気持ちを強くしている。……地価を抑え、給与所得者の租税負担を軽減することが、長い間、非政治的であった国の政治問題となっている。」
19)　事実、日本の貯蓄率は、1975年の（可処分所得の）23パーセントから、1985年の16パーセントへと減少してきているのである（ただし、その後、わずかに上昇した。Cf. International Banking, Economist, March 26, 1988, at 54)。
20)　金子宏教授の論文（The Direction of the Japanese Tax Policy, supra note 1, at table 7）によれば、65歳以上の老齢者の割合は、以下のとおりである。

年	1950	1970	1985	2000	2020
1　日　　本	4.9	7.1	10.3	16.3	23.6
2　西ドイツ	9.4	13.2	14.5	16.7	21.2
3　フランス	11.4	12.9	12.4	14.7	18.0
4　イギリス	10.7	12.9	15.1	15.3	17.8
5　アメリカ	8.1	9.8	11.7	12.0	15.4

貿易収支からいって，利子所得非課税措置の廃止はやむを得ないかもしれない。要するに，現在，政府の進めている税制改革は，方向としては妥当なものであるといえよう。

XIV

タックスヘイブン対策税制

一　はじめに

　ここでは，タックスヘイブン対策税制が，果たして租税条約（特に，事業所得条項）に反するものであるか否かという点に関して，租税法理論に基づいて検討を加えることとしたい。

　以下においては，タックスヘイブン対策税制と租税条約の関係に関する基本的な論点について，必要に応じて国際的な比較をも踏まえながら，主として理論的な観点から検討を加えることとする。日本に関する検討は，ここではとりあえず，行わないこととする。むしろ，本稿は，日本に関する検討を行うための，準備作業として位置付けられるものである。なお，国際租税法の分野においては，外国の状況の紹介は，単なる比較法を超えた意味を有する場合があるという点に留意しなければならない。たとえば，租税条約の解釈に関する外国の判例が，日本法の解釈に関して，重要な意味を法的にもつ場合もあるという点を，念のために，あらかじめ指摘しておきたい。

　類似のものとしては，EU諸国のタックスヘイブン対策税制が，果たしてEU条約に合致したものといえるか否かという問題が存在する。これはこれで，大変に興味深い論点であるが，ここでは扱わない。また，アメリカにおいては，国内法と条約法の関係に関して，基本的に後法優位の原則が採用されているので，この種の問題はあまり議論されてはいないようである。

二　タックスヘイブン対策税制と租税条約の関係

　タックスヘイブン対策税制の本質を外国法人の法人格を課税上無視して，それを支店と同様に扱い，タックスヘイブン子会社の事業所得を親会社に帰属さ

せて（配当とみなしてではなく）事業所得として課税するものであると理解した場合，発生した所得に対する課税権の配分を締約国間において定めた租税条約（特に，外国法人に対しては，恒久的施設なければ事業所得課税なしの原則を定めた事業所得条項）に抵触しないかという問題が生じてくる。

類似の点に関してであるが，移転価格課税については，国内法上の移転価格対策税制をバックアップするために，租税条約上も規定が設けられているから，このような問題は基本的には生じないという点に留意しなければならない。しかし，タックスヘイブン対策税制に関しては，国内法の定めだけで，移転価格課税に関するような租税条約上の特別な定めが存在しないから，ここで議論するような根本的な問題が発生することになる。この問題は，日本においては，未だ問題の所在自体があまり意識されていないのが現状であるが，実は，現在の国際租税法における最も興味深い問題の一つである。

1　日本における学説

日本においては，このタックスヘイブン対策税制に対する租税条約の適用関係という問題に関して論じたものとしては，佐藤正勝「タックス・ヘイブン対策税制」日税研論集33号が存在するくらいである。この論文は，「租税条約は納税者を二重課税から保護することを主たる目的としているのに対し，タックス・ヘイブン対策税制は租税回避行為を行う納税者を課税に取り込むことを目的とする点で相違がある」との立場（このような立場が正しいかどうかという点については疑問があるが，ここではふれない）から，以下のように述べている（日税研論集33号122頁以下）。

「(2)　租税条約との関係

次に議論になるのは，わが国のタックス・ヘイブン対策税制の規定（より具体的には，外国の居住者の所得をわが国の居住者の課税所得に取り込むこと）が，関係する租税条約の規定に抵触しないか否かという点であり，タックス・ヘイブン利用に係る租税回避行為についての明文の規定が必ずしも存在しない租税条約の下で，これをどう考えるかという点がポイントになる。この点に関しては，例えば，次のような議論がありえよう。

まず，租税条約にはタックス・ヘイブン対策税制の適用を制限または禁止する規定及び理念は，含まれていないとする考え方である（以下便宜的に「条約適用否定論」という。）。この考え方によれば，タックス・ヘイブン対策税制の適用は租税条約の存在によって影響を受けることはないということになる。こ

の考え方の背景には，国内租税法上の中立性確保の禁止までは租税条約は意図していないこと，一国には固有の課税権があり，それを曲げてまで国際協力をしなければならない義務を租税条約は課していないといった考え方がある。また，この考え方の下では，タックス・ヘイブン対策税制は，何を課税の対象とすべきかといった課税の基本は国内法で定めるべきことであって，タックス・ヘイブン対策税制は国内法上のそのような基本規定と同様のものであるとの理論的整理がなされることになる。

次に，この考え方と反対の極にある考え方（以下便宜的に「条約適用認容論」という。）として次のようなものがある。すなわち，租税条約は，二重課税の排除を目的としている。したがって，そうした趣旨に違背する国内租税法が租税条約の規制を受けることはあり得て当然である。特にタックス・ヘイブン対策税制は，（形式上は別として）実質的にタックス・ヘイブン国所在の法人格を否認するものであり，これは，租税条約の適用対象となる『者（person）』（OECDモデル租税条約3条）の人格を否定していることになる。また，国内法が租税条約の規定に係わりなく適用されうることは，基本的に国内法に優先すべきものとして位置づけられる租税条約と国内法との関係を無視することになるし，その場合には，二重課税の排除という租税条約の主目的自体が損なわれる可能性があるとするものである。条約適用認容論には，具体的にどのように国内法上のタックス・ヘイブン対策税制が租税条約の規制を受けるのかが必ずしも明らかでないうらみがあるように思われる。

(3) 結論

以上に述べた2つの考え方は，議論の両極にある考え方であり，現実的な議論としては，タックス・ヘイブン対策税制の中身次第すなわち取り込みの程度の問題として租税条約との関係を考えるべきではないかと思われる。その意味としてもっとも重要な点を上げれば，真に事業活動に従事しており，しかも，その活動が租税回避行為に利用されないものにまで適用されるようなタックス・ヘイブン対策税制となっているのであれば問題であろう。それこそ，租税条約の趣旨に反した国内法ということになる。

わが国のタックス・ヘイブン対策税制をこの観点から見てみると，現地で活動するための経済合理性のある子会社等については適用除外としていること等その具体的内容からみて，租税条約との関係での抵触の問題は基本的には生じないものと考えられる。」

結局，この論者は，論文執筆時の検討状況からして仕方のないことであるが，この問題について特に理論的検討を行っていないのみならず，特に明確な結論も下していない。これが，現在の日本の状況であると考えてよかろう。そこで，

以下，上の「条約適用否定論」，「条約適用認容論」のそれぞれについて，諸外国における議論をも参考としながら，理論的な観点から検討を加えておこう。

2 ドイツにおける議論

ドイツにおいては，この問題に関する詳しい議論が行われてきた。この点については，谷口勢津夫教授著『租税条約論』(1999年) 第四章に詳しく論じられているので，ここでは仔細についてはふれないことにする。

ただし，①ドイツにおいては，タックスヘイブン子会社がその留保所得を国内の親会社に対して配当したものと擬制し，その擬制的配当を親会社の手において課税するものとしてタックスヘイブン対策税制をとらえる「配当モデル」と，タックスヘイブン子会社の所得を国内の親会社に帰属させるものとしてタックスヘイブン対策税制を考える「帰属モデル」の対立が存在していたこと，及び②条約適用認容論を明確に否定することができなかったために，租税条約に対する国内法上の合算課税の一般的優位を明文で定めるという形で立法的解決が図られたということの二つの点を指摘するにとどめておこう。

もっとも，かかる条約に対する法律の優位については，一般的にいって後法を優先するドイツ法制の下で許容される議論であって，法律に対する条約の優位を定める日本国憲法を前提にすれば認められない議論であるといえよう。

3 フランス国務院の判決

この問題に関して，世界中の議論の中で最も注目すべきなのは，現在のところ，フランスの国務院の2002年の判決である。すなわち，フランスにおいては，フランス法人のスイス子会社の所得の親会社に対する合算課税が，フランスとスイスの間の租税条約の7条に違反するという判決が，国務院により下されているのである。具体的には，この国務院の判決においては，以下に詳しく見るように，スイス子会社の事業所得がフランス親会社の事業所得として合算課税される場合には，租税条約に反する（これに対して，合算課税される所得がみなし配当であるならば租税条約には反しない）という考え方が採用されており，国務院判決によれば，フランスの一般租税法典 209 B 条により，合算課税される所得は事業所得と考えられるために，合算課税が租税条約に反するとされている。以下，この判決について，少し詳しく紹介しておくこととする（フランス語の判決は，Re Société Schneider Electric, 4 International Tax Law Reports 107. また，以下の叙述に関しては，Marcellin N. Mbwa-Mboma, TREATY WITH SWITZERLAND OVER-

RIDES FRENCH CFC LEGISLATION, FRENCH HIGH TAX COURT CONFIRMS, 2002 WTD 127-1 における記述に依存しているところが多いという点に留意されたい）。

　フランスにおける公法関係の最高裁判所である国務院（Conseild'Etat）の，Schneider Electric 社事件における 2002 年 6 月 28 日判決は，タックスヘイブン対策税制と租税条約との関係を考える上で，きわめて重要な意味を有している（Conseild'Etat, décision d'Assemblée du 28 juin 2002, Ministre de l'Economie, des Finances et de l'Industrie c/Ste Schneider Electric, req. no. 232276, RJF 10/02, no. 1080.)。この事件の前提となっているのは，フランスの一般租税法典 209 B 条の規定するタックスヘイブン対策税制（これは，日本のタックスヘイブン対策税制と類似した制度であるという点に留意されたい。中里実『国際取引と課税』〔1994 年〕54～55 頁参照）と，フランスとスイスの間の租税条約との関係である。

　この事件における課税庁側の主張は，以下の三点である。また，政府委員も，その論告において，ほぼ同様の主張を行っている。

　第一に，租税条約が排除しようとしているのは，あくまでも法的な二重課税にすぎず，スイスで課税を受けるタックスヘイブン子会社と，合算課税を受けるそのフランス親会社とは法的に別人格であるから，タックスヘイブン対策税制による合算課税は租税条約に反しない。

　第二に，タックスヘイブン対策税制により合算課税される所得は，フランス親会社の取得するみなし配当であり，子会社の産み出した事業所得そのものではないから，事業所得に関する租税条約の 7 条 1 を持ち出して，フランスに当該所得に対する課税権がないと主張するのは誤りである。

　第三に，租税条約は国際的租税回避防止を目的の一つとしているから，タックスヘイブン対策税制が租税条約に反することはない。

　これに対して，国務院は，まず，フランスとスイスの間の租税条約の適用可能性について判断する前提として，本件事案において，一般租税法典 209B 条の要件が満たされているか否かについて検討を加える。そして，国務院は，一般租税法典 209B 条に従ってフランスにおいて合算課税される本件スイス子会社の所得を，フランス国内法上，事業所得とすべきか，みなし配当とすべきかという点について検討を加える。結論として，国務院は，209 B 条の文言からいって，合算所得は国内法上事業所得とされるとして，以下のような判断を示した。

　　「この規定〔一般租税法典 209 B 条〕の正確な文言からいえるのは，その目的が，大臣〔ここでは，訴訟の当事者が大蔵大臣である点に留意〕の主張とは異な

り，外国法人からフランスの居住者であるその株主へのみなし配当の支払に対する課税ではなく，法人がその国外における活動を行うことにより産み出された事業所得のフランスにおける課税を認めることである，という点である。」

このように，国務院は，合算課税される所得を国内法上事業所得として分類した後に，フランスとスイスの間の租税条約において定められた事業所得に関する課税権配分に関するルール（すなわち，7条1）の適用について判断を加える。

まず，国務院は，タックスヘイブン国で課税に服する（可能性のある）タックスヘイブン子会社の事業所得（それについては，租税条約の課税権配分ルールに従い課税関係が決定される）と，フランスの親会社に対してフランスにおいて209B条により合算課税される所得を同視する。すなわち，その考え方によれば，フランスで合算課税される所得は，タックスヘイブン子会社の産み出した事業所得そのものであり，みなし配当ではないということになる。

そして，タックスヘイブン子会社の所得が（タックスヘイブン子会社とは法人格の異なる）フランスの親会社に対して合算課税されるからといって，租税条約を法的二重課税のみを排除するものと考える必要はないから，租税条約の所得配分ルールの適用が無意味とされるわけではないと，国務院は述べる。なぜなら，同一の所得が二つの国において法人格の異なる納税者に対して課税される場合に，租税条約の所得配分ルールがまったく適用されないとすれば，実質的にそのようなルールの有効性は否定されてしまうからである。すなわち，スイス法人である本件タックスヘイブン子会社の所得が，フランスにおいて，当該スイス法人に対して課税されるのではなく，形式上，それとは法人格の異なる親会社であるフランス法人に対して課税されるからといって，租税条約における所得配分ルール（事業所得に関するフランスとスイスの間の租税条約の7条1）が適用されないと考えることは適切ではないというのである。国務院の考え方によれば，本件租税条約はフランスとスイスの間の課税権の配分に関するものであり，租税条約における二重課税排除の要請は，単に同一の納税者に対する法的二重課税排除という狭い範囲にとどまるわけではなく，この件に関しては，法的二重課税と経済的二重課税の区別は，あまり重要ではないということになる。

したがって，本件において209B条により合算課税される所得は，タックスヘイブン子会社の事業所得であるから，本件において問題とされるべきは，当該タックスヘイブン子会社が本当にスイス法人であるか否か，あるいは当該子

会社がフランスにおいて恒久的施設を通じて所得を実現したかという点である。そして，本件においては，タックスヘイブン子会社はスイス法人であり，またそれは，フランス国内において恒久的施設を通じて事業活動を行っていたわけではないから，租税条約の7条1を適用することにより，フランスの課税庁が209B条を適用して当該スイス子会社の事業所得に対して（たとえ，フランス親会社に対する課税の形式をとっているとはいえ）課税することはできないという判断を下すことが正当化される。

また，国務院は，租税条約の目的の一つは租税回避の防止であるが，だからといって，租税条約中に，フランスがその国内法中の租税回避否認規定を適用することを許容する規定が含まれていなければ，209B条を適用して租税回避防止を図ることは認められない，とも述べている。

この判決が国際課税の世界において巻きおこした衝撃は，非常に大きいものである。フランスとタックスヘイブン対策税制の構造が似ている日本における問題を考えるに際しても，この判決の論理を正面から参考にする必要がある。少なくとも，日本においても，この判決の論理を正面から理論的に検討する必要があろう。

4 イギリスの判決

イギリスにおいては，直接に本件のテーマについて判断を下した貴族院判決は存在しない。下級審の判決は存在するが，タックスヘイブン対策税制と，租税条約の利子所得条項の関係が争われた事案であり，あまり参考とはならない（Bricom Holdings Ltd. v. IRC, [1996] STC (SCD) 228, appeal dismissed [1997] STC 1179 (CA). Cf. Daniel Sandler. case comment, 1996 British Tax Review 544, and 1998 British Tax Review 52.）。この点について，ある論者は，次のように述べている（Daniel Sandler, Tax Treaties and Controlled Foreign Company Legislation, at 206）。

> "It is unfortunate that the taxpayer chose to base its argument on Article 11 of the UK-Netherlands Tax Treaty rather than Article 7 (1)....
>
> Under Article 7 (1) of the treaty, the profits of Spinneys were taxable only in the Netherlands unless Spinneys carried on business in the UK through a permanent establishment. Since Spinneys did not have a permanent establishment in the UK, its profits —all of which were arguably apportioned to Bricom Holdings under the CFC retime— were excluded from tax in the UK. The assessment of Bricom Holdings was a tax on these profits and was therefore precluded under the treaty. This argument, if successful,

would effectively preclude the operation of the UK's CFC regime in any situation in which the CFC is resident in a treaty country.

　しかし，本件を考える上で有用な判決は存在する。すなわち，貴族院の，Ostime v. Australian Mutual Provident Society［1960］AC 459（HL）判決がそれである。これは，オーストラリアの生命保険会社のイギリスにおける恒久的施設の利益に，当該保険会社の想定上の投資収益（notional return on the corporation's life assurance investments）が含まれるとみなすイギリス国内法の定めが，1946年の英豪租税条約の事業所得条項に反するか否かが争われた事案である。この判決において，Lord Radcliffe は，確かに課税される所得は数学的計算の産物でしかないけれども，国内法律が当該想定上の投資収益をイギリス PE の利益の一部とみなしているので，この国内法律の定めは，（PE を独立企業であるかのように扱った上でそれに帰属する所得に課税することを定めている）租税条約3条（3）の規定に反しているとして，次のように述べている。

　　「当該生命保険ファンドの投資からの世界所得［すなわち，みなされた利益］は，利益の計算の第一段階［すなわち，国内法律に基づく計算］をなすものであるが，それが仮定された独立企業［すなわち，独立企業であるかの如く扱われる PE］に帰属させられるとするならば，条約の3条（3）が課税の根拠として据えようとしている，まさにその仮説に反する。」（［1960］AC 459, at 481）

　そうであるならば，タックスヘイブン対策税制においても，同様の議論が可能である。すなわち，タックスヘイブン対策税制の下においても，合算課税される所得の計算とは，配当ではなく，タックスヘイブン子会社の利益の計算そのものである。したがって，そのような利益をイギリス親会社の利益に帰属させることは，租税条約の基本原則（すなわち，それぞれの法人は独立の納税主体として扱われ，一方の締約国の居住法人の所得は，PE が存在しない限り，他方の締約国において課税されることはないという原則）に違反することになる（Cf. Daniel Sandler, Tax Treaties and Controlled Foreign Company Legislation, 207-208）。

　この論理は，日本における同様の問題を考える際にも大きな意味を有している。すなわち，タックスヘイブン子会社の所得を親会社に対して事業所得として合算課税する制度は，当該タックスヘイブン子会社の法人格を課税上無視するものであり，当該子会社の PE が日本に存在しない限り，そのような子会社の事業所得に対して課税することは，租税条約上許されないと考えられるからである。

5 わが国に関する理論的検討——租税条約に関する一般的な議論

では、わが国のタックスヘイブン対策税制は、租税条約に抵触しないのであろうか（条約適用認容論の当否）。

(1) わが国の租税条約適用事例の検討

まず、日本企業が外国に進出する場合の形態についていくつかに場合分けして、そのそれぞれについて、課税上の扱いの差異を比較してみよう。なお、以下において「事業所得」というのは、法人の得る産業上及び商業上の所得のことである。

① 日本法人が外国に支店を有して、そこで事業活動を行っている場合
日本法人の外国支店が当該外国で得た所得については、当該外国において外国支店の得た国内源泉所得（事業所得）として源泉地国課税がされるが、日本においても（事業所得として）居住地国課税がされる（内国法人についての全世界所得主義）。これは一般的なことで、租税条約上も、このような取扱いに対しては、相手国においても特に問題はない。

② 日本法人が外国に有する子会社が当該外国で事業活動を行う場合——その1　これに対して、日本法人の外国子会社が当該外国で得た（事業から生ずる）所得については、当該外国において内国法人としての課税が行われるが、基本的に、日本の親会社段階における課税は行われず（いわゆる、繰延）、当該外国子会社から日本親会社に対して配当が支払われた段階で、日本親会社に対する配当課税が行われる（その上で、当該配当について、間接外国税額控除により、国際的二重課税が排除される）。この外国における外国子会社に対する内国法人としての事業所得課税と日本における親会社に対する配当課税は、各々、租税条約においても、特に問題なく認められる。

③ 日本法人が外国に有する子会社が当該外国で事業活動を行う場合——その2　他方、租税条約の「恒久的施設なければ事業所得課税なし」という原則の効果として、当該外国子会社が得た利益に対しては（当該外国における内国法人としての事業所得課税は行われるが）、当該外国子会社が日本に恒久的施設を有していない限り、日本における（事業所得に対する）課税は行われない。これは通常、そのような当該外国子会社が得た利益に対しては、租税条約に基づき、当該外国子会社の所在地国のみに課税権が定められているためである。

タックスヘイブン対策税制は、③の場合において、租税条約上、当該外国子会社が当該外国の居住者とされているにもかかわらず、日本が子会社の留保所得に対して課税を行うものである。果たして、それは租税条約上許容されるの

であろうか。これが本件のテーマである。

(2) 子会社の留保所得の租税条約上の性質

そして，租税条約への抵触の有無を検討する前提として，租税条約上，タックスヘイブン対策税制の適用において親会社に課税されるべき子会社の留保所得がいかなる所得に該当するかが問題となろう。

この点については，子会社の留保所得は「企業の利得」（日星租税条約7条1）に該当するから，事業所得に該当するものと考えられる。

留保所得は，営業損益及び営業外損益を通算したものであるから，それ以上にたとえば配当所得や譲渡所得といった性質を有するものとは考えにくい。

したがって，以下では，日星租税条約とタックスヘイブン対策税制の関係を論じるにあたって，子会社の留保所得が租税条約上の事業所得に該当することを前提に検討を行いたい。

(3) 相手国に排他的課税権がある場合の問題

まず，一般的に，日本が締結している租税条約において，日本法人の子会社である相手国法人の所得について相手国にのみ課税権があると定められている場合に，日本において課税することができるかという問題について考えてみよう。

上の1で述べたように，タックスヘイブン対策税制は，特定外国子会社等の法人格を課税上否定して，支店と同様に扱った上で，その所得を親会社に帰属させ，課税する制度である。ただし，この制度は，国内法上の制度であるから，条約の国内法に対する優先の原則が支配する日本においては，当然のことながら，租税条約によりその適用を制限される。そこで，租税条約の解釈上，上記のようなタックスヘイブン対策税制が許容されているか検討を行うと，租税条約において，居住地国と源泉地国の一方の締約国にのみ課税権を割り当てている場合に，他方の締約国における課税が認められるか否かという問題について，ある権威ある書物は，以下のように述べている（Klaus Vogel, Double Taxation Conventions, 3rd ed., at 109-110, (1997)）。

「〔租税条約上〕の所得配分ルールにより，他方の締約国に一定の所得項目についての排他的課税権が与えられている場合（すなわち，当該国が租税条約上の居住地国であるか，あるいは，一定の所得項目の課税が源泉地国に対してのみ限定して割り当てられているようなまれな事案の場合）においてのみ，〔租税条約上の〕セイビング・クローズが，合衆国市民と（租税条約の意味における）居住者に対して合衆国が課税する権限を与えることにより，〔租税条約上〕

の所得配分ルールの定めるところから乖離するのである。」

"It is only where the distributive rule gives the other contracting State exclusive taxation of certain items of income—either because the latter is the State of residence for treaty purposes or because one of the rare cases is involved where the State of source has definitely been attributed taxation of certain items of income—the saving clause authorizes the USA to tax US citizens and residents (within the meaning of the treaty), thus departing from what the distributive rule stipulates.

このように，租税条約により源泉地国に対してのみ課税権が割り当てられている場合（きわめてまれな場合である）には，居住地国における課税は，saving clauseが存在する場合においてのみ認められる。また，租税条約において居住地国に対してのみ課税権が割り当てられている場合においては，源泉地国に恒久的施設がない限り，源泉地国における課税は認められない。

本件におけるシンガポール子会社について問題となるのは，この後者の場合であろう。すなわち，日本に恒久的施設を有しないシンガポール法人が得る事業所得については，租税条約上，日本で課税はできないのである（日星租税条約7条1）。

このような結論は，子会社の留保所得が相手国において租税条約上どのような扱いがなされているかといった観点からも妥当性を示すことができる。すなわち，租税条約の相手国である外国において，当該外国に設立されたタックスヘイブン子会社の留保所得について，親会社に配当されたものとして配当課税（源泉徴収）を行っていればともかく，通常の場合においては，そのように配当としてとらえるのでなく，通常の事業所得として取り扱っているのが通常であろう。したがって，当該外国の居住者である子会社が日本に恒久的施設を有しているようなきわめて例外的な場合を除けば，当該外国の租税条約解釈上，当該子会社の留保所得について，日本における事業所得に対する課税は否定されるものと考えられる。

ただ，以上に述べたように，子会社の留保所得について日本において事業所得として課税をすることが認められないと結論付けられたとしても，そのような所得について，日本の親会社に対する課税というタックスヘイブン対策税制のかたちであれば，果たして課税が認められるかという点はなお問題である。

(4) 日本の親会社に対する課税の問題

この問題について，OECDモデル租税条約コメンタリーの，1条の23，7条の10.1及び，10条の37においては，そのように親会社の居住地国における親

会社に対する課税が，モデル租税条約に反しないという考え方が述べられている。確かに，そのような考え方も成立しうるのかもしれない。しかし，コメンタリーの法的位置付けを考えるならば，それは形式的には法的拘束力を有しないのであり，そこに書かれた内容が租税条約の正しい解釈に合致する場合に限り，結果として拘束力を有するようにみえるのである。

また，何よりも，シンガポールはOECDのメンバーではないのであるから，本件において，OECDモデル租税条約コメンタリーを引き合いに出すことについては，かなりの疑問があるといえよう。

結局，上で述べたOECDモデル租税条約のコメンタリーの考え方は，租税条約が，国際的に生ずる法的二重課税を排除することを目的として締結されているという点を前提としているものと思われる。また，タックスヘイブン対策税制の国内法上のあり方は国によって異なるから，すべての国について同一の結論がでるものとも思われない。現に，フランスの公法関係の最高裁判所である国務院の判決が，このコメンタリーの考え方を否定しているという点を，私達は軽視すべきではない。

やはり，日本が締結した租税条約上，日本の課税庁は，当該子会社の法人格を尊重する必要があり，また，タックスヘイブン子会社の留保所得は，相手国において，租税条約上，事業所得として扱われており，さらに，日本の国内法上も，租税条約の国内法優位からいって，事業所得の帰属の問題として処理すべきであると考えるならば，同じ事業所得に関して，両国において形式的に納税者が異なるからというだけの理由により，国際的二重課税を生じさせてしまうことが妥当であるとは到底考えられない。

したがって，本件においても，日星租税条約7条1により，シンガポール子会社の留保所得については，日本の親会社に対する課税という（タックスヘイブン対策税制の）かたちであっても，課税は認められない。

確かに，租税条約は，主として，法的な国際的二重課税を排除するために締結されるものであるが，経済的な国際的二重課税を放置しているわけでは決してない。したがって，たとえば，日本親会社と外国子会社の間の移転価格の場合においても，国際的な経済的二重課税を排除すべく，相互協議の手続を用意している。このように考えるならば，子会社の所得を，親会社に対して課税するという日本の国内法の定めが，租税条約の規定（本件では，日星租税条約7条1）に反しているという考え方は，論理的に十分に成立するものであるといえよう。特に，国際法を尊重する程度の高い日本国憲法の下においては，安易に，

租税条約締結国の法人に対して国内法限りで定められたタックスヘイブン対策税制を適用すべきではなかろう。

6 補　論

なお，以上のタックスヘイブン対策税制と租税条約の関係に対する検討のほか，私は，以下の理由からも，本件におけるシンガポール子会社の留保所得に対する親会社への課税は許されるべきではないと考える。

すなわち，佐藤正勝「タックス・ヘイブン対策税制」日税研論集33号125頁，注（6）は，以下のように述べて，日本が，タックスヘイブン国とは租税条約を締結しないという方針を採用してきたという。

「わが国は，いわゆるタックス・ヘイブンといわれる国との間では租税条約を締結しないことをポリシーとしている。タックス・ヘイブン国の範囲に関して，平成4年度改正前のわが国の国内租税法では，41の国または地域を軽課税国としてタックス・ヘイブン対策税制が適用される地理的範囲を指定していた（軽課税国指定制度）が，同年度の改正により，軽課税国指定制度が廃止され，租税の負担割合が25％以下となるという条件に該当する場合には地理的限定なしに適用されることとなった。したがって，同年度以降は，わが国との租税条約締結国であっても，租税の負担割合が25％以下となる等法定の要件を満たす場合には，タックス・ヘイブン対策税制が適用され得ることから，租税条約との関係が生じ得る。」

もしここに書かれているように，「わが国は，いわゆるタックス・ヘイブンといわれる国との間では租税条約を締結しないことをポリシーとしている」という点が確かであれば，日本においては，租税条約締結国に存在する子会社についてタックスヘイブン対策税制を適用することを考えていなかったということになるであろう。そして，仮にそうであるならば，そのような状況を，国内法の改正だけで変更することが妥当であるか否かという点が問われなければならない。

この点，高橋元監修『タックス・ヘイブン対策税制の解説』（1979年）98頁は，日本の立法政策について，以下のように述べている。

「租税条約締結国で上記の基準により軽課税国となり得るものをどうするか，という問題があるが，我が国との条約締結国（あるいは拡大適用地域）の中には税負担が著しく低いものもふくまれており，これらの国について租税回避が行われる可能性が皆無であるとはいえないことから，これらの国（又は地域）

に所在する外国子会社等の実態やこれらの国の制度等を慎重に検討した上でやむを得ぬ場合にのみ軽課税国に指定する，という立場がとられている。」

　いずれにせよ，本件においては，事後的な条約の変更の問題が生ずるといえよう。すなわち，日本とシンガポールとの間の租税条約が締結された時点よりもはるか後の時点になって，シンガポールの子会社についてもタックスヘイブン対策税制の適用対象とするように国内法が一方的に改正されたのである。これは，適正手続の保障に反する事態であり，それを放置するわけにはいかないのである。

第2部 地方税

I

地方税の管轄権と地域間調整

一　はじめに

　租税制度の法的な研究においては，経済取引や執行状況に関する実態の把握がきわめて重要である。特に，真理は細部に宿り，断片が全体を物語ることも少なくない現実世界において，地方自治について考える場合にも，単に地方自治の本旨という憲法上の理念のみを強調すればよいというわけでは決してない。あくまでも現実を前提とした不断の改革の努力が必要である。

　さて，政府税制調査会においては，ここ数年間，経済社会の変化を踏まえた税制のあり方に関する議論の中で，働き方等の変化に関する現状把握を前提として，例えば，子育て世代の窮状を救済するための所得税改革等について集中的に議論を続けてきた。しかし，現代の日本における経済社会の変化の中には，個人の働き方等の変化だけではなく，地方の窮乏という深刻な問題が含まれているのではないかと思われる。それにもかかわらず，その点に関する議論はまだ本格的にはなされていないのが現状なのではなかろうか。そこで，以下においては，この点に関して，現実を踏まえながら，少し考えてみたい。

二　国と地方，地方と地方

　日本は連邦国家ではないが，憲法上，地方自治が保障されている。この点こそが，地方税制度について考えていく際の何よりの出発点であろう。したがって，この，単一国家において憲法上保障された地方自治にふさわしいかたちで，地方税制度のあり方を考えることが必要になる。

　その場合に重要なのは，個別の制度ごとに，地方と国の役割分担について具体的にどのように考えていくかという点である。すなわち，租税制度に関して

も，地方の自主性に委ねるべき部分と，国家レベルの対応が必要な部分との合理的な分離を意識しながら，しかも両者の統合を考えていくことが必要である。

また，そのように考えた際に，日本において重要と思われるのは，（しばしば強調される）国と地方の間の対立以上に，地方団体と地方団体の間の対立関係なのではないかという点に留意する必要がある。特に，東京都とその他の地方団体の間の対立関係は，かなり深刻なのではないかと思われる。そして，この問題は，国から地方に税収を移すことによっては十分に解決することのできない性質のものである点に解決の難しさがある。

もちろん，このように述べたからといって，そこから，必ずしも理論的にすっきりと割り切れるかたちの提言が常に簡単に出てくるとは限らない。それにもかかわらず，上のような問題意識をもって現実の問題を考えていかなければ，それなりのアド・ホックな提案さえも不可能かもしれないのである。

三 地方団体の課税管轄権

憲法上，地方団体には課税自主権が認められている結果として，法的に見た場合に，それぞれの地方団体の課税権には地域的限界，すなわち，管轄権があり，またその結果として，その地方団体の課税管轄権相互間の衝突が生ずる[1]のは当然のことであろう。しかし，この点については，あまり意識されていないし，議論も少ないのではなかろうか。

実際のところ，管轄権の衝突がそもそもおこらないように，かなり詳しく地方税法が定めをおいているので，地方団体間の課税管轄権の衝突については，国際課税における場合と比べると，あまり明確に意識されていないのではないかと思われる。すなわち，国家間では基本的に二国間の租税条約で課税権衝突の調整を行っているので，その問題に関する議論が活発に行われているのに対し，地方団体の間では，相互間の協定で特別な取り決めをすることなく，国の法律で課税権の衝突の調整を行っているので，地方団体の課税管轄権の衝突と調整という問題意識そのものが生じにくいのではなかろうか[2]。

したがって，実際には，地方税に関して，この問題は，法的な管轄権の衝突

---

[1] 課税管轄権の衝突と調整について詳しくは，中里実「地方税における企業課税」岩波講座『現代の法 8 政府と企業』（1997 年）233〜258 頁（本編第 2 部Ⅳ）参照。
[2] これに対して，例えば，スイスにおいては，州と州の間の課税権の衝突を国際課税の場合と同様に論ずる，州際租税法（interkantonales Steuerrecht）が活発に議論されている。

の問題としてというよりも，税収の配分の問題として議論されることがほとんどである。最近において，このような地方団体間の税収の配分（すなわち，突き詰めれば，課税管轄権の調整）の問題が具体的に検討された事例としては，例えば，以下のようなものがあげられる。

その第一は，地方消費税における税収の配分基準の変更をめぐる議論である。

その第二は，地方法人税の課税のあり方をめぐる議論である。

その第三は，ふるさと納税をめぐる，東京等から他の地方団体への税収の移転をめぐる議論である。

これらは，すべて，豊かな東京等の税収を貧しい地方にどのように移転するかという問題意識から制定された制度の具体的な改正に関する議論であるが，どれも，地方分権ないし，地方団体間の財源の調整という観点からきわめて重要な意義を有する事例である。しかし，ここでは，そこにおける法的，技術的議論に踏み込まずに，問題の背景について，少し考えてみたい。

四　地方の疲弊

現在，先進諸国においては，欧米でも，アメリカでも，日本でも，従来において豊かさを謳歌してきた中間層の経済的・社会的行き詰まりという現象が著しい。ベルリンの壁崩壊以降の，先進諸国から，旧共産圏諸国や途上国への生産拠点の移転により，いずれの先進国の製造業も深刻な打撃を被った。その結果として，先進諸国における（ブルーカラーを中心とする）中間層の没落ともいえる現象が始まり，それが深刻化しつつある[3]と考えられる。

実際には，この中間層の剥落という現象は，国によりかなり異なった様相のものとして出てきている。ヨーロッパでは移民問題の深刻化と，反移民感情を背景とする政治的動きの問題が議論されている。また，アメリカでは，不法移民の急増と，そこから生ずる財政負担の結果として，東海岸と西海岸以外の地域におけるブルーカラーの没落が論じられている。そして，日本においては，経済的停滞の結果としての（非正規労働の蔓延等を原因とする）比較的若い世代の貧困と，そして，本稿のテーマである地方の疲弊として問題が現れていると思われる。

---

[3]　この点については，中里実「税制改革とアメリカ大統領選挙」租税研究 802 号 4～18 頁，において詳しく論じた。2016 年 5 月に行ったこの講演においては，そのような中間層の崩壊・剥落により，トランプ氏が大統領に当選するのではないかと述べたが，事実，そのようになった。

事実，このような世界的な現象の中で，現在の日本において，地方自治や地方財政を考えるうえで最も重要な点は，地方（端的には，東京都以外の地方団体）が経済的に行き詰まっており深刻な事態に立ち至っているという厳然たる事実であるといえよう。私も，実際にいくつかの地方の窮乏の実態を目の当たりにしたことがあるが，その際に，この問題を無視した地方自治ないし地方財政に関するいかなる形式的議論も，無意味なのではないかとさえ感じたのを鮮明に覚えている。とりわけ，この問題は，地域の没落であると同時に，そこに住む人々の苦悩であるという点が重要である（そして，そのような現象は，日本においてのみ発生しているわけでは決してないところに，この問題の深刻さがある）。

　日本の比較的若い世代は，非正規雇用の拡大によりかなり疲弊しているが，それに加えて地方が疲弊している点が日本の特色である。そして，注意すべきは，この二つの問題がきわめて密接に関連しているという事実である。すなわち，日本では，戦後の経済発展を通じて豊かな中間層が急速に拡大したが，最近は，そのようにして中間層となった（特に）地方の住民が急速に没落しつつあるのである。その結果として，最近における日本の地方の人々が直面している閉塞感にはすさまじいものがある。

　例えば，地方の限界集落のみならず，地方都市を含む地方の様々な場所で，東京（本稿では，地理的な地域としての東京を意味するものとして，東京都とは区別して用いる）への一極集中の結果として，人口減少や，経済停滞や，空き家や耕作地の放棄が進行している。特に，かつて経済的栄華を誇った地方都市の繁華街において，昔建てられた威容を誇る建物の近所に，シャッター街どころか，廃屋が立ち並んでいるという状況が，問題の深刻さを浮き彫りにしている。

　地方財政をめぐる議論において，よく，国と地方の対比が語られるが，真に語られるべきは，そのような抽象的な話ではなく，東京とその他の地域との間の絶望的ともいえる格差である。そして，深刻なのは，このような問題を解決する魔法のような方法は，実はどこにも存在しないという点なのである。財政におけるこの点に対する対応策として現実的に考えられるのは，せめて課税が，そのような現象にこれ以上追い打ちをかけないようにするくらいであろうか。

　その結果として，地方から東京に対して，どのみち，東京のように豊かなところは，容易に必要な税収をあげることができるのであるから，その余裕分を地方にまわすべきであるという議論が出てくる。もちろん，このような考え方に対しては，東京都から激しい反論がなされるであろう。しかし，考えるべきは，東京が税収において豊かなのは，確かに東京の住民の努力の結果もあるに

はあるのかもしれないが，それ以上に，日本の国の制度全体が，そもそも東京に経済力が集中するようにできているという事実である。それ故に，東京都が財政的に圧倒的に豊かなのは，必ずしも東京都の施策が優秀であることの結果ではなく，明治以来の日本の中央集権的経済体制の追求の結果に過ぎないのではないかという疑問に正面から答えられなければ，地方消費税についても，地方法人税についても，ふるさと納税についても，そのような東京都からの反論については，東京都に関係する一部の方々を除けば，だれも賛成しないのではなかろうか。

　もちろん，私は，東京都を貶めるつもりは毛頭なく，東京都の真摯な努力を多とするものであるが，いずれにせよ，この地方の疲弊については，国家レベルでの対応が必要なことに疑いの余地がない。

五　地方団体の財政破綻

　地方の苦境に関する広範囲な問題の中で特に深刻で悲惨なのは，高齢化の進展，人口の減少，経済の衰退の進行により，地方団体の財政破綻が現実のものとなりつつあるという点である。この問題は，それが将来危惧される問題であるという段階をすでにとうの昔に超えた，早急な対応の必要な緊急かつ現実の問題である。夕張の記憶はだれの胸にも鮮明であろう。

　ここにおいては，そのような苦悩する地方団体を財政面でどのように支えるかということを考えて対策を打つだけではもはや到底足りず，地方団体も破綻しうるという前提の下に，破綻法制の整備を急ぐ必要があるのではなかろうか。地方団体の破綻は，企業の破綻以上に広範囲に及ぶ法的観点からの利害調整が必要な事態であり，現実を直視して，そのような事態が発生した場合の救済策と対応策を考えておく必要があるように思えてならない。いたずらに問題の解決を先送りするようなことのみをしていると，問題は深刻化するだけだからである。

　アメリカにおいて，この点に関する議論が活発に行われている点については，アメリカにおける破産自治体に関する州政府の報告書である California, Legislature, Joint Legislative Budget Committee, Legislative Analyst's Office, Local Government Bankruptcy in California: Questions and Answers, 2012[4]　や，Eric Anthony

---

4)　http://www.lao.ca.gov/reports/2012/localgov/local-government-bankruptcy-080712.pdf.

Scorsone, Michigan, Legislature, Senate, Fiscal Agency, Local Government Financial Emergencies and Municipal Bankruptcy, 2010[5] を見れば明らかであろう。また，新聞記事も少なくない[6]。それと比べると，日本の対応ははるかに遅れているのである。

六　放棄される土地

　日本社会における急速な高齢化の進展，人口の減少，経済の衰退の中で，地方団体の破綻とともに深刻な問題となっているのが，所有者不明の土地や住宅の取扱いである。最近は，『実家のたたみ方』（千葉利宏著，2014 年）とか，『親の家のたたみ方』（三星雅人著，2015 年）といった書物が出版されていることからも，問題が一般化し，かつ深刻であることがうかがえる。

　財産としての土地の難しさは，動産のように容易にそれを捨てる（あるいは，破棄する）ことができないという点にある。捨てることができない故に，他に譲渡することができない限り，土地所有権から，土地の所有「義務」（具体的には，管理義務や納税義務）のようなものが生じてしまう。そのために，土地は，マイナスの財産になりうる。管理費用や納税義務を考えた場合に，マイナスの財産となってしまった土地について，それでも固定資産税の課税を続けるべきか否かは，相当に困難な問題である。国や自治体も，土地の管理を個人の責任として個人に責任を負わせてしまえばそれで済むというような簡単な話ではなかろう。もちろん，所有者の責任といえばそれまでではあろうが，逃れようのない義務を，たまたま当該土地を相続しただけの者に負わせることが，正義公平の理念に合致しているとは必ずしも思えない。この点は，誰かに対する管理義務の履行や課税を強化すればいいというような性格の問題ではない。国や自治体が中心となって真剣に土地を管理し活用する手段を講ずる時期に来ているといえよう。

　現在，一般財団法人国土計画協会の所有者不明土地問題研究会（座長・増田寛也元総務相）において，長い間相続による登記等が行われておらず，権利関係が錯綜している（いわば，所有者不明の）土地について，どのようにしたらよ

---

5)　http://www.senate.michigan.gov/sfa/publications/issues/localgovfin/localgovfin.pdf.
6)　例えば，Lovett, Third City in California Votes to Seek Bankruptcy, N. Y. Times, July 12, 2012, at A14（Natl. Edition）; Bankrupt Cities, Municipalities List and Map, http://www.governing.com/gov-data/municipal-cities-counties-bankruptcies-and-defaults.html.

いかを議論している。しかし、日本の不動産登記が対抗要件に過ぎないところから、問題の解決はおそらく困難を極めるものと思われる[7]。

このような点を考えれば、資産にマイナンバーを附番すれば課税上の多くの問題が解決するというような意見がいかに実態から乖離した楽観的なものであるか、容易に理解されよう。

七　将来への展望

前述したように、世界的な中間層の剥落現象が、日本においては、比較的若い層と、地方を中心に生じている。このことを考えると、日本の将来について悲観的な気分になりがちであるが、しかし、今後の日本に明るい展望がないわけではない。

それは、日本が、①高齢化先進国であるという事実と、②経済発展著しいアジア・太平洋地域の中で、近隣地域と密接な経済関係を保ちながら存在するという事実である。

すなわち、現在は経済成長を謳歌している諸国の中には、もう10年か20年もすれば、日本以上に高齢化の打撃を深刻に受けると思われる国が少なくない。この点、日本は、急速な高齢化の進行に歩調をあわせるかたちで、必ずしも十分ではないかもしれないが、年金制度、医療制度、介護制度を整備してきているのであり、その点が日本のアドバンテージと考えられる。また、発展著しいアジアの中で、諸国と密接な関係を築いていくことのできる日本は、恵まれているといえるかもしれない。

いずれにせよ、あらゆる問題について、徹底的な実態把握が急務であり、過度に楽観的になったり悲観的になったりするのは禁物であり、冷静な対応が必要である。

---

[7] 仮に、単一者を強制的に登記名義人にすることができたとしても、そもそも価値のない（管理費や租税を考えればマイナスの資産である）土地について、その管理義務や納税義務をその者に強制すべきか否かという点については、議論の余地が残る。

II

地方税条例の効力の地域的限界

一　はじめに

　最近における地方分権と課税自主権に関する意識の急速な高まりとともに，また，同時に，地方団体の深刻な財政危機を反映して，様々な地方団体において（都道府県レベルにおいても市町村レベルにおいても），独自の税源の探究のための研究会や検討委員会等が設置され，それぞれの場所において，かつてなかったほど真剣でレベルの高い議論が行われている。私自身も，それらの委員会や研究会のうちのいくつかに実際に参加し，現実の制度を素材として議論を行っているうちに，地方団体におけるこの問題に対する真摯な取り組みに感銘を受けると同時に，そのような（独自の税源の探究という）本来ならば地方分権や課税自主権の見地からいって望ましいはずの動きの中に，実は危険で看過することのできない重大な問題が存在するかもしれないことを認識するにいたった。それは，地方団体の独自の財源を探究する動きが活発化すると同時に，地方団体間の課税権の（場合によっては，かなり醜いかたちの）衝突が現実の問題となりつつあるのではないかと思われるという点である。

　にもかかわらず，この点に関する深刻な問題意識は，地方団体においても，租税や地方財政の専門家の間においてもほとんど存在しないのが現状であるといってもよいのではなかろうか。そして，私は，このような状況に対して，法律家として，大きな危機意識をもつにいたった。そのような問題意識なしに進められる地方分権と課税自主権の拡大が，地方団体間の対立という混乱しかもたらさないと仮にすれば，そのことによって困るのは地方団体であり，そのような混乱のうち避けられるものは避けた方が無難であると考えるようになった。そこで，本稿においては，この問題について法的視点から取り上げ，地方税条例の効力の及ぶ地理的範囲（すなわち，それは，別の言い方をすれば，地方団体

の課税権の及ぶ地域的限界であるが，それを，本稿では，便宜上，「管轄権」と呼ぶことにする）について理論的に明らかにしたい。

　従来においては，きわめて厳格な（これを地方団体の立場から見れば，かなりの程度にがんじがらめで中央集権的な）地方税法の枠組みの中において，地方団体相互間の課税権の衝突がそもそも生じないように，国により慎重に制度が組み立てられていたから，現実にはそのような衝突の問題はほとんど生じることがなかったのではなかろうかと思われる。しかし，これからは，従来と異なり，特に法定外税の普及とともに，この問題がきわめて深刻なものになるであろうことがほぼ確実に予想される。なぜならば，行動の自由の拡大というものは，いかなる場合においても，一般的にいって，当該行動の自由を有する個別の主体相互間の衝突の可能性を高めずにはおかないものだからである。そもそも地方団体に対して課税における自主権の拡大を認める以上は，ある程度の衝突や混乱はつきものである。しかし，問題は，その結果として，従来のように地方税法による規制の強い時期においては考えられもしなかったような深刻な問題が引き起こされるかもしれないという点である。

　このことは，また，地方分権や課税自主権という大義名分の下で各地方団体が独自に課税権を行使する機会がこれから増えれば増えるほど，（地方分権や課税自主権という標語としての言葉に含まれる自らのことは自らで決定し，負担も自ら負うという感覚とはうらはらに）自らの域内の住民に対する個人課税の増税（たとえば，住民税や固定資産税の超過課税）が選択される可能性はおそらくきわめて低くなるであろうと思われるという点により，さらに増幅される（課税自主権という言葉は，自ら課税する権限をさすのであろうが，それを逆にいえば，地方団体の場合，それは，主として自らの域内の住民や企業に対する課税が中心となるのが，いわば当然と思われるにもかかわらずである）。より具体的には，地方団体ごとの課税における自主性が拡大すればするほど，多くの地方団体は，おそらくは選挙などの政治的理由から，個人よりは法人に対する課税を（法人には投票する権利がない），また，域内者に対する課税よりは域外者に対する課税を選択する（域外者にも投票する権利がない）ようになるのではないかというおそれが現実に存在するのである。そうすると，地方団体の首長や議会にとって最も望ましい課税は，域外の企業に対する課税であるということになろう。このように，地方分権や課税自主権という錦の御旗の下に行われる課税自主権の拡大が，実際には選挙権のない域外者に対する課税（という名の収奪）に終わってしまうのでは，地方分権といっても随分と悲しいことというしかないが，それが現在のいつわらざ

一 はじめに

る一面であるといわざるをえない（これは，まさに，国際課税の世界における一部の途上国の行動パターンと共通のものである）。そのような状況の下においては，いずれにせよ，地方税条例の管轄権の問題が深刻なものとなるであろうことが容易に予想される。

では，現在の地方税法と地方税制度を前提として考えた場合に，地方団体は，域外者に対して，域内者に対するのと同じ程度の自由さをもって課税権を行使することがはたして許されるのであろうか。あるいは，仮にそこまでは許されないとしても，果たしてどの範囲であれば，域外者に対する課税を行うことが許されるのであろうか。そして，この問題を法的に表現すれば，条例の効力の及ぶ「管轄権」の範囲の問題をいかに考えるべきかということになる。

この問題に対して正面から答えるためには，目下のところ，（国家の）課税管轄権の法的調整の問題に関して現実にきわめて活発な議論の行われている国際課税の世界における理論のアナロジーにおいて考えていくしかないものと思われる。もちろん，地方団体間の権限の調整は，本来的には当然に国内法的な問題なのであるが，日本の憲法には，アメリカ連邦憲法における通商条項のような規定は存在しないのであるから，この問題を考えるに際して，日本国憲法は直接的にはあまり参考にはならないのではなかろうか。すなわち，日本国憲法は，地方自治に関する規定のところで，国との関わりにおける地方団体の地位について意識を集中するあまり，地方団体相互間の権限の調整については必ずしも明確に規定してはいないのではないかと思われるからである（なお，日本において，地方団体相互間の課税権の調整について現実に規定していると思われるのは，もっぱら，地方税法であるが，そこにおいても，その点に関する規定は付随的かつ間接的なものにとどまるといってよかろう）。

また，現実の地方分権や課税自主権をめぐる理論的あるいは実務的議論においても，同様に，国と地方団体との間の関係ばかりに関心が集中しすぎる結果として，地方分権や課税自主権拡大の必然的帰結であると思われる（としか思われない）地方団体相互間の権限調整の問題（すなわち，対立の解消方法の問題）については，一般的に，議論はほとんど行われてはいないというのがいつわらざる現状なのではなかろうか。しかし，主として国との関係を意識して（しか意識せずに）地方分権が推進され課税自主権が拡大された点を考えれば，地方団体相互間の対立は起こらない，と考えることはあまりに楽観的にすぎよう。したがって，我々は，以下において，課税団体間の権限調整に関して長い時間をかけてきわめて精緻な議論を繰り広げてきた，国際租税法の理論的成果を，

地方団体間の関係調整において借用してみよう。

二　国際課税における国家の課税管轄権

一つの国家における互いに平等な地方団体の併存状態は，国際社会における主権国家の併存状態とパラレルに考えることができる。そこで，ここでは，本件における議論に必要な範囲において，国際課税における課税管轄権に関する仕組みと，それをめぐる理論的な議論について簡単に要約しておこう。

国家の課税管轄権（それは，国家主権の具体的発現形式である）は，国家の権限の三権分立に対応するかたちで，立法管轄権と，執行管轄権と，裁判管轄権に分けられる。このうち，裁判管轄権の問題は，直接的には国際私法や国際民事訴訟法といった学問分野の問題であるから，ここではふれないこととする（なお，日本のように国にのみ司法権が帰属し，地方団体に司法権の存在しないところにおいては，地方団体間の裁判管轄権の調整の問題は論理的に生じえないから，この点については，本稿においては特にふれる必要はなかろう）。

一般国際法に則して考える限りにおいて，課税に関する国家の立法管轄権に関しては，国際法的な制約が比較的少ないか，あるいはほとんど存在しない。そのような法的制約は，あるとしても，国家は，自らと何らの関係もない者や事実に対して課税するという立法を行うことは許されていない，という程度のほとんど無内容に近いものであり，これを果たして法的制限ということができるかどうかさえ疑問といえなくもない。これに対して，課税に関する執行管轄権の方は，国際法的にかなり厳格な制限を受けている。すなわち，ある国家の課税庁は，他国の領土主権の及ぶ地域においては，調査や徴収を行うことが基本的に許されないのである。

しかし，国家は，立法管轄権に関する一般国際法上の制限がゆるいからといって，現実には，執行管轄権の及ばないような者や事象について課税に関する立法管轄権を及ぼそうとは通常はしないであろう（これは，執行できないような課税を規定しても無意味だからである）。その結果，課税に関する立法管轄権が制限されるのは，実際には，国家の意思に基づいてであるということになる。すなわち，第一に，国家は，自主的かつ一方的にその国内法において，課税に関する立法管轄権を制限している（ユニラテラルな制限）。たとえば，国家は，外国法人に対しては，通常，国内源泉所得に対してのみ課税するとしている。第二に，国家は，租税条約において，相互の合意の結果として，その課税に関す

る立法管轄権を制限している（バイラテラルな制限）。現実の世界における，国家の課税権に対する国際法上の制限としては，この条約によるものが最も重要なものといえよう。

したがって，上の国際課税との対比において，地方団体間の課税に関する立法管轄権の衝突について考えていく際には，次のようないくつかのレベルにおいて考える必要があろう。

・憲法や法律による制限（これは，一般国際法による制限に対応する）
・条例による制限（これは，国内法による一方的制限に対応する）
・地方団体間の合意による制限（これは，租税条約による制限に対応する）

このうち，最後のものは地方団体間において実際には行われにくいであろう。また，二番目の一方的かつ自主的な制限も，地方団体が地方税条例を制定する際に慎重に検討を行えばかなり有効な問題解決の手法となりうるが，現時点においては，あまり期待しにくいのではないかと思われる。すると，第一番目の国による制限が，現在のところ，最も現実的なものなのではないかと考えられる（それこそ，国の役割といえよう）。したがって，問題は，憲法や現行の地方税法が具体的にどのような制限を設けていると解釈できるかという点に帰着する。

なお，この他にも，地方団体の課税管轄権に対しては，外国の地方団体との間の調整に関して国際法的な制限が存在する（一般国際法および租税条約による）が，ここではふれない。

三　条例の管轄権

では，上の国際課税における議論をふまえた場合に，地方団体との関連においては，課税管轄権の制限や地方税条例の管轄権について果たしてどのように考えることができるのであろうか。

地方団体の課税権は，三つの異なるレベルにおいて他の課税権者の課税権と衝突する。すなわち，地方団体対外国（外国の地方団体を含む）の関係，地方団体対自国の関係，自国内の地方団体相互間の関係においてである。このうち，ここでは，最後の，日本における地方団体相互間の課税権の衝突について考えてみよう（なお，地方団体対外国の課税権の衝突については，一般的に，国際租税法の枠組みの中で論じられるし，また，地方団体対自国の課税権の衝突の問題は，すなわちこれまで熱心に議論されてきた課税自主権の問題そのものである）。

この関連で，まず，指摘しておかなければならないのは，国家は，地方団体

相互間の課税管轄権が衝突する場合に，理論的には，これを放任する場合と介入する場合とがありうる（そして，このような課税権の衝突を，国が放置するのか調整するのかに応じて，地方団体の課税管轄権のあり方は異なったものとなる）のであろうが，通常は，国はそのような衝突に対して厳格に介入する場合が多いと考えられる点である。このことは，たとえば，アメリカのような連邦国家においてさえ，連邦憲法上の通商条項により，州の課税権には憲法上の厳格な制約が存在することからも明らかであろう（あるいは，国際社会においてさえ，国家間の課税管轄権の衝突を避けるために国際課税の理論が発展させられてきたという点にも留意）。

では，日本の現行制度下においては，国は，地方団体の課税権に関してどのような国内法的な制限を付することによって地方団体間の課税権の衝突が起こらないようにしているのであろうか。

この問題については，まず，地方団体の課税に関する執行（すなわち，調査および徴収）は比較的自由に認められているという点があげられよう。たとえば，熱海市に別荘を有する東京都の住民に対して，熱海市の職員が東京に出向いて固定資産税に関する調査を行ったり，その納付を求めることは別に違法なことでもなんでもない（これに対して，国際課税の局面においては，国家の課税に関する執行管轄権は，調査に関しても徴収に関しても，厳格に制限されている）。

これに対して，問題は，むしろ立法管轄権の方であろう。地方団体相互間の課税管轄権の衝突に関して，地方団体相互間の取り決めにより問題が解決される場合は，地方税条例制定のレベルにおいては現実には考えにくい（すなわち，国際課税における条約にあたるようなものは，基本的に存在しない）し，また，地方団体が一方的かつ自主的にその課税権を制限するかどうかもわからないので，問題は，基本的には，国により解決されざるをえないのではないかと思われる。そして，地方団体相互間の課税に関する立法管轄権の調整に関しては地方税法という法律が存在するという点が，国際課税に見られない著しい特徴であると考えられる（国際課税の世界においては，一般国際法がこれに対応するが，一般国際法における課税に関する立法管轄権の制限はきわめてゆるいので，あまり実効的ではない）。しかも，地方税法の仕組みの内部において，地方団体間の課税権の衝突はそもそも基本的に生じないような配慮がなされてきた（少なくとも，従来はそうであった）と考えられる。このように課税権が衝突した場合の調整という問題について特に議論しなくても，そもそもそのような衝突が発生しないように制度が構築されていれば，その限りにおいて問題はないといえよう。したがっ

て，問題は，主として，法定外税の場合に生ずるのではないかと思われる。

　この点において，まず第一に確認しておかなければならないのは，国際課税における場合と同様に，地方団体は自らと何の関係もない者や事象に対して課税を及ぼすことは基本的に許されないという原則が，最低限，存在するのではないかと考えられることであろう。この点に関する明文の定めは特別に存在しないが，地方税法という法律の存在自体がそのような基本原則を何よりも雄弁に表現していると考えることは不可能なことではない。すなわち，地方税法は，国が，地方団体の課税権に関して介入することにより調整をはかるための法律である。したがって，そのような法律において，国際課税においてさえ認められている原則が，連邦国家ではない単一国家の内部関係において否定されるはずはないのではなかろうか。したがって，むしろ，問題は，地方団体との間でどの程度の関係が存在する場合に，地方団体はある者や事象に対して課税権を及ぼすことが許されるかという点であろう。

　第二に，地方団体がある取引に関連して一定の課税を行おうとするときに，その域内に当該取引の関係者が存在する場合には，わざわざ域外の者に対して課税するよりは，当該域内の者に対して直接的に課税した方が望ましい（場合によっては，法的にそれが要請される）という点である。

　第三に，地方団体の課税に関しては，域内と域外との区分が問題となろうが，その場合の「域外」には，少なくとも理念的には外国も含まれるという点である。地方団体が地方税条例を制定する場合に外国のことまで検討対象とすることは少ないであろうが，そのような限定的なメンタリティーでは，後に解決困難な問題が生ずるかもしれない時代にすでにきているかもしれないのである。そして，そのように外国まで考えて条例を制定する場合には，国際租税法の諸原則をわきまえて，国際課税の原則を侵害しないようにする必要性があるといえよう。

　第四に，地方税の課税に関しても，内外無差別が法的に要請されるという点である。すなわち，域内の者を域外の者と比して優遇することは，当該域外の者が外国の者である場合にはWTOの内国民待遇の問題が生じうるし，また，当該域外の者が国内のものである場合には憲法の法の下の平等の問題が起こる。逆に，域内の者に対して域外の者よりも重課する場合にも，憲法の法の下の平等の問題が生ずるであろう。なお，付言するに，地方税条例において国内の者を国外の者と区別して扱う場合にも，WTOや憲法の問題が生じよう。

　このような抽象的な原則の列挙ではわかりにくいので，以上の点を具体的な

例をあげて確認しておこう。たとえば，ある地方団体が，その域内における産業廃棄物の埋め立てについて課税しようとしたとする。この場合，上の原則をそれぞれ具体化すると，次のようになろう。

第一に，いかに環境保護のためとはいえ，地方団体は，当該団体と関係のない域外の者や行為に対して課税を行うことは許されないのが原則である。しかし，もちろん，域外の者や行為により当該団体の環境が直接的な影響を被った場合における判断は，法的にはかなり微妙である。すなわち，たとえば，酸性雨の原因となる硫黄分を多く含んだ石炭を燃料にしている外国の者に対して，日本のある地方団体が課税することは，執行の観点からいって無理があろうが，当該地方団体を流れる川の上流で汚染物質を排出している域外の者に対して課税を行うことは，被害の程度にもよるが，場合によっては許されるかもしれない。

第二に，域外の者が排出した産業廃棄物を域内の者が中間処理したり埋め立てたりする場合には，当該排出者である域外の者に対して直接課税するよりも，当該地方団体とより関連の強い当該域内の者（すなわち，中間処理業者や埋め立て業者）に対して課税を行う方が望ましいであろう。もちろん，域外の者が域内に排出物を送り出しているのは確かではあるが，送り出している以上は，必ず，だれかそれを受け取っている者が域内にいるはずだからある。したがって，この場合に，地方団体にせいぜい許されるのは，域外の者を形式的には納税義務者としつつも，域内の中間処理業者や埋め立て業者を特別徴収義務者とするところまでであろう（これは，特別地方消費税のメカニズムと同様であると考えられる）。

なぜなら，第三に，当該域外の産業廃棄物排出者には，理念的には外国の者も含まれることになるが，そのような者に対してまで申告を求めることは（日本国内に納税代理人でもいない限り）通常はできないし，また，域外の者に対する調査も事実上困難だからである。

また，第四に，そのような廃棄物の課税において域内の排出者と域外の排出者を差別する扱い等があると，WTOや憲法の問題が生じる。

以上は，国による調整のあり方に関する議論であったが，地方分権や課税自主権の見地からいえば，地方団体自らが一方的かつ自主的に，その立法に関する課税管轄権に制限を設けたり，あるいは，地方団体相互間で一定の取り決めを行うという方向が望ましいとはいえるかもしれない。

四　条例の法令審査

　国は法律を作りなれている。また，国で法律案が作成される過程においては，内閣法制局等における法令審査が厳格に行われるために，憲法や国際法に違反する法律が制定される可能性はきわめて低い。

　これに対して，きわめて残念なことではあるが，現在のところ，地方団体は，必ずしも独自の条例を作りなれているとはいいがたいのが現状であろう。失礼を省みずに述べれば，銀行に対する事業税の外形標準課税に関する条例について，大阪府が東京都の条例をほとんどそのまま模倣した事は，われわれの記憶に新しい（大阪府でさえ，その程度であると考えると，事の深刻さが容易に理解されよう）。これは，別に大阪府に能力がないからというわけではなかろう。ただ，経験と人手と時間が乏しいだけなのである。また，（法律の場合におけるように）条例の制定の過程において厳格な法令審査が行われるような仕組みも基本的にはできてはいないのである。

　にもかかわらず，地方税条例がいったん制定されてしまえば，その適用を受ける納税者に対しては，十分な法的保護が与えられなければならないことは，法律の場合とまったく同様である（裁判所で最終的な問題の決着がはかられる）から，地方税条例の制定にはかなり慎重でなければならないのである。

　特に，法定外税については，まさか自治省が従来のように条例（のひな型）を起草してはくれないのであろうから，地方団体がこの点に関して独自の地方税条例を制定しようとする際には，かなり慎重な対応が要請される。仮に，地方団体が，地方分権とか課税自主権とかいう表面的なことがらに踊らされて，条例制定過程における慎重な法的詰めを怠れば，後で違憲・違法という判定が裁判所において下されることもありうるということを，地方団体は肝に命じておかなければならないのである（自由には責任がつきものなのである）。

　結局，このような問題を根本的に解決するためには，かなりの数の法曹資格を有する担当者を，条例の法令審査のために各自治体に常勤でおいておくことが必要となろう（アメリカの州に，法務部局が存在するという点に留意）。また，それが事実上困難であるというのであれば，地方自治の趣旨からはやや乖離するのかもしれないが，自治省や法務省に地方団体の条例に関する法令審査を依頼できるような専門家からなる部局を設けておいてもいいかもしれない。いずれにせよ，地方分権や課税自主権の拡大が違法な地方税条例の発生を招くことの

ないように，あらゆる関係者が注意しなければならないのである。そのような慎重な対応こそが，真の意味の地方自治をこの国に根づかせるための必須の条件であると思われるからである。

　今こそ，地方団体自らの努力によって，本当に独自なのは申告書の様式だけ，と揶揄されることのないように，理論面も含めた検討を進めるべき時期である。
（本稿は，クリエイティブ房総の第53号に掲載したものを，書き直したものである）

Ⅲ

固定資産税の負担状況について

　この私の担当部分に関しては，与えられた問題のそれぞれについて個別的に，理論的観点からの解明を試みることとしたい。ただ，論者の，固定資産税の性格に関する考え方や，課税理論上の立場により，異なる検討結果がもたらされるであろうことが予想されるので，以下においては，できるだけ，異なる立場を並列的にならべることにより，ある立場を採用するとどのような検討結果が産み出されるかという点について，中立的な立場から述べていくこととしたい。したがって，私自身の立場なり考え方は，可能な限り控えるように努力するつもりである。

　以下において，私が解明することを要求されているのは，次の三つの問題点である。すなわち，

(1) 「固定資産税の法人における負担と個人における負担について」

　　これは，要するに，固定資産税を課税するに際して，法人の負担を個人の負担よりも重くすることが，理論的に許されるのかどうかという問題であろうと思われる。この問題に対して答えるためには，法人の納税義務に関する検討と，固定資産税の課税根拠に関する検討の両方が不可欠なものとなろう。

(2) 「個人については所得に対する逆進性があり得ると考えられるが，この関連とその是非について」

　　これは，文字通りの意味であるが，個人に対する固定資産税の課税に関して所得に対する逆進性があるか否かという点それ自体が，なかなか解明の困難な問題なので，以下においては，この点をも含めて，詳しく議論したい。また，「所得に対する逆進性」ということの意味についても検討したい。

(3) 「事業者において固定資産税が損金又は必要経費に算入される根拠とその意義について」

この問題に答えるためには，特に，固定資産税の本質にまでさかのぼった議論が必要であろうと思われるから，以下においては，上の，(1)および(2)における議論を前提にして，この問題について検討してみたい。

いずれの問題も，固定資産税の本質にからむ難しいものである。このような問題に対して答えを出すことは必ずしも容易ではない。以下の理論的検討も，その点において十分なものとはいえないが，それが，上の諸問題に対する立場を決定するにあたり，何らかの参考になれば幸いである。

一　固定資産税の法人における負担と個人における負担について

1　法人に対する固定資産税の課税の根拠

まず，前提として，法人に対する固定資産税の課税の根拠について，多少の検討を行っておこう。

個人に対する固定資産税の課税の根拠は，応益税により，一応説明することができる。

これに対して，法人に対する固定資産税の課税の根拠については，事情が異なる。すなわち，この点については，以下に述べるように，法人実在説をとる場合と，法人擬制説をとる場合とで，多少，説明が異なったものとなろう。

すなわち，第一に，法人に対する固定資産税の課税の根拠に関して，法人自体が地方団体からのサーヴィスを受益していて，その対価として固定資産税を支払っているという法人実在説的な説明は，法的には確かに可能である（しかし，このような説明は，少なくとも経済的には困難かもしれない）。この立場に立った場合，法人が固定資産税の納税義務を負うことは，むしろ，当然のことといえよう。

これに対して，第二に，法人それ自体ではなく，法人の背後に存在する個人（すなわち，株主等）が地方団体からのサーヴィスを受益しているという法人擬制説的な立場に立った場合は，法人に対する固定資産税の課税の根拠について，より詳しい説明が必要である。そして，実は，この立場に立った場合においても，法人の背後に存在する個人が地方団体からのサーヴィスを受益しているという点に着目しながらも，その個人に対してではなく，法人に対して固定資産税を課税することを正当化することは，一応できるものと思われる。すなわち，この場合，（法人に対して租税負担を課すためではなく）そのような法人の背後に存在して地方団体からのサーヴィスを実質的に受益している個人に対して経済

的に租税負担を及ぼすための法的な技術として，法人が固定資産税の納税義務者とされているというように説明されることになろう。

以上のように，法人実在説と法人擬制説のいずれの立場に立つ場合であっても，（個人に対してのみならず）法人に対しても固定資産税の課税を行うことを，理論的に正当化することができるのである。

これはなぜかというと，固定資産税が比例税率で課される租税であり，しかも，法人実在説と法人擬制説のいずれの立場に立った場合においても，法人に対して課税しても経済的二重課税の問題が生じない（これは，固定資産税は法人税とは異なり，実物資産と対比される意味の金融資産に対しては課税されないからである）からであろう。特に，固定資産税の優れた点の一つは，それが実物資産に対してのみ課されるという点である。資産を実物資産と金融資産に分けた場合，金融資産はその背後に実物資産が存在することを前提としてはじめて価値があるのであるから，資産税を金融資産と実物資産の両者に対して課税することは，法人に対する課税が行われる限り二重課税を引き起こす場合がある。しかし，固定資産税においては，そのようなおそれはない。

2 固定資産税の物税としての性格を重視する立場に立った場合

課税理論上，固定資産税は，物税（主として物的な側面に着目して課される租税で，人的事情は一般に考慮の外におかれる）であるとされている。この，固定資産税が物税であるという点に関しても，上の1の法人実在説と法人擬制説の対立におけるように，固定資産税の物税性を重視する立場と，さほどには重視しない立場の二つを分けて考えることができよう。

第一に，固定資産税は，納税義務者（個人であれ，法人であれ）の人的な負担能力に着目して課される人税（主として人的側面に着目して課される租税であり，納税者の人的事情が顧慮されることが多い）ではなく，固定資産の存在そのものに着目して課される物税であるという点を重視する立場を採用すると，法人が納税義務者とされている点はどのように評価できるであろうか。

この点については，次のような説明が可能であろう。すなわち，固定資産税が，その理論的な性格からいっていくら物税であるとはいっても，課税である以上，たとえ形式的にではあれ，納税義務者は必要である（固定資産それ自体を納税義務者とすることは，法的に不可能である）。そこで，法は，固定資産には，私法上，必ず所有者が存在するという事実に着目して，課税技術上の要請から，とりあえず，固定資産の私法上の所有者を納税義務者としている（ただし，こ

れは技術的理由でそうなっているだけであるから，私法上の所有者以外の者を納税義務者とすることも当然に可能であろう）のではないかと考えることができる。固定資産税の課税を固定資産課税台帳に登録されたところに従って行うという，地方税法の方式（台帳課税主義）に見られる一種の形式主義・便宜主義は，そのように課税技術上の要請から法人が固定資産税の納税義務者とされたことと相通ずるところのあるものであると考えられる（そこでは，たとえば，固定資産の所有者であっても，固定資産課税台帳に所有者として登録されない限り，固定資産税を課されることはないとされている）。

したがって，個人とならんで法人が納税義務者とされている点も，単なる課税技術上の要請からそうなっているにすぎず，法人の有する何らかの属性に着目してそうなっているわけではないということになるから，それが，理論的に特に問題となることはない（したがって，この立場は，納税義務者をどのように決定するかという選択が課税技術的な考慮に基づいて行われていると考えるという点において，どちらかというと，法人擬制説〔法人が独自に納税義務を負うことを否定する〕と結びつきやすいと，一応はいうことができる）。

このように，固定資産税は物税であるという点を重視する立場に立つと，地方税法において，固定資産の私法上の所有者が納税義務者とされているのは単なる課税技術上の要請にすぎないのであるから，（私法上必ず存在するところの）固定資産の所有者に対していったん課税を行ってしまえば，法は，その後の転嫁等には基本的には関心がないということになるであろう。事実，登記名義人であるために，固定資産の所有者でないにもかかわらず固定資産の納税義務を負わされた者が，真実の所有者に対して納付税額相当額の不当利得返還請求権を有すると解されているのは，あくまでも民法上の考慮からであり，租税法上の考慮からではない。したがって，このような立場に立った場合，法人の固定資産税の「負担」という表現は，法的にはともかく経済的には必ずしも適切なものとはいえないのである。

このように考えてくると，上のような立場に立った場合の結論として，「固定資産税の法人における負担と個人における負担」という本委託研究における問題設定には，理論的な意味はそれほどはないということになるであろう。そうであるならば，法人は個人よりも高い租税負担能力があるから，法人に対しては個人に対するよりも重い固定資産税の負担を負わせるべきであるというような議論は，当然のことながら，まったく意味をなさないということになろう。

もっとも，この場合においても，（固定資産税は物税であり，地方税法がその転

嫁に関して無関心であるとはいえ）固定資産税の課税が実際にどのような経済的効果をもたらすかという点については，別途検討する必要性があることは当然であろう。特に，課税の中立性の見地からいっても，一定の経済政策的な理由の存在しない場合には，固定資産税が，特定の資産の保有のみを促進したり阻害したりすることのないように配慮すべきであろう。

なお，上のように，固定資産の私法上の所有者が納税義務者とされているのは単なる課税技術上の要請にすぎないものであると考えるとすると，地方税法が，（特定の固定資産についてではなく）特定の納税義務者に対して固定資産税を課税しないこととしている場合が存在する点は，少なくとも理論的に考える限り不可解であるということになろうが，これも，ある固定資産が特定の用途に供されている場合にそのように課税しないこととしているのであり，そのような扱いは納税義務者の人的な属性を重視した結果ではないと考えれば，特に理論的な問題はないといえないこともないのかもしれない。しかし，現実の地方税法には，納税義務者の人的な属性に着目した制度も存在するのであるから，この点から考えるならば，固定資産税を純粋な物税としてのみとらえることは困難であるといえる。

3　固定資産税の物税としての性格をさほど重視しない立場に立った場合

これに対して，第二に，固定資産税が物税であるという点をさほど重視しない立場に立った場合には，どのようになるであろうか。

上の2におけるように，固定資産税が物税であるという点を重視する立場に立った場合においても，いかに物税とはいえ，固定資産税の納税義務者は固定資産それ自体ではなく，あくまでも個人なり法人であるという点を否定するわけにはいかない。これは，結局，そのような固定資産税の物税性を重視する立場が，必ずしも絶対的なものではないということを意味するといえよう。したがって，その点を考えれば，そもそも，固定資産税に人税的な要素が皆無であるとはいえないということになろう。

このように，固定資産税に人税的な要素の存在することを認める立場に立って考えると，固定資産税が，固定資産を所有している個人・法人を納税義務者としている点に，単なる課税技術上の要請以上のものを見出すことが可能であるということになろう。では，それが何であるかということになると，（固定資産税を応益的な見地から課される課税であるという点を前提とするならば）結局は，たとえば，納税義務者とされている個人なり法人なりが，地方団体から何らか

のサーヴィスを受益しているからであるといった理由をあげざるを得ないであろう（あるいは，より応能的な説明も可能かもしれない）。すると，ふたたび，1における法人実在説と法人擬制説の問題にもどらなければならないということになる。すなわち，法人実在説においては，法人自体が地方団体からサーヴィスを受益しているから，また，法人擬制説においては，法人の背後に存在する個人が地方団体からサーヴィスを受益しているから，個人のみならず法人も固定資産税の納税義務者とされているという説明になる。

　このように考えた場合，「固定資産税の法人における負担と個人における負担」という本委託研究における問題の設定には，一応，理論的な意味が存在するということになろう。すなわち，上のように，固定資産税を地方団体から受ける受益の程度に応じて支払われるものと考えるとすると，そもそも，法人（あるいは，法人の背後に存在する個人）と個人とで受益の程度に差があるかどうかが問題となるのである。たとえば，土地を例に考えると，ある単位面積当たりの土地に関して，仮に，法人が個人よりも多くのサーヴィスを地方団体から受けているというのであれば，あるいは，法人の背後に存在する個人が，一般の個人よりも多くのサーヴィスを地方団体から受けているというのであれば，法人は，個人よりも高い（比率で）固定資産税負担を負わなければならないということになるであろう。

　しかし，そのような議論をなすことは不可能なのではなかろうかと思われる。利用者がだれであれ，単位面積当たりの土地に関して所有者が受ける地方団体からのサーヴィスの量は同じであるとしか考えられないからである。したがって，法人には個人よりも高い固定資産税の負担能力があるから，法人に対しては，個人に対するよりも重い固定資産税の負担を負わせるべきであるというような議論は，ここにおいても意味をなさないということになろう。

　もちろん，以上とはまったく別の見地から，法人に対しては，個人に対するよりも重い固定資産税の負担を負わせるべきであるという方向の議論を導くことは，必ずしも不可能ではない。すなわち，固定資産税を人税的に構成するというのであれば，ある納税義務者の保有する固定資産の名寄せを行って，その評価額の総額に対して累進税率を適用するという方式も考えられないではない（そうすれば，多くの固定資産を保有する可能性の高い法人に対しては，個人に対するよりも高い租税負担を負わせることが可能となる）からである。しかし，それは，地方税という固定資産税の性格と矛盾する結果をもたらすであろう。すなわち，仮に，固定資産税に関して累進税率を適用するのであれば，ある納税者の日本

全国に存在する固定資産を名寄せしなければ意味がないであろうと思われるからである。

二　個人については所得に対する逆進性があり得ると考えられるが，この関連とその是非について

1　所得に対する累進性の意味

　この問題に対して理論的に答えるためには，何よりも，まず，課税そのものが，一般的にいって，「所得に対して累進的ないし比例的」でなければならないものなのか否かを問題としなければならないであろう。何故に，「所得」を基準にして累進性・比例性・逆進性の判断を行う必要性があるのか（これは，たとえば，消費額を基準にして累進性を考えることも不可能ではない点を考えれば，当然の疑問といえよう）という点，あるいは，何故に，課税が累進的ないし比例的に行われなければならないのかという点については，財政学的ないし租税法学的にかなり議論の余地があろうが，ここでは深入りすることはできない。

　ただ，一般的にいって，所得に対する累進性を絶対視する考え方が圧倒的に優勢であるとは必ずしもいえないというのが，現在の学界における世界的傾向であるということはいえるのではなかろうか。もし，そうであるとするならば，この二におけるような問題設定それ自体が，それほどの重要性をもたないと考えることさえ可能であるということになろう。しかし，それでは，本件委託研究の趣旨に必ずしも沿わないであろう。したがって，以下においては，一応，「所得に対して累進的」な課税が望ましいという前提を一応認めた上で議論を進めて行くこととする。

　また，仮に，「所得に対して逆進的」な課税が望ましくないという立場をとるにしても，それはすべての租税を総合して評価すべきことで（すなわち，租税制度全体の問題として，総合的に累進的であるか，逆進的であるかを判断すべきである），個々の税目のそれぞれについて「所得に対して累進的ないし比例的」な課税が望ましいとはいえないのではないかという疑問が生ずる。なぜなら，そもそも，個々の租税がすべて「所得に対して累進的ないし比例的」でなければならないとすると，現行の租税体系において問題のある租税は非常に数多いということになりかねないからである。

　したがって，このように考えてくると，少なくとも純粋理論的にいうならば，設問におけるように，固定資産税の所得に対する逆進性という問題を検討する

こと自体，意味をもたないということになるのではなかろうか。しかし，これも，本件委託研究の趣旨に必ずしも沿わないであろう。したがって，以下においては，固定資産税という単一の税目の所得に対する累進性について検討を行うことに一定の意味があるということを一応の前提として，議論を進めていくこととしたい。

2 固定資産税の，所得に対する逆進性

次に，固定資産税が，本当に，所得に対して逆進的であるか否かという点について検討する必要性がある。その際には，法人に対する固定資産税の転嫁・帰着の問題についても念頭におく必要性があるのかもしれないが，ここでは，その余裕はないので，その点に関する検討は省略させて頂くこととする。

まず，第一に，何よりも強調しなければならないのは，持ち家のもたらす帰属所得（自己保有資産への投資によりもたらされるフローから，当該資産の減価償却費等を差し引いたもの）を考慮すると，はたして固定資産税が所得に対して逆進的であるといえるかは，はなはだ疑問であるという点である。

そもそも，固定資産税が所得に対して逆進的であるという考え方は，たとえば，所得の高い個人は多くの固定資産を保有していることが多いという状況はあるにせよ，所得の伸びほどに固定資産保有高が増えるわけではない（たとえば，所得が増えれば，所得のうち消費に回される部分の比率が増えるかもしれないし，また，貯蓄にしめる〔固定資産保有比率と比した〕金融資産の保有比率が高まるかもしれない）であろうから，所得が二倍になっても（比例税率で課される）固定資産税の負担は二倍にはならない，という点を指しているのではないかと思われる。

しかし，包括的所得概念が望ましい課税ベースであると考えるならば，帰属所得を含めない所得の金額と，固定資産保有額（ないし，固定資産税額）の相関関係を議論することには，あまり意味はなく，このような意味の逆進性について非難する必要性はないのではないかと思われる。

むしろ，固定資産のもたらす帰属所得を所得に含めて考えると，固定資産税は（帰属所得をも含めた真の意味の）所得の額との関係においては必ずしも逆進的とはならない可能性がある。なぜなら，帰属所得の額は一応は固定資産の保有額に比例するものと思われるから，帰属所得の額が二倍であれば，固定資産保有額も固定資産税額も二倍であり，固定資産税の税額は所得との関係において比例的であるということになるからである（なお，帰属所得以外の所得は所得税の累進税率に服しているので，ここにおける検討の対象から外しても問題はないであ

ろう)。したがって、固定資産税は、むしろ、帰属所得に対する所得税非課税という所得税制度の根本的欠陥を救って、所得税の累進性を高める方向で作用しているところの実質的な（比例税率で課される分離課税の）所得税として観念できるものと思われる。そうであるならば、固定資産税を逆進的であるとして非難することはあたらないといえよう。

もっとも、上のように帰属所得を考慮した議論が可能なのは、あくまでも、事業用資産以外の土地・建物等の、帰属所得を産み出す固定資産のみについてである点に留意しなければならない。

次に、第二に、固定資産税の所得に対する「逆進性」について、応益課税という観点からの弁護論が考えられよう。所得税の累進性というのは、そもそも、応能原則から派生するものであろう。したがって、応益原則という、応能原則とは別の根拠に基づいて課される固定資産税が、所得との関連において累進的でないのはむしろ当然であるという議論である。

もっとも、固定資産税が、応益的な観点から課されているというのは、固定資産税の課税の根拠に関する一応の説明であって、だから、固定資産税が所得に対して累進的である必要性はないというように論理展開をしていくことはできないのかもしれない。したがって、このような弁護方法は、必ずしも適当なものとはいえないという批判を受ける可能性がないとはいえない。

そこで、第三に、上の1の最後において述べたことにもどることになるが、次のような議論が可能であろう。すなわち、仮に租税制度が（所得に対して）累進的であるべきであるとしても、その累進性は、個別の租税ごとに独立に判断すべきではない。重要なのは、租税制度全体としての累進性である。すると、固定資産税という単一の租税の所得分配に及ぼす効果がどうであれ、租税制度全体としての累進性が保たれていればそれでよいということになる。このように考えるならば、むしろ、固定資産税は、所得税や消費税の欠点を補っているということができるのではなかろうか。

したがって、結論としては、固定資産税が所得に対して逆進的であるか否かという点についてそもそも疑問の余地があるが、仮にそうであったとしても、固定資産税の所得に対する「逆進性」をことさらに取り上げて問題視する必要性は必ずしもないということになろう。

三　事業者において固定資産税が損金又は必要経費に算入される根拠とその意義について

　固定資産税と，法人税・所得税との調整の問題は，固定資産税の性格をどのようにとらえるかという点と，国税と地方税の調整をどのようにはかるかという点により，異なった結論がもたらされる。

1　形式論理からいった場合
　この問題については，形式論理からいった場合，一応は，次のようになろう。すなわち，固定資産税は物税であり，個々の納税義務者の人的な状況に無関係なものとして徴収される固定資産保有にともなうコストであるから，人税である法人税・所得税において損金・必要経費算入するのは当然である。もっとも，このような紋切り型の説明では，必ずしも十分ではないし，また，固定資産税に人税的な要素があると考えると，このように考えることには多少の問題がある。

2　実質論理からいった場合——固定資産税を所得課税の一種と考えた場合
　そこで，固定資産税を人税的に考えて，しかも，それが（固定資産の産み出す利益に対する）一種の収益課税であるとしてみよう。すると，固定資産税と，法人税・所得税との二重課税の問題が生じえよう。この場合の処理には，たとえば，以下のような方法が考えられる。
　すなわち，第一に，固定資産からあがる利益（たとえば，不動産所得等）については，一応，固定資産税の賦課により（分離課税的に）所得税・法人税の課税が完結していると考えれば，固定資産税の課税対象となった利益額を法人税・所得税の課税ベースから排除しなければならないことになるから，法人税・所得税においては，固定資産からあがる利益に対して非課税にすべきであるということにならざるを得ないであろう。
　すなわち，このように，固定資産の産み出す利益に対しては，固定資産税の賦課により実質的に所得税・法人税が課税済みであると考える場合，法人税・所得税において損金・必要経費算入すべきは，固定資産税の税額ではなく，固定資産の産み出す利益全額となるという点は重要である。
　これに対して，第二に，固定資産からあがる利益については固定資産税によ

り（源泉徴収的に）所得税・法人税の課税が行われていると考えれば，法人税・所得税において，固定資産税を税額控除すべきであるということになろう。これは，結果としては，第一の場合と類似してくるであろう。

　これに対して，固定資産税を，帰属所得に対する所得税の代替物と考えると，固定資産税の課税は所得税・法人税の課税されていない帰属所得に対する補完的な課税であるということになるから，そもそも二重課税は存在せず，したがって，上のような二重課税の排除を目的とした扱いは一切不要であろう。もっとも，このような議論が成立するのは，帰属所得をもたらす，事業用資産以外の土地・建物等についてのみである点に留意しなければならない。

3　実質論理からいった場合——国税と地方税の調整に留意した場合

　他方，上の2とは別の実質論理からいって，国税と地方税の調整という点に留意すると，ほぼ，次のようになろう。すなわち，固定資産税は地方税であるから，国と地方との税源配分の見地からは，アメリカの地方税のように，国税である法人税・所得税において損金・必要経費算入すべきであるという議論である。こうすれば，高い地方税を課した地方団体の住民の国税負担は，低い地方税しか課さない地方団体の住民の国税負担よりも低いものとなる。

　もっとも，このように考えた場合には，損金・必要経費算入よりは，むしろ税額控除を認めたほうがより直接的でいいということになるかもしれない。また，このような見地から固定資産税の損金・必要経費算入を認めるのであれば，事業用資産以外の資産についても（損金・必要経費算入に代わる）所得控除等の扱いが必要となろうし，さらに，固定資産税以外のその他の地方税についても同様に扱わなければならないということになるであろう。

4　固定資産税の転嫁を考慮した場合

　また，固定資産税の転嫁との関連においても，少し困難な問題が生ずる。すなわち，たとえば，事業用資産に関して，固定資産税負担を他のものに転嫁した納税者が，さらに，固定資産税額の損金・必要経費算入を行ってよいか否かが問題となろう。しかし，少なくとも消費者に対して転嫁がなされる場合は，その納税者の売上も転嫁した固定資産税の分だけ増額されるのであるから，この場合に固定資産税を所得税・法人税の課税標準から控除することには問題がなかろう。

Ⅳ

地方税における企業課税

一　はじめに

1　従来の議論

　地方税における企業課税の問題についてもっぱら理論的観点から検討するのが，本稿の課題である。そのための準備作業として，ここでは，まず，純粋に法理論的な観点から，従来からの地方団体の課税権に関する議論をごく簡単に整理し，そこにおける問題点を指摘してみよう。

　従来の地方税に関する議論においては，地方団体の固有の財源の確保という財政的な視点が中心的なものとされてきた。この点は，経済学者の議論においてのみならず法律学者の議論においても同様である。すなわち，地方団体の課税権が，日本国憲法により与えられたものなのか，地方税法により与えられたものなのかという点が，法律学者により主として議論されてきたが，通説においては，憲法における「地方自治の本旨」という文言の解釈から，日本国憲法上，地方団体にも固有の財源調達手段が保障されているとして，地方税の課税根拠が説かれてきた。

　すなわち，従来の法律学における地方税に関する議論においては，主に財源という点に力点がおかれ，地方団体の「主権」から産み出される主権の属性としての課税管轄権という発想——それを肯定するにせよ，否定するにせよ——がまったく欠けていたのである。換言すれば，従来の議論においては，課税管轄権という国際法・国際私法的な視点から地方団体の課税権に関して検討するという視点が存在しなかったのである。これは，国と地方という二分割で財源配分を考え，地方団体どうしの対立に十分な注意を払わないという思考様式の結果である。したがって，たとえば，固定資産税という場合には，日本全国に「地方」という単一の主体の課する単一の租税しかないかのような感覚が存在

した。しかし，法的には，課税権者の数だけ異なる固定資産税が存在すると考える方がむしろ自然なのかもしれない。いずれにせよ，地方税に関する法律学の議論において課税管轄権の視点が欠けているということは，きわめて重大なことである（アメリカにおける地方税の議論の大部分が課税管轄権の衝突の調整に関するものであるという点に留意せよ）。そこで，本稿においては，もっぱら，この課税管轄権という点から，地方税の課税根拠について法理論的にあらいなおしてみたい。

2 本稿の視点

以上において述べたように，従来，われわれが地方税について検討する際に決定的に欠けていたのは，課税管轄権という観点である。しかし，地方税の問題を純粋に法的に見ると，それは，なによりもまず，地方団体の課税に関する管轄権の問題であることに気付く。繰り返しになるが，これが本稿の基本的な視点である。

地方団体に対して完全なる本源的な課税管轄権が与えられているのであれば，それは，他の地方団体の課税管轄権との間で衝突をおこすのみならず，国家の課税管轄権との間においても衝突をおこすであろう。また，地方団体に対して完全なる本源的な課税管轄権は与えられておらず（国家の課税管轄権から派生する）第二次的な課税権しか認められていないとしても，地方団体どうしの「課税権」の衝突という問題が少なくとも理念的には生ずるはずである。

このように，地方税の問題を課税管轄権の問題として見ると，地方税の問題が，実質的に，国際課税（課税管轄権の衝突に関する検討を主たる対象とする）の問題そのもの（あるいは，それと実質的に類似のもの）であることがわかる（その意味で，たとえば，地方税と国際課税という問題の設定のしかたは，それ自体が自己矛盾をはらむ）。結局，国際課税（国家どうしの課税管轄権の衝突に関するそれ）について議論することが，そのまま，地方税について議論することにつながるのである。

したがって，本稿においては，多少大胆な方法なのかもしれないが，国際租税法における課税管轄権に関する議論を前提として，地方税における企業課税の問題について考えてみることとしたい。具体的には，地方団体の課税権の理論的範囲と，その国家法による制限を，国家の課税管轄権の範囲と，その国際法による制限とパラレルに論じたい。特に地方団体による企業課税について考える際には，このような視点が有効であることが，本稿における議論において

示されるであろう。

このように，地方税における企業課税の問題についてもっぱら理論的観点から検討するのが，本稿の課題である。現行法の解釈問題や，現実の地方税制度において解決すべき具体的問題は扱わない。もっぱら，立法論的な地方税の制度設計の問題として，いかなる形態の企業課税が地方税になじむのかという点について，純粋に法理論的観点から追求する。

3　本稿の構成

以上のような視点から，以下においては，まず，地方団体の課税権の本質に関して，国際課税における課税管轄権の議論を参考にしながら検討する（二）。次いで，地方団体の課税権と他の団体（地方団体ないし国家）の課税権の衝突の回避の問題について議論する（三）。そのうえで，地方税における企業課税の問題について検討を加えることとしたい（四）。

なお，本稿は，必ずしも純粋な研究論文ではないので，注については，本文中におき，かつ最少限度にとどめてあることに留意されたい。

二　地方税と国際課税

1　課税管轄権（tax jurisdiction）の種類

管轄権の範囲については，主として，国際法や国際私法において議論される。この問題は，法理論的にきわめて奥深いものであり，それについて，ここで片手間に検討するわけにはとてもいかない。したがって，この点に関する検討をここで特に行うことはしない。

ただ一点だけ指摘しておきたいのは，課税管轄権が，国際法上，国家主権の属性として理解されている点である。たとえば，山本草二教授は，管轄権を，「国家がその国内法を一定範囲の人，財産または事実に対して適用し行使する国際法上の権能をいい，国家主権の具体的な発現形態である」と定義されておられる（国際法学会編『国際関係法辞典』155頁）。もっとも，課税管轄権といっても，単一のものではなく，国家の三権に対応して，立法管轄権，執行管轄権，司法管轄権の三つに分けられる。そして，一般的に，立法管轄権はきわめて広いものととらえられているのに対して，執行管轄権は属地的に制限されたものととらえられている（なお，司法管轄権も同様である）。

本稿において以下に議論するのは，主として立法管轄権についてである。

2 地方団体に「課税管轄権」は認められているか？

　地方団体に対して，国家に関すると同様の意味において，何らかの「課税管轄権」が認められているか否かという問題は，それほど容易に答えられるものではない。

　なぜなら，この問題に対する答えは，当然のことながら，「課税管轄権」の理解のしかた如何によって異なったものとなってくると思われるからである。以下では，問題を単純なものとするために，「課税管轄権」を，国際法における国家の主権の具体的な発現形態としてとらえ，検討することとする。

　初めに，何よりも強調すべきは，日本国憲法の下における地方団体が国際法における国家でない以上，それに対して，国家の場合と同じ意味の主権・課税管轄権は与えられないであろう（連邦の支分国に対してさえ，一般的に，国際法の主体性が認められていない点に留意）という点である。すると，地方団体の「課税管轄権」という言い方は適切なものではないということになるのかもしれない。したがって，以下において，地方団体の「課税権」という語は，国家の課税管轄権とは質的に異なる，より一般的なものとして用いることとする。

　さて，地方団体に対して，国際法における国家の課税管轄権と類似のものが認められているか否かという点に関しては，理念的に，次の三つの考え方を観念することが可能であると思われる。

(1) 否定説

　地方団体には，国家主権と同様の主権は与えられておらず，したがって，独立の課税管轄権も与えられていない。地方団体の「課税権」（これは，国家の「課税管轄権」とはまったく別物である）は，地方税法という法律により与えられる。

(2) 憲法根拠説

　地方団体には，憲法により，国家主権と（同様ではないにせよ）類似の（国家主権から派生する）主権的権限が与えられており，その結果として，（国家の課税管轄権から派生する）課税管轄権的権利が与えられている。この場合の地方団体の課税権（ここにおいては，課税管轄権的な権利）は，憲法により与えられ，地方税法により確認的に定められている。しかし，この権利は，国際法上のものではない。なお，地方団体の執行管轄権の方は，属地的な制限を受けず，国内においては無制限となっているが，この点は，地方団体の課税権が国家の課税管轄権から派生していることを裏付けているといえよう。

(3) 本　源　説

　国家主権は，（理念的には国際法により国家に対して与えられたものと考えられるにせよ）本源的なものである。地方団体が国家以前の存在であるとすれば，地方団体に対しても，主権・課税管轄権に準じた独自の権利が認められると考えることが可能かもしれない。この場合の地方団体の課税権は，本源的なものであり，国家により（憲法により）認められて初めて与えられるものではない。もっとも，この権利も，国際法上のものとはいえないであろう。ただ，この権利は，憲法によっても奪えないもの，あるいは，少なくとも憲法で明確に定めない限り奪えないものではある。したがって，この権利は，アメリカ合衆国の州の権限と似ているといえよう。

3　地方団体は，完全なる課税権を有する課税権者か？

　この問題は，結局，地方団体の課税権に関する上の三つの考え方のうち，どれを採用するかという問題である。

　日本がアメリカやドイツのように連邦であれば，課税権の問題ももっと容易であり，2(3)の考え方が妥当であるということになろう（ただし，この場合であっても，アメリカの州の課税権が連邦憲法の通商条項等により制限されているように，地方団体の課税権が，憲法により制限されることはありうる点に留意）。しかし，通常の考え方に従えば，日本は，連邦ではない。

　そこで議論すべきは，2(1)の考え方と2(2)の考え方のいずれが妥当であるかという点である。この場合，地方団体の課税権が，憲法により与えられたものであると考えるにせよ，あるいは，地方税法により与えられたものであると考えるにせよ，それが国家によって自主財源の調達手段として与えられたものであることにかわりはない。したがって，このように国家によって与えられた自主財源の調達手段という観点から地方団体の課税権を位置づける以上，その課税権は，国家の課税管轄権（これは，国家主権の属性としての本源的なものである）とは別の種類のものとならざるをえないのではなかろうかと思われる。2(1)と(2)のいずれの場合においても，国家の課税管轄権の場合におけるような（だれから与えられたものでもない）先験的な性格の課税権は，地方団体に対しては認められないということになるからである。これに対して，地方団体の課税権が国家の場合と同じような先験的なものであるとすれば（2(3)の考え方），それは，国家の憲法以前の，（地方団体の主権者としての地方団体の住民により制定される）「地方憲法」によって初めて認められる（すなわち，地方団体の「主権」から産み

出される）ものであり（アメリカにおける州の課税権について考えてみよ），地方税法や国家の憲法により地方自治保障の一貫として派生的に認められる（すなわち，国家の主権から派生的に産み出される）ものではなかろう。

この点，通説は2(2)の考え方であるといえよう。しかし，この(2)の考え方は，実質的に2(3)の考え方に近く解することも可能であるし，逆に，2(1)の考え方に近く解することも可能である。そこで，以下では，(2)の考え方を仮に妥当なものとした上で，その具体的内容について考えてみよう。

国際法的な国家主権の概念を前提とした場合に，日本国憲法は，そのような本源的な主権のような強い権限を地方団体に対して与えてはいないものと思われる（もちろん，国際法も，そのような主権を日本の地方団体に対して与えていない）。日本の地方団体は，少なくとも憲法の明文上は，ドイツのラントやアメリカの州ほどに独立した存在ではない。このことは，たとえば，日本国憲法に，国と地方団体との間の具体的な権限配分に関する規定がないこと，日本の地方団体名は，ドイツのラントのように憲法上具体的に列挙されてはいない点，憲法の保障する地方自治が独立の司法権を欠くがゆえに不完全であるという点，および，地方議会の立法権もきわめて不十分であるという点等に明確にあらわれていると考えられる。したがって，仮に2(2)の考え方を採用し，憲法により地方団体に対して，国家主権と（同様ではないにせよ）類似の（国家主権から派生する）権限が与えられており，その結果として，（国家の課税管轄権から派生する）課税管轄権的権利が与えられていると考えるにせよ，それは，地方団体の課税権の法的根拠・性格付けに関する限りのことであり，地方団体の課税権の強さは，国家の課税権と比較して不十分なものとならざるをえないであろう。

すなわち，地方団体の課税権は，その法的性格において，国家の課税管轄権から派生する第二次的なものである（これに対して，国家の課税管轄権は，「国際法的な何らかの国家の上位団体の課税管轄権」〔このようなものがそもそも存在するかさえ疑問である〕から派生するものではなく，本源的なものである）のみならず，その効力においても，国家の課税権と比較して制限されたものと考えざるをえない。もっとも，憲法が地方団体に対して課税権を与えている以上，地方団体の課税権は憲法上は保障されているのであり，法律でこれを奪うことができないことはいうまでもない。

以上のように考えた場合に，問題となるのは，地方税法の存在である。地方税法は，明らかに，憲法が与えた地方団体の課税権の間の衝突を（法律で）調整しているからである。憲法上保障された地方団体の課税権を法律で調整（＝

制限）してしまってはたしてよいのであろうか。この点については，論者の立場により様々な考え方が可能であろう。しかし，ここでは，この点に関する様々な考え方を繰り返すことはせず，ただ，2の(2)の考え方に立った場合であっても，以下に述べるように，一応，地方税法の存在を正当化しうるという点を指摘するにとどめておく（なお，2の(1)の考え方に立った場合に，地方税法による課税権の調整を正当化しうるのは当然であろう）。

すなわち，地方税法の憲法上の意義について考える際に出発点とすべきは，憲法が地方団体に対して課税権を与えている趣旨であろう。承知のように，地方団体の課税権については，地方団体の財源確保の必要性という観点から説明されることが多い。たとえば，金子教授は，次のように述べておられる。

> 日本国憲法は，第8章に「地方自治」と題する1章を設け，「地方公共団体の組織及び運営に関する事項は，地方自治の本旨に基いて，法律でこれを定める」（92条）と規定し，さらに，「地方公共団体は，その財産を管理し，事務を処理し，及び行政を執行する権能を有し，法律の範囲内で条例を制定することができる」（94条）と規定している。これは，憲法が，明治憲法下の中央集権的・官治的な地方制度の否定のうえに立って，地方自治を保障し，地方団体に，その事務を，住民の民主的コントロールのもとに，自らの責任で自主的に処理する力を認めたことを意味する。ところで，地方団体が，地方自治の本旨に従ってその事務を処理するためには，課税権，すなわち必要な財源を自ら調達する権能が不可欠である。それなしには，地方団体は結局において国に依存することになり，それと引換えに国の監督を受けることになりやすい。その意味で，地方団体の課税権は，地方自治の不可欠の要素であり，地方団体の自治権の一環として憲法によって直接に地方団体に与えられている，と解すべきである（したがって，地方団体は，憲法上は，いかなる租税をいかなる課税要件のもとに賦課・徴収するかを自主的に決定することができる……）。このように，地方団体は，憲法上の自治権の一環として課税権をもち，それによって自主的にその財源を調達することができる，という原則を自主財政主義という。
> （金子宏『租税法〔第5版〕』（1995年）91頁）

このような地方団体の課税権の根拠付けを前提とした上で，金子教授は，地方税法の存在意義について次のように述べておられる。

> もっとも，自主財政主義は，地方団体ごとに税制が区々になり，住民の税負担が甚だしく不均衡になるのを防ぐために，地方団体の課税権に対して国の法律で統一的な準則や枠を設けることを，全面的に否定するものではない。そのような準則を設定した法律——準則法（Rahmengesetz）——として，地方税法が

ある。しかし，自主財政主義の趣旨にかんがみると，地方団体の自主性が十分に尊重されるべきであって，国の法律で地方税のすべてを一義的に規定しつくすことは適当でなく，また国の行政機関の指揮・監督権はなるべく排除する必要がある。(金子・前掲書92頁)

結局，国が憲法で地方団体に対して独自の財源確保の道を開いている以上，地方団体の課税権の衝突の調整を国が行うことは当然のこととして許されるということになるのかもしれない。

4 大牟田市電気税訴訟

2の(2)の考え方を，(1)の考え方に近く解した典型が，大牟田市電気税訴訟(福岡地裁昭和55年6月5日判決・訟月26巻9号1572頁，判時966号3頁，判タ417号51頁)である。これは，地方団体の課税権の憲法上の位置づけについて，国と地方団体が正面から争った事案で，大牟田市の課している電気ガス税について地方税法に非課税措置が定められている結果として税収が減少した点に関して，大牟田市が，当該非課税措置は「特定の税源からの課税を禁じ，租税の内容等についての地方公共団体の自主的な決定を制限するものであつて，地方公共団体固有の課税権ひいては自主財政権を侵害し，憲法92条の保障する地方自治の本旨に反する違憲の立法であり無効のものである」として，国家賠償を求めて訴えたというものである。裁判所は，次のように述べて，国を勝訴させた。

> 地方公共団体がその住民に対し，国から一応独立の統治権を有するものである以上，事務の遂行を実効あらしめるためには，その財政運営についてのいわゆる自主財政権ひいては財源確保の手段としての課税権もこれを憲法は認めているものというべきである。憲法はその94条で地方公共団体の自治権を具体化して定めているが，そこにいう「行政の執行」には租税の賦課，徴収をも含むものと解される。そこで例えば，地方公共団体の課税権を全く否定し又はこれに準ずる内容の法律は違憲無効たるを免れない。
>
> ……憲法は地方自治の制度を制度として保障しているのであつて，現に採られているあるいは採るべき地方自治制を具体的に保障しているものではなく，現に地方公共団体とされた団体が有すべき自治権についても，憲法上は，その範囲は必ずしも分明とはいいがたく，その内容も一義的に定まっているといいがたいのであって，その具体化は憲法全体の精神に照らしたうえでの立法者の決定に委ねられているものと解せざるをえない。このことは，自治権の要素としての課税権の内容においても同断であり，憲法上地方公共団体に認められる

課税権は，地方公共団体とされるもの一般に対し抽象的に認められた租税の賦課，徴収の権能であつて，憲法は特定の地方公共団体に具体的税目についての課税権を認めたものではない。税源をどこに求めるか，ある税目を国税とするか地方税とするか，地方税とした場合に市町村税とするか都道府県税とするか，課税客体，課税標準，税率等の内容をいかに定めるか等については，憲法自体から結論を導き出すことはできず，その具体化は法律（ないしそれ以下の法令）の規定に待たざるをえない。
　……電気ガス税という具体的税目についての課税権は，地方税法5条2項によって初めて原告大牟田市に認められるものであり，しかもそれは，同法に定められた内容のものとして与えられるものであって，原告は地方税法の規定が許容する限度においてのみ，条例を定めその住民に対し電気ガス税を賦課徴収しうるにすぎないのである。

　裁判所は，地方団体の課税権が憲法上保障されたものであるという判断を示す一方で，憲法上の地方自治に関して制度的保障説を採用し，地方税に関する事項の規律について法律の役割を重視する考え方を述べている。本判決は，地方自治自体の保障が制度的保障である（成田頼明「地方自治の保障」宮沢俊義先生還暦『日本国憲法体系5巻』（1964年）240頁）ことを反映して，「〔自治権の〕具体化は憲法全体の精神に照らしたうえでの立法者の決定に委ねられて」いるとして，地方団体が具体的な財源を自主的に決定することは許されないとの考え方を示している。
　これに対して，法律の規定をまたなければ地方団体の課税権は具体化されないという考え方に対しては，批判がなされている。地方団体が憲法により直接に課税権を保障されている以上，法律の定めは，憲法により認められた地方団体の自主的課税権をおかすものであってはならないというのである（碓井光明『地方自治判例百選〔第1版〕』（1981年）15頁。特に，北野弘久教授は，たとえば，『憲法と税財政』（1983年）9章において，「新固有権税」を強く主張しておられる）。すなわち，このような考え方によれば，憲法が国と地方団体の課税権の調整について一定のありかた（あるいは，おかしてはならない地方団体の課税権の範囲）を具体的に示しているということになろう。もっとも，実際に地方団体の課税権の具体的な限界を見出すことはきわめて困難なことである。このような限界を確定することが困難であるが故に，本判決は立法者の裁量を広く認めていると考えることもできよう（橋本博之『租税判例百選〔第3版〕』（1992年）13頁参照）。
　このように考えてくると，日本国憲法の下においては，課税に関して完全な

中央集権もありえず（憲法は地方団体の課税権を保障している），完全な地方分権もありえない（連邦においてさえ地方税に関する一定のルールは存在することが多いであろう）のではなかろうか。地方団体の課税権が憲法上保障されているという考え方を前提として考える限りにおいて，本判決のような考え方も，それを批判する考え方も，いわば質的に同種のものであるということになろうか。両者の考え方が対立するのは，憲法の予定する地方団体の課税権の境界線をどのように画するかといういわば量的な問題においてである。そして，実際に重要なのは，このような限界を具体的に見出す作業ということになろう。

なお，本判決に示された考え方によれば，地方税法が課税の根拠規定となるであろうが，しかし，このように「地方公共団体の課税権が法律の授権に基づくものであるとしても，地方税法のありかたとしては，地方公共団体に大幅な自主決定権を与えつつ，地方税法としては地方公共団体相互間の調整・統一の維持を目的とした大綱的な事項のみを規定することもありうる方向である」（水野忠恒『新条例百選』（1992年）201頁。この水野教授の指摘は，課税管轄権の調整メカニズムのようなものとして地方税法をとらえる点において，正鵠をえたものである）。逆に，本判決に批判的な立場に立つ場合であっても，地方団体の課税権を保障するために定められる地方税法の存在は認容され，国税・地方税間の調整に関する事項や，地方団体相互間の税源・税制の調整等の大綱的な事項に関しては法律で定めうるとされる（本件原告の主張）。

いずれにせよ，以上のように考えてくると，2の(1)の考え方と(2)の考え方の間には，基本的には程度の差が存在するだけということになろうか。そもそも，地方団体の課税権の固有性を主張するのであれば，2の(3)の考え方をとるべきなのかもしれない。

このように法的根拠の必ずしも明確でない（すなわち，見解の分かれている）地方団体の課税権を前提として，地方団体の課税権と，他の課税主体の課税管轄権との衝突について議論することは，かなり困難なことといえよう。したがって，課税管轄権という視点から，国際法的な検討をも行ったうえで，地方団体の課税権の根拠について明らかにする作業が不可欠になる。

この点については，従来，ほとんど無視されてきた点を考慮するならば，なおさらである。

三 課税管轄権衝突の解消

法的に複数の課税権ないし課税管轄権が併存する以上，それら相互の間で何らかのかたちの衝突がおこることは不可避である。ここでは，この点について，少し論ずることとしたい。

1 地方団体の課税権の衝突の諸段階

地方団体の課税権は，他の課税権者の課税権と，以下のような様々なレヴェルにおいて衝突する。

(1) 地方団体と他の地方団体

これは，それぞれの地方団体が独立に課税権を有する以上，避けられない問題なのであるが，日本においては，地方税法により，このような衝突が生じにくいように制度が設計されている。地方税法は，準則法 (Rahmengesetz) として理解されているが，その主要目的の一つとして，地方団体間の課税権の調整があることは確かである。このような調整方法は，国際課税でいうならば，超国家的な規範により国際的二重課税を避けるということになるであろう。

(2) 地方団体と国

これが，従来主に議論されてきたことである。しかし，そのような議論においては，税源の配分という点にのみ注意が払われ，課税管轄権（課税権の配分，衝突，調整）に関する議論は軽視ないし無視されてきたといえよう。その結果，たとえば，固定資産税という租税は，日本に一つしかないというような発想が存在した。しかも，税源配分が議論されるに際しても，国と地方団体連合体（国と対比させられる意味においての「地方」という単一の抽象的存在）の間の税源配分が議論の焦点であるかのような印象が否めなかった。これは，少なくとも理論的には，個々の地方団体ごとに課税権があるという素朴な点を無視した議論なのではないかと思われる。特に，地方団体の固有の課税権を強調する論者が，国と地方という二分割論の枠組みでのみ議論し，地方団体間の課税権の調整という複雑かつ困難な問題について関心を払ってこなかったことは驚くべき点であろう。

もっとも，この点については，国と地方団体連合体の間の税源配分という問題設定こそ正しいのだという考え方も成立する余地がないわけではない。日本国憲法は，地方団体の地域的区画割りについて具体的に示しておらず，その意

味で地方自治を抽象的な制度的保障と考えれば，地方団体全体を一つのまとまりとしてとらえることに理由がないわけではないからである（もっとも，地方団体の区画割りが明治以前にさかのぼる慣習的なものに左右されるとすれば，憲法以前に地方団体が存在したということになるのかもしれないが）。むしろ，一般的な理解はこのようなものなのかもしれない。

(3) 地方団体と，外国・外国の地方団体

日本の地方団体は，国際法上（租税条約上），国から独立した存在ではない。この点に関する詳しい議論は省略する。

2 同位の課税権者（地方団体と地方団体）の間の課税権・課税管轄権衝突の解消の方向

地方団体の立場から考えるならば，同位の課税権者の間の課税権・課税管轄権の衝突とは，地方団体の課税権どうしの衝突を意味する。この問題については，国家対国家の関係とパラレルに論ずることが可能であろう。逆に，地方団体間の課税権の衝突の解消に関するメカニズムが，国家と国家の間の課税管轄権の衝突を解消するためのメカニズム構築に際して，重要な参考資料となることもあるかもしれない。同位の課税権者の間の課税権・課税管轄権の調整に関しては，以下に述べるような相対立する二つの方向の動きが存在する。それに加えて，仮に課税団体の自律性・独立性を強調する方向に制度が動いていく場合であっても，最低限の原則として，non-discrimination をあげることができるので，これについても述べておく。

(1) 差異の解消の動き

まず，注目すべきは，差異の解消の動きである。世界各国の租税制度は，きわめて雑駁な言い方をすれば，convergence の方向にあるといってよいかもしれない。いずれの先進国の租税制度も，本質的には，かなり似かよったものとなってきている。これには，次のような様々な要因が考えられよう。

第一に，テクニカルな問題は共通性をもちやすいという点である。各国間で，追求すべき価値が異なるとしても，その価値実現のための制度は，技術的であるがゆえに共通のものとなりやすいといえる。これは，技術的な世界においては，効率的なものが自然に優位を占めるからである。

第二に，tax competition の動きが，制度の共通化を進展させる可能性がある。各国が企業誘致・投資引き込み等のために税率引き下げ競争等を行えば，ゲームの理論的に考えても，制度間に一定の共通性がもたらされる可能性がある。

ただし，これについては，リヨン・サミットやOECDの場において，そのようなことにならないように否定的な立場が表明されている。

　第三に，EU内部における統合の方向（そこにおいては，特に，non-discriminationの原則が重要である）が，国家間の制度の共通化の際のモデルとなる可能性がある。これは，国家の上に超国家的な存在を設定し，その力によって個々の国家の課税管轄権を弱体化させるという方向である。この方法が進めば，結局，現行の日本の地方税制のようになるものと思われる。このように考えると，たとえば，足による投票（これは，tax competition の中で，納税者が住居地を移動することである）という考え方は，否定されるかもしれない（むしろ，EU的な方向は，locational neutrality〔すなわち，課税により企業立地等が影響を受けないこと〕という考え方に結びつきやすいであろう）。

　(2) 差異ないし対立の拡大の動き

　これに対して，各課税団体がその自立性を強調するならば（たとえば，カナダにおけるケベック問題），そこにおける租税制度も異なったものとなる可能性が高い。異なった租税制度のもたらす問題点の解消よりも，各課税団体の自主性・独立性を尊ぶという行き方も，理論的には，確かに成り立ちうるであろう。日本における地方分権の強調は，基本的にはこの方向なのであろうが，租税制度までバラバラなものにすべきであると考える論者は少ないのではなかろうか。いずれにせよ，各課税団体の自立性を強調するとしても，課税方法の差異から生ずる障害を除去する必要性がある（国際的な二重課税排除措置が存在するのもこのためである）点は認めざるをえないであろう。

　(3) 最低限必要な無差別取扱い

　なお，直接的には差異の解消の問題ではないのかもしれないが，non-discriminationの原則は，同位の課税権者間の関係を考えるうえで最も基本的な原則といえよう。たとえ，各課税団体の自立性を強調する方向で制度を構築する場合であっても，制度間の差異から生ずる問題を放置してよいということにはならない。無差別取扱い禁止は，同一課税団体内においては同一の扱いがなされるという意味において，制度間の差異から生ずる問題に対する最低限の緩和アプローチといえよう。この問題に関しては，通商法の議論が参考となろう。

　そして，これがさらに進めば，国際租税法におけると同じように，何らかのかたちで二重課税の排除（課税権者間の協定により，あるいは，一方的措置により）措置が採用されるであろう。

3 同位でない課税権者(地方団体と国)の間の課税管轄権衝突の解消の方向

　国と地方団体との間の関係に関する見方は、これを同位の課税権者の間の課税管轄権の衝突と基本的に同様に考える考え方と、これらをまったく別のものと考える考え方に分かれよう。

　第一に、一つの方向性としてではあるが、同位でない課税権者の間の課税管轄権衝突を、同位の課税権者の間の課税管轄権衝突と同様に考えることができる。国と地方団体が全体と部分の関係にあるといっても、地方団体に何らかの根拠に基づいて課税権が与えられている以上、課税に関する権限からいえば国と地方団体とは別物であるから、国の課税管轄権と地方団体の課税権の衝突を、国際課税における国家の課税管轄権の衝突と同様に考えることは可能である。このような考え方は、特に連邦国家において妥当するかもしれない(たとえば、アメリカのように、地方税を連邦所得税に関して控除する)。この場合、いずれが上位であるということにはならないであろう。

　第二に、日本のような単一国家においては、国は地方を保護するといった上位・下位関係として、同位でない課税権者(国と地方団体)の間の課税管轄権衝突の問題を考えるという方向も可能かもしれない。これは、上位の課税権者の強制により、下位の課税権者の課税権が調整されるということである。EUにおけるハーモナイゼイションは、そのような調整の国際版である。

四　地方税と企業課税

　さて、以上の議論を前提として、いよいよ地方税における企業課税のあり方について議論してみることとする。

1　地方税における望ましい課税物件

　地方税における企業課税のあり方に関して検討する際には、その前提として、まず、地方税において望ましい課税物件とは何かという点について明らかにしておく必要性があるのではないかと思われる。しかし、これは必ずしも法的な議論になじむ問題というわけではなく、経済学的・政策論的な検討の対象である。したがって、この点については、財政学なり経済学における議論に委ねることとして、ここでは、特別な検討を行わないこととする。

　ただ一つだけ、地方税における望ましい課税物件の要件をあげるとすれば、

地方団体どうしの課税権の衝突を引き起こしにくいものという要件であろう。具体的にこのような要件をみたす課税物件に対して課される租税としては，たとえば，固定資産税や小売売上税をあげることができようか。

2 地方税における企業課税の問題点

地方税において企業課税を採用することについては，次の二つの問題点が存在するのではないかと思われる。

その第一は，企業課税が所得課税のかたちで行われると，税収が景気変動に大きく左右され不安定になるという問題である。これが，事業税の外形標準化（付加価値税化）が現在主張されている主な理由の一つである。もっとも，このような議論に対しては，そもそも，企業（所得）課税の税収が不安定なのは，当該企業課税がスタビライザーとしての役割を効果的に果たしているからであり，それは望ましいことであるという議論も存在する。

その第二に，法的なものとしては，同一企業に対して複数の課税団体が行使する課税権の間の調整の問題がある。地方税というものが仮に受けた便益に応じて課税されるのが望ましいものであるとするならば（その便益を何ではかるかは別として），地方税において企業課税を考える際には，ローカルな企業に対する課税が地方税として望ましいということになろう。しかし，一定規模以上の法人，つまりローカルではない，複数の地方団体にまたがって活動する法人に対する課税は，地方税にはなじみにくいところがあるといえるかもしれない（考えてみれば，課税権者の規模よりも企業の活動規模の方が大きい場合に，深刻な問題が生ずるのは当然のことであるといえるかもしれない）。なぜなら，複数の地方団体にまたがって活動する一定規模以上の企業に対して地方税を課すと，複数の課税団体による多重課税を避けるためには，現行の国際課税におけるような二重課税排除措置を設けるか，あるいは，複数の課税団体の間において，課税ベースの人為的な分割・配分を行う（現実に，日本の法人住民税に関して，人為的な基準に基づく分割・配分がなされている）必要性が生ずるからである。このうち，国際租税法におけるようなメカニズムを地方団体間の関係において導入することは，かなり非現実的であり，また，人為的な分割・配分は，いわゆるユニタリー・タックスの問題として議論されているが，移転価格に関するOECDのガイドラインにおいては，非科学的な課税の方法として非難されている。

これらのうち，本稿において議論するのは，後者の法的な問題についてである。

3 地方企業課税における消費型付加価値税とその限界

　では，国際課税におけるような複雑な二重課税・多重課税排除措置を設けず，しかも，課税ベースの人為的な配分も行わずに，地方における企業課税を仕組むことは可能なのであろうか。以下においては，多少，この点に関して考えてみよう。

　地方団体が独自の課税権を有していると考えるとして，地方税において企業課税を仕組む場合には，理論的にいって，次のような二つの方向性がありえよう。なお，付加価値税は，たとえ間接税として法的に構成されていようとも，そもそも企業の産み出した付加価値に対して課される租税であるから，一種の企業課税である点にかわりはないので，以下においては，企業課税の一態様として議論しておくこととする。

　その第一は，輸入中立性追求型の企業課税である。その典型は，取引に着目して課される間接税的に構成された付加価値税（しかも，輸出免税・輸入課税型の仕向け地原則に基づいて課されるもの）であろう。この場合，各課税団体は，自らの領域内から外への輸出の際にそれまでに課税していた租税を還付し，また，領域外からの輸入の際には課税を行うから，すべての財は（いずれの課税団体において生産されたものであっても），当該財が消費される課税団体の水準で課税される。なお，法人所得税を（資本）輸入中立性追求型に組み立てることも可能である。すなわち，所得課税の分野においても，領域外所得免税方式で国際的二重課税を調整すると，同様に，各課税団体は，（自らの領域内から外部に進出する法人についても，他の領域内から自らの領域内に進出してきた法人についても）自らの領域内で得られた所得についてのみ課税することになる。いずれにせよ，各課税団体は，各市場内において独立の制度の下で（すなわち，たとえば，独立の税率で）課税を仕組むことが可能となるから，課税団体ごとの課税の差異が，ある課税団体の領域の内部の市場における競争条件に対して与える影響は小さなものとなる。

　これに対して，第二は，輸出中立性追求型の企業課税である。その典型は，企業活動に着目して課される直接税として構成される法人所得税について，全世界所得主義に基づいて課税がなされる場合である。この場合，企業がどこで所得を得ようとも，所得は，企業の居住地の課税団体の税率で課税される（なお，外国税額控除制度は，進出先国における租税負担の差異を取り除く方向に作用し，輸出中立性の確保に貢献する）。なお，付加価値税を輸出中立性追求型に組み立てることも可能である。すなわち，付加価値税も，輸出免税・輸入課税の仕向け

地主義に基づいてではなく，原産地主義で課税される（輸出課税・輸入免税）ならば，どこで販売がなされようとも原産地の課税団体の税率が貫徹される。したがって，同一の課税団体の領域の内部の市場において，企業の居住地がどこであるかによりある課税団体内で得られた所得に対する租税負担が異なることになり，また，財の原産地がどこであるかによりある課税団体内で販売される財に含まれる付加価値税が異なるということになる。いずれにせよ，これは，課税が同一の課税団体の領域の内部の市場における競争条件を攪乱させる（たとえば，税率の高い地方団体の企業の生産した製品はどの市場においても価格が高くなる）。

　このうち，後者の輸出中立性追求型の企業課税の場合，特に，付加価値税でいけば非中立的になる（同一の市場内で，原産地により租税負担が異なる）し，所得課税でいくと，本店所在地の地方団体のみが税収を独占してしまうことになり不合理である（なお，税収の人為的分割・配分を認めれば，それは，輸入中立性追求型になってしまうであろう）という点が問題となり，いずれにせよ，深刻な欠点をかかえることになる。

　したがって，理論的な見地から望ましいのは，あくまでも前者の輸入中立性追求型の企業課税であろう。それは，少なくとも同一地方団体内部においては，中立的な課税をもたらすからである。しかし，そうはいっても，付加価値税でいくと地方団体間の「国境税調整」が必要となるし，所得課税でいくと，本店・支店ごとに独立の所得計算が必要となり（移転価格的な調整も必要となる），いずれにせよ，非現実的である。そこで，唯一現実的な方法としては，課税ベースの人為的な分割・配分により，本店・支店ごとに独立の所得計算を行うという方式の下で，所得税を課すことが考えられる（現行の法人住民税の方式）。

　なお，日本の消費税は，輸入中立性追求型の企業課税である。したがって，その論理を貫徹するならば，地方消費税においては，課税団体相互間において「国境税調整」を行うべきであるといえよう。しかし，これは，前述のように，地方税においてはかなり非現実的なものである。そもそも，同一の国内で国境税調整を要求するのは非効率的である（EU統合の中で，域内においては国境税調整から離脱する動きがあるのも同様）。そこで，地方消費税においては，国境税調整にかえて，変則的に，立法管轄権と執行管轄権を分離して，国が徴収した税収を消費統計に基づいて形式基準で配分するという方式が採用されたのである。もちろん，地方消費税を，輸出中立性追求型の租税として構成する（たとえば，企業の産み出した消費型付加価値に対して課される事業税のようなものとして，企業の

居住地の地方団体が原産地主義に基づいて課税する租税として構成する）ことも可能であったし，その方が，地方団体が徴収も行うので地方団体が課税しているという事実に正直なものであるといえよう。しかし，そのようにすると，本店所在地の地方団体のみが税収を独占してしまうことになり，今度は，何らかの形式基準による税収の配分が必要となってくるであろうから，国に徴収を委託するか，地方団体が徴収するかという点を度外視すれば，現行の方式と大差はない。いずれにせよ，地方団体間の課税権の調整をどのようにはかるかという問題は，事業税の外形標準化の議論に際しても関連する困難な問題といえよう。

　結局，地方団体の企業課税を，輸入中立性追求型の付加価値税として仕組むと，「国境税調整」という問題につきあたるし，逆に，法人所得税として仕組むと，輸入中立性追求型であれ，輸出中立性追求型であれ，複数の課税団体の間における課税ベースの人為的な分割・配分の問題が生ずる，ということになる。したがって，地方団体の課税権の範囲を考えるならば，地方税として望ましいのは，地域との結びつきの明確なもの（たとえば，不動産や，小売）であるということになるのかもしれない。

　なお，以上の議論においては，地方団体間で課税水準に差異が生ずるのは，独自の課税権を認めることの当然の帰結であるという点を前提としたが，そのような差異が同一国内において存在することが，果たして望ましいか否かという点になると，かなりの疑問がある。その意味において，現行の日本におけるような地方税法による調整という方式は，評価されていいのではなかろうか（EUにおける統合の動きなど，程度の差はあれ，つきつめれば，日本のような方式を志向しているといえなくもない）。

4　今後の問題

　所得課税は，現在，激動期にある。金融派生商品等の一般化にともない，時価主義の流れがおしよせ，従来からの伝統的な実現主義・保守主義的な会計思考に基づく課税方式が揺らいでいるからである。にもかかわらず，この種の問題に対する地方税制度の対応は著しく遅れているのが現状であるといってよかろう。これに対する対応を怠るならば，健全な地方税の発展は望むべくもないであろう。金融取引に対する課税を専門とする者として，筆者は，特に，この点を強く危惧している。

　もう一つは，通信技術の発達による急速な国際化・（取引の）匿名化の進展である。これは，課税不能な事態の出現をもたらすものであり，今後の租税制度

にとって最大の問題であるといえよう。そもそも，日本の戦後の租税制度は，表面的には申告納税体系の体裁をととのえてはきたものの，その実質は，源泉徴収体系であったといっても過言ではない。ところが，従来の源泉徴収体系を支えてきた基盤が通信技術の発達による急速な国際化・（取引の）匿名化の進展により揺らぎつつある。にもかかわらず，日本の申告納税制度は，納税者番号制度もなく，質問検査権も世界的に見て比較的弱いものである（それでも，徴収がうまく行われてきたのは，源泉徴収制度がしっかりとしていたからである）。したがって，今後は，納税者番号制度の導入と，質問検査権の（先進国レヴェルまでの）強化が必然的であるといえよう。

　さらに，所得課税中心主義から消費税中心主義への移行，各種の流通税の見直しといった根本的な改革が必要とされている。地方税は，このようなダイナミックな租税制度の転換という時流に，必ずしも十分にのってきたとはいいがたい。地方税制度が，このような急激な変化にどのように対応していくかが，今後の課題である。

V

これからの法定外税のあり方

一 疑義ある課税自主権行使の出現

　現在，地方分権と課税自主権の拡充というスローガンの下に，多くの自治体において，独自財源開発のための研究会等が設けられており，それはもはや一種のブームとしか表現のしようのないような活況を呈する状況にまで立ち至っている。このことは，地方団体の課税自主権という観点から考えた場合に意味のあることであり，様々な理論的及び実務的検討を通じた，地方団体の租税法に対する知識・経験の蓄積が大いに期待される。ところが，そのような研究会等における検討の結果として，法的に見て問題の多い新税案がいくつかの自治体で発表されてきていることもまた事実である。

　現在提案されている（あるいは，すでに導入された）法的問題をかかえた課税方式の多くは，端的にいって，①域内の住民に課税しないで域外の者に課税する，②個人に課税しないで法人に課税する，③地方税法に定められた要件のみを形式的にクリアすることに熱心なあまり，憲法や基本的な法原則を必ずしも十分に考慮しないという，三つの顕著な特徴を有しているのではなかろうかと思われる。この点において，これらの間にはとても偶然とは思えないような共通性が存在するからである。これは，要するに，これらの三つの特徴のうち第1番目と第2番目を有する課税は，有権者に対して政治的に受けがいいということを意味するのではなかろうか。そして，政治的に受けがいい場合には，第3番目の特徴に示されるように，地方議会における議論等において法的問題は軽視されやすいということなのであろうか。しかし，いくら政治的に受けが良くとも，地方団体における真剣な検討の結果が，第3番目の特徴を有している違憲・違法の課税であったというのでは問題であろう。

二　新税の具体例

　そうした問題をかかえた課税ないしその案の中から，いつくかの実例を取り上げて，より具体的に問題点を列挙すると，次のようになる。

　東京都の「銀行税」　　これは，課税理論の見地から見た場合には，ポピュリスト的な課税の典型であり（他に適切な表現が思い浮かばない），また，法的に問題のある課税の代表例であるということができるのではなかろうか。本件課税は特定の業界を狙い撃ちにしたものというよりも，端的に特定の企業（20数行の銀行）を狙い撃ちにしたものである。もちろん東京都は，問題提起をなすことをある程度意図してあえて銀行税を導入したのであろうが，近代市民憲法は，このような狙い撃ち的な課税を排除するために制定された（すなわち，恣意的課税を排除するために制定された）というのが歴史的事実であろう。立案者が政治的アピールと課税上の技術的技巧性に習熟している結果として，逆に基本的な視点が軽視されているのではなかろうか。課税の基本に立ち返って考えてみれば，課税はだれかを懲らしめるために行うものではない（もっとも，銀行税が，銀行の存在や活動を抑圧し，銀行の活動から生ずる「外部不経済を内部化する」ための「環境税」ででもあるというのであれば，それでもよかろうが）ことは自明の理なのであるから，「銀行税」の課税は，そもそもの最初から，根本的に方法を誤っているとしかいいようがないのではなかろうか。筆者は，租税法を専攻する人間の一人として，このようなセレクティブな課税が放置されることに危惧の念をいだくものである。

　横浜市の「勝馬投票券発売税」　　これは，地方団体が，大胆にも，実質的に国の財政活動の一環をなすところのものに対してあえて課税しようとしたという点において，空前の試みといってもよく（しかし，絶後でないところにまた問題がある），確かに条例制定者の課税に関する一種の意気込みが伝わってきはする。このような考え方を突き詰めると，横浜市が国に対して国税収入を収益とする課税を行うことさえ正当化できることになりかねない。地方団体が国（及び国の活動と同視される活動を行う者）に対して課税することは「主権免税」の原則に反するであろう。日本国がアメリカ合衆国やドイツ中央銀行の非商業的活動に対して課税することが許されないように，地方団体が国の財政的活動に対して課税することや，地方団体が他の地方団体の非商業的活動に対して課税することは原則として法的に許されない（ただし，課税される側の同意がある場合等

は別である）のではなかろうか。

　ある県の「産業廃棄物税」　これについては，課税することそれ自体には何の問題もない正当なものであるという点において，上の二つとは基本的に異なる。ただ，県外から運び込まれる産業廃棄物と県内の産業廃棄物との間で課税に差を設けるという不平等な扱いになっている，という点において深刻な問題を含んでいる。課税に関して県内の者と県外の者を不平等に取り扱うことはそもそも法的に問題なのではなかろうか（憲法違反であるとさえ考えられるのみならず，理念的にはWTO的な問題も生じ得る）。たとえば，ある行為に対して刑罰を課する場合に，域外の者のみを対象として，域内の者は対象としないとしたら，それは，憲法に反するのではなかろうか。

　このような違憲ないし違法な，あるいは，（納税者の視点から見て）不適切な課税しか地方団体は行えないということに仮になってしまえば，地方団体の課税問題に関する法的知識・見識・能力の水準が疑われるということにもなりかねず，結局，課税自主権の存在の基盤さえ揺るがされかねない事態に立ち至るかもしれない。

三　臨時特例企業税

　これに対して，上の二において具体例をあげた新税と比した場合に，法理論的な観点から見て比較的慎重かつ緻密に作成されているという点において評価できるのが，神奈川県の臨時特例企業税である。

　臨時特例企業税は，上の一において列挙した問題のある新税の三つの特徴のうち，第二の企業に対する課税であるという点に該当するのみである。もちろん，真の意味において課税自主権を行使しようというのであれば，地方団体は，域内の個人に対する課税を行うことにより（たとえば，住民税や固定資産税の超過課税等），コミュニティー・チャージ的色彩を有する地方税を徴収し，域内の財政需要にあてるのが望ましいことはいうまでもない。応益負担とは，本来，そういうことであろう。しかし，域外の者のみに対して課税するとか，違憲・違法な課税を行うよりも，臨時特例企業税の方がはるかにまともなものであることについては疑いの余地はなかろう。

　臨時特例企業税は，ごく簡単にその内容を述べるならば，結果的には要するに，単年度黒字の法人が利用できる繰越欠損金の控除を原則として認めないという内容のものである。しかし，このような効果を法の制限の下に達成するた

めに，法的観点から注意をはらって，課税物権・課税標準の選択等，制度の構築がなされている。具体的には，臨時特例企業税は，欠損金の繰越控除を行った事業年度において，繰越欠損金の金額を控除する前の当期利益金額（ただし，当期利益金額が繰越欠損金の金額を上回る場合には，当該繰越欠損金の金額に相当する額）に対して課される。したがって，当期利益の金額よりも繰越欠損金の金額が多い年度においては，当期利益金額（すなわち，繰越欠損金のうち，当該事業年度において利用された金額に相当する金額）に対して課税される。また，当期利益金額の方が繰越欠損金の金額よりも多い年度においては，当該繰越欠損金の金額に相当する額に対する課税がなされる。

　法人に対する課税においては，欠損金の利用制限（たとえば，欠損金のうち繰越控除できるのは単年度利益の 90 パーセントまでであるとすれば，繰越欠損金が損金算入されても，当該年度において，少なくとも単年度利益の 10 パーセントは課税されることになる）を行うことそれ自体は，外国にも例が見られることであり，課税理論の観点からいうならば特に無理のあるものとは考えられない。

　課税所得計算上の欠損金は，各種の租税特別措置の結果として生ずる場合もあるし，課税逃れのために人為的に捏造された損失からもたらされる場合もあるし，また，消極的な投資活動の失敗から生ずる場合もある。そのような点を考慮して，欠損金の利用に制限を設け，単年度利益の一定割合までしか繰越欠損金の控除を認めないこととしたり，あるいは，消極的な投資活動から生ずる損失は同種の活動から生ずる利益としか相殺できないこととする，という租税制度には一定の合理性がある。臨時特例企業税も，同一方向のものである。

　また，臨時特例企業税の税率は事業税の税率よりもかなり低く抑えられている。したがって，事業税と臨時特例企業税を経済的に統合して考えてみると，結局，全体として，繰越欠損金の利用を当期利益の一定割合までしか認めない制度と経済的に等しい効果が生ずるようになっている。

　しかも，臨時特例企業税は，外形標準課税におけるような意味における赤字法人課税ではない。なぜなら，それは，企業が単年度において黒字の場合においてのみ課税されるからである。したがって，住民税の均等割のように，すべての法人に対して適用されるものではないから，担税力の観点からいって，均等割の拡大等の方式と比較しても優れているという考え方も成立しうる。なお，臨時特例企業税は，しいていえば，一種のミニマムタックスの制度であると考えるべきであろう。

　さらに，臨時特例企業税は，当然のことではあるが，住民税や事業税の課さ

れていない法人に対してのみ課される。したがって，臨時特例企業税が住民税や事業税とあわせて課税されることは原則としてはない。ただし，当期利益金額の方が繰越欠損金の金額よりも多い年度においては，当該繰越欠損金の金額に相当する額に対する課税がなされることになっているから，この場合は，例外ということになる。

　臨時特例企業税は，実際的で，また，執行も容易である。それは，また，外国においても例のある制度であるという意味において，唐突さの少ないものである。さらに臨時特例企業税の発想は，地方税においてのみならず，法人税の世界においても，それなりの意味を持ち得るのではないかと思われる。すなわち，課税逃れ商品によって人為的に創出された損失が存在する場合等の一定の場合においては，アメリカの1986年改正において設けられた消極的損失の控除制限（パッシブ・ロス・リミテーション）の制度のように，法人税に関しても損失の利用制限等に関する制度を設けるべきであるかもしれないからである（なお，事業税における外形標準課税が実現された後においては，臨時特例企業税を課税すべきではないと思われる点に留意されたい）。

四　三重県の産業廃棄物処理税

　産業廃棄物に対する課税の先鞭をつけたのが，三重県である。三重県の産業廃棄物処理税は，条例案作成の過程で，幅広い見地から検討が行われており，法定外税の導入に関する一つのモデル事例になるであろう。しかも，ここでは，県内外の差別的取扱いは存在しない。

　ただ，一つだけ気になるといえば気になるのは，議論の過程で，県外（県外には，理念的には，隣県のみならず，遠く離れた県や，あるいは極端な場合には南極も含まれるであろう）の排出者に対して申告納付を義務付けるという，租税法上の執行の問題（場合によっては，条例の管轄権，ないし，地方団体の課税管轄権の問題）をもたらすであろう方式に内容がなりつつあるという点である。県外に排出者がいる以上，必ず県内に産業廃棄物を受け取り処理する者がいるはずであり，そのような場合には，課税の通念からいえば，県内の者に対して課税を行う方が妥当なのではなかろうか（この点について詳しくは，中里実「地方税条例の効力の地域的限界」地方税51巻11号2頁参照）。にもかかわらず，環境法でいうところの汚染者負担の原則を尊重して，わざわざ執行のしにくい県外の排出者に対して申告義務を課して課税することに，はたしてどのような課税上の根拠があ

るのかが必ずしも明確ではない。そもそも，汚染者負担の原則は環境関係の分野における原則であって，租税法にそのような原則は存在しない（もっとも，排出に課税するのであれば，排出の行われている地域で課税すればよく，そうであるならば，汚染者負担の原則と課税理論との調和がとれる）。租税制度を用いて環境目的を達成するというのであれば，通常は，租税法の原則に従うべきなのではなかろうか。その上で，どうしても環境関係の原則を追求したいのであれば，租税制度を手段として用いないという道も存在する（ただし，環境賦課金を賦課するとしても，課税の原則の適用が全面的に排除されるわけではない点に留意されたい）。

さらに厄介なのは，この問題は，消費税の国際課税における電子商取引の扱いと関連してくることである。OECDにおいては，外国の事業者からインターネットを通じて国内の者に対してサービスの提供がなされる場合に，いかに消費税の課税を行うかについて真剣な議論が行われている。案としては，国内の購入者に納付させる，国外事業者に国内に納税に関する代理人をおかせる，外国の事業者に申告をさせる，外国に徴収を委託する，云々といったものが考えられる。しかし，これはすべて，国内の購入者に対する課税が困難である（ないし，消費税の本質になじみにくい）から仕方なく国外の者に対して何らかの義務付けを行うという発想からの議論である。産業廃棄物の場合においては，県内に処理業者が存在するのであるから，なぜ，わざわざ県外の者に対して申告納付を求めるかが若干問題となろう。

また，そもそも，環境法における汚染者負担の原則に基づいて産業廃棄物を課税するのであれば，本来は排出者の居住する県において課税を行うべきではなかろうか（それでも，排出は減少する）という考え方も成立する。そして，それでは，産業廃棄物を持ち込まれる県が気の毒であるというのであれば，国税としての産業廃棄物税を導入して，税収の使途の面でそのような点を考慮すればいいかもしれない。結局，課税理論の上からは，排出に着目して課税するのであれば，排出者の存在する県が排出者に対して課税すれば良いし，廃棄物の受け入れに着目して課税するのであれば，受け入れ県が処理業者等に対して課税すればよいということなのではなかろうか。

この点は，さらに敷衍すると，実に複雑な課税上の問題と関連する。すなわち，ある県が産業廃棄物の排出に着目して，県内の排出事業者に対して排出量に応じて課税したとする（オリジンに着目した課税）。これに対して，別の県が，産業廃棄物の処理に着目して処理量に応じた課税を行ったとする（デスティネーションに着目した課税）。課税理論上，両者の関係が問題となる。すなわち，

二重課税を放置してよいのであろうか。また，地方税法上も，一方がすでに存在する場合に他方を認めるべきかが問題となる。両者あわせると負担が過重となる場合，早い者勝ちとなるのであろうか（なお，同様の事態は，国と地方団体との関係でも生ずる。地方団体が課税しているところに国税が導入されると，国の経済政策に反する課税になるが，放置していいのであろうか）。なお，三重県の課税は，三重県内に向けた（県内および県外における）排出に課税しているのであり，上のオリジンに着目した課税と，デスティネーションに着目した課税の中間的なものである（この場合も，排出事業者の存在する県で排出量に応じた課税が行われると，二重課税となる）。いずれにせよ，各県の課税方式がそろわないと，二重課税が引き起こされるのである。

　もっとも，この問題は，課税理論及び環境税の本質にかかわる根本的な問題には違いないが，県外の者に対して申告納付を求めるからといって，そのことのみをもって，ただちに一概に違法といえるかというと，それは一応は別問題である。また，同様に，県外の者に対して申告納付を求めたからといって，そのことのみをもって地方税法の定める総務大臣の同意の三要件にただちに該当するとはいえないであろう。問題は，このような徴収方法を採用することによって，実質的に不平等が生ずる（すなわち，手近な者のみが納税を強いられる）ことが不可避となってしまうか否かという点であろう。したがって，三重県の産業廃棄物処理税については，実態をよく検討した上で同意の可否が判断されることになろう。また，その成立後に，将来における執行の状況を見た上で，上のような問題に対応するために国税への変更をはかる等の改革等を行うという考え方も成り立つであろう。

五　まとめ

　「古い租税は良税である」という言葉が示すように，新税というものは，導入しないですめば，それにこしたことはない。法定外税といっても，そんなに素晴らしい新税がそうそう考えられるものでもない（合理的なものは，すでにほとんどすべて地方税法の中にとり入れられている）。しかし，財政事情が悪化している場合においては，新税の導入が避けられないこともある。

　したがって，やむを得ず新税を導入する際に地方団体において留意しなければならないのは，できる限り慎重にそれを行うという点であろう。そもそも，近代市民革命以降の憲法の下においては，課税権の行使は謙抑的に行われるべ

きことが原則なのではなかろうか。国や地方団体は，好きなように課税する権利を当然に有するというものではない（憲法30条の定める納税の義務も，「法律の定めるところにより」納税の義務を負うという点に力点があると考えられる）。すなわち，納税者の代表である議会の同意なしに課税は行えないという原則は，法律や条例で定めればどんな課税でも自由に行えるということを意味する，単なる手続的な原則であるわけでは決してない。そこには，法的見地から，様々な制限が加えられることになる（一種のサブスタンティブ・デュー・プロセス）。そして，当該課税が違法であるか否かを最終的に判断するのは，日本国憲法の下においては，最高裁判所である。

したがって，地方団体が課税自主権の行使の一環として新税を導入する場合においても，法的な観点から慎重な検討を行った上で採用するという態度が最低限必要であり，とにかくなんでもいいから他の地方団体よりも一日でも早く何らかの新税を導入してジャーナリズム等を通じて世の中にアピールしようというのでは，納税者はたまらないであろう。その意味において，「節度ある適正な課税自主権の行使」という思想こそが，現在の地方団体にとって最も必要とされているものであると思われる。

そのような現代的な要請に応えるためには，自治体における，条例の憲法適合性や法律適合性等に関する審査の能力を飛躍的に高める必要があろう。特に，議会に対して，条例の違法性等について助言を与える機関が必要となるかもしれない（議院法制局のような機関）。もちろん，現行の体制では，必ずしも十分ではない。したがって，適正な条例審査のためには，個別自治体がそれぞれ法律専門家を一定数雇用すべきであり，また，そうすることが仮に困難であるというのであれば，法令審査を弁護士や研究者に委託する（法令監査）とか，総務省に正式に法令審査のための部局を設けたりといったことさえ必要となってくるかもしれない。

そして，いかなる場合においても，地方団体の課税において念頭におかなければならないのは，域内の住民が相当の租税負担を分け合うという基本的姿勢（したがって，特定の企業や，域外の者のみを狙い撃ちにするのではない）と，地方税法だけではなく憲法や課税理論を十分に踏まえるという態度であろう。納税者の側においても，打ち出の小槌は存在しないということを理解して，一定の最低限の租税負担については，これを受容するという姿勢が必要となるであろう。民主主義社会というものは，他人に租税を納めさせて，自分が受益を得るという特権階級の存在を許容するようなシステムには必ずしもなっていないからで

ある。

　（本稿は，雑誌「税」に掲載した「最近の地方団体の新税案について」と題する小論をさらに要約したものである。なお，本稿校正時に，東京都の「ホテル税」構想に接した。他地域の者に対して課税しようとするものであり，問題もある。特に，消費税との二重課税は欠陥となりうるであろう。）

VI

間接税と地方税

一　はじめに

　井堀利宏先生が本報告書（井堀「国と地方の役割分担」『地方分権と地方税制度』（日本都市センター，1995年）11頁以下）において提示された理論に関して，私は全面的に賛成である。地方税体系に関するこの理論は，抽象度の高い経済学的なモデルとして最高水準であると考える。

　しかし，法律家としては，抽象度の高いモデルを与えられたときに，そのままそれを制度に翻訳するのではなく，それを現実の世界にあてはめるときにどのような問題が起こるかを考えていかなければならない。現実の世界は制約条件に満ちたセカンド・ベストの世界である。したがって，経済学の理論，即ち，制約条件のない世界において望ましいことが，セカンド・ベストの世界においても望ましいとは限らないのであり，制約条件のもとで現実的な税制を考える場合においては，白いカンヴァスの上で理想的な租税制度について考える場合と差が出てくるのは当然である。要するに，非常に抽象度の高い井堀モデルは，制約条件を取り払うことによって成立しているモデルであるから，多くの制約条件をこれに付け加えてモディファイ（modify：修正）していくという操作が必要になってくる。

　井堀先生のモデルに賛成するか否かは，どの程度の制約条件を前提として税制を考えるかによって決まってくると考えられる。言葉を変えると，どこまでを我々の操作できる変数と考えるかによって，井堀先生の考え方に賛成するかどうかが決まってくる。

　例えば，現実には地方税において法人課税が行われているということを前提として考えれば，その瞬間，井堀理論をかなり変容させなければならなくなる。しかし，だからといって，現実に企業に対する地方税の課税が行われているこ

一 はじめに

とを前提として考えなければならないかどうかは別問題である。これは，理論構築する議論の抽象度をどうするかという問題であって，どちらが正しいということではない。したがって，ここでの議論においても，前提とする抽象度を考慮に入れておく必要がある。

抽象度の程度に関して共通の基盤を有さずに議論をすることは，本来の井堀理論に対する批判ではなく，「私はあなたと違う抽象レベルで議論しています」と言っているのと同じである。これは学問の議論としてはあまり意味はなく，抽象度の統一が，まず前提として必要になってくるのではないかと考える。私は抽象度の高い世界で考えれば，井堀理論に賛成，抽象度が低くなれば，井堀理論に変容がありうると考える。

ただ，税制について考える際には，現実に私たちが動かせる，操作可能な変数は限られている。地方税の制度を地方税法を全部改革して，全く新しくやり直すということは，現実に不可能である。そうすると，議論は，現実に存在する制度のほとんどを所与の前提として，例えば新たに地方消費税という新税を導入する際に，その新税をどういう仕組みのものとしてつくっていくかというレベルのこととなり，抽象度は低くなると思われる。

しかしながら，抽象度の低い世界で，現実の制度を所与の前提として，例えば地方消費税のような新税の仕組みについて考える際にも，実は井堀先生の提示したモデルは，実際上かなり有用なものではないかとも考えられる。なぜならば，新税の導入について議論が行われる際には，レジティマシィ（legitimacy）＝正当性をどちらが持っているか，という問題が重要になってくる。つまり，新税，例えば地方消費税という新税が，地方税の理念に合致したものであるか否かという点が議論の中心になる。これは理論上の争いではなく，正当性の争いであるから，政治学的な争いになる。そこで，井堀理論を説得の技術として用いて，だから地方消費税は良いのか悪いのかといった議論が可能になるのではないかと思われる。これが経済学的に正しい議論であるかは私にはわからないが，しかし，世の中の税制改革の議論は直間比率の是正といった学問的にはあまり意味のないことが，それなりに正しいものとして認識されたりするわけであるから，正当性をどこに置くかということは非常に重要な問題になってくるのではないかと考えられる。

ここでは純理論的にというよりも，説得の技術としての井堀理論を前提としつつ，地方消費税について問題提起をすることとしたい。

二　地方税制改革を考える際の法的制約条件

　地方税制改革を考える際，法的な制約条件を議論の中に導入していかなければならない。抽象度の高い経済学のモデルに対して，法的な制約というものは必ず存在する。そこで，経済学と法律学の役割の違いという問題が出てくる。すなわち，経済学がサブスタンス（substance）を示す学問であるとすれば，法律学はロジスティクス（logistics）を示すものであるといった整理が可能であると思われる。

　経済学の立場，エフィシエンシー（efficiency：効率性）を追求する立場からは，このような制度が望ましいという理想が示される。一方，その理想を現実の法的な制度としてどのように設計するのか，その実際のやり方を提示することが法律学の役割であろう。法律学のロジック（logic）の中において，こういう制度が望ましいという理想は部分的には示せるとしても，トータルなものとしては示すのが難しい。なぜなら法律学はこうあるべきであるという規範的なことは言えても，なぜそうなのかという理由（すなわち，一定の目的関数の最大化を前提として理論的にこうであるということ）はなかなか言えない学問だからである。しかし，経済学が現実とは異なる抽象度の高いモデルを前提として議論する以上，制度設計の面については法律学に委ねる方が現実的である場合が多いと言えよう。

　そして，経済学における例えば井堀モデルのような理論を，そのまま法律学の世界に求めることは現実としてかなり厳しい。なぜなら経済学的な理論を現実の制度に翻訳する際には，各種の法的な制約がつけ加えられるからである。これは国家が法的存在である以上どうしようもない制約である。経済学では「こうすれば効率的である」と言い切ってしまえば，それで済むとしても，法律家は効率性を犠牲にすべきであるとの命令を主権者から受けた場合に，それを執行しなければいけないという義務を負う。つまり憲法上あるいは法律上，効率性を犠牲にしてでも，別の制度をとらなければいけないというインセンティブあるいは命令を法律家は主権者から受けることがある。そのように効率性を犠牲にすべきであるという命令を下すような理念としては，例えば基本的人権の尊重，憲法第 14 条の法の下の平等，三権分立，あるいは地方自治の保障といった，さまざまなものがあると思われる。ただし，基本的人権の尊重，法の下の平等，三権分立といった問題は，地方税についてはそれほど大きな問題

二　地方税制改革を考える際の法的制約条件　295

にはならない。問題となるのは地方自治の理念である。

　そうすると，憲法上の地方自治に関する理念が井堀先生の考え方に対して制約条件としてどう働くかが，法律家として検討しなければならない事項となる。しかし，憲法の地方自治の条項を見てみると，地方自治の本旨に基づいて地方自治制度をつくれということが命令されているだけであり，具体的な記述はあまりない。とすれば，それは，法的な制約としては，それほど機能しないのではないかと考えられる。

　例えば，憲法上の地方自治の問題として重要な，国と地方の対立，どこまでを国が規律し，どこまでを地方が規律するかという問題については，例えば地方自治体に司法権が与えられていないことからもうかがえるように，日本の地方自治は非常にあいまいなものであると言える。本当に地方自治を尊重するならば，立法権，行政権のほかに司法権も与えるべきであるが，日本の憲法は司法権を地方自治体に許してないということは，つまりそれだけ制限された地方自治しか日本国憲法は許していないということになるのかもしれない。そうすると，地方自治の本旨も，地方自治を拡大する趣旨なのか，あるいは，制限する趣旨なのか，人によって見方は違ってくる可能性がある。

　さらに，国と地方の対立に関する問題について言えることは，現実に存在する，例えば熱海市なら熱海市という地方公共団体を，憲法は保護していないということになるのではないかという点である。つまり日本国憲法のどこを見ても，熱海市や静岡県といった，具体的な名前は出てこない。これがドイツの連邦憲法であるボン基本法ならば，ラントの名前が全部出ており，アメリカの連邦憲法にも州の名前が出てくる。つまり，これらの国の憲法は特定のラントなり州の存在を前提としてできているが，日本国憲法は特定の地方公共団体の存在を前提としてできていないということである。すなわち，地方公共団体の範囲をどのように設定するかは，すべて法律で自由に決められるということが，憲法上の理念として導かれると言ってよいのではないだろうか。そこで，現実の都道府県が税収不足であるから地方消費税を導入したいと考えても，憲法はその現実の地方公共団体を必ずしも保護していないわけであるから，地方公共団体の仕組みを変えてしまえばよいということも，現実には無理だとしても，憲法上は可能であるかもしれない。

　さらに，もう一つ，憲法に全く記述がなく，余り議論されてない問題として，地方と地方の対立という問題がある。例えばアメリカであれば，マサチューセッツ州とニューハンプシャー州の間のジュリスディクション（jurisdiction）の問

題，管轄の問題というのは大きな問題になってくるが，日本では東京都と埼玉県の間のジュリスディクションの問題というのは，それほど大きな問題にはならない。なるとすれば埋立地がどちらの県に属するのかといったレベルにすぎず，この点を逆に考えると，地方と地方の対立の問題を，現実の地方税なり現実の地方自治の制度が，余り考えてないのではないかと思われる。この点は後で地方消費税を考える際に非常に大きな問題になってくる。要するに，日本国は中央集権国家であって，地方自治についての要請はそれほど大きくないのかもしれないのである。

三　間接税と地方税

1　直接税と間接税

与えられたテーマは「間接税と地方税」であるが，そもそも私には，徴税方法上の分類にすぎない直接税と間接税という分け方にそれほど意味があるとは思われない。国税庁の直税部が管轄する税金が直接税で，間税部が管轄する税金が間接税であるといった行政庁による分類や，国税反則取締法の適用される税目が間接税であるといった定義は別としても，理念的に定義があったとしても現実の制度としては，あまり意味がないように思われる。唯一，直接税と間接税の区分に関して意味を持たせるとすれば，それは徴収の単位の差異としてとらえた時であると考えられる。

税金の流れを見た時に，小口多数の納税者から取るという非効率的なシステムから，大口少数の納税者からまとめて取るという，徴収の観点から見て効率的なシステムへの進化が，付加価値税の導入とともになされてきているのではないかと思われる。所得税の現実を見ても，企業から源泉徴収という形で徴収するということが9割方であるから，所得税は直接税だということが無意味なくらいであり，そういった徴収方法の差による分類という意味で直接税と間接税という言葉を使うのであれば，間接税は望ましいといったことは言えるかもしれない。いずれにせよ，この直接税と間接税という分類があまり意味を持たない以上，間接税が地方税としてどの程度意味を持つかということは，ここではあまり議論する必要のない問題となろう。

2　法人課税

地方消費税の是非を論ずることが課題で，地方消費税が間接税であるとの前

提のもとにテーマの設定がなされたのであるならば、地方消費税は法人に対してかけるということになっているのであるから、法人課税について論じておく必要がある。法律家の中には法人実在説的な考えをとる人もいるが、私としては、法人という制度は、一定の経済的な効果を持つにすぎないと考えている。したがって、効果だけ考えればいいのであって、法人課税について井堀理論は100％妥当であると考える。

しかし、そうはいっても、少なくとも徴収の単位として企業を考えるということは、非常に有益なことである。つまり法人レベルで徴収させると課税団体の徴税のコストが下がる。比較的効率的で、しかも公平な課税が行えるのではないかという点は、税制を考える上で避けることのできない視点ではないかと思う。また、消費に対する課税であっても、法人に対して課税するということはあり得る。課税ベースがどうであるかということと、法人に対して課税がなされるかということは、これは別の問題である。

そこで、地方税の問題として法人課税を考える際に出てくるのは、地方税はその地方において受けた便益に対して課税をするということであるから、その便益を何ではかるかは別として、ローカルな法人に対する課税は地方税としては望ましい。しかし、一定規模以上の法人、つまりローカルでない、複数の地方団体にまたがって活動するような法人に対する課税は、論理必然的に地方税になじみにくいという本質を持つのではないかと考えられる。「現実の法人住民税は、地方税として定着しているではないか」という議論あるかもしれないが、それはなじみにくいにもかかわらず導入されているというだけの話で、それが望ましいということを意味はしない。なぜならば、そのように一定規模以上の法人に対して地方税を課税すると、課税ベースの人為的な分割・配分の問題が出てくるからである。

法人住民税については、人為的な基準に基づく分割・配分がなされているが、このような人為的な分割・配分は、いわゆる国際課税でいうところのユニタリー・タックス（unitary tax）の問題である。これはOECDの移転価格に関する1994年のガイドラインのドラフトにより、非科学的な課税の仕方であると一蹴されている。

地方消費税ではこの点を回避するために、一括納付させることが考えられる。しかし、一括納付させると、納税者はそれで済むが、一括納付させた税金をどのように配分するかという問題が生ずる。例えば、東京都が一括納付を受け、それを他の地方へ円滑に配分できるかどうか、そうすると地方と地方の間で争

いが起こったときにどうするのか，といった非常にやっかいな問題が起こってくるのではないか。それを避けるには，客観的な基準で分割せざるを得ない。客観的である以上，形式的な基準であるから，きわめて推計課税的な考え方にならざるを得ない。そうすると一括納付が本当に良いかどうかは，非常に難しい問題となる。

ただし，課税物件の選択の仕方によっては，そのような複数の課税団体にまたがる法人に対して課税を行っても，人為的な分割・配分の問題は余り生じない場合があるのではないかと思われる。例えば小売段階の売上に対して課税するという税金であれば，それは法人段階で源泉徴収的に取るとしても，人為的な分割や配分という問題は比較的起こりにくいのでなかろうか（場合によっては，例えば旅行者に物を販売するというような場合には起こってくるかもしれないが）。

四　地方消費税

自治省及び各地方団体の方で提案している地方消費税については，次の二段階のレベルでこれを議論していく必要がある。

第一に，それが理論的に望ましいかどうかというレベルの問題である。このレベルにおいては，結局提案されている地方消費税が理論的に望ましいかどうかを判断する理論の抽象度をどの程度のものとするか，すなわち制約条件をどう置くかにより変わってくる。そこでは抽象度が統一されていないと議論が嚙み合わず，決着がつかない可能性がある。ただ，言えることは，消費に対しての課税は一応肯定できるということではないかと思う。

第二のレベルとして，消費に対して課税することは一応肯定できるということを前提として考えた上で，それを現実的に執行可能な制度として設計することができるかという法的な問題が生ずる。例えば，消費額が地方団体から誰かが受けた便益をあらわす指標として非常に適したものであるということを前提とした上で，次に消費に対してどのように課税するかというテクニックが問題となるわけである。

ところで，地方消費税は，果たして消費に対して課される税金，すなわち，地方税として地方における消費額に対してかかる税金であると考えてよいのであろうか。

私の理解するところでは，提案されているところの地方消費税は，多段階の付加価値税的な消費税であるがゆえに，必ずしも消費額に応じて地方団体に対

して税収が配分されるという構造にはなっていない。消費額に応じて税収が配分されるのではなく，企業の生産した消費型付加価値（つまり生産額）に応じて税収が配分されるところの企業課税である。したがって，このような地方消費税は，国全体から見ると消費に対する課税であると言うことはできるが，個々の課税団体の立場からは，消費額に対して課される税金というよりも，企業の生産額を消費型付加価値で測定して課税されるところの企業課税にすぎないということになるのではなかろうか。消費に対して課税していないのであるから，井堀理論から言うと，このような税金は地方税としてはなじまないという結論になる。

　地方消費税を正当化するためには，消費型付加価値に基づいて各地方団体が課税することが望ましいという議論を展開しなければならなくなるが，これは相当に難しい。なぜならば，一方で事業税の外形標準の問題を考慮しなければならないからである。事業税の外形標準では，所得型付加価値に基づいて各課税団体が事業税を課税する。所得型付加価値であれ消費型付加価値であれ，企業の生産した財・サービスの額に応じて課税することが，事業税の本質になじむ。ただし，事業税は所得型付加価値で，地方消費税は消費型付加価値で課税するということを，果たしてどのように説明するのであろうか。

　しかも，地方消費税は多段階の消費税であるために，国境税調整の問題が生ずる。自治省および各地方団体では非常にレベルの高い国境税調整のやり方を提案しているが，そのような複雑な調整を行うくらいなら，なぜ国税でしないのかという疑問に対して明確に答えることができるのであろうか。しかも国の機関である税関に対して徴収委託をするということは，地方税としてどうなのであろうか。

　結局，これは地方消費税という提案されている租税制度が，ジュリスディクションの問題をある程度軽視している，つまり提案されている地方消費税は，地方消費税という一つの租税が，国全体で1個だけ課されるというようなイメージで，つくられているからではないかと思われる。しかし，本来，地方団体の課税権というのは，各地方団体ごとに独立のものである。A県の地方消費税に関する課税管轄権とB県の地方消費税に関する課税管轄権の併存を考えなければいけないであろう。両者の地方消費税が別の税金であるという認識が，現在提案されている地方消費税の中には少なく，ただ単一の税金を取る地方団体が複数にわたっている，あるいは，（国と類似した）地方公共団体の連合体が地方消費税という単一の租税を徴収するだけだという制度になっているのでは

ないか。このような地方団体連合体の課する税が国税とどれほど異なるのか，疑問である。A県とB県の地方消費税が別々の税金であり，A県とB県の地方消費税に関するジュリスディクションが相互独立のものであるならば，国境税調整＝県境税調整を行うのが筋である。それ以外の方式は，理論的には考えにくい。つまり，A県からB県に対して物が輸送される際に，税関らしきものを各県がつくって，そこで県境税調整を行うという制度でなければ，論理的に破綻した税金になるかもしれない。国境税調整というと外国との関係だけしか考えていないというのは，国全体で国税らしき一つの地方消費税というものを念頭に置いて制度をつくったからであるとしか思えないのである。だとすると，なぜ国税ではないのかという疑問がわいてくるが，それに対しては，地方団体の独立の税源を確保するためという，憲法の議論で答えるしかないことになる。

　地方消費税を今提案されている制度のように，地方消費税という名前の単一の税金，国税のような税金としてつくるのであれば，国が取って交付税なりで配った方が健全であり，余計な手間暇もかからないのではないかと思われる。

　結局，そのように考えていくと，地方団体が消費に対して課税し，さまざまな批判を免れるためには，小売売上税が妥当ではないかと考えられる。もちろん小売売上税に対しては，さまざまな欠点が指摘されている。例えば，サービスに対して小売売上税を課税するということになると，現実には，いずれの地方団体が課税する権限を持つかという問題が起こってくるが，これはかなり困難な問題となるであろう。

第 6 編　移転価格課税

第1部 背　景

I
国際取引への課税

第1章 所得税・法人税と国際取引

一 はじめに

　企業の多国籍化，企業活動の国際化に伴い，国際取引から生ずる所得に対してどのように課税するかという問題が，きわめて重要なものとなってきている。
　企業の国際取引といっても実に様々なものがあるが，国際課税の観点からは，これを，次の二つに分けて論ずることができる。すなわち，第一は，ある国家（A国）に他国（B国）の企業が支店等を設立して事業活動を行ったり，A国への投資活動を行ったりする場合における，A国による外国企業に対する課税の問題である（inbound transaction の課税）。また，第二は，A国の企業がB国に進出して事業活動や投資活動を行う場合に，自国（A国）企業が他国（B国）において支払った租税をA国がどのように扱うかという問題である（outbound transaction の課税）。
　以下においては，このそれぞれについて，そのメカニズムを，多少図式化して説明することとする。ただし，対象が複雑なため，単純化して説明するしかなく，したがって，以下の叙述は大まかなものである点に留意されたい。なお，ここでは，企業に関する国際課税の問題のみを扱うこととする。

二 外国法人課税

　日本やアメリカにおいては，一般に，内国法人に対しては，その全世界所得に対する課税が，また，外国法人に対しては，その国内源泉所得に対する課税

が，それぞれ行われるというのが，企業課税の最も基本的な原則である（ただし，後述のように，諸外国の中には，内国法人に対しても，国外所得を免税としている国もある点に留意）。また，外国法人の国内源泉所得に対して課税する際には，きわめて大まかにいって，外国法人が自国にPE（恒久的施設。たとえば，支店や工場）を有する場合には，当該外国法人の得た国内源泉の事業から生ずる所得について申告納付をさせ，また，外国法人が自国にPEを有しない場合には，当該外国法人の得た国内源泉の投資所得について源泉徴収を行わせる，というのが，日本やアメリカを含めた世界各国における外国法人課税の基本的な仕組みである。

したがって，外国法人課税について論ずべきは，外国法人と内国法人の区分の基準，国内源泉所得の範囲を確定する原則，PEの意義，申告納付（その際の課税所得計算の方法等も含む）の方式，源泉徴収の方式，の五つの点である。以下，このそれぞれについて簡単に述べておこう。

1　外国法人と内国法人の区分

外国法人と内国法人を区分する基準は，当然のことながら，国により異なる。たとえば，日本は本店所在地主義，アメリカは設立準拠法主義という形式的基準を採用している。これに対して，イギリスは，管理支配地主義という実質的基準を採用している。管理支配地主義の下においては，タックス・ヘイヴン等に設立されたペイパー・カンパニーは，その管理支配の行われている国の内国法人となる。なお，内国法人と外国法人の区分に関して異なる基準をもつ二国間の租税条約においては，両者の差異を調整するための規定がおかれる。

2　国内源泉所得

外国法人は，国内源泉所得に対してのみ課税される（この点については，世界の国々で大きな差異は見受けられない）。この国内源泉所得の範囲を定めた法の規定を，ソース・ルールという。ソース・ルールは，事業から生ずる所得，利子，配当，使用料等といった所得の類型に応じて，いかなる範囲までを国内源泉所得とするかを定めている（たとえば，配当については，通常，自国法人が支払う場合に国内源泉所得となる）。ソース・ルールは国によりかなり異なる。たとえば，無形資産の使用料は，日本やアメリカの国内法においては，無形資産の使用地が国内である場合に，国内源泉所得とされる（使用地主義）が，世界的にみると，使用料を支払う者が自国の居住者等である場合に国内源泉所得とされる

(債務者主義)場合が多い。

　日本においては,所得税法 161 条と,法人税法 138 条が,国内源泉所得の範囲を定めている。ただし,租税条約に国内法と異なる定めがある場合には,租税条約の定めが優先するとされている。

3　PE の意義

　外国企業の所得(外国法人の所得と,個人企業の所得)の課税に関しては,国際租税法上,PE なければ課税なしという原則が存在するといわれている。すなわち,事業から生ずる所得の場合,一般的にいって源泉徴収になじみにくいために,源泉徴収方式ではなく申告納付の形態が利用される(これは,国内課税においても同様である)。そこで,外国企業の支店・工場等の PE が自国内に存在し,当該外国企業が申告納付を行うことが可能な場合にのみ外国企業課税が行われることとされたのであろう。したがって,外国企業が自国に対して単なる輸出のみを行っている場合には,事業から生ずる所得に対する課税は行われない。

　なお,PE という概念は,本来,租税条約上のものである。日本は,国内法においても,租税条約と同じ PE という概念を採用しているが,これは,先進国の間では珍しいやり方である。すなわち,他の国々は,国内法上は,より広範囲に外国法人に対する事業から生ずる所得に対する課税を認める一方で,租税条約において,PE という概念を用いることにより,そのような課税に一定の制限を加えているのである。そこで,日本における PE の意義も,PE が法概念として果たす機能(外国法人に対して,それが自国内で得た事業から生ずる所得についての課税を,申告納付という方式で行うか否かを決定する基準としての機能)を出発点として考え,より柔軟に解釈すべきであるという主張がなされることがある。

4　申告納付の方式(国内に PE がある場合の課税)

　外国企業の PE が自国内に存在し,その所得について申告納付が要求される場合に,当該外国企業のどの範囲の所得がその(すなわち,申告納付の)対象とされるかという問題が生ずる。この点については,世界的にみて,二つの方式が存在する。一つは,全所得主義と呼ばれるもので,この方式の下においては,自国に外国企業の PE が存在する場合,当該外国企業の有する国内源泉所得のすべて(したがって,PE の活動と何の関係もない,本店直取引の投資所得等も含まれる)が,申告納付の対象となる。PE の事業活動により産み出された所得であ

っても，国内源泉所得でないものは申告納付の対象から除外される。全所得主義は，主として発展途上国において採用されている方式である。日本は，国内法上，いまだに，全所得主義を採用している。

　もう一つは，帰属所得主義と呼ばれるもので，この方式の下においては，自国にある外国企業のPEが存在する場合，当該PEに帰属する所得（すなわち，当該PEが稼いだ所得）が申告納付の対象となる。帰属所得主義の下においては，PEは自らの活動から得られた所得のみについて申告納付義務を負うから，全所得主義を採用した場合と比較して所得の算定が容易である。日本は，そのほとんどの租税条約において帰属所得主義を採用している。

5　源泉徴収

　国際課税における源泉徴収は，主に，投資所得に対して行われる。したがって，国際課税における源泉徴収は，国際金融や国際ライセンスについて考える際に非常に大きな意味を有する。たとえば，国際金融の世界においては，いかにして源泉徴収を回避するかが真剣に検討されている。源泉地国における源泉徴収税率は，租税条約により免税ないし軽減されることが多いので，企業は，租税条約の世界的なネット・ワークの中から自らにとって有利なものを選び，送金等を行う。

三　内国法人の国際的二重課税排除

　ある企業が外国に支店形態で進出した場合には，進出先国で源泉地課税を受ける。したがって，当該企業の居住地国で全世界所得に対する課税が行われれば，当該企業が外国で得た所得については，居住地国と源泉地国の両国による課税が行われることになる（国際的二重課税の発生の一原因）。この国際的二重課税は，国内法により，また租税条約により軽減されている。国内法による国際的二重課税排除は，日本においては，後述の外国税額控除という方式によりなされている。租税条約による国際的二重課税排除は，源泉地課税の軽減・免除等によりなされている。国際的二重課税の排除は，国際取引に対する抑圧をなくし，課税の市場介入をできる限り避けようという中立性の発想（もっとも，その意味は多様である）から採用されている。

1 外国税額控除方式と国外所得免税方式

居住地国が，外国に進出した自国企業の被る国際的二重課税を排除する方式のうち，主なものとしては，外国税額免除方式と，国外所得免税方式が存在する。日本やアメリカは，外国税額控除方式を採用している。これに対して，フランスやドイツにおける，国際的二重課税排除のための主要な方式は，国外所得免税方式である（ただし，これらの国においても，部分的に外国税額控除方式は採用されている）。

この両方式の差異を，例を用いて，以下に簡単に説明しておこう。今，A国の法人が，A国においてA国源泉所得xを，また，B国においてB国源泉所得yを得ているとしよう（なお，単純化のために，両者は，同一の貨幣単位で表示されているとする）。また，A国における，所得金額から税額を導く関数を$f(\cdot)$，B国におけるそれを$g(\cdot)$としよう。

	A国	B国	合計税額
国内源泉所得	x	y	
課税所得	$x+y$	y	
税額	$f(x+y)$	$g(y)$	
支払税額			
外国税額控除	$f(x+y)-g(y)$	$g(y)$	$f(x+y)$
国外所得免税	$f(x)$	$g(y)$	$f(x)+g(y)$

この表からも明らかなように，国外所得免税方式の下においては，B国における税率が低い場合，企業はその恩恵をそのまま享受できるのに対して，外国税額控除方式の下においては，B国において低い税率の課税が行われればA国において支払う税額が増加するだけである。したがって，この点においては，企業にとって国外所得免税方式の方が有利である。これに対して，B国において損失を被っている場合は，外国税額控除方式の下においては，当該国外損失が考慮されるのに対して，国外所得免除方式の下においては，国外損失が考慮されない。したがって，この点からは，外国税額控除方式のほうが企業にとって有利である（もっとも，このような国外損失の考慮は，外国税額控除方式のためというより，全世界所得に対して課税することからくる帰結である点に留意）。いずれの方式も，様々な利点・欠点を有しており，一方のほうが他方よりも優れていると単純に断言することは困難である。

なお，B国の税率がA国におけるそれよりも高い場合に外国税額控除方式

を無制限に採用すると，A国は，その国内源泉所得 x に対して，通常の国内所得と同等の税率を確保することができなくなる。そこで，控除限度額の制度が設けられている。控除限度額 L は，次のように計算される。

$$L = f(x+y) \times y/(x+y)$$
$$= y \times f(x+y)/(x+y)$$

上の式は，全世界所得に対して国内税率を適用して求められた税額のうち，全世界所得に占める国外所得の割合に応じた額，と表現することができる。また，下の式は，国外所得に，全世界所得に対する国内の平均税率を乗じた額，と表現することができる。

2 一括限度額方式と国別限度額方式

外国税額控除の控除限度額を計算する際に，それを外国ごとに別々に行う方式と，全外国を一括して一つの控除限度額を求める方式とが存在する。日本は，一括限度額方式を採用している。

一括限度額方式の下においては，日本よりも税率の低い国に源泉のある所得について生ずる控除限度額の余裕分でもって，日本よりも税率の高い国に源泉のある所得について生ずる外国税額の控除限度額超過額を打ち消すことが可能となる。そのために，取引形態を操作して，国内源泉所得および高税率国源泉所得を，低税率国源泉所得へと転換させる（所得の源泉地を変更することは比較的容易である）ということが行われやすい。国別限度額方式の下においては，このような現象は生じない。ただし，国別限度額方式の下においては，ある国において国外損失を被っていると，全体としては国外所得がゼロであっても，控除限度額がプラスになるという事態が生ずる。

なお，この他に，所得の種類別に控除限度額を計算する所得別限度額方式というものも考えられる。たとえば，アメリカの 1986 年改正で導入されたいわゆるバスケット方式は，その一種と考えることができよう。

四 租税条約

世界の国々は，国際的二重課税の排除，国際的租税回避の防止，情報交換等を目的として，租税条約を締結している。租税条約は，通常，二国間条約である。

租税条約の締結に際しては，先進国と発展途上国の利害が対立することが少なくない。これは，先進国と発展途上国の間では，国際取引が一方通行的になされることが多いからである。OECD は，先進国間で締結する租税条約の雛形として，OECD モデル租税条約を作成している。このモデル条約は，対等の当事者を念頭においたものである。これに対して，国際連合は，先進国と発展途上国の間で租税条約を締結する際の雛形として，国連モデル租税条約を発表している。このモデル条約は，経済力に差のある二国を念頭において，発展途上国を有利に扱う条項を盛り込んだものである。

五　国際租税法をめぐる利害対立

　国際租税法上の諸問題は，つきつめると，必ず，国際的取引活動を行う企業と，そこから税収をあげようとする（一ないし複数の）国家との間の対立，および，企業の国際的活動をめぐる国家と国家の間の対立（財源の奪い合い），の2点に要約されうるものであろう。ここに，国際租税法を技術的にのみ議論することでは不十分で，政策論にも踏み込まなければならない理由がある。

　国家および企業は，国際租税法が利害対立の場であることを認識し，国際租税法をその戦略遂行上の手段として位置づけ，自らの利益のためにその有効な利用を考えるべきであろう。すなわち，まず，課税権者である国家は，国内立法については，これを国際経済政策の一手段として認識した上で，対企業関係においては，租税回避行為否認等のための課税要件の明確化をはかるとともに，対他国家関係においては他国家の自国企業に対する差別的課税に対して不必要な譲歩をすることなく対処すべきであろう。また，国家は，租税条約については，その締結，改訂交渉を一定の明確な目的意識に従って行うべきである。次に，企業は，タックス・プランニングの必要性・重要性を認識し，これに積極的に対応していかなければならない。

第2章　国際的租税回避

一　国際的租税回避の諸類型

　企業の多国籍化，企業活動の国際化に伴い，企業が国際的スキームの中で節税ないし租税回避を行うということは，もはや珍しいことではなくなってきている。国際的租税回避の形態には様々なものがあるが，タックス・ヘイヴン子会社の利用（オフショア取引），トランスファー・プライシング（移転価格），過少資本（thin capitalization），租税条約漁り（treaty shopping）等が，その代表的なものである。これらのうちで，最近とみに重要な問題として意識されている移転価格については，二で論ずることとして，ここでは，まず，他の諸類型について，その概要を説明しておくこととしよう。

1　タックス・ヘイヴン子会社の利用
　企業がタックス・ヘイヴンに設立した子会社の果たす役割は，これを，以下の三つの機能に分類することが可能であろう。
　(1)　投資所得受取機能
　これは，先進国A国の企業Pが，同じく先進国B国に投資する際に，B国と租税条約を結んでいるタックス・ヘイヴンに子会社Sを設立し，Sを通じて投資活動を行うという形態である。タックス・ヘイヴンとB国の間の租税条約により，B国からSに利子・配当・使用料等の投資所得が支払われる際に，B国における源泉徴収は免除（ないし軽減）される。また，Sはタックス・ヘイヴンにおいて課税を受けない。この機能を利用することにより，Pは，タックス・ヘイヴンに非課税で利益をプールすることができる。このようなタックス・ヘイヴン子会社は，オランダ，オランダ領アンティル，スイス等の，投資先国である先進国と租税条約を締結している地域に設立される。
　(2)　事業所得留保機能
　これは，先進国A国の企業Pが，他の先進国B国に財・サーヴィスを販売する際に，タックス・ヘイヴンに子会社Sを設立して，Sを通じて販売活動等を行うという形態である。SのPE（恒久的施設。具体的には，支店，工場等）はB国に存在しないので，事業所得に関するPEなければ課税なしという国際租税

法上の原則に従い，Sに対して，B国における課税は行われない。Sは，コミッションを得るか，あるいは，B国への売値よりも低い価格でPからの仕入れを行ってマージンを取ることにより利益を得るが，タックス・ヘイヴン法人なので，この利益についてタックス・ヘイヴンで課税を受けない。したがって，Pは，タックス・ヘイヴンに非課税で利益をプールすることができる。この形態のタックス・ヘイヴン子会社は，所得税や法人税のない地域に設立される。

(3) 事業経費控除機能

先進国A国の企業Pが，タックス・ヘイヴンに子会社Sを設立し，Sから一定のサーヴィス（保険サーヴィス等）を買う。Pは，Sに対する支払を損金算入することにより，そのA国における税額を減少させることができる。他方，Sは，A国にPEを有していないので，A国における外国法人課税を受けない（また，Sが受けるのは事業から生ずる所得なので，源泉徴収もない）し，また，Sはタックス・ヘイヴンの法人なので，タックス・ヘイヴンにおいても課税されない。この場合，Pは，形式的に費用にあたるような支払をSに対してなすことにより，非課税で利益をタックス・ヘイヴンにプールする。

企業による，このようなタックス・ヘイヴンの利用に対して，国家の側でも，タックス・ヘイヴン対策税制を制定して，Sの留保利益をPの所得に合算する形の課税を行っているが，調査の困難さ等のために，それが完全に有効な形で機能しているわけではないかもしれない。

2 過少資本

A国法人Pが，その子会社であるB国法人Sから配当の形ではなく利子の形で利益を受け取ることがある（この場合，Sの自己資本に対する借入金の比率が高くなるので，過少資本〔thin capitalization〕という用語が用いられる）。このことにより，SはB国における法人税課税を（少なくとも部分的には）軽減させることができる。このような取引に対抗して，B国においてSの支払利子の損金算入を否定することがある。

3 条約漁り

租税条約とは，本来，二つの国家が互いに，相手国の企業・居住者が自国において得た利益に対する課税を免除・軽減することに合意するものである。ところが，A国とB国が租税条約を結んでいる場合に，たとえば，B国と租税条約を結んでいないC国の企業がA国に子会社Sを設立して，S経由でB国

における事業活動やB国への投資を行うことにより，A国とB国の間で結ばれた租税条約の恩恵に浴することをはかることがある。このような第三国の企業による租税条約の利用を条約漁り（treaty shopping）と呼ぶ。これに対して，条約の恩恵に浴する者の範囲を制限する定めを租税条約の中におくことがある。

二 移転価格の現状

　国際的租税回避の諸類型の中で現在最も注目を浴びているのは，移転価格であろう。ここでは，移転価格対策税制の最近の動きについて多少述べておくこととする。なお，この部分は，「トランスファー・プライスィング」（『企業の多国籍化に伴う法的諸問題——国際紛争事例』NIRA 政策研究 4 巻 9 号（1991 年 9 月）40〜45 頁）を再録したものである。

1　はじめに

　トヨタ，日産，ホンダの自動車会社 3 社に対するアメリカにおける課税から，富士通のアメリカ連邦租税裁判所への提訴その他に至るまで，アメリカの内国歳入庁（Internal Revenue Service, or IRS）による内国歳入法典（Internal Revenue Code, or IRC）482 条（トランスファー・プライスィングに関する更正の根拠条文）の積極的な適用は，内国歳入庁とアメリカに進出した日本企業との間に（のみならず，他の国の企業との間においても）少なからぬ数の法的紛争を引き起こしている。

　しかし，特定の企業の個別の紛争に関して，課税庁が十分な資料を入手することは必ずしも容易ではないし，仮に一定の資料を入手し得たとしても，それをそのまま公表するわけにはいかないであろう。

　そこで，以下では，トランスファー・プライスィングに関連する最近におけるアメリカの動きを，主に理論的な見地から整理することとしたい。以下で主として扱うのは，最近のアメリカで活発な議論が行われている経済学的視点からのトランスファー・プライスィングに対するアプローチである。482 条をめぐるアメリカでの議論に関する日本における紹介は，主として，相互協議か内国歳入庁による在外資料収集（すなわち，日本企業の立場からいうと，たとえば，日本の親会社の保有する資料等に対する内国歳入庁による提出命令等）をめぐる手続法的問題に関するものである。このような手続法的問題に関しては，1991 年 6 月 14 日付で，内国歳入庁から新たに regulation（26CFR§§1.6030-1 through 1.6060-2）が出されるなど最近動きが著しい。また，日本の企業や課税庁にと

ってもその実務的意義は大きい。しかし、日本において比較的議論されることの少ない実体法に関する議論も意味があると考え、あえてここで扱うこととしたい。

なお、実体法的問題のみならず手続法的問題まで含めた、最近のアメリカにおけるトランスファー・プライスィングに関する議論についての包括的研究としては、既に、岡村忠生京都大学助教授の「移転価格税制」（村井正編『国際租税法の研究——国際的租税回避の理論と政策』(1990年) 109〜147頁）と題する、詳細な論文が発表されているので、読者は、そちらもお読みいただきたい。

2 問題の所在

トランスファー・プライスィングとは、企業間の取引における価格操作を通じた他企業（主に関連企業）への利益移転（ないし利益振替）のことであり、現在、国際租税法における最もホットな問題の一つである。トランスファー・プライスィングは、実務的に重要であるのみならず、理論的にもきわめて興味深い研究対象である。

たとえば、アメリカ企業が外国企業から製品を購入する際の買値が高過ぎる場合、アメリカ企業から外国企業に対する支払が過大となるので、アメリカ企業の所得は圧縮され、外国企業の所得は増加させられる。したがって、その結果として、アメリカ企業から外国企業に対する利益の移転が行われたことになり、また、アメリカの課税権が浸食されることになる。このような場合、内国歳入庁は、内国歳入法典の482条に基づき、上記の取引が（実際に当事者が付した価格とは異なる）独立当事者間価格（arm's length price）で行われたものとして、当該アメリカ企業の所得を増額更正することができる。このときに基準として用いられる独立当事者間価格は、基本的には、市場において互いに独立な企業の間に成立する価格のことであるとされている。それは、具体的には comparable uncontrolled price method（独立当事者間の比較可能な取引において付された価格を arm's length price として用いる方法）、resale price method（関連取引の買主が独立の第三者に再販売した価格から適正なマーク・アップ——独立の買主の売上総利益率に比準して求められる——を差し引いたものを arm's length price として用いる方法）、cost-plus method（関連取引の売主の製造原価に適正利益——独立の売主の売上総利益率に比準して求められる——を加えたものを arm's length price として用いる方法）の三つの方法により導きだされる。

このように、482条に関して従来用いられてきた方法は、所得を（生産物に

関する）自由市場における独立当事者間の取引と同じように配分するという意味で，market-based approach ということができよう。

しかし，上のような arm's length 基準には，実は，看過することのできない重大な問題点が存在することが指摘されている。すなわち，第一に比準の対象となる独立当事者間取引が存在しない場合がある。とくに，無形資産が介在する場合がこれに当たる。他との違いが認められている点こそが無形資産の意義なのであるから，無形資産をめぐる取引に関しては，むしろ arm's length 基準を適用しにくいのが当然といえるかもしれない。第二に，arm's length 基準は関連法人グループの一体性から生ずる規模の利益（economies of scale）や統合の利益（economies of integration）を無視しているといわれる。

このように，従来の方法の限界が指摘される状況の中で，経済学の理論を背景に，arm's length price を求めるための様々な代替的方法が提案されている。その中でとくに注目すべきは，後に述べる normal rate of return を用いる方法である。これは経済学的基礎の上に組み立てられたものであり，それについて議論する際には経済学的検討が必須のものとなる。その上，現在においては，より複雑な経済理論に基づく方法も提唱されている。そこで，以下においては，normal rate of return を用いて所得の再配分を行う方法等の経済学的基礎について概観することにより，最近のアメリカにおけるトランスファー・プライシングに関する議論を整理してみたい。

3　第四の方法

独立当事者間価格を求めるための通常の三つの arm's length 基準以外の方法は，一般に，"第四の方法"と呼ばれている。この第四の方法の中にも，何らかの（通常は形式的な）基準に基づき連結利益を当事者間に配分する profit-split method という方法（たとえば，アメリカのユニタリー・タックスで用いられるマサチューセッツ方式のように，支払賃金，資産，売上額に着目するもの，あるいは，1962 年の Ways and Means Committee の提案した資産，賃金，広告費等に基づく配分方式）と，normal rate of return を用いる方法とがある。

このうち，前者は，一般的にいって，簡易で執行が容易である反面，形式的基準と所得の間の関係があいまいである結果，多分に推計課税的であるという欠点を有する。端的にいって，profit-split method は経済学の理論的基礎を有しない，いわば主観的あるいは直観的な基準であることが少なくない。ただし，経済学の理論に基づいて profit split を行おうという考え方が存在しないわけで

はない。そのような考え方の中で代表的なのが，Higinsbotham 等により提唱されたeconomic capital employed method と呼ばれる方法である。これは，企業グループの連結ベースの operating profits を，それをもたらす源泉であるところの capital employed に応じて配分するという方法である[1]。この方法は，理論的に優れたものであるのみならず，企業の内部資料のみを用いて配分を行えるという利点を有する。しかし，この方法は配分の基準となる資産等の範囲の限定が困難であり，資産等の評価が困難であるといった問題点を有するものと思われる。

これに対して，注目すべきは後者の方法である。いかなる rate of return を用いるかによりその内容は様々であるが，たとえば，return on equity, return on assets, return on operating cost（このうち，the ratio of gross income to total current operating costs を提唱者の名前にちなんで Berry ratio と呼ぶ）を用いる方法が提案されている。これらについては，アメリカ議会の Joint Committee on Taxation の Present Law and Certain Issues Relating to Transfer Pricing（Code Section 482），1990 が比較的詳しく触れているので，ここで，この本に従って，少しその紹介をしておこう[2]。

まず，第一に，rate of return on equity であるが，これは，独立当事者間価格を求めるための通常の三つの基準が，適正な transfer price を直接的に導こうとするものであるのに対して，関連者間で付された価格が不適当なものであることを rate of return on equity に着目することによって間接的に示そうという方法であるという。たとえば，アメリカ子会社の rate of return on equity が低過ぎる場合，それは外国親会社からの製品の仕入れ値が高過ぎるということを意味するのかもしれない。これは，税引き後の rate of return on equity が長期的には均衡するという経済原則に基づいて説かれる考え方である。本来，産業を異にしても rate of return on equity は長期的には均衡するはずであるから，rate of return on equity の比較は，類似業種に限定せずに行ってもいいはずである。しかし，リスクの差によって rate of return on equity が産業ごとに異なる可能性もあるので，類似業種における比較を行った方が望ましい。この rate of return on equity を用いる方法というのは，理論的には望ましいものであるが，rate of return on equity を正確に測定することは，実際上困難である。そこで，他の rate of re-

---

[1] Harlow N. Higinsbotham, David W. Asper, Philip A. Stoffregem & Raymond P. Wexler, Effective Application of the Section 482 Transfer Pricing Regulations, 42 Tax Law Review 293 (1987).

[2] Joint Committee on Taxation, Present Law and Certain Issues Relating to Transfer Pricing (Code Section 482), at 29-32 (1990).

turn を用いる方法が提案されている。

　第二に，return on assets に着目する方法がある。これは，equity と assets の相関関係を考慮して，rate of return on equity に代えて，ratio of income to assets を用いる方法である。しかし，この方法については，資産の評価が困難である等の問題点が指摘されている。そこで，第三に，return on operating cost を用いる方法が提案されている（たとえば，Berry ratio）。これは，ratio of income to assets の assets に代えて operating cost を用いる方法であり，評価の問題は生じない。しかし，operating cost の額は業種によりかなり異なるから，比較の対象を狭めなければならないといった問題点が指摘されている。

　以上，いわゆる第四の方法も必ずしも完全なものではなく，それぞれの欠点を抱えていることがわかる。

4　1986年改正と rate of return

　財務省と内国歳入庁は，一定の条件が満たされれば，rate of return を用いる方法が，関連者間で付された価格が不適当なものであることを間接的に示す場合においてのみならず，適正な価格を直接に求めるためにも用いることができることを理論的に示した。この点は，法理論および経済理論的視点からかなり興味深いものなので，以下において多少詳しく触れておくことにしたい。

　(1)　1986年の税制改正によって，内国歳入法典の482条に次のような文言が付加された。

　　「（936条(h)(3)(B)の意味における）無形資産のいかなる譲渡（又はライセンス）の場合においても，そのような譲渡又はライセンスに関する所得は，当該無形資産に帰せられる所得に相応したものでなければならない（In the case of any transfer (or license) of intangible property (within the meaning of section 936 (h)(3)(B)), the income with respect to such transfer or license shall be commensurate with the income attributable to the intangible）。」

　このような定めがわざわざ追加された理由はいくつかある。まず，第一に，無形資産については，その資産としての特殊性からいって，arm's length price をみつけることが困難であるという理由を挙げることができる。しかも，第二に，それ以前においてアメリカ企業による arm's length 方式の濫用が著しかった点も無視できない。これは，アメリカの親会社が開発（その際のR＆D費用はアメリカの所得から控除される）直後の無形資産を海外（通常は low tax jurisdiction）の子会社に譲渡し，その際に，収益力の低い標準的な無形資産の対価を基礎と

して当該譲渡の対価を決めることにより，後に当該無形資産から生ずる高い収益を結果的に海外に移転してしまうという行為である（資産は将来の収益力そのものであるという発想が乏しいと，arm's length 方式の下においては，このような価格付けも是認されよう）。

この改正により，無形資産の譲渡・ライセンス時の状況において考えれば対価が適正であっても，当該無形資産が後に高い収益をもたらした場合には，譲渡・ライセンスに関する対価について収益加算（super royalty の計上）を行うことになる。上の 482 条に付加された定めは，譲渡の対価が適正であっても，当該無形資産が後に大きな収益をもたらした場合，super royalty の計上を強制するので，super royalty 条項と呼ばれている。その目的は，関連当事者間の所得配分を，それぞれの行う経済活動を合理的に反映する形で行おうというものであるといわれている。

(2) この改正がなされた際に，議会の Conference Committee Report において，482 条に関する困難な問題が依然として未解決であるという認識の下に，intercompany pricing rules に関する包括的検討を行うべきことが内国歳入庁に委ねられた。これに応じて，1988 年 10 月 18 日に出されたのが，U. S. Treasury Department and Internal Revenue Service, A Study of Intercompany Pricing である。この本は，通常，482 条に関する White Paper（白書）と呼ばれており，アメリカにおける最近のトランスファー・プライスィングに関する議論において，最も基本的な文献となっている。その内容は多岐にわたるが，たとえば，次に述べるような議論を含んでいる。

White Paper は，market-based arm's length approach を integrated business に用いることには無理があるという前提に立っている。その理由は，関連企業グループ内では，market-based transaction が行われないから，比準にはあまり意味がないこと，および，arm's length approach は，組織形態からくるリターンを無視している（グループで行った方が経費がかからず，所得が大きくなる取引は多く，このような integrated economies or firm-specific economies が得られるが故に多国籍企業は存在するともいえる）ことの，二つである。

このような考え方の背後には，ハーバード大学の Richard Caves 教授の著書 "Multinational Enterprise and Economic Analysis"（1982）における議論が存在するものと思われる。多国籍企業が存在するのは，その組織形態に，独立企業間で取引するよりも有利な点（transactional advantage, たとえば，独立に操業するよりもコストが安くなったり，生産性が高くなったりすること）があるからであり，この

差は，とくに無形資産により生ずる，という理論がそれである。すなわち，企業が独立企業として存在して互いの間で無形資産のライセンスを行うというストラテジーではなく，多国籍化して，無形資産を内部で利用するというストラテジーを選ぶ理由は，次のように説明される。無形資産は，市場においては効率的に取引されず，無形資産の取引に関しては市場の失敗が存在する（なぜなら，第一に，無形資産はその限界コストがゼロに近いために，公共財的性質を有し，市場に委ねておくと必要量が供給されない。また，第二に，供給者は，対価全額を受け取るまでは全部を教えられないのに対し，需要者は，全部を教えてもらわないうちは全額を支払えないので，"囚人のジレンマ"が発生する。第三に，試してみないと有用性が分からないという不確実性が存在する）。したがって，無形資産は，レント（経済的純利潤。すなわち，収益から自己資本コストを含むあらゆる機会費用を控除したもの）をもたらす。そこで，企業は，多国籍企業化すれば，レントの恩恵にあずかれるが故に，その多国籍化が促進される。すなわち，無形資産については，市場の失敗のために独立企業間のライセンスは行われにくく，また，独立企業が無形資産を持っていても適正規模で利用できないから，無形資産のもたらすレントは，企業グループによってのみ享受されやすくなる。さらに，多国籍企業には scale economies があり，このことからも，独立企業は，競争に破れ去ることになる。

（3）しかし，だからといって arm's length approach がまったく不適切であるということにはならないとして，White Paper は，arm's length approach を，supply-side（すなわち，生産要素市場）に着目する microeconomic theory により正当化することができると説く。

すなわち，上のように多国籍企業化が促進されたとしても，産業が競争的で，生産要素が同質的かつ可動的であれば，レントは長期的にはゼロになるという。すると，どの企業も要素所得の合計額のみを得ることになる。したがって，そのような場合には，次の等式が成立することになる。

　　　企業の gross revenue＝各 factor の market return の合計

この等式に基づいて，関連企業間における所得の適正な配分を行うことができる。すなわち，各企業において用いられている生産要素を列挙し，その最適稼動状態におけるリターンを求め，そこから（関連企業が独立なら得るであろう）total input return を求めるのである。これは，alternative application of the arm's length approach といえよう。従来の方法は，outputs に着目し，arm's length price を求めようとしたのに対し，この方法は，supply-side，すなわち，生産要素市

場に着目し，生産要素のリターンを求めようとするものである。

　この方法は，arm's length price がみつけられない場合に，supply-side に着目し，各生産要素（factors, or inputs）の稼いだ所得により配分を行うもので，その基礎は，市場においては生産要素は長期的には above normal rate of return を得ることはできないという microeconomic theory である。しかし，この方法には，市場の調整には時間がかかることが十分に考慮されていない，あるいは，市場が不完全な場合の扱いが不明確である等の様々な問題点が指摘されている。

　ところで，White Paper に示されたような考え方の背後に存在する経済学的発想の中で基礎を成すのは，その企業に関する考え方であろう。すなわち，そこにおいては，企業は，生産要素市場で調達した生産要素（factors）を投入して（input）生産活動を行い，生産した生産物（products）を生産物市場で販売して収益を得る（output）ところの生産主体としてとらえられている。これこそ，トランスファー・プライシングの問題を，経済学理論，付加価値会計，消費税理論，corporate finance 等につなぐ架橋となる重要な考え方である。トランスファー・プライシングにおける無形資産の取扱いを議論するに際しても，このような経済的発想は不可欠なものである。とくに，価格付け等の問題を議論する際に「無体財産権は権利であり，その評価は云々」というように純粋に法的な形で考えても，さほど意味ある結論は見いだせないであろう。

　では，経済理論的に考えた場合の，企業の無形資産の本質とは一体何であろうか。この点は，結局，corporate finance 的に考えていくしかないのではないかと思われる。すなわち，資産があるから所得が生ずる（stock が flow を産み出す）のであり，無形資産も所得を産み出す資産である。無形資産は，それを保有する企業に対して，それがない場合よりも多くの所得をもたらす。逆に，より多くの所得が産み出されるから，無形資産の存在も確認できる。まったく同じ製品を作っていても，企業により利益が異なるのは，より多くの利益を得る企業がより効率的だからである。より多くの利益を得ることのできる企業は，他の企業よりも安く生産を行うことができるか，高く販売することができる。安く生産を行うことができるのは，たとえば，ノウ・ハウ等を有しているからであり，これは過去の投資の結果である。高く販売することができるのは，たとえば，ブランド等を有しているからであり，これも過去の広告費等の投資の結果である。このように考えていくと，無形資産は有形資産とまったく同じで，いずれも過去の投資が現在利益をもたらすことがわかる。もっとも，無形資産と有形資産との間には，重大な課税上の差がある点に留意しなければならない。

それは，無形資産を作り出すための支出（R&D，広告費等）は，支出時に控除が認められることが多いのに対し，有形資産を作り出すための支出は，繰り延べられるということである（減価償却）。

(4) さて，上の(1)で述べた482条に付加された定めを適用するためには，無形資産にかかる所得と無形資産の使用対価・譲渡対価とのバランスを考えて，periodic adjustment を行う必要がある。このための無形資産にかかわる所得を求めるために，White Paper は様々な方法を提示しているが，その中で最も基本的かつ重要なのは，BALRM (basic arm's length return method) であろう。これは，関連者が行う一連の事業において用いられる生産要素を特定し，それに対して market return を割り当て，そして，無形資産の産み出す所得を算定しようとするものである。具体的には，納税者の一連の事業を，その構成要素である活動や機能に分解し，それを，market return の測定できる生産要素のみを用いるものと，そうでないものに分け，一連の事業による利益の合計から，market return の測定できる生産要素のみを用いる機能に対して割り当てられた利益を差し引いて，その結果として無形資産の産み出す所得を求める。

要するに，前述のように，トランスファー・プライスィングを arm's length price で判断するための比準を行うことは困難だったので，arm's length price に着目するのに代えて，独立当事者なら得たであろうリターン（arm's length return）に着目するのが，BALRM である。独立当事者間でなされる類似の取引における価格との比較ではなく，独立当事者間の取引においてもたらされる生産要素のリターンとの比較がなされるのであるが，市場を前提として所得配分を行う点においては，この方法も arm's length 的性質をとどめているといえよう。

この BALRM を，corporate finance の（これは，企業の investment と finance を扱う学問であるが，このうち investment に関する）議論で用いられる CAPM (capital asset pricing model) でもって解釈しようという考え方が Frisch によって主張されている[3]。彼は，子会社の事業が計画されている段階を考えて，自らの利益を追求する事業者が子会社により計画されている事業をどのように評価し，自らがその事業を引き受けることに同意するとしたらどれだけの所得を要求するか，すなわち，ライセンスの例でいえば，子会社の活動を引き受ける対価として非関連者がどれだけのローヤルティーを要求するかという問題を，White Paper は扱っていると考える。換言すれば，彼は，独立当事者が，その business deci-

---

[3] Daniel J. Frisch, The BALRM Approach to Transfer Pricing, 42 National Tax Journal 261 (1989).

sionとして,関連者間のライセンス契約からもたらされるライセンスィーへの所得の配分で満足するかというテストとして,BALRMを理解する。すなわち,独立当事者が,ライセンスィーの将来のキャッシュ・フローを予測し,リスクを考慮してCAPMにより割引率を求め,当該プロジェクトの純現在価値を計算して,その結果として投資の決定を行うか否かをみる。もし,純現在価値がマイナスであれば,(独立当事者は当該プロジェクトに投資しないから) ライセンスィーは少なすぎる所得しか受けていないことになるし,また,純現在価値がかなり大きなプラスの額であれば,ライセンスィーは市場における相場よりも多い所得を受けていることになるので,いずれの場合もローヤルティーの額の修正が行われる。もっとも,このような考え方に対しては,ある産業における平均的水準を個別企業に押しつけるものである等の批判が,Granfield等によりなされている[4]。

(5) 以上のように,現在のアメリカにおいては,トランスファー・プライスィングに関する議論において,従来,租税法とは一定の距離があるとされてきた経済学の方法論を,租税法の(しかも,解釈の)分野に適用しようという努力がなされている。それらの議論が,社会現象を単に経済学的に分析しようとするのではなく,法律の解釈論の一環として経済理論を用い,条文の解釈を経済学的視点から比較的無理のない形で提示している点は評価に値する。もちろん,このような動きに対して,法律学の立場からも,しかるべき対応をなすべきことが要求されるであろうが,アメリカにおいては,法律家も既に積極的にそのような議論に参加している点が,日本との大きな差であるといってよいであろう。そして,このようなアメリカにおける動きは,いずれは日本に波及してくるものと思われる。われわれ日本の研究者,そして実務家も,少なくともトランスファー・プライスィングに関しては,これまで比較的疎遠であった経済学の理論を考慮しなければならない日が近付いているといえよう。そのような努力を怠れば,日本企業は,アメリカにおいて内国歳入庁のなすがままの課税を甘受しなければならないことになろう。また,アメリカに対抗していくためにも,日本における移転価格対策税制の適用に関して,従来の考え方を一歩進め,経済学的理論に裏打ちされた政策を打ち出していく必要が生じてくるかもしれない。

---

4) Michael E. Granfield & Frances M. Horner, Putting Economic Models in Their Section 482 Place: A Safe Harbor Approach, 49 Tax Notes 561 (1990).

5 1992年の規則案と1993年の暫定規則・規則案

　以上のような議論の延長線上に，内国歳入庁は，1992年に482条に関する規則案を発表して，(Comparable Profit Interval という概念を中心におく) 利益 (ないし，利益率) 重視の方法を採用しようとした。しかし，各方面からの批判を受け，1993年に暫定規則・規則案を発表した。そこにおいても，1992年の規則案におけるほどではないにせよ，価格よりも利益を重視する方向が打ち出されている。

　このようなアメリカにおける利益重視の方向に対しては，OECD その他の価格 (および，個別の取引) を重視する立場から激しい批判がなされている。世界の移転価格税制が，今後どのような方向にむかっていくか，現状においては必ずしも正確に予測することはできないが，少なくとも部分的には利益を重視する方法の採用がなされるであろうという傾向が存在することは指摘できよう。

　日本政府や日本企業としても，このような混乱した状況の中で，長期的視点に立って検討を行っていく必要がある。

第 3 章　国際通信と課税

一　はじめに

　国際通信産業，および国際通信を用いた情報産業の最近における進展は著しい。ところが，法制度というものは，立法時の経済状況・技術状況を反映しているのが通常であるから，国際的通信・情報産業におけるような比較的新しい経済活動・取引について，旧来の法規制の枠組みをもってしては，必ずしも十分な，あるいは適切な対応のできない新しい法律問題が発生するのは，不可避なことといってよいであろう。このように発生する新しい問題の一部について，筆者は，NIRA の「企業の多国籍化に伴う法的諸問題に関する研究会」において，「国際通信をめぐる課税問題の一端——源泉徴収所得税を中心に」と題する報告書を執筆した（NIRA 研究叢書 No.890034，中里実「国際取引と課税——課税権の配分と国際的租税回避」（1994 年，有斐閣），第Ⅱ編第 2 章に収録）が，ここでは，その報告書におけるよりもさらに広い範囲の問題について，若干の問題指摘を行うこととする。

　国際通信をめぐる新しい課税問題は，国際的通信・情報産業において行われる取引の特殊性が原因となって生ずる。すなわち，国際通信サービスの提供，あるいは，国際通信を利用して行われる取引（たとえば，衛星通信を用いて行われるデータベース・サービスの提供，放送番組の提供，金融情報サービスの提供等）は，第一に，そこにおいて提供されるのが（当然のことであるが，無形の）サービスであること，および，さらに基本的なことであるが，第二に，そのサービスの提供者と受領者が物理的に離れており，しかも両者が移動することなしに，かつ，瞬時にサービスの授受が行われるという特殊性を有している。この特殊性が，国際通信サービスの提供・国際通信を利用して行われる取引に関して生ずる課税問題を，従来の法的枠組みだけでは解決困難なものにしていると思われる。このように新しい課税問題に関する議論は，問題が新しいというまさにその理由によりほとんど行われていない，あるいは，少なくとも研究の成果が発表されていないのが現状である。こうした状況は，決して日本に特有のものではなく，世界的なものといってよい。

　以下においては，国際通信サービスの提供・国際通信を利用して行われる取

引に関して生ずる課税問題を，問題となる租税の種類から三つに分けて，その概観を示すことにしたい。すなわち，以下においては，国際通信と関連する源泉徴収所得税，法人税，付加価値税の課税問題を扱うこととする。国際課税をめぐる議論は，それが国際通信と関連しない場合であっても，それ自体比較的最近注目されはじめた，しかもきわめて技術的なものなので，国際通信をめぐる国際課税の議論は二重の意味で複雑なものとなるが，以下では，極力細部に立ち入ることなく，あくまでも問題の概要を浮び上がらせることを主眼としたい。

二　国際通信と源泉徴収所得税

非居住者・外国法人に対して，所得税法161条に列挙する各種の国内源泉所得の支払をする者は，その支払の際に源泉徴収をする義務を負う（所得税法212条）。

国際通信に関連する源泉徴収所得税の課税問題で最も重要なのは，外国における情報保有者に対する支払について日本の企業等が源泉徴収を行う必要があるか否かという点である。たとえば，日本の企業が外国のデータベース業者からデータベース・サービスの提供を受ける際に支払う対価や，日本の放送局が外国の放送局から衛星中継で番組の提供を受ける際に支払う対価，あるいは，日本の銀行が外国の情報サービス企業からオンラインで世界の市場における外国為替相場の情報の提供を受ける際に支払う対価が，国内源泉所得として源泉徴収の対象となるであろうか。

上のような場合に問題となるのは，各種の国内源泉所得のうち，所得税法161条7号ロの「著作権（出版権，著作隣接権その他これに準ずるものを含む）の使用料」であると思われる。所得税法上は，このような使用料のうち，「国内において業務を行う者から受ける」，「当該業務に係るもの」が，国内源泉所得とされる。そして，外国における情報保有者から日本の企業等が情報の提供を受けた際に支払う対価は，所得税法上，①当該情報等について著作権・著作隣接権が成立し，かつ，②当該対価が当該著作物の利用（複製，上演，演奏，放送等々の著作権法63条にいう「著作物の利用」）等の許諾の対価として支払われている場合に，「著作権の使用料」となる（所得税基本通達161-23）。そして，③この対価が，国内において業務を行う者により，その国内業務に関して支払われる場合に，それは国内源泉所得となる。では，外国における情報保有者から日

本の企業等が情報の提供を受けた際に支払う対価のうち，いかなるものがこれらの条件を満たすのであろうか。

　まず，第一の点について考えてみよう。データベースについては，そのうち，「情報の選択または体系的な構成によって創作性を有するもの」が，著作物となる（著作権法12条の2）から，原則として問題はない。これに対して，衛星中継による放送の場合は，番組の内容によって考えていく必要がある。音楽の場合は（作曲家等への対価は別として），音楽家の演奏自体は著作隣接権の対象となる「実演」であるが，日本は，相手国がローマ条約に加盟していない場合には，著作隣接権について外国のそれを保護する条約上の義務を負わないから，外国における実演が日本で放送されても，その対価が「著作隣接権の使用料」にはならない。ただし，相手国がローマ条約加盟国でない場合であっても，所得税法161条7号ロの「その他これ（著作隣接権）に準ずるもの」に該当するものとして扱えばよいであろう。次に，スポーツ番組の場合は，「実演」ですらない（もっとも，放送事業者の著作隣接権が成立する可能性はある）。ただし，ニュース番組の場合は，講演の著作物が成立する可能性がある。さらに，外国為替相場の情報の提供等の場合には，著作物が成立しないことが多いであろう。このように，情報の内容により，著作物が成立するか否かは異なり，しかもその判定はかなり微妙である。

　第二は，著作物の利用等の許諾の有無である。国際的な放送の場合は，著作権・著作隣接権が成立していれば，相手国がローマ条約加盟国でありさえすれば，当該著作物等の「放送」という形の利用の許諾がなされていると考えられるから，この点は原則として問題とならない。ただし，外国から番組が通信で送られてきた場合には，「再放送」にあたらず，所得税法161条7号ロの「その他これに準ずるもの」として処理する必要があろう。これに対して，データベースの場合は，この点が多少複雑であり，場合を分けて考えていかなければならない。日本企業甲が外国企業Xからデータベースの提供を受ける場合に，甲の当該データベースの利用形態は，甲がライセンスを受けたデータベースを日本国内のユーザーに利用させる場合（事業型）と，甲が自らユーザーとして利用する場合（自己使用型）に分けられよう。また，甲がXからデータベースの提供を受ける方式は，データの記録された磁気テープ等を借り受ける場合（取付型），甲がXに電話等で情報検索を依頼し，Xが検索結果を書類等で甲に伝える場合（書類型），オンラインで情報の提供を受ける場合（オンライン型）に分けることができよう。

(a) 事業型・取付型——甲からそのユーザーに対するデータベースの提供の方式が取付型であれば、著作物の「複製」という形の利用の許諾がＸから甲に対してなされていると考えられる。
(b) 事業型・書類型——実際には考えにくい。
(c) 事業型・オンライン型——著作物の「放送」ないし「有線送信」という形の利用許諾がＸから甲に対してなされていると考えられよう。
(d) 自己使用型・取付型——単に検索結果を画面にディスプレイするだけでは複製とはいえないが、ハードコピーやダウンローディングは複製に当たる。
ただし、個々のデータから独立したデータベース自体の複製がなされているといえるか否かは、検索行為の程度による。
(e) 自己使用型・書類型——この場合、複製の主体は甲ではなくＸであるから、甲が著作物の複製を行っているとはいえない。
(f) 自己使用型・オンライン型——ほぼ、(d)と同様である。

　第三は、使用料が国内業務に係るものといえるか否かという点である。ここで一番問題となるのは、データベースの提供や、外国為替相場等の情報の提供を受けた者が、そのようにして得られた情報を企業の国内業務と国外業務の両方のために利用する場合（たとえば、国内と国外で製品販売を行うメーカーが当該製品製造のためにデータベースで諸外国の特許情報を入手する場合）に、使用料のうち、どの部分が国内「業務に係るもの」といえるかという点であるが、この点は必ずしも明らかではない。また、租税条約における使用地主義（著作物の利用される場所を所得の源泉地とする方式）と所得税法上の「業務地主義」ないし「国内業務主義」（国内業務に係るものか否かにより源泉地を判断する方式）は、通常は同一のものと解されているが、両者の関係がそのように単純なものであるか否かについても必ずしも明確ではない。

　いずれにせよ、現行制度の下においては、国際通信に関連する取引に関して、著作権が成立するか、著作隣接権が成立するか、あるいは、その両方とも成立しないかの限界がかなり微妙である。また、利用者にとっての便益がほとんど変わらないにもかかわらず、課税とはほとんど関係のない要素に影響されて、ある支払が著作権の使用料になったり、著作隣接権の使用料になったり、そのいずれにもならなかったりして、それに応じて課税が変わってくる。さらに、日本と相手国の著作権関係の条約（ベルヌ条約、万国著作権条約、ローマ条約等）への加盟状況によっても、課税が大きな影響を受けることになる（ただし、著

作隣接権に関しては,所得税法161条7号ロの「その他これに準ずるもの」により,国内源泉所得とすることが可能である点に留意)。これは,国際通信に関連する源泉徴収所得税の課税についても,著作権や著作隣接権という概念を使用して構成された課税要件により課税の有無を判断しなければならないところに問題があるものと思われる。

三 国際通信と法人税

法人税については,国際通信を行う通信業者の事業から生ずる所得自体に関する課税問題と,国際通信を利用して取引活動を行う企業の事業から生ずる所得に関する課税問題の二つを考える必要があろう。まず,国際通信業者の課税問題であるが,これについては,日本の法人税法には特別な定めは存在しない。ここでは,米国の規定をみておこう。米国においては,1986年の税制改革により,国際通信所得 (international communications income) に対するソース・ルールが,内国歳入法典863条(e)に設けられた[1]。すなわち,同項の(2)によれば,「国際通信所得」とは,「合衆国から外国への,または外国から合衆国への通信あるいはデータの発信 (transmission of communications or data) から得られる全所得」のことである[2]。そして,同項の(1)によれば,内国法人の得る国際通信所得は,50パーセントが国内源泉,50パーセントが国外源泉とされ,また,外国法人の得る国際通信所得は,原則として国外源泉とされるが,当該外国法人が合衆国国内に事務所その他の固定的事業の場所を有している場合には,当該事務所等に帰属する限りにおいて国内源泉とされる。この他,1986年改正においては,内国歳入法典の863条(d)において,宇宙および海洋における活動から生ずる所得のソース・ルールが定められている[3]。それによれば,宇宙等

---

[1] なお,このほか,レギュレーションの1.863-5や内国歳入法典の883条(b)については,中里実「科学技術と租税法」ジュリスト822号100頁上段注4参照。

[2] 上院財政委員会の報告書は,「……国際通信所得には,地下・水中ケーブルまたは衛星により全部または部分的に送られる,信号,画像,音声,あるいはデータの二国間の送信に帰せられる所得を含む。たとえば,それは,電話の送信から得られる所得を含む」と述べている (CCH, Tax Reform Act of 1986, Law and Controlling Committee Reports, at 1392) のみであり,それ以上の説明を行っていない。

[3] これについては,Kelly, *Federal Income Taxation of Space and Ocean Activities*, 14 The International Tax Journal 69 (1988) 参照。また,上院財政委員会の報告書は,「宇宙・海洋活動という用語は,宇宙で,または海洋の上もしくは中で行われる役務の提供,宇宙または海洋の上もしくは中にある装置(宇宙船を含む)のリース,宇宙または海洋の上もしくは中における技術その他の無体財産権

において行われた活動からの所得は，内国法人のものであれば全額が国内源泉に，外国法人のものであれば全額が国外源泉になる。たとえば，通信衛星を保有しそのリースを行っている外国法人Xから，他の外国法人Aがリースを受けて，それをテレビ画像の外国への送信に利用する場合，Xの所得は宇宙活動からの所得，Aの所得は国際通信所得となろう[4]。しかし，このような規定がない限り，国際通信業者が国際通信から得る所得の源泉地を決定することは困難であるか，あるいは，不適切な源泉地規定が適用されることになろう。

　次に，国際通信を利用して取引活動を行う企業の課税問題について考えてみよう。ここで注目すべきは，恒久的施設の概念である。従来は，外国に商品やサービスを提供する企業は，当該進出先国に支店なり子会社を設立して取引活動に従事することが多かった。ところが，国際通信を用いたサービスの提供の場合には，物理的に離れた者に対して直接にサービスを提供することが可能であるから，支店や子会社を設ける意味はさほど大きくはない。このことは，恒久的施設（たとえば，支店，工場等）なければ課税なしという国際租税法上の事業から生ずる所得に対する課税の原則（すなわち，ある国家は，自国に外国法人の恒久的施設が存在する場合にのみ，当該外国法人の事業から生ずる所得に課税できるとする原則）に対して（たとえば，恒久的施設の概念の再検討を迫るといった），少なからぬ影響を持ち得るものと思われる。たとえば，日本の企業が，外国の企業が保有する外国に存在する超大型コンピュータを，国際通信回線を通して利用する場合，あるいは，日本の企業が，外国のコンサルタント会社から国際通信によりオンラインでアドバイスを受ける場合について考えてみよう。これらの場合に，当該外国企業が日本に恒久的施設を有さないとすると，これらの外国企業に対する日本における事業から生ずる所得に対する課税は行われない（ただし，源泉所得税の課税が行われる可能性はないではない）。しかし，物理的に離れた場所に瞬時にサービスの提供ができる点に国際通信を用いた取引の特殊性があるのであり，日本に支社や工場があろうがあるまいが，提供されるサービスに差があるわけではない。すると，日本に恒久的施設があるかないかという基準より事業から生ずる所得に対する課税の有無を判断する現行の方式は，少なくとも，国際通信を利用して行われる取引については，必ずしも適切な課税をもたらさないような場合もあり得るのではないかと思われる。

　　の使用のためのライセンス，宇宙または海洋の上もしくは中における製品の製造を含む」（CCH, supra note 2, at 1392）と述べている。
4)　Kelly, supra note 3, at 72.

以上のように，法人税についても，国際通信と関連する取引の特殊性を考慮した法制度を考えていく必要があるといえそうである。

四　国際通信と付加価値税

さらには，付加価値税についても困難な問題が生ずる。すなわち，付加価値税は，商品等の販売のみならず，サービスの提供に対しても課されるのであるが，国際通信サービスの提供や国際的情報サービスの提供についていかなる課税がなされるかが問題となるのである。この問題は，国際通信に関連する，あるいは国際通信を用いたこのような取引においては，サービスの提供者と受領者が物理的に離れており，サービスの提供がどこでなされているのかが必ずしも明確ではないところから生ずるものと思われる。

付加価値税等の消費税については，国際取引に対する課税の原則として，GATTにより，輸出免税・輸入課税という方式（すなわち，消費地国で課税する方式）が採用されている[5]。動産の販売については，当該動産が国境を越えて移動するので，原則として，輸出免税・輸入課税という措置を取ることに特別に困難な点はない。ところが，サービス貿易，とくに，国際通信サービスの提供や国際的情報サービスの提供については，物理的に離れたサービス提供者と受領者の間で有形物の移動を伴わない取引がなされるから，輸出免税・輸入課税という措置を具体的にどのように適用していくのかが問題となる。すなわち，消費地国で課税するといっても，消費地が必ずしも明確ではない。また，輸出・輸入といっても，有形物が移動するわけではないから，輸出国でサービス提供者の仕入れに含まれている税額を税額控除したり還付したりする（多段階で課される付加価値税については，輸出免税のためには，このような手続が必要である）のが困難であり，輸入国で輸入の際に課税するのも困難である（サービス

---

[5] この問題については，Organization de coopération et de développement économiques: Aménagements fiscaux aux frontières et structures fiscales des pays membres de L'OCDE, 1968 参照。国際取引に対する消費税課税の原則としては，生産地主義（いずれの国で消費される製品についても，生産地国で課税する）と消費地主義（いずれの国で生産される製品であっても，消費地国で課税する）が存在する。このうち，生産地主義の下においては，生産地からの輸出の際に，輸出価格に生産地国で課された消費税の額が含まれるので，消費税負担の軽い生産地国の製品ほど競争条件が有利となる。これに対して，消費地主義の下においては，輸入品に対する差別が行われなければ，自国産品と輸入品の間の競争条件の中立性が保たれる（中里実「付加価値税と国際取引」税研10号3頁〔本書第5編第1部XII〕参照）。

は税関を通らない)。

　この点，フランスの場合を例に取ると，有形財を媒介としない役務提供（たとえば，無体財産権の譲渡・ライセンス供与，広告宣伝，コンサルタント等）に関しては，役務提供者と役務受領者の所在地を基準として，国際取引に対するフランス付加価値税の課税の有無を決定している。それは，大まかには，以下の通りである。

(a) フランスに活動の場所，役務提供のための固定的施設，住所，居所（以下，「活動拠点」と呼ぶ）を有する者から，フランスに活動拠点を有する者への役務の提供について，フランスが課税できる点に問題はない。

(b) フランスに活動拠点を有しない者から，フランスに活動拠点を有しない者への役務の提供については，フランスは課税できない。

(c) フランスに活動拠点を有する者から，フランス（および EU 諸国）に活動拠点を有しない者への役務の提供については，役務の「輸出」であるから，フランスで課税されない。

(d) フランス（および EU 諸国）に活動拠点を有しない者から，フランスに活動拠点を有する者への役務の提供については，フランスで課税が行われる。ただし，そもそも，国際通信サービスの提供や国際的情報サービスの提供については，サービスの提供者が外国に存在するから，提供者に対してサービス提供の際に税額を価格に含めることを期待することはできない。そこで，この種の取引の場合（役務提供者は国外，役務受領者は国内にいるわけであるから），付加価値税は役務受領者により支払われることになる[6]。

　日本の消費税におけるこの種の問題に関する議論としては，水野忠恒教授の研究を参照されたい[7]。

---

[6]　ただし，役務受領者がたとえば事業者ではなく，個人的に役務を消費していて，付加価値税の課税を受けない場合，この者に付加価値税の支払を期待することは困難である。そこで，このような場合には，役務の利用地がフランスである時にのみフランスの課税が及ぶとされている。しかも，この場合，役務受領者が付加価値税を支払うのではなく，役務提供者が課税庁に対しフランスに住所を有する代理人を届け出て，この者に支払を行わせることとされている（ただし，この届け出がない場合，付加価値税は取引の相手である役務受領者から徴収されることになっている）。なお，サービス貿易に対する付加価値税課税については，Kaiser, François: La taxe sur la valeur ajuoutée et les prestations de services internationales, 1981 が詳しいので，そちらを参照されたい。

[7]　水野忠恒「サービス貿易と課税問題——消費課税を中心として」（NIRA 研究叢書 No. 900065）。

五　国際通信に関する課税の将来

　以上述べてきた三つの租税のうち，国際通信との関連で比較的対応が容易と思われるのは，付加価値税であろう。付加価値税については，サービス貿易の中で，国際通信サービスの提供や国際通信を用いた情報提供サービスをとくに他とは別に扱う必要はなく，サービス貿易に対する課税問題一般の中で，国際通信に関する課税問題を考えていけばよいと思われるからである。そして，サービス貿易に対する付加価値税の課税については，1977年5月17日のECの第6指令以来，ヨーロッパ諸国において，一定の議論がなされてきており，とりあえず，これを参考にして考えていけばよいといえよう。そして，日本においても，サービス貿易に対する課税の原則を，国際通信サービスの提供や国際通信を用いた情報提供サービスにも対応できるように，できる限り現代的なものにしておくことが望ましいといえよう。

　これに対して，源泉徴収所得税や法人税を，国際通信サービスの提供や国際通信を用いた情報提供サービスに対して適応できるように調整していくことは，かなりの困難を伴う。

　源泉徴収所得税においては，前述のように，外国法人からの国際的情報サービス提供の対価が，著作権の使用料といえるか否かという点から課税を考えていかざるを得ないところに問題がある。このような状況を変えて，類似の取引に対して類似の課税が行われるようにするためには，たとえば，「情報の提供の対価」，あるいは「通信によるサービスの提供の対価」といった所得類型を設けて，それに対するソース・ルールを定めることが必要かもしれない。このような類型を設ければ，同じような取引であるにもかかわらず，著作権が成立する場合には国内源泉所得，著作権が成立しない場合には，人的役務の対価等として国外源泉所得という，アンバランスが解消できるであろう。遠隔地へのサービス提供が不可能であった時代には，著作物の利用の許諾や金銭の貸付・出資といった特殊なサービス提供についてのみ特別なソース・ルールを設ければよかったのであるが，これらにとどまらないサービスの提供を国境を越えて行うことが可能となった現代においては，新しい状況に応じた構成を考えてもよいのではなかろうか。

　また，法人税についても，源泉徴収所得税と同様のことがいえよう。まず，国際通信業者の事業から生ずる所得や，宇宙・海洋において行われる活動から

の所得については，その特殊性に鑑み，米国のような特別なソース・ルールがあってよいのではないかと思われる。このことは，たとえば，国際運輸業所得について特別な取扱いがなされていることを考えれば，さほど不自然なことではなかろう。そして，国際通信業者の事業から生ずる所得や，宇宙・海洋において行われる活動からの所得については，基本的には，事業者の居住国が課税権を有するという方向が考えられよう。次に，国際通信を利用して取引活動を行う企業の事業から生ずる所得に対する課税については，「恒久的施設なければ課税なし」という国際租税法上の事業から生ずる所得に対する課税の原則の再検討を行う必要があるといえるかもしれない。そもそも，国際通信を用いたサービスの提供の場合には，進出先国に支店や工場を設けることなしに，進出先国における事業活動（と同様の活動）を行うことが可能なのであり，この点を考えれば，恒久的施設の概念を柔軟に構成するということもまったく不合理ということにはならない。また，芸能法人が外国で芸能人の役務の提供を行う場合には，当該外国に恒久的施設を有するものとみなされるという租税条約の定めも少なくない（たとえば，日英租税条約6条(4)参照）ことからみても，事業活動の種類に応じて恒久的施設の概念を考えていくことは，それほど不自然なこととはいえないであろう。

　いずれにせよ，ここで扱ったことは，そのほとんどが立法論に関するものであり，そこで述べられたことも大部分が筆者の単なる思い付きにすぎないものである。しかし，当然のことながら，経済状況・技術状況の進歩とともに法制度も変化していかなければならないことを考えれば，国際通信に関連する課税問題を現行法の枠組みの中にとどまらず，もう少し広い視点から検討していくことは，必要なことである。今後，国際通信に関連する課税問題について様々な議論がなされることを期待して，結びとしたい。

II

日米租税摩擦と対抗立法

一 「国際租税法上の諸問題」について

　総合研究開発機構の「企業の多国籍化に伴う法的諸問題に関する研究会」においては，国際的租税回避の問題，企業のタックス・プランニングの問題，日本とアメリカとの間のいわゆる日米租税摩擦の問題などについて，かなりの回数のヒヤリングや研究会を行った。こうした活動を踏まえて，筆者は，国際的租税問題全般を取り扱った鳥瞰図の執筆を思い立つに至った。確かに，移転価格（トランスファー・プライシング），タックス・ヘイヴン，外国税額控除……といった国際租税法上の諸問題は，それらを個別的に論ずることも重要ではある。しかし，それらの諸問題は，つきつめると，必ず，①国際的取引活動を行う企業と，そこから税収をあげようとする（1ないし複数の）国家との間の対立，および，②企業の国際的活動に対する課税をめぐる国家と国家との間の対立（財源の奪い合い），の2点に要約され得るものである。そうであるならば，この二重の対立関係を浮き上がらせるという視点から国際的租税問題全般を整理してみることには，一定の意味があるはずである。こうした考えの下に，筆者は，昭和59年7月に「国際租税法上の諸問題」と題する報告書*を執筆し，これを総合研究開発機構に提出した。この報告書は，以下のような構成で書かれている。

　第1章　序説　　上に述べた，国際租税法をめぐる国家対企業の対立と，国際租税法をめぐる国家対国家の対立という視座を設定した上で，真にコスモポリタンな企業が存在しない現在においては，ある企業の国際的活動が必然的にある（1ないし複数の）国家（およびその国民）を利することになるから，企業活

＊NIRA 経済政策研究シリーズ 11　企業の多国籍化に伴う法的諸問題-2　「国際租税法上の諸問題」。

動に対する課税をめぐり各国の利害も対立することになる結果，この二重の対立は，相互に密接な関連を持ってくることを述べている。

　第2章　課税権の国際的調整　　国際租税法を国家間の税源をめぐる争いの手段として把えて，外国法人課税，外国税額控除，ユニタリー・タックス，一部の国家による差別的課税，などの問題を論じている。

　第3章　国際的租税回避　　租税制度の国家による差異等を利用した租税支払の軽減を目的とする企業の行動と，これに対する国家の対処を論じている。具体的には，タックス・ヘイヴン，移転価格，トゥリーティー・ショッピング（treaty shopping＝租税条約漁り），ホールディング・カンパニーといった租税回避の諸形態について述べている。

　第4章　情報収集と徴収における国家間協力　　第2章，第3章が実体法に関するものであったのに対し，本章は，国際租税法上の手続的問題について論じている。主に扱われているのは，アメリカの内国歳入庁（Internal Revenue Service）や裁判所による在外資料提出の要求についてである。

　第5章　「企業の国際的活動と租税法——進出に伴う課税問題」　　第2章，第3章，第4章が国際租税法そのものを扱っているのに対し，本章が扱っているのは，主に，国内租税法上の諸問題である。というのも，企業の海外進出に際しては海外子会社という形態が用いられることが多いが，海外子会社は進出先国にとっては内国法人であり，進出先国の国内租税法の検討をなおざりにすることはできないからである。具体的には，海外進出形態としての支店と子会社の課税上の差異，企業買収，外国子会社のファイナンスなどが扱われている。

　第6章　戦略としての国際租税法　　本報告書のまとめに当たる章である。国家および企業が国際租税法をその戦略遂行上の手段として位置づけ，自らの利益のためにその有効な利用を考えるべきであると述べる。すなわち，まず，課税権者である国家は，国内立法については，これを国際経済政策の一手段として認識した上で，対企業関係においては租税回避否認等のための課税要件の明確化をはかるとともに，対他国家関係においては他国家の自国企業に対する差別的課税に対して不必要な譲歩をすることなく対抗立法等を設けるべきであり，また，租税条約については，その締結・改訂交渉を一定の明確な目的意識に従って行うべきである。次に，企業はタックス・プランニングの必要性・重要性を認識し，これを積極的に行うべきである。以上のような結論を述べる。

　なお，このたび出版される本に組み込むにあたり，昭和59年7月以降現在に至るまでの新たな動きを，でき得る限り補充してある。また，参考文献のリ

ストも各所に掲げておいた。

二　日米租税摩擦

　上記の報告書を執筆する際に，具体的な国際租税法上の問題として最も筆者の興味を引いたのは，いわゆる日米租税摩擦であった。上記報告書においては，日米租税摩擦の問題は随所に分散して述べてあるので，ここで，この実務上も理論上も興味深い問題について若干ふれておくことにする。アメリカは，外国企業に対してかなり強く自国の課税制度の適用を及ぼしており，こうしたアメリカの姿勢が，外国企業との間で様々なフリクションを引き起こしている。このフリクションの原因である租税制度は，実体法上のそれと，手続法上のそれに分けて考えることができる。

　まず，実体法上の摩擦は，主に，移転価格，ユニタリー・タックス（合算課税），thin capitalization（過少資本）の3制度から生ずる。第一に，移転価格の問題であるが，アメリカの内国歳入庁は，関連企業間の取引において付される価格が独立当事者間取引価格（arm's length price，すなわち，公開の市場で相互に特別な関係に立たない独立の当事者間で合意される価格）と異なっている場合に，内国歳入法典（Internal Revenue Code）482条を発動して，取引が独立当事者間取引価格においてなされたものとして，所得の再配分を行う。この制度は，外国企業が当事者となる取引についても適用される（内国歳入庁は，482条の国際取引への適用に積極的である）。この独立当事者間取引価格の認定が企業にとって厳しいものであることが，アメリカにおける租税訴訟（民事）の立証責任が納税者側にあることとあいまって，外国企業を苦境に立たせる要因となっている。例えば，日本の親会社がアメリカの子会社に対して製品を通常より高価な価格で販売したような場合，482条によりアメリカ子会社の所得が増額させられることになる。そして，親会社の本国において対応的調整（すなわち，アメリカで所得が増額させられた分だけ，本国で所得を減額すること）が行われない場合，この企業グループは，再配分された所得について，本国とアメリカで二重に課税を受けることになる。事実，ホンダ，日産，トヨタの自動車3社が，482条の適用を受けて困難な立場にある。こうしたアメリカの課税に対して，西ドイツやイギリスは，アメリカ同様の移転価格税制を設けることにより対抗している。

　第二に，ユニタリー・タックスの問題がある。アメリカにおいては，州内と州外で事業活動を行う企業の州所得税について，マサチューセッツ方式と呼ば

れる所得配分方式が用いられることが多い。これは，企業（ないし，企業グループ）の全所得を，当該企業（ないし，企業グループ）の当該州内に存在する資産，支払賃金，売上高の3要素の割合に基づいて当該州に配分し，当該州の課税する課税所得を算定する方式である。しかも，例えばカリフォルニア州の場合は，この（所得，および3要素の）合算範囲が全世界における当該企業グループに及ぶ。その結果，カリフォルニア州内においては赤字であっても，同州により課税が行われるといった事態が生じ得る。特に，支払賃金は，アメリカにおいて世界中のどこよりも高いわけであるから，上のような方法によれば，必然的にカリフォルニア州に配分される所得が多くなるということになる。このユニタリー・タックスについては，イギリスが，米英租税条約改訂に際して，そのworld-wide な適用を禁ずる規定を設けようとしたが，果たせなかった。

　第三に，過少資本の問題がある。企業が資金を調達する方法には，借入金と増資の二つの形態がある。ところで，借入金に対する支払利子は損金算入できるのに対して，支払配当は損金算入できない。そこで，アメリカにおいては，本来，出資であるものを借入金形態で調達し，租税支払を軽減することに備えるために，資本が借入金に比してあまりに過少（thin）である場合に，借入金を出資とみなして，支払利子の損金算入を否定することが行われている。日本系企業の場合，借入金形態が一般的であろうから，アメリカ子会社がこのような否認を受ける場合が生じ得る。

　以上のような実体法上の諸制度と並んで，アメリカの租税手続法も，アメリカに進出した企業にとって酷である場合が少なくない。その中でも特に重要なのは，広範な在外資料収集である。すなわち，第一に，アメリカの租税調査手続における資料提出・証言命令（summons）は在外資料にも及ぶ。例えば，移転価格に関する U.S. トヨタの租税調査の過程においては，日本のトヨタ本社（納税者であるアメリカ子会社の親会社）に対して，日本国内ディーラーへの売り値に関する資料（これは，企業秘密である）を要求する資料提出・証言命令が発せられ，その執行が連邦地方裁判所により認められている。第二に，司法手続におけるアメリカの在外資料要求もかなり過酷なものである。ある事件（スイスの親会社とアメリカの子会社との間で行われた移転価格に関する脱税事件）においては，スイス（そこにおいては，刑法上，外国の政府等に対して営業上の秘密を漏らすことが禁じられているという）の会社に対して，アメリカ国外に存在する資料等の提出を求める裁判所出頭命令（subpoena）が，連邦告訴裁判所により発せられている。また裁判所は，この事件において，裁判所出頭命令に従わない場

合は 1 日につき 5 万ドルの罰金を科することを決定している。第三に, 1982 年の Tax Equity and Fiscal Responsibility Act により, 国際的移転価格に関する調査を容易にするために, 内国歳入法典に 982 条が設けられた。同条によると, 通常の調査手続によっては在外資料を入手することが困難である場合に, 内国歳入庁は, formal document request を, 納税者である企業に対してなすことができる。これについては, 納税者が, その取消しを求める訴訟を提起することができるが, その取消しが認められない場合, 調査の対象となった租税事件を後日扱うこととなった裁判所は, この request に応じて提出のなされなかった資料を企業が証拠として申し立てることを禁止することができるとされている。第四に, 同じく 1982 年改正において, アメリカに進出している企業の子会社と支店に対して, 関連企業との取引について一定の報告義務 (= information return の提出義務) が課された (内国歳入法典 6038A 条)。このように, 租税手続におけるアメリカの外国企業に対する資料要求は, 他国と比してかなり広範かつ強力なものであり, それが租税実体法における内国歳入庁の積極的な姿勢とあいまって, アメリカに進出している外国企業は深刻な事態にさらされているのである。

　以上のような実体法, 手続法の両面におけるアメリカの積極的な姿勢に対処するために日本の国家および企業がとるべき対応に関する私見が, そのまま, 本報告書の第 6 章に述べられているわけである。

三　対　抗　立　法

　現在の世界において, 国際租税法上, 最も問題を引き起こしている国の一つがアメリカであることに疑いの余地はない。先に述べたように, アメリカは, 自国の課税権の行使に極めて熱心であり, こうした姿勢が急に改まる可能性はほとんどないといってよいであろう。では, 戦略としての国際租税法の活用, すなわち, 国際租税法を国際経済政策遂行上の一手段として自国の利益のために活用するという目的意識をもって日本が行動する場合に, 日本は具体的にどのように行動したらよいのであろうか。日本企業は, 国際租税法の重要性を認識してタックス・プランニングを真剣に行うべきであるというのが, 本報告書での結論であり, この点については, さして異論の余地はなかろう。むしろ, 問題は, 日本の国家がどう行動すべきかである。この点, あえてアメリカの課税を是認し, 争いを極力避けていくという行き方も考えられる。逆に, 主張す

べきことを主張することこそ真の友好関係につながるという考えも成り立つ。

この二つの行き方のうち，筆者は，本報告書において後者をとり，対抗立法の必要性を説いた。それは，以下の理由に基づく。第一に，確かに，国家と国家の間の関係のみを考えるならば，争いを極力避けるというのも一つの賢明な行き方であるかもしれないが，国家（日本）と企業（アメリカ）の関係をも考慮してみると，アメリカが熱心に自国の課税権を主張している問題のうちには企業の租税回避を封ずるという正当な動機から出たものもあり，少なくとも，こうした問題については，対抗立法云々ということを抜きにしても，日本の国際租税法上整備すべき点があると考えられる。特に，移転価格の問題については，日本の国内法上，個別の企業に着目してこれに対処する規定として法人税法22条2項等が存在するものの，企業グループを一体と見て課税の調整を行う規定が欠如しており，これが，我が国の制度の一つの欠点となっていることは，既に識者により指摘されているところである。第二に，アメリカによる自国の課税権の主張に対して，西ドイツ，イギリス等がかなり積極的な対応を試みているのに対し，日本は，この点においてかなり立ち遅れている。日本のみがアメリカに対する対抗立法を設けるというのであれば，これを危惧する向きもないではなかろうが，西欧諸国が既にしていることを日本もするのであれば，問題は少ない。第三に，当のアメリカ自体が，他国の差別的課税に対する対抗立法を持っている。例えば，内国歳入法典891条は，租税条約が存在しない場合，アメリカが，差別的課税を行う外国の国民，法人に対して報復的課税を行い得ることを定めている。

さて，アメリカに対する対抗措置という点から最も急を要するのは，アメリカの移転価格税制とこれに伴う在外資料要求に対する措置であろう。そして，最近，我が国においても，この問題に対する対応策の検討が進行している。すなわち，税制調査会は，昨年12月17日の答申において，次のように述べている。

「近年，企業活動の国際化の進展に伴い，海外の特殊関連企業との取引の価格を操作することによる所得の海外移転，いわゆる移転価格の問題が国際課税の分野で重要となってきているが，現行法では，この点についての十分な対応が困難であり，これを放置することは，適正・公平な課税の見地から，問題のあるところである。また，諸外国において，既に，こうした所得の海外移転に対処するための税制が整備されていることを考えると，我が国においても，これら諸外国と共通の基盤に立って適正な国際課税を実現するため，法人が海外

の特殊関連企業と取引を行った場合の課税所得の計算に関する規定を整備するとともに，資料収集等，制度の円滑な運用に資するための措置を講ずることが適当である」

そして，これを受けて，移転価格税制導入のための租税特別措置法の改正案が国会に提出され，現在審議中である（なお，この改正とあわせて，租税条約の権限ある当局者間の協議の申立書の様式を示した国税庁長官の通達が制定されている）。「国外関連者との取引に係る課税の特例」と題する措置法改正案の第66条の5は，以下のようなものである。

1項　法人が，昭和61年4月1日以後に開始する各事業年度において，当該法人に係る国外関連者（第2条第1項第2号に規定する外国法人……で，当該法人との間にいずれか一方の法人が他方の法人の発行済株式の総数又は出資金額の100分の50以上の株式の数又は出資の金額を直接又は間接に保有する関係その他の政令で定める特殊の関係……のあるものをいう。……）との間で資産の販売，資産の購入，役務の提供その他の取引を行った場合に，当該取引（……以下この条において「国外関連取引」という）につき，当該法人が当該国外関連者から支払を受ける対価の額が独立企業間価格に満たないとき〔低額譲歩〕，又は当該法人が当該国外関連者に支払う対価の額が独立企業間価格を超えるとき〔高価譲受け〕は，当該法人の当該事業年度の所得……に係る同法〔法人税法〕その他法人税に関する法令の適用については，当該国外関連取引は，独立企業間価格で行われたものとみなす。

2項　「独立企業間価格」とは，国外関連取引が棚卸資産の販売又は購入である場合，「独立価格比準法」，「再販売価格基準法」，「原価基準法」，その他これらの方法に準ずる方法により算定した金額であると定める。

3項　第1項の規定の適用がある場合における国外関連取引の対価の額と当該国外関連取引に係る同項に規定する独立企業間価格との差額は，法人の各事業年度の所得の金額……の計算上，損金の額に算入しない。

6項　国税庁の当該職員又は法人の納税地の所轄税務署若しくは所轄国税局の当該職員が，法人にその各事業年度における国外関連取引に係る第1項に規定する独立企業間価格を算定するために必要と認められる書類若しくは帳簿又はこれらの写しの提示又は提出を求めた場合において，当該法人がこれらを遅滞なく提示又は提出しなかったときは，税務署長は，当該法人の当該国外関連取引に係る事業と同種の事業を営む法人で事業規模その他の事業の内容が類似するものの当該事業に係る売上総利益率又はこれに準ずる割合として政令で定める割合を基礎として……〔再販売価格基準法又は原価基準法又は

これらの方法と同等の方法〕により算定した金額を当該独立企業間価格と推定して，当該法人の当該事業年度の所得の金額……につき……更正又は……決定をすることができる。
　7項　国税庁の当該職員又は法人の納税地の所轄税務署若しくは所轄国税局の当該職員は，法人と当該法人に係る国外関連者との間の取引に関する調査について必要があるときは，当該法人に対し，当該国外関連者が保存する書類若しくは帳簿又はこれらの写しの提示又は提出を求めることができる。この場合において，当該法人は，当該提示又は提出を求められたときは，当該書類若しくは帳簿又はこれらの写しの入手に努めなければならない。
　8項　法人は，各事業年度において当該法人に係る国外関連者との間で取引を行った場合には，当該国外関連者の名称および本店又は主たる事務所の所在地その他大蔵省令で定める事項を記載した書類を当該事業年度の確定申告書……に添付しなければならない。

　この法案は，3月末までに成立することが確実視されているという。この条文の内容については，詳細な検討が必要であろうが，いずれにせよ，この改正は，単に移転価格税制の導入という点のみならず，資料提出がない場合の一種の推計に基づく更正・決定（6項），在外資料の要求（7項），アメリカのinformation return類似の制度の導入（8項）といった点において極めて注目に価するものである。我が国は，この改正により，対抗立法という方向に大きく一歩踏み出したものと評価することができようか。

Ⅲ

移転価格税制

一 はじめに

　経済主体は，生産主体である企業と，消費主体である家計に分けられる。経済社会において行われる取引も，企業と家計の間で行われる取引，企業間で行われる取引，家計間で行われる取引，の三つに分けられよう。そして，このうち，本稿の課題となる企業間で行われる取引は，さらに，市場取引（市場において独立の企業間で行われる取引）と企業内取引（たとえば，ある企業の事業部どうしの間で行われる取引）に分けられる。

　しかし，この他に，この企業内取引と市場取引の中間に位置する企業グループ内取引というものが存在する。すなわち，企業は，様々な理由で（たとえば，取引費用を節約するために）企業グループを構成するが，その構成メンバー間で行われるのが，企業グループ内取引である。そして，このように企業が複数の法人格を用いて企業グループを形成している場合に，その構成メンバー間で行われる企業グループ内取引は，形式的には確かに市場取引であろうが，実質的には企業内取引であるという意味で，企業内取引と市場取引の中間に位置するといえる。

　租税法において，企業グループに対する課税に関して主として問題となるものとしては，移転価格税制と連結納税制度の二つをあげることができよう。このうち，関連企業間で行われる企業グループ内取引（実質的企業内取引＝形式的市場取引）を，その形式面に着目して，独立企業間の市場取引に引き直して課税するのが移転価格税制であり，逆に，企業グループ内で行われる実質的企業内取引＝形式的市場取引（法人格を異にする企業グループ内の構成企業間で行われる取引）を，その実質に着目して，企業内取引に引き直して課税するのが連結納税制度である。

この二者のうち，移転価格税制を素材として，企業グループの形成に対する租税制度の影響と制度改革の方向性について主として法的に検討するのが，本稿の目的である。そして，本稿は，連結納税制度を素材として同様の問題について検討した，中里実「企業グループに対する課税のあり方」（証券アナリスト・ジャーナル 34 巻 10 号 34 頁）と対をなすものである。なお，本稿の記述の中には，この関連論文と重複する部分もあることをお断りしておきたい。また，論文の分量の関係から，本稿においては，基本的に注を付していないが，本稿は，経済学および法律学において従来発表されてきた様々な研究成果の寄集めに過ぎない点も，同時にお断りしておきたい。

以下においては，まず，企業内取引と市場取引の差と，企業内取引を市場取引に引き直して行われる課税の問題点について述べた（二）後，そのような介入的課税の方式について略述し（三），その上で，移転価格税制における価格に着目する方法と利益に着目する方法の対立について述べ（四），最後に，移転価格課税の問題点を解消する方法について言及する（五）。

二　企業内取引と市場取引の選択に関する課税の中立性

企業はどうして企業グループを形成するのであろうか。この点に対する回答を理論的な視点から与えるのが，産業組織論の基礎となっているロナルド・コースの企業の理論である。この理論によれば，企業は経済主体としての側面を有するのみならず，取引の行われる場としての側面をも有しており，企業が経済活動を行うに際して市場取引を選択するか企業内取引（ないし企業グループ内取引）を選択するかは，取引費用により決定されるとされる。たとえば，ある日本の企業（メーカー）がアメリカ進出（アメリカにおける自社製品の販売）を計画したとする。この際，当該日本企業は，たとえば，次のいずれかのストラテジーを選択することになる。

①市場取引――アメリカの独立の輸入業者に対して，日本から製品を輸出する。
②企業内取引――自らの活動拠点（支店）をアメリカに設けて，そこを通して製品をアメリカで販売する。
③企業グループ内取引――自らの活動拠点（子会社）をアメリカに設けて，そこを通して製品をアメリカで販売する。

このうち，いずれが当該企業にとって有利であるかは，租税のない世界にお

いては，取引費用（主に，いずれにおいてモニタリングをより効率的に行いうるか）により決まってくる。

　しかし，いずれのストラテジーを採用した場合であっても，企業は，その合理的な意思決定に基づいて企業形態・取引形態の選択を行っているのであるから，課税上も，その合理的な意思決定が尊重される（逆にいえば，課税が，企業形態・取引形態の選択に影響を与えない）ことが，課税の中立性の観点からは望ましいということができよう。

　しかし，現実の租税制度が，このような意味の中立性の要請をみたしているとは必ずしもいいがたい。より具体的には，移転価格課税等の企業内取引・企業グループ内取引に対して介入する（企業内取引・企業グループ内取引を，市場取引に「是正」する）かたちの課税が行われ，企業内取引・企業グループ内取引を行った企業があたかも市場取引を行ったかのような課税を受けることになるからである。このような課税は，おそらくは，企業がいずれのストラテジーを採用した場合であっても企業に対する租税負担が（市場取引を採用した場合と）同じであることが望ましいとの観点から設けられたものであると考えられるが，その背後には，市場取引こそがあるべき取引であるというぬきがたい偏見（ないし，市場取引に対する憧憬）が存在するのではなかろうか。特に，このような課税が，企業内取引・企業グループ内取引と市場取引における取引費用の差異を無視して，本来異なるものに対して同様の課税を行うことを強制していることは明らかであろう。上の様々なストラテジーは，取引費用において異なるものであり，異なるものを同様に扱えば中立性に反することになる。すなわち，このような課税は，一見したところ，どのような取引が行われた場合であっても市場取引が行われたかのように課税を行うという意味において中立的なのであるが，様々な企業形態・取引形態における取引費用の差異を無視するという意味において介入的なのである。

　以上述べたことを，移転価格税制にそくしていえば，現実の租税制度は，企業グループ内取引において，企業が取引費用等の見地から便宜的に採用した市場取引という法的外形（すなわち，親会社の外に法人格を異にする子会社を設立するということ）に着目し，それが経済的・実質的には企業内取引にしかすぎないにもかかわらず，そこにおいても，法的・形式的意味において真正の市場取引におけると同じような取引がなされたものとして課税すべきであるとの観点から，当該実質的企業内取引＝形式的市場取引に対して介入し，当該取引を市場取引に引き直して課税を行う。このような移転価格課税の背後には，どこかに，

完全競争市場に対する信頼感のようなものが存在する。たとえば、企業グループ内の関連者間取引において、当該企業グループのメンバーの限界生産性に応じた価格付けを行えば、当該企業グループの連結の利益が最大化されるという考え方が有力に主張されている。ここにいう、限界生産性に応じた価格とは、完全競争市場における市場価格と同様のものである。この理論と同様に、移転価格課税は、課税目的上、企業グループの実質的内部取引において市場取引を用いることを要請するものであり、完全競争市場への憧憬を内に秘めているということができよう。

これに対して、連結納税制度の下においては、上のような実質的企業内取引＝形式的市場取引の、あくまでも実質に着目し、それを真正の企業内取引として（あたかも、同一の法人格の中の本店・支店間で行われたかのように）取り扱う。したがって、実質的企業内取引＝形式的市場取引を市場取引に引き直して課税する移転価格課税等の介入課税方式と、実質的企業内取引＝形式的市場取引をその実質に着目して企業内取引として扱う連結納税制度の間には、理論的な緊張関係が存在するといえよう。

なお、国際課税においては、支店を用いた真正の企業内取引においても、本店の所得と支店の所得の配分に関して独立企業原則が適用されることがあるが、本稿は、移転価格課税を念頭においたものなので、ここでは、このような支店に関する議論は省略することにする。

三　実質的企業内取引＝形式的市場取引に関する課税方式

まず、国内取引に関する租税制度からみておこう。

日本の国内取引に関する租税制度は、基本的に、企業が採用している私法上の法人格の枠組みを租税法上もそのまま尊重するという方式を採用している。その結果、企業が、上に述べた実質的企業内取引＝形式的市場取引を行った場合においては、その私法上の形式面が重視され、その経済的実質面は無視されるという傾向がある。すなわち、この場合、租税法上はあくまでも、企業が便宜的に採用した市場取引という法的外形（＝親会社と子会社の法人格の独立）が重視され、それが経済的・実質的には企業内取引であるという点は、あえて無視される。このような課税方式の背後には、実質的企業内取引＝形式的市場取引においても、いやしくもそれが私法上の形式において市場取引である限りは（当事者があえてそのような私法上の形式を選択した以上は）、課税上も、真正の市場

取引におけると同じような取引がなされているものとして扱うべきであるという発想が存在し，その結果として，当該実質的企業内取引＝形式的市場取引に対する介入的な課税が行われることになる。そして，その典型が，寄付金課税（ないし，法人税法22条2項に基づく課税）である。

ここでは詳しいことは省略せざるをえないが，法人税法22条2項により，無償取引・低額取引からも収益が発生するとされている（解釈されている）ところから，たとえば，実質的企業内取引＝形式的市場取引において付された価格が，真正の市場取引における価格と異なる場合には，真正の市場取引における価格が課税の基礎として用いられ，結果として寄付金課税等が行われることになる。当該実質的企業内取引＝形式的市場取引において付された価格が課税上の効果を考慮して決定されていることは多く，そのような行為による「課税逃れ」を防止するためには，確かに，このような課税方式も必要なものであるという考え方も理解できる。しかし，このような課税方式は，法的にはともかく（＝私法上の法人格というものが，単なる手段ではなく，何らかの実質的な経済的意味をもつと考えるのであればともかく），経済的にはフィクションに基づくものでしかないことは明らかであろう。特に，企業グループ内取引における二つの企業が別個の法人格をもたず，取引が形式的にも同一の法人格内における企業内取引としてなされていれば，何らの課税も行われなかったであろう点を考えるならば，実質的に企業内取引である取引について，何故に，上のような課税を行うべきであるかという点については，疑問が残る。

さて，以上のような課税に加えて，国際的な取引においては，いわゆる移転価格課税が行われる。ここにおいても，実質的には企業内取引である取引について，市場取引に引き直して課税するという問題点が同様に存在する（また，支店形態で進出した場合であっても，本店と支店間の取引について，移転価格課税類似の課税が行われることがあるので，その限りにおいては，法人格の有無に関係なく同様のことがいえる）。確かに，国際取引における移転価格課税は，以上のような国内取引に関する租税制度の国際取引に対する延長線上にある制度なのではあるが，しかし，それにとどまるものでは決してない。移転価格課税は，実質的には上の寄付金課税と類似のものであるが，一国の課税権しか問題とならない単なる国内取引の場合とは違って，異なる国家間における課税権＝税収の配分というデリケートな問題が背後に存在するという点において，両者の間には重大な差異が存在する。

四　価格か，利益か

　さて，移転価格税制は，その出発点において，企業グループ内取引の市場取引への引直しという性格を有する（したがって，上のような企業グループ内取引に関するミクロ経済学的な議論が，実際の移転価格税制の運用において，実は重要な意味を有する）が，問題は，そのような企業グループ内取引の市場取引への引直しを行う際に，市場の何に着目するかという点である。この点に関しては，価格を重視する方法と，利益を重視する方法の間の対立が存在する。しかし，それにとどまらず，この移転価格税制における価格を重視する方法と利益を重視する方法の対立においては，移転価格税制が国家間の税収の奪合いの道具と化しているという点が最も明確にあらわれている。

　承知のように，移転価格税制において，arm's length price を求める基本的な方法は，comparable uncontrolled price method, resale price method, cost-plus method の三つである。これらは，いずれも，模範ないし基準となる市場取引の存在を前提として，そこにおいて存在する価格（ないし売上総利益率）を理想として課税を行う方法である。しかし，このように基本的に価格に着目する方法には，次のような重大な問題点が存在する。すなわち，第一に，これらは，関連法人グループの一体性から生ずる規模の利益や統合の利益を無視しているといわれる。規模の利益や統合の利益が生ずるために市場取引よりも有利に行われる関連企業間の取引を，そのような利点のない独立企業間の取引に引き直して課税しようとするのは不適切であるというのである。また，第二に，比準の対象となる独立企業や独立企業間取引が存在しない場合がある。特に，無形資産が介在する取引がこれにあたる。

　これに対して，利益に着目する方法は，以上のような問題点をもつことが比較的に少ないと考えられている。ここでは，詳しく内容について述べる余裕はないが，利益に着目する方法は，アメリカの 1986 年改正におけるスーパー・ローヤルティー・ルールの採用にはじまり，1988 年の移転価格に関する白書において理論的な基礎を与えられ，1992 年の規則案，1993 年の暫定規則，1994 年の最終規則において，程度の差はあるものの，一貫してアメリカにより主張されてきた方法である。

　ところが，アメリカによる，利益に着目する方法の主張に対しては，日本を含む諸外国から鋭い批判がなされてきた。利益に着目する方法が安易に認めら

れると，それでなくともアグレッシィヴなアメリカ内国歳入庁による移転価格課税が，より一層過激なものとなることが懸念されたからである。利益に着目する方法の重要性が，1992年の規則案，1993年の暫定規則，1994年の最終規則と，時間がたつにしたがって低下させられてきたのも，このような諸外国からの批判にこたえてのことである。

具体的には，1990年代に入ってから，日本を含むOECD加盟国が力をあわせて，アメリカに対する牽制を行った。すなわち，1992年の6月に，OECDのフィスカル・コミティーの下にタスク・フォースがおかれ，アメリカの1992年の規則案における利益に着目する方法の問題点の検討を開始した。このタスク・フォースには，八ヵ国が参加し，アメリカはオブザーバーとなった。そして，タスク・フォースは，アメリカの規則案の抱える問題点を指摘する報告書を提出し，これにこたえるかたちで，アメリカは，規則案を修正して，1993年の暫定規則を発表した。しかし，このように修正されて成立した暫定規則に対しても，タスク・フォースは，その抱える問題点を指摘する報告書を提出した。

他方で，OECDは，1979年に発表した移転価格に関するガイドラインの改定作業に着手し，移転価格課税に関する国際的なコンセンサスの形成につとめた。その作業には，アメリカもメンバーとして参加した。そして，1994年に，このガイドラインの一部が発表され，ほとんど同時に，上の1993年の暫定規則を改正したアメリカの最終規則も公表された。このOECDの新ガイドラインと，アメリカの最終規則は，OECD加盟国とアメリカの妥協の産物であるといってよく，アメリカ側は利益に着目する方法の適用に制限を設け，OECDの側は，一定の条件の下に利益に着目する方法の採用を認めたのである。

では，純粋に理論的にみた場合に，利益に着目する方法は正当化することができるのであろうか。コーポレート・ファイナンスの理論の洗礼を受けた後の現代的な経済理論の特徴の一つは，企業活動を静的なものととらえずに，時間というファクターを重視するところにあるということができるかもしれない。そこでは，なによりも，投資が時間の経過とともに産み出すリターンの均衡という視点が重視される。従来の経済理論の下で，企業の目的関数の最大化の条件として企業の限界生産性の市場価格における均衡が主張されたように，新しい経済理論の下では，企業の収益率の市場収益率における均衡が主張される。移転価格課税における市場メカニズムに対する一種の憧憬も，従来の経済学を前提とすれば市場価格の重視ということでたりたが，新しい経済理論を前提と

すると，収益率の重視というかたちで表現されることになるであろう。そして，このように考えていくと，価格に着目するよりは，利益（ないし，収益率）に着目する方が経済理論にかなっているということになるのかもしれない。

　また，価格に着目する方法が生産物の市場価格を用いたディマンド・サイドに着目する方法であるのに対して，利益に着目する方法は，生産要素ごとの市場リターン（収益率）を用いた企業のサプライ・サイドに着目する方法である。生産要素市場は生産物市場よりも一般的かつ抽象的で層が厚い（生産要素の種類は限られている）ために，生産要素市場では，どのようなものが生産されるかといったこまごまとしたことはさほど考慮せずに，また，個別の取引には拘泥せずに，収益率という抽象的な指標を考えればよい場合が多いものと思われる。したがって，生産物市場において比準対象が見出せない場合であっても，生産要素市場においては比準対象を見出すことが可能である場合が多いであろう。すなわち，収益率を用いた比準の方が，比較可能性の要件が緩くてすむために，比準対象を容易に見出すことができるのである。したがって，適用可能性という点からは，利益・収益率に着目する方法の方が優れているといえよう。さらに，金融取引におけるように，取引が明示的な価格を用いて行われず，価格が黙示的なかたちになっている取引（たとえば，銀行から借金をした場合に支払う利子は，その全額が銀行の金融サーヴィスの対価そのものであるわけではなく，金銭の時間的価値等をも含んでいる）においては，そもそも，価格に着目する方法には限界がある。

　もちろん，伝統的な価格を重視する立場からは，収益率に着目する方法は，価格を重視する方法よりも正確さにおいて劣るという批判がなされよう。その他にも，利益・収益率に着目する方法には，次のような数々の欠点がある。第一に，収益率をもとめる前提としての投資額の評価が困難である場合が少なくない。第二に，個別取引に着目した結論を出しにくく，また，セグメントに分けるほど信頼性が低下する。第三に，資本市場のバブルの影響を大きく受ける。

　しかし，利益に着目する方法が，価格に着目する方法に比べて極端に劣るということもなさそうである。いずれにせよ，上のようにミクロ経済学的に考えると，従来の議論と異なった視点が開けてくるのである。しかし，経済学的にみてより理論武装された利益に着目する方法により移転価格課税を行ったとしても，移転価格税制の有する問題点が根本的に解決されることはないであろう。

五　移転価格税制の今後

　移転価格税制は，国際的な税源の配分に関する制度であるという点において，国内取引に関する寄付金課税等の場合と異なり，単に，課税の中立性といった観点からは割り切れない点を有する。すなわち，移転価格課税には，国家の税収の確保という視点がかなり色濃く反映されてくるのである。移転価格税制の目的は，端的に，一国の税収の確保であると考えてよいのかもしれない。

　では，移転価格税制は，その目的を効率的に達成しているのであろうか。上の四で述べた価格対利益という問題も，この問題の一つのあらわれでしかないといえよう。この点について，筆者は，移転価格税制，価格に着目する制度と利益に着目する制度のいずれを採用したとしても，その引き起こす困難の重大性（調査の困難，企業活動に対して与える萎縮効果，等々）に鑑みるならば，根本的な点において，かなり深刻な欠点を抱えた制度であるといわざるをえないのではないかと考えている。移転価格課税に関して報道される様々な事件の存在そのものが，この税制自体の根本的欠点を示しているのではないかという気さえしてくる。

　しかも，移転価格課税の改革に関して提案される様々な案の中にも，決め手となるものはあまりない。事前確認制度の採用や，仲裁制度の導入といった手続的な解決策も，決して決め手とはならないであろう。

　筆者は，移転価格課税のもたらす問題点のみならず企業の移転価格行動そのもののもたらす問題点を根本的に解決する方法は，それほど困難なものではなく，単に，法人所得課税の比重を低下させることであると，常々考えている。法人所得課税が行われるからこそ，企業は移転価格を行うのであり，法人所得課税がなければ，移転価格は行われず，したがって，移転価格課税も不必要となり，移転価格課税から生ずる様々な問題点も発生しない。それだけのことなのではなかろうか。

　そもそも，国家の課税管轄権（特に，執行管轄権）が地理的に制限されているにもかかわらず，国家よりも広い地理的領域で活動する企業に対して，その活動に着目した課税を行おうとするから問題が生ずるのである。

　法人に対して課される租税を，所得に対して課される租税から，企業の産み出した消費型付加価値に対して（仕向け地原則に基づいて）課される租税に置き換えるならば，移転価格および移転価格課税の引き起こす問題点のうちほとん

どは解決されるのではなかろうか。消費型付加価値税は，確かに，企業の産み出した生産物（消費型付加価値）に応じて企業に対して課される租税なのであるが，その課税に際して仕向け地原則が採用されるならば，ある一国においてそのような租税から上がる税収は，当該国家において当該企業が行った付加価値生産活動とは直接の関係がなくなる。たとえば，外国で生産された製品が輸入される際に課税がなされるが，それが，その輸入国における付加価値生産活動と直接の関係を持たないことは明らかであろう。それは，消費型付加価値税が，転嫁のメカニズムを通して，終極的には一国における消費に対して課税されるという効果をもつことの結果である。

したがって，世界各国において付加価値税の占める地位が今以上に高まるならば，そして，それにともなって法人所得税の相対的地位が低下するならば，移転価格および移転価格課税の引き起こす問題点は解消されるであろう。同様のことは，連結納税制度についてもいえることで，法人所得税の相対的地位が低下するならば，連結納税制度が認められるか否かという点は，さして重大な問題とはならないであろう。

そもそも，企業の所得に着目して課税する制度は，深刻な制度疲労に突き当たっているのであり，パッチ・ワーク的な制度改正で，その引き起こす様々な問題点を根本的に解決することはかなり困難なことである。より，本質的な制度改革，すなわち，企業の所得に対して課税する制度から，企業の産み出した消費型付加価値に対して課税する制度への移行，を行うことこそ，今，必要とされているのではないかという気がしてならない。

第 2 部　利益の計算

I
OECD モデル租税条約 7 条における利益の計算方法について

一　はじめに

　本稿は，OECD モデル租税条約 7 条における恒久的施設に帰属する利益の算定方法に関して，具体的に検討することを目的とする。

　承知の通り，OECD モデル租税条約 7 条においては，その 1 項において，恒久的施設なければ事業所得課税なしという国際課税上の原則と，恒久的施設がそれに帰属する利益についてのみ課税されることが明らかにされている。そして，その 2 項において，恒久的施設に帰属する利益は，独立企業原則に基づいて行われるという点が述べられる。さらに，3 項においては，本店費用等の一部が支店などの経費として，恒久的施設の利益計算において控除されることが示される。その上で，4 項において，恒久的施設に帰属する利益を計算する際に，一定の例外的場合においては，利益分割法を用いることができるとされている。本条は，租税条約における事業所得課税の基本条文であり，きわめて重要なものである。

　そして，現在，OECD においては，7 条における本店と恒久的施設との間の取引においてどの程度 arm's length 基準を用いるべきであるかという点に関して激しい議論が展開されている。そこにおいては，本店と支店の間の利益配分に関して，arm's length 基準を用いる方法と，フォーミュラを用いる方法のいずれが望ましいかという点こそが，OECD モデル租税条約 7 条や 9 条について考える際の最大の問題点であるととらえられている。そして，本稿は，何よりも，この点に関して考える際の資料の提供を行うことを目的としている。

　まず，本稿における以下の検討から得られる結論を先に要約して示しておくこととしよう。

　筆者は，この問題については，一般的にどちらの方法が優れているかという

かたちの議論はすべきではないと考える。分離会計（＋arm's length 基準）を用いるか，それとも，形式基準による配分を行うかは，当然のことかもしれないが，場合により異なると思われるからである。そして，どちらにするかを，あらかじめ決めるわけにはいかないのである。しかし，何らかの方法で，どちらを用いるかについて場合分けを行っておく必要性があることは事実である。そして，いずれの方法が望ましいかという点に関する場合分けを考えていく際に，区分の基準となりうるのは，企業の一体性の程度なのではないかと考える。

　企業というものは，各構成体がバラバラに動いているのではなく，関連する業務を行う単一の組織体である。しかし，その統合の程度は，企業によりまちまちである。そして，企業構成体の間の経済的統合の程度に応じて，両者の利益算定方法のいずれが望ましいかが変わってくると思われる。具体的には，以下のような，いくつかの視点に応じて，両者の間の優劣を考えていくべきであろう。

　第一に，形態の違いに応じて，本店－支店間と，親会社－子会社間では，統合の程度をことにする。当然のことではあるが，支店と子会社の差は法的なものである。しかし，経済的一体性という視点から見た場合にも，支店と子会社との間には差がありうる。すなわち，支店形態の場合には，一般的にいって，子会社形態の場合よりも一体性の度合いが高い。たとえば，親会社と子会社との間では連結の利益計算が行われているとは限らないが，本店と支店の間では両者を統合した利益が必ず存在する。したがって，この点からごく一般的にいえば，統合の度合いの低い親会社－子会社間では arm's length 基準が，また，統合の度合いの高い本店－支店間ではフォーミュラを用いる方法が，それぞれ，相対的にはなじみやすいといえよう。

　また，第二に，各構成体の果たしている機能や取引の種類によっても，経済的一体性の度合いは異なったものとなりうる。たとえば，企業の各構成体が製造と販売というように別々の機能を果たしている場合には統合の度合いが低く，arm's length 基準が，また，グローバル・トレイディングのように各構成体が渾然一体となって活動している場合には統合の度合いが高く，フォーミュラを用いる方法が，それぞれ相対的にはなじみやすいといえよう。

　さらに，第三に，同じ企業であっても，収益なり費用の項目によって，経済的一体性の度合いは異なったものとなりえよう。すなわち，本店のオーヴァーヘッド費用（たとえば，企業内貸付に対する利子）のようなものは一体性の度合いが高く，フォーミュラを用いる方法になじみやすい。

この他，課税規定の目的によっても，いずれの方式が望ましいものであるかがかわってこよう。すなわち，そもそも，価格操作を通じた課税逃れに対処することが目的であれば arm's length 基準が望ましいのであろうが，現代においては，課税権の配分という視点が重要となりつつある。分離会計と arm's length 基準を用いた場合，各国が課税逃れ防止のためにバラバラに課税を行うのであるから，企業の全利益を各構成体に配分するという視点は消えてしまう。また，各企業はあくまでも独立のものであるかのように扱われるのであるから，企業が一つの企業として経営を行うことにより生ずるシナジー利益（すなわち，経済学者が強調する統合の利益，規模の利益）は，その存在を無視されることになる。

本稿においては，このように場合によりいずれの方式が望ましいかが異なってくるという結論を導くための議論を，一応，歴史的検討，比較法的検討，学説的検討，理論的検討の四つに分けて行いたい。

二 歴史的検討

まず，手始めに，租税条約の成立のころの議論を簡単に復習することによって，現在の OECD モデル租税条約7条のような規定がいつごろ，なぜ成立したかを見ておくこととしよう。

1 国内法

本来，ヨーロッパにおける事業所得課税は，事業（活動・場所）に対する物税がかたちを変えたものである。これは，地租が不動産所得税に変化したのと同様である。このように，分類所得税の伝統をひく国々においては，事業活動の行われる各事業所を独立の存在として考える傾向が現在にいたるまで残っている。たとえば，フランスでは，1914年－1917年の改革による所得税の創設から1948年税制改革までの間は独立の法人税は存在せず，法人の所得は，商工業利益，不動産所得，有価証券所得に対する分類所得税（国内源泉所得に対してのみ課された）に服し，一般所得税（全世界所得に対して課される）には服さなかった。また，1948年改革により，所得税から独立した法人税が設けられ，従来の分類所得税・一般所得税に代わって比例税（国内所得主義）と累進的付加税（全世界所得主義）から成る単一の所得税が置かれた後も，商工業利益に対して課される分類所得税の流れをくむ法人税は，商工業利益に対する比例税と

同じく，物税的性格を保持し，国内所得主義の原則に支配された。そして，1959年改革により，従来の比例税と累進的付加税の完全な一本化とともに，所得税については全世界所得主義が採用されたのに対し，法人税の方は，1959年改革以後も分類所得税の名残りをとどめ，国内所得主義の原則の適用を受けている。

したがって，フランスの居住者である個人納税者が国内の事業と国外の事業の両方から生ずる商工業利益について課税され，また，フランスの非居住者である個人納税者がフランス国内源泉の商工業利益について課税を受けるのに対して，法人は，内国法人であれ外国法人であれ，「フランスにおいて営まれる事業において実現された利益，および，二重課税に関する国際条約によりフランスに対して課税が割り当てられた利益のみを考慮することにより」（一般租税法典209条Ⅰ項）算定されるところの課税所得について課税される。

2　条　　約

（以下は，Sol Picciotto, International Business Taxation 27-35（1992）の要約である）

(1)　歴　　史

国際連盟の1928年のモデル条約において，恒久的施設なければ事業所得課税なしの原則がうちたてられたが，複数の国に恒久的施設がある場合に，それらの間で所得をどのように配分するかという問題については，決まっていなかった。なお，当時においては，関連会社間の所得配分に関する認識は低かった。

国際連盟の租税委員会は，ロックフェラー財団の援助を受けて，国際的に活動する企業についての研究を行い，1932年と1933年に5巻本の報告書を発表した（Carroll Report）。その責任者は，Mitchell B. Carroll（IFAの初代会長で法律家）であった。そこにおいて確立された利益の本支店間の配分方式こそが，基本的に現在のOECDモデル租税条約7条に受け継がれているのである。

したがって，OECDモデル租税条約7条について検討するためには，キャロル・レポートの検討からはじめることが不可欠である。キャロルは，国際的に活動する企業に対する課税の問題を次のように分析する（Mitchell B. Carroll, Methods of Allocating Taxable Income（1933）, in League of Nations, Taxation of Foreign and National Enterprises, vol. Ⅳ）。

「課税庁は，企業がときどき様々な国々の税率を考慮して，販売支店の帳簿において利益がきわめて小さいかあるいは全然ないように，工場からの移転価格を決定するという点に関して，不満を述べている。施設間の請求価格や利子,

使用料，サーヴィス等の費用を恣意的に決定することにより，利益は，ある場所から他の場所に付け替えられるが，その目的は，多くの場合，利益を低い税率かあるいは所得課税の全く存在しない国に移転することである。……施設の存在する各国の税務職員が直接手にしているのは，自国に存在する施設の帳簿（それが存在する場合の話であるが）のみであり，当該職員は，それらの帳簿が当該施設に帰属する真の利益を反映するか否かを確定する必要がある……。」（同書12頁）

その上で，キャロルは，本支店間の利益の配分の方法として各国が採用している方法を次のように分類して，その利点・欠点を検討している。
・分離会計（separate accounts）　　　　　　　　　　　　　　　イギリス
・経験的方法（これは，推計課税の効率法のような方法である）
・比例的配分（ユニタリー・タックスのような方法）　　　　　　フランス

当時は，多くの国において，分離会計を採用し，しかも，それを類似の企業と比較することにより，その適正さをチェックしていた。また，分離会計がうまくいかない場合は，経験的方法が用いられることが多かった。

また，キャロルは，支店（源泉地国における外国法人支店への課税の問題）と，子会社（関連会社間の利益配分の問題）を区別した。彼は，（本支店間の利益配分の問題が国家間の課税権の配分及び二重課税排除の問題であるのに対して）関連会社間の価格付けの問題は，取引が carried on at arm's length でない場合の利益付け替え（diversion of profits）という租税回避的な行為の問題であると考えた（同書109頁）。

キャロル・レポートに基づいて1933年に所得配分についてのモデル条約案がつくられ，1935年に発表された（League of Nations, The Draft Convention for the Allocation of Business Income between States for the Purposes of Taxation, 1935）。これは，公式に条約として採用されたものではなかったが，その中身は，後の租税条約に取り入れられ，現在にいたっている。同条約草案は，一方の締約国の企業は，他方の締約国において，恒久的施設に帰属する利益についてのみ課税されることを規定している。また，複数の国に恒久的施設が存在する場合には，その各々に対して，

> "the net business income which it might be expected to derive if it were an independent enterprise engaged in the same or similar activities under the same or similar conditions"

を帰属させるとしているが，これは，現在のOECDモデル租税条約7条の採

用する arm's length approach のもととなっている。

　具体的には，まず第一に，各恒久的施設は，分離された帳簿を設けて，それに基づいて利益の計算を行うが，必要に応じて，

> "to re-establish the prices or remunerations entered in the books at the value which would prevail between independent persons dealing at arm's length"

という修正を行うというのである。

　もちろん，第二に，分離された帳簿が存在しない場合には，類似業種の比準企業の売り上げに一定の比率を乗じて，恒久的施設の利益が求められる。

　さらに，第三に，いずれの方法もうまくいかない場合には，当該企業の本店・支店の全利益に対して

> "coefficients based on a comparison of gross receipts, assets, number of hours worked or other appropriate factors, provided such factors be so selected as to ensure results approaching as closely as possible to those which would be reflected by a separate accounting"

を乗じることにより，各恒久的施設の利益を求める。

　この第二の売上比率法は，OECD モデル租税条約の7条にはないが，コメンタリーには，arm's length profit を求める方法として述べられている。また，第三のユニタリー・タックス的方法は，限定的なかたちで，OECD モデル租税条約の7条(4)に取り入れられている。

　もっとも，この 1935 年の条約草案において，上の第三の方法は，あくまでも本店と支店との関係についてのもので，関連会社間の配分については適用されなかった。現在の OECD モデル租税条約9条にあたる規定の歴史は，ほぼ，次のようになっている。

・1928 年 Convention　　支店と子会社を同様に取り扱わなくともよいとされた。
・1935 年 Convention　　"owned or controlled by the same interests" の会社間で，利益や損失が付け替えられている場合，帳簿を調整してよいとされた（これが後の OECD モデル租税条約9条になる）。これは，子会社を単一の企業体の一部とはみていない。

　このように，支店と子会社とは異なる扱いを受け，しかも，OECD モデル租税条約の9条には，7条(4)のような customary apportionment method が back-up として入っていない。すなわち，7条と9条は，少し異なるものとして成立し

たといえよう(9条は,租税逃れを防ぐという点が主眼であった)。

(2) 分離会計と形式基準

キャロル・レポートによれば,当時の行政実務に鑑みると,分離会計こそが望ましい配分方式であるが,それが公正な配分結果をもたらさない場合には,他の方法(上で述べた第二の方法や,第三の方法)による修正が必要である(同書88～89頁)。もっとも,これに対しては,分離会計と arm's length 基準という二つの異なったものを混乱させているという批判が存在する(Stanley I. Langbein, The Unitary Method and the Myth of Arm's Length, 30 Tax Notes 625, 632 (1986))。なぜなら,分離会計は,必ずしも arm's length 基準を前提とはしていないからである。

このような混乱が生じた理由は,キャロルの研究の出発点にある。キャロル・レポートは,前述のように,①租税負担軽減のための移転価格の操作と,②企業が国際的二重課税を受けるおそれ,を回避することを目的としていた。したがって,移転価格が問題となるのは,あくまでも価格操作が行われて租税負担の軽減がはかられた場合に限られるという前提から出発したので,各構成体の「真の利益」を求めることが配分の目的ということにならざるをえなかったのである。

これに対しては,世界的に統合された企業にとっては,その構成体ごとの「真の利益」などというものはそもそも存在しないという考え方が成立しよう。このように考える場合,利益を構成体間に配分することのみが問題となるから,企業全体としての利益に対する各構成体の貢献度に応じて利益を配分すればよく,したがって,各構成体を独立のものであるかのように考える必要性はなくなるであろう。

当時の各国の課税庁も,分離会計の限界をよく認識しており,それを通常価格と比較しさえすればそれでよいと考えていたわけではない。

同様に,形式基準に基づく配分にも利点があるという点も明確に認識されていた。なぜなら,そこでは,企業グループを一体として考えるので,arm's length 価格を無理に捜し出す(捏造する)必要性はなかったからである。企業の立場から見れば,形式基準に基づく配分は,決して不合理なものではないのである。

しかし,形式基準に基づく配分にも大きな欠点がある。たとえば,この方法は,全構成体に同一の利益率を想定するし,また,各国がそれを適用する際の調整(配分フォーミュラの統一等)の問題が残る(1935年の条約草案は,売上,資産,労働時間等を用いた配分については述べるが,その比重についてはふれていない)。さ

らに，形式基準に基づいた配分の下においては，企業の総利益の計算方法について各国で統一をはからなければならない。しかし，そのためには，会計方法の統一が必要となり，それはかなり困難である。

結局，分離会計は，キャロルのみならず，Ralph C. Jones（Yale 大学の会計学の教授）によっても支持された（Ralph C. Jones, Allocation Accounting for the Taxable Income of industrial Enterprises, (1933), in League of Nations, Taxation of Foreign and National Enterprises, vol. V）。すなわち，彼は，「形式基準に基づく統一的な配分方法が採用されたとしても，純所得の算定方法は〔国ごとに〕かなり異なるので，二重課税が発生するであろう」と述べている。

もっとも，キャロルもジョーンズも，分離会計の限界については，これをよく認識していた。特に，本店のオーヴァーヘッド・コストの扱いが問題であった（経営センターの費用と，企業全体のための資金調達コスト）。各国では，このような費用については，公式を用いた配分が行われていた（今も行われている）。この点について，ジョーンズは，これは，一般的な形式基準配分とは異なるものと考えていた。

(3) 7条と9条の関係

1935年の条約草案は，（子会社ではなく）恒久的施設について主に述べている。すなわち，そのⅢ条は，"separate accounts" と "independent persons dealing at arm's length" の基準に基づいて，利益の本支店間の配分を行うことを定めているが，その規定は，関連会社に関するⅥ条の規定よりもはるかに詳細なものである。Ⅵ条は，一定の場合に再配分を行える旨を定めるだけで，"dealing at arm's length" という文言は，Ⅲ条にしか入っていないのである。

なお，Ⅲ条は，補完的に（fall-back）として，売上比率法と，形式基準に基づく全利益分配法を定めている。これらの補完的方法は，統合の度合いの大きい単一企業（すなわち，本支店間）における方が，関連企業におけるよりも適用しやすい。これは，単一企業において「連結」の利益が存在するのは当然のことだからである。

なお，この二つの条文の関係は，OECD モデル租税条約の7条と9条の関係を考える上の基礎となるものなので，この点に関するある論者の記述を紹介しておこう（Sol Picciotto, International Business Taxation 176-177 (1992)）。

> 「いずれの規定も，後のモデル条約に組み込まれている。Ⅲ条は，後に修正を受けたが，未だに，OECD と国連モデルの7条の基礎をなしているし，また，Ⅵ条の規定は，これらのモデルの9条における文言とほとんど同一である。7

条(2)は，恒久的施設に対して，『当該恒久的施設が，同一又は類似の条件で同一又は類似の活動を行い，かつ，当該恒久的施設を有する企業と全く独立の立場で取引を行う別個のかつ分離した企業であるとしたならば当該恒久的施設が取得したとみられる利得』の帰属を要求している。7条はもはや『売上比率』法に言及してはいないが，それは，未だに補完的方法として承認されており，OECDモデルのコメンタリー（パラグラフ23）においてその旨述べられている。この方法は，いまだに，銀行や保険会社といった金融機関については特に重要である。なぜなら，金融機関は，しばしば，国外において支店形態で操業するからである。この関連において，『売上比率』法に関して見解の対立が存在する。OECDの租税委員会の多国籍銀行の課税に関する報告書は，次のように述べている。すなわち，委員会のメンバーの多数は，『適切な係数』は同一国の類似の企業との比較を要求すると考えたのに対して，日本と合衆国は，業界標準（それは国際標準である場合もある）を用いてもよい考えた。歴史的には，本規定は同一国家内の比較を予定していたのであろうが，そのような方法は，銀行のようなグローバルな活動については今日不十分かもしれないという十分な理由がある。」

三 比較法的検討

次に，いくつかの代表的な先進国における恒久的施設等の利益算定の方式について，簡単に紹介することとする。

1 アメリカ

(1) ソース・ルール

アメリカ国内法に関しては，本支店間の利益の配分の問題は，あまり議論されていない。例外的なのが，製造業その他の国内源泉と国外源泉の両方にまたがる所得に関する内国歳入法典863条(b)の定めであろう。同項は，一部が国内，一部が国外でなされたその他の役務の提供から生ずる所得，国内で生産され国外で売却される動産の売却から生ずる所得，国外で生産され国内で売却される動産の売却から生ずる所得等は，一部国内源泉で一部国外源泉であると定め，また，これらの国内源泉と国外源泉の両方にまたがる粗所得から，それに対して割り当てられるべき一定の控除項目を差し引くことにより課税所得が求められる旨定めている。この課税所得が国内源泉と国外源泉に配分されるのであるが，その配分方法については規則に規定されている（Regs. §§1.863-2, 1.863-3 (a), 1.863-3 (b))。製造業について見ると，従来は，次のようになっていた（Boris Bittker and Lawrence Lokken, Federal Taxation of Income, Estates and Gifts, vol. 3, ch. 70 (2nd ed. 1991))。

① Independent factory price method：まず，製造者が公正な工場渡し価格を証明できる場合は，粗所得は，当該製造者の工場から同製造者の販売支店に対して，この価格で製品が売却されたと仮定して，算定される（すなわち，独立企業原則に基づいて売上高の按分が行われる）。

② Sales-property apportionment：次に，公正な工場渡し価格を証明できない場合は，規則の定めに従って混合源泉の粗所得の半分は販売地源泉とし，他の半分は当該製造者の国内資産・国外資産の価値に応じて国内源泉・国外源泉に按分する。

③ Books and records method：なお，これら①と②の方法のオールターナティヴとして，納税者が正確な帳簿・記録を作成しており，内国歳入庁がこれを認めた場合は，これらの帳簿・記録に基づいて国内源泉と国外源泉の配分が行われる。

現在は，規則 1.863-3(b), (c)が，次のように定めている。

① 50/50 method：粗所得の半分は製造活動から，残り半分は販売活動から生ずると考える方法である。製造活動に帰すべきとされる粗所得は，製造用資産の価値（帳簿価額）に応じて，国内源泉と国外源泉に配分される。販売活動に帰すべきとされる粗所得は，販売地源泉とされる。なお，納税者は，この方法に代えて，次に述べる Independent factory price method か，あるいは，税務署長の同意の下に Books and records method を用いることもできる。

② Independent factory price method

③ Books and records method

こうした配分は，内国歳入法典 482 条と深く係わっている点に留意する必要がある。なお，ヨーロッパにおいて，国内事業所に帰属する所得の算定方法として論じられているところが，アメリカにおいては，国内源泉地の決定方法の問題として論じられているという点は興味深い。

なお，内国歳入法典 861 条(b)は，国内源泉の粗所得から，それに対して適正に割り当てられるべき諸経費，諸損失その他の諸控除，および，一定の粗所得項目に確定的に割り当てられることのできない諸控除の一部，を差し引くことにより国内源泉の課税所得を求めるべしと定め，同 862 条(b)は，同様のことを

国外源泉の場合について定めている。控除項目は源泉により国内と国外に振り分けられるわけではなく、粗所得との対応関係に応じて配分されるわけである。そして、この控除項目配分の具体的方法については、規則1.861-8に詳しい定めがある。この規則の規定は、租税回避に対処するため等の目的で1977年に制定されたもので、33の非常に詳細な設例を設けて、控除項目の配分の基準について定めている。

(2) 実質的関連所得

なお、実質的関連所得の議論において、本支店間の利益の配分の問題は、あまり議論されてはいない。外国法人のアメリカ支店と国外本店との間の利益の配分については、基本的には上で述べた国内源泉所得の範囲の問題として議論されている。この点については、歴史的経緯による説明がある程度は可能であろう。

すなわち、アメリカにおいては、伝統的に全所得主義が採用されてきた。1916年のRevenue Actの下においては、外国法人が国内で事業を行うか否かにかかわらず、その国内源泉所得のすべてについて総合課税の対象とされていた。しかし、国内で事業を行わない外国法人の国内源泉所得の捕捉は、行政実務上きわめて不十分であった。この欠陥を補うために、1936年のRevenue Actにおいて、国内で事業を行わない外国法人の利子、配当、賃貸料などの定期定額の所得 (fixed or determinable annual or periodicalgains, profits and income, I. R. C. §881(a)) についての源泉徴収の方法による課税が導入された（内国歳入法典1442条(a)）。そして、国内で事業を行う企業についてのみ、その国内源泉所得のすべてに対して総合課税が行われるようになった（全所得主義）。アメリカは、以後、1966年まで、この方式を採用していく。

このアメリカの全所得主義は、1966年のForeign Investors Tax Act (FITA) により重大な変更を被り、実質的関連所得主義が採用された。その結果、現在のアメリカにおいては、外国法人の総合課税の対象となる所得の範囲は、当該法人の国内事業と実質的に関連する所得 (effectively connected income) とされる。この実質的関連所得は、以下に述べるように、外国法人の国内事業と実質的に関連する国内源泉所得と国外源泉所得の両者を含む。

・国内源泉所得

まず、国内で事業を行う (engaged in trade or business) 外国法人の総合課税の対象となる国内源泉所得の範囲は、当該法人の有する国内源泉所得で当該法人の国内事業と実質的に関連するものに限定され、当該法人の国内事業と実質的に

関連しない国内源泉所得は，源泉徴収される。これは，投資促進の見地から導入された制度であった。ここで，注意しなければならないのは，国内源泉所得のうち，キャピタル・ゲインと FITA 制定以前から源泉徴収の対象とされていた定額定期所得以外のもの（すなわち，事業活動から生ずるもの）については，当該外国法人が国内事業に従事していれば国内の事業と実質的に関連するとみなされる（内国歳入法典 864 条(c)）という点である。その限りで全所得主義が維持されているわけである。したがって，実質的関連所得であるか否かについて実際に判定を要するのは，定額定期所得とキャピタル・ゲインのみである。その判定基準は，規則 §1.864-4(c)(2)に定められている。そして，その判定の結果，実質的関連所得でないとされた場合，前者は源泉徴収に服し，後者は非課税となる。なお，1980 年に，不動産の譲渡から生じたキャピタル・ゲインも実質的関連所得とみなされることとされ，1984 年法により，これについて源泉徴収が導入された。

　このように，アメリカにおいては，取引類型ごとのソース・ルールを前提として，その後に実質的関連性の問題が論じられるから，外国法人のアメリカ支店と国外本店との間の利益の配分の問題は，国内源泉所得の範囲の問題として認識されてくるのであろう。

・国外源泉所得

　次に，国内で事業を行う外国法人の国内事業と実質的に関連する国外源泉所得も総合課税の対象となる。これは，アメリカがタックス・ヘイヴンとして利用されることを阻止しようとしてなされた改正である。すなわち，分類所得税系統の国においては，内国法人についてもその国内所得についてのみ課税するところがあるが，これらの国（たとえば，フランス）の内国法人（アメリカにとっては外国法人）がアメリカにおいて国内事業に従事している場合について考えてみよう。これらのアメリカにとっての外国法人が，そのアメリカにおける事業所得を通じて商品を第三国に売却し，または，アメリカ国内で第三国の企業に対して貸付やライセンス供与を行った場合，アメリカのソース・ルールによれば，当該販売収益，利子，使用料は，国外源泉所得となり，かつ，これら外国法人の本国は国外源泉所得に対して課税しないから，アメリカがタックス・ヘイヴンとして利用される可能性が生ずる（特に，第三国においても課税されない場合）。そこで，FITA は，これら動産売却収益，利子，使用料等について，これらが外国法人の固定的施設（fixed place of business）に帰属する場合，国外源泉所得であっても，実質的関連所得としてアメリカにおける課税の対象としたの

である (内国歳入法典864条(c)(4)(B))。すなわち，実質的関連所得主義により，国内源泉所得でないものに対してアメリカの課税が及び，かつ，それが総合課税の対象となる。この意味での国外源泉所得についての実質的関連所得主義は，帰属の判断とアメリカの課税が及ぶか否かの判断が同時になされるという意味で，帰属所得主義に類似する。

しかし，アメリカの文献においては，このような国外源泉所得への総合課税の拡大との関連で，外国法人のアメリカ支店と国外本店との間の利益の配分の問題が論じられることはあまりない。

(3) モデル租税条約

なお，アメリカの法律家団体が合衆国モデル租税条約に関して発表した報告書において，次のように述べられている (New York State Bar Association, Tax Section, Committee on United States Activities of Foreign Taxpayers, Report on Proposed United States Model Income Tax Treaty, 23 Harvard International Law Journal 229, 251 (1983)) ので，以下に引用しておく。

「〔合衆国〕モデル条約草案の7条は，三つの点を除いて，OECDモデル条約の7条と同一である。第一に，モデル条約草案は，第2項の文言を，OECDモデル条約の該当項に関して合衆国が行った留保に合わせて，変更している。この変更の目的は，合衆国の留保に述べられているように，arm's length 基準が，支店と同一企業の他の構成体の間においてのみならず，共通の支配に服する他の企業との間の取引についても適用されることを確保しようというものである。この留保は，内国歳入法典の482条の範囲内と通常されているところの調整と同種の調整を〔本支店間についても〕適用できるようにしたいという理解可能な要請の反映である。しかし，OECDモデル条約の〔7条の〕2項の範囲内の問題が，何故，9条の関連企業に関する規定（それも，少なくとも482条と同じくらい広いものである）の文言においてカバーされていないのかを説明することは困難である。さらに，〔両条の〕文言の相違からうかがわれるのは，9条ないしそれと類似の規定が存在しない場合には，OECDモデル条約の文言を用いている条約において，恒久的施設の適切な所得の決定にあたって，関連会社との調整に関する482条型の方式は許されない，という点（望ましくない点）である。」

アメリカについては，今後，さらに詳しく検討したい。

2 ドイツ国内法

ドイツにおける恒久的施設に帰属する利益の算定方法に関する議論は，世界

で最も詳細である（この問題については，谷口勢津夫「外国企業課税に関する帰属所得主義と全所得主義(1)」税法学389号1頁，16〜20頁が詳しい。以下の叙述は，基本的に，この論文の要約である）。

ドイツにおいては，外国法人の国内事業所に帰属する所得は，帰属所得主義により，国内営業所得（国内源泉の事業所得）として，総合課税の対象とされる。ここに，国内営業所得の算定方法（＝帰属の判定，ないし，支店利益の分離）が重大な問題となる。この点に関しては，所得税法50条7項が，「税務署長は，国民経済上の理由から合目的的であるか，または当該所得の分離計算が特に困難である場合には，制限的納税義務者の所得税額について，全部もしくは一部を免除し，または概算金額によりこれを確定することができる」と定めているのみである。そこで，判例・学説により，直接法と間接法の二つの方法が発展させられてきた。

直接法は，外国法人の国内事業所を独立の企業と擬制して，分離記帳に基づいて，内国法人に準じて利益を算定する方法である。国内の事情のみを考慮すればよい点においては，執行は容易である。しかし，外国本店等との内部取引が行われた場合の取扱いという困難な問題が発生する。

・また，直接法の下では，外国法人の全体としての利益をこえる所得に対する課税が行われる可能性がある。
・さらに，直接法の下では，未実現利益に対する課税が行われる可能性がある。

内部取引については，資産売買等の場合と，貸し付け・ライセンス等の場合とが区別されている。すなわち，前者の場合には，arm's length 基準を適用したかたちで処分が行われる。その際には，関連企業間の移転価格の場合と同様の作業が行われる。これに対して，後者の場合には，国内事業所の独立性の擬制は貫徹されず，本店等への支払利子・使用料等の国内営業利益算定の際の控除は否定されている。これは，貸し付け・ライセンス等は，単なる資産移転であり，それ自体，利益の獲得を目的として行われるわけではないからであると説明されているが，説得力はないといわざるを得ない。

これに対して，間接法は，形式基準を用いて外国法人の全利益を当該国内事業所に配分する方法である。これは，外国法人の一体性を尊重する方法である。この方法の下においては，執行の困難，配分率の決定の困難といった問題点が生ずる。

判例・多数説は，直接法が原則的方法であり，間接法は直接法が適用できな

い場合（たとえば，分離会計が行われていない場合，あるいは，移転価格的問題が存在するが arm's length 基準の適用が困難な場合）の例外的な方法であると解している。

3 フランス国内法

フランスにおいても，ドイツにおけるとほぼ同様の方式が採用されている。異なる点はほぼ三つある。

第一に，分離会計が適用できない場合には，補完的方法が用いられるが，それは，形式基準に基づく配分ではなく，売上に一定の比率を乗ずる方法である。

第二に，本店と支店間の取引についても，一般租税法典 57 条（移転価格に関する規定）が適用される。

第三に，内部利子の控除が認められる。

ただし，これ以上具体的な点に関しては，ここでは紹介する余裕はない点をお許しいただきたい。

四　理論的研究の紹介

ここにおいては，OECD モデル租税条約 7 条に関する世界中の代表的な学説を，簡単に整理・紹介する。それぞれの論者の議論をできるだけ忠実に再現するために，基本的に該当箇所の全文を翻訳して掲げることとする。なお，特に重要なのは，以下の 1 で紹介するフォーゲル教授の詳細な解説である。これを読めば，7 条に関する現在の状況をほぼ全面的に知ることができる。

1 クラウス・フォーゲルのコンメンタール

以下においては，租税条約に関する世界で最も権威ある書物である，ミュンヘン大学のフォーゲル教授の Klaus Vogel, Deppelbesteuerungsabkommen, 3. Vgl., 1996 における該当箇所の叙述を，少し長くなるが，ほぼ全体として翻訳・紹介することとする。引用の箇所は，同所のパラグラフ番号で示すこととする。

　　A　総論
　　　II　モデル条約に関する解説
　　　　3　範囲

8 「体系的に見ると，7 条は，8 条，9 条と関連している。これら三つの条文は，すべて，企業の利益に関するものである。7 条が基本的定めであり，恒久的施設の利益の算定について扱っている。8 条は海運等の特別な場合に関し

て定め，また9条は利益が関連企業間で分散される場合の調整を認め，その制限について定めている。したがって，7条は，恒久的施設と，当該恒久的施設が属するところの企業と（OECDモデル租税条約9条の下の用語の意味において）『関連する』法的に独立した企業との間の事業関係に対しては適用されない（したがって，この点において，OECDモデル租税条約の7条に関するアメリカの以前の留保〔1977年のコメンタリーのパラグラフ40。…〕の基礎となっているアプローチは有効なものであった。しかし，そこに示された，モデル条約から乖離し，問題を7条の枠内で解決しようという意図〔合衆国モデル条約において示されてきているもの〕は，体系的な観点からは不適切なものである）。5条において与えられた『恒久的施設』という用語の定義は，7条を補充，補完するものである。」

なお，1977年のコメンタリーのパラグラフ40におけるアメリカの留保とは，次のようなものである。

> The United States believes it appropriate to provide in paragraph 2 for arm's length treatment not only with the head office of the enterprise, but also with any person controlling, controlled by, or subject to the same common control as, the enterprise. This can be accomplished by changing the phrase 'separate enterprise' to 'independent enterprise' and by deliting the last fourteen words.

C　7条(2)に関して
Ⅱ　モデル条約に関する解説
2　OECDモデル条約と国連モデル条約
a)　主要な特徴

57　「7条(1)によれば，恒久的施設の所在地国は，当該恒久的施設に帰属する企業利益の限りにおいてのみ課税をなしうる。如何なる利益がそのように帰属するとされるかについては，7条の(2)から(6)の諸項に定められている。そこに示された限界の中においてのみ，関連締約国は，その自らの国内法を適用することによって利益を算定することができる。7条(2)に含まれているのは，利益配分に関する基本的な定めのみである。詳細については，後述（91以下）の7条(3)と(4)に関する解説を見よ。決定基準は，arm's length 基準である。利益配分に関するその他の如何なる基準…も許されない（House of Lords, Ostime v. Australian Mutual Provident Soc., 38 TaxCases 492（1959））。」

58　「7条(2)と本条のそれに続く諸項は，恒久的施設の所在地国と居住地国の両方を拘束する。…しかし，7条(2)の文言は明確である。すなわち，

'…where an enterprise of a contracting State carries on business in the other contracting State through a permanent establishment situated therein, there shall in each contracting State …' …

もし，本規定が恒久的施設所在地国に対してのみ適用されるものであるとするならば，文言表現は，モデル条約の通常の用語に従えば，'in each contracting State' ではなく，次のようなものでなければならなかったはずである。…

'… shall be … in the first-mentioned State'

そして，本配分規定が両締約国に対して適用されることは，理屈にあっている。国家は，利益の算定に関して異なったルールを有しているが，本配分ルールを適用することが，同一の所得要素に対して租税が両方の国により課されることを防止する最も有効な手段だからである。…」

　　　b) 定め

59 「7条(2)によれば，利益は，次のような場合に恒久的施設に帰属することとなる。すなわち，such profits as the permanent establishment

　-might be expected to make if it were

　-a distinct and separate enterprise engaged in

　-the same or similar activities

　-under the same or similar conditions but

　-dealing wholly independently with the enterprise of which it is a permanent establishment.

この点に関するコメンタリーにおけるポイントは，恒久的施設が，この定めの下においてあたかも独立であるかのように取り扱われる程度，および，恒久的施設の利益の算定に際して結果としてどのような方法が選択されるべきであるかという点である。」

　　　c) 当該恒久的施設の取得したとみられる利得

60 「7条(2)によれば，恒久的施設の利益の額は，arm's length 基準を適用することによって算定される。恒久的施設に帰属させられるべき利益は，定められた条件の下において，仮にそれが別個のかつ分離した企業であるかのように活動していたとしたら『取得したとみられる』ところのものである。そのような利益は，仮定的にしか算定しえないものであり，それ故に，仮に算定できたとしても概算的にのみ算定しうるものである。なぜなら，実務においては，比較対象となりえ，かつ完全にすべての条件を満たすような非関連企業は存在しないからである。差異は常に存在し，ただその程度が異なるだけである。しかし，それにもかかわらず，非関連の別個のかつ分離した企業との仮定的比較により，以下のような諸点が明らかとなろう。第一に，非関連企業によってなされえたであろうようなすべての活動（供給と役務供与）が，恒久的施設に対し

て帰属させられうる。

　第二に，一定の供給と役務供与がある恒久的施設に帰属させられれば，非関連第三者が類似の条件の下で取得したとみられる利益の比例的一部分も，当然に，帰属させられるべきである。もし，恒久的施設の利益がいわゆる分離会計すなわち『直接法』を適用することによって算定される場合，このことは，7条(2)に示された条件の下において恒久的施設に帰属させられるすべての供給および役務提供が，一般的に arm's length 価格でもって計算されるということを意味する。」

　　　d)　同一又は類似の活動

　61　「7条(2)は恒久的施設に対して，それが『同一又は類似の活動』に従事する別個のかつ分離した企業であるとするならば，当該恒久的施設が取得したとみられる利益のみを帰属させている。本規定が着目しているのは，恒久的施設の活動である。その活動とは，基本的には，独立の顧客に対してであるが，当該恒久的施設が構成員となっている同一の企業の他の支店に対してであるかを問わず，通常の事業のラインにおける供給および役務供与のことである。しかし，一つの企業の内部においては，会計目的上は分離することが可能であり，かつ，通常は独立の企業によって無料で提供されないような，補助的な供給および役務供与も存在する。したがって，恒久的施設の行うそのような付随的な活動も，同様に，利益要素の帰属をもたらす。」

　61a　「文字通りに受け取ると，『活動』という用語は，何かしら積極的に行われることを意味する。もし，恒久的施設――あるいは恒久的施設を含む全体としての企業――が非関連の企業との契約（例えば，競争制限契約）に基づいて，対価を得て何かをすることをひかえる場合，そのように行動をひかえることは行動と同様のことである。しかし，本店との合意により行動をひかえることは，利益の帰属をもたらしえない。特に，恒久的施設ではなく独立の企業の場合であれば対価を要求したであろうという議論に基づいて，そのような帰属を認めてはならない。そのような想定は，基本的に，最も恣意的なものであろう。非関連の企業が十分な対価をえることなしに本店と競争することをひかえるということはないかもしれないが，本店と競争しようともせずに他の市場に集中することはよいことかもしれないと，非関連の企業が自ら結論することも同様に想像しうることである。

　したがって，モデル条約の7条(2)は，恒久的施設による現実に行われた活動に基づいて，恒久的施設への利益の帰属を行う。このことによって，本条は，多国籍企業がその事業機能をそのサブユニットの間で分ける際のやり方に介入しないのである。」

e）同一又は類似の条件

62　「恒久的施設に帰属させられる利益を算定する目的のためには，7条(2)によれば，当該恒久的施設の活動は，非関連の企業が『同一又は類似の条件』の下に従事してきた活動とのみ比較しうるものでなければならない。例えば，恒久的施設は，製品を製造しその自らの製品を販売もする企業と比較してはならない。恒久的施設から当該企業の他の支店に対して提供され，企業を全体として益し，それ故に部分的に当該恒久的施設をも益するような供給や役務供与に関しては，『同一又は類似の条件』という要件は特に重要である。これは，非関連企業の間の関係と比較できないような，多国籍企業ないしグループの様々な構成体の間のギヴアンドテイクの関係の場合に，典型的である。そのような場合においては，問題とされる供給や役務供与の性質を考慮すると，仮定的なものとはいえ，arm's length 比較が不可能であると考えられるので，利益の帰属はできないであろう。」

f）別個のかつ分離した企業――全く独立の

63　「本店と『全く独立の立場』で取引を行う『別個のかつ分離した企業』であるとしたならば当該恒久的施設が取得したとみられる全利益が，当該恒久的施設に対して帰属させられるという定めは，そのような『分離企業の擬制』の範囲に関して，ドイツとオランダにおいて熱い議論を引き起こした。」

aa）

64　「専門家は，本質的には，次に述べる正反対の二つの見解のいずれかを支持している。

第一の意見は，恒久的施設の絶対的（仮定的）独立のみが7条(2)に定められた arm's length 原則を完全に満たすことができるとするものである。利益帰属の目的のためには，恒久的施設の扱いは，法的に独立した子会社の取扱いと異なってはならない。その両者の組織形態，および，企業の本店とそれらとの間の関係の法的構造とに関する両者の差異は，利益帰属に関しては重要ではないとされる。その結果，恒久的施設と本店との間の契約上の取り決めは，民法の下においては存在しないものとされるが，課税上は，完全に非関連の企業の間の契約であるかのように扱われる。そして，企業活動からもたらされる『利益』は，恒久的施設と本店がたがいに独立であるかのように，『機能』の分割に応じて分割される。その結果，恒久的施設と本店との間で約定された貸付金利子，使用料，賃貸料，サーヴィスのコミッション，その他の報酬は，それらと非関連の第三者との間で約定者と同じように，課税上，認識される。…

これに対して，7条(2)の要件を満たすには恒久的施設の制限的独立性で（仮定的に）十分であると考える論者も存在する。彼らは，7条(2)は包括的な『分

離企業の擬制』を要求してはいないと考える。利益を配分する際においてさえ，恒久的施設はあいもかわらず全体としての企業の一部にすぎず，したがって，無制限に分離された企業として取り扱うことはできないという点を否定することはできない。恒久的施設に対して適用される場合には，本店と恒久的施設が，同一の企業の一部分として，それぞれが非関連の第三者であるかのようにお互いの間で現実に事業取引を行うことができなくなるような地点において，arm's length 基準が機能を停止しなければならない。このような立場の論者によれば，このような議論の主要な帰結の一つとして，契約法の司会において存在しない想定上の契約が，同一の企業に属する恒久的施設間で，販売，賃貸，貸付，ライセンス供与その他の行為のために機能しているという想定をおくことは許されないということになる。…」

bb)

65 「しかし，ドイツの当局は，恒久的施設の限定的独立説の一部を承認するだけである。貸付金利子や，賃貸料や，使用料等の移転価格に関して，彼らは，本店と恒久的施設の間の契約は後者が法的に独立性を欠くが故に認められないという考え方である。その結果，そのような移転の際の支払もまた，本店と恒久的施設の一方が他方のために現実に非関連第三者に対して支払を行っていない限り，認められない。これに対して，国内に存在する企業の構成体からドイツが租税条約を結んでいる国家に所在する国外恒久的施設へ固定資産と流動資産が一緒に移転される場合には，ドイツの課税当局は，長い間，そのような移転の時点において資産の含み益（すなわち，資産の時価と簿価の差額）が実現し利益に加算され課税されるという見解を保持した。『分離企業の擬制』から出発して，ドイツ課税当局は，そのような恒久的施設への移転は公正な時価で記帳する必要があると主張した。恒久的施設を『非関連の独立した企業』として取り扱うことにより，そのような場合には，当該利得が全体としての当該企業により実現される前に，国内の恒久的施設に対して利得が実現するということになるが，当局の議論によれば，このことは国内法と条約により定められた恒久的施設に対する課税システムの帰結なのである。さらに，ドイツ課税当局の立場によれば，『国際的に関連する企業間の所得の配分に関する行政原則』〔これは，9条の移転価格に関するものである〕が，恒久的施設に対しても類推的に適用されるべきであるというのである。…」

66 「かなり最近まで，ドイツの判例も，このようなドイツ課税当局の見解とおおよそ同じものであった。…」

66a 「しかし，1988年の事例における連邦財政裁判所の判例は，将来の判例法について従来と異なる視点を示している。この判決は，恒久的施設の制限

的独立の原則を明確に支持している。すなわち，恒久的施設の利益は，独立の企業に対して適用されるのと同じ定め…を適用することにより算定すべきであるというのである。この関連において，恒久的施設の活動の結果として生じたすべての費用は，控除が認められるべきである。そうした費用が国内で生じたか国外で生じたか，あるいは，それが恒久的施設により負担されるか本店により負担されるか，は，いずれの事例においても無関係である。しかし，そのような費用を帰属させる場合に考慮すべきは，恒久的施設は企業全体の中の従属した一部分にすぎず，したがって，費用はそれが企業全体の費用に影響を及ぼすようになってはじめて記帳されるという点である（連邦財政裁判所判決，BStBl. II 140 (1989))。課税当局は，この連邦財政裁判所の判決に対して，1990年2月12日の大蔵省通達（BStBl. I 72 (1990)) により答えた。…」

66b 「他の国における判例法は，程度の差はあれ，恒久的施設の制限された独立性の原則を維持している。…」

66c 省略

67 「7条(2)に関するモデル租税条約のコメンタールは，1994年に起草された。同コメンタリーは，現在，arm's length 基準（9条）が恒久的施設と本店の間においても適用されるということを明確にしている。しかし，それは，恒久的施設の制限された独立性しか認めていない。その説明によれば，恒久的施設と本店の（あるいは，恒久的施設相互間の）取引を反映する帳簿は，それらが企業全体との関連において企業の異なる構成体が行う現実の経済的機能と適合しており，しかも，記帳が恒久的施設と本店の帳簿の両方においてシンメトリカルにかつ同一の通貨でなされている場合に，認められる。…」

67a 「資産の移転の問題は，コメンタールの 15 と 15.1 において議論されている…」

cc)

68 「モデル条約の歴史的発展は，7条(2)を，恒久的施設の制限的独立の方向に沿って解釈するのに有利に作用する。恒久的施設の利益の算定の基準として arm's length テストを適用するという考えは，1932年から1933年にかけて国際連盟の依頼にこたえて Mitchell B. Carroll and Ralph C. Jones によりなされた研究にまでさかのぼることができる…。この研究の中で，キャロルとジョーンズは，一致して，国際的企業の恒久的施設はできるだけ独立の単位として扱われるべきであり，また，その結果として，恒久的施設により本店に対して（あるいは逆の方向で）供給された品の原価は市場価格で請求されたものとすべきであると，結論付けた（'sale between independents criterion'…）。他方，恒久的施設は，未だ実現しているかどうか未定であるか，あるいは企業全体とし

ては実現されていない利益の課税から守られるべきである…。

『したがって，国際的企業は支店の在庫における未実現利益を，当該品が供給された支店の帳簿に示された利益から排除することを認められるべきことが望ましい。』… 国際連盟租税委員会はこの研究の結果とそこでなされた提案を採用し，それらを，その課税管轄権を有する国家間の利益配分に関するモデル条約の基礎とした…。この 1933 年のモデル条約は，1935 年に少し改定されたが，その主要な前提が，その当時においてすでに，1977 年のモデル条約までほとんど変わらずに存続し続けた文言において表明されている arm's length 原則であった…」

dd)

69 「モデル条約はまた企業が実際に実現した利益の課税のみを想定しているという事実が，7 条(2)を 7 条(1)との関連で読むと明らかになる。7 条(1)の第二文は，企業が他方の締約国においてそこに所在する恒久的施設を通じて事業を営んでいる場合，『企業の利益』は恒久的施設の所在する締約国において課税してもよいと定める。この文言は，恒久的施設の所在する締約国に課税権を原則として認めるのみならず，なんらかの数量的なもの，すなわち，恒久的施設に帰属する利益とは同時に企業により獲得された利益でなければならないといった点をも定めている。」

70 「このように状況を理解すると，結論として，企業内販売からの利益は，当該販売が企業全体にとっても利益をもたらさなければ，原則として恒久的施設に帰属させられるべきではないということになる…。企業の通常の事業のラインにおける供給と役務提供が関連する場合には，このことが一般的に承認されうる…。恒久的施設の補助的サーヴィスが問題となっている場合，それは疑わしい…。7 条(2)が要求するように，企業の部分である二つのものが別々の分離されたものとして取り扱われるならば，無視できないのは，いかなる非関連第三者も，自らにとって利益にならない限り，サーヴィスに対して対価を要求しないという点である。換言すれば，企業内におけるサーヴィス供給が恒久的施設に対して利点として帰属するのは，そのことにより恒久的施設および企業全体に対して分離された利益が生ずる限りにおいてのみである。他方，そのような場合においてのみ，相応した利益が供給ないしサーヴィスを提供した恒久的施設に対して帰属させられるべきである。両方向において当該ルールが分離可能な利益に対してのみ適用されるという要請が存在する理由は，実際性である…。そこからどのような詳細な結論が引き出されるかについては，7 条(3)と(4)に関する下の議論を見よ。」

71 「7 条(1)からうかがわれるように，企業の事業利益の一部がその恒久的

施設に対して帰属させられるべきであるとすれば，そのことはまた，原則として，利益のいかなる部分も，それが企業全体にとって実現される前においては，恒久的施設に対して帰属されないであろう。したがって，企業内部における供給やサーヴィスからは，利益が早すぎるかたちで記録に示されてはならない。したがって，7条に従った利益配分の第一に主要なガイドラインとは，多国籍企業の様々な恒久的施設に対して配分・帰属させられうるものはすべて，全体としての『企業の利益』から生ずるものでなければならないという原則でなければならない。7条(1)により設定されたこのフレームワークの内部においてのみ，7条(2)において示された arm's length 原則が適用される。この原則の目的は，多国籍企業の利益の要素が，当該利益をだれが産み出したかを考慮して，すなわち，個々の部分的構成体によりなされた貢献を見ることにより，様々な恒久的施設に対して帰属させられることを確保するという点である。したがって，7条(2)は，本店と恒久的施設の間の利益の配分を，絶対的な，無制限の arm's length 原則に基づかせるものではない。その結果，7条(2)の下の利益の帰属が arm's length ルールの下でなされるのは，そのことが当該企業が単一の法的および経済的単位であるという事実と両立する限りにおいてのみである…。」

3　合衆国モデル条約

72　「合衆国モデル条約の文言は，OECD モデル条約および国連モデル条約と二つの点で異なる。すなわち，それは，単に『利得』ではなく『事業利得』と定めており，また，それは恒久的施設に対してそれが別個の『独立した』企業であるとしたならば取得したとみられる事業利得を帰属させている。OECD モデル条約および国連モデル条約における該当規定は，『別個の分離した』企業と定めている。これらモデル条約は，企業の活動に言及するさらなる条項を導入するに当たって独立性を付加している〔当該恒久的施設を有する企業と全く独立の立場で取引を行う…企業〕が，これに対して，合衆国モデル条約は，そのような企業（恒久的施設の比較対象とされている企業）それ自体が独立であることを要求しているのであって，その活動が独立であることのみを要求しているわけではない。一見したところ些細なものに見えるこの文言の差異の理由は，OECD モデル条約 7 条に関する合衆国の留保からうかがえるかもしれない（1977 年コメンタリーのパラグラフ 40，1992 年に引っ込められた…）。この留保は，個別の企業の内部において arm's length な扱いを規定しようとするのみならず，当該企業が関連する他の者との関連においても arm's length な扱いを及ぼそうとしたものである。しかし，この問題は，モデル条約 9 条により解決された。なぜなら，9 条は，特別法として，7 条のコンテクスト内で範囲に関

しても必要性に関しても何らのガイダンスを規定する必要性も残さなかったからである。他方,『独立の』企業とは,必然的に『分離した』ものであり,したがって,『独立性』の基準は『分離性』の基準をも含むので,合衆国モデル条約の文言からうかがわれる結果は,OECD モデル条約と国連モデル条約におけるより複雑な文言からうかがわれる結果に依拠するものでは決してない。」

4　利益調整に関する EC 条約

72a　「EC の『Convention on the elimination of double taxation in connection with the adjustment of profits of associated enterprises』…は,その 4 条 2 号——その文言は OECD モデル条約の 7 条(2)と同じであるが——に定めを有している。締約国の二重課税条約の規定がモデル条約 7 条(2)から乖離している場合には,4 条 2 号が新法として優先して適用される。当該 EC 条約は,モデル条約の 7 条(3)や(4)に対応する条文を含んでいない。しかし,これらの条文も,4 条 2 号を解釈する際には暗黙のうちに考慮にいれなければならない。」

D　OECD モデル条約と国連モデル条約の 7 条(3)と(4)と,合衆国モデル条約の 7 条(3)に関して

Ⅱ　モデル条約に関する解説

1　一致と相違

90　「恒久的施設の利益の算定に関連して,三つのモデル条約はすべて,その 7 条(3)が,いかなる国において生じたものであれ経営費および一般管理費を含む恒久的施設のために生じた費用を,課税対象企業が控除することを認めているという点において一致している。しかし,国連モデル条約は,OECD モデル条約の下において一般的に適用されているこの定めに,追加的条項…

〔すなわち,「当該恒久的施設が企業の本店又はその他の事業所に支払った金額（実費弁償に係るものを除く。）であって,特許権その他の権利の使用の対価として,若しくは特定の役務の提供若しくは事業の管理の対価として支払われる使用料,手数料その他これに類する支払金又は当該恒久的施設に対する貸付けに係る利子（当該企業が銀行業を営む企業である場合を除く。）については,損金に算入することを認めない。同様に,恒久的施設の利得を決定するにあたっては,当該恒久的施設が企業の本店又はその他の事務所に対して請求した金額（実費弁償に係るものを除く。）であって,特許権その他の権利の使用の対価として,若しくは特定の役務の提供若しくは事業の管理の対価として受領する使用料,手数料その他これに類する支払金又は当該企業の本店若しくはその他の事務所に対する貸付

けに係る利子（当該企業が銀行業を営む場合を除く。）については益金に算入しない」という定め〕
…をおくことにより制限を設けている。合衆国モデル条約は，企業全体…のために支出された費用の合理的な配分額は，恒久的施設の利益を算定する際に控除されると定める。経営費および一般管理費との関連で，合衆国モデル条約は，試験研究費と利子についても言及している。
　同じ文言を有する7条(4)において，OECDモデル条約と国連モデル条約は，『比例的配分』や『間接的方法』が恒久的施設の利益の算定において適用されるのを，そのような方法が締約国において慣行として用いられている場合に限り，認めている。しかし，合衆国モデル条約には，そのような定めは存在しない。」

　　2　OECDモデル条約
　　　a)　主要な特徴
91　「利益配分に関して7条(2)に定められた原則（すなわち，arm's length条項）は，一つの具体的問題について定めた7条(3)により補完されている。さらなる個別の問題点は，モデル条約のコメンタリーにおいて扱われている。…利益配分のために適用される方法で，課税庁や裁判所や文献において並んで言及されるものとして，恒久的施設の利益を恒久的施設が独立の企業であるかのように見てそれ自体の帳簿を用いて算定する『分離会計』ないし『直接法』と，企業の全体としての利益から出発して，その利益に特別な公式を適用して，一部分を本店に，残りの部分を恒久的施設に配分する（ちょうど，Uniform Division of Income for Tax Purposes Act〔UDITPA〕の下で合衆国の州によるユニタリー課税や，ドイツの営業税…との関連で用いられる方法と同じような）『比例的配分』ないし『間接法』がある。7条(4)は，『分離会計』が原則の方法であるとして，一定の条件の下に『比例的配分』も適用されるとしている。」
　　　b)　『分離会計』が『通常の方法』
92　「恒久的施設を分離された企業，すなわち制限された独立性のみを有する企業として扱う原則は，恒久的施設の利益をその分離勘定に基づいて算定することにより，最もよく遵守されよう。分離勘定が存在しない場合には，分離勘定が恒久的施設によって保持されていたとしたならばそこに現れたであろう利益の推定が行われなければならない。実務および学説においては，『分離会計』の方法が他の方法よりも好まれている…。しばしば，このような見解は，適用すべき方法に関する概念論的論争は避けた方がよいという叙述により限定されている。確かに，利益配分の方法に関するあまりに詳細な定めは実務上生

ずる様々な要請に対応するためには不適切かもしれないという点は認めるべきであろう。しかし，他方，個別的な場合において『適切な結果』をもたらすと思われる方法を選べばよいという，しばしば主張される議論を用いることはあまりに漠然としている。このような見解は，両者の方法が異なった結果をもたらす場合にはその二つの結果のうちいずれが『適切な』ものか判断することが問題となるという点を無視している。」

93 「恒久的施設に帰属させられる利益は，当該企業全体としての業績結果に対するシェアを反映すべきである。すでに均衡した全利益額の配分を達成するための多かれ少なかれ複雑な公式を適用するよりも，供給および役務提供の個別的項目を記録する詳細な企業内勘定に基づく計算を用いた方が，そのようなゴールの達成は容易であろう。前者の〔すなわち分離会計の〕方法に依拠した場合，企業の支店間の企業内供給および役務提供に対する想定上の——すなわち現実には存在しない——費用等の額を算定しなければならないという困難に遭遇するが，分離会計方式のこのような弱点はひかえめにいってもすでに暴かれており，修正可能なものである。」

94 「しかし，恒久的施設の単なる制限された独立性にてらすと，分離会計により利益を算定するという方法は，三重の問題に直面させられる。第一に，記録された利益は，企業全体のために利益を産み出す供給ないし役務提供のみに関するものであることを確保しなければならない。第二に，そのような利益は発生主義に基づいて帰属させられなければならない。そして，第三に，当該企業の一支店の損失を他の利益と相殺することが可能でなければ，課税目的上本店と恒久的施設に帰属させられる利益の額が，企業全体として現実に得た全利益を超えないようにするという目的を完全に達成することはできない。分離会計は，これらの要請のうち最初の二つを満たすことはできる。第三の，企業内における損失と利益の相殺の問題は，当分の間，法政策の領域における切実な要求であり続けるであろう。」

　　c) 例外としての『比例的配分』の許容性

95 「分離会計と比較すると，比例的配分は，そのまさに出発点からして全体としての企業により得られた利益，すなわち7条(1)の意味における『企業の利益』，以上のものに課税がなされるのを避けることができるという点において，利点があるように見える。しかし，この表面的な利点は，状況による。なぜなら，本店所在地国と恒久的施設所在地国の両方とも，当該企業の利益をそれぞれ自らの国内租税法に従って算定するという事実が存在するからである。その結果，関連諸国で算定された部分的利益を合計すると企業全体の利益になるとは限らない。その点は別としても，恒久的施設の所在地国が企業全体の利

益を確定することは、しばしばかなり複雑なことである。そのようなことを行うためには、帳簿記入に関する包括的な強制的体系が存在しなければならないが、この要件は、各国の国内法に従って関連各国において満たされていなければならず、このことは、多国籍的に操業している企業に対して不当な負担をかけるので、それを満たすことは困難であろう。」

96 「それを別としても、全体利益を多国籍企業の様々な構成体の間で配分する適切な公式を決定することは、不可能ではないにしても困難である。売上、全支払賃金、あるいは資本といった『事業上の要素』の利用がこの目的のために提案されている。確かに、このような諸要素は、ユニタリー課税の目的のためにアメリカにおいて利用されている。それらは、また、学説においても、繰り返し、可能な配分公式として言及されている。しかし、このような諸要素の利用は、例外的な場合においてのみ（すなわち、銀行や保険会社のような比較的同質の構造と活動の企業…）、企業のどの構成体が利益を産み出したかを考慮した利益の帰属をもたらすことができる。…なぜならば、事業運営上の要素を用いた利益の帰属は、企業の各構成体の利益が適用される測定要素に依存している場合においてのみ、意味があるからである。これに対して、この方法が、利益を産み出すその他の要素が及ぼす影響を考慮してはいない。しかし、事業においては、企業の利益が単一の決定要因にのみ依存するということもないし、また、企業のすべての構成体にとって同一の、一次の依存関係の存在しない当該企業の様々な構成体が、等質的な市場（たとえば、合衆国の各州）に所在しているのではなく、経済的実態がお互いに顕著に異なるような国々において活動を行っている場合には、公式を用いることにともなう問題点はさらに悪化する。このような心配は、ドイツの学説において発展させられたより複雑な配分基準…についても原則として妥当する。」

96a 「最近、恒久的施設の利益帰属の問題を解決するための方法としての比例的配分の許容性に関する議論が、国際的な金融市場の発展の結果として再び活発化した。特に、このことは、世界の金融市場の統合の進展と、世界中で同一の者（銀行やディーラー）により時間をおいて証券その他の金融商品の継続的取引——『グローバル・トレイディング』と呼ばれる現象——に答える形で生じてきた。…このような種類の状況においては、分離会計法を用いて恒久的施設の利益を算定することはまさに問題であると考えられている。合衆国においては、比例配分や利益分割を用いて利益を配分するような内国歳入庁とのアドヴァンス・プライシング・アグリーメントが結ばれているが、これらはボーナスの決定に関して企業により用いられている内部的な利益配分に基づいている。モデル条約コメンタリーの1994年改訂版は、特別にグローバル・トレ

イディングの問題についてふれなかった。しかし，国際的に合意された立場を確定することには意味があろう。…。」

97 「この特別な例にもかかわらず，7条(4)が，例外的に，二つの条件に基づいてのみ，比例配分の方法による利益の帰属を認めているのは，きわめて適切である。その二つの条件とは，

・第一に，この方法が関連する締約国において慣行として用いられていること
・第二に，利益の配分の結果が『この条に定める原則に適合するような者でなければならない』こと

である。」

97a 「比例配分の適用は，特にスイスにおいて，企業の様々な恒久的施設の間のカントン間利益配分を行う方法として慣行となっている。したがって，モデル租税条約に7条(4)が入れられたのは，基本的にはスイスの代表の努力による。しかし，スイス課税当局の1960年6月1日の通達によれば，外国企業の恒久的施設の利益は『客観的に』，すなわち，分離会計の方法により，算定されるべきであるとされている。しかし，この通達は，課税庁を拘束しない。ついでながら，国際連盟の1933年・1935年の草案も，利益の算定の目的で『間接的方法』の適用をすでに想定していた。前述のように，アメリカも，州所得税間の配分のために，この方法を一定程度用いるが，全世界的ではないにせよそのNAFTA加盟国への拡大は，常に検討されている。」

98 「利益の比例的配分の『結果』が7条に含まれた『原則に適合』しなければならないという要件は，個別的な事例において，現実の配分された数字が，分離会計がもたらしたであろう結果との比較でできる限り測定されるか，あるいはとにかくも整理されているということを意味する。したがって，モデル条約コメンタリーは，適切にも，『配分をともなういかなる方法の一般的目的』——すなわち選択された公式との関係で——『分離勘定を基礎としてもたらされたであろう数字に可能な限り近い課税利益の数字をもたらさなければならない』ことのみを要求している（モデル条約7条コメンタリー，パラグラフ27）。問題となる唯一の点とは，配分公式の適切さと選択ではない。その『結果』が7条の原則と一致するという点なのである…。スイスの最高裁判所は，的確にも，7条(4)から，比例的配分の結果が分離会計から導かれるであろうものよりも高い場合，当該結果は分離会計からもたらされる利益配分の水準まで引き下げられなければならないという結論を導いた…。もし，一方の締約国が比例的配分法を適用し他方が分離会計法を適用すると，企業全体として産み出した全利益までの額しか，直接的にも間接的にも配分しえないので，このことはより

一層重大である。この点において，7条(4)は，69節以下における7条(2)についての解説を確認している。」

　　　　d)　分離会計——勘定における個別項目

99　「企業の『顧客』に対する販売（企業内販売に対する意味における）の会計は，あまり問題がない。それらは，それを行った恒久的施設の帳簿に記帳されなければならない。英国とパキスタンとの間で合意されたある memorandum of understanding は，正当にも，決定的な点は，契約が当該恒久的施設において結ばれたかとか注文が当該恒久的施設によせられたかとかいう点よりも，むしろ，当該恒久的施設が当該取引において果たした役割であるという点を強調している。恒久的施設の解散にともなって生ずる収益や費用は，当該恒久的施設の設立以前に生じた費用と同様に，当該恒久的施設の活動から生ずる場合には，記帳される。

　しかし，詳細に議論すべきは，企業内における供給ないし役務提供である。これらが問題となる場合，答えなければならない最初の質問は，常に，それを記帳すべきか，そしてもしそうであるならばいかなる価格でいかなる期日に記帳すべきであるかという問題である。」

　　　　aa)　分配される固定資産

100　「本店は，支店に対してその必要とする資本その他の資産（allotted capital,allotment capital）を恒久的施設に対して提供したからといって，利子を要求してはならないという点については問題がない。しかし，争われているのは，企業の構成体がお互いにその必要とする allotted capital をこえた『貸付』を行った場合に，構成体相互間において利子を支払うべきか否かという点である。…そのような『貸付』は商法上は存在しないという事実は，利子の請求を否定する理由としては十分ではないという議論もある。これは，租税法がしばしば私法から離れるという理由に基づく。企業の債務が——したがってそれについて支払われる利子も——本店と恒久的施設の間で資産と同じ割合で配分される（アメリカの実務…）というのであるならば，この問題は回避しうるであろうが，実際にはそうではない。…しかし，そのような実務は，『恒久的施設の独立性』の原則に反する。なぜなら，企業全体から見ると一つの恒久的施設は本店とはかなり異なる使命を果たしており，それ故に完全に異なった方法でファイナンスされる必要があるからである。原則として，ある恒久的施設を自らの資金でファイナンスするか第三者からの借入金でファイナンスするかを決定するのは，企業家の裁量に委ねられている。したがって，企業家はまた，利子が本店に配分されるか恒久的施設に配分されるかを自由に決定できなければならない。…」

100a　「著者の意見によると，問題となっているのは，なされた『貸付』を理由として，『外部』の顧客に対して提供された販売ないし役務提供から生ずる企業の売上の分離可能な一部を，企業の『貸付を行っている』構成体に対して帰属させられるか否かという点である。しかし，金融機関が問題となっている場合や，企業の『貸付を行っている』構成体が反対給付として利子を支払うような場合を例外として，そのようなことは通常はない。そして，そのような例外的な場合は，得た利子を企業の『貸付を行っている』構成体に対して帰属させることは適切である。しかし，そうでない場合には，企業の『貸付を行っている』構成体それ自体が貸し付けた資金をまず借り入れなければならないような場合のように，発生した費用のみが計上される（モデル条約7条(3)）。そして，当該構成体は，何らの利益——コミッションやその他のもの——も得る資格がない。これは，また，モデル租税条約コメンタリーにおける見解でもある（7条，パラグラフ18-18.3）。すなわち，企業の構成体間の債務は原則として認識されず，また，それに対応する利子も課税上は認識されないのである。銀行についてのみは例外が認められなければならない。企業の外部の者に対して支払われた利子の本店と恒久的施設の間の配分の問題については，1994年のモデル条約のコメンタリーは，従来の見解とは異なり，組織的・機能的議論に基づく配分に対する支持を表明している。」

100b　「企業のある構成体から他の構成体に対してなされた『貸付』が焦げついたら，それは，法的に独立の企業の間におけるように，損失として企業の『貸付を行っている』構成体に対して帰属させることはできない。特に，企業の『貸付を行っている』構成体は，その『債権』を償却したり価値を調整することはできない。このことは，企業全体が居住地国において課税に服する時に企業の『借り入れを行っている』構成体の基本的『損失』が考慮されることを妨げるものではない。外国税額控除方式が適用される場合には，常にこのような結果となる。なぜなら，その場合の第一歩は当該企業の全世界所得を算定することだからである。国外所得免除方式が適用される場合には，当該損失は，居住地国の国内法に基づいて考慮される。…」

100c　「同様のことが，必要な変更を加えて，企業の一構成体——本店ないし恒久的施設——が，有形ないし無形の固定資産の使用を相手方に引き渡す場合にも適用される。ここにおいても，費用の償還のみが認められ，『賃貸料』や『使用料』の請求はない。」

100d　「たとえば，ある恒久的施設がその船舶の艦隊を管理し当該企業のために利用するために保有しているような場合のように，当該企業の一方の構成体が固定資産を当該企業の他方の構成体の利用に供するという特別な目的で，

固定資産を保有しているとすれば，異なった取扱いが正当化されよう。そのような場合，当該恒久的施設に対する利益の帰属は，当該企業の『外部』販売からの利益に対する分離可能な一部の存在に依存する。そのような専門サーヴィス施設の場合，したがって，一般的なルールから離れて，賃貸料の要求を認めるのが適当であろう。この場合の状況は，企業全体の研究センターとして機能していたり，あるいは…企業内銀行として活動しているある恒久的施設が問題となっている場合にも，類似であろう。」

     bb） 有形固定資産の移転（資産の国境を越えた企業内移転による未実現利益に対する課税）

 101 「ドイツにおいて，そして一定の限度において他の国々においても，特に資産の未実現の『キャピタル・ゲイン』に関して，外国の恒久的施設に対して有形固定資産が移転された場合にいかなる法的結果がもたらされるかという点に関して，特別な問題が生ずる。長い間，ドイツ課税庁は，他国との租税条約が恒久的施設の免税を規定していればそのようなキャピタル・ゲインの課税は，いったん資産が移転された場合には条約上不可能になるという立場をとっていた。したがって，そのようなキャピタル・ゲインに対して最後の可能な瞬間（すなわち，移転の瞬間）と見える時点において課税を行うために，課税庁は，当該移転は，『ゴーイング・コンサーン・ヴァリュー』で評価すべき事業用資産の払い出しに該当するとみなしていた。連邦財政裁判所は，その形成した判例法における個別的な項目の枠内において，恒久的施設の利益の免除を規定する租税条約が実際に存在する限度において，この理論を認めていた…。しかし，連邦財政裁判所は，連邦大蔵省の有するより包括的な見解を認めなかった。この大蔵省の見解によれば，外国に存在する恒久的施設に対する固定資産のいかなる移転も，租税条約の有無にかかわらず，一般的に『資産の国境を越えた企業内移転による利益の実現』をもたらすとされていた。…」

 102 「ドイツ課税当局は，内部的に，この『資産の国境を越えた企業内移転理論』を放棄した。一方で，この理論は未実現のキャピタル・ゲインがあまりに早く——すなわち実現される前に——課税されることになるし，また，他方で，当該資産は『ゴーイング・コンサーン・ヴァリュー』で評価されるために課税が軽くなりすぎるということが認識されている。そのような議論において，なぜ払い出しが生じたとみなされないかの明白な理由とは，当該資産が当該企業の事業用資産であり続けるという点である。法律上の根拠がない場合，ドイツの課税権が妨害されるという事実は，未実現のキャピタル・ゲインに対する課税を許容するのに十分ではない。実際に，問題は国内法上のものではなく，租税条約の下の利益の配分に関するものであり，そのような配分は，モデル条

約7条(2)に示された原則に従って行われなければならないはずである。だれが利益を産み出したかを考慮して帰属を考えるべきであるという原則に従って，外国に移転されたキャピタル・ゲインは，その生じた国において課税され続けているが，それは実現前の課税ではなく，発生主義に基づく課税でなければならないであろう。」

102a 「ノイバウアーは，資産を海外への移転の時点において評価し，その簿価とその売値の差額を繰り延べて，資産の残存耐用年数にわたる課税をすることを提案する。実務においては，価額の差を勘定においてすぐ利益として計上し，毎年度同額ずつ崩して負債側に対応項目を計上することにより，恒久的施設に対して毎年度その差額の一部について課税していけば，そのような結果をもたらすことができる。これは，理由付けにおいても，実際性においても意味のある方法である。この方法は，1990年2月12日の連邦財政裁判所の判決により概ね採用された。そこでは，納税者は，毎年度対応項目を計上していくのではなく，一度に課税を受けることを選択することもできるとされる。課税所得の算定に関するECの指令案も同様の方法を採用した。…」

102b 「1992年6月3日の連邦大蔵省通達において，ドイツ課税庁は，外国企業のドイツ恒久的施設からその非ドイツ本店への資産の移転は，ドイツが課税権を失うことになるから，未実現のキャピタル・ゲインの即時実現を生じさせるという見解を支持，表明した。しかし，この定めとドイツの租税条約の多くに含まれる無差別条項の間の関係は，明確にはされていない。…」

102c 「…1989年の米独租税条約は，この問題を，特別な規定により解決しようとしている。モデル条約コメンタリーは，本店と恒久的施設の間の対第三者貸付の移転に関して，詳細に議論している。コメンタリーによれば，貸倒れた貸付金は，銀行や外国恒久的施設の本店により，あるいは逆の方向で，問題となっている課税年度において当該企業の課税利益ができるだけ低く示されるように，しばしば移転される〔すなわち，飛ばし，ないし利益の付け替えが行われる〕。この主の移転が課税目的だけのために行われる限りにおいて，モデル条約コメンタリーによればそれは認識されるべきではないというのである。」

cc) 商品の供給

103 「企業のある構成体（すなわち，本店あるいは恒久的施設）が他方の構成体から，原料，半仕掛品，製品等の市場において販売されている商品の供給を受けた場合，その供給を受けた側は，7条(2)に基づいて，企業の当該両構成体が独立の組織であるかのように請求を受けなければならない…。前述の『払い出し理論』のいうようなゴーイング・コンサーン・ヴァリューにおける評価が行われない。その代わりに，商品は，…時価で評価されねばならない。当該

資産の時価が確定しえない場合には，法的独立の関連企業についての方式が必要な修正を加えて適用される。…」

　　　　　　dd）　役務

104　「フェリックスによれば，企業内サーヴィスは，『補助サーヴィス』，『マネージメント・サーヴィス』と，『管理サーヴィス』に分けられる。法務や税務の問題に関するコンサルタント・サーヴィスのように，補助サーヴィスは，独立の第三者によっても行われる活動である。フェリックスによれば，それらについては市場価格を付せばよい。上において述べた原則に従えば，筆者は，当該サーヴィスが，当該企業が市場において第三者に対しても提供し，その点において供給される商品と比較可能なものであるような場合においてのみ，あるいは，別の言い方をすれば，当該恒久的施設が専門サーヴィス提供機関であるような場合，あるいは，さらに別の言い方をすれば，当該企業の『顧客に対する販売』の分離可能な部分がそのような補助サーヴィスに帰せられるような場合においてのみ，そのような考え方が承認されると考える。この三つの条件の一つも満たされないような場合，付することができるのは，7条(3)による費用のみである。この見解は，モデル条約コメンタリーのパラグラフ 17.5, 17.6 と同じである。そして，マネージメント・サーヴィスが問題となる場合には，費用以外の何も付することはできない。連邦財政裁判所の判決によれば，そのような費用が恒久的施設に帰属するのは，次のような場合である。すなわち，『当該費用が当該支店の利益のために本店による特別な供給ないし役務提供によりもたらされた場合に，その限度においてのみ。あるいは，本店により提供され費用をもたらす供給ないし役務が企業全体の利益のために，そしてその結果として当該恒久的施設の利益のためにも供給されている場合に，その限度においてのみ』。この判決において，連邦財政裁判所は，管理費用の帰属さえ認めている。なぜなら，連邦財政裁判所の考え方によれば，二つの独立の企業の間の関係とは異なり，管理は企業全体の利益のために行われ，当該恒久的施設をも益するからである。恒久的施設の所在する国は，しばしば，いかなるアドミニストレイティブな費用の控除も認めようとはしないが，本店の居住地国は，頻繁に，利益マークアップを付加すべきことを要求する。…上に説明した原則に照らすと，いずれのアプローチも採用しえない。…」

　　　3　国連モデル条約

105　「OECD モデル条約の文言とは対照的に，国連モデル条約は，恒久的施設の利益の算定に関して，（単に『恒久的施設の目的のために』ではなく）恒久的施設の事業上の目的のために支出された費用の控除を認めている。しかし，

7条が一般的に事業を行う企業の課税について扱っているので，当該文言は単に定めをよりスペスィフィックにしただけで，実質的な変更はなされていない。…」

4 合衆国モデル条約

106 「恒久的施設の利益の算定の時に控除として認められる費用を特定するにあたって，合衆国モデル条約は，OECDモデル条約や国連モデル条約から離れ，管理費用の合理的配分に言及し，さらに当該企業全体の目的のために，ないし，当該恒久的施設を含む当該企業の構成体のために支出された試験研究費，利子，およびその他の費用を明示している。しかし，『費用』というのは包括的な用語であって，それゆえに，第三者との取引において現実に生じたような費用のみが，企業の様々な構成体に対して配分される。さらに，管理費用の合理的一部のみが恒久的施設に対して配分されるという規定は，本質的に，OECDモデル条約の下においても適用される。したがって，合衆国モデル条約の文言は，他の二つのモデル条約の下においても同様に適用される定めをよりスペスィフィックにしただけであると考えることができる。

合衆国モデル条約は，一定の条件の下で恒久的施設の利益を算定するための『間接的方法』を許容する，OECDモデル条約および国連モデル条約の7条(4)に相当する規定を含んでいない。その理由は，想像するに，『間接的方法』は，合衆国の州税における利益配分の際には個々の州により適用されるが，合衆国の連邦所得税法においては異質のものであるという点であろう。さらに，合衆国は，モデル条約7条(3)…と同方向の定めが存在するからといって，合衆国は，企業全体の収入に基づく全世界的な手続の下において恒久的施設によって支出された一定の費用（すなわち，利子）を配分することを妨げられない，という見解である。…その意味するところは，ある恒久的施設の利益を――分離会計によって――算定するにあたっては，実際の利子ではなく，全世界費用の計算された一部が控除される，換言すれば，そのような費用を算定する際の手続は利益を算定する際の『間接法』と同じであるということである。」

2 ヘルムート・ベッカーの考え方

ベッカーは，The determination of income of a permanent establishment or branch, 1989-1 Intertax 12において，次のような分析を行っている。特に，ベッカーの叙述は，機能分析についてふれているので，その点が参考になるであろう。以下に，その該当箇所の翻訳を掲げる。なお，この論文は，英語を母国語としな

い論者（ドイツ人）により執筆されたものなので，文法的に不正確な箇所や意味不明な箇所もあり，翻訳できなかった部分もある点に留意されたい。

「1　基本的問題」

「支店は，企業の従属的な構成体である。利益は企業全体によってのみ獲得される。なぜなら，企業は全体として全権利義務の保有者となるからである。したがって，支店は，事業セクションや部局と同様に従属的な事業単位として，何らの独立した純所得を得ることもない。しかし，支店は所得の獲得活動への参加者である。したがって，課税権を与えられた国家は，所得のうち，恒久的施設によって自らの主権的領域において獲得された部分を課税のためにおさえることに利点がある。

一般的に，外国は支店の純所得に対して課税するという想定をおくことができる。したがって，支店に対して配分される純所得を制限することは重要である。なぜなら，それは外国の課税に服するのみならず，全利益のうちその部分はホスト国の課税体系から排除されるからである。支店の純所得に対して課される外国の租税は，地元の納税義務から税額控除されるか，あるいは，当該純所得のうち国外部分は国外所得免税方式の下において地元の課税から逃れるからである。いずれの場合においても，国内租税法は，外国支店ないし恒久的施設の純所得の算定を要求する。

基本的問題には，純所得が事業全体により獲得されるという点が含まれるのみならず，課税のためには，支店ないし恒久的施設に帰属する利益が算定されなければならないという点も含まれる。全純所得は，本店と恒久的施設に対して人為的に配分されなければならないのである。

以下の議論は，この配分に関するものである。」

「2　所得算定の方法」

「国際的にみて，支店の純所得を算定するに際しては直接法を適用するのが標準的な実務である。直接法は，支店の独立した会計記録に基づく方法であり，時に推定により補完される。これに対して，間接法の下においては，企業の全純所得がまず求められなければならない。その後で，その所得がある種の公式を用いて本店と支店の間に配分される。直接法の優先は，OECDモデル租税条約の7条のコメンタリーにおいて明らかにされている。コメンタリーは，特別の状況の下においてのみ，間接法を認めるだけである。

したがって，一般的にいって，支店の純所得は直接法によって算定しなければならない。このためには，支店の全取引を包括した会計記録が必要である。しかし，いかなる取引がそこに含まれるべきであるかという点に関して，異な

る意見が存在する。現在,OECDがこの問題を議論しているという点を考慮すると,近い将来,見解の相違に関して何らかの意見が公表されるかもしれない。したがって,見解の相違とその理由について検討を加えることには意味がある。」

「3 伝統的な考え方」
「本店と支店の間の取引が数多いが,以下の三つのみが議論される。
・製品の購入
・利子
・使用料
　支店に対して第三者が直接請求を行えば,製品の購入代金や利子費用や使用料が支店の課税純所得を減少させることは明らかである。しかし,そのような事業活動が本店と支店の間で行われる場合に,異なる見解が存在するのである。
　OECDモデル条約の7条に関するコメンタリーは,製品の移転が利益マージンを含むarm's length価格で行われることを当然のこととしている。しかし,本店により要求される利子と使用料は,支店の事業経費として控除はされない。これと離れて,銀行により負担される利子のみが,支店の純所得に影響を及ぼす。なぜなら,この場合の利子は,そのような恒久的施設の事業活動の統合的な一部分だからである。さらに,本店が支店の利益のために第三者から借り入れを行う場合も,例外的に扱われる。OECDの見解は,様々な国々における国税庁によるそのような取引に関する課税上の取扱いを反映している。
　一方で製品の購入の扱いと,そして他方で利子と使用料の扱いが異なることの理由を問われたら,以下のような説明が可能である。
　a) 恒久的施設の法的および現実の独立性
　b) 利子を事業経費として控除することにより恣意的行動がもたらされるおそれ
　c) 費用は第三者間においてのみ生ずるという理論
　d) 事業経費は,会社内のサーヴィスによってではなく対第三者の現実の債務に基づいてはじめて可能であるという考え
　e) 本店と支店の間では,契約,したがって貸付契約も可能ではない
　f) いかなる企業も内部的に利益を引き出すことはできない
　g) 製品の購入は,企業の事業活動の通常の範囲内にある
　これらの理由については,検討を加える必要がある。恒久的施設は確かに法的に従属した単位である。しかし,このことは,製品の購入からの所得を異なって扱うという方法の本質的な理由付けとはなりえない。なぜなら,支店は,

この種の取引においても従属的だからである。

さらに，恣意的行動のおそれというものは排除できるものではない。そのような状況は，恒久的施設に対して製品を移転することによっても，独立の関連会社の間で利子を付することによっても生じうる。

しかし，だれも，そのような状況において一般的に控除を否定することを考えはしないであろう。さらに，そのような濫用は，あらゆる国において他の方法で規制されている。

第三番目の理屈は，第三者との関連で生じたコストのみを考慮するものであるが，恒久的施設のために支出されたそのような費用の合理的配分を認める租税条約により，すでに打ち破られている。これらの費用は，第三者から提供されたサーヴィスにより生じたものではない。それらは，もっぱら会社内サーヴィスないし取引に関連する。

同様の考慮から，その次の議論も認められない。事業経費は，企業内取引ないしサーヴィスの結果として生じはしない。しかし，そのことが問題なのではない。決定的な問題は，利益のうちいかなる部分が支店に関連するものであり，そのような利益に対する持ち分を算定するに際してこれらの費用がどこで控除されるかという点である。さらに，なぜ製品の仕入原価が控除されるのに利子費用が控除されないのかを，この理由付けでは説明することができない。

さらに，本店と支店の間で契約はなしえないという点は確かに本当である。しかし，このことは貸付契約だけではなく，購入契約にもあてはまる。それにもかかわらず，仕入原価は，多くの場合に利益マージンを含むにもかかわらず，控除される事業経費とみなされる。したがって，企業は実際に内部的に利益をあげるのである。

最後に，購入取引は通常の事業活動に属するが資金やノウハウの提供は事業活動の通常の過程にない場合もありうるという点は反論の余地がない。しかし，これらは決定的な要因ではない。課税目的上本店と支店に配分されるべき会社の利益は，通常の事業活動のみからもたらされるわけではない。反対に，金融活動やノウハウの活動を含む会社の行うすべての事業活動が，利益に対して影響を与える。

これらの中間的議論から，一方で製品の購入の取扱いと，他方で利子と使用料の扱いについて異なる方法を適用することには，何らの理由もないという結論を導くことができる。本店と支店の間の事業活動及び役務の課税上の認識に関して，上記理由付けは正しいものではない。…」

「4　機能分析と機能的リターン」

「前述のように，本店と支店の間で利益を配分する際には，直接法が間接法に優先して適用される。このことは，原則として，支店に関する全事業活動の会計記録を必要とする。第三者との取引の場合には，問題はない。しかし，本店と支店の間の取引に関しては，そのような事業取引が行われたかのように想定しなければならない。したがって，これらは，『あたかも取引』と呼ぶことができよう。

『あたかも取引』について会計上記帳を行うということは，支店が商法あるいは租税法の内部において独立の組織であるということを意味するわけではない。そうではまったくなく，恒久的施設は法的に従属した存在であり続ける。本店と支店の間の所得の配分に関して，その事業取引は，『あたかも事業取引であるかのように』把握されるのである。

この原則は，機能的分析の理論，それは経済的努力の原則としばしば呼ばれるが，によって明確にされる。

この理論の出発点は，本店と支店の間の取引ないし役務提供ではなく，本店と支店という二つの事業単位の間での全純所得の配分である。利益分割は，それぞれの事業単位が行った個別の活動の全利益に対する帰属に基づいて行われなければならない。こうした考慮に従うと，二つの事業単位によりなされた機能に基づいて配分が行われるのが最もよいことであるように考えられる。

全利益とは，当該会社の行った全活動の経済的結果である。経済的結果は，果たされたすべての機能から導かれる。したがって，個々の機能の結果は，機能の派生物と呼ぶことができる。したがって，全成果としての所得は，そのような機能からのリターン全体の総計である。したがって，本店と支店に属する所得の部分は，それぞれの果たす機能により達成された活動からのリターンである。その結果，それぞれの事業単位の事業活動に基づく所得の部分が重要となる。…

機能分析と経済的努力の考え方を用いると，基本的な概念のみが達成される。機能分析のためには，規模と範囲を測定する基準が必要である。この点に関して，…本店と支店の間の『あたかも事業取引』が議論の対象となる。これらの『あたかも取引』における機能からのリターンを測定するために，arm's length 原則が適用される。

arm's length 原則は，恒久的施設を独立の事業組織とする OECD モデル条約の 7 条 2 項のために用いられるのではなく，この原則が機能からのリターンを測定するための手段だから用いられるのである。それを用いれば，機能から生ずる利益が確定される。

機能のリターンという理論がどのように働くかを示すには，恒久的施設の課税に対するその実際的影響を，本店が支店に対して資金を提供した場合について見ればよいであろう。本店は，支店に対して自らの提供しうるような恵まれたキャッシュ・ポジションを有していることが想定されている。
　恒久的施設に対して資金を提供する際には，本店は金融的機能を果たしている。資金を提供することによって，本店は全利益の獲得に貢献する。支店は，そのような本店からの手助けがなければ活動を行うことができなかったであろう。したがって，本店はその金融機能からのリターンを得なければならない。
　そして，そのことが確認されると，当該機能のリターンを確定する必要がある。そのための手段として，会社間の価格付けに関する原則が用いられる。『あたかも事業取引』，すなわちここでは資金の提供，からのリターンは arm's length の原則を用いて評価される。したがって，貸付に対する公正な利子率が，本店によりなされた金融機能のリターンに関する尺度となる。
　このように詳しく検討することにより，機能リターンの理論によれば，本店と恒久的施設の間においては何らの貸付契約も結ばれておらず，またいかなる利子も支払われないという点は確かである。会社の全利益がそれら二つの企業内単位の間で配分されるということは明らかである。そこにおいて，本店はその金融機能からのリターンを受ける。本店に対して金融機能のリターンを配分することは，それに対応する支店の利益が減少させられるという効果をもたらす。会社の全利益は変化しないので，所得を一方の単位に対して配分することの効果は，他方の単位において所得を減少させるというものである。
　この関係に気づくならば，結論を要約すると以下のようになる。本店の資金による支店のファイナンスにおいて，利子，すなわちファイナンス機能のリターンは，支店において課税を軽減する要素である。
　ファイナンス機能に対し当てはまることはまた，他の機能についても当てはまる。たとえば，本店が製造業者として，また支店がディーラーとして行動している場合，本店は製造機能からその利益を獲得し，また支店はマーケッティング機能からリターンを得る。本店から支店に対して製品が移転する際に，本店は輸入業者にとって公正な仕入れ価格の額だけの製造機能に対するリターンを得ている。他方，支店は，公正な販売マージン額だけ，その機能から利益を得る。
　無形資産の移転も同様に扱われる。本店がノウハウを開発したり特許権を得てそれを支店に対して製造のために許諾した場合，本店は，その対価を得なければならない。本店はその特許権者としての機能にかかるリターンを得ることになり，支店の利益はそれに応じて合理的な使用料の額だけ減少する。」

「5　機能のリターンと損失の場合」
「会社が損失を被っている場合には，ある機能に対するリターンを算定することは困難である。そのような場合の判断に関して，二つの相反する見解が存在する。一方の考え方によると，現実の全利益を本店と支店の間で分割すべきであるとする。全利益がマイナスである場合，当該損失の配分が行われる。一方の事業単位に対してのみ，利益に対するプラスのシェアを適用することは不可能である。この考え方は，会社の事業所得の支店への帰属を定めるOECDモデル租税条約の7条2項において支持されている。ここにいう事業所得には，定義上，事業損失が含まれる。同項は，企業の全利益のうち恒久的施設に対して帰属させられる部分に常に言及している。したがって，全体としての成果がマイナスである場合，当該損失が配分されるべきであるということになる。利益が配分されることはない。

もう一つの考え方は，二つの事業単位により果たされる現実の機能に基づくものである。したがって，個々の機能がプラスの成果とマイナスの成果のいずれをもたらすかが検討される。この考え方によれば，全事業が損失を被っている場合に，支店がプラスの成果をあげ課税を受けなければならないということもありうる。そこに論理的な選言命題は存在しない。なぜなら，支店が成果に対してプラスの成果の配分を受けても，本店に配分されるマイナスの成果がそれに応じて増加させられるだけで，企業全体としての損失の額は変化しないからである。支店の利益は，本店の損失増加によりうめあわされる。

この考え方も，OECDモデル条約にそったものと考えられている。なぜなら，7条2項によれば，支店が独立の企業であるとしたならば支店が獲得したであろう利益が，支店に対して配分されるからである。…

この考え方に関して，OECDは未だ見解を表明していない。さらに，その見解は容易に予想できない。それにもかかわらず，後者の考え方の方がよいと考える重大な理由が存在する。

機能分析の理論から出発すると，それぞれの認められた機能はリターンに対応していなければならない。このリターンは，マイナスであってもよい。このマイナスのリターンを機能的損失ないし機能的に不利な点と定義することができよう。利益を機能に対して適切に配分するためには，それは不可避なものであろう。適切な配分の際には，全利益に対する一つの持ち分がプラスとなり，他の持ち分がマイナスとなりうるのである。なかんずく，全事業利益が損失になるような場合，一つの事業単位の所得のプラスが，当該企業の他の事業単位の所得のマイナスをうめあわせるのに十分ではなかったのである。

この結果は，他の考慮からも支持しうる。恒久的施設の課税は，各国がその

管轄権の内部で獲得された所得に課税するのを認められているという基本的前提に基づいている。一つの事業単位で利益が達成されたのに他の事業単位が損失を被っているような場合，他の国において発生した結果を理由としてある国がしわ寄せを受けるとすると，そのような基本的な概念に矛盾が生ずる。多分，一方の事業単位が利益をあげることができるのに対して他方の事業単位が損失を被るとすれば，それは，それぞれの国のインフラストラクチャーの利用可能性の差異のためであろう。したがって，一方の国がその管轄権の内部で得られた所得に課税できるのに対して，他方の国が損失の繰延を強いられるのは，租税理論上，正当であろう。」

3 フウバート・ビーアラーの考え方

さて，次に，Hubert M. M. Bierlaagh, Permanent establishment, the separateenterprise fiction: is it a fact?, 1992-3 Intertax 156 に述べられた見解を紹介しよう。

「1977年のOECDモデル条約は，恒久的施設が，同一又は類似の条件で同一又は類似の活動を行い，かつ，当該恒久的施設を有する企業と全く独立の立場で取引を行う別個のかつ分離した企業であるとしたならば当該恒久的施設が取得したとみられる利益が，当該恒久的施設に対して帰属すると定める。この規定の背後に存在する概念は，分離企業アプローチまたは独立企業の擬制と呼ばれる。表現は簡単であるが，そのことはまた，本規定の範囲に関する誤解を引き起こしている。オランダの最高裁 Hoge Raad の比較的最近の二つの判決は，分離企業の擬制の範囲に関するオランダにおける新たな議論を巻き起こした。この論争の対象は第一次的にはオランダ国内法の問題であるが，オランダ法に明文の規定が存在しないためにOECDモデル条約が引き合いに出され，そのコメンタリーが当該議論において重要な役割を果たしている。本稿の目的のためには，分離企業アプローチの歴史をまず見ておくことが有用であろう。

外国企業の課税の基礎として恒久的施設の概念が出現するにつれ，いかなる尺度を適用するのが公平であるかという点に関する議論がおこった。国際連盟の1928年の Draft Bilateral Conventions for the Prevention of Double Taxation in the Special Matter of Direct Taxes は，事業所得や農業所得に対する課税権を，それが恒久的施設を通じて産み出されるという条件の下に，源泉地国に帰属させた。当該企業が両方の国に恒久的施設を保有している場合，いずれの国も，自らの領域内で産み出された所得の部分に対して適用される課税を課してよいとされた。その後，国際連盟の Committee for Fiscal Affairs は T. S. Adams とその死後は M. B. Carroll に対して，『複数の国家において活動する企業の利益ないし資

四 理論的研究の紹介　395

本の配分に関する定めを設ける可能性について調査する』ことを委託した。この研究は，分離会計の方法を推薦し，その推薦は委員会によって承認され，後にメキシコとロンドンのモデル条約やその後の OEEC や OECD の作業においても採用されることになった。実際，OEEC の租税委員会は，その 1960 年の第三次報告書において，特に利益の恒久的施設への配分に関する条項を含むが，次のように述べる。

　『現時点において，いかなる条文も特に目新しいこともなければ特に詳細なわけでもないと，一応いうことができよう。』

コメンタリーは，次のように続ける。

　『多くのヨーロッパにおける租税条約で採用された解決方法は，ある標準的なパターンに合致する。…そこで，〔本質的な原則を〕主に明確化のために多少の修正を加えて再現することで十分であると考えられた。』

そこで，恒久的施設に対する利益の配分に関して国内法は異なった概念を維持してきたかもしれないが，当時においては，租税条約において分離企業アプローチを採用することに関して一般的な国際的コンセンサスが存在したようである。この概念に関するコンセンサスがこの問いかに広く存在したにせよ，当該概念は『特に詳細ではない』状態のままである。1977 年モデル条約の公表に続く OECD の移転価格に関するレポートは，多少詳細な点に立ち入ったが，この 1979 年の報告書は何よりも恒久的施設に関するものではなく，また銀行に関する 1984 年の報告書は，銀行というきわめて特殊な場合を取り扱ったもので，それゆえに一般的な指針としてとらえるわけにはいかない。

　『分離企業の擬制』の範囲を決定しようとする場合には，その目的が何であるか考える必要がある。この規定の歴史は，企業の居住地国と源泉地国…の課税権の輪郭を示すことがその主要な目的であることを示している。7 条 2 項は，本質において，9 条 1 項の arm's length 原則と違わない。ただ文言が多少異なるだけである。arm's length 原則は，特に，関連企業に対して利益を帰属させるための適正で最も公平な基準として普遍的に受け入れられている。しかし，OEEC と OECD のコメンタリーは，課税利益の計算の第一歩は恒久的施設の帳簿ないし事業記録により証明されるその現実の活動でなければならないという点を明確にしてきた。2 項の擬制は，いかなる場合においても，『無から』仮定的な利益額をつくりだすことを命じたり許容したりはしない。それが許容しているのは，国家間の利益の付け替えの訂正のみである。この目的を指針として採用すると，企業がその恒久的施設と独立の企業との間と同じ条件で取引を行う場合には常に，そのような取引の結果は関連諸国において承認されなければならないという点は明らかであろう。この目的のために，会計帳簿や事業

記録は，恒久的施設においてなにが現実に行われてきたかという点に関する（書かれた）証拠を意味するものと理解しなければならない。…

すると，恒久的施設と本店の間の利子や使用料の支払の控除の問題が生ずる。そのような支払の控除可能性は，関連する法人格を有する組織間においては問題がない。ただ，支払の額が arm's length の下で審査されるだけである。OECD はそのような本支店間の利子の控除を否定する理由をまったく示してこなかったし，その他の文献も同様である。筆者は，それは現実の状況から生ずる論理的な帰結であると考える。問題は，費用の控除というよりは，資本ないし資産の帰属なのである。そこにおいては，分離企業の擬制は，企業とその恒久的施設の行動を判断する基準とはなりえない。資本状況や，ノウハウや特許権の入手可能性といったことは，両者の事業単位にとっても私的な状況と考えられるであろう。…ある者の資本状況が一定のものであるとした上で，あるいは，ある者が特許権や商標に対して有する処分権が一定の状態のものであるとした上で，この者は，他の者と取引に入る。…これらの問題において，当該擬制は何らの役割も果たさないと私は考える。本店であれ，外国の恒久的施設であれ，行動しているのは企業それ自体である。…したがって，この場合に控除を否定するのは論理的であろう。しかし，企業が外国の恒久的施設を通じて行う活動に関連する費用を支出した場合，arm's length 原則ないし分離企業の擬制は，これらの費用が恒久的施設の利益から控除されることを要求する。そのような費用を本店の利益から控除することは，その利益の不正確な算定をもたらすであろう。

このアプローチは法的なものに見えるかもしれないが，それはあらゆる租税立法の基礎に存在するものである。企業経済学においては，企業の利益は，課税目的上控除されない資本の対価の額によって減少させられる。しかし，株主以外の者の提供した資本に関して，租税法は，その対価の控除を認めている。そこで，銀行業務を行う恒久的施設間の利子の支払の控除がなぜ認められているかという問題が生ずる。はたして，そのような取引は，分離企業の擬制と合致するものなのであろうか，そうでないものなのであろうか。私の考えでは，そのような取引が当該企業の事業の通常の過程におけるものであれば，『分離企業の擬制』が実際にそれらの取引に対して適用されるであろう。そのような状況の下においては，通常の事業取引と，資本の恒久的施設への提供・帰属との間の区別をすることは，きわめて困難で，またしばしば恣意的である。したがって，この二つの類型を区分しないようにする方が，望ましい方法といえよう。要するに，私の提案によれば，『分離企業の擬制』は，当該恒久的施設の事業の通常の過程における当該企業とその恒久的施設との間の取引に対して適

用され，また，それは arm's length 原則に翻訳された上で，多かれ少なかれ企業の両当事者の私的状況の性格の関係に対しては単に限界的にのみ適用される。恒久的施設の事業の通常の過程における取引に関して，私は，分離企業基準をそれほど擬制であるとは考えず，法的規範ないし基準であると考える。別個ないし独立の企業というものを想定する必要性はない。現実の活動が，恒久的施設の利益算定の基礎である。利益が恒久的施設から本店へ，あるいはその逆の方向に付け替えられている場合においてのみ，帳簿とそこから生ずる利益が，同一ないし類似の状況の下において活動しているとした場合に独立の企業が利益として実現したであろう額に調整される。別個のないし独立の企業という擬制は，arm's length 原則が擬制であるというのと同じ意味において擬制なのである。1977 年モデル条約の7条2項も9条1項も，当該納税者の提示した帳簿から導かれる額と異なる額に対して国家が課税を行うのを認めている。しかし，arm's length 原則は決して擬制とは呼ばれないのである。」

4　ケイス・ウァン・ラートの考え方

次に，オランダの有名な国際租税法学者であるウァン・ラートは，Kees van Raad, The 1977 OECD Model Convention and Commentary——Selected suggestions forammendment of the Articles 7 and 5, 1911-11 Intertax 497 において，次のような鋭い指摘を行っている。

「II　事業所得の課税（7条）」
「4　恒久的施設の利益の算定」
「7条に関するもう一つの問題は，恒久的施設の利益の算定に関するものである。7条(1)の第二文は，次のように規定する。
『一方の国の企業が他方の国内にある恒久的施設を通じて当該他方の国内において事業を行う場合には，その企業の利得のうち当該恒久的施設に帰せられる部分に対してのみ，当該他方の国において租税を課することができる。』
他方で，7条(2)は，次のように規定する。
『当該恒久的施設が，同一又は類似の条件で同一又は類似の活動を行い，かつ，当該恒久的施設を有する企業と全く独立の立場で取引を行う別個のかつ分離した企業であるとしたならば当該恒久的施設が取得したとみられる利得が，各締約国において当該恒久的施設に帰せられるものとする。』
このように並べて見ると，この二つの条文の間の調整をつけることは容易ではない。後の方の条文は，有名な『arm's length』概念（すなわち，恒久的施設が独立の組織であるかのように取り扱われるべきであるという考え方）に言及す

るのに対し，前の方の条文は，恒久的施設の利益が（一般的な）企業の利益…の一部であると述べている。しかし，様々な場合において，arm's length という擬制の下に算定される恒久的施設の利益は，一般的な企業利益の一部ではない…のである。

例1 （利益が企業全体により得られる前に恒久的施設において現れる）
 R国の居住者であるC社は widgets を生産する事業に従事しており，その製品をR国において販売している。生産活動はすべてPE国のC社の恒久的施設において行われていた。恒久的施設の生産した widgets はR国に運ばれ，そこで顧客に対して販売されるまで保管される。その生産された課税年度の末までに販売されなかった製品は，C社全体…の利益を産み出してはいないが，独立の組織体としての恒久的施設の視点からは，利益を認識すべきである。
 問題は，当該課税年度において，
 a) 当該恒久的施設が独立の企業であって widgets を非関連会社Xに対して販売していたならば得られたであろう利益に対して，PE国が課税することができるか，そして，b) 恒久的施設の利益は全体としての企業の利益とは未だなってはいないが，当該恒久的施設の利益に対してR国が二重課税の救済措置を認めるべきであるか，である。

例2 （企業全体の利益の一部ではない損失が恒久的施設において現れる）
 R国の居住者であるC社はPE国に恒久的施設を保有している。C社の第三者に対する金融取引上の債権——それはR国の通貨で表示されている——は，当該恒久的施設と実質的に関連している。PE国の通貨の価値がR国の通貨に対して下がり，課税利益をPE国の通貨で計算しなければならない当該恒久的施設が，損失を被ることとなった。この損失は，C社全体としては損失ではない。なぜなら，C社が課税利益を計算する際に用いているR国の通貨を基準とすると，PE国の通貨の下落は無関係だからである。

 7条(1)の第二文の文言は，当該恒久的施設の利益が，それに対してPE国が課税するためにもR国が二重課税に対する救済措置を設けるためにも，R国におけるC社の課税利益に含まれなければならないことを要求するように見える。他方，7条(2)の規定は，そのような恒久的施設の利益がC社の全世界利益に含まれることを要求せず，C社の恒久的施設と同様に行動する独立の製造業者が利益を実現したであろう年度，すなわち製造の年度…において，PE国

に対して課税する権利を（そしてR国に対して二重課税排除措置を提供する義務を）与えている。

　恒久的施設のみなし独立性に関するこの二つのアプローチのいずれも，これまでの様々な機会において，…オランダの裁判所において採用されてきた。オランダの租税最高裁判所は1960年までは第一の見解…を採用してきたが，それ以後は，かなり継続的に他方の見解（arm's length擬制の無制限の適用）を維持してきた。

　1項と2項の文言の矛盾から生ずる混乱は，次のように定める7条の3項によりさらにひどいものとされている。

　　「恒久的施設の利得を決定するに当たっては，…費用で当該恒久的施設のために生じたものは，…損金に算入することを認められる。」

ここで言及されているのは，第三者に対する関係で発生した企業全体としての費用のみであり，純粋に『内部的な』ものは含まれないように見える。そのような『内部的な』費用の一例として，企業全体として所有する建物を恒久的施設が利用した場合の賃貸料で当該恒久的施設の利益にチャージされるものがあげられる。OECDのコメンタリーのパラグラフ17において採用されていると思われる見解は，恒久的施設の利益の算定においては『内部的な』利用は考慮すべきでないというものである。しかし，ここ数年の間に，恒久的施設の利益の算定においてarm's length基準の適用をこのように制限することに対して，国際的に反論が高まりつつある。

　例3

　　R国の居住者であるC社は，PE国における恒久的施設に対して，そこでの販売のためにwidgetsを生産する。widgetsが船積みされると同時に，C社はその恒久的施設に対して，R国の通貨で当該widgetsの対価を請求する。後に当該恒久的施設が当該金額を支払うと，R国とPE国の通貨の間の為替レートの変動により，当該恒久的施設に対して為替差損益が生ずる。したがって，当該恒久的施設は，R国の通貨で表示された当該債務を支払うために，PE国の通貨で多くあるいは少なく支払うことになる。7条1項から3項の定めの下において，この為替差損益は当該恒久的施設によって認識されねばならないのであろうか。もし，当該為替差損益がマイナスであった場合，7条(3)の定めを厳格に適用すれば，その答えはノウであろう。なぜなら，企業全体としては為替差損は発生していないから，控除すべきものはないからである。しかし，この問題に関する現実の事例において，オランダの租税最高裁判所は，この場合arm's length基準が適用される結果として，当該恒久

施設は当該債務に関して為替差損益を控除する権利があると判示している。

　恒久的施設は独立の企業ではないのに，その利益はあたかもそれが独立であるかのように算定されなければならない。恒久的施設は，それ自体としては者ではないので，当該企業全体との間で法的に契約関係に入ることはできないという観察は，重要ではない。恒久的施設が独立であるという擬制の結果は，そのような場合において，そのような契約が存在するものと想定されるという点である。しかし，例外的な場合においては，当該擬制を適用することは不可能かもしれない。恒久的施設に対する収益・費用の帰属が恣意的になるような場合には，その適用には限界がある。しかし，そのような限界は，そう簡単に生ずるわけではない。企業全体からその外国恒久的施設に対して提供された資金がどの程度…貸付金として扱われるかという問題は，当該企業全体の借入金比率や産業標準を参考とすることによって答えることができる。適切な独立の数字は求めることができないという結論には理由がない。もう一つの方法（すなわち，利子控除を一切否定すること）は，恒久的施設の利益算定の手続が近づこうとしている現実から，より一層乖離した結果をもたらすであろう。したがって，私は，1項の第二文を次のように改正することにより，モデル条約の7条に示された恒久的施設の利益算定に関する arm's length な方法をより明確なものにすることを提案する。

　　"If the enterprise carries on business [through a permanent establishment situated in the other States], the other State may tax the profits attributable to the permanent establishment."
そして，7条の3項を削除して，次のような条文をおくべきである。
　　"In determining the profits of a permanent establishment, there shall be allowed as deductions which it might be expected to incur if it were a distinct and separate enterprise as referred to in paragraph 2, including executive and general administrative expenses so incurred."
これらの規定に関する詳細なコメンタリーにおいては，様々な個別的状況において arm's length 基準に基づいて恒久的施設の収益・費用をどのように算定するかに関して詳細に定めるべきである。…」

　以上が，OECD モデル租税条約7条に関する世界中の代表的学説四つの紹介である。

五　理論的検討

　最後に，ほんの蛇足ではあるが，以上における歴史的検討，比較法的検討，様々な学説の紹介を前提として，本店と支店の間の利益の配分の問題に関して，多少理論的な検討を行ってみたい。恒久的施設に帰属する利益の算定の問題は，唯一のあるべき解決方法というものを発見するというわけにはいかない問題なので，議論は限定されたものとならざるを得ない。

1　本店と恒久的施設との間の利益の配分

　本店と恒久的施設の間の利益の配分に関して arm's length 基準をどの程度採用すべきかという問題に関して，純粋に理論的視点のみから解決法を見いだすことは困難であろう。arm's length 基準の拡大を主張する考え方も，arm's length の限界を示そうとする考え方も，いずれも理論的には成立しうるものであり，一方のみが正しいという結論を下すわけにはいかないであろう。

　一つの法人格の下における企業の一体性を強調し，利益分割法の採用を主張するとしても，ある種の限界につきあたる。なぜなら，本店と支店とは一つの法人格の下にあるという断定には疑問の余地があるからである。たとえば，アメリカ法人が日本に支店を有するという場合について考えてみよう。確かに，この法人がアメリカのある州の法律に準拠して設立されたものであるとしても，それが日本法に基づいて外国法人として扱われるのは，アメリカ法のためではなく，民法 37 条が当該外国法人を認許しているからである。すなわち，日本の民法（その他の法律）が，当該アメリカ法人を認許しなければ，当該法人は，日本において法人としては扱われないし，日本の民法が認許した場合において，当該アメリカ法人が日本で外国法人として扱われるのは日本民法のおかげであるから，いわば，日本民法が日本における副次的な法人格を当該アメリカ法人に対して認めていると考えられないこともないのである。企業に対して法人格を与えるという機能を果たす私法が主権国家ごとにばらばらである以上，全世界に共通の単一の「法人格」というものは，存在しない。したがって，アメリカ法人の本店と日本支店の両方が，一つの法人格の下の一つの企業であるというのは，アメリカ法の視点から見た場合の結論にすぎないということになるであろう。

　他方，本店と支店が一定程度の独立性を有するといっても，その独立性を絶

対視するわけにはいかない。なぜなら，本店も支店も結局は，当該法人の株主に対して配当するための利益を獲得するために行動しているという点においては，一体だからである。この点を無視して両者の独立性を強調することには問題がある。

このように考えていくと，本店と支店が一体であるか否かという問題を正面から議論することにさしたる意味はないということになるであろう。目的に応じて，本店と支店を一体と見るべきか否かの答えが異なっても別に問題はないのである。

結局，課税の問題において本店と支店の一体性の問題が生ずるのは，一体性を強調するか否かに応じて課税上の効果が異なったものとなってくるからに他ならない。したがって，そこにおいては，本店と支店が一体の存在であるか否かという問題よりも，各国家がその課税管轄権をどの範囲に及ぼすかという問題の方が重要で，企業が独立の存在であるか一体的な存在であるかという問題は，派生的なものでしかないという点が容易に理解されよう。そして，国家間の課税管轄権の配分に関する問題は，終極的には国家間の税源配分の問題であるから，立法論としては，法理論的に解決すべき問題であるというよりも，政治的に解決される問題といえよう。

実際に，OECD 等は，この問題に関して昔から，各国の利害の調整というきわめて実際的な見地に立って，いわば政治的な解決をはかろうとしてきたのである。そして，国際連盟の委員会の報告書の時代からつい最近までは，OECDモデル条約に示された解決方法で基本的に問題はなかったのであるが，グローバル・トレイディングのような新しい取引形態の出現とともに，従来の問題解決の枠組みでは各国の利害調整を十分に果たしえなくなったからこそ，現在において，この問題に関して議論し，あらたな枠組みをつくろうという作業が開始されているのである。

なお，以上のように考えた場合においては，企業が全体として損失を被っているとしても，恒久的施設の所在地国がその税収を確保するために，当該恒久的施設が利益を産み出しているものとして，当該恒久的施設に対して課税を行うことは，許されるということになろう。

2　モデル条約7条と9条

では，本店と支店の間の利益の配分と，関連会社間の利益の配分とでは問題状況は同じなのであろうか，あるいは，両者の問題は同じ方式により解決すべ

五　理論的検討

きなのであろうか。この問題こそが，本店と支店の間の利益の配分に関して現在議論されている最大の具体的な問題であるといってよいであろう。これは，様々な視点から議論することの可能な問題であるだけに，単純な結論の出しにくいものである。ともかくも，議論の視点を確定させた上で，その視点からあれこれと考えていくというのが唯一の現実的な方法ということになろう。

この問題について考える際に，法人格が同一であるか否かという法的視点からの区分に基づくスタティックな議論は，現在の状況の下においてはあまり意味のある結論を導きはしないであろう。もちろん，法的議論は，この問題に関する検討の最も基本となるものであるが，立法論を行う際等には，それだけでは不十分である。

これに対して，この点に関しては，上の1におけるように，各国家がその課税管轄権をどの範囲に及ぼすことが認められるかという問題こそが重要であると考えると，本店と支店の間の利益の配分と，関連会社間の利益の配分とは，つきつめればともに国家間の税源配分の問題にすぎないという意味において，まったく同種の問題であるということになろう。

もっとも，このことは本店と支店の間の利益の配分の場合と，関連会社間の利益の配分の場合とで同じような原則（たとえば，arm's length 基準）を用いて問題を解決すべきであるということを必ずしも意味しないという点に留意する必要がある。国家間の税源配分という同じ視点に立って考える場合においても，政策的に考えれば，たとえ論理的には必ずしも首尾一貫しないとしても，この二つの問題に関して相異なる結論を導き出すことは十分に可能であると考えられるからである。

結局，このような終極的には政治的に解決されるべき国家間の利害の調整にかかわるような問題に関しては，理論的に正しい解答を求めることはできないのである。本店と支店の間の利益配分の問題と，関連会社間の利益配分の問題を同一の原則で律しようという考え方を主張する者は，そのような考え方に有利な理論を援用し，また，逆の考え方を主張する者は，自らに有利な別の理論を援用すればよい。そして，いずれの考え方に有利な理論も，三に紹介した様々な学説の中にすべて述べられているのである。両者の主張が出そろえば，後は，OECD における一種の力関係で解決がはかられるということになるのであろう。

したがって，ここでは，いずれの立場が正しいか，あるいはその根拠は何かという問題について議論することはしない。

3 経済理論的な考察

筆者は，上の四に紹介した様々な学説とは少し別の視点から，この問題について考えてみることとする。それは，ファイナンス理論の視点である。

ファイナンス理論的に考えれば，会社や事業所（本店や恒久的施設）という組織なり事業単位が利益を産み出すわけではない。投資された資産（人的資産を含む）が投資以後の時点においてキャッシュ・フローを産み出すのであり，その場合の投資の現在価値と将来産み出されるキャッシュ・フローとの間には，次のような関係式が成立するということになる。

　　　投資の現在価値　＝　将来キャッシュ・フローの現在価値

このように，恒久的施設に投資された資産（含む人的資産）が所得を産み出すのであり，恒久的施設が産み出すのではないと考えれば，当該恒久的施設の産み出すキャッシュ・フローは，そこに投資された生産要素の額に応じて変化するということになる。ここで，

　　　生産要素の投資額　＝　土地・資本財の投資額（時価）
　　　　　　　　　　　　　＋支払賃金を資本化した額（人的資産の現在価値）

ということになる。

すると，移転価格課税における利益比準法が，ミクロ経済学的には最も正しいということになる。この点に関して，少なくとも理論的見地から否定することは困難であるように思われる。このような考え方に対しては，かなりの反発が予想される。しかし，移転価格の問題においても，結局はアメリカの提唱する利益に着目する方法を理論的に論破し，それを全面的に引っ込めさせることはできなかったのである。この点に関する反省なしに，利益分割法を主張しても，利益分割法は理論的にはかなり根拠づけることの困難な方法であり，中々うまくはいかないのではなかろうか。

利益に着目する方法を論破することが一定程度可能であるとすれば，それは理論によってではなく，むしろ執行可能性の観点からであろうと思われる。このように利益に着目する方法が現実に執行可能かというと必ずしもそうではないからである。たとえば，グローバル・トレイディングで一種の利益分割法が提唱されるのも，利益に着目するといっても，その具体的適用が困難なことが少なくないからである。特に，ある恒久的施設にいかなる生産要素が投資されているかを決定することが困難な場合は多い。なぜなら，ある国に存在する資

産が他の国における所得獲得に貢献することは大いにありうることだからである。たとえば，OECD モデル租税条約の7条(3)が想定しているのはそのような場合であろう。

では，ミクロ経済学なりファイナンス理論と，行政上の執行可能性とが対立した場合には，どうしたらよいのであろうか。この点，このような場合に，いずれが優位に立つかを一義的に判断することは容易にはできないものと思われる。その判断は，結局は，個別的に行われることにならざるを得ないであろう。したがって，今後の検討課題は，場合分けをして個別具体的に問題の解決をはかっていくことであろう。そして，そのような検討の結果として採用される制度が仮に首尾一貫しないものであったとしても，それはすべての法制度に共通の宿命としかいいようのないものである。

4 恒久的施設と利子のアロケイション

国内的な課税問題を例に，利子の配分について考えてみよう。今，ある開業の医師が現金を1億円保有しているとして，さらに1億円を借り入れて，1億円のゴルフ会員権と1億円の医療機器とを購入したとしよう。この場合，1億円の借入金について支払う利子は事業経費として扱うべきであろうか。この問題について，日本においては，当該利子が必要経費にあたるか否かは，当該借入金が何に用いられたかにより決まると考えるようである。換言すれば，日本においては，金銭の代替性にもかかわらず，借入金が何のために用いられたかを判断すること（トレイスィング）が可能であるという前提が採用されているのである。したがって，この例の場合においては，当該借入金がゴルフ会員権のために用いられていれば，借入金利子は必要経費とはならず，逆に，当該借入金が医療機器のために用いられていれば，借入金利子は必要経費となるであろう。

これに対して，アメリカにおいては，借入金が何のために用いられたかを判断すること（トレイスィング）は，金銭の代替性からいって不可能であると考えられている。したがって，上のような場合において，当該借入金はすべての資産に資産額に応じて比例的に用いられたものと考えて，結局は，支払利子の半分だけが必要経費ということになるのではないかと思われる。

もちろん，借入金が何のために用いられたかを法的に確定することは可能なのではないかと思われるが，そのような法的トレイスィングは，金銭の代替性を考えれば経済的にはほとんど無意味である。したがって，アメリカのような

取扱いにはそれなりの理由があるといえよう。そもそも，上の例に対して日本の取扱いでいくと，経済的状況はほとんど同じであるにもかかわらず，ある借入金を事業機器にあてようと当事者が考えたか否かといった事実によって，支払利子の必要経費性に関してまったく正反対の結論が導かれることになってしまって不都合なのではなかろうか。

　以上のことは国際課税に関しても，基本的に同様である。やはり利子については，7条(3)におけるように（すなわち，国内問題に関するアメリカのやり方のように）扱うのが妥当であろう。すなわち，アメリカにおいては，国際課税に関しても，「債務をもたらした目的が何であるかにかかわらず」，利子費用は，納税者のあらゆる活動および資産に帰属させられる（規則§1.861-9T(a)）との考え方に基づいて，利子の配分に関する議論が行われている（Boris I. Bittker and Lawrence Lokken, Federal Taxation of Income, Estates and Gifts, Vol. 3, ¶70.10.2 (2nd ed. 1991)）。ただし，ここでは，アメリカにおける控除項目の配分方法に関する定めについて，これ以上詳しく立ち入ることをしない。

5　パートナーシップの扱いと利益の付け替え

　なお，恒久的施設や関連会社の延長線上の存在として，パートナーシップがあげられよう。たとえば，A国の居住者である企業aが，B国の非関連企業bとパートナーシップを組んだとしよう。このbはaの支店でも関連企業でもないが，aと一緒に行動して利益をあげようとする（この場合に，bをaの関連企業と認定して移転価格課税を行うこともありえようが，ここではそのような場合については検討しない）。

　この場合にも，PE課税や移転価格課税におけるように，国家がその課税権をまもるために，パートナーシップ契約を攻撃しなければならないこともありえよう。

六　まとめ

　以上，いくつかのレベルに分けて，恒久的施設に帰属する利益の算定方法に関する議論を行った。本稿において行ったのは，この問題に関して存在する従来からの議論の，ほとんどそのままの形での紹介であり，本稿には，特別に目新しい結論が示されているわけではない。

　ただ，第一に，恒久的施設の分離独立性を強調し，本店と支店の間の取引に

対する arm's length 基準に基づく分離会計の適用を拡大する考え方と，第二に，本店と支店の一体性を強調し，その間の取引については arm's length 基準よりも利益分割のような方法の方が望ましいと考える考え方のいずれも，少なくとも理論的には成立しうるものであることが明らかになったとはいえよう。

　そして，これらのうち何れの考え方が望ましいかという点に関しては，結局は場合を分けて個別具体的に議論していくしかないということは，すでに「一　はじめに」において詳しく述べた。

II

グローバル・トレーディングにおける利益の配分

一　はじめに

1　本稿の目的

　本稿は，証券・金融派生商品・為替等のグローバル・トレーディングについての本支店間および親子会社間で行う金融機関に対する国際課税のあり方として，移転価格課税で見られるような arm's length 基準を貫徹する方法と，利益分割法とでいずれが望ましいかという点に関して，理論的な見地から多少の検討を加えようとするものである。

2　arm's length 基準　対　利益分割法

　従来，国際租税法においては，関連会社間の取引に関する国際課税の問題において，arm's length 基準と利益分割法といずれが望ましいものであるかという点が議論されてきたが，同様の問題は，当然のことながら，本支店間取引においても生ずる（歴史的に見ると，国際租税法の初期の段階においては，むしろ，本支店間の問題の方が重要視されているという事実がある）。もちろん，利益分割法に関しては，関連会社間取引においては連結的な利益の分割が問題となるのに対して，本支店間取引においては当該法人の利益の分割が問題となるという差異はあるが，両者は，経済的には（すなわち，産業組織論的に考えると），同様の問題である。

　事実，アメリカのいくつかの州における州法人税に関して，関連会社であると，同一会社の本支店であるとを問わず，同じレベルで利益の分割が問題とされる（いわゆる，フォーミュラを用いた配分）が，これは，arm's length 基準ではなく，利益分割法を用いて一つの州が課税できる利益の額を算定するための方式に関する議論である。課税管轄権という視点から見るならば，arm's length 基

準も利益分割法も，いずれも，ある課税主体の課税できる所得の範囲を確定する原則の中でのヴァリエイションにすぎないのである。そして，いずれの場合においても，ある課税主体が自ら課税できる所得が（利益の付け替え等によって）縮減されないように，それらの方法を用いて対応を行っていると考えることができる。

では，いずれの方式がより望ましいのであろうか。この問題について，可能な限り理論的に議論しようというのが，本稿の目的である。

3 本稿の構成

以下においては，まず，市場におけるある企業の構成体間の取引（関連会社間取引や本支店間取引）において，そもそも課税がない場合にいかなる利益配分が行われるかという問題について，産業組織論や管理会計における議論を前提としながら，簡単に見ておく（二）。次に，arm's length 基準と利益分割法の選択の問題が他のいかなる課税問題と関連するかという問題を議論する（三）。そして，租税条約においてこの二つの方法がどのように規定されているかという点についても概観する（四）。そして，グローバル・トレーディングの特殊性について見た後で，相対の金融取引において，二つの方法の間の選択が課税上どのような意味をもつかという点について検討を加える（五）。最後にまとめをする。

なお，本稿は，現在の世界的傾向として，本支店間取引においてもグローバル・トレーディングにおいても，利益分割法が地位を低下させ，arm's length 基準が地位を向上させているという事実について，正面からありのままに述べている。ある方向が確立されつつあるときに，その方向に反対であるというだけの理由でそれについての理論的分析を怠るのは，最も望ましくないことであると考えるからである。

二　市場と企業
——管理会計の役割

まず，課税というものが存在しない場合に，企業（ここでは，特にことわりのない限り，本支店からなる一つの法人とする）や企業グループ（関連会社からなるものとする）がその構成体間（本支店間，あるいは，関連会社間）においてどのような利益配分を行うか，あるいは，そのような利益配分を達成するために内部取

引においていかなる内部価格を設定するか，という問題から考えてみよう。

規制のない場合の内部的な価格付けや，利益配分は，一応，企業や企業グループの本来の目的（すなわち，利益の獲得）を前提とした上で，全体としての利潤の極大化という視点から行われると考えることができよう（参考論文として，本編第3部「IV　管理会計は統一的な基準を提供しうるか」，参照）。これは，産業組織論の見地から考えると，一定の組織形態が採用されるのはそれが最も利益の極大につながるからである，という点から導くことができる。このような場合に，企業内ないし企業グループ内の内部的な価格付けや利益配分に関する議論は，主として，（産業組織論を前提とした上での）管理会計のテーマである。その際に留意すべきは，そのような問題を考える際に，終局的に問題となるのは利益の配分であって，価格はあくまでも一定の利益配分を達成するための手段であるという点である。しかし，このことは，arm's length 基準と利益分割法の選択において後者の方が優位であることを必ずしも意味しない。arm's length 基準と利益分割法の間の差異は，あくまでも，企業ないし企業グループを，独立した組織体の連合体として考えるか，全体として一体の存在として考えるかという基本的な出発点の差に根ざすものと考えられるからである。

このように，企業の統合化と分権化の問題を考える学問としては，産業組織論や管理会計が存在する。産業組織論は，ロナルド・コースの企業の理論を基礎として発展してきた経済学の一分野である。そこにおいては，いかなる組織形態を採用する（統合の程度をどの程度に設定する）のが取引費用の観点から経済学的に望ましいかという問題が議論される。また，管理会計においては，経営管理の視点から，企業の統合化と分権化の問題が検討され，いかなる組織形態を採用した場合に企業の効率的経営が可能であるかが議論される。したがって，産業組織論と管理会計には，類似の点があるということになろう。しかし，いずれの場合においても，法人格という法的概念はあまり意味をもたない。

そもそも，企業グループを一体として見ることが可能ならば，逆に，一つの法人を複数のものからなる連合体と見ることも可能なはずであり，要するに，どちらの場合においても，必ずしも法人格にこだわる必要性はないのである。問題は，統合と分離のいずれの方向が望ましいかという一点なのであり，この点に関しては法論理的には結論のでてくるものではなく，何らかの別の政策的な判断が必要とされるのである。

さて，一定程度の分権化が望ましいと考えて企業をいくつかの構成体に分けた場合においても，それらが経営上一つの有機的な関係を保つためには，統合

化のための構成体間の相互調整が必要である。この相互調整のためのメカニズムの一つとして，管理会計でいうところの振替価格がある。これは，企業内ないし企業グループ内（経営管理の観点から一つのまとまりをなすとされるもの）の単位構成体の相互間の取引において（内部的に）付される価格である。振替価格は市場価格のように与件として与えられる価格ではなく，効率的な経営管理の視点から合目的的に設定される人為的な価格である。このように振替価格は一定の目的のために設定されるものであるが，そのような目的としては，たとえば，企業ないし企業グループ全体の利益を最大化するように内部取引が行われることや，各々の構成体の業績を客観的に評価することがあげられる。

　このような管理会計における，課税がないことを前提とした場合における適正な利益配分の話と，課税の話とは別物である。課税の世界においては，経済的実体に即した課税が望ましいことはいうまでもない。他方，課税のない世界における企業の意思決定を尊重することも重要（課税の中立性）であるが，しかし，各国の課税管轄権を確保するという視点もそれ以上に重要なものとなってくる。したがって，課税のない世界におけるシャドウ・プライスの役割がいかなるものであれ，それが課税管轄権の確保という視点から見て許容できるものであるか否かという点が重要となってくる。法人格の問題すら，そのための手段でしかないのである。

　もっとも，管理会計は，どちらかというと製造会社を念頭においた議論を重視する傾向が強いために，製造会社とはまったく異なる活動を行っている金融機関に対してどの程度あてはまるものか，疑問の余地がある。特に，金融取引においては，価格よりも利益が全面に出てくるという点は重要である。

三　問題の列挙

　arm's length 基準と利益分割の対立に関する課税上の問題は，単に，ある国が課税できる課税所得をどのように算定するかという問題ではなく，広いひろがりをもつ本質的な問題である。

　法人税において，法人格の有無は，法人税を課税するか否かという問題の判断基準であると同時に，日本の法人税を課税するか否かという課税管轄権の基準としても利用されている。他方で，法人格の有無の問題は，企業の一体性をどの範囲で認めるかという問題であるから，arm's length 基準と利益分割の対立の問題と深く関わっている。したがって，arm's length 基準と利益分割の対

立に関する課税上の問題については，これを，法人税の納税義務者の問題と，課税管轄権の二つの問題に分けて検討を加えることが可能である。また，このような法的な視点とは別に，会計的な観点から，この問題について検討を加える必要性もある。

1 法人税の納税義務者の問題

まず，第一に，arm's length 基準と利益分割の対立に関する課税上の問題は，法人税の納税義務者をどのように定義するかという問題と密接に関連している。

法人税は法人に対して課されるという単純な理解は，それ自体，法的には正しいものである。しかし，国際課税を考慮すると，確かに法人税の納税義務者は法人であるが，その課税の対象となる所得は，次のように制限を受けている。

・外国法人は，国内源泉所得に対してのみ課税を受ける。
・内国法人は，日本やアメリカにおいては全世界所得に対して課税を受けるが，しかし，外国で課税された税額については外国税額控除が認められている。また，フランス等においては，内国法人についても国内事業から生じた所得のみが課税対象とされている。

すると，法人の所得について法人を納税義務者として課税するという人税的な建前を採用してはいるものの，実質的には，法人の国内事業からの所得に対して課税するというのが，法人税の基本的な仕組みであるということになるから，本稿で検討対象としている問題も，法人税の本質と密接に関連してくることになる。法人税は，本来，個人の事業に対する物税的な課税が発展して生まれたものであり，その出自に由来する特質は，現在も一定程度維持されているといえる。

要するに，法人を納税義務者とするのは，（その方が課税がしやすいという）課税上の技術的要請に基づくのであり，必ずしも法人税の本質によるものではないと考えることも不可能ではないのである。すなわち，現にそこに法人格という法的制度を利用して事業活動が行われており，かつまた，利益の計算が行われているのであるから，それを利用して課税を行ったにすぎないという理解が歴史的には可能なのではないかと思われる。また，このように考えれば，企業会計に準拠した課税所得算定方法を法人税法が定めている点も，単なる技術的要請に基づく便宜的な考慮によるものであると理解することが可能になる。さらに，そうであるならば，会社法と租税法との関係も，法人税制度が会社法の技術的枠組みを課税のためにただ利用しているにすぎないと考えることが可能

である。

2 課税管轄権の問題

次に，第二に，arm's length 基準と利益分割の対立に関する課税上の問題は，法人税の課税対象の問題であると同時に，課税管轄権の問題と深い関連を有している。すなわち，課税管轄権の問題は，外国法人の場合と，内国法人の外国支店の場合と，内国法人の外国子会社の場合とで，次のように多少異なった現れ方をする。

・第一に，外国法人の場合，当該外国法人が国内に恒久的施設（PE）を有する場合にのみ，事業所得に対する課税が行われる。その PE 課税の際に課税対象とされる所得の計算にあたって，arm's length 基準と利益分割的方法が対立するわけである。

・第二に，内国法人の外国支店の場合，全世界所得に対する課税が行なわれるから，一見，arm's length 基準と利益分割の対立は生じないように見える。しかし，当該内国法人の全世界所得に占める国内源泉所得と国外源泉所得の比率により，外国税額控除の控除限度額が決まってくるから，実は，ここにおいても，arm's length 基準と利益分割が対立することになる。また，フランスのように内国法人についても国内所得課税主義を採用している場合には，もっと端的なかたちで，arm's length 基準と利益分割の対立が存在する。

・第三に，内国法人とその外国子会社との関係は，文字通りの移転価格の問題であるから，arm's length 基準と利益分割の対立が最も先鋭的なかたちで現れている分野である。なお，内国法人が外国子会社から配当を受領した場合における間接外国税額控除か受取配当益金不算入かという問題も，課税管轄権の問題ではあるが，つきつめると，これも，arm's length 基準と利益分割の対立の問題と関連がないわけではない。

3 会計的評価

その他，arm's length 基準と利益分割の対立の問題は，会計的にも大きな意味を有する。それは，主に，次の二つの点において現れるのではないかと思われる。

第一は，実現概念との関係である。実現とは，取引の外的徴憑に着目した概念であり，ある会計主体が他の会計主体と取引を行った時点が実現の時点とされる。arm's length 基準と利益分割の対立の問題は，会計主体の範囲を広く考

えるか狭く考えるかという問題と関連するから，ある会計主体の内部における内部取引を実現と見るかというかたちで，実現概念の根本に立ち返らないと答えのでないものであろう（この問題は，課税繰延と実現の関係に関する問題とは多少異なるものである）。しかし，国際課税に関する限り，そもそも会計主体とは何かといった決め手のない問題を正面から論ずる実益はほとんどない。国際課税はかなりの程度において政策的なものであり，それは，会計的な目的とはほとんど無関係だからである。ただ，所得の算定に関して会計的技術や思考が借用されているからといって，管轄権に関連する問題まで会計的発想で考えようとすることは，まったく根拠がないのみならず，有害でさえある。単なる手段が目的を支配してはならないのである。

第二は，時価評価との関連である。最近の会計学の流れは，大きく時価主義の方向に向きつつあるが，この傾向が，arm's length 基準と利益分割との対立の問題に大きな影響を及ぼすのである。たとえば，時価主義を採用している国と採用していない国との間で移転価格や，利益の本支店間配分の問題が起こった場合の処理という，かなり根本的な問題が生ずる。また，それにとどまらず，子会社株式の時価評価が行われるとすると，そのことが大きな問題を産みだす。すなわち，子会社株式を時価評価すると，子会社の利益はその株価に反映されるから，基本的に連結的な発想は不要ということになり，むしろ，子会社段階の課税と親会社段階の課税の二重課税の排除が主要な問題ということになろう。すると，二重課税を避けるためには，子会社株式の評価益に対する課税を放棄するのが望ましいということになる。また，子会社株式の時価評価が行われると，親会社が子会社から利益の付け替えを受けても，その分だけ子会社株式の評価が下落するから，その分だけ移転価格の効果が減殺されるという現象もおこってくる。

なお，本支店間の取引について移転価格的な調整を行った場合に，関連会社間の対応的調整に類似の問題が（日本では，たとえば，外国税額の増減というかたちで）生じてくるのではなかろうか。

四　租税条約上の考慮
　　　——本支店間の利益配分と，親子会社間の利益配分

1　arm's length 基準の地位の向上と，利益分割法の地位低下

私は，かつて，公表されていない論文の中で，OECD モデル租税条約の7条

の解釈を通じて，利益分割法を理論的に正当化する余地があるか否かという点について議論したことがある。しかし，状況は刻々と変化しており，現在の世界の学説の一般的な流れとしては，利益分割法はその地位をすっかり低下させ，arm's length 基準が著しく地位を向上させているのが現状である。

　特に，1990 年代に入って，同条における arm's length 基準の地位は，理論的世界において飛躍的に向上した。これは，特に，Irene Burgers の業績によるところが大きい。もっとも，OECD モデル租税条約 7 条を素直に読めば，あくまでも arm's length 基準が原則であり，利益分割はごく例外的にのみ許される方法であることは文理上明らかなのであるから，要するに，その点が 1990 年代に入って明示的に確認されたと考えることができる。この Irene Burgers の理論については，次に 2 において詳しく紹介するが，いずれにせよ，このような考え方は，ヨーロッパ諸国の国内法における国内所得主義（国外所得免税方式）の採用と軌を一にしている。すなわち，それは，ヨーロッパ国内法の事業所得課税に関する方式の普遍化の動きの一環として考えることができよう。このような動きがアメリカの利害と一致すれば，それは，かなりの影響力を及ぼすことになる。これこそが，現在，まさに生じている現象である。

　以上のような状況の下において，現実の国際課税の世界においては確かに，arm's length 基準の地位は向上し，利益分割法の地位は低下しているのであるが，そのようなことが一般的にはいえるとしても，はたして，グローバル・トレーディングのような場合においてまで，同様のことがいえるのであろうか。この点については，二段階で考えていく必要があろう。すなわち，OECD モデル租税条約（7 条の特に 4）の解釈としてどのように考えるべきであるかという法的な点（租税条約と日本の国内法の関係を租税条約の解釈の問題としてどのようにとらえ，日本の国内法の適用をどの範囲で認めるかという問題）と，具体的な執行可能性の視点（いずれの方法が執行可能か，あるいは執行が容易かという問題）の二つである。国内法によるグローバル・トレーディングへの対応の問題を考える際には，この二つの視点の融合が特に重要になる。

2　Irene Burgers の arm's length 基準擁護理論
(1)　はじめに

　最近の国際課税の世界における本支店間取引における arm's length 基準の地位向上の理論的な支柱となっていると思われる，Irene Burgers の議論は，次の書物に詳しく示されている。

・I. J. J. Burgers, Taxation and Supervision of Branches of International Banks: A Comparative Study of Banks and Other Enterprises, 1991

そして，その考え方がきわめて簡潔に要約されたかたちで示されているのが，次の文献である。

・Irene J. J. Burgers, Commentary of Article 7 of the OECD Model Treaty: Allocation of Profits to a Permanent Establishment,
　in Irene J. J. Burgers and Rijkele Betten eds., The Taxation of Permanent Establishment, looseleaf

以下においては，本稿における議論に必要な範囲で，この後者において示されている議論を簡単に紹介しておこう。

(2) 著者の説く背景

まず，著者は，各国の国内法を，the principle of territoriality（領域原則）を用いるものと，the principle of origin（原産地原則）を用いるものに二分する。

> 「留意すべきは，恒久的施設原則と独立企業理論はほとんどの条約に含まれているが，いくつかの国（たとえば，合衆国）においては，それらが国内租税法上認められていないという点である。なぜならば，これらの国においては，課税が原産地原則（すなわち，所得がオリジンを有する国家が課税権を有するという原則）に基づいて行われている。しかし，他の国における課税は領域原則に基づいて行われる。この原則によれば，課税主体（principle of domicile）または課税客体（資本ないし生産活動）のいずれかが地理的関連を有する所得に対して国家が課税する権限を有することになる。
> 　恒久的施設原則は，原産地原則の下においても領域原則の下においても適用されうるものであるが，領域原則が独立企業理論の基礎となっている。この理論の下においては，恒久的施設の所在地国は，その領域内に存在する資産を有する者，または，その領域内で行われた取引に対してのみ管轄権を有する。独立企業理論は，分離会計を用いて直接的に，ないしは，分割的配分を用いて間接的に適用しうる。分割的配分の下においては，同一または類似の状況にある地元の企業を参考にして独立分離会計によりえられるであろうところのものとできるだけ近い結果をもたらすように，分割の要素が選択される。
> 　他方，因果関係のある利益分割の理論の基礎となるのは，原産地原則である。この理論の下において，利益は，『当該企業内の恒久的施設の相対的な経済的重要性』にしたがって恒久的施設に割り当てられ，当該企業が全体として示した利益の額に対する恒久的施設の影響を計算しなければならない。このような影響は，内的および外的要素（労働，資本，および土地。土壌，気候，および，

企業の構成部門がおかれている国における社会的状況・関係）を用いて直接的に計算することもできるし，また，企業全体としての諸勘定を解釈することにより間接的に求めることもできる。」(11 頁)

「OECD1963 年，1977 年，1992 年モデルの 7 条は，領域原則に基づいている。」(12 頁)

その上で，著者は，「一目見ただけで，7 条の 2 と 3 の内容は明らかであるように見える」けれども，「しかし，不幸なことに，実際上は，こちらのパラグラフは顕著な解釈上の問題と混乱を引き起こしている」として，次のような点が明確ではないとして列挙している (16〜17 頁)。

- 資産，負債，資本の恒久的施設への配分の方法
- 内部貸付の利子がいかなる状況下で控除されるか
- 本店と恒久的施設の間，あるいは，恒久的施設相互間で役務の提供が行われた場合，当該役務のコストの配分を行うのか，arm's length 価格で取引がなされたものとして取り扱うのか
- ある恒久的施設に帰属する特定の資産の減価償却費はその恒久的施設の利益計算上控除されるのか，もしそうである場合に，その取得価額はどのように計算するか
- ある資産を譲渡した場合に，そこから生ずるキャピタル・ゲインは恒久的施設の利益に帰属させられるか
- 当初はある恒久的施設において利用されていた資産が，後に企業の他の部門に譲渡された場合に，当該恒久的施設に対して（未実現の）キャピタル・ゲインの課税が行われるのか
- ある恒久的施設が企業の他の部門との間で資産の貸借を行った場合に，課税上，どのように扱うべきか
- ノウハウと特許権の課税関係
- 企業の他の部門が，恒久的施設とともに第三者との間で取引関係に入った場合の利益の分割方法

(3) 各種の恒久的施設の利益計算方法

著者は，独立企業原則の理解には，大きく分けて次の二つのアプローチがあるという基本的認識をまず述べている (17 頁)

- 機能的方法　国際的に活動する企業の一部である恒久的施設は，当該企業の内部において様々な機能に従事しているのであるから，そのような機能のために用いられている資産・負債は，それを利用する企業構成体に対して配分しなければならない。そして，このような配分がなされた後に，それに応じ

て利益も配分される。
・領域的方法　恒久的施設は，利益算定に関して独立企業であるかのように扱われる。そして，利益も資産・負債も，そのような想定に基づいて配分される。

その上で，著者は，これらをさらに次のように細かく分類して，いずれの方法が望ましいかの検討を行っている（18〜19頁）。

・機能的方法
　——法的な機能的方法　恒久的施設の利益が独立企業原則に基づいて算定されるとしても，恒久的施設は，一つの法人格を有する企業の一部であることにかわりはない。したがって，そのような単一の企業の内部的構成体の間で取引が行われることはなく，そのような内部取引の存在を前提として利益の算定を行うべきではない。独立企業原則は，恒久的施設の活動により生み出された所得と，そのような活動との関連で支出された対第三者費用が，恒久的施設に帰属させられるという意味に解される。他の構成体のために恒久的施設が活動を行った場合には，そこから生じた費用は，マークアップなしに転嫁される。
　——狭義の機能的方法　内部取引は，それが第三者との間で行われる活動と同一ないし類似であれば，arm's length な活動として取り扱われる，というのが独立企業原則の要請である。そのような場合においてのみ，arm's length 基準が考慮される。たとえば，恒久的施設の製造した製品が本店に譲渡され，それがさらに第三者に対して転売された場合には，arm's length 基準が適用される。銀行の内部貸付についても，arm's length 基準が適用される。
　——広義の機能的方法　企業の各構成体は，その果たす機能に応じた報酬を受けるべきである。内部取引については，arm's length 基準を適用すべきである。

・領域的方法
　——狭義の領域的方法　これは，恒久的施設を子会社と同視する方法である。内部取引に対しては，原則として arm's length な対価が付される。ただし，株主コストのみは，本店固有のものとされる。
　——広義の領域的方法　この方法の下においては，恒久的施設は，本店とは完全に独立した企業とみなされる。

その上で，著者は，OECDモデル条約の7条2における the profits "which it might be expected to make if it were a distinct and separate enterprise" という定めか

らみて，文言上は，それは，広義の領域的方法を採用していると考える。そして，それにもかかわらず，OECD コメンタリーが，広義の機能的方法や，場合によっては狭義の機能的方法を採用しているように見える点を指摘する（19～20 頁）。

　そして，筆者は，次のように述べて，7 条の文言を変えるべきであるとの主張を行っている（20～21 頁）。

>　「筆者の見解においては，広義の機能的方法が最善の方法である。なぜなら，キャロルにより形成された独立企業理論の目的のすべてが満足させられるからである。
>　確かに，独立企業理論の目的は，狭義の機能的方法の下においてもみたされる。狭義の機能的方法の利点は，それが実際的であるという点である。なぜならば，arm's length 価格は，恒久的施設が構成体となっている企業と，第三者との間に類似ないし同一の取引が行われる場合においてのみ考慮されるのであるから，それが実際に入手可能な場合においてのみ考慮されるということになるからである。しかし，狭義の機能的方法の実際的利点が最も重要である訳ではないという点は認めなければならない。…
>　広義の機能的方法の最大の利点は，恒久的施設は独立した法的存在ではないという現実の法的状況を乱すことなしに，この方法の下の利益配分は，恒久的施設が子会社であるとした場合と実際的に同じように行われるという点である。したがって，この方法は，経済的効率性を攪乱させない。」

　私達が，何よりも認識しなければならないのは，この議論を理論的に論破することはきわめて困難であるという点である。利益分割法を重視する日本の課税実務においては，法的な機能的方法（内部取引の無視）ないし狭義の機能的な方法が妥当な方法ということになろうが，その根拠は，国内法の文言を別とすれば，理論的なものというよりも，執行可能性といった実際的なものなのではないかと思われる。特に，モデル租税条約 7 条のもととなったキャロルの考え方等に関する歴史的検討を考慮すると，著者の立場の方に分があるとさえいえよう。このような状況に関する冷静な認識が，日本の課税庁にも求められているのではないかと思われる。

3　OECD モデル租税条約 7 条 4 について

　OECD モデル租税条約の 7 条 2 と 9 条 1 を比較してみると，7 条の方には，その 4 において，「恒久的施設に帰せられるべき利得を企業の利得の総額の当

該企業の各構成部分への配分によって決行する慣行」という arm's length 基準の適用に関する限定が設けられている点が異なる。

そこで，次に，OECD モデル租税条約 7 条 4 の下で，租税条約と国内法との関係がどのようなものとなるかという点について，Burgers の考えを見てみよう（49d 頁）。

> 「いかなる国も，その国内法に基づいて企業の全利益を計算する権限を有する。全利益を計算するのに用いられるであろう様々な方法については，コメンタリーの中に十分に定められてはいない。そのようなことは不必要と考えられていたのである。しかし，用いうる基準のうち主要なタイプのものは，コメンタリーに述べられている。すなわち，次のようなものに基づく分配方法である。
> ・売上，ないし，コミッション
> ・賃金
> ・企業の支店や構成体のそれぞれに対して分配されるところの，全使用資本の部分
>
> 全利益を配分するある特定の方法が適切であるか否かは，それが用いられる状況に依存すると考えられる。すべてのそのような方法の一般的目的は，分離会計を基準とした場合にもたらされるであろう数字にできるだけ近い課税利益の額を導き出すことである。」

もっとも，利益分割法といっても，モデル租税条約 7 条 4 におけるそれと，7 条 2 における間接的方法の関係とが問題となる。この点について，Burgers は，次のように述べている（40d〜40e 頁）。

> 「長い間，OECD モデル租税条約の 7 条 2 と 7 条 4 に基づく間接的配分方法の間の関係が不明確であった。この関係は，1984 年の OECD のバンキング・レポートのパラグラフ 64-70 において明確にされた。7 条 2 の方法も，7 条 4 の方法も，いずれも世界企業の全利益に関連する要素を用いる。しかし，7 条 2 の分離企業理論の下の間接的方法において適用される要素は，特定の恒久的施設とその経済的状況（すなわち，問題となる産業や分野にかかわらず，当該恒久的施設の所在地国における比較可能な状況）に関連するものである。しかし，7 条 4 の下で適用される要素は，当該世界企業に特有の状況に関連する。
>
> 7 条 2 と 7 条 4 の下の配分方法の間の関係は，次の例により説明することができよう。たとえば，保険会社の利益が契約者から受領する保険料との関連で計算されると仮定しよう。7 条 2 の分離企業理論の下の間接的方法を適用すると，当該恒久的施設の所在地国に存在する比較可能な保険会社の保険料と利益

の間の比率が用いられる。これに対して，7条4を適用すると，世界企業の保険料と利益の比率が基準となる。」

4 まとめ——分離会計と利益分割

このように，モデル租税条約7条において定められた恒久的施設に帰属する利益の計算方法としては，(9条の場合と同様に) arm's length 基準と，利益分割法とが存在するのであるが，前者が原則であり，後者はあくまでも例外的なものにすぎない。このことは，7条の制定に関する歴史からも明らかである。アメリカの規則案において (五3⑵を参照のこと) も，一応，arm's length 基準が貫徹されているし，また，歴史的に法人税の課税原則として国内所得主義を採用してきたヨーロッパにおいては，本店と支店を独立の存在と見る arm's length 基準が自然であるといえる。

なお，法人税に関する国際課税上の原則として全世界所得主義を採用する国と，国内所得主義を採用する国との間では，少なくとも一定程度においては本質的差異があるのではないかと思われる。すなわち，一応は，以下のような傾向が存在するといえよう。

　　　全世界所得主義——本支店を一体と見た全世界所得を計算するので，
　　　　　　　　　　　本支店間取引については利益分割も用いられる
　　　国内所得主義——本支店間取引も arm's length 基準でいく傾向が強
　　　　　　　　　　　い

問題は，むしろ，例外的な方法とされる利益分割法の適用範囲である。この点には，実際に納税者企業において採用されている会計実務との関係等も考慮しなければならないが，要は，行政上の執行可能性の問題が大きいのではないかと思われる。すなわち，原則として arm's length 基準を用いるとしても，その執行可能性が低い場合には，実際問題として利益分割法でいくしかないというのであれば，それを否定するわけにもいかないであろう。

また，本支店間の利益配分が，金融取引を用いた利益付け替えの目的で行われてしまう (たとえば，本店と支店が互いに取引を行うことなく市場で反対のポジションをとり，同時に手仕舞をすることにより，一方から他方に利益を付け替えるような操作) と，本質的に，通常の arm's length 基準では対応できない (なぜなら，本支店間取引は行われていないからである)。しかし，このような場合においても，利益分割法ならば対応可能であるという利点が利益分割法には存在する。この利益付け替え防止の観点からは，利益分割法には捨てがたい利点があるという

点は，もう少し重視していいかもしれない。なお，利益分割と内部利子の問題については，五の3において検討する。また，そもそも，企業のどこの構成体が所得を稼いだのかが不明確であるようなグローバル・トレーディングの形態が採用されていれば，そのような取引自体が利益の付け替えを意味のないものとするであろう。

本支店間の利益配分の問題は，本支店間の関係よりも結合性の弱いパートナーシップ（場合によっては，信託）における利益配分の問題と一定の共通性を有する問題である。今後は，パートナーシップに関して国際課税上いかなる利益配分がパートナー間で行われるかという問題や，費用分担契約（これは，移転価格的問題とパートナーシップ課税の問題の中間に位置すると考えることも可能である）の問題との関連性を意識しながら，全体として矛盾のない課税体系をつくり出していく必要性があろう。特に，損失の分配の問題の解決を誤ると，課税逃れの可能性が高まってしまうので注意が必要である。

以下においては，上の検討を踏まえて，いずれの方法が課税上望ましいかを，金融取引に則して検討する。

五 金融取引の事業所得課税上の扱い

1 本支店間取引の扱い（arm's length 基準 対 利益分割法）

金融機関の本支店間取引においても，本支店間取引を正面から認識するという方向の改革が，アメリカにおいても強く主張されるようになっている。

本支店間取引における所得配分の基準として，arm's length 基準の方が，取引の実態に則しているという主張は，アメリカにおいても強く主張されている。たとえば，ハーバード・ロー・スクールのダイアン・リングは，次のような議論を展開している（Diane M. Ring, Risk-shifting Within a Multinational Corporation: The Incoherence of the U. S. Tax Regime, 38 Boston College Law Review 667 (1997））。この論文は，外国通貨建ての債務を負っている合衆国法人が，その海外支店との外国為替スワップにより外国為替リスクをヘッジしようとし，また，当該海外支店がそのリスクを海外の第三者との間の取引によりヘッジした場合を念頭において議論を展開する。この取引において，合衆国法人の二つの第三者間ポジション（すなわち，最初に保有していた外貨建ての債務と，海外支店が新たに入ったヘッジ・ポジション）は，課税上の源泉を異にするために，当該合衆国法人の外国税額控除の額に変化が生じてくる。すなわち，最初に保有していた外貨建て債務か

ら生ずる為替差益（差損）は合衆国の国内源泉所得であるのに対して，海外支店の対第三者スワップから生ずる為替差損（差益）は国外源泉だからである。

「経済的実質と課税との間のこのような劇的な乖離は，内部的なリスク移転に関する合衆国の課税上の取扱いから生ずる。他の主要先進国とは異なり，合衆国は，当事者は自らと契約することができないという概念的な理由に基づいて，多国籍企業の内部におけるリスク移転を認識していない。本店と海外支店との間の支店間取引の認識からは，四つ（二つではない）の取引上の論点が生ずる。すなわち，

① 本店の外国通貨建ての借入
② 支店間スワップにおける本店のポジション
③ 支店間スワップにおける海外支店のポジション
④ 第三者スワップにおける海外支店のポジション

支店間スワップが課税上認められるとするならば，対第三者債務にかかる本店の差益（差損）は合衆国源泉であり，それは，本店の支店間契約にかかる合衆国源泉の差損（差益）により相殺されるであろう。それに応じて，支店間契約にかかる支店の差益（差損）と，支店の対第三者契約からの差損（差益）は，ともに外国源泉となり，互いに相殺されることになるであろう。このように支店間契約の認識は，基本となる経済活動と調和した課税上の効果をもたらす。すなわち，ネットでゼロの取引は法人の課税上の扱いを変化させてはならず，支店間契約を認識すれば，そのような変化は生じないのである。」（669頁）

もっとも，本店と支店が独立して正反対のポジションをとり，同時期に手仕舞したような場合には，本支店間取引として認定することは困難であるから，本支店間（リングのいう支店間）取引を認識しても，利益の付け替えは生ずるであろう。

リングはさらに，次のように述べる。

「納税者の認識に関して大きく法的地位に依存する合衆国の課税制度の観点からは，法人は，一般的に，法人化された組織の最小の分割可能な単位である。それよりも小さいレベルの取引（たとえば，法人の支店間の，あるいは，本店と支店の間の取引）は，通常，合衆国の課税上は認識されない。したがって，銀行の合衆国の本店とその海外支店との間のスワップ取引，あるいは，外国銀行の本店とその合衆国内支店との間のスワップ取引は認識されず，課税上の効果を生じない。

この会社内部のリスク移転に関するノン・レコグニッションは，①規制上の取扱い，②取引の経済的性格，③他の国々において（特に銀行の）支店間取引

に対して一般的に認められている課税上の扱いと矛盾している。これらの諸点は，実際上，連動している。」(689～690頁)

また，IFAの1996年のコングレスにおいても，金融機関の恒久的施設の課税に関して，本支店間取引の認識を決議している（Albertina M. Fernandez, 50th IFA Congress Gets Underway in Geneva, 13 Tax Notes International 860 (Sept 9, 1996)）が，このような動きが現在の国際課税上の一般的な傾向であるといえよう。

結局，リングも述べるように，私法上の形式を尊重して法人格を一体性の基本的な単位として見ると，恒久的施設に対するモデル条約7条の独立企業原則と衝突するのみならず，同原則を金融取引に対して適用した場合に不都合な結果が生ずるのである。また，理論的につきつめて考えてみても，関連会社間取引と本支店間取引のいずれについても arm's length 基準を用いるのは整合的である（この場合，法人はその関連会社から独立しており，また，支店も本店から独立しているという立場が採用される）。要するに，関連会社間取引と本支店間取引の間には，特に金融取引に関しては本質的な差異は存在しないと一般に考えられているのであり，この点を正面から否定することは困難である。

では，私法にこだわって，法人格を企業の一体性の基本的な単位と考える立場（この立場からは，利益分割法が導かれやすいであろう）は成立しえないのであろうか（すなわち，関連会社間は arm's length 基準で，また，本支店間は利益分割法を用いるという方法は，理論的に破綻したものなのであろうか）というと，そうでもない。法により与えられた法人格を尊重することは，それが課税上の大きな不都合をもたらさなければ特に問題はない。問題は，arm's length 基準を用いると執行可能性が低下するという日本の主張に対して，通常は，本支店間取引を認識しないと課税上の不都合が生ずるという批判がなされているという点なのである。

もっとも，本支店間取引で arm's length 基準を適用すると，一定の付け替えには対応可能（取引の場所を動かすことによる，租税回避に一定程度対応できる）であるが，すでに何度か述べたように，一定の割合に利益付け替えの問題は残る（本支店間の直接取引が行われずに，単に本店と支店が正反対のポジションを同時に手仕舞するというような一種のストラドルが行われる場合には，そのことにより利益と損失が別の場所につくり出されるから，本支店間取引を認識する場合においても，本支店間取引がそもそも行われていないと認定されうるなら，所得の源泉地が変更されるという付け替えの問題が残る）。

2 グローバル・トレーディングの特殊性と利益分割法

　本支店間取引と親子会社間取引が混在していて，一つの目的のために共同して活動しているという点に，グローバル・トレーディングの意義があるとすれば，そこから必然的に，次のようなその課税上の困難がもたらされる。すなわち，

・どの構成体が利益を生んだかがわかりにくい
・どの構成体が費用を負担したかがわかりにくい
・利益分割を用いる場合であっても，利益の配分の基準を設けにくい

　このような課税問題が生じてきた背景に存在するのは，情報通信技術の発達と取引の電子化により，急速に，市場の世界的統合化が進展しつつあり，また，PE概念が形骸化しつつあるという事実である。地域ごとに分断された複数の市場の存在を前提として，その中の一つにおいてある物理的施設が一定の機能を割り当てられて，一つの独立した有機的組織として行動するからこそ，PEを独立企業として見るような課税原則がうちたてられてきたのである。しかし，情報通信技術の発展によって，市場の世界的統合が進行し，PE自体が一つの有機的組織としての全世界的企業の一構成要素にしかすぎないような状況になる（PEの一つの有機的組織体としての性格の希薄化，そのような意味における独立性の喪失）と，モデル租税条約5条や7条が前提としてきたような事実が見いだせないような場合がでてくることになる。すなわち，つきつめると，物的施設に着目して所得を帰属させるという課税方式そのものの限界が露呈されるようになったと考えることができる。また，同様のことが子会社についても当てはまるようになったのが，グローバル・トレーディングである。

　しかし，このことは，全世界的な単一の企業を前提として利益分割を行うべきであるという結論に必ずしも直結するわけではないというところに問題の複雑さがある。すなわち，各構成体（PEと子会社）がグローバル・トレーディングにおいて果たしている機能に着目するならば，arm's length 基準を適用することも可能であるという考え方も成立するからである（もちろん，機能に着目することがどこまで許されるかという問題は生じようが，この点に関しては，これまでの移転価格における議論でかなり広く認められているものと考えられる）。

　結局，グローバル・トレーディングのような取引形態に対して，一つの課税方式のみで対応しようとすることには問題があるのではなかろうか。一口にグローバル・トレーディングといっても様々な形態のものが存在するのであるから，そのすべてに対して適用される唯一の方法というものを見つけ出そうとしても，徒労におわるであろう。そのような複雑な形態の取引に対して適用され

る課税方式には，一定程度のフレクスィビリティーが必要であると思われる。その意味で，上における議論からうかがわれるように arm's length 基準が原則であると仮にしても，一定の場合に利益分割法が適用される可能性を否定してしまうことは必ずしも望ましいことではない。また，逆に，常に利益分割法の方が望ましいという主張をなすわけにもいかない。利益分割法を擁護しようというのであれば，具体的にいかなる場合にその適用が望ましいのかという点に関して，個別的に明らかにするという以外に方法はないといえよう。日本の課税当局が利益分割法を擁護したいのであれば，なすべきはこの一点であろう。

たとえば，金融取引に顕著な課税上の特徴として，目に見えないものの取引であるところから，関連会社間や本支店間の利益の付け替えや損失の飛ばしが容易であるという点がある。そこで，グローバル・トレーディングの過程で，一定の操作が行われる可能性が存在するような場合には，付け替えや飛ばしの影響を受けにくい利益分割法の適用が望ましいといえるかもしれない。また，arm's length 基準を適用するための資料収集が困難をきわめるようなことが仮にあったとすれば，利益分割法を用いるしかないといえるかもしれない。

要するに，利益分割法を擁護する者が，一般的に利益分割法の方が優れているという言い方をすることは，現在の国際課税の世界においてはもはや許されなくなりつつある（そのことが理論的に望ましいか，正しいかという点とは必ずしも関わりなく）のではないかという，客観的事実認識が必要なのではないかというのが，本稿執筆の過程で筆者が実感した点であった。

3 本支店間で内部的に行われる相対の金融取引に関する日本法の扱い

同一の法人内で行われた相対の内部取引を課税上どのように考えるかという点に関して，各国の対応は分かれている。アメリカと日本においてはこれを認識しないのに対して，多くの OECD 諸国においては，これを認識している。すなわち，アメリカや日本においては，本支店間取引の扱いが関連企業間の場合と異なるのであるが，この点が妥当か否かという点が問題となる。

この問題について理論的につきつめて考えてもあまり実りの多い結論は得られそうにない。なぜならば，(2)で引用するグローバル・ディーリング・オペレイションに関する規則案についての解説論文に明らかなように，アメリカが金融取引における arm's length 基準適用の方向に大きく一歩を踏み出しつつあるからである。日本の取るべき方向性も，それが日本にとって望ましいものであろうがなかろうが，いずれはこの方向に向かわざるを得ないというのが現実で

あろう。

そこで、日本の現行法において、このような問題に関してどの程度の対応が可能かという点について、以下で考えておこう。なお、この部分は、T 国税局の K 氏からいただいた氏のお考えを大いに参考にした（ただし、見解は異なる場合が少なくない）ものである（実名を出すべきか否か不明なので、このようにしておく）。

(1) 外国法人の日本支店がグローバル・トレーディングの構成体である場合

相対の金融取引（問題を、内部的に行われる相対の金融取引とする）、たとえば、本支店間のスワップに対する日本法の対応は、一般的には、これを認識しないというものであると考えられる。問題は、経済的実態を客観的に反映するようなかたちでそのような取引が行われた場合に課税上それを認識するかという問題である。今、外国法人の日本支店がグローバル・トレーディングの構成体となっているとしよう。この場合に、当該支店が日本で課税を受ける国内源泉所得は、法人税法 138 条 1 項 1 号の「国内において行なう事業から生ずる所得」の一つである、法人税法施行令 176 条 1 項 7 号にいう「その法人が国内及び国外にわたって前各号に該当しない事業（事業に係る行為を含む。）を行なう場合」の「当該事業から生ずる所得」のうち、独立企業原則により算定される部分であるということになる。この場合には、一応、arm's length 基準が用いられる。

しかし、内部利子等により所得は生じない（法人税法施行令 176 条 3 項 2 号）し、また、内部利子等は、国内源泉所得に係る所得の金額の計算上、益金の額にも損金の額にも算入されない（法人税法施行令 188 条 3 項）。もっとも、本店経費の支店配賦額は、支店の所得計算上損金算入される（内部利子等の問題は、これをこえる部分の問題である）。本支店間におけるデリバティブ取引等による支払（特に、差金決済される場合）が同様の扱いを受けるか否かという問題が生ずるが、スワップ等については、これを肯定していいものと思われる。

いずれにせよ、内部利子等が認識されないにもかかわらず独立企業原則が適用されることになる。この場合について、設例により考えてみよう。外貨建ての債務を負う外国企業の日本支店と、その本店が、当該外貨建ての債務のリスクをヘッジするために本支店間スワップを結び、当該本店が第三者との間でヘッジ取引を行ったとする。

(日本) 支　店 ─────────────→ 為替変動による利子支払増加　20
内部支払　20　↑　（本支店間スワップ）
(外国) 本　店 ─────────────→ ヘッジ取引による受取　20

　この例に対して，伝統的な arm's length 基準を適用して見ると，内部取引を認識した場合と無視した場合のこの取引からの所得配分を比較すると，次のようになる。

支店	実際の収入	20	内部取引を無視した場合の収入	0
	実際の経費	20	内部取引を無視した場合の経費	20
	実際の所得	0	内部取引を無視した場合の所得	△20
本店	実際の収入	20	内部取引を無視した場合の収入	0
	実際の経費	20	内部取引を無視した場合の経費	0
	実際の所得	0	内部取引を無視した場合の所得	20

　内部取引の認識を行わない場合においては，支店が赤字，本店が黒字ということになる。したがって，マニュピュレイションの仕方によっては，支店から本店への付け替え＝日本において課税される所得の減少が行われる可能性がある（上の例の本店と支店を逆転させると，支店から本店への損失の飛ばし＝日本において課税される所得の増加）。これに対して，内部取引を認識した場合は，（この取引に限定された）利益分割を行った場合と同様の結論となる（利益分割的な方法を適用する場合には，分割の対象となる所得の計算において内部利子等の影響は，定義上ありえない点に留意）。いずれが妥当であるかは一概にいえないが，やや逆説的ながら，法人格を一体として考えるならば，内部取引を認識すべきであるということになるであろう。

　実務においては，金融機関の内部利子は，原価性がある等の一定の場合に日本支店段階で損金算入を認めているという。したがって，現行法の下においても，次のような見解が主張される（上の設例で，本店と支店を逆転させた場合についての記述）。

　「内部利子そのものは認識できないとしても，外部との取引による収入を PE に帰属させるのであれば，本店が外部に支払った費用のうち当該 PE の収入を得るために要した費用が当該 PE の収入から控除できる。内部利子が独立企業間なみの条件で支払われていれば，内部利子を認識することと，内部利子を PE に配賦した結果は同じになる。したがって，内部利子が独立企業間条件で

支払われている場合には，PE の帰属所得の計算上控除できる。
　したがって，比較法的な計算方法をとる場合，内部利子が原価の性質をもっており独立企業間条件に合致しているという条件を付せば，比較法的な計算方法を適用できる。」

　これこそが，世界的な arm's length 基準尊重の傾向にそった扱いであるといえよう。しかし，現行法の下でこのような扱いが可能かどうかという点についてはかなり問題があるので，その旨の国内法（施行令）の整備を行うべきであろう。重要なのは，無理をして現行法に読み込むこと自体ではなく，明確性の観点から，取扱いを明示することである。
　また，第三者との間でデリバティブ取引が行われ，その結果としてネッティングが行われる場合に，本店におけるデリバティブ取引から生じた損失が支店のポジションと相殺されるようなことが仮にあるとすると，典型的な利益の国外への付け替えということになろうから，何らかの対応が必要となろう。

(2) 外国法人の日本子会社がグローバル・トレーディングの構成体である場合

　この場合に，グローバル・トレーディングについて利益分割法を用いると，どの範囲の所得を分割の対象となる利益に含めるかという問題が生ずる（租税特別措置法施行令 39 条の 12 第 8 項，参照）。各構成体が単独で外部の第三者と直接に取引したことによる所得（これは，少なくとも外形上は，関連者間との取引から生ずる所得ではない）を，分割対象に含めるか否かという問題である。この点について，次のような考えが存在する。

　　「グローバル・トレーディングに利益分割法を適用する場合，各拠点が第三者と直接取引したことによる所得も合算して分割する必要があるが，施行令の文言は，『国外関連取引に係る棚卸資産の…法人又は当該法人に係る国外関連者による購入，製造，販売その他の行為に係る所得』と規定しており，この中の『係る』という文言は直接関連する場合に使用されるため，〔そのような所得については〕合算して利益分割法を適用することはできないとの解釈がある。」
　　「グローバル・トレーディングであるといえるからには，外形上はある拠点と第三者の間の取引となっていて関連者間で取引がないように見える場合であっても，別の拠点が多かれ少なかれ（会計処理，経営管理等サポート機能は別の拠点が行うなど）その取引の成立に寄与していると考えることができる。したがって，グローバル・トレーディングによる取引については全て関連者間取

引があるものと見ることができる。」
　しかし，この問題は，事実認定の問題として処理すべきであり，法解釈の問題として処理すべきではないであろう。各構成体が単独で外部の第三者と直接に取引したことにより生じたように見える所得であっても，結局のところ，実際には関連者間取引の一環として生じたと事実認定できる（この事実認定は，最終的には裁判官によりなされることになる）ものであれば，分割の対象となる所得に含めてよいと考えられるからである。
　なお，子会社を代理人 PE として扱う可能性は，否定する必要はないであろう（アメリカにおけるグローバル・ディーリング・オペレイションに関する規則案の解説論文である Yaron Z. Reich, Erika W. Nijenhuis, and Monalee Zarapkar, Proposed Regs on Global Dealing Operations, 78 Tax Notes 1689（1998）参照）。特に，日本のように関連者間取引について利益分割法に依存する傾向の強いところにおいては，全体利益の把握が困難な場合も，PE 課税が可能となるからである。この点については，次のような主張がなされている。

　　　「調査においてグローバル利益が把握できないときには PE 課税の規定を適用する余地も残しておく必要があるので，グローバル・トレーディングについて PE 課税の規定の適用可能性を排除する必要はないと考える。ただし，申告，事前確認申出において独立企業間価格を算定している場合には，代理人 PE は認定しなくても差し支えない旨…明記することは有益であると考える。」

　いかなる場合に代理人 PE を認定するかは，結局は事実認定の問題であるから，このような代理人 PE の認定の行われない場合をあらかじめ明らかにしておくことには，意味があるものと思われる。しかし，それはあくまでも一応の事実認定の基準を示しているにすぎないので，絶対視すべきではない。

4　ま と め

　グローバル・トレーディングに対する国際課税のあり方は，かなりの部分，政策的な考慮により決定されるものである。しかし，その点を度外視しても，OECD 加盟国の間では，利益分割法よりも伝統的な arm's length 基準を重要視する傾向が圧倒的に強く，上で引用した，アメリカのグローバル・ディーリング・オペレイションに関する規則案の解説論文においても，その点が強調されている。そのような状況の中で日本が利益分割法を主張しうる根拠としては，おそらく，以下の二点しかないのではないかと思われる。
　第一は，グローバル・トレーディングにおいては，執行可能性の観点から利

益分割法が望ましいという議論である。しかし，この議論は，すでに移転価格課税に関する議論において散々主張されたが，あまり認められなかったという事実を冷静に受け止めるべきであろう。日本は，このような問題においてarm's length 基準が世界的にきわめて尊重されているという事実から目をそらすべきではなかろう。

　第二は，関連会社や，本支店が反対のポジションを市場においてとって，同時期に手仕舞するというストラドル的方法で利益の付け替えが行われる場合には，関連会社間や本支店間の取引が行われていないために，利益分割法以外適用できないのではないかという点からの弁護である。しかし，グローバル・トレーディングが各構成体のどこが利益を得たのか分からないように統合的に行われる場合，むしろ，そのこと自体により，そのような利益の付け替えは意味をなさなくなってしまう。したがって，このような理由付けは，きわめて限定的にしか意味をなさないであろう。

　いずれにせよ，様々な類型の取引について適用される移転価格課税なり，恒久的施設課税のあり方について，ある程度類型的に具体的な指針を明示的に示すという努力こそが，現在の課税庁に求められているといえよう。そのような具体的な方針を提示することなしに，個別の取引がある条文で「読める」か否かという点のみを論ずるわけにはいかないであろう。もちろん，裁判ということになれば，ある取引がある条文で「読める」か否かが重要であり，そのような点に対する裁判所の判断が先例として積み重なっていけばいいと一応はいえるが，情報開示に関する法的要求が強まる中においては，通達を出して一定の事前の指針を納税者に対して示すことの重要性は，ますます高まるであろう。納税者から情報公開法に基づいてある取引に関する課税上の取扱いに関する情報の開示を求められて，開示すべき情報がなかったり，相互に矛盾していたりという状況だけはどうしても避けなければならないのである。

　結局，グローバル・トレーディングといっても単純な類型ではなく，実に様々な形態のものが存在するのであるから，すべての場合に適切な課税方法を抽象的に条文から導こうとしても，あまり大きな効果は期待できないであろう。したがって，それに対する適切な課税方法を考えるためには，何よりもまず，取引実態の客観的な解明が重要であるということになろう。そのような取引実態がある程度明らかにされれば，それを類型化し，その類型ごとに望ましい課税方法を考えていくことが可能かもしれない。そのような作業の中で，利益分割法も落ちつくところに落ちついていくであろう。そして，最終的には，この

問題は，三国間の合意に基づいて，手続的問題として処理される他ないということになるのであろうか。

III

ベリー・レイショに関する覚え書

一　はじめに

　本稿は，移転価格算定のための（検証手段としての）利益法に関する研究であり，ベリー・レイショの基本的な考え方，合理性，及び問題点等について理論的・実証的に整理し，当該手法が用いられた相互協議事案の迅速な解決に資することを目的としたものである。
　そこにおいては，
　① ベリー・レイショについての理論的な整理
　② ベリー・レイショと CP，CPM あるいは TNMM との相違点等についての検討
　③ 上記②についての理論的分析及び公開データによる実証的な検証
等を行うべく，アメリカにおける文献においてあらわれたベリー・レイショに関係する記述を理論的視点から整理して，その意味付けを明らかにすることを目的としている。
　Berry ratio とは，the ratio of gross profit to operating expenses，ないし，数学的にはまったく同じことであるが，the ratio of operating profit to operating expenses plus 100% のことである（これは，operating profit と operating profit の合計が gross profit となることの当然の帰結である）。
　それは，アメリカ財務省規則における位置付けとしては，移転価格の方法 (a transfer pricing method) としての利益比準法 (CPM, or comparable profit method) の適用に際して用いられる利益水準指標 (PLI, or profit-level indicators) の一つである（その意味において，Berry ratio に対する批判は，当然に利益比準法に対する批判そのものということになる）。それは，また，E. I. DuPont de Nemours Co. v. United States, 608 F. 2d445 (Ct. Cl. 1979) において内国歳入庁側の鑑定人 (expert witness-

es) として登場した Charles H. Berry により，移転価格の方法（a transfer pricing method）として最初に提唱されたものである。このように，それは，PLI として財務省規則上も認められたものであり，単なる理論的存在というわけではないのみならず，裁判例においても用いられているので，裁判例尊重の傾向の強いアメリカの課税庁が，この方法をそれなりに尊重することにも理由がないわけではないというところに，日本の課税庁にとっての難しさがある。

以下においては，まず，ベリー・レイショの制度上の位置付けについて，内国歳入庁の公式文書，および移転価格に関する白書を素材として簡単にふれ（二，三），また，アメリカにおける裁判例を紹介する（四）。そして，それに関する理論的検討について整理し（五），しかる後に，それが現実に適用される場合のデータの問題について述べた（六）上で，最後のまとめをする。

本稿の叙述の過程においては，参考資料として用いた様々な文献の英文を無理に日本語に訳すことをせずに，できるだけその英文の原文を引用して掲げ，内容の理解に役に立つのに必要な範囲内において，できる限り簡潔にそれに関するコメントを日本語で付するというスタイルを採用することとする。

二 アメリカ内国歳入庁の公式文書におけるベリー・レイショの位置付け

本稿においては，相互協議の相手方となる場合が多いと思われるアメリカの課税当局の見解を整理しておくことを重視した。

そこで，まず，財務省規則以外で，ベリー・レイショについて課税当局がどのような認識を示しているかという点に関して，公式文書の内容を簡単に紹介しておくこととしたい。アメリカの課税当局のポジションを把握するためには，これがもっとも効率的な道であると思われるからである。

1 "Report on the Application and Administration of Section 482"

まず，ベリー・レイショの基本的な位置付けについて確認しておこう。アメリカの内国歳入庁の，

Office of the Assistant Commissioner（International），

Office of the Assistant Commissioner（Research & Statistics of Income），

Office of the Associate Chief Counsel（International）

が 1999 年 4 月 21 日に共同で発表した，

"**Report on the Application and Administration of Section 482**"
と題する報告書においては，ベリー・レイショの前提となる利益比準法（comparable profits method）について次のように解説している（強調・中里）。そして，ベリー・レイショは，この利益比準法を適用する際の，利益水準指標（profit level indicator）の一つとして掲げられている。

> The **comparable profits method** evaluates the operating profit earned in the controlled transactions (relevant business activity) by reference to the operating profit that would have been earned if performance in the relevant business activity were equal to the profit level indicator in comparable uncontrolled transactions.
>
> The relevant business activity encompasses the most narrowly identifiable business activity for which data incorporating the results of the controlled transactions is available. In this analysis, the tested party, i. e., the controlled taxpayer whose relevant business activity is being evaluated, generally is the least complex the affiliated taxpayers and does not utilize valuable intangible property or unique assets in the controlled transactions to a degree that is distinguishable from the uncontrolled transactions. The regulations provide for a variety of **profit level indicators**, such as the ratios of operating profit to operating assets, operating profit to sales, and **gross profit to operating expenses**. Generally, the analysis must be made over at least a three-year period comprising the taxable year under review and the preceding two taxable years, since use of data from multiple years may increase reliability by avoiding the distorting effects on operating profit of business cycles or life cycles of the product or intangible being examined. The regulations provide guidance on comparability considerations and adjustments, including on the need for consistency as between the controlled and uncontrolled transactions in cost accounting practices that materially affect operating profit, and on the need to allocate costs, income, and assets between the relevant business activity and other activities of the tested party and the uncontrolled comparable. The comparable profit method focuses on the return on investment of resources and assumption of risk in the relevant business activity, so similarity in resources employed and risks assumed is significant. Comparability under this method is less dependent on similarity in physical products and, moreover, generally tolerates a greater degree of functional differences than other methods since taxpayers performing different functions may have very different gross profit margins, but earn similar levels of operating profit. On the other hand, comparability under this method may be more sensitive to other factors, e.g., management efficiency, that may affect the reliability of the analysis.

2 "Annual Report Concerning Advance Pricing Agreements"
同様に，内国歳入庁が 2000 年に発表した，移転価格に関する APA 手続きについての年度報告である．
"Annual Report Concerning Advance Pricing Agreements" と題する文書においては，APA 手続きを前提として，ベリー・レイショについて，やや詳しく，次のような説明がなされている（強調・中里。これは，内国歳入庁の Announcement 2000-35 として，Internal Revenue Bulletin に発表されている）．

> Other **PLIs** applied by APAs in conjunction with the CPM are various financial ratios. These include operating margin ("OM"), **Berry ratio**, markup on costs, and gross margin. OM is defined as the ratio of operating profit to sales. **The Berry ratio is defined as the ratio of gross profit to operating expenses. A Berry ratio has in some cases been used when services provided (for example, a low-risk distributor providing marketing and distribution services) are the main source of value added by the tested party, and the expenses incurred for providing those services are classified as operating expenses rather than costs of goods sold. In such cases a Berry ratio is essentially a markup on operating expenses**. OM has been used when functions of the tested party are not as closely matched with the available comparables. Markup on costs (normally total costs) has been used when the taxpayer's sales are a controlled transaction, because it relies on an uncontrolled cost figure rather than on the controlled sales figure. This method has also been used where it is common industry practice to set prices by reference to costs, for example, for contract manufacturers. Occasionally, certain costs have not been marked up, such as product-specific taxes reimbursed by the purchaser. In general, gross margin has not been favored as a PLI because the categorization of expenses as operating expenses or cost of goods sold may be subject to manipulation, resulting in understatement of taxable income even where gross margins are within an arm's length range.

このように，ベリー・レイショは，主として，役務提供に関して用いられている。上の説明にあるように，これは，たとえば，マーケティングやディストリビューションを行う場合には，営業費用が営業利益とそれなりの相関関係にたっていると考えられるからであろう．

この内国歳入庁の "Annual Report Concerning Advance Pricing Agreements" について Patricia Gimbel Lewis により The Tax Executive 誌の May-June2000 号の 225 頁に掲載された解説論文である．

"**Mining for Nuggets in the IRS APA Report**"

二　アメリカ内国歳入庁の公式文書におけるベリー・レイショの位置付け　437

においても，以下のように述べられている（強調・中里）。

PLIs: Within CPM, operating margin is the prevalent **profit level indicator**（"PLI"）, accounting for half of the cases. The remaining CPM cases are divided approximately equally between those using as a PLI gross margin, return on assets（"ROA"）or return on capital employed（"ROCE"）, Berry ratio, and markup on costs. While these data suggest the program's flexibility, the statistics are not broken down between types of businesses（*e.g.*, distributor vs. manufacturer）or types of transaction（*e.g.*, tangible property vs. intangible property）. Thus, it cannot be determined whether the program tends toward a standard PLI in certain categories of cases（*e.g.*, operating margin for distributors）. This is an area where additional detail or correlation might have been usefully provided without compromising taxpayer confidentiality.（同 228 頁）

The Berry ratio has been used as the PLI where services are the main source of value added and the expenses in providing those services are classified as operating expenses rather than costs of goods sold. An example given is "a low-risk distributor providing marketing and distribution services."（While the *Report* does not elaborate on the distinguishing characteristics of a "high-risk" distributor, presumably more extensive inventory, currency, or credit risks, for example, are involved.）（同 230〜231 頁）

　ベリー・レイショは，アメリカの内国歳入庁により，APA 手続きにおいてもしばしば用いられていることは，一般に知られているといってよい。ところで，ベリー・レイショとは直接には関係はないのかもしれないが，単に念のためではあるが，この APA 手続きそのものについて，最近アメリカの一部の納税者からの強い反論が存在するという点について留意しておく必要がある。すなわち，上の内国歳入庁の"Annual Report Concerning Advance Pricing Agreements" について Lee A. Sheppard により 20 Tax Notes Int'l 1617（2000）に掲載された解説論文である，

"The IRS Reports on Its Advance Pricing Agreement Program"
の中には，以下のような鋭い批判が述べられている（強調・中里）。

　　After the 1986 Tax Reform Act installed the section 482 "commensurate with income" clause for transfers of intangibles, experts predicted that the United States would give up on trying to enforce the arm's-length standard and would eventually switch to something like formulary apportionment. They were right on the first count, wrong on the second.

The United States has given up on enforcement of the arm's-length standard, but has not switched to formulary apportionment, which gives Europeans fits--that is, except for the libertarians at the London-based magazine The Economist, who recently declared that the effort to divine separate arm's-length prices from the operation of a unitary multinational enterprise is so unproductive and silly that a unitary method of formulary apportionment would be preferable. Recognizing the difficulties of getting OECD countries to agree on an apportionment formula, The Economist stated:

> With each passing day, the transfer-pricing process bears less relation to the way that global companies operate now -- and still less to how they would like to operate if they had a free hand. A unitary tax, which allocates slices of a multinational's total profits to different countries for tax purposes, is not flawless, but it would at least free firms to organize themselves in whatever way they think will let them use their global resources most efficiently. (The Economist, Jan. 29, 2000, special report.)

What has replaced the arm's-length standard is a new species of private law: advance pricing agreements (APAs). One of the reasons Tax Analysts, the publisher of Tax Notes International, was founded was to combat the existence of private law.

Tax Analysts filed Freedom of Information Act requests for APAs. Another tax publisher, the Bureau of National Affairs, sued the government to compel disclosure of APAs. Before that **lawsuit** could be resolved, and after the IRS had conceded that APAs should be disclosed under section 6110, large corporate taxpayers successfully lobbied Congress to prevent disclosure of APAs.

これは，いかにもアメリカ的な批判であるが，要するに，閉じた世界で行われるAPAのような手続きにおいて，公表もされないかたちでprivate lawが形成されていくことは，危険であるというのである。このような問題意識には根拠がないわけではなく，また，そのような考え方がいずれ日本においてもでてくることは十分に予想されるので，ここでは，そのような指摘がアメリカでなされていることを事実として紹介しておく。Tax AnalystsはFreedom of Information Actにもとづく情報公開請求を行い，また，Bureau of National AffairsはAPAの開示を求めて訴訟を起こしたというのであるから，ことは重大である。結果としては，APA手続きを利用している法人がロビーイング活動を行い開示は行われないこととなったようであるが，租税関係の二つの有名な出版社が

そのような開示を求めたことの意味は大きいといえよう。

三　財務省の移転価格白書における議論

さて，次に，移転価格課税に関するもっとも基本的な文献の一つであると考えられる，1988年10月に，財務省と内国歳入庁が共同で発表した，（移転価格税制に関する世界における現在の方向性を決定付けた）移転価格に関する白書，
　　　STUDY OF INTERCOMPANY PRICING
　　　　　Publication Date : 20 OCT 88
　　　　　　　　PREPARED BY
　　　　　　TREASURY DEPARTMENT
　　　OFFICE OF INTERNATIONAL TAX COUNSEL
　　　　　　OFFICE OF TAX ANALYSIS

　　　　　INTERNAL REVENUE SERVICE
　　OFFICE OF ASSISTANT COMMISSIONER（INTERNATIONAL）
　　OFFICE OF ASSOCIATE CHIEF COUNSEL（INTERNATIONAL）
は，おおまかにいって，次の三つの箇所でベリー・レイショについて言及している。これも，アメリカのみならず全世界における移転価格課税の現在のあり方を決定付けたと考えられるもっとも基本的なものなので，その概要について，きわめておおまかではあるが一応紹介しておこう。

1　Ch. 5, C. "RATE OF RETURN; INCOME TO EXPENSE RATIOS"
　移転価格に関する1988年の白書の，第5章の，この部分は，Du Pont判決と，Eli Lilly判決において，収益率法がどのように用いられたかという点に関する紹介的な記述である。
　具体的には，Du Pont判決においては，Berryによるベリー・レイショと，Plotkinによる資産収益率法が課税庁側から持ち出され，それが課税庁の立場を補強するものとして利用されたことが述べられている。また，Eli Lilly判決においては，Wheelerによる収益率法が持ち出されたが，必ずしも決定的な要素とはならなかった，しかし，それは，課税庁の立場を補強する要因とはなったと述べられている。要点を的確に整理した記述であるので，事実関係の正確な理解のために有用であると思われる。正確さを期するために，英文を以下に

引用しておく（強調・中里）。

Although profit splits are being used more frequently, the courts have used other methods as well to justify transfer pricing adjustments. Two of these methods are illustrated by the DuPont/110/case.

In defending the Service's section 482 allocations, the government used **two different methods**. **The first method** was computing the ratio of gross income to total operating costs (known as the "**Berry ratio**" because it was first used by the Government's expert witness, Dr. Charles Berry). DISA's **Berry ratio** before the allocation was 281.5 percent of operating expenses for 1959 and 397.1 percent for 1960. After the section 482 allocations, DISA'S **Berry ratio** was 108.6 for 1959 and 179.3 for 1960. A survey of six management firms, five advertising firms, and 21 distributors (firms which were generally functionally similar to DISA) revealed average **Berry ratios** ranging from 108.3 to 129.3. Thus, DISA's combined **Berry ratio** for 1959 and 1960 before the allocation was about three times higher than the average for the other firms. As noted by the court, in over a hundred years of those companies' experience, none of them had ever achieved the ratios claimed by DISA. Even after the allocation, its **Berry ratio** was somewhat higher than that of the comparable firms./111/

The second approach, developed by Dr. Irving Plotkin, was to compare DISA's rate of return on capital to that of 1133 companies that did not necessarily have functional similarities to DISA, but instead reflected a comprehensive selection from industry as a whole. Prior to the allocation, DISA had a rate of return of 450 percent in 1959 and 147.2 percent in 1960--rates higher than those of all 1133 other companies. Even after the allocation, DISA's rate of return exceeded that of 96 percent of the 1133 companies surveyed./112/ Based on this evidence the court sustained the Service's allocations.

While the **Berry ratio** and the rate of return analysis found in DuPont are interesting, it should be kept in mind that the court may have looked favorably on this evidence partly because it indicated that **even after the allocation DISA earned greater profits than almost any other corporation**, whether comparable or not. **These methods were not used directly to make a section 482 adjustment, but rather to support the reasonableness of the Service's allocation.**

Evidence relating to rates of return was also presented in Lilly./113/ No general research and development costs for new drugs were being charged by the parent to the subsidiary. The Tax Court determined that a substantial adjustment should be made to the income of the Puerto Rican subsidiary to reflect a proportional payment by the subsidiary of the general research and development expense of the parent./114/ The difference between the rates of return to the two entities was not, however, due solely to the understating of the subsidiary's research and development expense (as determined by the court), but was also attributable to the presence of valuable intangibles that were not properly reflected in the transfer price. **A rate of return analysis was used to identify what appeared to be excessive rates of return on assets, so that further inquiry could be made to determine if the returns were in fact excessive and, if so, why.**

The rate of return analysis and other information contained in the report by Dr. Wheeler was as follows./115/

	1971	1972	1973
Return on Average Employed Assets./116/			
Parent (consolidated return)	19.9%	23.8%	30.4%
Puerto Rican Subsidiary	138.4%	142.6%	100.7%
Adjusted Taxable Income to Net Sales: /117/			
Parent (consolidated return)	16.9%	20.4%	24.7%
Puerto Rican Subsidiary	69.6%	68.9%	58.8%
Operating Expenses to Sales:			
Parent (consolidated return)	41.5%	39.8%	38.9%
Puerto Rican Subsidiary	9.8%	11.6%	16.2%

Computations based on the record in Searle /118/ and reflected in the companies' income tax returns (also part of the record) show a similar disproportion. By way of indirect comparison, in 1968 (the year before intangibles were transferred to Puerto Rico), Searle reported taxable income of approximately $46,700,000 on sales of approximately $81,800,000. In the years before the Tax Court, Searle's sales declined to approximately $38,200,000 in 1974 and $46,700,000 in 1975, resulting in losses of $9,800,000 in 1974 and $23,100,000 in 1975. During these years the Puerto Rican subsidiary had net sales and income of:

Year	Net sales	Net income
1974	$114,784,000	$74,560,000
1975	$138,044,000	$72,240,000

The rates of return on assets based on the company's tax return position were as follows: /119/

	1974	1975
Return on Average Employed assets:		
Parent (consolidated return)	(31.2%)	(42.3%)
Puerto Rico Subsidiary	109.2%	119.0%
Cost of Goods Sold to Sales:		
Parent (consolidated return)	54.0%	56.2%
Puerto Rico Subsidiary	13.3%	13.6%
Operating Expenses to Sales:		
Parent (consolidated return)	98.7%	106.5%
Puerto Rico Subsidiary	35.4%	35.6%

It is important to note that the date regarding rate of return and other evidence presented by the government in Lilly and Searle did not necessarily provide the court or the parties with a definitive, quantitative transfer price or charge for intangibles. Rather, like Dr. Plotkin's testimony in DuPont, it was used to support the reasonableness of a resulting allocation or determination./120/ As discussed in Chapter 11, the Service and Treasury believe that, in cases where no comparable exist, a more refined rate of return analysis can be used to establish a transfer price and not merely to verify the reasonableness of an allocation.

2 Ch. 11, C1b. "USE OF ARM'S LENGTH INFORMATION"
次に，白書の第11章のこの部分も，Du Pont 判決における Berry の鑑定意見を紹介し，ベリー・レイショをいかなる場合に用いることが妥当かという点について，簡単に述べている。すなわち，具体的には，
・役務提供に関して
・資産の評価が困難である場合

・所得と費用の関係が,所得と資産の関係よりも密接であると考えられる場合

がそれにあたると述べられている。そして,ベリー・レイショを適用する場合においては,営業費用の全体額にのみ着目するのではなく,費用の種類と,その所得との関係を個別的に考慮する必要があると主張されている。

以下,英文を紹介しておく（強調・中里）。

There are two ways that arm's length information can be used to allocate income to the activities of the Widgetco manufacturing affiliate. The first method has been previously described -- to identify the unrelated parties' rates of return on assets utilized in a particular function, taking into account only the non-liquid assets relevant to the function in the line of business being examined. If satisfactory measures of the unrelated parties' assets are available, it should be possible to calculate an appropriate rate of return for each function and apply it to the related party's assets utilized in that function.

The second way to use the arm's length information is to measure it against a yardstick other than rates of return on assets. A common alternative is **the ratio of income to operating costs**. For example, in the DuPont case, /211/ an expert witness, Dr. Charles Berry, computed the ratio of gross income before reduction by operating costs and interest to operating costs for DISA, DuPont's Swiss affiliate, and for a number of unrelated parties performing similar functions. **This analysis is useful to measure returns on service activities and in other situations where assets are difficult to measure consistently or, more generally, where there is reason to believe that the relationship between income and costs is more stable or easier to measure than the relationship between income and assets**. As is true with assets, it is important to consider **the types of costs and their relationships to income earned**, not just the totals. For example, some analysts have used the ratio of gross income to "above the line" costs. This approach is suspect if the unrelated parties incur proportionately larger amounts of "below the line" costs, such as advertising, than the related affiliate incurs.

The use of both types of unrelated party information is consistent with the fundamental goal of the basic arm's length return method, which is to use information about unrelated parties to determine the returns that would have been earned had the related parties' activities been undertaken at arm's length. Therefore, both approaches are potentially applicable depending upon the availability of either type of information and the appropriateness of using either type of information in the particular circumstances.

3 Appendix E, Example 5 3) "ANALYSIS OF APPROPRIATE RATES OF RETURNS"

さらに，白書のアペンディックス E の，この部分は，独立企業間価格の計算の実例を示したものであって，その Example5 のところには，ベリー・レイショの用い方に関する具体例が簡単に示してある。この部分は簡潔な叙述であるが，現実には最も参考となるところである。

The company evaluates the **available infomation** in order to determine the appropriate ratios on which to base its comparisons. Comparable asset data are not available for all firms in the sample. Therefore, an attempt must be made to determine a rate of return for TravelUS based on available cost data for the sample of firms. A number of ratios can be considered as a means of determining an appropriate return on costs. Possibilities include the ratio of gross profit to operating expenses (the **Berry ratio**), the ratio of operating income to the cost of sales and operating expenses, and the ratio of net pre-tax income to total expenses. **The choice of the appropriate ratio will depend on the composition of the sample and the stability of the ratios over time**.

For the sample of 16 companies, all of the ratios lead to similar results. TravelUS retains the information that supports this claim, but upon examination presents only the analysis using the **Berry ratio**. As defined above, the **Berry ratio** is the ratio of gross profit to operating expense:

(Net Sales-Cost of Sales)/(Operating Expenses)

Net sales are total revenue from sales less cash discounts to customers for payment within a specified time. Cost of sales is also referred to as cost of goods sold, including freight charges. Operating expenses include selling expenses such as sales salaries and commissions, advertising and marketing expenses, depreciation expenses, supplies, office salaries, and payroll taxes. The major expense not included in either cost of goods sold or operating expenses is interest expense.

For the 16 firms in the sample the average **Berry ratio** is 1.40 with a standard deviation of. 15. (The minimum ratio was 1.17 and the maximum was 1.61.) TravelUS uses the average ratio, 1.40, in order to determine the payment that should be made to the parent. Additional information that will be necessary includes net sales, operating expenses, and cost of sales that are not included in the payment to the parent for the product.

TravelUS projects sales of 20,000 units, net sales revenue for 1989 of ＄100 million, and operating expenses of ＄30 million. Cost of Sales are projected to be ＄2 million plus transfer payments to TravelFun. Plugging this information into the equation for the **Berry ratio** yields:

$$1.40 = (\$100 \text{ mil.} - [\$2 \text{ mil} + 20{,}000x])/\$30 \text{ mil}$$

Therefore, x, the transfer price paid for each unit, is ＄2800. TravelUS will pay TravelFun ＄2800 per unit of import and projects that it will pay TravelFun a total of ＄56 million in 1989.

四　アメリカの裁判例

　さて，次に，ここでは，移転価格に関するアメリカの二つの代表的な裁判例を紹介することとする。一方の判決においてはベリー・レイショが用いられたのに，他方の判決においては用いられていないことの理由は，無形資産の存在であると思われる。以下，両者を比較してみる。

1　Du Pont 判決

　この E. I. du Pont de Nemours & Co. v. United States, 608 F. 2d 445（Ct. Cl. 1979）の事件においては，アメリカの親会社（Du Pont 社）が，その生産する製品を，スイスのディストリビューター子会社（DISA 社）に対して販売する際に，両者間の取引価格が，特別なサービスの提供等を何ら行っていないにもかかわらず，DISA 社が全利益の 75％ を得ることができるように設定されていた。そこで，内国歳入庁は，アメリカからスイスへの利益の移転が行われていると考えた。これに対して，納税者（Du Pont 社）は，再販売価格法を用いて，その価格付けを正当化しようとしたが，裁判所は，これを

> 「Du Pont 社は，内国歳入長官がその有する広範な裁量権を濫用した……ことについても，彼が不合理に行動したことについても，記録上，われわれを納得させるにいたっていない。」（608F.2d 445, at 456）

として斥け，

> 「482 条の下における長官の配分を審査するにあたり，われわれは，担当調査官の用いた方法論の詳細ではなく，その結果の合理性を重視する。」（608F.

2d 445, at 454）
とした上で，次のように述べて，納税者を敗訴させた。

　「逆に，被告の主張する二つの経済的指標は，内国歳入長官の配分の結果を支持するものである。その第一の指標は，DISA社の粗所得の全営業費用に対する比率を，一般的にいって機能的にDISA社と類似の32の広告会社，経営コンサルタント会社，販売会社の同様の比率と比較したものである。
　〔中略〕
　第二の指標は，一般的な機能的類似性にはまったく依拠せず，1000を超える会社の収益率……に関する非常に包括的な研究にのみ依存している。
　〔中略〕
　機能的に類似の企業の所得対費用の比率により判断しても，産業全般における資本収益率により判断しても，DISA社の〔482条に基づく〕配分前の利益は，上限を大幅に超えている。再配分の後においても，DISA社の資本収益率は，調査対象の1133社の96％よりも良い。この二つの指標を経済的利益の一般的基準として用いると，DISA社は，配分前には際立っている。」（608 F. 2d 445, at 456）

　この判決は，内国歳入庁によるベリー・レイショと，収益率の利用を，その内容について何ら検討を加えることなく，482条による配分の検証手段として一応は認めている。もっとも，それは，納税者が十分な立証を行っていないことの結果かもしれず，その意味において，この判決を，ベリー・レイショと，資本収益率の妥当性を正面から積極的に認めたものと考えるのは必ずしも妥当ではないのかもしれない。いずれにせよ，二人の専門家によるベリー・レイショと収益率に関する鑑定証言が，課税庁の立場を補助的に擁護する結果となった点，および，以後，ベリー・レイショが便利な手法として一般に認知されるようになった点は重要である。

　なお，この判決については，次の論文の解説が簡潔で要を得ているので，その該当部分の英文を次に引用しておく（強調・中里）。

D. Kevin Dolan, Intercompany Transfer Pricing for the Layman, 49 Tax Notes 211 (1990)

　　　The court concluded that some allocation of profit form DISA to duPont was necessary (there was clear evidence of intentional tax avoidance), and accepted the Service's adjustment. Unlike in other cases, **the court did not analyze the Service's** methodology and did not attempt itself to determine an appropriate allocation of income. It instead deferred to the IRS, holding that **the taxpayer did not show that the IRS acted unreasonably or abused its discretion.**

In reaching its conclusion that the IRS acted reasonably, **the court relied upon two economic analyses submitted by the IRS.** The first analysis showed that DISA's **ratio of gross income to total operating costs** (its so-called 'Berry' ratio) after the IRS' adjustment was comparable to the equivalent ratio computed for a number of distributors and other firms that were generally functionally similar to DISA./17/ The second analysis was a rate-of-return analysis that compared DISA's **rate of return on capital** to 1133 companies in various industries. Prior to allocation, DISA had a rate of return of 450 percent and 147.2 percent in 1959 and 1960, respectively. After the IRS' allocation, DISA had a rate of return that still exceeded 96 percent of the surveyed companies. **The Berry ratio analysis or rate-of-return analysis appears in some form in several subsequently decided cases, and they are commonly used by both the government and the taxpayers in administrative proceedings before the IRS.**

2　Eli Lilly 判決

この，Eli Lilly & Co. v. Commissioner, 84 T. C. 996 (1985)，および，Eli Lilly & Co. v. Commissioner, 856 F. 2d 855 (7thCir. 1988) の事件は，Darvon という薬品を，アメリカ国内で販売する親会社が，プエルトリコに設立した製造子会社（内国法人として扱われる）の製造した薬品を仕入れる際の価格が問題となったものである。親会社は 1966 年にプエルトリコの子会社に対して，Darvon の製造に関する特許権とノウハウを現物出資し，子会社は，製造に関する無形資産を保有していた。他方，親会社は，合衆国における Darvon の商標等を保有していた。租税裁判所の判決は，非常に長文のものであるが，その概要は，ほぼ，次のようなものである。

まず，内国歳入庁は，親会社から子会社に対する製造無形資産の移転に関して，内国歳入法典 351 条によるノン・レコグニッション（課税繰延）扱いを否定し，482 条により，親会社に対して所得を配分しようとしたが，裁判所は，このような当局の考え方を否定した（なお，このような取引に関しては，その後，1982 年改正により 936 条が改正され，また，1986 年改正により，スーパー・ローヤルティー条項も適用されるようになった）。

次に，製品のアメリカの親会社からプエルトリコの子会社への販売価格について，裁判所は，まず，子会社に，その製造費用と location saving （すなわち，

プエルトリコで操業することによる労働費用の節約等から生ずる利益の額）と等しい額の利益を配分し，また，親会社に，その販売費用と等しい額の利益を配分した。さらに，裁判所は，残りの利益（これは，無形資産から生ずる）を，子会社の有する製造に関する無形資産と，親会社の有する販売に関する無形資産では，前者の方が重要であると考えて，前者に55％，後者に45％の比率で配分した。しかし，この55対45という配分比率の根拠については，必ずしも明らかにされてはいない。なお，この事件の控訴審判決も，ほぼ同様の結論を下している。

ここでは，Du Pont 判決の場合とは異なり，親会社と子会社の両方が相当の無形資産を有していたので，ベリー・レイショは用いられなかった。この点については，次の論文に詳しい（強調・中里）。

D. Kevin Dolan, Intercompany Transfer Pricing for the Layman, 49 Tax Notes 211 (1990)

  Eli Lilly and Profit Splits. Eli Lilly & Co. v. Commissioner/23/ was decided before Bausch & Lomb, but is discussed after Bausch & Lomb because it involves a more **complicated factual situation in which a rate-of-return or Berry ratio analysis could not be used** -- because both affiliates in that case owned intangibles. Althouth Lilly involves circumstances and a legal issue that are peculiar to the U. S. tax treatment of U. S. corporations operating in Puerto Rico ('possessions corporations'), it has important relevance to other situations.

-----

  4. Judicial Methodologies -- Formulary Methodologies in Disguise? **In duPont**, duPont's Swiss subsidiary distributor performed marketing functions but did not itself own substantial marketing intangibles. **The rate of return analysis and the Berry ratio analysis were used** to identify [*222] an appropriate return to the Swiss distributor. In Bausch & Lomb, the Irish subsidiary manufacturer did not own significant manufacturing intangibles, and a rate of return analysis (and a profit split analysis) were used to identify an appropriate return to the Irish manufacturer.

  In contrast, **in Lilly, both of the affiliates involved owned substantial intangibles** -- Lilly P. R. owned the manufacturing intangibles used in its manufacturing activities, and Lilly U. S. owned substantial marketing intangibles used in its marketing activities. **Where both parties own substantial intangibles, the rate of return and Berry ratio approaches cannot be used to identify the income of either of the two affiliates, because neither of those approaches would have given an appropriate**

return on the intangibles. The profit split approach used in Lilly is the only approach thus far identified that effectively deals with situations in which both parties possess valuable intangibles./29/5A

五　ベリー・レイショに関する多少の理論的検討

　さて，次に，上にこれまで述べてきた事実関係や情報の整理を前提として，できる範囲内のものに過ぎないが，ベリー・レイショに関する多少の理論的検討を行ってみることとしたい。

1　rate of return を用いる様々な方法

　移転価格に関するいわゆる「第四の方法」としては，プロフィット・スプリット法系統の方法の他に，様々なかたちの収益率（rate of return）に着目して比準を行う方法が存在する。

　このうち，後者の rate of return を用いる方法には，何に対する rate of return に着目するかに応じて，様々なものがある。たとえば，return on equity, return on assets, return on operating cost（このうち，the ratio of gross income to total current operating costs を，その提唱者の名前をとって，Berry ratio と呼ぶわけである）を用いる方法などが考えられる。これらについて，アメリカ連邦議会の Joint Committee on Taxation の 1990 年の

　　"Present Law and Certain Issues Relating to Transfer Pricing（Code Section 482）"

は，理論的観点から，きわめて明確にかつ要領よく概念を整理・説明している。すなわち，それは，次のように述べている（29～32 頁，強調・中里）。

　　「総論
　　Return on equity　……例えば，外国親会社から中間製品を購入する子会社であるアメリカ法人が，異常に低い収益率しかあげていないならば，この低い収益率は，外国親会社からアメリカにおける被支配子会社に対する販売における不適切に高い価格のためであるという推論がなりたつかもしれない。このような収益率の比較の背後にあるのは，長期的には経済学的な会計方法によって測定される税引き後の収益率は等しくなるという，経済学者の間で広く認識された原則である。したがって，同一支配グループの個別の構成体の会計的収益率が継続的に異常であるということは，関連当事者間で移転される製品の実

際の価値を反映しない移転価格の存在を意味しているかもしれない。

仮に，収益率が産業をこえて等しくなるとすれば，収益率法の使用は，必ずしも問題となっている企業の収益率の，同じ産業で同じ機能を果たしている比較可能な企業の収益率との比較に限定されない。しかし，産業間で収益率が異なるとすれば（例えば，リスクの差異のために），あるいは，産業間で測定された収益率が，所得と資産の測定における体系的誤差のために異なるとすれば，収益率の比較に用いる分析は，収益率の比較を産業内の企業に限定することにより改善されるであろう。

この一般的アプローチの主要な問題点は，収益率を正確に測定することは実際には困難であるという点である。収益率は所得の持分に対する比率であるから，この計算には，所得と持分に関する容認しうる測定が必要であるが，そのどちらも様々な推定方法に服しているかもしれない。移転価格の問題に適用する際には，これらの測定問題は，持分に対する収益率と様々な程度において類似の代替的比率の開発により，大部分は回避されてきた。

(中略)

Return on operating cost　さらに，資産のリターンの比較は，特に古い企業と新しい企業の間の，資産の評価における大きな乖離という問題をかかえている。資産評価の問題は，収益率の……分母における持分や資産を，事業経費に置き換えることにより避けることができる。この方法は，基本的に，事業経費が持分に比例することを想定している。この比率は産業により大きく異なるので，産業グループの内部においてのみ意味のある比較が可能である。所得の資産に対する比率に関して前節において述べたのと同様に，このアプローチは，事業経費と持分の間の関係が企業間で似ているような産業内の企業グループの比較について，用いられよう。それにもかかわらず，所得の資産に対する比率に関して前節において述べたように，産業内部の比較さえも，財務構造と製造方法に関して企業間で類似性がみられるという想定がみたされる場合にのみ有用である。

比率の解釈の困難

測定の困難から生ずる上のような問題点に加えて，そのような比率の比較は，単一年度のデータのみが利用される場合には，ミスリーディングであろう。ある年度におけるある企業は，その収益率において標準から乖離しながら，収益率の長期的な均衡という経済原則に合致しているかもしれない。単一年度のデータから計算される収益率の差異のみに基づいて移転価格の問題が存在すると考えることは，早計であろう。

実務において収益率法がよく用いられるのは，移転価格を決定するためではなく，代替的方法で計算された価格の合理性を検証するためであった。1979年のOECD報告書は，次のように述べる。

　　『例えば，ある産業における利益の水準はあるパターンに沿っているかもしれず，このパターンから外れているということは，利益が人為的な移転価格により移転されたということを意味するかもしれない。しかし，この種の比較は，注意深く行う必要があろう。きわめて利益や損失が多いということが人為的操作の結果であるということに必然的になるわけではない。……比較の結果は，さらに調査を行うべきことを示しているだけであると通常は考えられよう。』

　このようなアプローチは，Du Pont事件において採用された。そこでは，裁判所は，リターンの比率を他の方法で決定された所得配分の『結果の合理性』に関する指標とした。

　財務省の『白書』における収益法
　財務省は，一定の状況の下においては，収益率法が他の方法の合理性に関する検証のためのみならず，移転価格を実際に決定するためにも用いられるということを示した。白書で議論されているように，財務省は，収益率法を，正確なあるいは近似的比準対象が存在しない場合の無形資産の価格付けのために適用する。この，Basic Arm's Length Return Method（BALRM）として知られる方法は，関連当事者の一方のみが正確なあるいは近似的比準対象の存在しない無形資産を有するような状況においてのみ，適用される。さらに，この方法は，『機能分析』を行って当該企業の事業の様々な要素を列挙し，それぞれのラインの事業の収益率を求め，その後に全体からの残余の部分としての無形資産の収益率を計算するということを行った後に，初めて適用できる。無形資産には比準対象が比較的まれにしか存在しないので，提案されたBALRM法は，移転価格の事例のかなりの部分において適用されるであろう。」

　以上の叙述は，移転価格課税において用いられる収益率を利用する（ベリー・レイショを含めた）各種の方法についての必要にして十分な解説といえよう。なお，より正確を期するために，長くなるが，以下に，上の日本語訳の原文を掲げておこう（強調・中里）。

　　Joint Committee on Taxation, Present Law And Proposals Relating To Increasing Domestic Energy Production And Reserves Scheduled for a Hearing Before the Subcommittee on Energy and Agricultural Taxation of the Committee on Finance on July

27, 1990 (JCS-22-90, July 26, 1990)

D. Proxy Measures of Rates of Return Calculated under the Fourth Method
In general
Return on equity. -- Besides the three methods specified in the regulations, which attempt to determine transfer prices between related parties directly, there is an alternative set of approaches which attempt to infer the existence of inappropriate transfer prices by measuring aberrations in various measures and proxy measures of rates of return. n70 For example, if it could be determined that a U. S. company, which is a subsidiary of a foreign parent from which it purchases intermediate goods, has an abnormally low rate of return, it might be inferred that this low rate of return is attributable to inappropriately high prices from the foreign parent to the controlled subsidiary in the United States. Underlying these comparisons of rates of return is the principle, widely recognized among economists, that in the long run after-tax rates of return measured under economic accounting rules will be equalized. Therefore, the presence of persistent abnormal accounting rates of return for individual members of a controlled group might be indicative of transfer prices that do not reflect the real value of goods transferred between related parties.

If it can be assumed that rates of return can be equalized across industries, use of a rate of return method may not necessarily be restricted to comparison of the rate of return of the firm in question to comparable firms performing the same function in the same industry. However, if it is believed that rates of return among industries may vary (for example, because of differences in risk) or that *measured* rates of return among industries may vary due to systematic errors in the measurement of income and assets, analyses utilizing comparisons of rates of return would be improved by restricting comparison of rates of return to firms within industries.

The main problem with this general approach is that it is difficult in practice to measure rates of return accurately. Since a rate of return is the ratio of income to equity, this calculation requires acceptable measurements of income and equity, both of which may be subject to a variety of estimation methodologies. In application to **transfer pricing** problems, some of these measurement issues have largely been avoided by development of alternative ratios analogous in various degrees to rates of return on equity.

(中略)

Return on operating cost. -- In addition, comparisons of returns on assets may suffer from large disparities in valuation of assets, especially between old and new firms. n71 The problem of asset valuation may be avoided by replacing equity or assets in the denominator of the proxy measure of rate of return with operating costs. n72 This method fundamentally assumes operating costs are proportional to equity. Because these ratios do vary widely across industries, meaningful comparisons can only be made within industry groups. n73 As similarly noted in the previous paragraph with regard to the ratio of income to assets, this approach might be used for comparisons of a group of firms within an industry which exhibits uniformity across firms in the relationship between operating costs and equity. Nevertheless, as noted above in the case of ratio of income to assets, even comparisons within industries can only be useful under certain assumptions about similarities across firms in financial structure and methods of production.

Difficulties in interpretation of ration

In addition to these problems resulting from difficulties in measurement, comparisons of such ratios may be misleading if only one year's data is utilized. Any one firm in any year may have an aberration in its rate of return and still not violate the economic principle of long-run equalization of rates of return. It might be premature to suggest **transfer pricing** problems exist based solely on disparities in rate-of-return ratios calculated from a single year's data.

A frequent use of measures of rates of return in practice has been not to determine transfer prices but to check the reasonableness of prices determined by alternative methods. An 1979 OECD report notes the following:

Levels of profit in an industry may for example conform to a pattern and an exception to the pattern might indicate that profits were being shifted by artificial transfer prices. But comparisons of this sort would need to be made with care. It does not necessarily follow that exceptional profits or losses are artificial.... [T] he results of the comparison could normally be regarded only as pointers to further investigation. n74

This approach was adopted in the *Du Pont* case, as the Court used return ratios as a guide to "reasonableness of the result" of the income reallocation determined by other methods. n75

The rate of return method in the Treasury Department "White Paper"
The Treasury Department has suggested that under certain circumstances, the rate of return ratio methods may be used not only as a check on reasonableness of other methods, but to actually determine and set transfer prices. As discussed in the White Paper, the Treasury Department would apply return ratio methods for the pricing of intangibles where no exact or inexact comparable exists. This method, known as the Basic Arm's Length Return Method (BALRM), could only be applied in situations where only one of the related parties has intangible assets without exact or inexact comparables. Furthermore, this method may only be applied after performing "functional analysis" to identify different components of the firm's business, assigning rates of return to each line of business, and subsequently computing the rate of return of the intangibles as the residual from the total. Since comparables are relatively rare for intangibles, the suggested application of the BALRM method would be applied in a significant portion of **transfer pricing** cases. n76

2 return on assets と Berry ratio (return on operating cost)

さて，1で述べた様々な方法の中で，実際には，return on assets と Berry ratio (return on operating cost) の二つが，裁判例等において用いられているので，この二つの方法について，以下において少しふれておこう。

まず，return on assets における資産と所得との関係について，

James E. Wheeler, An Academic Look at Transfer Pricing in a Global Economy, 40 Tax Notes 87, at 88 (1988)
は，次のように述べている。

「所得や資産を産み出すのは何かを決定する必要がある。分析をつきつめれば，所得を産み出すのは資産の存在である。しかし，現金から，機械，設備，さらには無形資産といった非流動性資産にいたるまで，様々な種類の資産が存在する。これらの資産のそれぞれが，その価値を決める際の手助けとなる異なる性質をもっている。そして，資産の価値は，それが将来の所得（キャッシュフロー）を産み出すことと関連している。

所得と資産の関係

一般に，使用資産の価値が大きいほど，企業の利益に対するその貢献も大きく，それ故に，関連当事者間取引の価格に対する影響力も大きい。したがって，営業所得は使用資産と関連している。この関係が与えられた場合，関連当事者

により用いられる資産と，その資産の性質が決定されれば，連結の営業所得のどの程度の部分が各当事者に帰属させられるかを決定する際にきわめて役立つ。……

　……資産がもれておらず，その価値が適正に評価されていれば，貸借対照表の資産の項目をすべて検討することにより，企業の価値を結局は決定できる。この過程は，少なくとも理論的には，これらの資産から得られる合理的な所得を推定するためにも用いることができよう。」

　このように資産と所得の間には一定の無視しがたい相関関係があるので，理論的にいうならば，企業の資産の評価額に，標準的な（資産に対する）収益率を乗ずれば，標準的な所得を求めることができる。これが，すなわち，資産収益率（return on assets）法である。この方法の下においては，例えば，アメリカに多国籍企業の構成体である企業が存在する場合，その保有する資産額に，その産業における通常の収益率等を掛け合わせて，当該企業のアメリカにおける利益を求め，その利益と比較して移転価格が適正であるか否かを判断することになる。

　これに対して，**Berry ratio**（**return on operating cost**）は，**return on assets** を簡略化した方法である。この Berry ratio（return on operating cost）については，その提唱者である Berry 自身が，

　　Charles H. Berry, Economics and the Section 482 Regulations, 43 Tax Notes 741 （1989）

の中で，次のように述べている（強調・中里）。

　　「白書は，『Berry ratios』（直接の営業費用に対する arm's length な，あるいは競争的なマークアップ）の使用と，収益率法（全資産に対して適用される arm's length な，あるいは競争的な収益率）の使用を，関連者取引における当事者の arm's length な収益の計算において，認めている。この二つの方法における論理は，まったく同じである。問題とされている機能を独立の当事者に非関連者として果たさせるにはどれだけの額が必要かを，われわれは推定したいのである。

　　二つの方法の中では，一見，〔資産〕収益率法の方が概念的に受け入れやすいであろう。われわれは，投資とは最も収益率の高いところに向かうものであると考える傾向があり，競争的条件の下においては，すべての活動は，『通常の』，すなわち，競争的な収益率を得る。特定の分野への投資額がわかれば，単にその投資額に『通常の』ないし『競争的』収益率を乗ずることにより，そ

の分野の『競争的』（すなわち，arm's length な）所得を決定することができるはずである。それが，投資を誘発するのに必要な収益率である。当該投資額は，実際に投資された額である。このような方法は，単純で合理的に見える。

確かに，それは合理的であるかもしれない。しかし，それは単純ではない。その理由は二つある。第一に，われわれは，『通常の』収益率がどれだけであるかを知らない。それは，活動のリスク，他の選択肢の産み出される可能性，資産の価値増加の可能性，及び，その他の，測定することはもちろん推定することさえ困難な様々なことに依存する。

第二に，われわれは，投資の価値がどれだけであるかを知らない。私の家に対する私の現在の投資は，その市場価値である。しかし，それは私が支払った対価とは異なる。企業の帳簿の資産の項目に記載されているのは，様々な時点において，ときには関連者取引により，様々な資産に対して支払われた額について，市場を考慮することなく租税法の強い影響を受けた比率で一般的に減価償却を行って得られたものである。

にもかかわらず，われわれは，問題となっているサービスを提供するのに必要な種類の投資を，企業が（現在）なすよう誘発するような収益率を測定したいのである。**Berry ratios** は，〔資産〕収益率法におけるより深刻な測定の誤りのいくつかを避けながら，そのような収益率を間接的に得ようとするものである。再び，Lilly P. R.〔Eli Lilly 事件の子会社〕を例に挙げてみよう。

Lilly P. R. と基本的に同種の化学品製造を行う他の化学会社が，当期の営業費用を超えて，50% の粗利益を上げているとしよう。さらに，これらの企業が当該事業にとどまろうと望んでいるということも仮定しよう。それ故，これらの企業は，少なくとも『競争的』な収益率に等しいだけの収益率を，その投資に対して得なければならない。私は，その収益率がどれだけであるかを知らないし，その投資がどれだけであるかも知らない。しかし，私は，その収益率が，問題となっている製造活動を誘発するのに十分であることを知っている。

さて，活動が Lilly P. R. の活動ときわめて似ているので，これらの他の製造企業の当期営業費用に対する資本（投資）費用の比率は，平均すれば，Lilly P. R. のそれとかなり近いであろう。したがって，私が，Lilly P. R. に対して，その当期営業費用（私は，それを合理的に正確に測定できるし，それは，当期市場価値ベースで測定される）に対して，同じ粗利益を認めるならば，私は，実際のところ，Lilly P. R. に対して，それらの他の類似の化学品製造者により実現されたのと同じ，資本（投資）費用に対するリターンを配分したことになる。しかも，私は，それを，Lilly P. R. の資本の価値について異議を唱えることなく，また，適正な競争的投資収益率を求めるために苦闘する必要もなく，なす

のである。
　この方法は，実際のところ，比準の対象をうまく選べば，簡便でありながらそれなりの結果をもたらす方法といえよう。しかも，一応の理論的根拠を有する点においても評価できる。」

3 profit level indicators
比準利益法における利益水準指標に関しては，暫定規則に関する議論ではあるが，次の論文がレベルの高いものである。
　Thomas Horst, The Comparable Profits Method, 59 Tax Notes 1253（1993）
　それによれば，ベリー・レイショ，すなわち，**Ratio of gross profits to operating expenses** は，二つの企業における営業費用の構成が類似している場合には適切な指標となるとされている。しかし，この考え方に対しては，グランフィールドによる，次のような痛烈な反論が存在する（強調・中里）。

Michael E. Granfield, An Economic Analysis of the Documentation and Financial Implications of the New Section 482 Regulations, 7 Tax Notes International 97 (1993)
　　The two distributor-oriented ratios are：(1) the ratio of operating profit to sales；and (2) **the ratio of gross profit to operating expenses. The regulations qualify use of the second ratio by stating that there should be substantial similarity in the composition of operating expenses. This, too, is a <u>serious economic error.</u> The usefulness of the Berry ratio is that expenses can be viewed as investments that must be compensated for with gross income. The regulations limit the usefulness of the ratio by not allowing comparisons of distributors in diverse lines of business. Obviously, over [*120] short periods, distortions can occur, but that is not a failure of the Berry ratio, it is the time frame of the analysis**.

　このように，グランフィールド（オートケースにおける内国歳入庁側の鑑定人）は，ベリー・レイショのより幅広い採用を主張しているのである。日本の当局がベリー・レイショに対して反対するのであれば，このグランフィールドの議論を十分に検討して，理論武装しておく必要があろう。
　上のHorstの論文によれば，ベリー・レイショの数値は，数学的に，**the ratio of operating profits to operating expenses** に100％を加えたものに等しい。したがって，利益水準指標としてベリー・レイショを用いることは，定義的に，

the ratio of operating profits to operating expenses を用いるのと同じ結果をもたらすことになる。それ故に，ベリー・レイショを the ratio of operating profits to operating expenses として考えた方が，他の利益水準指標との比較上理解しやすいと，述べられている。

次に，利益水準指標として用いられる（ベリー・レイショも含む）各種の財務指標における様々な種類の費用の位置付けについて，上の Horst の論文は，これを，**marked-up costs**，**passthrough costs**，**excluded costs** の三種類に分けて，興味深い分析を述べているので，以下に引用しておく（強調・中里）。

> 2. Choosing among alternative financial ratios. In choosing among alternative financial ratios, one should keep in mind that the alternative financial ratios implicitly assign different types of costs to one of three categories: (1) costs that are to be marked up by a percentage derived from similar transactions between parties dealing at arm's length (**marked-up costs**), (2) costs that are included (but not marked up) in calculating the value of sales to related parties (**passthrough costs**), and (3) costs excluded in calculating the value of sales to related parties (**excluded costs**). The **Berry** ratio, the operating profit margin, and the traditional cost-plus method (which is based on gross profits, not operating profits) assign various costs as follows:

Cost Classifications

Method	Marked-Up Costs	Passthrough Costs	Excluded Costs
Berry ratio,	Operating Expenses	Cost of Sales	Below-the-Line Costs
Operating Profit Margin	Operating Expenses + Cost of Sales	None	Below-the-Line Costs
Cost-Plus (Gross Profit) Method	Cost of Sales	None	Operating Expenses + Below-the-Line Costs

> In general, costs should be treated as passthrough costs, rather than marked-up costs, when the party that incurs the cost cannot control that amount of that cost, but incurs it for the direct benefit of its customer. For example, the **Berry** ratio often is applied to a distributor whose cost of sales consists mainly of the cost of purchasing goods that are resold to customers. Using the **Berry** ratio, a captive distributor's operating profit increases in direct proportion to its own operating expenses, while the cost of sales is re-

flected dollar for dollar and with no markup in the price of finished goods.

This framework can be extended to other situations where some form of a cost-plus method is to be used. For example, in a contract manufacturing setting, a customer may sell direct materials to a contract manufacturer and buy back from the contract manufacturer the finished product incorporating those materials. /13/ In such cases, the contract manufacturer's marked-up costs generally should be limited to its labor, overhead costs, and indirect materials costs, while the cost of direct materials purchased from the customer would be a passthrough cost. /14/

Those costs that may vary from company to company, but are not likely to be reflected in the prices charged to customers, should be excluded, not marked up or passed through. Interest expense, income taxes, and other below-the-line costs usually are'excluded'costs. The critical difference between the traditional cost-plus and resale price methods, on the one hand, and the CPM, on the other hand, is that the traditional methods base the markup percentage or profit margin on gross profits and so treat operating expenses as excluded costs. By contrast, the CPM bases the markup percentage on operating profits and so provides a markup on operating expenses as well as the cost of sales. Of course, since a gross profit markup percentage generally is higher than an operating profit markup percentage, the transfer price calculated under the traditional methods may be higher or lower than the transfer price calculated under the CPM method. /15/

六　データの質および入手可能性

1　データの質の重要性

移転価格の事案で移転価格の方法として複数の方法が主張されるのは，比較できるデータの入手可能性の限界の問題と密接に関連しているのではないかと思われる。そもそも，データの種類如何によっては，移転価格課税における価格決定そのものの信頼性が揺らぐ可能性がある場合もあろう。そこで，ここでは，ベリー・レイショとは少し離れるが，データの面から，移転価格課税について見ておこう。このデータの質等の問題に関して参考になるのは，

　　Marc M. Levery, Jonathan E. Lubick, and Robert T. Bossart, Defining "Quality"
　　Data in a Transfer Pricing Analysis, 7 Journal of International Taxation 4（1966）
という文献である。この文献は，以下のように述べて，データの質の問題が重要であると論じている。

While the quality of the data and assumptions underlying a transfer pricing analysis is critical to its reliability, the Regulations under Section 482 do not provide meaningful guidance for the source of "quality" data or the quality of data itself. Inherent inconsistencies among common data and its sources prompt the question, "Why is some data more qualitative than other data and why are some sources better than others?"

Examined below is the approach of the Section 482 Regulations to data in a transfer pricing analysis, how data has influenced the judicial decisions in transfer pricing cases, and how economic results can differ based on three common sources of data. A discussion of these issues is instrumental in discerning the characteristics of "quality" data and the resulting success in persuading the IRS of its arm's-length results.

この文献は，具体例をあげながら，データの質・入手可能性と移転価格課税の関係について詳しく論じているので，以下，そこにおける議論を紹介しておくこととしたい。特に，ベリー・レイショとの関連においては，それがいかなる場合に適用されるかという点を考える上で，データの質・入手可能性の問題は避けて通ることのできない基本的な問題である。そこで，以下においては，この論文の内容全体について，原文にできるだけ忠実に詳しく紹介しておくこととする。

2 データの質に関する財務省規則の定め

すなわち，アメリカ財務省規則によれば，データの完結性と正確性，データ利用の前提となる仮説の信頼性が重要である。しかし，規則には，データの質に関する定めはおかれていないことから，問題が生ずる。この点について，上の論文は，以下のように述べている（強調・中里）。

THE REGULATIONS

Under the Section 482 Regulations, the quality of the data used in a transfer pricing analysis generally relies on the following two general factors:

1. THE COMPLETENESS AND ACCURACY OF THE UNDERLYING DATA.

Reg. 1.482-1 (c)(2)(ii)(A) states that "an analysis will be relatively more reliable as the completeness and accuracy of the data increases." The Regulations, therefore, imply that as data is more complete, it also becomes more accurate.

2. THE RELIABILITY OF THE ASSUMPTIONS MADE FOR THE DATA.

Reg. 1.482-1 (c)(2)(ii)(B) states that "the reliability of the results of an analysis depends on the soundness of the assumptions made." If there is incomplete data in an analysis, assumptions regarding the available data will sometimes be necessary. For example, it may be necessary to assume a given level of assets to perform an analysis. Here, the reasonableness of the assumptions must be assessed to evaluate the reliability of the transfer pricing analysis.

While these **two data factors** provide a semblance of a framework for performing an analysis, **the Regulations do not include a standard for measuring the quality of these data factors**.

3 データの質に関する基準

移転価格税制の具体的適用の局面においては,データが納税者の事実関係に適合するように利用されており,また,データ利用の前提となる仮説が信頼できるものであることが重要であるとされる。

すなわち,①データが納税者の業界のものであること(データの出所の問題),および,②それが納税者の事情を反映したものであること(データの納税者への適合性の問題),の二つが要求される。

この点について,上の論文の英語の原文では,以下のように述べられている(強調・中里)。

QUALITY DATA MEASUREMENT STANDARD

The most constructive measurement standard to assess the quality of data is ensuring that **the data factors are applied consistent with the taxpayer's facts**. In other words, the facts must correspond with the data and the data must correspond with the facts. More particularly, the Section 482 Regulations affirm that **the data must correspond to the facts for the data to be "accurate and complete"(data factor 1), and the facts must correspond to the data for the data to have "reliability of assumptions"(data factor 2)**.

For **data factor 1, the degree to which the data source corresponds to the taxpayer's industry and financial reporting standards** forms the base on which to measure the quality of the data.

For **data factor 2**, which is the reciprocal of data factor 1, **the taxpayer's facts must correspond to the data**. The key issue here is the assumptions used in an analysis. That is, the assumptions must correspond to the facts, which in turn must correspond to the data for the data to properly provide an appropriate measure.(中略)Therefore, **to ensure the quality of data underlying an analysis, the underlying as-

sumptions must correspond to the facts. It is here that most expert witness analyses fail.

4 裁判例

次に，この論文は，アメリカにおける移転価格課税に関するいくつかの裁判例を素材として，データの質に関する具体的議論を展開していく。具体的には，Du Pont 判決，National Semiconductor 判決，Westreco 判決を素材としてとりあげ，①データが納税者の業界のものであること（データの出所の問題），および，②それが納税者の事情を反映したものであること（データの納税者への適合性の問題）を，それぞれの場合に即して検討していくというのである。そして，裁判所は，当初は②（データの納税者への適合性の問題）を中心に見てきたが，最近は，①（データの出所の問題）についても重視するようになっていると述べている（強調・中里）。

THE CASE LAW

A review of the evolution of certain key transfer pricing cases illustrates **how the courts have increasingly compared a taxpayer's facts to the data presented in expert witness reports** (data factor 2). In the more recent cases, the courts have also evaluated **how the data corresponds to the taxpayer's specific facts** (data factor 1), although most courts have not delved deeply into this latter element. Presumably, the source of data will become an element subject to more detailed scrutiny in future cases.

5 Du Pont 判決

Du Pont 判決において，裁判所は，②それが納税者の事情を反映したものであること（データの納税者への適合性の問題）については十分な検討を行っているが，①データが納税者の業界のものである（データの出所の問題）ことについての検討は不十分であるとされている（強調・中里）。

The evolution of quality data began with DUPONT. Dupont's expert witnesses were all deemed unreliable because of the lack of quality data, namely, unsubstantiated assumptions (**data factor 2**). Dupont's principal expert witness constructed a hypothetical independent marketing organization in his analysis. The profit margin earned by the independent organization was theorized to be equal to the profit margin earned by Dupont's related marketing subsidiary (DISA) for similar activities. (中略) Accordingly, the expert's analysis was discarded due to assumptions the court called "far removed from reality" or a failure to show a correspondence of the facts to the data.

The court also rejected the testimony of Dupont's second witness because his testimony was entirely based on the misconception that Dupont's marketing subsidiary bore significantly more business risks (e.g., entrepreneurial risk) than it actually did. In dismissing this analysis, the court stated that "the uncontradicted evidence shows that the Dupont subsidiary was clearly not as perceived by this expert, because it lacked the essential attributes of entrepreneurship." Again, the assumptions were not fact-based, which discredited the data used in the analysis. The court also dismissed the testimony of Dupont's third expert witness because his analysis failed to recognize the lack of risk assumed by DISA.

GOVERNMENT POSITION. By contrast, **the court relied on the government's testimony**. In fact, the court's reliance on empirical evidence has been the benchmark for the use of economic analysis in the 1988 IRS and Treasury White Paper, and the subsequent Regulations under Section 482. Dr. Charles Berry, testifying for the government, relied on data supplied by Dupont and the public files of the SEC. He compiled data on 32 publicly held businesses that "collectively, although not individually, engage regularly in the types of activities that Dupont attributed to its subsidiary." These companies' annual SEC filings included profit-and-loss statements, balance sheets, and descriptive statements of business, and were admitted as evidence. *<2> Berry computed the ratio of adjusted gross receipts to total costs for each of his sample companies for five years to illustrate that DISA was earning significantly more than any of the "comparable" companies for performance of similar activities. This formula has become known as the "**Berry ratio**."

*<2> It is assumed that Dr. Berry relied primarily on the 10-K forms that the 32 firms were required to file with the SEC. These forms provide extensive detail concerning the operations of a business, including business descriptions, financial statements, and footnotes.

Dr. Irving Plotkin, a second expert witness for the government, corroborated Berry's analysis. Plotkin asserted that DISA was earning a rate of return on its capital investment that was "totally unprecedented as contrasted with the performance of a sample of 1, 133 companies." Plotkin obtained the data for his sample from "an extensive body of financial data compiled by Standard and Poor's including basic balance sheet and profit and loss information pertaining to publicly-held businesses." This data compilation is known as the Standard and Poor's Compustat database.

The court held for the taxpayer, based largely on the analyses presented by Berry and Plotkin. In taking a contemporary view of the case, however, what is striking about the Berry and Plotkin analyses is that **the court did not examine all of the aspects of the issue for data factor 1, namely, how the source of data or the individual comparable companies' data corresponded to Dupont's data, and in turn, how this data consequently corresponded to Dupont's facts**. Rather, the court focused primarily on the assumptions relied on by the experts and **how these assumptions related to the facts of the case (data factor 2). Considering the evolution of the case law, as discussed below, it is likely that today the DUPONT court would expand its analysis to encompass the issues of data factor 1**.

6 National Semiconductor 判決

次に，National Semiconductor 判決においても，①（データの出所の問題）の考慮が必ずしも十分ではないとされている（強調・中里）。

In NATIONAL SEMICONDUCTOR, the Tax Court rejected testimony of each party that was not supported by reliable data and assumptions, stating that "our conclusions here are not based on the credentials of the experts, but on the degree to which their opinions are supported by the evidence and by consistent reasoning." In the end, neither party presented testimony that the court found fully reliable, so the court chose to modify the analysis of the IRS's expert witness in computing the necessary income adjustment. In fact, this is the first transfer pricing case since DUPONT in which **the court actually relied on the external data provided by the experts in reaching its conclusion**, although **the court seemingly did not examine all the issues inherent in the source of the data, namely, the issues of data factor 1**.

One of National Semiconductor's expert Witnesses performed an analysis using a database of internal fees extracted from letters, invoices, price lists, price quotes, and purchase orders, although the underlying detail to the extrapolation used in the data analysis was not considered. (中略) The court did not rely on this analysis because "it relied on too few true prices from uncontrolled transactions and relied heavily on unexplained and arbitrary extrapolation."

The IRS expert witness, Dr. Thomas Horst, based his analysis on the work of the IRS's accounting expert and his partner, Dr. Grant Clowery, who performed a cost-accounting analysis and reviewed and analyzed National Semiconductor's accounting and other data. His primary source of data was National Semiconductor's general led-

六　データの質および入手可能性　465

ger database extracted from computer tapes. Using Clowery's data, Horst performed a rate-of-return analysis and "found no instance where a company comparable to National Semiconductor had a rate of return as low as National Semiconductor's."（中略）

　Subsequently, Horst corroborated his transactional analysis with a profit-split analysis, which was not considered by the court because National Semiconductor was able to quantify a sufficient number of calculation errors, such as relying on an unconventional asset measure to compute a rate of return for National Semiconductor. These errors represent the first signs of the court's recognition of **data factor 1**, the accuracy and completeness of the data itself. Further, this analysis was criticized by National Semiconductor for a **data factor 2** error because it relied on an assumption inconsistent with the data, namely, that National Semiconductor was debt-financed when it was actually equity-financed. Therefore, Horst's data computations erred by not corresponding the data to the facts or the facts to the data.

　The court, however, did rely on a modified version of Horst's transactional analysis because it was found to be the "least unacceptable," computing its own adjustments to National Semiconductor's income. Like Horst, the court believed that there was a need to adjust National Semiconductor's income because it should not have sustained losses over the years in issue while its Asian subsidiaries maintained high profits.

　RELIABILITY OF DATA AND ASSUMPTIONS. DUPONT and NATIONAL SEMICONDUCTOR illustrate the critical importance of supportable data and reliable assumptions in a transfer pricing analysis before the courts. For example, National Semiconductor's expert witness's analysis was discredited **because his data and analysis failed to** （1）**identify the companies that were used as sources of comparable data**（i. e., data source）**, and** （2）**provide an explanation for his extrapolation procedures**（i. e., assumptions and adjustments）**. By contrast, Dr. Horst's rate-of-return analysis was considered more credible, partly because it was based an actual general ledger financial data.** Therefore, the Tax Court appeared most concerned with data that most accurately reflected the taxpayer's actual financial experience and industry, although the court never noted a preference for any particular source of data to rely on in a transfer pricing analysis.

7　Westreco 判決

この事件においては，確かに②の問題（データの納税者への適合性の問題）に

力点が置かれたが,裁判所は,①の問題(データの出所の問題)にもそれなりの注意を払っていることが注目される(強調・中里)。

WESTRECO: DATA SOURCE BEGINNINGS

The Tax Court in WESTRECO principally focused on Westreco's facts and the relationship of the comparable company data analyses to these facts. At trial, a great deal of evidence was presented to illustrate the base on which Westreco computed its cost-plus markup for services rendered to its parent company, Nestec.

The first IRS expert witness, Walter Trepashko, an engineer, relied on industry data to compute an appropriate markup for Westreco. His industry data was a salary multiplier used in the engineering industry. While the multiplier was not questioned, its application to Westreco's facts was challenged.(中略) Therefore, as with the cases discussed above, one of the primary factors relied on to measure the quality of data was the correspondence of the assumptions to the taxpayer's facts.

Westreco's primary expert witness relied on information and data of four privately held companies deemed comparable to Westreco. While the court failed to review the source of this private data, it did conclude that the data and analyses relied on assumptions that compared favorably to Westreco's facts. By contrast, the data and analyses of the two IRS expert witnesses were severely criticized. First, the court stated that the IRS's analysis failed to "consider key differences between their comparable companies and Westreco." For the first time, however, the court also ruled on the data sourced by the IRS witnesses, noting that the data relied on for their comparable companies did not correspond to the data relied on in their analysis of Westreco. Here, the Tax Court stated that the IRS's experts "utilized the operating income of the 15 corporations from the Compustat database calculated before interest and taxes. The IRS expert admitted at trial that he used Westreco's operating income after State income taxes."

In these three transfer pricing cases, **the court's primary focus on data was the correspondence of the facts to the assumptions relied on** (**data factor 2**). In DUPONT, the court did not review the data itself to rule on the assumptions of Dupont's expert witnesses. The court may have readily accepted the IRS witnesses' arguments because of the lack of credibility with Dupont's position and the concomitant flaws of its experts' testimony. By contrast, the court critically examined the data in WESTRECO to conclude that the IRS's expert testimony relied on inaccurate assumptions. **WESTRECO also illustrates that the court may begin to focus on the data source issue** (**data factor 1**) in analyses presented by expert witnesses.

六　データの質および入手可能性　467

8　データの出所の検討

以下では，データの出所の議論が行われている。正確な出所のデータとされるのは，納税者の属する業界のデータと，納税者の財務情報であるとされる（強調・中里）。

REVIEW OF COMMON SOURCES OF DATA

Discussed below are some common sources of data that courts may consider accurate and reliable, the differences in data reporting among two popular databases, and the effect that these inconsistencies have on an economic analysis. Indeed, **the source of the most accurate data is one that most closely reflects the taxpayer's industry and the company's financial reporting standards.**

9　私的なデータ

納税者自身の非関連者との取引におけるデータがもっとも信頼できるものであることが述べられる。しかし，そのようなデータは，不完全であったり，入手しにくいことが少なくない（強調・中里）。

PRIVATE DATA: OFTEN DIFFICULT TO OBTAIN AND ASSESS

Data from a company's own internal transactions with unrelated parties ("internal comparables") is generally the most reliable data to support a transfer pricing analysis even if these transactions do not completely adhere to the comparability standards of the Section 482 Regulations. The advantage of this data, if available, is that it provides the closest representation of a true market benchmark for the product or transaction being compared. The comparable uncontrolled price (CUP) analysis presented in NATIONAL SEMICONDUCTOR illustrates, however, **that there are times when internal data is often incomplete, inaccessible, or in need of significant adjustments** for it to provide a reliable measure of an arm's-length result.

10　公表されたデータ

公表されたデータについて述べられている（強調・中里）。

PUBLIC DATA: COMPLETE, VERIFIABLE, BUT NOT WITHOUT INCONSISTENCIES

Public company data is generally more easily obtainable and detailed than private data. Moreover, the accuracy of publicly available data can be verified more easily than private data. (中略) Because public data is easily accessible, detailed, and easy to analyze, it generally meets, the standards of quality data and can be relied on by taxpayers and the courts if the factual and industry comparability standards are present.

　INCONSISTENCIES. There are, however, inconsistencies among common sources of public data. In fact, the primary disadvantage of public data lies in the area of database discrepancies, i. e., each database that compiles public company data records the data in a unique manner. While there are many consistencies in how different databases record data, the disparities can cause significant differences in the results of a comparative analysis. (中略) Interpreting and understanding these differences is a critical analytical tool in ensuring reliability and maintaining the quality of the data.

11　結　　論

これは，結論の部分である（強調・中里）。

　CONCLUSION

To assess the reliability of a transfer pricing analysis, the data must be complete and accurate, and any assumptions must be reliable and fact-and industry-based. The Regulations list a set of standards that an economist or financial analyst needs to consider when performing their analysis. Failure to provide substantiation for the data relied on and assumptions made will discredit the entire analysis. While the courts have been careful not to express an opinion on the reliability of one particular data source over another, the importance of the courts' non-opinion on data sources is highlighted in the comparison of financial reporting of two commonly used public databases. Because these two databases can report a company's data differently, the ability to discern the reasons for these differences and provide for appropriate adjustments becomes a critical element in a transfer pricing analysis.

七　ま　と　め
──複数の方法を同時に適用してみる意味

　さて，本稿の締めくくりとして，複数の方法を同時に適用してみる意味について，多少見ておくこととしよう。
　移転価格課税において，独立当事者間基準を適用して，納税者の行っている関連者間取引の比較対象となる非関連者間取引を見つけ出すといっても，実際のところ，何から何まで類似の取引というものは現実世界には存在し得ない。

したがって，両取引は，一定の要素について類似の場合に類似の取引とされ，その他の要素は無視されることにならざるを得ない。すなわち，独立当事者間基準とは，つきつめるならば，関連者間取引を行う企業が，関連者間取引と一定の要素に関して類似であるところの取引を非関連者との間で行っている独立の企業と，同じ水準の価格・利益を（関連者間取引に関して）有していると推定する制度なのである。ここに両取引の類似性判断の基準となる一定の要素としては，価格に影響を及ぼすであろう要素が選択される。それが，比較可能性の判断基準として議論される要素である。

以上の点を前提として，独立当事者間基準を適用して，納税者の行っている関連者間取引の比準対象たる非関連者間取引を見つけ出し，関連者間取引を非関連者間取引に引き直すという移転価格課税における一連の操作を分解して説明すると，ほぼ，以下のようになる。

① 価格に影響を及ぼす取引上の要素を一般的に列挙する。この準備段階は，結局は，関連者間取引と非関連者間取引の比較可能性を判断する際の一般的基準を明らかにすることである。

② それらの諸要素について入手した情報を検討し，それらの要素の中から，当該具体的な事案に即して，一定の種類の関連者間取引について非関連者間取引との類似性を判断する基準となる要素をピック・アップし，そのそれぞれに対してどの程度の比重をおくかを決定する。この段階は，要するに，独立当事者間価格算定方法を決定することである。いかなる要素を選択し，それにどの程度の比重をおくかは，場合（すなわち，どの独立当事者間価格算定方法を採用するか）により多少異なる。

③ 具体的な関連者間取引について，そのような諸要素が，関連者間取引と非関連者間取引において，どの程度類似しているかを検討する。そして，両取引が各要素について十分に類似であれば，非関連者間取引における価格が独立当事者間価格として，関連者間取引についても妥当すると判断される（特定の独立企業間価格算定方法の適用）。

これは，特定の具体的な事案において，最適の独立企業間価格算定方法を発見し，それを適用しようとする場合の流れである。ところが，実際には，次の英文の引用に示されているように，**具体的な事案において用いられる独立企業間価格算定方法が，課税庁と納税者のいずれの側においても，複数である場合が多い**。このように，複数の独立企業間価格算定方法が主張ないし利用されるところに，独立企業間価格自体のあいまいさが表現されているといえよう（強調・中里）。

D. Kevin Dolan, Intercompany Transfer Pricing for the Layman, 49 Tax Notes 211 (1990)

　　The economic methodologies utilized in the cases discussed above are commonly used by taxpayers, practitioners, and the IRS. The government in auditing taxpayers, or the taxpayer in planning or in defending its position during the course of an audit, may attempt to identify comparable transactions or may apply some or all of the alternative methods as appropriate to the facts. **In practice, both parties typically will apply multiple methods in an attempt to validate their results**. No one has yet suggested an economic breakthrough which differs radically from these approaches. Consequently, the White Paper, discussed in E below, offered nothing new but, instead, discussed questions as to the proper application of those methods -- including the question of when various methods are appropriately used.

　確かに，純粋に理論的にのみ考えた場合には，用いられる方法が正しいものであるのならば，どの方法を用いても同じ結果がでるはずである。しかし，現実には，上で述べたように移転価格課税そのものが多分にあいまいな性格を有するが故に，また，比較できるデータの入手可能性にも限界があるために，用いられる方法によって結果が異なることが少なくない。また，そうであるからこそ，納税者によっても課税庁によっても，具体的な場合に，複数の方法が主張されるのである。

　ところで，ベリー・レイショは独立の方法というよりも，他の方法によって求められた結果が正しいことを補強的に検証するために用いられる場合が多い。このように利用される場合に，どのように考えるべきであろうか。

　問題は，その場合に，多くの方法を用いた方が正確である（すなわち，多くの方法によって正当化される結果はより正当である）と果たしていうことができるかという点である。どうでもいい理由をいくつも並べたからといって結論がより正確になるわけでは必ずしもないということは，われわれが日常生活でよく経験することである。そうであるならば，やはり，多くの方法を並べたからより正確であるとは必ずしも限らないという考え方も成立しうるであろう。

　しかし，その一方で，他の方法で出された結論と，ベリー・レイショを用いて出された結論とが仮に大きく異なるとしたら，それはそれで問題である。このような場合には，他の方法で出された結論に対して，多少の疑問が呈されても不思議ではないであろう。したがって，その限りにおいて，複数の方法により検証された結果の方がより説得的であるということにもなりそうである。

このように考えてくると，ベリー・レイショを用いることが，他の方法で出された結論を補強するというのは必ずしも正しくなく，ただ，他の方法で出された結論がまったく誤っているとは直ちにはいえないということを控えめに示すという意味しかないと考えるべきなのではなかろうか。その意味で，ベリー・レイショは，検証方法なのではなく，きわめて消極的で控えめな確認方法にすぎないのではないか。

したがって，逆に，ベリー・レイショを持ち出して相手方と大きく異なる結論が出た場合には，当初の方法が完全に正しいとは限らないという控えめな疑問を生じさせることに成功したということになろう。

第3部　経済理論

I

国際課税におけるリスクの取扱い

一 はじめに

1 まえおき

　国際課税については移転価格その他多様な問題があって，それについて整理してお話するのもいいかもしれないが，皆さま方はその道ではプロの方でいらっしゃるので，あちらこちらで議論されていることをそのまま報告しても，またかということになってしまう恐れもある。それから，シンポジウムのほうで移転価格については様々な議論がされると思うし，また去年も議論があったので，私がそれに付加して何かをお話できるということもあまりない。国際課税の特殊な問題についてお話するのもどうかと思っていろいろ考えたが，様々な分野で意味を持ちながらあまり議論のされていないことについて，それが直接は実務に役に立つとは思っていないし，私がそれについてお話できる能力があるとも思っていないけれども，試論のようなものをお話させていただこうと思い，このテーマを用意した。

　一番お話したかったのは，リスクというものをいろいろ分類して移転価格の問題を考えたらいいのではないかということである。機能分析，リスク分析がアメリカの移転価格に関する規則案，暫定規則，最終規則等に入っているし，OECDのガイドラインの案の中にも入っている。ところが，その内容については不明確なままで，普段はあまり考えないような話であろうと思われる。保険の専門家やコーポレート・ファイナンスの専門家，あるいは税務の世界でデリバティブの課税等についてお考えになっている方を除けば，リスクを法律的にどう扱うかということをお考えになる機会もあまり多くはないと思うが，このようなこともあるのかということをご報告させていただく。

　要するに，リスクという言葉の下でイメージするものが人により違っていて，

一　はじめに

そのような状況の下で，何もかもひっくるめたリスクについてリスク分析が必要だというような議論では，移転価格の課税もいけないのではないかと思われる。少し分析してみると，移転価格の課税でいうところのリスクというのは，すべてのリスクをひとまとめにしたものではなくて，もう少し限定されたものに過ぎないのではないか。そうすると，例えばリスクを多く引き受けたから所得が多く配分されるべきであるというようなアメリカ流の利益に着目する移転価格の課税方法におけるリスク分析のあり方に対して，日本企業の側としても何らかの主張をなすことができるのではないかと考える。

アメリカの規則案等を見ると，雑多なリスクを全部ひとまとめにしてリスクを多く引き受けると所得が多いはずであるという，素朴な議論が展開されている。しかし，少しでもコーポレート・ファイナンスや，保険理論，リスク・マネジメントの議論を勉強した者にとっては，これが間違いであることは明らかであり，それについてお示しできれば，それで私の今日の目的は達成されたことになる。

以下においては，二の「リスクの分類」というところにおける議論を前提として，三の「移転価格課税，PE課税とリスク」，四の「国際金融取引とリスク」という応用問題が議論されることになる。この報告においては，国際課税におけるリスクの取扱いについて，移転価格課税と国際金融取引課税の二つを素材として，経済学やファイナンスの理論あるいは保険理論を参考にしながら，本当に初歩的な検討を行いたい。なお，本稿の性格上，文献の引用がなされていない点に留意されたい。引用を付した本格的な論文は，別の機会に発表したい。

2　所得課税におけるリスクの軽視

一般に，課税の問題を考える際には，私達はリスクというものを軽視する傾向がある。実は，これは必然的なことである。コーポレート・ファイナンスの世界や経済学の世界でリスクを考慮することが極めて当然であるにもかかわらず，租税法の世界ではリスクがかなり軽視されているのはどうしてかという点について，まず述べておきたい。

世の中には不確定性のない事象はなく，この世の中は不確実性に溢れていて，だからおもしろいし，だから不安なわけである。経済学においては，このような不確実性というものを正面から考慮するような理論が構築されてきている。ところが先ほど述べたとおり，課税においてはリスクに関する考慮が不十分で

あって，リスクというものが正面から問題とされることは多くはない。従って，移転価格課税等においてリスク分析といわれた時に，私どもが困るという事態が起こってくる。法人税法の条文をいくら引っくり返しても，リスクという言葉は出てこない。それは，われわれにとっては馴染みのないものである。これはなぜかというと，根本的には，所得に課税するからそうなるというふうに答えることが可能であろう。

つまりリスクという概念は，本来，将来を見越して不確実性が存在する，それに対して現在どうするか，それをどう評価するかという事前の視点，ex ante な視点に立ったものである。ところが所得課税というのは，事後的にこれだけの所得があったからこういう課税を行うという，いわば事後的な視点に立ったものである。例えば公平の理念というのがあるが，事前の視点に立って公平を考えると，将来どのような選択をしても公平になるように機会の平等を認めよという議論になってくる。ところが，事後的な視点に立って公平を考えると，機会の平等がどうであるかはともかくとして，起こった結果について，同じ結果のものに対しては同じ課税をということになる。同じチャンスを与えられた2人がいた場合でも，怠けて所得が少なかった人のほうを一生懸命やって多くの所得を得た人よりも少なく課税するのが，事後的な公平に合致するということになる。このような感覚は，事前の視点に立つ経済学やコーポレート・ファイナンスの考え方からすると，異質のものである。所得課税は事後的に実現された所得に対して課税を行うもので，従って，事後的な世界であるからリスクは消えている（リスクは顕在化するか，顕在化しなかったか，どちらかがはっきりしている）から，あまり問題にならないのである。つまり所得課税を行う限り，リスクは無視されるのがある程度は必然である。

但し，所得課税の世界においても，例外的に将来予測が現在の所得に影響を及ぼすというふうに考えられることがある。第一は保険とか引当金の場合である。保険というのは，将来の不確実性に対して保険料を支払って，リスクが顕在化したら保険金を受け取るというものであり，リスクに備えるためのものである。しかし，保険契約を結んだ瞬間，将来の不確実性は現在の支払という確実な支払に形を変える。将来の不確実性が現在の支払に形を変えるわけであるから，保険自体がリスクをリスクでなくするというか，将来の不安を現在の確定した支払に変えるという機能を持っているので，これ自体はそれだけの問題で，事後的に課税所得を計算するということとはあまり矛盾はしない。ところが引当金になると，将来予測と事後的に所得を計算するという原則とが正面か

一 はじめに

らぶつかるわけで, このあたりが限界線である。引当金の計上については, 法人税法22条3項, 債務確定主義があって, 金額とか発生の可能性等が確実な費用等について引当金を計上することができ, それしか認められないと書いてある。これは将来予測, 将来リスクが現在の所得計算において考慮される, 極めて例外的な事例だということができる。しかし, そこでは債務の確定という言葉が使われているとおり, ある程度確実なものとされた段階で考慮するという発想, (要するに所得税の基本的な発想である)確実になったら考慮するという発想が, 正面から出てくるわけである。

それから, 第二の例は, キャピタルゲインである。キャピタルゲインは, 資産の値上益で去年の100万円が今年200万円になったという事後的なものとしてとらえる考え方があるかもしれないが, これは本質からいうと少し違う。キャピタルゲイン計算のもととなる資産の価値は将来キャッシュフローを現在価値に割り引いたものであるという感覚で考えると, キャピタルゲインとは, 要するに将来キャッシュフローが上方修正されたということを意味するに他ならない。このようにキャピタルゲインというのは, 本来, 将来キャッシュフローの上方修正であって, それ自体が財・サービスの対価(何らかの生産活動が行われたことの対価)であるわけではない。従って, GNP統計, 付加価値統計にキャピタルゲインはのってこない。例えば, 日本のGNPは400兆円くらいだが, バブルの時代の日本の地価の上昇もそれと同じぐらいあったとしても, その地価上昇分の400兆円がGNPの400兆円に乗って, 日本で生産された所得は800兆円だといったような議論は経済学的には意味がない。なぜなら, そのキャピタルゲイン(土地の価格の上昇)は将来日本の経済が生み出すであろうキャッシュフローが上方修正されたということを反映するに過ぎないわけである。従って, キャピタルゲインの課税というのは本当に突き詰めていくと, 将来予測に対する課税である。しかし, それが市場取引において確定的な金額として現れているから課税を行うということで, 正当化されるのであろう。その場合土地は値下がりする可能性もあるわけであり, その意味ではキャピタルゲインに課税しても値下がりしたら(キャピタルロスが生じたら)それについても考慮するという説明になろう。

以上のように, 所得課税の問題を考えていくと事後的に課税をするという視点をとるから, リスクは本来は考慮されない。しかし, 部分的に考慮されるところに所得課税の本質的な問題点がある。これは所得課税の問題点というより, われわれが今採用している会計学の問題点である。発生主義会計, 実現主義会

計という，いわゆる近代会計学というものが，キャッシュフロー的な発想に基づいた経済学，あるいはコーポレート・ファイナンスの議論を知らない，まだそういうものが一般化されていなかった時代に作られたものであって，非常に時代遅れのものになっている，そのことが如実に現れているのである。

ところが，金融取引や企業の事業・投資活動は，完全にキャッシュフロー・マネジメントの世界に移行している。にもかかわらず，古いタイプの実現主義等に基づく企業会計，あるいはそれに基づく所得課税でもって世の中を律しようとすれば，矛盾が出てくるのは当然のことである。つまり，今の所得課税，企業会計を前提とする限り，リスクについて完全に把握することはできないのである。しかし，そうはいっても，金融取引が行われ，あるいはリスクを考慮した企業の事業活動が行われる場合に，これに対して課税上何らかの方式を示していかなければならないという自己矛盾を課税制度は抱えているのである。

3 課税におけるリスクの考慮

事後的な視点に立つ所得課税という建前に立ちながら，実際には課税上リスクが考慮される局面は多面的に存在する。その局面をここでは四つぐらい述べたいが，これは別に網羅的な羅列ではなく，ただ単に思いつくものを，思いつく順に挙げただけである。

第一に，財政学者等が主張することであるが，課税によって企業のリスク・テイキングが抑圧されるかどうかということが議論されることがある。例えば，現行の法人税は黒字の場合には課税されるが，赤字の場合には還付は行われない。経済学者の発想からすると，黒字の場合に課税するのであれば赤字の場合に還付を行うのは自然である。設立された企業がずっと赤字であっても，理論的には還付すべきであるということになる。これは，われわれ法律の人間から見ると多少非常識に映るが，経済学者にとっては当たり前である。なぜなら，リスク・テイキングについて課税が中立的であるべきであるという前提に立てば，黒字の時に課税するのに赤字の時に還付を行わないのは，要するに黒字の活動を抑圧している，事業活動を抑圧しているということになる。資本主義社会で一番重要である冒険を課税制度が抑圧するのは望ましくないという議論になるであろう。こういう財政学上の議論が一つ考えられる。

それから，第二に，リスクが現行の課税上考慮される局面として，資産や所得の評価に関するリスクの影響という局面がある。先ほどの引当金の問題などは，まさにこれである。引当金にもいろいろな種類があって，評価性引当金だ

の負債性引当金だのいろいろいわれるが，そういう細かいことを除くとそういうことになろう。また，資産評価をいかに行うかという問題もリスクの問題と微妙にからんでくる。

　それから，第三に，リスクの配分自体を商品化した金融商品あるいは保険，各種のリスク・ファイナンス，オフバランス取引等の課税について考える際にも，その背後に存在するリスクについて検討していかなければならない。特に，金融デリバティブは，そこで金融サービスが提供されている，金融サービスが生産されているというものではなく，単に移転である場合が少なくなかろう。移転とは，要するに宝くじの世界である。勝ったものが負けたものから徴収する。デリバティブとかインデックス取引等は，いかようにでも組み立てることができる。例えば，今日中里がこの講演で何分喋ったかとか，その時に右を何回向き，左を何回向いたかをもとにして金融商品を作ることさえ不可能ではない。従って，これはほとんどギャンブルの世界である。そこでは，将来が不確実であるという意味のリスクが正面から考慮されなければならない。

　それから，第四に，リスクと所得との相関関係に着目した所得配分が移転価格等に関して問題となる。親会社と子会社で片方がリスクを余計にとっているから，そちらの利益が多くあるべきだというアメリカ流の主張がこれである。

　この四つの局面のうち，第一の局面は財政学者にお任せし，第二の問題も，これは評価の問題だからここでは触れない。第三と第四の問題について，お話したい。いずれにせよ，リスクという要素が，経済理論や企業実務の世界において重要なものとして認識されてきており，今，リスクなしの事業活動を考えることはできない。従って，企業活動を前提として行われる課税の局面においても，リスクを考慮する必要性は，かなり大きなものになってきているといわざるをえない。

二　リスクの分類

　さて，第三の問題と第四の問題を考える際に，リスクをどのように議論していくかという問題が出てくる。ここでは，リスクを分類して議論しなければならないであろうと考える。また，いかなるリスクが課税上考慮されるかは，課税の局面によって異なってくる。従って，移転価格や金融商品に対する課税の問題を考える前提として，リスクの分類について述べておかなければならない。この際に，アメリカの規則案，暫定規則，それから最終規則あるいはOECD

のガイドラインの案を見ると，確かにリスクの分類はなされているが，そこでの分類はリスクをもたらす原因に着目した分類に過ぎない。例えば，労働争議のリスクがある，為替相場の変動のリスクがある，火事等のリスクもある，PLの損害賠償責任のリスクがあるといった形で，リスクの発生する基となった原因に基づく分類が述べられている。しかし，このような分類は（これを仮に物理的分類，発生原因による分類，と名付ける），理論的にはあまり意味がない。いかなる原因で生じたリスクであっても，リスクはリスクであるから理論上意味はないのである。リスクとは，要するに，将来お金を失う可能性があるという一点に尽きるのであり，その発生原因が何であるかということを（リスク・マネジメントの世界ではともかく），課税上考慮する必然性はほとんどない。課税上考慮する必然性があるのは，以下の四つの分類ではないかと私は考えている。

1　純粋リスクと投機的リスク

　純粋リスクのことを静的リスク，投機的リスクのことを動的リスクとも呼ぶが，この，リスク・マネジメントの世界における純粋リスクと投機的リスクという二分割が，課税の問題を考える際にかなり重要になってくるのではないかと思われる。これについては，リスク・マネジメントに関するある書物によれば次のようになる。すなわち，保険は純粋リスクに対してのみ適用され，投機的リスクに対しては適用されない（これは保険学の基本である）。リスク・マネジメントと保険において，純粋リスクは将来の結果が損失か損失なしかという二つの結果の可能性しかない状況において生ずる。損をするか，損をしないか，どちらかだけであるという場合のリスクを純粋リスクと呼ぶ。これに対して，投機的リスクは，損失，損失なし，利得という三つの結果の可能性のある状況から生ずる。ここでは，儲かる可能性が付け加わったところが純粋リスクと異なる。

　この二つのリスク（片方は儲かる可能性があるリスク，片方は儲かる可能性のないリスク）を分けることが一番重要である。その例として，例えば火災とか洪水，戦争，技術の陳腐化，等によって生ずるリスクは，それを被るたいていの企業にとっては純粋リスクである。なぜなら，これらの危険は企業に対して損失しかもたらさないからである。但し，ある種の特定の種類の企業にとっては，火災とか洪水とか戦争とか技術の陳腐化が利得の可能性をもたらすことがあるから，企業によって違ってはくるが，一般的にはそういうことができる。これに対して，新しい技術の開発，顧客の趣向の変化，政府の政策の変更，新製品の

導入等は，多くの企業にとって利得の可能性もあるけれども損失の可能性もあるというものであるから，いわゆる投機的リスクということになってくる。

アメリカの移転価格の規則案等には，多くリスクを引き受けるほど利益は多いはずであると書いてあるが，純粋リスクをどんなに引き受けても利益は増えないということが，この分類から明らかである。そのような分類さえなしにリスクを多く引き受けたら利益が増えるということはないということが，ここで証明される。例えば，地震の多発地帯にわざわざ工場を立地し，多くリスクを引き受けたから多く儲かるだろうといったところで，あまり意味がない。そこにニーズがあって，あえて危険を冒して進出するのであればともかく，わざわざ戦争によるミサイルの飛んでいる下に工場を立地しても，単に損失の可能性があるだけで儲かる可能性はなかろう。そういうリスクを引き受けたところで所得は増えないということが，アメリカに対する一つの大きな反論になるであろう。

2 大きなリスク，中くらいのリスク，小さいリスク

何が大きくて，何が中くらいで，何が小さいかはあまり厳密なものではない。このうち小規模の損失（小さなリスクによって引き起こされるところの小規模の損失）は，発生頻度が高く，予測可能性も高い。中規模の損失は，頻度も予測可能性も中くらいである。大規模の損失は，頻度も予測可能性も極めて低い。例えば，木星に衝突したような彗星が地球に衝突するというリスクは大規模なリスクである。これは，人類が滅亡してしまうかもしれないようなリスクで，その予測もあまり立たないし，そういうことが起こることは非常に頻度も少ない。

損失の頻度と規模の関係に関しては，統計学でいうところのいわゆるポアソン分布が妥当する。ポアソン分布というのは，規模が大きくなるに従って頻度が低くなるという分布のことである。上の三つに分けることに何の意味があるかというと，実は，この大規模なリスクというものが特殊なものであるということを導くために意味があるわけである。

大規模なリスクは発生頻度が非常に少なく，確率の低いものである。確率の低いリスクは，単に仕方なく引き受けられることが多く，そのリスクを引き受けた者は，それについて認識できるようなリターンを受けないことが多い。例えば，空から人工衛星が降ってきて工場が潰れるようなリスクは，これであろう。そういうリスクは仕方なく引き受けられるので，先ほどの分類でいう純粋リスクに近いようなところがあり，それを引き受けたから利益が多いというこ

とには必ずしもならない可能性がある。特に取引における利益の全体を恒久的に変化させ、リスクを引き受けた当事者の中から長期的な敗者を作り出すような大規模な構造的変化（ある種の企業が潰れかかってしまうような大規模な構造的変化）をもたらすような大規模なリスクについては、それを引き受けたからといって利益が多くなるということはない。

例えば、日本の産業構造が完全に変化して、完全に空洞化してしまうような大規模な構造的変化としての異常な円高（例えば1ドル50円とかになるという）の可能性はないとも限らないが、そういう場合には日本企業はかなり潰れてしまうから、そういうリスクを引き受けているからといって日本企業に大きな収益が割り当てられるという考え方は間違いであろう。単にみなが苦しんで、利益が少なくなるだけの話である。つまり、経済当事者を潰してしまうようなリスクを引き受けたところで、利益が多くなりはしない。むしろ、予測可能な程度の小規模あるいは中規模程度のリスクを引き受けた場合に、しかもそれが純粋リスクでない場合に、初めてリターンがかえってくるという前提を、ここで述べたわけである。従って、移転価格課税に関しては、大規模リスクはとりあえず度外視して考えるべきであろう。

3　システマティック・リスクとアンシステマティック・リスク

それから、もう一つのリスクの分類として、コーポレート・ファイナンスでいうところのシステマティック・リスクとアンシステマティック・リスクの分類が考えられる。システマティック・リスクというのは市場全般の変動によるリスクである。例えば、日経インデックスがある程度動いたというように、投資対象を分散させることにより避けることのできないリスクである。リスクに対応するためには、投資対象を分散させればいいのであるが、市場全体のトレンドに対して勝てる人間というのは天才相場師を除けばないわけであり、こういうリスクはだれでも仕方なく引き受けなければならないものである。これに対して、アンシステマティック・リスクのほうは、投資対象を分散させることにより避けることのできるリスクである。コーポレート・ファイナンスの世界において、ハイリスク・ハイリターンという原則があるけれども、リスクを引き受けたことの報酬、リスク・プレミアムが認められるのは、システマティック・リスクについてのみであって、アンシステマティック・リスクをいくら引き受けても、ハイリスク・ハイリターンにはならない。これも移転価格のアメリカの議論を論駁する根拠となる。投資対象を分散させることにより避けるこ

とのできるアンシステマティック・リスクをいくら引き受けても，リスク・プレミアムは得られるとは限らないという議論を展開することができるわけである。

ところで，事業活動において生ずるリスクは理念上は分散投資により避けることができると一応はいうことができる。例えば，為替変動リスクを完全に避けるためには，日本だけで操業しないで世界各国に工場を作ればいい。しかし，理念的にそうであっても，そういうことは現実には不可能である。つまり分散投資といっても，証券取引所で株を一株ずつ買ってバスケットを作るのとは違って，事業活動というものはそう簡単に分散できない。従って，システマティック・リスクとアンシステマティック・リスクの分類は，事業活動の面においてはうまく妥当しないこともあるかもしれない。するとそれはアンシステマティック・リスクであるからそれを引き受けたところで利益が増すとは限らないという，議論の余地が出てくるであろう。

4 ビジネス・リスクとファイナンシャル・リスク

それから，ビジネス・リスクとファイナンシャル・リスクの差がある。これも，コーポレート・ファイナンスにおける議論である。ファイナンシャル・リスクとは，借金によって生ずるリスク，レバレッジによるリスクのことで，ビジネス・リスクとは，企業がその持っている実物の事業用資産を何に投資するか，それでどういう製品を作るか，事業活動をどう行うかにより生ずるリスクである。その両者の議論が重要になってくるが，ここでは時間的な問題もあるので，議論は省かせていただく。

三　移転価格課税・PE 課税とリスク

以上のようにリスクをいくつかの観点から分けたが，このような分類が，実は移転価格課税や PE 課税を考える際に，重要な意味を持ってくる。まず移転価格課税（あるいは，PE 課税において，独立企業間原則でもって本店と支店の間の販売利益の配分をどう行うかという話でもいいが，ここでは一応，移転価格課税を念頭において議論しておく）において，リスクという要素がどういうふうに考慮されているかということを整理しておく。

1 移転価格課税におけるリスクの位置

まず第一に,移転価格課税においてリスクは,比較可能性の判断基準として用いられる。移転価格課税の問題を簡単に考えてみよう。移転価格という状況が存在する場合に,それに対して課税庁のほうでアームズ・レングス基準を適用して,その当該ターゲットとなっている納税者の行っている親子会社間取引,関連者間取引等の比準対象となるような独立当事者間取引を見つけ出す,というのが独立企業間基準,独立当事者間基準の意味である。しかし,似ているような独立企業間取引を見つけ出すとはいうけれども,実際にはいくら似ているといっても,何から何まで類似の取引というのは存在しない。

従って,関連者間取引と独立当事者間取引が似ているとわれわれがいう場合に(つまり比較可能性が満たされていると課税庁なりわれわれがいう場合に)その両取引は一定の要素についてのみ類似の場合に類似の取引とされ,その他の要素は無視される。すべての要素が考慮されるわけではなく,一定の要素だけがピックアップされるわけである。即ちアームズ・レングス基準というのは,関連者間取引を行う企業が,関連者間取引と一定の要素のみに関して類似であるところの取引を非関連者との間で行っている独立の企業と,同じ水準の価格とか利益を有していると推定する制度なのである。関連者間取引と独立当事者間取引で一定の要素が似ている場合に,そこで成立する価格も似ていると推論する制度がアームズ・レングス基準ということになる。

ここに両取引の類似性判断の基準となる一定の要素というのは,結局,価格に影響を及ぼすであろう要素のことである。価格に影響を及ぼさない要素がいくら類似であっても,両取引は類似であるとはされない。例えば,関連者間取引を行っている会社の社長の名前が山本であり,それから,独立当事者間取引を行っている企業の社長の名前が山本であるとする。この場合,確かに,両取引は似てはいるけれども,社長の名前は価格に影響ない。従って,そういう要素は無視される。これは極端な例ではあるが,価格に影響を及ぼす要素のみが重要なのである。これはなぜかというと,アームズ・レングス基準で求めるところのアームズ・レングス・プライス,独立企業間価格というのは価格に影響を及ぼす要素の関数として存在するわけである。従って,価格に影響を及ぼすであろう要素が両取引の間で類似であれば,両取引における価格も類似であるということに,論理必然的になってくる。このように,価格に影響を及ぼすであろう要素が,要するに,比較可能性の判断基準の要素となる。この価格に影響を及ぼすであろう要素,つまり比較可能性の判断基準となるような要素の一

つとして，リスクが用いられる。これがアメリカの立場，あるいは OECD の立場ということになってくる。

それからもう一つは，連結利益の配分基準としてリスクが用いられることがある。これは要するに，プロフィット・スプリット・メソッドが用いられる場合に，リスクが利益を分割する際に考慮される要素となりうるという意味である。親子会社の間で大きなリスクを引き受けているほうに多い利益が配分される，そういうふうにプロフィット・スプリットを行うべきであるということになる。なぜかというと，リスクは利益と一定の相関関係を有するので，リスクを多く引き受けているほど，多い利益がスプリットされるということになる。この二つの局面において，移転価格課税においてリスクが考慮されるわけである。

2　リスクと利益の相関関係

極めて一般的にいうと，経済主体が引き受けているところのリスクの大きさは，その受け取るリターンと直接的な関係を有するということが経済理論上いわれているわけであるが，このようなアメリカの規則，規則案，暫定規則，最終規則が前提にしているようなハイリスク・ハイリターンの関係が成立するのは，すべてのリスクに関してではないということを，われわれはすでに見た。つまり，純粋リスクを引き受けても利益は増加しない。それから，大規模な損失をもたらすところの予測の困難な極めて稀にしか発生しないような損失をもたらすリスクは，それが顕在化すると，企業は存続不能になってしまうから，それを引き受けているから利益も大きいということは，必ずしもいえない。さらにアンシステマティック・リスクを引き受けても，リスク・プレミアムは得られない。従って，移転価格の問題に関して議論されるリスクというのは，かなり限定されたリスクでしかないということになってくる。

ところが，いろいろな移転価格に関する議論においては，すべてのリスクがひとまとめにされている。そこでは，企業活動上リスクを引き起こす様々な要因が具体的に列挙される。地震とか火事とかストとか為替変動とか，いろんな要因を全部列挙して，そのリストが長いほど優れた分析であるかのような説明がなされる。これは，理論的には問題のあるスタンスである。もちろん，どんなリスクがハイリターンをもたらすのかということに関しては，私がいったほど現実の問題は単純ではないと思う。例えば，親子会社間では純粋リスクを引き受けても高いリターンが得られるというようなことは，実際問題としてあり

えよう。しかし，とりあえずはリスクをいろいろ分類して考えていくということが重要である。

そして，先ほどの所得課税との関連であるが，リスクの引受けが所得に影響を及ぼす場合というのは，実は二つに分けて議論することができる。

第一は，そのリスク引受けの報酬が，現在における価格の一部として，いわば暗黙の保険料として支払われる場合である。移転価格に則して考えると，現在から将来にわたるリスクを負担することにより，現在の価格が影響を被るという場合が第一の場合である。例えば，ある製品が売り手から買い手に対して販売される場合に，売り手がリスクを負担すれば，売り手は高い価格を要求するであろう。逆に買い手がリスクを負担すれば価格は低くなるであろう。どちらがリスクを負担するかによって価格が影響を受けてくる。従って，例えば売り手が製品保証を付けたり，製造物責任法や判例法によって損害賠償責任を法的に強制されたり，あるいは長期的な契約関係に立って自らの信用というものを重んじるような場合には，そのような売り手の売値の中に一種の保険料分が含まれていて，その分価格が高くなる。これは，一流の老舗から物を買うと，道端で物を売っている人から物を買うよりも，たぶん高くなるだろうということである（固定費用の問題もあろうが）。

それから第二番目に，リスク引受けの報酬が将来においてリスクが顕在化しなかった場合の高いリターンという形で支払われる場合がある。これは，例えば移転価格の問題に則して考えると，現在から将来にわたるリスク負担によって，現在の利益ではなくて将来の利益が影響を被るという事態である。例えば，取引当事者の一方がリスクを負担する場合には，投機的リスクを負担した者は，そのリスクが顕在化しなかった場合には多くの利益を得る。これはギャンブルに勝ったわけで，当然の話である。この二つの局面を分けて，リスクの価格に対する影響力を議論していかなければならない。もっとも，それ以上の具体的なことは私もよくわからない。リスクの専門家あるいはプライシングの専門家の方に，このへんは議論していただきたいというふうに思っている。

3 移転価格課税におけるリスクの分類

アメリカの規則等におけるリスクの分類は，発生原因に基づく物理的分類であることがほとんどで，理論的な分類というのはあまりなされていない。このように，損失の発生原因に従って分類されたリスクをすべて一括して考え，それを多く引き受けていると多くの利益が上がると考えるというメンタリティは，

理解しにくい。つまり，経済理論から出発したのに，途中で経済理論を裏切ってしまって，自分に都合のいい議論にすり替えてしまうという感じがする。

これは，問題である。われわれがそれに引っ張りこまれる必然性は，あまりない。

4 為替リスク

私たちにとって極めて現実的な問題として考えられるところの為替リスクについて，各論的に考えてみよう。これは移転価格の問題を考える際に，重要な意味を持っている。私どもは，為替差益，為替差損というものと為替リスクというものを混同してしまうことが非常に多いが，これは避けなければならない。例えば，ある企業が事業活動を行っている市場に対して，国際取引の影響が少しでもあれば，その市場に参加しているすべての企業が為替リスクにさらされるということになる。日本国内で事業活動を行い，日本国内の顧客に対して製品を販売しているという純粋にドメスティックな企業であっても，その企業が販売している製品がアメリカから部分的に輸入されているような場合には，為替変動の影響をそのドメスティックな企業が直接受ける。なぜなら，例えば円高にふれると，アメリカからの輸入製品の価格は日本で安くなるから，そうすると純粋にドメスティックな企業がアメリカからの安い輸入品との競争にさらされて，国内で自分の製品を販売しにくくなって損失を被るのである。国際取引を行っているから為替リスクにさらされるというような単純な話ではない。もちろんそのようなドメスティックな企業は，為替差益とか為替差損は被らない。これは，為替取引をしていないからである。しかし，為替リスクは負担する。

このように考えていくと，今のように定義した意味の為替リスクは，一般の事業リスクと何の変わりもない。要するに，それは，相対的な価格の変動が企業の利益に対して影響を与えるというところの，通常のビジネス・リスクの一つに過ぎないということになってくる。こういう意味の一般的な事業リスクと何ら変わりないところの相対的価格変動の一要因としての為替リスクというものが，どのように日本の企業に対して影響を及ぼすかは，国際経済学でいうところのパススルーの程度に依存する。つまり為替相場が1円変化した時に，国内の販売価格がいくら変化するのかという弾力性的なものによるわけである。例えば，為替が1ドル100円から1ドル90円にふれた時に，日本国内での輸入価格は全然変化しないような場合には，パススルーの程度が非常に低いわけ

であるから，為替リスクを企業は負担しない。逆に，為替相場が100円から90円にふれた時に，アメリカからの輸入価格も10％変わるというのであれば，つまり下がるというのであれば，パススルーの程度は大きいということで，為替リスクも非常に大きなものになってくる。このパススルーの程度というものを分析した上でないと，為替リスクの大きさをわれわれは議論することができない。理念的に為替差損がこうであるとか，為替相場がこれだけ変動したからといくら主張しても，それ自体はあまりリスク分析上は意味を持ってこないということになる。

　では，為替リスクは，誰によって負担されるかというと，為替変動についての弾力性の低い生産要素を持っている者によって負担されるというふうに，理論上説明される。つまり，為替変動が起こった時に，それから損を被りそうだというのでサッと逃げ出せる人は為替リスクを被らない。ところが，為替変動が起こった時に，その損失を被りそうだけれども，その事業から手を引けないような人によって，為替リスクは負担される。経済的なリスクは，逃げ足の遅い人によって負担されるわけである。どういう人が逃げ足が遅いかというと，例えば，アメリカからの輸入製品との競争にさらされている製品の事業ラインに多額の投資を行ってしまって，いまさら足抜けできず，その投資を失うくらいだったら，多少損失を被ってでも固定費を回収するために事業活動を行っていかなければならない，という人が一番為替リスクの影響を被るということになる。これは法人税その他の租税の転嫁の場合と非常に似ている。

　このように弾力性の低い生産要素によって為替リスクが負担されるというときの，この為替リスクの負担者は，契約上の負担者とは必ずしも一致しないという点も，租税の負担と一緒である。契約書においてドル建てで契約をするか円建てで契約をするかによって，いかにも片方が為替リスクを負担しているように見えるが，実際の負担者はそれによって決まってくるわけではない。これは，法律的に分析はできず，経済的に分析しなければならない。

　それから，為替差益・為替差損と，為替リスクとの混同という点について簡単に例を挙げると，例えば，アメリカから国際的な代替商品であるところのアルミの地金をドル建てで輸入する日本企業を考えてみよう。この日本企業はドル建てで輸入するわけであるから，円安になるとドル高になり，為替差損を被る。しかし，為替差損は被るが，同時に今まで輸入した在庫品の円建ての価格は上昇する。従って，そこで恩恵を被る。この在庫品の価格上昇による利益は，通常は為替差益という形では認識されない。それを為替差益を被ったと喜んで

いる企業は少ないわけで，新しい追加的輸入について為替差損を被っていると不満をいうだけのことであろう。しかし，実際にはその企業は，たぶん損も得もしていないという状況が少なくない。要するに，この在庫品の価格上昇による利益は，為替差益としては無視され，単に再販売の際の利益として扱われてしまうのであり，目眩ましが起こってしまう。そういうことを考えると，この為替リスクの問題は議論することが難しいということがわかってくる。

5 自己資本比率とリスク

それから，自己資本比率とリスクの問題であるが，これについては基本的には省略させていただくが，一言だけ述べておきたい。自己資本比率とリスクのところで私が述べたいのは，例えば，日本の自動車会社のアメリカの現地法人である販売会社（日本から自動車を輸入してアメリカ国内のインディペンデント・ディーラーに流すような輸入会社）の自己資本比率についてである。子会社の資金調達形態は，株式の形か借入金の形かどちらかで，どちらにしろ親会社から金が出るわけである。過少資本税制等いろいろあるけれども，コーポレート・ファイナンスの議論でいくと，先ほどのビジネス・リスクとファイナンシャル・リスクの区分のところとからんでくるのであるが，子会社の自己資本比率が下がり，ファイナンシャル・レベレージの程度が上がる（つまり借入金比率が上がる）と，コーポレート・ファイナンス上はファイナンシャル・リスクが高まる。

そうすると，自己資本比率をどうするかによって，その企業の被るファイナンシャル・リスクの程度が変わってくるということは，その企業の儲けるであろう利益も変わってくるというようにコーポレート・ファイナンスの理論上，帰結される。しかし，子会社の自己資本比率をどうするかというのは，親会社が勝手に決められるわけであり，親会社が任意に決められる要因によって移転価格課税上アメリカにおいて認定される所得が影響を被るということになってくると，大きな問題である。そういうことを議論したかったわけである。要するに，子会社の自己資本比率を移転価格の問題を考える際に重視する必要はないのではないかという，アメリカのある学者の議論を紹介したかったのである。

6 リスクの配分と評価

それから，リスクの配分と評価であるが，これは会社の経営者のメンタリティによって，リスクを避けたがる経営者と，リスクを負担したがる経営者と，世の中には二種類のタイプがいる。資本主義というのは，常にこのギャンブラ

ーというか，ハイリスク・ハイリターンを求める方々によって発展させられてきた。それをアントレプレヌールシップというふうにわれわれは評価するのである。

ある企業の移転価格の問題に関してリスク分析を行う際に，その企業がリスク・アバースなのか，それともリスク・ニュートラルなのかという問題が起こってくる。うちの社長はリスク嫌いですといって，アメリカの内国歳入庁に対して文句がいえるかという問題であるが，これは，たぶん無理であろう。つまり経済理論で押してこられる以上は，当事者はリスク・ニュートラルであるということが仮定されるのではないかということを議論したかったわけである。もっとも，私も確定的な結論は持っていない。

四　国際金融取引とリスク

最後に，国際金融取引とリスクのお話についてふれる。ただ，私は，国際金融取引について詳しい知識を持っているわけではない。金融デリバティブ商品の構造について，単純なスワップとか単純なオプションであれば多少は理解できるが，あまり複雑な天才のような方がお考えになったようなことに関して理解しろといわれても，無理で，あまり大きなことはいえない。従って，基本の考え方を少しお示しして，それが課税においてどういう影響を及ぼすのかという点について，多少議論しておく。

1　金融取引とリスク

金融取引とは何かという点からはじめよう。例えば銀行取引を考えると，お金を借りた企業が銀行に対して支払う利子は，三つの要素からなっている。一つは，time value of money と呼ばれる部分である。この金銭の時間的価値とは，例えば公定歩合的なもので，リスクのない投資に対する市場利子率が 10% である場合には，100万円は1年後には110万円になるので，この部分を頂かないと，銀行は潰れてしまう。しかし，銀行はその time value of money，リスクのない投資に対する市場利子率だけ頂いているかというと，そういうことはなく，それに上乗せする。何を上乗せするかというと，リスク・プレミアムを上乗せするわけである。つまり借りた人間がデフォルトに陥るかもしれない。返してくれないかもしれない。そのための保険料部分を頂いておかないと，安心してお金は貸せないから，リスク・プレミアムが上乗せされる。そこで，格付

け等も意味を持ってくる。あまり金の焦げつきがないであろう人たちに安い利率で貸してあげられるのは，リスク・プレミアムの部分が少ないからである。ハイリスクの人たちには高い利率でお金を貸すというのが健全な事業活動というものである。この二つの他に，実は銀行本来のサービスの対価，金融仲介機関としてのサービスの対価部分がさらに上乗せされる。ですから，リスクのない投資に対して10％の市場利子率の場合に，銀行が取る利子はたぶん15％だったり20％だったりするというのが，実際のところであろうが，それを，この三つのコンポーネントに分けて，金融取引を議論していかなければならない。

　サービスの対価の部分は，人件費等をカバーするところであるから，それでよく，time value of money の部分も，あまり問題はない。問題は，リスク・プレミアムの部分である。ここをどう考えていくのかというのが，金融取引を考えていく際の一番の基本になってくる。私が遅れているかもしれないが，最近は，financial innovation の時代であるといわれている。つまり，多種多様の financial instrument（金融商品）が発売されて，今までのお金の貸し借りだけの話ではない。昔の金融取引というと，株式に投資するか，社債に投資するか，銀行の貸付を受けるか，あるいは保険を買うか，そのくらいのことだったが，今は本当にその性格が何であるかわからないような金融商品が，financial instrument という名前で出ている。その多くは，単純に性格を規定できるものではない。派生商品，デリバティブと呼ばれるものもそうであるし，ハイブリッドな金融商品も非常に増えている。ハイブリッドというのは，様々な要素を併せ持った金融商品ということである。昔は自己資本形態と借入金形態の金融商品は，確実に別なものだったが，今は両方の要素を持った金融商品が出ている。

　このような financial innovation の時代に，所得課税が果たして追いついているのかどうかという問題が起こってくる。結論をいうと，従来の会計学，従来の所得課税の枠組みは，もはやこの金融商品を的確に正確に扱うためには時代遅れのものになっているというのが，私ども共通の認識であろうということができよう。国際会計基準 E48 の公開草案が，今あちこちで議論されているが，この国際会計基準等を見ると，リスクという概念が正面から取り入れられている。それから，現在価値に割り引く割引率という概念も正面からとりあげられ，要するにキャッシュフローの概念が出てくるのである。それからもう一つは時価主義，マーク・トゥ・マーケットの考え方も出てきており，従来のいわゆる近代会計学と呼ばれていた格調高い会計学が，もはや時代遅れのものとなったということを，会計の実務のほうが正面から認識してきているということができ

よう。この国際会計基準の E48 に対しては，日本の各企業の反応等がアンケート調査等で現れているが，皆さん非常に拒否的な反応である。しかし，時代の流れとして，これは確実にそういう方向に行くであろう。私たちが慣れ親しんで一生懸命勉強した企業会計原則が地位を低下させる（基本理念は残るであろうが），企業会計原則自体が大変革を被る時代がもう来ているわけである。

　ところが，所得課税の分野においては，そういう動きは必ずしも会計学ほどは認識されていないのかもしれないし，いるのかもしれない。これは評価の分かれるところであるが，現実の租税制度は所得課税にこだわっており，キャッシュフローとかマーク・トゥ・マーケットというようなものに対して，なかなか対応がなされていないということもできよう。しかし，実をいうと，それは表面的な見方で，会計学におけるよりは課税のほうが進んでいるのかもしれない。キャッシュフローの概念というのは，実は消費税，付加価値税のほうでもう取り入れられている。消費に対する課税というのは，一種のキャッシュフローに近いようなところが（キャッシュフローというのとは少し違うが）ある。それから，キャッシュフロー法人税の提案は，ミードリポート以来，次から次へとなされており，財政学者でこれを支持する人は少なくない。それからアメリカの1980年代における税制改革の流れを見れば，一枚看板はマーク・トゥ・マーケット，時価主義会計である。取得原価主義が崩壊していることは，アメリカの税制改革で明らかであり，会計学よりもむしろ税制のほうが進んでいるのかもしれない。いずれにせよ，会計学と所得課税の世界はこれから大変革を被るだろうということが予測される。

　所得課税の伝統的な考え方によると，固定的な支払（フィックスト・ペイメント）の場合は，現金を収受する時期よりも早い時期に課税がなされる。これを発生主義と，われわれは名付ける。例えば，一年後に100万円受け取ることが確実であるという時には，現在の収益としてそれを前倒しして計上してしまう。発生したから計上するという，近代会計学の説明がなされる。それからコンティンジェント・ペイメント，不確実性のある支払の場合には，確実性が増すまで課税は延期される。例えば，アメリカの租税会計で，受け取るべき収益の額が確定するまでは収益計上しないという原則がある。要するに所得課税の世界には，最初に私が申し上げたように，フィックスト・ペイメントの場合には発生主義でいき，コンティンジェント・ペイメントの場合には，現金主義的にいくという発想がある。コンティンジェント・ペイメントの場合と，フィックスト・ペイメントの場合と扱いが異なるのである。

ところが，コーポレート・ファイナンスの議論，ファイナンスの理論によると，フィックスト・ペイメントとコンティンジェント・ペイメントの差は，リスクの差でしかないわけで，両者はまったく同じものである。まったく同じものに対して所得税の扱いが違うのは，先ほど述べたようなバックグラウンドがあるからで，要するに所得課税における取扱いが首尾一貫していないというところに問題の基本があって，これがあるから金融商品に対して的確な課税が行えず，必ず不平等が出てくるということになる。

　次に，notional principal contract について述べておく。その代表は金利スワップである。例えば，単純な金利スワップを考えてみよう。甲が乙に対して，1億円について 10% の固定金利で 3 年間支払をする約束をしたとする。乙のほうは甲に対して 1 億円に対して市場金利でもって三年間払うという約束をしたとする。どうしてこういう取引が可能かというと，将来金利，市場金利の変動について甲と乙とで将来予測が異なるから，お互いに自分の予測を信じて金利スワップを行うのである。このように片方は 10% の固定金利で相手にお金を支払い，片方は市場金利でお金を支払うので，実際には差額だけがやりとりされるわけであるが，この場合のアメリカのレギュレーションによる扱いは，その差額がやりとりされた段階で，その差額について，払ったほうは損金算入で，受け取ったほうは，収益計上という扱いになっている。

　しかし，このような扱いが本当の意味でファイナンスの理論に合致したものといえるかどうかという点については，問題がある。ファイナンスの理論の中で，ターム・ストラクチュア・オブ・インタレストという議論がなされる。これは長期的なものほどリスクが高くなるから金利が高くなるということで，われわれが銀行にお金を預ける際に，短期は金利が低いけれども長期は金利が高い，というあれである。期間の長さ等によって，金利が違ってくるということである。

　一番単純な場合には，例えば 10 日後に 100 万円を貸し付けるのと，1 年後に 100 万円を貸し付けるのとではどちらが金利が高くなるかというと，期間が同じ 1 年であっても 10 日後から 1 年というのと，1 年後から 1 年というのでは，1 年後から 1 年のほうが金利は高くなるはずである。なぜなら，先になるほどリスクが高まるからである。こういうことを考えると，甲が乙に対して払う 10% の固定金利というのは，今後 3 年間の彼の金利予想の平均値が 10% のところが限界値になっているということを表すだけであって，その 10% に着目して課税をしてしまっていいのかという問題が出てくる。そういうふうに考え

ると，別の課税上の扱いも可能になってくるかもしれず，見方を変えるだけで，今の課税のやり方が根本から否定される可能性が出てくる。

また，国際課税上，このような financial innovation が大変な問題をわれわれに突きつけてくる。先ほどのように，新たな金融商品が開発された場合に，その金融商品からのリターンはハイブリッドな金融商品の場合，利子なのか配当なのか何だかわからず，所得分類が不明であるかもしれない。それから，派生商品の場合にはそもそも何がリターンであるかがわからないこともあろう。そのような場合に，例えば所得源泉地をどう決めるか，われわれには必ずしもわからない。例えば，ハイブリッドな商品であれば，複数の要素に還元してそれぞれ源泉地を決めていくという方法が考えられるけれども，果たして実務上そのようなことができるのか，大いに問題が出てくる。それから，派生商品の場合には，要素還元を本当に細かくやっていって，基に遡らないと課税ができないので，そんなことを申告の際にやっていられるとはとても思えない。

2　グローバル・トレーディング

もう一つ重要なのがグローバル・トレーディングの話である。これは，割とお馴染みの概念だろうと思うが，例えばロンドンとニューヨークと東京の三つの市場で，銀行が本店及び支店をおく。そして，東京市場が開いている時には東京の本店が責任を持って全世界の取引を行い，次に，ニューヨークの市場が開いた時には，ニューヨークの支店が世界中の取引について責任を負い，さらにロンドンの市場が開いたら，ロンドンの支店が全世界中の取引の責任を負う。その責任のことをブック，帳簿という概念で呼んでいるようである。このブックが三支店の間をグルグルグルグル回って，一年中休みなく取引が行われているような状態がグローバル・トレーディングである。こういう取引が行われる際に，いったいどこの国でいくらの所得が稼がれたのかを確実に決める方法があるであろうか。日本は全世界所得課税だから一応はそれでいいが，しかし外税控除をいくら認めるかという外税控除の控除限度額計算上，国外所得と国内所得を分けなければならない。それができるのか。それから，ロンドン支店に対してPE課税を行う場合に，果たしていくらの所得がロンドンで上がったものとして課税を行っていくのか。ニューヨークはどうか。

このグローバル・トレーディングについて，PE課税をどう行うのか。要するに，同一法人であるから連結とは違うかもしれないが（子会社まで含まれると連結ということになろう），その統合された利益に対してどこの国がどれだけ課

税権を行使できるかということを議論することが，重要な問題になってくる。いろいろなアイデアが主張されているが，宮武敏夫弁護士のお考えは，人件費（ディーラーに対して支払う人件費）でもって配分するのが一番いいではないかというものである。これはなぜかというと，優秀なディーラーはいっぱい稼ぐ，優秀なディーラーのいる支店はいっぱい稼ぐ，いっぱい稼げれば彼の所得が増える，だから，ディーラーに対する報酬は，その支店の全世界におけるオペレーションから上がる所得の取り分を反映しているのではないかという，ディーラーに対する支払給料に応じた按分をおっしゃっているが，この考え方には一つだけ問題がある。つまり，ディーラーの給料は，去年の実績に基づいて今年の給料が決まるということであり，今年の実績に基づいて今年の給料が決まってはいないわけで，去年成功している人が今年失敗している可能性はおおいにある。

　もっとも，ほかの何かあるのかといわれると，私も考えつかない。人のことを批判するのは簡単だが，建設的な議論は非常に難しい。理念的には，無責任に，各支店の負担しているリスクに応じて所得を按分すればいいといえば済むが，では，リスクをどうやって評価するのか。ここでも，実はリスク配分の問題が出てくる。ただ，これは，金融取引の世界においてはこうであるということを OECD で明らかにして，各国が納得できて国際的二重課税の生じないような何らかの形式的な配分基準を見つけ，プロフィット・スプリットでいくというような考え方にいかざるをえないであろう。

3　実務の先行に追いつけない課税

　結局，先ほどの financial innovation の話とグローバル・トレーディングの話と二つだけ例を挙げたが，要するに，課税の制度が実務に追いついていないということである。金融取引の実務と金融取引の理論が課税の法制度に対して見直しを迫っているわけである。課税というのは一番最後に理論構成がなされるという宿命があることはしょうがない。私どもは金融取引の専門家ではないから，実務よりも先行してこういうのが適切であるということをいうことはできない。大蔵省主税局なり国税庁の担当部局なりで，このへんのことについては様々な議論をこれから行っていくことになろう。もちろん，この日本租税研究協会のような団体においても，然るべき検討を行っていかないと大変なことになり，日本が取り残されてしまう恐れがある。

　先ほど，国際会計基準 E48 について述べたが，これについても日本企業は

非常に保守的な反応を示している。反対するということと，内部を分析するということはまったく別な話であるから，反対は反対として内容については分析し，長期的にはキャッシュフロー会計とかマーク・トゥ・マーケットにいくのではないかとの予測の下に，しかし，今は反対しておくという，そういう姿勢であればいいが，そういう姿勢であるのかどうかわからない。イノベーションの時代であるから，それに対してどうしても私たちが遅れをとらないように勉強を続けていく，そういうことを，租税の専門家として常に自戒の念としているわけである。

五　ま と め

　リスクという今まであまり気にもかけなかったようなものにわれわれが振り回される時代がきている。その背後には，従来の会計学及び所得課税理論が時代遅れのものになって，金融取引等の実務あるいはファイナンスや経済学の理論の発展が先を行ってしまい，法律は常に後から追いかけていくという悲しい事態がある。そのことを正確に認識して，私たちが食わず嫌いをせずにリスクについて，多少興味を持ちながら勉強を続けていくしか方法はなかろう。あまり結論にならない結論だが，そういうことで今日のお話を終わりにさせていただきたい。

II

移転価格課税における無形資産の扱い

一 はじめに
――移転価格課税分析の前提としての経済理論

　移転価格課税制度は，基本的に，二国間の税源の配分の問題であり，必ずしも経済理論を用いて分析・適用しなければならない必然性はないが，現代においては，特に無形資産の扱いをめぐり，相当，経済理論の浸透が見られる。そこでは，分析のためのみではなく，実務で現実に経済理論が応用され[1]ている場合もあるので，本稿では，その成果を反映させるかたちで，移転価格課税における無形資産の検討を行いたい。

　移転価格課税における無形資産の扱いについて理論的に検討する際に必要と思われる基本的な考え方としては，以下の三つがある。

---

1) 移転価格課税における経済理論の役割については，中里実「移転価格課税と経済理論――実務における経済理論の利用可能性」(中里実＝太田洋＝弘中聡浩＝宮塚久編著『移転価格税制のフロンティア』(2011年)所収21～41頁〔本書第6編第3部Ⅲ〕，参照)。
　また，1980年代後半における移転価格の経済分析については，中里実『国際取引と課税』(1994年)の第Ⅲ編第3章において，すでに詳しく論じた。そこにおける議論は，主として，中里実「独立当事者間価格決定のメカニズム」租税法研究21号49～72頁，及び，中里実「移転価格とリスクの関係に関するWillsの議論――研究ノート」一橋論叢110巻1号81～98頁，1993年における議論を整理したものである。また，この書物の執筆後においても，中里実「移転価格税制」ジュリスト1104号123～128頁〔本書第6編第1部Ⅲ〕，中里実「移転価格税制と直接投資」岩田一政＝深尾光洋編『経済制度の国際的調整』(1995年)第5章及び，中里実「企業グループに対する課税のあり方」証券アナリストジャーナル34巻10号34～41頁を執筆している。さらに，オートケースについては，中里実「国際租税法上の諸問題」総合研究開発機構編『多国籍企業の法と政策』(1986年)所収211頁，広告宣伝活動により産み出された無形資産については，中里実『金融取引と課税』(1998年)114～125頁，移転価格課税における機能とリスクについては，同437～438頁，参照。なお，中里・前掲「移転価格課税と経済理論」は，これらにおいて述べたことを要約したものであり，これらにおける記述と重複する部分がある点に留意されたい。

① 第一は、取引費用経済学（コースの企業の理論を基礎とするもの）に基づく、市場と企業の関係に関する経済理論の応用という視点である。すなわち、企業は、その事業を拡大する際に、非関連企業との間の市場取引と、当該企業内部での企業内取引のいずれかを選択するが、どちらが選択されるかは取引費用により決まる。関連企業間の取引は、形式的には前者に、実質的には後者に類似したものである。

② 第二に、資産とは、当該資産が将来産み出すキャッシュフローの束であり、その価値は、将来キャッシュフローの割引現在価値としてとらえることができるという、（主として実務において利益に着目する移転価格算定方法を考える際の）ファイナンス理論を応用した考え方を、無形資産の場合に適用するという視点である。特に、移転価格課税との関係においては、無形資産をこのように考えなければ理論的に意味のある議論がしにくい。

③ 第三に、無形資産は、それぞれが独自のものである場合が多いから、その価値付けが困難であるという視点である。それ故に、そのような無形資産の取引に関しては、移転価格課税において利益に着目する方法の有効性が高い。

したがって、以下においては、本稿とほぼ同時期に移転価格税制をテーマに執筆した論文である、中里実「移転価格課税と経済理論——実務における経済理論の利用可能性」[2]でやや詳しく論じた、企業グループに対する課税について理論的に考える際の取引費用経済学（コースの企業の理論を基礎とするもの）の利用に関する議論と、理論・実務における（移転価格算定方法を考える際の）ファイナンス理論の応用に関する議論とを前提にして、主として、利益に着目する方法との関連で、無形資産に関する検討を行うこととする。具体的には、まず、移転価格課税における経済理論の応用について概要をごく簡単に整理し（二）、無形資産の意義について要約（三）した後に、経営指導を例とした無形資産に関する移転価格課税の議論（四）、残余利益分割法の適用に関する議論（五）を行い、最後に、無形資産取引との関連におけるシークレット・コンパラブルについて検討する（六）。

なお、本稿においては、上記「移転価格課税と経済理論——実務における経済理論の利用可能性」との重複をできるだけ避けて、経済理論の利用一般に関する議論や無形資産の本質に関する議論についてはごく要約のみを述べて、詳細は当該別論文に委ね、もっぱら、無形資産の具体的な扱いに集中して論ずるこ

---

2) 中里ほか編著・前掲注1) 所収（本書第6編第3部Ⅲ）。

ととする。

二　移転価格税制の分析における経済理論の応用

1　移転価格税制

　関連企業間の取引は，形式的には市場取引（市場における企業と非関連企業との間の取引）に，また，実質的には，企業の内部で行われる企業内取引に類似したものである。移転価格税制は，関連企業間取引における価格を，前者の市場取引における価格に修正して課税を行うものであり[3]　その背後には，関連企業間取引よりも市場取引の方が適正であるという価値判断が暗黙の前提とされている。しかし，市場取引の方が適正であるという考え方自体に問題点がないわけではない[4]。また，課税において法人格ごとの区切りを絶対視することには必ずしも意味はない[5]。さらに，関連企業間取引において付された価格を市場取引の価格に修正して課税関係を考える制度である移転価格税制は，市場取引を重視し，企業の独立性を強調する考え方に基づくものではあるが，どうしても一種の推定課税的側面を有することを否定できない。

2　移転価格問題の発生メカニズムと取引費用経済学

　経済学の理論を用いた移転価格税制の分析については，かつて，別稿で論じた[6]ので，ここでは，その概要のみを示す。

　Hirshleifer[7]が，効率的な企業内取引価格は限界費用であるとしたのに対して，Caves[8]は，コースの企業の理論を応用[9]して，取引の内部化による取引費用の削減こそが多国籍化企業が存在する理由であって，企業は，取引費用が最少化されるような企業規模に落ち着くのであり，その過程で，（取引費用の削

---

[3]　中里・前掲注1)「移転価格税制」123〜128頁。
[4]　中里・前掲注1)「移転価格課税と経済理論」25〜27頁，参照。
[5]　そもそも，法人課税の所得計算について法人格ごとの区切りを絶対視することに特段の意味はないという点については，中里実「法人課税の時空間（クロノトポス）——法人間取引における課税の中立性」杉原泰雄教授退官『主権と自由の現代的課題』（1994年）所収361〜380頁（本論集1巻第2部Ⅱ），参照。
[6]　中里・前掲注1)「移転価格課税と経済理論」22〜24頁，24〜29頁，参照。
[7]　Jack Hirshleifer, On the Economics of Transfer Pricing, 29-3 The Journal of Business 172-184, 1956.
[8]　Richard Caves, Multinational Enterprise and Economic Analysis, 1982.
[9]　Cf. Robert G. Eccles, The Transfer Pricing Problem: A Theory for Practice, 1985; Kathleen M. Eisenhardt, Agency Theoty: An Assessment and Review, 14-1 Academy of Management Review 57-74 1989.

減の要因である）情報や無形資産の役割が重要な意味をもつ，と論じた。

Caves の議論で特に重要なのは，企業内取引と市場取引の選択における課税の中立性[10]に関する部分である[11]。彼によれば，企業が何故に企業グループを形成するのかという点に対する解答を理論的な視点から与えるのが，産業組織論の基礎となっているロナルド・コースの企業の理論（theory of the firm）である[12]とされる。この理論によれば，企業は経済主体としての側面を有するのみならず，取引の行われる場としての側面をも有しており，企業が経済活動を行うに際して市場取引を選択するか企業内取引（ないし企業グループ内取引）を選択するかは，取引費用により決定されるとされる。しかし，いずれのストラテジーを採用する場合であっても，企業は，その合理的な意思決定に基づいて企業形態・取引形態の選択を行っているのであるから，課税上も，その合理的な意思決定が尊重される（逆にいえば，課税が，企業形態・取引形態の選択に影響を与えない）ことが，課税の中立性の観点からは望ましいということができよう。

3 arm's length price の算定をめぐるファイナンス理論の活用[13]

上で述べた市場と企業の関係に関する経済理論である，コースの企業の理論に基づく取引費用経済学を前提に，将来キャッシュフローの割引現在価値として資産を考える考え方を用いて移転価格の問題を分析すると，価格付けの困難な無形資産の取引については，利益に着目する方法の有効性が導かれる。

その背後にあるのは，「取引の対象たる生産物を比較可能性の要素として絶対化するという態度は避けるべき」[14]であるという発想である。すなわち，移転価格課税においては，通常，取引に着目する方法が用いられるが，これは，企業の生産した生産物の価格に着目する方法であるから，基本的に，**生産物市場で考える考え方**であるととらえることができる。

これに対して，移転価格課税を**生産要素市場における収益率で考える考え方**

---

10) 中里・前掲注1)「移転価格税制」123〜128 頁。
11) 中里・前掲注1)「移転価格課税と経済理論」22〜24 頁，28〜29 頁。
12) Ronald H. Coase, The Nature of the Firm, 4-16 Economica 386-405 (1937).
13) Cf. Robert Ackerman and Elizabeth Chorvat, Modern Financial Theory and Transfer Pricing, 10 George Mason Law Review 637-673 (2001-2002)；Arvind Mahajan, Pricing Expropriation Risk, 19-4 Financial Management 77-86 (1990)；Ravi S. Achrol and Philip Kotler, Marketing in the Network Economy, 63 Journal of Marketing 146-163 (Fundamental Issues and Directions for Marketing (1999)).
14) 中里・前掲注1)『国際取引と課税』433 頁。

も成立する。そして，この生産要素市場から考える考え方は，実物で考える考え方（貸借対照表の借方で考える考え方）と，金融的に考える考え方（貸借対照表の貸方で考える考え方）に分かれる[15]。借方で考える考え方とは，すなわち，生産要素市場で取得される実物の生産要素（すなわち，土地等の天然資源，資本財，労働）の収益率に着目する考え方であり，貸方で考える考え方とは，企業活動を金融的に見て，（借方に列挙された）生産要素の取得資金（すなわち，負債，資本，労働持分）の収益率で考える考え方である。そして，特に，この最後の考え方が，利益に着目する方法と密接に関連する。

4 利益に着目する方法の重要性[16]

承知のように，生産物の価格に着目する方法には，関連企業グループの一体性から生ずる規模の利益や統合の利益を無視している，あるいは，比準の対象となる独立企業や独立企業間取引が存在しない場合があるといった批判がある。特に，無形資産が介在する取引がこれにあたる。これに対して，利益に着目する方法は，以上のような問題点をもつことが比較的に少ないと考えられている。

利益に着目する方法は，ファイナンス理論の観点から理論的に説明することができる[17]。コーポレート・ファイナンスの理論の洗礼を受けた後の現代的な経済理論の特徴の一つは，企業活動を実物面からとらえずに，キャッシュフローの面からとらえ，かつ，それを静的なものととらえずに，時間というファクターを重視するところにあるということができる。そこでは，なによりも，投資が時間の経過とともに産み出すリターンの均衡という視点が重視される。従来の経済理論の下で，企業の目的関数の最大化の条件として企業の限界費用の市場価格における均衡が主張されたように，新しい経済理論の下では，企業の収益率の市場収益率における均衡が主張される。移転価格課税における市場メカニズムに対する一種の憧憬も，従来の経済学を前提とすれば市場価格の重視ということでたりたが，新しい経済理論を前提とすると，収益率の重視というかたちで表現されることになるであろう。

---

15) 中里・前掲注1)「移転価格課税と経済理論」30頁。
16) 中里・前掲注1)「移転価格税制」123～128頁。利益に着目する方法は，本来は，アメリカの1986年改正におけるスーパー・ローヤルティー・ルールの採用にはじまり，1988年の移転価格に関する白書において理論的な基礎を与えられ，1992年の規則案，1993年の暫定規則，1994年の最終規則において，程度の差はあるものの，アメリカにより主張されてきた方法である。
17) 中里・前掲注1)「移転価格課税と経済理論」31～32頁。

また，価格に着目する方法が生産物の市場価格を用いたディマンド・サイドに着目する方法であるのに対して，利益に着目する方法は，生産要素ごとの市場リターン（収益率）を用いた企業のサプライ・サイドに着目する方法である。生産要素市場は生産物市場よりも一般的かつ抽象的で層が厚い（生産要素の種類は限られている）ために，生産要素市場では，どのようなものが生産されるかといったこまごまとしたことはさほど考慮せずに，また，個別の取引には拘泥せずに，生産要素ごとの収益率という抽象的な指標を考えればよい場合が多いものと思われる。したがって，生産物市場において比準対象が見出せない場合であっても，生産要素市場においては比準対象を見出すことが可能である場合が多いであろう。すなわち，収益率を用いた比準の方が，比較可能性の要件が緩くてすむために，比準対象を容易に見出すことができるのである。

　さらに，生産要素市場の金融面で考える考え方（生産要素の取得資金から考える考え方）の場合，すべてを金銭に還元して考えるので，生産要素市場の実物面で考える考え方よりも，一層，一般的かつ抽象的で層が厚いということができ，比準対象企業を見出すことがさらに容易である。

三　無形資産の意義[18]

　ここで，移転価格に関する議論において最も問題となっている無形資産について，理論的側面から整理しておこう。

1　資産の概念──資産の定義とファイナンス理論

　コーポレート・ファイナンス的に考えると，資産とは，将来キャッシュフローの束であり，投資（＝現在の支出）の見返りとして，将来のキャッシュフローをもたらすものと考えることができる。このようにフロー概念に基礎をおいて考えた場合，資産の価格は，当該資産のもたらす将来キャッシュフローを割り引いて現在価値になおしたものとなろう。そして，本質はあくまでもフローにあるのであり，ストックは第二義的なものということになる。

18）　中里・前掲注1）「移転価格課税と経済理論」35〜37頁。

2　無形資産の概念
(1)　無形資産の本質[19]

　経済理論的に企業の無形資産の本質について考える場合には，結局，コーポレート・ファイナンス的に考え，無形資産についても，有形資産と全く同様に見ていく必要がある（ただ，無形資産は，有形資産と異なり，目に見えないだけである）[20]。すなわち，無形資産についても，将来キャッシュフローを産み出すものが資産であり，資産とはそのような将来キャッシュフローの束であるから，その価値は，将来キャッシュフローの割引現在価値である。無形資産も，有形資産同様に，所得を産み出す資産であることにかわりはない。

　無形資産は，それを保有する企業に対して，それがない場合よりも多くの所得をもたらす。逆に，より多くの所得が産み出されることにより，無形資産の存在も確認できる。全く同じ製品を作っていても，企業により利益が異なるのは，より多くの利益を得ることのできる企業が，他の企業よりも安く生産を行うことができるか，高く販売することができるからである。安く生産を行うことができるのは，ノウハウ等を有しているからであり，これは過去の投資の結果である。高く販売することができるのは，ブランド等を有しているからであり，これも広告費等の過去の投資の結果である。このように考えていくと，無形資産は有形資産と全く同じで，いずれについても過去の投資が現在において利益をもたらすことがわかる[21]。

(2)　無形資産の特殊性

　さて，無形資産の本質が上記のようなものであるとして，次に，無形資産の取引には特色があるという点についてふれておく必要がある。すなわち，無形資産は市場においては必ずしも効率的に取引されず，無形資産の取引に関しては市場の失敗が存在するという点である[22]。なぜ，無形資産の取引に関して市

---

19)　以下は，中里・前掲注 1)『国際取引と課税』314〜317 頁，による。また，中里実「アメリカ租税法における無形資産の評価」財団法人産業研究所『知的財産の金融商品化に関する調査研究』(1992 年) 所収 159〜172 頁。

20)　Charles H. Berry, Economics and the Section 482 Regulations, 43 Tax Notes 741, at 744-48, 1989.

21)　もっとも，無形資産と有形資産との間には，重大な課税上の差がある点に留意しなければならない。それは，無形資産を作り出すための支出（R&D，広告費等）は，支出時に控除が認められることが多いのに対し，有形資産を作り出すための支出は，繰り延べられることが多いということである（減価償却）。Cf. George Mundstock, Taxation of Business Intangible Capital, 135 University of Pennsylvania Law Review 1179, 1987; Don Fullerton & Andrew B. Lyon, Tax Neutrality and Intangible Capital, in Lawrence H. Summers, ed., 2 Tax Policy and the Economy 63, 1988.

22)　もっとも，無形資産といっても，実際には様々な種類のものがあり，比較的定型的な無形資産

場の失敗が存在するかというと、第一に、無形資産は、その製造の限界コストがゼロに近く、フリーライダーの問題が出てきて、それ故に無形資産は公共財的な性質を有し、市場に委ねておくと必要量が供給されないからである。また、第二に、無形資産の取引に関しては、ゲームの理論的な状況が存在する場合がある。供給者は、対価の全額を受け取るまでは、たとえばノウハウの全部を相手に教えるわけにはいかず（さもないと、対価なしに知識を入手されてしまう可能性がある）、逆に、需要者は、全部を教えてもらえないうちは全額を支払うわけにはいかない（さもないと、知識を得られないまま対価だけをとられてしまう可能性がある）。したがって、そこに、いわゆる、囚人のジレンマが発生してしまい、取引が行われなくなる可能性が生ずる。第三に、無形資産は、それを実際に試してみないと、その有用性がわからない場合がある（すなわち、その効果について不確実性が存在する）。

(3) 無形資産の価格

また、無形資産は、情報の（一種の）独占権であり、それ故に、独占によるレント（ないし、準レント）を産み出すという点にも留意する必要がある。そして、この点こそが、移転価格課税において無形資産の扱いを考える際に最も問題となる点である。すなわち、それについては、市場取引というものを観念することが困難な場合が多く、それ故に、必然的に、利益に基づく方法が重要な意味を有するのである。

3 無形資産の範囲確定の困難[23]

移転価格課税の目的は、利益の国外移転に対応することであるから、取引の対象たる生産物を比較可能性の要素として絶対化するという態度は避けるべきである[24]。

無形資産は、貸借対照表の借方において、資本財として計上される場合と、人的資産の一部に潜在的に含まれる場合（たとえば、従業員の特殊な技能）とに大別される。このように、無形資産の難しさは、それが独立の資産として認識されない場合が少なくないという点である。市場においてある企業が他の企業よりも多くの利益をあげることができるのは、他の企業の保有しない何らかの

については、必ずしも、このようなことはいえないであろう。
23) さらに、無形資産については、そこから利益を得べき者が開発者なのか、「所有者」なのかという問題も生ずるが、ここではふれない。
24) 中里・前掲注1)『国際取引と課税』433頁。

無形資産を保有しているからであるとしか説明できない場合があるが，その無形資産が具体的に何であるかを確定することが現実には困難である場合が少なくない。したがって，たとえば，国外関連企業が実際には何らかの無形資産を保有しているが故に高い利益をあげているのにもかかわらず，そのような無形資産の認識がなされずに，利益の移転がなされているとして移転価格課税が行われる場合が生じうるのである。

4　移転価格課税における無形資産[25]

無形資産は，基本的に独自のものなので，市場価格の発見が困難であるし，また，そもそも無形資産のように独占利潤をもたらすものについて市場価格を発見しようというのはある種の論理矛盾である。無形資産の本質は情報であり，情報の制限により超過利潤（レント）がもたらされるのであるから，無形資産については，企業内取引ないし企業グループ内取引の行われる場合が多く，したがって，その市場価格は算定しにくいというのが実情である。すなわち，ここに，取引に着目して基本三法を重視する移転価格税制の矛盾が露呈されることになる[26]。

したがって，無形資産が関連する場合においては，実際には，利益に着目する方法を用いるしかない場合が生じてくる。無形資産の意味は，つきつめれば，情報の独占的利用なのであるから，情報の利用制限によりもたらされる将来キャッシュフローの増加から無形資産の価値を評価することが理論的には可能となる。無形資産は，将来純キャッシュフローの増加をもたらすものなのであるから，利益に着目する方法ならば対応可能な場合もありうるであろう。

5　裁判所における経済理論の受容可能性

ここでは，アメリカの状況が参考になる。アメリカにおいては，1988年のWhite Paperにおいて提案されたBALRM以来，経済理論を用いて，利益に着目する方法を正当化し，それを無形資産を用いた取引に実際に適用する努力が

---

25) 中里実「無体財産権に対するtransfer pricingについての経済分析」租税研究503号47頁，参照。
26) アドビ事件（東京高裁平成20年10月30日判決・税資258号順号11061）においては，日本子会社による販売という形式が，外国法人による販売と日本法人によるサービス提供というかたちに変更されたことに伴い，日本法人の利益が大幅に圧縮されたが，これは，考え方によれば，日本法人の有する顧客情報等の無形資産が，サービス提供形態に改められた後の取引形態において無視されたためであるとも考えられる。

なされてきた。最近も，内国歳入庁は，2007年の"Coordinated Issue Paper-Sec. 482 CSA Buy-In Adjustments"[27]において，利益に着目する方法を強調している。また，Xilinx事件[28]等においても，経済理論を用いた方法を主張する課税庁と，それに反対する納税者の攻防が行われている[29][30]。このような点については，ここではふれない。

しかしながら，そこにおいては，必ずしも経済分析それ自体の精緻化が意図されているわけではないという点には，留意する必要がある。

四　経営指導と無形資産[31]

移転価格における無形資産をめぐる重要な問題として，経営指導に関するものがある。ここでは，この問題を例として，無形資産の扱いについて論じてみたい。

日本法人が外国子会社等に対して指示を与える際に，そのような指示の結果として外国子会社の利益が増大した場合，当該指示が株主としての投資を守るための行為ならば，手数料は無料でいいと考えられる。株主（親会社）が，自らの投資を守るために子会社に指示したとしても，自らのための行為により相手方（子会社）から手数料はとれないから，子会社に手数料をチャージすべきであったとして親会社に対する寄附金課税や移転価格課税を行うことは困難である。

これに対して，そのような株主（親会社）としての投資の延長としての行為ではなく，それを超えたより積極的な経営指導ならば，子会社は親会社に対して手数料を支払うべきであるし，また，それが無形資産の取引ならば，子会社は親会社に対して対価を支払うべきである。ここにおいて，経営指導が役務の

---

27) http://www.irs.gov/businesses/article/0,,id=174599,00.html
28) Xilinx事件については，神山弘行「ザイリンクス事件米国連邦第9巡回区控訴裁判所判決」中里ほか編著・前掲注1) 308～340頁，参照。
29) すなわち，タックスコートの判決を覆したXilinx, Inc. v. Comm'r, 567 F. 3 d 482 (9th Cir. 2009)において，裁判所は，取引と基本三法を重視する考え方を採用し，課税庁側の利益法適用の前提を逐一攻撃したので，無形資産取引の移転価格課税について，大きな変化の予兆かと思われたが，裁判所は，2010年に，Xilinx, Inc. v. Comm'r, 2010 U. S. App. LEXIS 778 (9th Cir. Cal. Jan. 13, 2010) でそれを撤回し，再びタックスコートの判決を支持した。
30) Varitas Software事件については，渕圭吾「ヴェリタス事件米国租税裁判所判決」中里ほか編著・前掲注1) 341～358頁，参照。
31) 中里実「関連企業間の役務提供と寄附金課税」租税研究685号87頁。

提供なのか無形資産の取引なのかという問題も生じうる。以下，この点について論ずる。

1 海外子会社に対する経営指導
(1) 海外子会社と日本親会社

外国に子会社を設立して，そこで利益をあげることは，それ自体，正当な事業活動である。その場合に，外国子会社のあげた利益は日本で課税されない (その例外は，タックスヘイブン対策税制である)。

また，内国法人が外国子会社に対して経営指導を行ったとしても，その経営指導が株主としての役割から行われるものにすぎず，その経営指導が直接に当該外国子会社の利益獲得に結びついている場合でなければ，その外国子会社の利益について移転価格税制に取り込むことは許されない。経営指導があったらそれだけで海外子会社の利益の大部分が親会社の利益に（移転価格税制の適用により）取り込まれるという立場は，海外子会社を用いた事業展開を否定するものだからである。

(2) 移転価格事務運営指針

問題は，「経営指導」の内容に応じて，移転価格税制の適用により海外子会社から親会社が回収すべき部分を判断するための基準についてである。課税庁は，経営指導料を軸足として，海外子会社の利益をどこまで日本の課税権に取り込むことが許されるのであろうか。

このような場合に，「経営指導」の内容にかかわらず，ともかく多少なりとも「経営指導」が行われていさえすれば，それを軸足として，子会社の利益の多くの部分を親会社に帰属させる（日本で課税する）というような，吸引力理論的な立場は許容されるものではない。あくまでも，「経営指導」の内容に応じて，日本の親会社に対して配分される利益の額も異なったものとなる。

もちろん，一般的なメーカーの場合，製造を国外移転したとしても，様々な本社コストの回収の見地から，本社コストに見合ったかたちで外国の製造子会社の利益を親会社に配分することが許される場合が多いであろう。つまり，たとえ，外国子会社に製造機能を移転した場合であっても，研究開発やグループ経営管理機能は親会社に残すことが多いであろうから，日本における親会社に対する移転価格課税のリスクを回避するためには，技術提供や役務提供の対価を適正に算定し，コスト回収をはかることが必要である。しかし，商社等において，親会社の活動が基本的に単なる投資的なものにとどまるとしたら，メー

カーの場合とは基本が異なるということになろう。

経営指導その他に関して，移転価格事務運営指針2-10は，以下のように述べて，当局の方針を示している。

「(1) 法人とその国外関連者の間で行われるすべての有償性のある取引は国外関連取引に該当するのであるから，当該取引の調査の実施に当たっては，例えば，法人がその国外関連者のために行う（法人のためにその国外関連者が行う場合も含む。以下同じ。）次に掲げる経営・財務・業務・事務管理上の役務（以下「役務」という。）の提供で，当該法人から当該役務の提供がなければ，対価を支払って非関連者から当該役務の提供を受け，又は自ら当該役務を行う必要があると認められるものは，有償性のある取引に該当することに留意の上，その対価の額の適否を検討する。

（中略）

イ　企画又は調整
ロ　予算の作成又は管理
ハ　会計，税務又は法務
ニ　債権の管理又は回収
ホ　情報通信システムの運用，保守又は管理
ヘ　キャッシュフロー又は支払能力の管理
ト　資金の運用又は調達
チ　利子率又は外国為替レートに係るリスク管理
リ　製造，購買，物流又はマーケティングに係る支援
ヌ　従業員の雇用又は教育

(2) 他方で国外関連者に対して親会社としての立場を有する法人が行う役務の提供に関連する諸活動であっても，例えば，親会社の株主総会開催のための活動や親会社の証券取引法に基づく有価証券報告書等を作成するための活動で，子会社である国外関連者に対する親会社の株主としての地位に基づくと認められるものについては，子会社である国外関連者の営業上，当該親会社の活動がなければ，対価を支払って非関連者から当該役務の提供を受け，又は自ら当該役務を行う必要があると認められず，有償性がなく，国外関連取引に該当しない。

なお，親会社としての活動が，子会社に対する株主としての地位に基づく諸活動に該当するのか，役務の提供と認められる子会社の監視等に該当するかについては，それぞれの実情に則し，有償性の有無を判定することになる。」

このように，いわゆる企業グループ内において行われる役務提供に対する対価の回収との関連で移転価格課税が行われる際の基準について，この移転価格

事務運営指針 2-10 は示している。そして，元来，日本企業の本社の管理部門が外国の子会社に対して行った役務提供について対価を要求するということはあまり行われてこなかったが，最近においては現実に，日本の親会社の管理部門が外国の子会社に対して行った役務提供について，移転価格課税が行われる事案が発生するようになっている。

　グループ内役務提供の存否の判定について，移転価格事務運営指針 2-10 は，経営・財務・業務・事務管理上の役務の提供で，当該法人から当該役務の提供がなければ，外国子会社が，対価を支払って非関連者から当該役務の提供を受け，又は自ら当該役務を行う必要があると認められるものは，有償性のある取引に該当する，としている。したがって，このような考え方に基づけば，たとえば，親会社が株主としての地位に基づいて行う活動は，ここにいう「有償性のある取引」には該当しない。

　この点について，ある会計事務所のホームページにおいては，以下のように述べられている[32]。

　　「実際に，多国籍企業においては子会社が望むか否かにかかわらず，グループとして適切な判断を行うためにグループ全体の状況を把握するといった活動や，あるいは親子会社だからこそ出てくるような活動が頻繁に行われているのである。例えば，本社の経営幹部に定期的に子会社の状況を報告するために子会社の財務状況を収集・管理し，取りまとめ，常務会の議事録を海外子会社へフィードバックするといったような活動の有償性の有無の判定は様々な事実に基づいた深い洞察を要する。また，例えば，グループとしての全体最適を実現するために製造や販売のリソースをどのように各国に配分するかといった戦略の立案を行うといった活動も有償性があるか否かの判定は容易ならざるものがある。」

　実際のところ，現実の経済取引においては，実に様々な種類の活動が行われている。その点から考えると，上の移転価格事務運営指針のポイントは，要するに，その最後の部分の，「親会社としての活動が，子会社に対する株主としての地位に基づく諸活動に該当するのか，役務の提供と認められる子会社の監視等に該当するかについては，それぞれの実情に則し，有償性の有無を判定する」という部分にあるものと思われる。要は，個別具体的な事実関係の下にお

---

32) KPMG ニューズレター，2005 年 11 月，「移転価格調査の傾向と対策，無形資産取引と役務提供取引　Page3」，http://www.kpmg.or.jp/resources/newsletter/tax/200511_3/03.html

ける事実認定の問題なのである。

したがって，この移転価格事務運営指針の具体的な場合における適用については，業種により，取引の態様により，相当の差異が生ずるものと思われる。すなわち，通常のメーカーの場合と，商社や銀行の場合では，同じ子会社の経営管理といっても，かなり差異があるものと思われる。

(3) 判決において示された基準

移転価格課税関係で，「経営指導」等に関する判決は今のところ見あたらないが，国内課税において寄附金課税との関係で，判決が存在する。東京地裁平成12年2月3日判決[33]がそれである。

この判決の事実関係は，以下のようなものである。外資系の内国法人が関連会社に対して支払う経営指導料の寄附金該当性が争われた事案である。

- オランダ法人であるフィリップス・インターナショナル・ビー・ヴィー（以下「PIBV」という。）は，NVPG製品事業本部の経営部門及び国際的方針作成部門と，統括的業務部門（Corporate Staff Department）とを有しており，フィリップスグループ全体を統制する任務を行っている。
- NVPGは，事業を行う国ごとに，現地法人（National Organization）を設立している。各現地法人は，所在地の国における社会情勢，経済情勢に基づいて策定された方針を推進する責任を負っている。
- PKKは，NVPGの100パーセント子会社として設立されたものであり，フィリップスグループの現地法人として，日本におけるフィリップスグループ会社の管理運営について責任を負っていた。
- NPCは，フィリップスグループの企業として，①海外で製造されたフィリップスブランドの製品を輸入して日本国内で販売を行うこと，②日本においてOEM製品（フィリップスのブランド名の付いた，フィリップスの製品仕様書に基づいて日本の製造業者によって製造されたフィリップスの商品）及び部品を含む各種製品の調達を行うことを，その役割としていた。
- NPCは，PKKから受ける一般経営・管理・技術援助・営業・法務等の人的役務等の対価として，NPCの年間売上総（予算）額の1パーセントに相当する金額を，PKKに対して「経営指導料」として支払っていた。

---

33) 税務訴訟資料246号393頁。

・NPCは，その会計処理において，日本において購買したOEM製品等を海外のフィリップス関連会社に対して輸出する取引に係る収入を，NPCの売上として計上しており，その売上原価として，「輸出取扱手数料」を計上し，これを損金に算入していた。上「輸出取扱手数料」は，販売価格から，仕入価格，仕入諸掛及びNPCの購買取扱手数料を控除した残高として計算される額であった。

東京地方裁判所は，経営指導料の寄附金該当性について，以下のような判決を下している。

「(一) 法人税法37条は，どのような名義をもってするものであっても，法人が金銭その他の資産又は経済的な利益の贈与又は無償の供与をした場合には，広告宣伝及び見本品の費用その他これに類する費用等とされているものを除いて，これを寄付金として扱い，その価額については，一定の損金算入限度額を超える部分を，その法人の所得の金額の計算上，損金に算入しないものとしている（同条2項，6項）。

右規定によれば，ある一定の役務の提供に対して金員が支払われることを内容とする契約が締結されている場合であっても，提供される役務の価値を超えて金員が支払われ，当該超える部分が，経済的な利益の贈与又は無償の供与と評価されれば，当該部分は，右条文の適用上，寄付金に該当するというべきこととなる。

ところで，提供される役務が市場性を有さず，客観的な価格が形成されていない場合，また，提供される役務が様々な内容を含むため個々具体的な役務の提供に係る対価を個別に観念し難い場合，役務提供者において当該役務を提供するのに必要な費用の額（以下「提供経費」という。）をもって，当該役務の価値を判断する基礎とすることは合理的な方法ということができるが，提供者における利益ないし報酬の部分も役務の対価として含まれてしかるべきことからすると，提供される役務の価値が，提供経費に尽きるものではないことは明らかである。特に，当該役務の提供が提供者の主たる活動になっている場合，提供した役務の価値が提供経費を大幅に上回る場合などにおいては，利益ないし報酬部分を加算しないことは不合理というべきである。そして，独立企業間で役務の提供に対する利益ないし報酬部分をどのように定めるかは，私的自治の原則により基本的には当該企業が契約により自由に定めるところにゆだねられているものというべきである。

したがって，提供される役務に対して支払われる対価の額が，役務提供者における提供経費を超えているからといって，当該超える部分が直ちに寄付金に

該当すると速断することはできず，右超える部分が寄付金に該当するかどうかは，契約当事者である企業間の関係，当該役務提供契約において定められている役務の内容，対価の決定方法の合理性，実際の役務提供内容，提供される役務の被提供者における便益の大きさ，役務と右便益との関係の直接性，提供者において当該役務の提供がその業務に占めている地位等に照らして，役務の提供の対価が，独立企業間において行われる同種の契約で設定される対価の水準と著しく乖離していて，企業間の特殊な関係に基づく租税回避のための価格操作と認めるべきものかどうかによって，これを判断すべきものと解される。

(二) そこで，本件における経営指導料について，寄付金該当性を検討するに，前記一で認定したところによれば，PKK と NPC は，ともにフィリップスグループ会社として，NVPG の経営方針に則って全世界的に展開される同グループの事業の一端を担う機能を果たしていたこと，PKK は同グループの現地法人として日本における事業の責任を負っていたが，独自の販売活動はほとんど行っていなかったこと，NPC は PKK の子会社であり，PKK は平成2年12月期を除く本件各事業年度において NPC の株式の4分の3を所有していたこと，PKK は，NPC に対して一定のフィリップス製品の独占的な輸入販売権を付与し，NPC がフィリップス製品の国内販売を行っていたこと，PKK は，フィリップスグループが日本国内の製造業者から OEM 製品等を購買して調達する取引に関して，NPC が国内の製造業者から OEM 製品等を購買してこれを海外のフィリップスグループ会社に輸出する形式の取引を行うようにフィリップスグループ内において主張することを通じ，NPC の取引先の確保につとめ，NPC の輸出取引に係る売上に直接の影響力を有していたこと，かくして，NPC は，日本国内における販売及び国外のフィリップスグループ会社に対する輸出の各事業に関して，その多くを PKK に依存し，PKK は，右各事業に関して経営上の助言，人的資源の提供，法務，市場調査，広報活動などの事務を負担していたことなどの事情が認められ，また，NPC が，NPC の株式の25パーセントを所有していた松下電器産業との間で，昭和47年から昭和52年までの間，フィリップスからの輸入取引については FOB 価格の1パーセント，フィリップス又はその指定する会社との輸出取引に関してはインボイス価格の0.5パーセント相当額の金員を支払う旨の契約を締結していたことは，前記一3(一)(1)で認定したとおりである。

右の NPC と PKK との間の役務提供契約に係る諸事実を勘案し，また，フィリップスグループ以外の会社との間における類似の契約と比較してみれば，NPC が，PKK との間の役務提供契約に係る1973年覚書等に基づき，経営指導料を，NPC の年間予算計上の総輸出売上高及び輸入国内販売高の1パーセン

トに等しい金額と定めて PKK に支払っていたことは，前記（一）で述べた判断の諸要素に照らし，NPC の販売面における PKK への依存の広範さにかんがみて，必ずしも企業間の特殊な関係に基づく租税回避のための価格操作と認めるべきような不合理なものということはできないというべきである。

これに対し，NPC が支払っていた経営指導料の対価を，PKK が計上していた PKK の社長室，専務室，広報室，法務室，生産企画開発室，外人給与担当及び技術本部費用のうち NPC が按分負担すべき額に限定されるべきであり，その余の金額は寄付金と評価すべきであるとする被告の主張は，右の認定に照らせば，採用できない。

他に，本件の経営指導料の額が，独立企業間において行われる同種の契約に基づく対価の水準と著しく乖離していて，企業間の特殊な関係に基づく租税回避のための価格操作であるとすべき事情を認めるに足りる証拠はない。

（三）以上によれば，本件各更正処分のうち，NPC が支出した経営指導料の一部を寄付金に当たるとした部分は，違法というべきである。」（強調・中里）

この判決は，役務提供の対価が，以下のような視点から見て，「独立企業間において行われる同種の契約で設定される対価の水準と著しく乖離していて，企業間の特殊な関係に基づく租税回避のための価格操作と認めるべきもの」といえるか否かという基準を用いることにより，寄附金該当性の判断を行っている。

・ 契約当事者である企業間の関係
・ 当該役務提供契約において定められている役務の内容
・ 対価の決定方法の合理性
・ 実際の役務提供内容
・ 提供される役務の被提供者における便益の大きさ
・ 役務と上便益との関係の直接性
・ 提供者において当該役務の提供がその業務に占めている地位

その上で，この判決は，寄附金該当性の有無について，上の基準を前提に，取引における様々な事情を丹念にひろって，総合的な視点から判断し，当該事案における経営指導料を「必ずしも企業間の特殊な関係に基づく租税回避のための価格操作と認めるべきような不合理なものということはできない」という結論を下している。

この判決について，前掲のある会計事務所のホームページは，その注 16 において，ある論文[34]を引用しつつ，以下のように述べている[35]。

「有償性の判断の参考になる事例として，国内法人間での役務提供の対価が寄付金に該当するか否かが争われた判例（注15）があるため，紹介しておく。この事例は外資系企業の内国法人間の役務提供取引に係る経営指導料について，対価支払いのうち一部を寄付金として認定し更正処分を行った事案である。納税者はその支払った経営指導料は寄付金ではなく適正な取引である旨を主張し，裁判所は関連者から納税者への役務の提供の事実を認定し，原処分庁の寄付金認定を違法であるとし処分を取り消した。これは言い方を変えれば，関連者から納税者へ提供される役務の提供の有償性を裁判所が認めたと考えることも可能であり，国税当局も移転価格の執行の場面においてもこの事案が貴重な前例のひとつになると考えているようである（注16）。」

国内の寄附金課税に関して下されたこの判決が，移転価格課税に関する事案について考える際に実際にどの程度の意味をもってくるかは必ずしも明らかではないので，ここでは一つの参考資料として掲げておくが，いずれにせよ，諸事情を勘案して総合的に判断するという点においては，この判決の基本的な立場は，前掲の移転価格事務運営指針と同様である。

(4) 移転価格税制における無形資産について

ところで，移転価格税制において問題となる無形資産の意義については，租税特別措置法関係通達66の4(2)-3において，無形資産とは「著作権，基本通達20-1-21に規定する工業所有権等のほか，顧客リスト，販売網等の重要なものをいう」と規定しており，また，そこで引用されている法人税基本通達20-1-21は，工業所有権等の定義の中で「……生産その他業務に関して繰り返し使用しうるまでに形成された創作，すなわち，特別の原料，処方，機械，器具，工程によるなど独自の考案又は方法を用いた生産についての方式，これに準ずる秘訣，秘伝その他特別に技術的な価値を有する知識及び意匠等をいう」と定めている。アメリカの内国歳入法典の第482条関係の財務省規則1.482-4(b)は，「無形資産とは，以下の無形資産を含み個人的な役務の提供から独立し，かつ，重要な価値を有する資産をいう」と定めているが，日本の通達の上の規定も，同様に，無形資産を，個人的な役務によって形成されたもので，当該個人的な役務から独立し，かつ，重要な価値を有する資産と規定しているものと考えられる[36]。

---

34) 山川博樹「国際課税の現状と課題（第1回）」租税研究658号125頁。
35) 前掲注32）。
36) したがって，たとえば，法人税法施行令13条が減価償却資産として規定している「鉱業権（租

移転価格事務運営指針 2-11 は，調査において検討すべき無形資産として「特許権，営業秘密等の技術革新に関する無形資産のみならず，例えば，企業の経営，営業，生産，研究開発，販売促進等の活動によって形成された，従業員等の能力，知識等の人的資源に関する無形資産並びにプロセス，ネットワーク等の組織に関する無形資産」を規定しているが，個人的な役務提供によって形成されたものが無形資産であるといっていることは明白である[37]。

いずれにせよ，経営指導関連の行為も，場合により無形資産関連の取引とされる可能性がある点に留意が必要である。

(5) 資産の取得形態と移転価格

日本企業が海外事業用資産を取得して海外で事業を行う場合，対価等の条件交渉を自ら行い，合意に至った後に，当該資産を直接保有して自ら事業を行うか，あるいは当該事業のための外国子会社を現地に設立して当該子会社に資産を保有させた上で事業を行わせるかは，企業の自由判断に委ねられている。

もっとも，後者の場合については，資産を取得するに至るまでの親会社の努力の果実（資産の取得）を子会社が享受することになるが，これは一般的な海外進出の形態であり，その一事をもって移転価格上問題があるとすることは適切ではない。また，そもそも，その子会社が享受する利益は，子会社株式からの配当というかたちで日本の親会社のものとなるのであるから，移転価格課税において問題とする必要は基本的にはないのである。

したがって，子会社の資産取得に関して親会社からの役務の提供の有無等に際しての移転価格上の問題の検討は，資産を，親会社が一度取得した上で子会

鉱権及び採石権その他土石を採掘し又は採取する権利を含む）」は，鉱業法に基づき登録を受けた一定の土地の区域（鉱区）において鉱物及びこれと同種の鉱床中に存する他の鉱物を採掘取得することを内容とする独占的，排他的権利であり，個人的な役務の提供によって形成されるものではないことから，移転価格税制上の無形資産には該当しない（なお，鉱業権には，試掘権と採掘権の2種類があり，試掘権は将来採掘を行うための準備としての鉱物を探査する権利であり，採掘権は本格的な採掘事業を行うための権利である）。法人税法が鉱業権を減価償却資産として無形固定資産に区分したのは，鉱業権が有形固定資産のような有形財ではないが，長期間にわたって継続的に法的特権を与えるような法律的権利で，一定の期間が経過すれば効力を失う費用性資産であるためである。換言すれば，移転価格税制とはその目的が全く異なる理由によって，鉱業権は法人税法上，無形固定資産とされているにすぎない。

37) したがって，移転価格事務運営指針 2-12 が，「無形資産の法的な所有関係のみならず，無形資産を形成，維持又は発展させるための活動において法人又は国外関連者の行った貢献の程度も勘案する必要がある」と規定し言及している無形資産とは，移転価格事務運営指針 2-11 に規定する無形資産のみをさしているのであり，採掘権等の権利は，そこにいう「無形資産」ではあり得ず，また，採掘権等について，それを「形成，維持又は発展させる」ということも，論理的にあり得ない。

社に対して再譲渡したものとみなした上で，その際の譲渡価額・取得価額を独立企業間価格と比較するか，あるいは子会社の資産取得について親会社の特別な協力という役務があったものとした上で，その役務提供の対価を独立企業間価格と比較した上で行うべきである。

また，外国の事業子会社に資産を取得させた上で，資産取得以降親会社として子会社の事業運営に一定の関与を行うことも，子会社が親会社にとり投資対象の重要な資産を保有している以上，株主として当然のことであろう。

したがって，これらをもって比較可能取引のない特殊な形態として，当該資産から生じる利益を親会社と子会社で分割すべきとすることは，子会社が取得した資産に関する法的権利に対して制限を加えることになり，移転価格税制の執行上適切とはいえない。移転価格税制の執行に際しては，あくまで当該取引を独立企業間取引に置き直し，その上で当該取引価格を独立企業間価格と比較することが求められる。

いずれにせよ，子会社の資産取得時点とそれ以降を分けて，取得時点については，子会社の資産取得価額が独立企業間価格であるか否か，あるいは親会社の取得協力役務の対価が独立企業間価格であるか否かをまず判断すべきであり，取得以降については取得時点の行為と切り離し，親会社からの提供役務とその対価を独立企業間価格と比較すべきものである。

2 理論的な区分

(1) Stewardship Service と Managerial Service

独立企業間原則の下において，海外の関連企業が日本の企業に対して経営指導料 (Management Fee) を支払うべきであるのは，当該海外の企業が当該経営指導から何らかの利益を受けた場合に限られる。そして，利益を受けているか否かは，日本の企業からの役務の提供がなかったとした場合に，海外の企業が第三者に対して同様の役務の提供を有償で依頼するか否か，あるいは，海外の企業が自ら当該役務を行うか否かという観点から判断できるであろう。

親会社が外国の子会社を監督する場合としては，親会社が株主としてその投資を保護すべく子会社の経営を把握し監督するための Stewardship Service（子会社からは，このような役務について親会社は利益を受けない）と，経営指導や技術指導など子会社の利益のためになる Managerial Service とが存在する。

両者を分ける基準としては，親会社からの役務提供がなくとも子会社が事業を行うことができるか否か（できれば Stewardship Service，できなければ Managerial

Service），親会社が当該役務提供を自らの利益を保護するために行っているか否か（そうであれば Stewardship Service，そうでなければ Managerial Service），親会社から提供される役務を行うことのできる従業員が子会社に存在するか否か（存在すれば Stewardship Service，そうでなければ Managerial Service）等が考えられよう。

Stewardship Service について，親会社は子会社に対してその報酬を請求することはできないのに対して，Managerial Service については，請求することができる。移転価格課税で問題となるのは，この後者の Managerial Service である。Stewardship Service については，移転価格課税の問題は生じない[38]。

(2) 残余利益分割法の適用

残余利益分割法とは，日本法人と国外関連者の取引において超過収益力の源泉たる重要な無形資産が使用されている場合に，日本法人と国外関連者それぞれが，その無形資産に対して，形成，維持，発展に貢献した割合を以って，その無形資産から生じる超過収益をそれぞれに配分するという手法であると理解される。

そして，たとえば，外国子会社の超過収益力の源泉が外国における採掘権等の一定の権益（これは，前述の1(4)で述べたように，移転価格課税上の「無形資産」には該当しないと考えるべきである）の取得にある場合，課税当局側が，当該権益の取得，維持，発展に日本法人側が寄与しているとの認定を以って，その貢献に対する分配を日本法人側が享受すべきであると主張することが考えられる。このような場合，日本法人による収益力への直接的な貢献が，より客観性を持ったかたちで，課税当局により証明されない限りは，残余利益分割法における分割ファクターとして，日本法人の貢献度を直接的に勘案することはできないであろう。

また，残余利益分割法は，本邦企業と国外関連者それぞれが負担する比較的少額の費用の割合で，巨額の利益分割を行う手法であることから，その適用にあたっては，本邦企業と国外関連者双方の機能分析を詳細に行って，当該利益への貢献形態，貢献度合いを検証し，分割要因となる関連費用についても慎重に検討して，課税上の公平性を保つ努力が求められる。

---

38) この(1)における記述は，Leonard B. Terr, The Proposed Transfer Pricing Services Regulations, 101 Tax Notes 1439 (2003) による。

3　配当と移転課税との二重課税

　現実の世界においては，外国子会社から日本の親会社が投資を回収する方法は，基本的には，配当を受領するか，あるいは，経営指導料（Management Fee）を受領するか，あるいは両者の組み合わせということになろう。

　それでは，外国子会社との関連において，同一の利益について，まず配当等として課税し，その後に，移転価格税制を適用して経営指導料相当額等を親会社の利益として課税することは，果たして許されるのであろうか。外国子会社からの受取配当が益金不算入とされる以前の状況について，理論的に考えてみよう。

　これとは逆に，移転価格課税が行われた後に送金が行われる場合について，租税特別措置法基本通達66の4(8)-1において，国外移転所得金額の取扱いとして，

　　「措置法第66条の4第4項に規定する国外関連取引の対価の額と当該国外関連取引に係る独立企業間価格との差額（以下「国外移転所得金額」という。）は，その全部又は一部を国外関連者から返還を受けるかどうかにかかわらず，利益の社外流出として取り扱う。」

という定めがおかれており，それを受けて，租税特別措置法関係通達66の4(8)-2において，国外移転所得金額の返還を受ける場合の取扱いとして，

　　「法人が国外移転所得金額の全部又は一部を合理的な期間内に国外関連者から返還を受けることとし，次に掲げる事項を記載した書面を所轄税務署長（国税局の調査課所管法人にあっては所轄国税局長）に提出した場合において，当該書面に記載した金額の返還を受けたときには，当該返還を受けた金額は益金の額に算入しないことができる。」

と規定されている。さらに，これを受けて，移転価格事務運営要領4-1が，「国外移転所得金額の返還を受ける場合の取扱いに関する留意事項」として，

　　「措置法通達66の4(8)-2に規定する書面を提出した法人が，当該書面に記載された金額の全部又は一部について返還を受ける予定の日後に返還を受けた場合には，予定日後に返還を受けたことについて合理的な理由があるかどうかを検討した上で，措置法通達66の4(8)-2の規定の適用の有無を判断する。」

と定めている。

　いずれにせよ，日本において，返還を受けた金額の益金不算入を規定した法律の定めが特に存在しないことを考えると，このような取扱いの根拠は，移転価格課税の本質からして，社外流出が返還されるのであるから，それについて

課税しないのは当然であるという，理論上のものであると思われる。
　次に，これとは時間的順序が逆の，同一の利益について，まず配当等として日本で課税し，その後に，移転価格税制を適用して経営指導料相当額等を親会社の利益として日本で課税することが許されるかという問題について，国税不服審判所平成14年5月24日裁決[39]において，以下のような議論がなされた。

・納税者の主張
「(ニ) 二重課税の発生について
　G社が，原処分庁が認定する適正保証料と請求人が収受していた保証料との差額を原資として請求人に配当を行っていたとすると，本件各更正処分により，その原資は存在していなかったことになり，配当については既に課税が行われているから，わが国において二重課税が生じることとなる本件各更正処分は不当である。」

・課税庁の主張
「(ニ) 二重課税の発生について
　子会社であるG社の利益を配当で還元させるかどうかは，親会社である請求人の任意であるから，配当させたことにより請求人に受取配当金に対する課税が発生したとしても，それは二重課税には該当しない。」

・裁決
「ニ　二重課税の発生について
　わが国の移転価格税制は，国外関連者との取引が独立企業間価格で行なわれたものとみなして税務上の課税所得を計算するものにすぎないから，本件各更正処分がG社の過年度の決算上の利益に何ら影響を与えることはない。また，過年度に受け取った配当に対して課税が行われたとしても，それは移転価格税制とは別個の課税要件に基づくものであり，また，移転価格課税に当たり過年度の受取配当に対する課税を調整すべき旨の法令上の規定もない。
　したがって，請求人の主張には理由がない。」

　しかし，そもそも租税特別措置法関係通達66の4(8)-1が，移転価格課税の対象となった利益を，社外流出として取り扱った後に，それが返還された場合の非課税を定めているのは，移転価格税制の本質からして，本来的に，法律上，それを非課税とすべきであると解されるからに他ならない。ただ，通達は，その際の実務的な取扱いを定めているにすぎない。

---

[39]　裁決事例集 No.63, 454頁。

そして，このように，移転価格課税の後の返還について非課税とされるのであれば，移転価格課税の前に配当等の支払がなされていたとしても，その点を考慮して移転価格課税を行うべきなのではなかろうか。なぜなら，配当等がなされている限りにおいて，移転された利益は前もってすでに「返還」されているのであり，その部分について移転価格課税の対象に取り込む必要は存在しないからである。独立企業間価格で取引がなされると擬制して処分を行うのは，移転された利益を取り戻して日本の課税権に服させるためであるにすぎず，独立企業間価格は，いわばそのための道具として用いられているにすぎない。配当等の限度で（移転価格税制の対象である）利益の移転は存在しないのであるから，独立企業間価格を認定して取引を引き直して利益の再配分を行う際に，配当等により利益が取り戻されている分を考慮して，移転価格課税を行うべきである。さもないと，課税庁がわざわざ二重課税を引き起こすことになり，不都合である。
　いずれにせよ，移転されていない利益（すなわち，子会社の利益のうち，配当等のかたちで，親会社に対してすでに支払われている部分）に対してわざわざ移転価格税制を適用することは，論理矛盾である。移転価格課税の後に送金がなされた場合に非課税とされている以上，配当等の後に移転価格課税を行う場合には，配当により「返還」された利益を考慮して，移転価格課税の額を（減額）調整すべきである。移転価格課税と送金の前後関係が絶対的な基準となるという考え方は採用できない。
　なお，以上は，外国子会社等からの受取配当の益金不算入の制度が導入される以前の議論である。同制度導入の後においても，基本的に以上と同様の扱いをすべきものと考えられるが，ここでは，これ以上ふれない。

五　残余利益分割法と重要な無形資産

　残余利益分割法における最大の問題点は，「重要な無形資産」の意義である。この点は，基本的に事実認定に関連する問題であるが，シンプルな技術が「重要な無形資産」に該当するとされて処分がなされることもあり，実務上，深刻な問題が生じうる。何が「重要な無形資産」に該当するかという問題は，事実関係により異なるものであろうが，残余利益分割法の使用の有無あるいはその使用の際の残余利益の範囲を決定する際に，「重要な無形資産」とは何かという点がおろそかにされるようなことが仮にあるとすれば，恣意的な課税が行わ

れるリスクが存在することになってしまうのであり，注意する必要がある。

　そもそも，残余利益分割法においては，安易に「重要な無形資産」の認定を行うべきではない。そうであるからこそ，法は，あえて，「重要な」無形資産のみを残余利益分割において認定することにしているのである。何でもかんでも「重要な無形資産」に含まれるというのであれば，恣意的な移転価格課税が可能になってしまうのであるから，安易な「重要な無形資産」の認定を行うべきではないという点こそが議論の出発点でなければならない。

1　無形資産の意味

　無形資産について論ずるときには，まず，そもそも資産とは何かという問題から始める必要がある[40]。この点，利益に着目する方法の元となったアメリカ財務省・内国歳入庁の1988年の移転価格に関する白書[41]以降，経済学やファイナンス理論に依拠したかたちで，移転価格課税に関する議論がなされてきた。残余利益分割法は，その延長線上にある。

　すなわち，三において述べたように，ファイナンス理論的に考えると，資産とは，投資（＝現在の支出）の見返りとして，将来のキャッシュフローをもたらすものと考えることができる。このように考えた場合，資産の価格は，当該資産のもたらす将来キャッシュフローを割り引いて現在価値になおしたものとなろう。このように経済理論的に考えた場合の，企業の無形資産の本質については，結局，有形資産と全く同様に見ていく必要がある（ただ，無形資産は，有形資産と異なり，目に見えないだけである）。すなわち，無形資産は，それを保有する企業に対して，それがない場合よりも多くの所得をもたらす。逆に，より多くの所得が産み出されることにより，無形資産の存在も確認できる。このように考えていくと，無形資産は，有形資産と全く同じで，いずれにおいても過去の投資が現在及び将来において利益をもたらすことがわかる。

　無形資産には，実に様々な種類のものがある[42]。しかし，ここで注意しなければならないのは，このような多種多様な無形資産の中で，残余利益に寄与する「重要な無形資産」とされるものは，具体的事案においても異なるが，後で述

---

40) 以下については，中里・前掲注1)『国際取引と課税』314〜315頁参照。
41) Treasury Department and Internal Revenue Service, A Study of Intercompany Pricing, 1988.
42) Don Fullerton and Andrew B. Lyon, Tax Neutrality and Intangible Capital, 2 Tax Policy and Economy 63, 64 (National Bureau of Economic Research, 1988)．中里・前掲注1)『国際取引と課税』110頁引用参照。

べるように，残余利益と「関連性」を有し且つ無形資産の中でも「重要な」ものに限られるという意味でかなり限定的であるという点である。恣意的な課税を避けるためにも，残余利益分割法においては，安易に「重要な無形資産」の認定を行うべきではないという点をわすれてはならない。また，超過利益をもたらすものは，残余利益の獲得に貢献する「重要な無形資産」に限定されない点にも留意しなければならない。後述のとおり，政府規制や課税恩典の故に，通常の製造機能を通じても超過利益は生じるのである。

2 残余利益分割法の意味
(1) 移転価格における利益に着目する方法

　無形資産はそれぞれがユニークなものであるが故に，あるいは，それが多国籍企業内部の関連企業間で取引されることが多い[43]が故に，それについて，市場における比較対象取引を見出すことが困難な場合が少なくない。それ故に，無形資産の関連する取引について移転価格課税を行う場合には，取引に着目する方法ではなく，利益に着目する方法が重要な意味を有することになる[44]。

　このような無形資産の特質を反映して，「重要な無形資産」の関連する取引について独立企業間価格を求める方法として残余利益分割法が存在する。この方法は，法人又は国外関連者が「重要な無形資産」を有する場合において，分割対象利益のうち，「重要な無形資産」を有しない非関連者間取引において，通常得られる利益（基本的利益）に相当する金額を当該法人及び国外関連者それぞれに配分し，当該配分した金額の残額（残余利益）を，当該法人又は国外関連者が有する「重要な無形資産」の価値に応じて，合理的に配分する方法により，独立企業間価格を算定する方法をいう（租税特別措置法基本通達66条の4 (4)-5)。すなわち，残余利益分割法とは，国外関連取引に影響する「重要な無形資産」が存在する場合，当該取引によりもたらされる利益は，通常の活動からもたらされるべき利益（基本的利益）とそれ以外の要素（「重要な無形資産」）に

---

43) 実は，企業の多国籍化は無形資産により促進されている面が少なくないのである。すなわち，無形資産の取引に関して生ずる市場の失敗（すなわち，買手は，無形資産の価値を試してみないと買うことができないが，売手は，買手に価値を試させると情報が漏れてしまうので，いわゆるゲームの理論における囚人のジレンマ的な状況が発生してしまい，市場における取引が成立しにくい）故に，無形資産は，主に，関連企業間において取引されることになる。したがって，無形資産の存在は，企業の多国籍化を推進するきわめて重要な要素の一つとして位置づけることができる（中里・前掲注1)『金融取引と課税』114頁参照）。

44) 中里・前掲注1)『国際取引と課税』299頁以下参照。

よってもたらされるべき利益（残余利益）とに分かれると考えて，各関連者の営業利益を合算し，まず，そこから通常の活動によりもたらされる利益（基本的利益）を各関連者に配分し，次に，残余利益については「重要な無形資産」からもたらされた利益と仮定して，それを当該無形資産の各関連者の相対的価値に応じて配分する方法である。

(2) 残余利益分割法における「重要な無形資産」の概念

移転価格課税における残余利益分割法に関する「重要な無形資産」とは，通常の無形資産ではなく，個別の具体的事実関係の下において，残余利益を産み出すことに貢献するような，営業利益の獲得に大きな影響を与える特許権，ブランド，及びノウハウのことである。すなわち，「重要な無形資産」とされるためには，残余利益との関連性と無形資産の重要性という二つの要件を充足する必要がある[45]。

第一の，残余利益との関連性の要件については，残余利益と，その分割要因であるところの「重要な無形資産」との間には相関関係が認められる必要がある[46]。この関連性を安易に認定すると恣意的な課税につながるので，そのようなことは避けなければならない。したがって，たとえば，納税者の基礎研究費が売上基準により海外子会社に配賦される結果として，海外子会社と無関係の研究費用までもが，残余利益に寄与する「重要な無形資産」に含められるかたちで，課税処分が行われるような事態は避けなければならない。仮に，このような費用も，ブランド価値の増加につながっているのであるから，「重要な無形資産」に含まれてしかるべきであるというような考え方が認められるのであれば，企業のあらゆる支出は，直接的ないし間接的に，ブランド価値の増加につながるのであるから，「重要な無形資産」に含まれることになってしまうであろう。このような社会通念から著しくはずれた広範なかたちの安易な「重要な無形資産」の認定が許される根拠はどこにも存在しない。

次に，第二の無形資産の重要性の要件については，慶應義塾大学の髙久隆太氏が，「関連者間で利益を配分する際は，個別事情を勘案する必要があるが，一般に多大な利益を生む無形資産が存在する場合は残余利益分割法を，多大な利益を生む無形資産が存在しない場合は取引単位営業利益率法を適用することが妥当である」[47]と述べておられる点に賛成したい。

---

45) 髙久隆太「移転価格課税における無形資産の使用により生じた利益の帰属及びその配分」税大論叢49号1頁。
46) 中里・前掲注1)『国際取引と課税』445頁参照。

(3) 残余利益分割法の適用における外国での課税上の恩典の扱い

以上のように，残余利益分割法の適用にあたっては，基本的利益と残余利益を分けなければならない。そして，この基本的利益の配分と残余利益の分割を行う上で，外国政府により与えられる税制上の恩典によりもたらされる利益についていかに考えるかという点が問題となりうる。

一つの考え方は，課税恩典を基本的利益において考慮するという立場である。政府の与える課税上の恩典を基本的利益において考慮すれば，課税上の恩典の認められた外国の特定の市場は，他の市場とは比較可能性の低いものであるということになり，差異調整を行わずになされる処分は違法であるということになる。妥当な考え方といえよう。

これに対して，もう一つの考え方は，課税恩典は，会社にずっととどめられてはおかれず，消費者に移っていると考え，それを基本的利益においては考慮せず，残余利益の中で考慮すべきとするものであろう。しかし，このように課税恩典が消費者に移っているという考え方は，理論的な誤解に基づいているように思える。

3 途上国等の課税恩典のとらえ方

(1) 特別な利益をもたらすもの

ミクロ経済学において，市場収益率を上回る利益をレント（超過利益）と呼ぶ。レントをもたらす要素としては，土地その他の天然資源，法による規制，重要な無形資産等があげられる。これらは，すべて，その保有者が独占企業と類似の優越的な立場に立つが故に，市場収益率を上回る利益を保有者に対してもたらすという点で共通したものである。たとえば，銀座4丁目の土地は銀座4丁目にしかなく，その追加的供給はなされないが故に，その保有者は独占的な地位に立つ。また，法による規制も，供給を制限する方向に働くので，規制により保護された者は優越的な立場に立つことができる。さらに，重要な無形資産も，他の者の保有していない情報であるから，その保有者は独占企業と類似の優越的な立場に立つことができる。このような優越的な地位が，市場収益率を上回る利益であるレント（超過利益）を産み出すのである。

実際の事業活動においては，「重要な無形資産」の産み出すレントが，かなり大きな位置を占めているものと思われる。そして，このことが，移転価格課

---

47) 髙久・前掲注45) 1頁の要約，強調・中里。

税における残余利益分割法における「重要な無形資産」を考えていく上で，大きな意味をもつ。残余利益分割法は，このように，市場収益率を上回る利益であるレント（超過利益）について残余利益として扱うという理論的な考え方に基づいて発展させられてきたものである。

もっとも，上で述べたレント（超過利益）の定義からも明らかなように，レント（超過利益）は，重要な無形資産のみによってもたらされるわけではないという点に留意しなければならない。それは，政府の規制や課税上の恩典によってももたらされるものである。たとえば，外国政府の課税方式（その下で，納税者に対して与えられる課税上の恩典）が当該外国の特定市場の重要な条件となっている場合は確かに存在する。このような課税に関する恩典は，市場に内在するところの，（外国政府によりもたらされた）人為的な形の location savings の一種と考えられる。それは，他の地域に進出した企業と比較して，ある国の特定地域に進出した企業に対してのみレント（超過利益）をもたらすところの，一種の「政府規制」である。すなわち，政府規制も location savings も市場構造から生まれるものである[48]。

それ故に，問題となるのは，レント（超過利益）の大きな部分が，納税者の保有する生産技術によりもたらされている（そうであるならば，残余利益が問題となる）か，外国政府の課税恩典によってもたらされている（そうであるならば，市場の構造ということで基本的利益の問題となる）かという点であるということになろう。

(2) 市場構造としての課税恩典

繰り返しになるが，注目すべきは，レント（超過利益）が，「重要な無形資産」からの残余利益のように，必ずしもノン・ルーティンの機能からのみ生ずるとは限らず，投資促進のための価格政策や，課税上の恩典や，他企業の参入を阻害するような政府規制のように，法制度的な要因によっても生ずるという点である。

したがって，日本企業の外国子会社が，一定地域以外に進出した日本企業の関連企業に対しては与えられていない課税上の恩典によるレント（超過利益）を，ルーティン機能（通常の製造機能）を通じて達成しているのであれば，当然のこととして，そのような特殊な要因によりもたらされる利益は当該外国子会社に帰属することになる。

---

48) 中里・前掲注1)『国際取引と課税』428頁及び429頁参照。

この特殊な要因によりもたらされる利益は,「重要な無形資産」の産み出す残余利益ではなく,外国の課税恩典の産み出す基本的利益である。すなわち,この課税恩典は,当該外国の市場構造から生まれるものであるから,日本親会社に配分されるべきものではなく,そもそも基本的利益として,外国子会社に配分されるべきものなのである。

このような外国における課税恩典の存在を基本的利益の算定上無視し,「重要な無形資産」の産み出す残余利益に含める考え方（課税庁の考え方）は,そもそも残余利益分割法の考え方と相いれないものである。

(3) 外国政府の政策

なお,課税恩典は,外国の国防政策とも密接に結びついたものである場合があり,課税恩典を無視して移転価格課税を行うと,外国政府の政策を台無しにすることになりかねない。それは,いわば,みなし外国税額控除を否定することにより,外国政府の投資刺激策を無にすることと類似している。日本が途上国との間の租税条約において,あえて,みなし税額控除を認めていることを考えるならば,本件課税恩典を移転価格課税に関しても無視すべきではなかろう。

4 基本的利益の類似性の基準

なお,基本的利益の類似性の基準に関して,TNMM（取引単位営業利益法）と同じ基準を用いるべきであり,アメリカのCPM（利益比準法）や日本の推定課税のように,TNMMの場合よりも緩やかなものでいいという考え方は妥当ではない。

六 シークレット・コンパラブルについて

ここでは,移転価格課税におけるシークレット・コンパラブルについて,その問題点を指摘しておきたい。取引の対象が無形資産である場合には,納税者にとって重大な事態となると思われるので,ここで扱うこととした。

アドビ事件（東京高裁平成20年10月30日判決・前掲注26））は,いわゆるビジネス・リストラクチャリングに関する事案である。そこでは,外国法人が日本における販売を行う場合に,①日本子会社を通じて販売を行っていたのを,②外国関連会社から日本に直接販売し,日本子会社はそのサポートをするというかたちに事業形態を変更することにより,日本において生ずる当該企業グループの課税所得を圧縮しようとした事例において,移転価格課税の可否が争われ

た。

　その際に，付随的にシークレット・コンパラブルについての議論がなされ，再販売価格基準法におけるシークレット・コンパラブルの使用が争われたという[49]。

1　独立企業間価格の算定方法とコンパラブル

　比較対象とされる適切なマージンとしては二種類がある。すなわち，関連グループ内の企業が独立の第三者と行う比較対象取引において得るマージンを用いる内部コンパラブル（Internal Comparable）と，関連グループ外の企業が独立の第三者と行う比較対象取引において得るマージンを用いる外部コンパラブル（External Comparable）である。内部及び外部コンパラブルは，いずれも使用可能であるが，いずれの場合においても，比較対象取引と関連取引との間に価格に影響を与える差異がある場合にはその差異の調整が必要となる。

2　独立企業間価格の算定方法と外部コンパラブル

　独立企業間取引基準を適用して，納税者の行っている関連者間取引の比準対象となる非関連者間取引を見つけ出すといっても，実際のところ，何から何まで類似の取引というものは現実世界には存在しないであろう。したがって，両取引は，取引の本質的な要素について類似の場合に類似の取引とされ，その他の付随的な要素は無視されることにならざるを得ない。すなわち，独立企業間取引基準とは，あくまでも，第三者である企業（あるいは，内部コンパラブルの場合においては，関連者間取引を行う企業それ自体）が，関連者間取引と取引の本質的な要素に関して類似であるところの非関連者との間で行っている取引におけるのと，同じ水準の価格・利益を，当該関連者間取引においても同様に有していると推定する制度なのである。

　移転価格税制の具体的適用においては，一定の仮定や推定が含まれることが避けられず，特に納税者からすれば，申告の際の情報の入手可能性という観点からも制約がある。多くの場合においては，適切なマージンを決定するために必要な情報を入手することが，内部コンパラブルの場合でも，外部コンパラブルの場合でも困難な場合が少なくない。実際上，内部コンパラブルは存在しな

---

[49]　村田守弘「アドビ事件——裁判所が判断を下さなかったシークレットコンパラブルについて」税務事例42巻3号40頁。

い場合もあるし、また、公開情報が限られている結果として、外部コンパラブルを用いることが困難な場合も少なくない。

　独立企業間価格の算定において、内部コンパラブルと外部コンパラブルのいずれを利用すべきかという点についていうならば、比較対象取引として、内部コンパラブルは、外部コンパラブルの場合と比較して、調整すべき項目が少なく、また、調整自体も容易であるから、外部コンパラブルよりも適用が容易で信頼性も高い。

3　シークレット・コンパラブル

(1)　問題の所在

　外部コンパラブルが用いられる場合に、課税庁がシークレット・コンパラブルを用いて課税処分を行う場合がある。

　そして、そのような場合における重要な問題点は、租税特別措置法66条の4第9項の「独立企業間価格を算定するために必要と認められる帳簿書類またはその写しを遅滞なく提示しまたは提出しなかったとき」という要件（以下、「不提示の要件」という）が満たされていない場合に、9項の規定に基づき調査を行なった同種の事業を営む第三者の取引を比較対象取引（＝シークレット・コンパラブル）として課税を行うことが許されるか否かという点である。

　この点については、シークレット・コンパラブルに秘められた問題を十分に認識した上で、法人税法（租税特別措置法に対する一般法）の下での申告納税制度の趣旨に照らした検討をなすことが必要である。

(2)　納税者の権利の保護の要請

　たとえば、再販売価格基準法の適用において、内部コンパラブルが存在しない場合には、信頼できるデータベースを用いて外部コンパラブルを見つけ出すことが許される。もちろん、実際には、商品の販売者により提供されるサービスや付加される付加価値の内容により、十分な差異の調整が必要な場合は少なくない。しかし、そのような差異の調整が十分に行われれば、統計学の考え方を利用し、統計データから異常値を排除することにより、独立企業間価格を算出することそれ自体は合理的であるといえよう（OECD移転価格ガイドライン、パラグラフ1.45、1.46）。すなわち、たとえ外部コンパラブル（統計データ）が用いられている場合であっても、その選定と利用が合理的になされていれば、基本三法の一つである再販売価格基準法を用いているということができる。問題は、外部コンパラブルの選定と利用が合理的になされているか否かという点であ

る。

　移転価格課税において想定されているあるべき価格（独立企業間価格）は，必ずしも常に客観的に明らかにできるものではない。現実には，関連者間取引と比較可能性の要素が全く同一の非関連者間取引というものは存在しないであろうから，通常は，要素の類似のものが比準対象として選択される。しかし，関連者間取引と類似の要素を有する非関連者間取引における価格は，あくまでも，関連者間取引と比較可能性の要素が全く同一の非関連者間取引における価格（これが，移転価格課税において理想とされるあるべき価格である）の近似値であるにすぎない。その結果，現実の移転価格税制は，どのように言い繕おうと推計的な課税であるという性格を否定することができず，そこに推計的要素がつきまとうことになる。

　そもそも，課税所得が（直接的には，その算定の基礎となる取引価格が），近似値的に求められた比較対象取引との比較に基づいて決定されるということは，現実に実現された所得に対して課税するという所得課税の建前からいうと大きな矛盾である。また，推計的課税を理論的に精緻なかたちで行おうとして統計学的な手法を導入しても，本質はかわらない。なぜなら，回帰分析等に基づいて，こうあるべきであるという規範的なことを述べることができないということは，回帰分析の性格上，当然のことだからである。

　このように移転価格課税から推計的要素を払拭することはできないという点は重要である。それ故に，推計的要素を内包する移転価格税制について考える際には，納税者に対する十分な手続の保障がきわめて重要となってくる。したがって，移転価格課税における課税庁側の責任は重大である。課税庁は，処分の理由附記その他において，説明責任を十分に果たさなければならないのである。

　特に，外部コンパラブルが用いられている場合においては，移転価格課税の推計的要素が，内部コンパラブルが用いられている場合と比して，より大きくなるので，納税者に対する手続的保障の重要性が増してくる。さらに，納税者が申告時に知ることのできないシークレット・コンパラブルが用いられている場合においては，ことの性質上，納税者に対する手続的保障を徹底しなければならないことは当然のことである。本件においては，特に，この点に留意しなければならない。

　(3)　申告納税制度とシークレット・コンパラブル

　申告納税制度の下では，納税者は，客観的な事実に法をあてはめて納税申告

を行うことが期待されている。ところが，シークレット・コンパラブルを用いた課税は，納税者の知り得ない非公開の第三者の取引を比較対象取引としてなされる課税である。シークレット・コンパラブルの情報は非公開の第三者の取引価格であるから，納税者は申告時にその情報を知り得ず，シークレット・コンパラブルを用いて独立企業間価格を算定し，その結果をもとにして所得額の申告をすることは不可能である。ここに，申告納税制度の下において，シークレット・コンパラブルを用いることの本質的な矛盾が露呈される。

　現実の社会は完全情報の世界ではないことから，納税者は自己の知り得る情報に基づいてしか申告納税をなし得ない。納税者は，申告時に納税者の入手可能な客観的な資料に基づいて，国外関連者との取引価格が独立企業間価格と異なることによって海外への所得移転があるかどうかを判断し，その結果に基づき納税申告を行う。いかなる納税者も，自己の入手可能な資料に基づいてしか納税申告はできないのであるから，各納税者がそれぞれ自己の入手可能な資料に基づいて納税申告を行っている限り，納税者間に客観的な不公平は生じない。

　たとえば，シークレット・コンパラブルを用いた課税における過少申告加算税の賦課に関して，以下のような議論がある（東京高裁平成20年10月30日判決・前掲注26）における控訴人の補充主張）。すなわち，いわゆるシークレット・コンパラブルを用いた課税は，納税者にとって入手できなかった非公開の第三者情報に基づいて独立企業間価格を算定し，その算定額によりなされる課税であるから，納税者がシークレット・コンパラブルにかかる情報をもとに算定された独立企業間価格に基づき納税申告を行わなかったとしても，納税者に帰責事由のない事実の不知であり，「真に納税者の責めに帰することのできない客観的な事情があり，……過少申告加算税の趣旨に照らしても，なお，納税者に過少申告加算税を賦課することが不当又は酷になる場合」（最高裁平成18年4月20日判決・民集60巻4号1611頁）に該当するといえよう。したがって，シークレット・コンパラブルを用いた更正処分については，特段の事情のない限り，納税者に「正当な理由がある」として，過少申告加算税を課すことはできないというべきである。この点，国税庁の居波氏が，課税庁によりシークレット・コンパラブルに基づいた課税処分が行われた場合に，「申告納税制度の原理に反するといった批判への対応策」として，以下のように述べて，「正当な理由」があると認められた場合の過少申告加算税の賦課免除を提案されている点が参考となろう[50]。

　「申告納税制度の原理に反するといった批判への対応策としては，当該課税

処分に係る過少申告加算税の賦課を免除するということが考えられ，これは納税者が移転価格について自己の可能な範囲で適正な申告を行っていたと課税庁が認定した場合に，シークレット・コンパラブルによって課税処分を課税庁が行ったときには，通則法第65条第4項の『正当な理由』があると判断しようとするものである。」

なお，このことは，9項の不提示の要件が満たされているか否かにかかわらない。なぜなら，過少申告加算税は正確な申告を確保するための制度であるから，その要件充足の有無の基準時は申告時であって，申告の後に「不提示の要件」が充足されたか否かは無関係な事情だからである。

七　まとめ

　移転価格課税における無形資産の扱いについて議論する際には，一定の限度で，資産の本質や，無形資産の機能に関する経済学的な発想が不可欠である。
　しかし，日本の裁判所は，経済理論を用いた分析に対しては必ずしも好意的ではなく，経済学的な視点から執筆された意見書等を提出しても，考慮されることは従来はあまりなかった。それにもかかわらず，生保年金に関する最高裁平成22年7月6日判決（民集64巻5号1277頁）が現在価値という概念を明示的に用いたことにより，今後は状況が変化する可能性がある。理論も実務も，そのような事態に対応するための準備だけはしておく必要があろう。
　また，無形資産は資産（ストック）として扱われるのに対して，役務の提供は資産としては扱われない（フローとして扱われる）。それにもかかわらず，両者の差異が必ずしも明確ではない場合も少なくない。経済学的な視点からは，無形資産は過去の投資から産み出されるものであり，役務は現在の人的資産（と物的資産の組み合わせ）により産み出されるものであるが，いずれも将来キャッシュフローをもたらすものである点で同様のものである。そうであるにもかかわらず，両者の課税上の扱いをどう考えるかという点については，今後，さらなる検討が必要であろう。
　いずれにせよ，一口に無形資産といっても実に様々であり，個別具体的な検討が必須である。実務における事例の蓄積が望まれるところである。

50）　居波邦泰「移転価格事案の訴訟に係る対処等の検討──米国の判例等を踏まえて」税大論叢54号458頁。

III

移転価格課税と経済理論
―――実務における経済理論の利用可能性―――

一　はじめに
―――移転価格課税における経済理論

　最近，徐々に，移転価格課税のあり方を考える際に，経済理論の利用が必要なものとなりつつある。この背後には，何よりも，企業の移転価格をめぐる行動が，経済原則に裏付けられたものであり，移転価格問題の発生のメカニズムの分析のためには，経済理論を用いることが必須であるという事情が存在する。

　そのことを反映して，裁判実務や相互協議の実務においても，1980年代後半から，移転価格課税における arm's length price の算定をめぐる経済理論の活用が活発に行われつつある。本稿の目的は，この点について検討することである。法律家も，経済分析の基本を理解することなしに移転価格課税について語ることはもはや許されない時代が到来しつつある現代において，このような検討の重要性はますます高まっていくであろう。

　本稿は，このような視点から，移転価格課税における経済理論の役割について，それについての議論のもりあがった1980年代後半を中心に，そのおおまかな概要を紹介しようとするものである[1]。もちろん，この問題は，租税法に

---

1)　移転価格の経済分析については，中里実『国際取引と課税』(1994年)の第III編第3章において，すでに詳しく論じた。そこにおける議論は，主として，中里実「独立当事者間価格決定のメカニズム」租税法研究21号49〜72頁，及び，中里実「移転価格とリスクの関係に関する Wills の議論：研究ノート」一橋論叢110巻1号81〜98頁における議論を整理したものである。また，この書物の執筆後においても，中里実「移転価格税制」ジュリスト1104号123〜128頁（本書第6編第1部III），中里実「移転価格税制と直接投資」岩田一政＝深尾光洋編『経済制度の国際的調整』(1995年)第5章，及び，中里実「企業グループに対する課税のあり方」証券アナリストジャーナル34巻10号34〜41頁を執筆している。さらに，オートケースについては，中里実「国際租税法上の諸問題」総合研究開発機構編『多国籍企業の法と政策』(1986年)所収211頁，広告宣伝活動により産み出された無形資産については，中里実『金融取引と課税』(1998年)114〜125頁，移転価格課

おける経済分析一般との関連において議論する必要があることはいうまでもないが、ここでは、特に移転価格課税に絞った検討を行うこととする。

以下で主として扱うのは、第一に、企業グループに対する課税について理論的に考える際の取引費用経済学（コースの企業の理論を基礎とするもの）の利用と、第二に、主として実務において利益に着目する移転価格算定方法を考える際のファイナンス理論の応用の二つである。そして、その後に無形資産のもたらす問題についてもふれることとする。

二　経済分析前史

移転価格課税制度は、基本的に二国間の税源配分の問題であり、必ずしも経済理論を用いて分析しなければならない必然性がそこにあるわけではないのかもしれないが、現代においては、実務上も理論上も、この問題についての議論に、相当程度、経済理論の浸透が見られる。特にアメリカにおいては、理論的分析のみならず、租税訴訟においても実際に経済理論が応用されることがあり、そのことにより、移転価格をめぐる実務がいわばエコノミストの職域作りの場となっている。そこで、そのような傾向が強まってきている背景を理解するために、移転価格課税の歴史の中で、重要と思われる経済学関連の研究や理論を思い付くままに掲げてみよう。

移転価格の分野において、ミクロ経済学の理論を用いた分析をおそらく最初に導入したと思われるのは、Hirshleiferである。彼の議論は、企業グループ内部の移転価格において、最適の価格付けは限界生産性に応じたものであるというものである。これは要するに、企業内取引を市場取引と同視することにより、移転価格について完全競争市場における価格付けを用いて企業グループ内の最適の価格付けを行おうとするものである[2]。

同じく、かなり古い時期に、移転価格の経済分析を試みたのがShulmanで

税における機能とリスクについては、同書437～487頁、参照。

本稿は、これらにおいて述べたことを要約したものである。以下においては、これらにおける記述と重複する部分がある点に留意されたい。

2) もちろん、そこにおいては、課税問題が論じられているわけではない。Jack Hirshleifer, On the Economics of Transfer Pricing, 29-3 The Journal of Business 172-184, 1956; Jack Hirshleifer, Internal Pricing and Decentralized Decisions, in C. P. Bonini, R. K. Jaedicke, H. M. Wagner, eds., Management Controls: New Directions in Basic Research, 27-37, 1964. なお、Harold Demsetz, Professor Jack Hirshleifer (1925-2005): A Life Remembered, 7-3 Journal of Bioeconomics 209-214, 2005 参照。

ある。彼の論文は，ハーバード・ビジネススクールに提出された博士論文であり，経営学的観点から多国籍企業の移転価格のあり方について論じている[3]。

また，分散と統合という組織論の観点から移転価格について詳細に論じたのは，ハーバード・ビジネススクールの Eccles である[4]。

以上は，課税と基本的に無関係の経済学ないし経営学プロパーの議論であったが，この他にも，移転価格課税の分野において重要な成果がいくつか発表されている。たとえば，日本の自動車会社に対するアメリカの移転価格課税に関する個別の事案の訴訟において，資産収益率の観点から移転価格の問題を論じたのが，Weston と Granfield である[5]。

また，Higinsbotham 等は，移転価格課税において，企業自らの保有する情報のみを用いて実務的に利用可能な適正価格を求める方法を理論的基礎とともに提示した[6]。

さらに，Charles Berry は，E. I. DuPont de Nemours & Co. v. United States, 608 F. 2d 445（Ct. Cl. 1979）事件の鑑定意見において，移転価格課税について利用可能な簡易な方法として，Gross Profit 対 Operating Expenses に着目する，いわゆるベリーレイショ（The Berry Ratio）を提案した[7]。

---

[3] James S. Shulman, "Transfer Pricing in Multinational Business" (DBA. Diss., Harvard University, 1966), pp. 36-55 参照。

[4] Robert G. Eccles, Jr., The Transfer Pricing Problem: a Theory for Practice, 1985; Robert G. Eccles, Jr., Transfer Pricing as a Problem of Agency. in John W. Pratt and Richard Zeckhauser, eds., Principals and Agents: The Structure of Business, 151-186, 1991.

[5] Michael E. Granfield and J. Fred Weston Effective Section 482 Enformcement and the Japanese Auto Cases, 46 Tax Notes 1187-1197, 1990. アメリカの裁判実務における経済理論の利用については，中里・前掲注1)『国際取引と課税』282頁，321～326頁，参照。

[6] Harlow N. Higinsbotham et al, Effective Application of Section 482, 42 Tax Law Review 293-380, 1987. 中里・前掲注1)『国際取引と課税』329～331頁，参照。経済学の理論に基づいて profit-split を行おうという考え方の中で代表的なのが，Higinsbotham 等によって提唱された economic capital employed method と呼ばれる方法である。これは，垂直的に統合された企業グループの連結ベースの operating profits を，それをもたらす源泉であるところの，各付加価値段階の capital employed に応じて配分するという方法である。その背後には，capital employed のリターンは，長期的には結局，資本コストと等しくなるという，ミクロ経済学の理論が存在する。

[7] Charles H. Berry, Economics and the Section 482 Regulations 43 Tax Notes 741, 1989. 中里・前掲注1)『国際取引と課税』334～337頁。James E. Wheeler, An Academic Look at Transfer Pricing in a Global Economy, 40 Tax Notes 87, at 88, 1988 は，以下のように述べている。

「一般に，使用資産の価値が大きいほど，企業の利益に対するその貢献も大きく，それ故に，関連当事者間取引の価格に対する影響力も大きい。したがって，営業所得は使用資産と関連している。この関係が与えられた場合，関連当事者により用いられる資産と，その資産の性質が決定されれば，連結の営業所得のどの程度の部分が各当事者に帰属させられるかを決定する際

これらの研究の延長線上に，特に1980年代の後半以降，移転価格課税に対する経済理論の適用が比較的自然なかたちで行われているのである．

三　移転価格税制[8]

　ここでは，後の議論のための予備作業として，移転価格課税の基本的な構造についてごくごく簡単に要約する．

1　企業内取引

　経済学的に見た場合に，経済主体は，生産主体である企業と，消費主体である家計に分けられる．したがって，経済社会において行われる取引もまた，企業と家計の間で行われる取引，企業間で行われる取引，家計間で行われる取引，の三つに分けられよう．そして，このうち，企業間で行われる取引は，さらに，市場取引（市場において独立の企業間で行われる取引）と企業内取引（たとえば，ある企業の事業部どうしの間で行われる取引）に分けられる．

　しかし，この他に，この企業内取引と市場取引の中間に位置する企業グループ内取引というものが存在すると考えられる．すなわち，企業は，様々な理由で（たとえば，取引費用を節約するために）企業グループを構成するが，その構成メンバー間で行われるのが，企業グループ内取引である．そして，このように企業が複数の法人格を用いて企業グループを形成している場合に，その構成メンバー間で行われる企業グループ内取引は，形式的には確かに市場取引であろうが，実質的には企業内取引であるという意味で，企業内取引と市場取引の中間に位置するといえる．

　租税法において，企業グループに対する課税に関して主として問題となるものとしては，移転価格税制と連結納税制度の二つをあげることができよう．このうち，関連企業間で行われる企業グループ内取引（実質的企業内取引＝形式的市場取引）を，その形式面に着目して，独立企業間の市場取引に引き直して課

　　　　に極めて役立つ．……
　　　　　このように資産と所得の間に相関関係があるので，企業の資産の評価額に，標準的な（資産に対する）収益率を乗ずれば，標準的な所得をもとめることができる．これが，資産収益率（return on assets）法である．……これに対して，Berry ratio は，return on assets を簡便化した方法である．」
[8]　中里・前掲注1)「移転価格税制」123～128頁．

税するのが移転価格税制であり，逆に，企業グループ内で行われる実質的企業内取引＝形式的市場取引（法人格を異にする企業グループ内の構成企業間で行われる取引）を，その実質に着目して，企業内取引に引き直して課税するのが連結納税制度である。

2 移転価格税制

移転価格税制とは，企業グループ内取引において付された価格を市場取引の価格に修正して課税関係を考える制度である。そこにおいては，企業グループ内取引において付された価格よりも市場取引において付された価格の方が適正であるという暗黙の価値判断が当然の前提とされている。

しかしながら，企業内取引において付される価格よりも市場取引において付される価格の方が適正であるという考え方自体にも，一定の問題点が含まれているという点に留意する必要がある。企業内取引における価格も，しかるべき経済合理性により決定されているのであり，それ自体に本質的問題があるわけではない。問題が生ずるのは，企業内取引における価格を操作することにより，恣意的に課税関係が左右されるという点なのである。もちろん，関連企業グループ内部の取引においても，連結課税が認められているのであれば，移転価格課税の問題はおこらないのであるが，連結課税の範囲外の関連企業間においては，移転価格の問題が生じやすい（関連企業グループ内の国際的な取引については，基本的に連結課税制度の対象外とされることが多い）。企業グループ内の企業を課税上どの範囲内において一体のものとして扱うかという点は，理論的に解決のつく問題ではなく，政策的判断に基づいて決定される事項であろう[9]。

いずれにせよ，企業グループ内取引において付された価格を市場取引の価格に修正して課税関係を考える制度である移転価格税制は，市場取引を重視し，企業の独立性を強調する考え方に基づくものではあるが，一種の推定課税的側面を有することを否定できない。したがって，移転価格課税により，国際的な企業立地に対する課税の影響が多少緩和されることはありうるのかもしれないが，移転価格課税は，結局は，国家間の税収の奪い合いであり，税収の確保こ

---

[9] そもそも，法人課税の所得計算について法人格ごとの区切りを絶対視することに特段の意味はないという点については，中里実「法人課税の時空間（クロノトポス）——法人間取引における課税の中立性」杉原泰雄教授退官『主権と自由の現代的課題』（1994年）所収361〜380頁（本論集1巻第2部Ⅱ），参照。この問題は，結局，法人段階と株主段階の二重課税をどの程度貫徹させるかという点と密接に関連している。

そが終局目的であるという点は否定できないであろう。そのように政策的見地から採用されている制度であるならば、市場価格を絶対視することなく、利益に着目する方法を採用することも是認されるかもしれない。そこに経済理論の用いられる理由があるといえよう。

3 移転価格課税の法的基礎——適正所得算出説

適正所得算出説は、移転価格課税を、課税上のパリティーの観点から説明する金子宏名誉教授の考え方である[10]。これは移転価格税制についての理論であるが、同様のことはおそらくタックス・ヘイブン対策税制についてもいえるのではないかと推測する。これに対して、両税制を、租税回避否認規定（当事者の採用した私法上の法形式を置き換えて課税関係を考えることを認める租税法の規定）により、所得の私法上の帰属を変更する制度としてとらえる考え方も存在する。タックス・ヘイブン対策税制と移転価格課税の統合という観点からは、いずれの考え方も成立しうるであろう。

この点、租税回避否認を、私法上の法形式を置き換えて課税することであるという基本に立ち返って考えると、租税回避否認の制度とされる移転価格課税やタックス・ヘイブン対策税制によって所得の私法上の帰属の変更がなされているという点は否定できないので、私は後者の説が妥当であると考えるが、しかし、そのことは、適正所得算出説を否定することにはならないかもしれない。この問題は、結局、適正所得算出説と租税回避否認の関係をどのように考えるかという点に帰着する。適正所得算出説が租税回避否認よりも高次元の視点に立つと考えるならば、それは、どの範囲のものを法人の所得と考えるかという、法人の所得の本質と関連するものであるといえよう。

いずれにせよ、適正所得の算出における経済理論の応用が問題となることに違いはない。

四 経済理論の応用
　　——移転価格問題の発生メカニズムと取引費用経済学

1 多国籍企業の理論

前述のように、Hirshleifer は、効率的な企業内取引価格とは限界費用である

---

10) 金子宏『租税法〔第16版〕』（2011年）274頁。

と考えた[11]）（企業グループ内取引価格についても，同様に考えることが可能であろう）。そして，企業グループ内取引と市場取引が同じようなものであるならば，理論的に見た際に，企業グループ内取引価格の理想が限界費用になることは理解できる。しかし，この考え方は，企業グループ内取引が行われる際の市場構造が完全競争市場でない場合が多いことを無視したものである。市場形態や企業の統合形態の相違は，取引における価格付けにおいて決定的に重要な意味をもつ[12]。それ故に，理論的に考えた場合，移転価格課税において，単純に，企業内取引価格の市場取引価格による置き換えが妥当とは必ずしもいえない。

　これに対して，コースの企業の理論を多国籍企業に応用したCavesは，なぜ，多国籍企業は存在するかという点について，市場取引の内部化（internalization）による取引費用の削減の結果，企業は，取引費用が最少化されるような企業規模に落ち着くという理論を提示した[13]。その場合，取引費用と直結する情報の問題や無形資産の役割が重要となる。このように考えると，情報の利用や無形資産の存在による取引費用削減による利益＝統合の利益を，関連企業間でいかに配分するかという問題が多国籍企業においては必然的に生ずることになるから，六で見るように，移転価格課税における無形資産の重要性が指摘されることになる。

2　企業内取引と市場取引の選択に関する課税の中立性[14]

　ここで，Cavesの考え方について少し詳しく見ておこう。彼によれば，企業はどうして企業グループを形成するのかという点に対する解答を理論的な視点から与えるのが，産業組織論の基礎となっているロナルド・コースの企業の理論（theory of the firm）であるとされる。この理論によれば，企業は経済主体としての側面を有するのみならず，取引の行われる場としての側面をも有しており，企業が経済活動を行うに際して市場取引を選択するか企業内取引（ないし企業グループ内取引）を選択するかは，取引費用により決定されるとされる。今，ある日本の企業（メーカー）がアメリカ進出（アメリカにおける自社製品の販売）を計画したとする。この際，当該日本企業は，たとえば，次のいずれかのスト

---

11) Jack Hirshleifer, On the Economics of Transfer Pricing, supra note 2 at 172-184.
12) Cf. Robert G. Eccles, Jr., The Transfer Pricing Problem: A Theory for Practice, 1985; Kathleen M. Eisenhardt, Agency Theory: An Assessment and Review, 14-1 Academy of Management Review 57-74, 1989.
13) Richard Caves, Multinational Enterprise and Economic Analysis, 1982.
14) 中里・前掲注1)「移転価格税制」123～128頁。

ラテジーを選択することになる。

① 市場取引——アメリカの独立の輸入業者に対して日本から製品を輸出する

② 企業内取引——自らの活動拠点（支店）をアメリカに設けて、そこを通して製品をアメリカで販売する

③ 企業グループ内取引——自らの活動拠点（子会社）をアメリカに設けて、そこを通して製品をアメリカで販売する

このうち、いずれが当該企業にとって有利であるかは、租税のない世界においては、取引費用（主に、いずれのストラテジーの下においてモニタリングをより効率的に行いうるか）により決まってくる。

いずれのストラテジーを採用した場合であっても、企業は、その合理的な意思決定に基づいて企業形態・取引形態の選択を行っているのであるから、課税上も、その合理的な意思決定が尊重される（逆にいえば、課税が、企業形態・取引形態の選択に影響を与えない）ことが、課税の中立性の観点からは望ましいということができよう。

しかし、現実の租税制度が、このような意味の中立性の要請をみたしているとは必ずしもいいがたい。より具体的には、取引費用の多少にかかわらず、移転価格課税等の企業内取引・企業グループ内取引に対して介入する（企業内取引・企業グループ内取引を、市場取引に「是正」する）かたちの課税が行われ、企業内取引・企業グループ内取引を行った企業があたかも市場取引を行ったかのような課税を受けることになるからである。このような課税は、おそらくは、企業がいずれのストラテジーを採用した場合であっても企業に対する租税負担が（市場取引を採用した場合と）同じであることが望ましいとの観点から設けられたものであると考えられるが、その背後には、市場取引こそがあるべき取引であるという抜きがたい「偏見」（ないし、市場取引に対する憧憬）が存在するのではなかろうか。少なくとも、このような課税が、企業内取引・企業グループ内取引と市場取引における取引費用の差異を無視して、本来異なるものに対して同様の課税を行うことを強制していることは否定できないであろう。上の様々なストラテジーは、取引費用において異なるものであり、異なるものを同様に扱えば中立性に反することになりうる。すなわち、このような課税は、一見したところ、どのような取引が行われた場合であっても市場取引が行われたかのように課税を行うという意味においては中立的であるかのように見えるのであるが、様々な企業形態・取引形態における取引費用の差異を無視するとい

う意味においては介入的なのである[15]。

五 arm's length price の算定をめぐるファイナンス理論の活用

さて，次に，上の四で述べた市場と企業の関係に関する経済理論である，コースの企業の理論に基づく取引費用経済学を前提に，将来キャッシュフローの割引現在価値として資産を考える考え方を用いて移転価格の問題を分析すると，価格付けの困難な無形資産の取引に関する，利益に着目する方法の有効性が導かれる。

1 生産物市場と生産要素市場

移転価格課税に関して生産物市場に着目する考え方は，すなわち，生産物の取引において付された価格に着目する考え方である。これに対して，企業活動を生産物市場ではなく生産要素市場から考えると，移転価格課税も別の様相を呈してくる。この生産要素市場から考える考え方は，貸借対照表の借方で考える考え方と，貸方で考える考え方に分かれる。借方で考える考え方とは，すなわち，生産要素市場で取得される実物の生産要素に着目する考え方であり，貸方で考える考え方とは，企業活動を金融的に見て，（借方に列挙された）生産要素の取得資金で考える考え方である。

今，企業の経済活動を以下のような拡張的貸借対照表を用いて考えてみよう。この貸借対照表においては，借方において金融資産を排除してある（それに対応して，貸方の負債と資本が圧縮される）。また，人的資産の割引現在価値を借方に計上するとともに，その持分を人的資本として貸方に計上してある。すると，借方には，各種の生産要素がリストアップされ，多方，貸方には，生産要素取得資金の出所が明示される。

	借方	貸方	
生産要素	資産　土地	負債	→ 支払利子
	資本財	資本	→ 利益
	人的資産	人的資本	→ 支払賃金

---

[15] 実質的企業内取引＝形式的市場取引をその形式に着目して市場取引に引き直して課税する移転価格課税等の介入的課税方式と，実質的企業内取引＝形式的市場取引をその実質に着目して企業内取引として扱う連結納税制度の間には，理論的な緊張関係が存在するといえよう。

2 利益に着目する方法の重要性[16]

さて，上の拡張貸借対照表を念頭に，利益に着目する方法について考えてみよう。

移転価格税制は，その出発点において，企業グループ内取引の市場取引への引き直しという性格を有する（したがって，上の四におけるような企業グループ内取引に関するミクロ経済学的な議論が，実際の移転価格税制の運用において，実は重要な意味を有する）が，問題は，そのような企業グループ内取引の市場取引への引き直しを行う際に，市場の何に着目するかという点である。この点に関しては，価格を重視する方法と，利益を重視する方法の間の対立が存在する[17]。

承知のように，移転価格税制基本三法は，いずれも，模範ないし基準となる市場取引の存在を前提として，そこにおいて存在する価格（ないし売上総利益率）を理想として課税を行う方法である。しかし，このように基本的に価格に着目する方法には，次のような重大な問題点が存在する。すなわち，第一に，これらは，関連企業グループの一体性から生ずる規模の利益や統合の利益を無視しているといわれる。規模の利益や統合の利益が生ずるために市場取引よりも有利に行われる関連企業間の取引を，そのような利点のない独立企業間の取引に引き直して課税しようとするのは不適切であるというのである。また，第二に，比準の対象となる独立企業や独立企業間取引が存在しない場合がある。特に，無形資産が介在する取引がこれにあたる。これに対して，利益に着目する方法は，以上のような問題点をもつことが比較的に少ないと考えられている。

では，純粋に理論的に見た場合に，利益に着目する方法は正当化することができるのであろうか。コーポレート・ファイナンスの理論の洗礼を受けた後の現代的な経済理論の特徴の一つは，企業活動を静的なものととらえずに，時間というファクターを重視するところにあるということができるかもしれない。そこでは，なによりも，投資が時間の経過とともに産み出すリターンの均衡という視点が重視される。従来の経済理論の下で，企業の目的関数の最大化の条件として企業の限界生産性の市場価格における均衡が主張されたように，新しい経済理論の下では，企業の収益率の市場収益率における均衡が主張される。

---

16) 中里・前掲注1)「移転価格税制」123～128頁。
17) 利益に着目する方法は，本来は，アメリカの1986年改正におけるスーパー・ロイヤルティ・ルールの採用にはじまり，1988年の移転価格に関する白書において理論的な基礎を与えられ，1992年の規則案，1993年の暫定規則，1994年の最終規則において，程度の差はあるものの，アメリカにより主張されてきた方法である。

移転価格課税における市場メカニズムに対する一種の憧憬も，従来の経済学を前提とすれば市場価格の重視ということで足りたが，新しい経済理論を前提とすると，収益率の重視というかたちで表現されることになるであろう。

また，価格に着目する方法が生産物の市場価格を用いたディマンド・サイドに着目する方法であるのに対して，利益に着目する方法は，生産要素ごとの市場リターン（収益率）を用いた企業のサプライ・サイドに着目する方法である。生産要素市場は生産物市場よりも一般的かつ抽象的で層が厚い（生産要素の種類は限られている）ために，生産要素市場では，どのようなものが生産されるかといったこまごまとしたことはさほど考慮せずに，また，個別の取引には拘泥せずに，収益率という抽象的な指標を考えればよい場合が多いものと思われる。したがって，生産物市場において比準対象が見出せない場合であっても，生産要素市場においては比準対象を見出すことが可能である場合が多いであろう。すなわち，収益率を用いた比準の方が，比較可能性の要件が緩くてすむために，比準対象を容易に見出すことができるのである。

しかし，利益に着目する方法は，取引価格に着目する方法が適用できない場合（無形資産の取引や金融取引は，これに該当する場合が多い）に有用であるが，個別取引に焦点をあわせることが困難であるという欠点も有している。

3　白書と利益に着目する方法が適用される場合[18]

super royalty 条項を付加する改正に応じて，1988年10月18日に出されたのが，U. S. Treasury Department and Internal Revenue Service, A Study of Intercompany Pricing である。この本は，通常，482条に関する White Paper（白書）と呼ばれており，アメリカにおけるトランスファー・プライスィングに関する経済学的議論の出発点となっている。

白書の特色は，何といっても，ミクロ経済学やコーポレート・ファイナンスにおける理論を，国際租税法における法律問題の解決に用いようとする発想それ自体にあるといえよう。白書は，Caves の Multinational Enterprise and Economic Analysis（1982）において述べられている，多国籍企業が存在するのは，その組織形態に，独立企業間で取引するよりも有利な点——たとえば，独立に操業するよりもコストが低くなったり生産性が高くなる——があるからである

---

[18]　中里・前掲注1)『国際取引と課税』305〜317頁。また，中里実・〈書評〉国家学会雑誌104巻9＝10号780頁（本論集3巻第3編第1部Ⅲ）参照。

という理論に基礎をおいて議論を展開する。その上で，白書は，企業の supply-side（すなわち，生産要素市場）に着目するミクロ経済学理論に基づき，arm's length approach を正当化できると説く。すなわち，白書は，従来の取引価格やマーク・アップに着目する arm's length 基準ではなく，生産要素の rate of return に着目する arm's length return method と呼ばれる新たな arm's length 基準を提案する。その背後には，企業とは，生産要素市場で調達した生産要素（factors）を投入（input）して，生産活動を行い，生産した生産物（products）を生産物市場で販売して収益を得る（output）生産主体であるという考え方が存在する。白書は，arm's length return を用いる方法のうち基本となるものを，BALRM（basic arm's length return method）と名付けている。

この BALRM を，コーポレート・ファイナンスの議論で用いられる CAPM（capital asset pricing model）でもって解釈しようという考え方が，Frisch によって主張されている[19]。

すなわち，Frisch は，子会社の事業が計画されている段階を考えて，自らの利益を追求する事業者が子会社により計画されている事業をどのように評価し，自らがその事業を引き受けることに同意するとしたらどれだけの所得を要求するか，すなわち，ライセンスの例でいえば，子会社の活動を引き受ける対価として非関連者がどれだけのロイヤルティを要求するかという問題を，白書は扱っていると考える。換言すれば，彼は，独立当事者が，その business decision として，関連者間のライセンス契約からもたらされるライセンスィーへの所得の配分で満足するかというテストとして，BALRM を理解する。すなわち，独立当事者が，ライセンスィーの将来のキャッシュフローを予測し，リスクを考慮して CAPM により割引率を求め，当該プロジェクトの純現在価値を計算して，その結果として投資の決定を行うか否かを見る。もし，そのようにして計算される純現在価値がマイナスであれば，（独立当事者は当該プロジェクトに投資しないから）ライセンスィーは少なすぎる所得しか受けていないことになるし，また，純現在価値がかなり大きなプラスの額であれば，ライセンスィーは市場における相場よりも多い所得を受けていることになるので，いずれの場合もロイヤルティの額の修正が行われる。

---

[19] Daniel J. Frisch, The BALRM Approach to Transfer Pricing, 42 National Tax Journal 261, 1989.

4 利益に着目する方法とファイナンス理論[20]

以上のように，ファイナンス理論を用いて移転価格の問題に対処する場合には，価格ではなく利益に着目した上で，

　　　　利益　＝　市場リターン　＋　リスク・プレミアム

という基本的な関係式に基づいて，利益を算定していくことになる。ここで問題になるのは，リスクである[21]。

リスクは，systematic risk と unsystematic risk に分けられる。投資家は，その投資ポートフォリオを分散させることによって，unsystematic risk を回避することができるが，systematic risk ないし market risk と呼ばれるあらゆる投資に共通のリスクを，投資分散により回避することはできない。このうち，投資の収益率は systematic risk に対してのみ反応し，unsystematic risk は投資の期待収益率とは無関係である。したがって，リスク・プレミアムは，systematic risk を負担することに対する報酬である。

移転価格に関して，この区別は，ある投資について予想される結果が，上手くいくと高い収益になるが，そうでないとマイナスになってしまい，その中間がないような場合（たとえば，試験研究のための投資）に意味をもつ。そのような場合，課税庁が，CAPM 的に解釈された BALRM を適用すると，課税庁は，当該投資が成功した場合に得られる高い利益ではなく，低い資本コストに注目してしまう恐れがある。したがって，納税者が収益率が高いのはリスクが高いためであると主張する場合，それが，資本コストが高いためか，それとも，資本コストは低いが成功の可能性が小さい活動を行っているためかを，正確に判断する必要がある。

六　移転価格課税における無形資産[22]

次に，移転価格課税において無形資産の有する意義について簡単に見ておこ

---

20) さらに詳しくは，cf. Robert Ackerman and Elizabeth Chorvat, Modern Financial Theory and Transfer Pricing, 10 George Mason Law Review 637, 2001-2002; Arvind Mahajan, Pricing Expropriation Risk; 19-4 Financial Management 77, 1990; Ravi S. Achrol and Philip Kotler, Marketing in the Network Economy, 63 The Journal of Marketing 146, 1999.

21) 以下の議論は，中里・前掲注1）『国際取引と課税』416〜417頁の要約である。なお，この部分における議論は，John Wills, Risk Measurement: Applying Financial Theory to Transfer Pricing, 52 Tax Notes 1311, at 1312-1314, 1991 の紹介である。この論文は，非常に簡潔に移転価格におけるリスクの問題を論じたもので，極めてレベルの高いものである。

う。

1 無形資産の範囲確定の困難

移転価格課税の目的は，利益の国外移転に対応することであるから，取引の対象たる生産物を比較可能性の要素として絶対化するという態度は避けるべきである[23]。

無形資産は，貸借対照表の借方において，資本財として計上される場合と，人的資産の一部として計上される場合（たとえば，従業員の特殊な技能）とに大別される。しかし，無形資産の難しさは，それが資産として認識されない場合が少なくないということである。市場においてある企業が他の企業よりも多くの利益をあげることができるのは，他の企業の保有しない何らかの無形資産を保有しているからであるとしか説明できない場合があるが，その無形資産が具体的に何であるかを確定することは現実には困難である場合が少なくない。したがって，たとえば，国外関連企業が実際には何らかの無形資産を保有しているが故に高い利益をあげているのにもかかわらず，そのような無形資産の認識がなされずに，利益の移転がなされているとして移転価格課税が行われる場合が生じうるのである。

2 無形資産の本質[24]

ここで，アメリカのトランスファー・プライスィングに関する議論において最も問題となっている無形資産について，理論的側面から，さらに多少の検討を加えておこう。

無形資産について論ずるときには，まず，そもそも資産とは何かという問題から始める必要があろう。この点，コーポレート・ファイナンス的に考えると，資産とは，投資（＝現在の支出）の見返りとして，将来のキャッシュフローをもたらすものと考えることができるのではないかと思われる。このように考えた場合，資産の価格は，当該資産のもたらす将来キャッシュフローを割り引いて現在価値に直したものとなろう。

---

22) 中里実「無体財産権に対するtransfer pricingについての経済分析」租税研究421号51頁参照。
23) 中里・前掲注1)『国際取引と課税』433頁。
24) 以下は，中里・前掲注1)『国際取引と課税』314～317頁による。また，中里実「アメリカ租税法における無形資産の評価」財団法人知的財産研究所『知的財産の金融商品化に関する調査研究』(1992年)所収159～172頁。

では，経済理論的に考えた場合の，企業の無形資産の本質とは一体何であろうか。この点は，結局，コーポレート・ファイナンス的に考え，無形資産についても，有形資産とまったく同様に見ていく必要があるのではないかと思われる（ただ，無形資産は，有形資産と異なり，目に見えないだけである）[25]。すなわち，資産があるから所得が生ずる（stock が flow を産み出す）のであり，無形資産も所得を産み出す資産である。無形資産は，それを保有する企業に対して，それがない場合よりも多くの所得をもたらす。逆に，より多くの所得が産み出されることにより，無形資産の存在も確認できる。まったく同じ製品を作っていても，企業により利益が異なるのは，より多くの利益を得ることのできる企業が，他の企業よりも安く生産を行うことができるか，高く販売することができるからである。安く生産を行うことができるのは，ノウ・ハウ等を有しているからであり，これは過去の投資の結果である。高く販売することができるのは，ブランド等を有しているからであり，これも広告費等の過去の投資の結果である。このように考えていくと，無形資産についても，有形資産とまったく同じで，いずれも過去の投資が現在において利益をもたらすことがわかる。もっとも，無形資産と有形資産との間には，重大な課税上の差がある点に留意しなければならない。それは，無形資産を作り出すための支出（R&D，広告費等）は，支出時に控除が認められることが多いのに対し，有形資産を作り出すための支出は，繰り延べられることが多いということである（減価償却）[26]。

さて，無形資産の本質が上記のようなものであるとして，次に，無形資産の取引には特色があるという点についてふれておく必要がある。すなわち，無形資産は市場においては必ずしも効率的に取引されず，無形資産の取引に関しては市場の失敗が存在するという点である。なぜ，無形資産の取引に関して市場の失敗が存在するかというと，第一に，無形資産は，その製造の限界コストがゼロに近く，フリーライダーの問題が出てきて，それゆえに無形資産は公共財的な性質を有し，市場に委ねておくと必要量が供給されないからである。また，第二に，無形資産の取引に関しては，ゲームの理論的な状況が存在する場合がある。供給者は，対価の全額を受け取るまでは，たとえばノウ・ハウの全部を相手に教えるわけにはいかず（さもないと，対価なしに知識を入手されてしまう可

---

25) Charles H. Berry, Economics and the Section 482 Regulations, 43 Tax Notes 741, at 744-48, 1989.
26) Cf. George Mundstock, Taxation of Business Intangible Capital, 135 University of Pennsylvania Law Review 1179, 1987; Don Fullerton & Andrew B. Lyon, Tax Neutrality and Intangible Capital, in Lawrenece H. Summers, ed., 2 Tax Policy and the Economy 63, 1988.

能性がある），逆に，需要者は，全部を教えてもらえないうちは全額を支払うわけにはいかない（さもないと，知識を得られないまま対価だけをとられてしまう可能性がある）。したがって，そこに，いわゆる，囚人のジレンマが発生してしまい，取引が行われなくなる可能性が生ずる。第三に，無形資産は，それを実際に試してみないと，その有用性がわからない場合がある（すなわち，その効果について不確実性が存在する）。もっとも，無形資産といっても，実際には様々な種類のものがあり，比較的定型的な無形資産については，必ずしも，このようなことはいえないであろう。

　そして，このような特色をもつ無形資産の取引について，Witte と Chipty は，CAPM を用いて，以下のような経済学的分析を行っている[27]。今，ある無形資産を保有している者が，それを他の者にライセンスしようとしているとする。このライセンス契約の交渉においては，各契約当事者である企業の CAPM によって計算される予想収益率＝（機会的）資本コスト（すなわち，当該企業が行ってきた様々な投資の資本コストの加重平均）が，それぞれの当事者の reservation price となる。すなわち，より具体的にいうならば，ライセンサーの方は，自らの資本コストよりも高いロイヤルティ・レートでしかライセンスを行わないであろうし，ライセンシーの方は，自らの資本コストよりも低いロイヤルティ・レートでしかライセンス契約を結ばないであろう（さもないと，どちらも，当該契約から損失を被ることになってしまう）。したがって，ライセンス契約成立の条件は，ライセンサーの資本コストがライセンシーの資本コストよりも低いということである。そして，この両者の資本コストの差は，当該無形資産の産み出す利益（これは，当事者の収益の資本コスト超過額，すなわち，経済的利潤〔準レント〕であり，競争制限等から生ずる）である。契約の当事者の間では，このライセンスから生ずる準レントをめぐり，双方独占のもとにおける奪い合いが生ずる。その結果としていかなる利益配分が行われるかは，両当事者のバーゲニング・パワーに依存する。この点について，Witte と Chipty は，次のように述べている[28]。

　　「……最近の無形資産に関する契約と，ゲームの理論は，ライセンサーとライセンシーの相対的バーゲニング・パワーを決める際に重要な要素を示している。特に，我々は，新しい，効果の確かでない技術についてライセンスが行

---

27) Ann Dryden Witte and Tasneem Chipty, Some Toughts on Transfer Pricing, 49 Tax Notes 1009, 1023-24, 1990.
28) Ann Dryden Witte and Tasneem Chipty, supra note 27, 1024.

われる時，ライセンサーが財政的に困難な状態にいる等の理由で，技術を十分に利用できない時，行政等による認可が未だ行われていない時，あるいは，ライセンスィーが当該技術の利用に習熟しているか，最終製品について大きな市場力を有している時に，ロイヤルティ・レートは低くなることが予想されよう。」

結局，両者の reservation price の間のどこにロイヤルティ・レートが決まり，結果としていかなる利益配分が行われるかという点については，一般論としては経済理論的に確定的なことはいえず，無形資産の評価も困難であるということになろう。また，無形資産の取引に関して市場の失敗が存在するとすれば，市場で取引を行う当事者にとって与件であるところの市場価格も存在しないであろうから，上のバーゲニングが客観的な市場価格で行われることも期待しにくい。

3 無形資産が存在する場合の基本三法の限界

無形資産は，基本的に独自のものなので，市場価格の発見が困難であるし，また，そもそも無形資産のように独占利潤をもたらすものについて市場価格を発見しようというのはある種の論理矛盾である。無形資産の本質は情報であり，情報の制限により超過利潤がもたらされるのであるから，無形資産については，企業内取引ないし企業グループ内取引の行われる場合が多く，したがって，その市場価格は算定しにくいというのが実情である。すなわち，ここに，取引に着目して基本三法を重視する移転価格税制の矛盾が露呈されることになる[29]。

したがって，無形資産が関連する場合においては，実際には，利益に着目する方法を用いるしかない場合が生じてくる。無形資産の意味は，つきつめれば，情報の独占的利用なのであるから，そのことによりもたらされる将来キャッシュフローから無形資産の価値を評価することが理論的には可能となる。無形資産は，将来純キャッシュフローの増加をもたらすものなのであるから，利益に着目する方法ならば対応可能な場合もありうるであろう。

---

[29] アドビ事件（東京高判平成20・10・30・税資258号順号11061）においては，日本子会社による販売という形式が，外国法人による販売と日本法人によるサービス提供というかたちに変更されたことに伴い，日本法人の利益が大幅に圧縮されたが，これは，考え方によれば，日本法人の有する顧客情報等の無形資産が，サービス提供形態に改められた後の取引形態において無視されたためであるとも考えられる。アドビ事件については太田洋＝手塚崇史「アドビシステムズ事件東京高裁判決」（中里実ほか編著『移転価格税制のフロンティア』（2011年）第2章①44頁）参照。

4　アメリカの状況

アメリカにおいては，1988年のWhite Paperにおいて提案されたBALRM以来，経済理論を用いて，利益に着目する方法を正当化し，それを無形資産を用いた取引に実際に適用する努力がなされてきた。最近も，内国歳入庁は，2007年の"Coordinated Issue Paper-Sec.482 CSA Buy-In Adjustments"[30]において，利益に着目する方法を強調している。また，Xilinx事件においても，経済理論を用いた方法を主張する課税庁と，それに反対する納税者の攻防が行われている[31]。

しかしながら，そこにおいては，必ずしも経済分析それ自体の精緻化が意図されているわけではないように見えるという点には，留意する必要がある。

5　経営指導と無形資産[32]

さらに，移転価格における無形資産をめぐる問題として，経営指導に関するものがある。日本法人が外国子会社等に対して指示を与える際に，そのような指示の結果として外国子会社の利益が増大した場合，当該指示が株主としての投資を守るための行為ならば，手数料は無料でいいと考えられる。株主（親会社）が，自らの投資を守るために子会社に指示したとしても，自らのための行為により相手方（子会社）から手数料はとれないから，子会社に手数料をチャージすべきであったという理由で親会社に対する寄附金課税や移転価格課税を行うことは困難である。

これに対して，そのような株主（親会社）としての投資の延長としての行為ではなく，それを超えた経営指導ならば，子会社は親会社に対して手数料を支払うべきであるし，また，それが無形資産の取引ならば，子会社は親会社に対して対価を支払うべきである。ここにおいて，役務の提供なのか無形資産の取引なのかという問題が生じうる。

---

30) http://www.irs.gov/businesses/article/0,,id=174599,00.html
31) すなわち，タックスコートの判決を覆したXilinx, Inc. v. Comm'r, 567 F.3d 482（9th Cir.2009）において，裁判所は，取引と基本三法を重視する考え方を採用し，課税庁側の利益法適用の前提を逐一攻撃したので，無形資産取引の移転価格課税について，大きな変化の予兆かと思われたが，裁判所は，2010年に，Xilinx, Inc. v. Comm'r, 2010 U. S. App. LEXIS 778（9th Cir. Cal. Jan. 13, 2010）において，それを撤回し，再びタックスコートの判決を支持した。神山弘行「ザイリンクス事件米国連邦第9巡回控訴裁判所判決」（中里ほか編著・前掲注29）書第4章①308頁）参照。
32) 中里実「関連企業間の役務提供と寄附金課税」租税研究685号87頁。

七　まとめ

　移転価格課税に関する議論に経済理論を持ち込むことそれ自体は，確かに興味深いこころみである。なぜならば，そのことにより，移転価格課税の本質や，無形資産の本質がよりよく理解できるようになると思われるからである。

　しかし，経済理論を現実に適用して独立企業間価格を求めようとすると，とたんに困難に直面してしまう。これは何よりも，ミクロ経済学は理論のための理論であって，実務的な存在ではないことの不可避的な帰結であろう。そこで，一種の職人的な感覚を保持するファイナンス理論が大きな意味をもつということになるのであろう。また，そこに，現実には，ファイナンス理論を用いるエコノミストの職域拡大の要素が存在するといえよう（開業するエコノミスト）。

　日本の裁判所は，経済理論を用いた分析に対しては，冷ややかであり，経済学的な視点から執筆された意見書等を提出しても，考慮されることは従来はあまりなかった。それにもかかわらず，生保年金に関する最高裁平成22年7月6日判決（民集64巻5号1277頁）が現在価値という概念を明示的に用いた（本論集3巻「課税理論の研究」，第4編「政策税制」，Ⅳ「租税法におけるストックとフローの関係」，参照）ことにより，今後は状況が変化する可能性がある。

　実務の世界で移転価格に関して作成される経済的発想に基づく機能分析は，理論的に見た場合に，その水準は必ずしも高くはなく，ただ一定のマニュアルにしたがって資料を整理しただけの場合もあるというのが，現実の経済分析の実情である。しかし，今後は，弁護士事務所等で，経済分析を行う方向が打ち出される可能性が高いのではないかと思われる。具体的には，移転価格のみならず，M&Aにおける株価評価の需要は高いと思われるからである。そのような中で，法律学の世界における経済的発想の実務的利用の方向性も徐々に高まっていくのではなかろうか。

Ⅳ

管理会計は統一的な基準を提供しうるか
(「適正価格規制の調和に関する諸問題」所収)

本研究の意義
(「適正価格規制の調和に関する諸問題」まえがき)

1 本研究の目的

　市場取引において付される価格については，原則的に，企業がそれを自由に操る可能性は少ない。たとえば，完全競争市場においては，価格は，経済理論上，与件と考えられている。これに対して，企業の内部取引において付される価格は，常にマニピュレイトされる危険性がある。また，市場において付される価格も，一定の例外的な場合においては企業の行為により歪められることがある。

　そこで，そのような企業の行為に対抗し，一定の公的な目的を達成するために，各種の適正価格規制が存在する。ところが，この，関税法，アンチ・ダンピング法，独占禁止法，移転価格税制，あるいは，消費税法，における適正価格の求め方は，それぞれの分野において独立に議論され，その相互関係について議論されることはほとんどなかった。また，このような法的な議論と，管理会計的な議論とが融合したかたちで行われることもあまりなかった。しかし，相互に共通した点も少なくないと思われるこれらの様々な分野における議論を比較検討することには，何らかの意味があるのではないかという認識が，様々な機会において，参加メンバーの中で高まり，この研究会が組織されたわけである。したがって，本研究会の目的は，それぞれの公的目的のために存在する各種の適正価格規制において用いられる適正価格の相互関係を明確にし，それらを調和させる道をさぐることである。

2　本研究の特色

本研究の特色の第一は，様々な分野の研究者と実務経験者が，自らの知識と経験をふまえ，それぞれの立場から，同一の問題に対して取り組んだことにある。その結果，同じく，価格に対する公的規制であるにもかかわらず，従来，ほとんど相互の関連性について議論されることのなかったテーマについて，様々な角度から分析・検討を行うことができた。もちろん，この報告書において示された議論は，いまだ中間的なものにしかすぎず，確定的な結論が導かれたわけではない。しかし，それにもかかわらず，この報告書を発表することにより，問題の重要性をアピールしたいというのが，メンバーの当面の気持ちである。

また，本研究の特色の第二は，各種の適正価格規制における価格付けの方法の記述に終始する（そのようなことは，各分野の文献を見れば，わかることである）ことなく，その背後に存在する考え方を正確に把握し，その上で，他の適正価格規制制度との比較検討の中で，それぞれの適正価格規制制度を理解しようとしている点である。全体を総合的に考えようという姿勢は，個別の制度の議論をする際にも貫かれている。

さらに，本研究の特色の第三は，個別のケースに即して問題の検討を行おうとした点である。各適正価格規制制度の解説においては，価格付けの仕方に関する抽象的議論はなされても，具体的な方法が示されることはあまり多くなかった。しかし，本研究においては，具体的な事例をできるかぎりとりあげ，複数の適正価格規制制度がそのケースに対してどのように適用されるかといった点が議論されている。

3　本報告書の構成

本報告書は，以下のような構成からなっている。

まず，第1章から，第3章までが，総論的な議論を展開している部分である。すなわち，第1章においては，すべての適正価格規制制度（および，管理会計も含めて）における価格付けの方法が，制度的に整理，比較される。次いで，第2章においては，ダンピングにおける正常価額を素材として，適正価格規制に関する国際法的な見地からの議論が示される。また，第3章（本書554頁以下）においては，管理会計において設定される振替価格が，各種の適正価格規制の共通の基礎となりうるか否かという点に関して議論がなされる。

ついで，第4章と第5章とは，個別の制度に着目したケース・スタディであ

る。第四章においては，アンチ・ダンピングにおける fair value の認定の仕方が，詳細な例を用いて示される。また，第5章においては，最も問題となると思われる，アンチ・ダンピングと移転価格における適正価格規制の比較検討が具体的な数値例を用いて行われる。

そして，最後に，簡単なまとめ（本書563頁以下）が述べられる。

本報告書は，そのそれぞれが，比較的独立したかたちで執筆されたものである。適正価格規制の調和という点に関してメンバーの合意を形成することが研究会の目的ではなく，それぞれが，自らの関心を有する問題について議論しながら，自分なりの考え方を発展させていくことが重要であると考えたことの結果である。

なお，おいそがしい中を，この研究会にご出席いただき，本研究会のアドヴァイザー的な立場から数々の貴重なご助言をくださった，東京大学法学部の石黒一憲教授に，ここで，お礼を申し上げたい。また，本報告書をこのようなかたちでまとめることができたのは，松本所長をはじめとする公正貿易センターの皆様のおかげである。ここに，こころより，お礼申し上げたい。

「適正価格規制の調和に関する研究会」委員名簿

（順不同，敬称略）

顧　問	石黒一憲	東京大学法学部	教授
主　査	中里　実	東京大学法学部	助教授
委　員	小寺　彰	東京大学教養学部	助教授
	石井ちとせ	税理士	
	進藤直義	公認会計士	
	鈴木アンリ	米国弁護士	
事務局	松本　健	公正貿易センター	所長

管理会計は，統一的な基準を提供しうるか
（「適正価格規制の調和に関する諸問題」第3章）

一　はじめに

　本稿は，法的視点から見た場合に，各種の適正価格規制制度の統一的な基準を提供するシステムとして，管理会計を用いることが可能か否かという点について，管理会計の理念・理論等にも言及しながら，若干，検討をこころみるものである。

　そもそも，価格が本来の意味において価格であるのは，それが市場において，企業の自主的判断により付される場合であろう。すなわち，資本主義経済において，「価格」とは，本来，企業の自主的な判断により成立する私的なものである。そして，そのようにして成立する市場価格のみを考えていればよいのであれば，各種の適正価格規制制度は，特に必要はないのかもしれない。あるいは，企業が市場価格でのみ取引を行うというのであれば，問題は生じないであろう。しかしながら，企業は，実際には，様々な理由で，市場価格と乖離した価格付けを行うことがある。たとえば，企業は，ダンピングのために恣意的に低い価格を設定することもあるし，節税のために価格を操作することもあるし，また，利潤の極大化のために，関連企業間の内部的価格を設定することもある。

　各種の適正価格規制は，このような場合に，一定の政策目的を実現するために，価格メカニズムに直接的であれ間接的であれ介入しようとするものである。したがって，適正価格規制制度は，程度の差はあれ企業が現実に付した価格と市場価格との乖離を是正しようという傾向を有するのであるから，市場価格というものを何らかのかたちで前提にする，ないし，参考にするという方式で行われるという意味において，マーケット・オリエンティドな側面を有しているといえよう。

　もっとも，適正価格規制を発動しようとしても，前提ないし参考とすべき市場価格が不明確である場合は，実際には少なくないものと思われる。特に，関連企業間の取引については，そのような場合が多いであろう。そして，管理会計は，特に，このような場合について用いられるものである。すなわち，コースの企業の理論によれば，企業は，その活動を拡大する際に，独立企業との間の市場取引と，関連企業との間の企業内取引のうち，取引費用の少ない方を選

択するとされている。この，産業組織論の基礎となる理論は，きわめて有用なものであるが，ここで，その詳細に立ち入ることはしない。ただ，関連企業との間の企業内取引においては，独立企業との間の市場取引における場合と異なる価格付けがなされるという点が，理解できれば十分である。管理会計は，企業が，他から強制されるわけではないのに自主的に行うもので，それに基づいて付される価格（振替価格）も，市場価格と同様に，企業により自主的に設定されるものなのである。

したがって，市場価格が存在しない場合をも含めた様々な局面における価格付けの基礎として，管理会計に着目することは，一応は正当なことといえよう。

以下，本章においては，まず，管理会計における振替価格設定のあらましについて，価格付けの方法という観点から整理する（二）。ついで，管理会計に基づいた統一的な価格付け方法というものの可能性について検討する（三）。そして，価格というものを媒介として規制が様々なかたちで存在することの意味についてふれる（四）。

二　管理会計の概要

本稿は，管理会計それ自体の検討を目的とするものではなく，また，筆者も，管理会計の専門家ではないので，以下においては，主として，宮本寛爾『国際管理会計の基礎――振替価格の研究』（1983年）の叙述を要約することにより，概要のみを示すこととする。

1　振替価格とは何か

企業の統合化と分権化の問題を考える学問分野としては，産業組織論や管理会計が存在する。このうち，産業組織論においては，たとえば，コースの企業の理論を出発点として，企業と市場を相対化してとらえ，取引費用という観点から，企業の統合化と分権化を客観的に分析するといったことが行われる。これに対して，管理会計においては，経営管理の視点から，企業の統合化と分権化の問題が検討され，いかなる組織形態を採用した場合に企業の効率的経営が可能であるかが議論される。

さて，企業をいくつかの構成体に分けた場合にも，それらが経営上一つの有機的な関係を保つためには，統合化のための構成体間の相互調整が必要である。この相互調整のメカニズムの一つとして，振替価格がある。これは，企業（経

営管理の観点から一つのまとまりをなすとされるもの)の構成体の相互間の取引において付される価格である。振替価格は与件として与えられる価格ではなく,経営管理の視点から合目的的に設定される人為的な価格である。このように振替価格は一定の目的のために設定されるものであるが,そのような目的としては,たとえば,企業全体の利益を最大化するように内部取引が行われることや,各々の構成体の業績を客観的に評価することがあげられる。

問題は,このように経営管理的視点から設定される振替価格が,各種の適正価格規制の基礎として用いられるものか否かという点である。

2 企業内部における振替価格決定の基準

企業内部における振替価格決定の基準としては,主に次の三つが存在し,それぞれに一長一短がある。この点について整理すると,次のようになる。

(1) 市場価格

市場価格は,もしその情報が入手可能ならば,各構成体の業績の客観的評価の基準としても,企業内の効率的な資源配分を実現し利益を極大化する手段としても望ましいものである(管理会計の目的は,各構成体の業績の評価と,企業内の効率的な資源配分実現,の二つである点に留意),という考え方が強く主張されている。しかも,もし,市場価格がそのように管理会計の二つの目的を実現する手段として適切なものであったとしても,企業内取引の対象物について市場が存在しなかったり,存在しても不完全市場であったりすれば,市場価格を振替価格として用いるわけにはいかないであろう。

このような方向の考え方のうち最も注目すべきは,ハーシュライファーの理論である(Jack Hirshleifer, On the Economics of Transfer Pricing, 29 Journal of Business 172 (1956))である。彼は,ある振替価格の下で各構成体がその利益の極大化をはかれば企業全体としても利益が極大化されるようなかたちで振替価格を設定すべきであるという考え方を出発点とし,構成体間で取引されている対象物と同じ対象物に関する市場が完全競争市場(であり,その対象物が単一価格のもの)である場合,企業体の全体としての利益を極大化する振替価格は,市場価格であると論ずる。しかし,彼は,構成体間で取引されている対象物と同じ対象物に関する市場が不完全競争市場である場合,企業体の全体としての利益を極大化する振替価格は,市場価格ではなく限界費用となるとした。

この,ハーシュライファーの考え方に対して,ある論者は,次のように述べている(Bengt Holmstrom and Jean Tirole, Transfer Pricing and Organizational Form, 7 The

Journal of Law, Economics and Organization 201, at 201 (1991))。適切なコメントなので，以下に引用しておく。

「振替価格の問題は，一般的には，企業の二つの構成体の間の取引の効率的なレヴェルをもたらす可能性の最も高い価格ないし価格スケジュールを見出す問題として取り扱われてきた。内部取引における価格の参考資料を提供しうる，ないし，内部取引に完全にとってかわるような完全競争市場が存在すれば，解決は容易であろう。取引される財が差別化されたものである場合にのみ，その問題の解決は困難なものとなろう。経済学者の最初の本能は，限界費用に等しい振替価格を設定することであるというものである（ハーシュライファー）。しかし，限界費用を見出すことは困難なことであろう。実際のところ，限界費用についての情報は，企業のだれにもほとんど知られることはないであろう。なぜなら，それは，生産能力の用い方により変わってくるところの機会費用に依存するからである。また，たとえ，限界費用についての情報が入手可能であったとしても，それが最適の振替価格を決定する目的のためにいつわりのない形で明かされるかどうかは保証の限りではない。以上のような考察に基づいて，インセンティヴの理論家は，振替価格の問題を，主に情報の出現の問題として解釈するようになった。」

最近では，このように，情報が最小のコストでいきわたるようにすることこそ，振替価格設定上の最も重要な問題と考えられるようになってきたのである。

このような考え方に基づき，ある論者は，（あえて関連企業間取引がなされるのは，そこに何か有利な点があるからに違いないという視点に立って）振替価格の問題を，企業の組織形態の選択の問題の一端としてとらえる（Holmstrom and Tirole, supra）。そして，この論者は，企業を，その垂直的統合の度合いに応じて，独立企業と，各構成体の経営者に委ねられた取引決定に関する権限の程度の異なる三段階の統合企業（すなわち，内部的な関連企業取引において合意に達しなかった場合は企業外の市場に自由に参加できる形態と，内部的価格交渉は自由ではあるが企業外の市場には参加できない形態と，内部的な関連企業取引が強制されかつそこにおける価格も一方的に命じられる形態）に分ける。統合企業においても，価格交渉が認められていれば，そこにおいて決められる振替価格は製品の品質を反映し，経営者はその製品を改良するインセンティヴを有する。そして，企業外の市場への参加が認められていれば，一層，そのようにいえ，市場は品質のモニタリングの手段となる。逆に，そのように統合の度合いが弱い場合には，企業は，内部取引の条件をよくするために市場を利用したり，あるいは，内部的な「取引関係に固有の資産」への投資を怠り，市場に受け入れられる商品の生産のみに

専念するかもしれない。そして、統合の度合いを強めて、内部取引を優先すれば、企業内の協調が保たれることになる。したがって、統合には、良い点も、悪い点もあるというのである。

(2) 原　価

実務においては、製造原価に基づいて振替価格を設定するという方法が広く採用されている。原価は、実務的に利用しやすいのみならず、財務会計を行う際に構成体間の調整が簡単であるという利点を有している。しかし、振替価格として原価を用いることを理論的に支持することは、困難であろう。

(3) 数理計画法

機会原価を線型計画法で求めて、それにより振替価格を設定する方法である。構成体間の取引において取引される対象物について、市場が存在しない場合にも適用することができる方法である。しかし、この方法は、理論的に提示することは容易であるが、実際に適用することはきわめて困難なものである。

3　国際的な振替価格の設定方法

上の2で述べたのは、主として、国内的な振替価格についてであった。しかし、本研究プロジェクトは、主として、国際的な局面における適正価格規制制度を念頭においたものである。そこで、管理会計における国際的な振替価格の設定方法についても、少し見ておこう。

前述のように、国内的な振替価格は、経営管理上の目的から、企業内部において設定される人為的かつ仮定的な価格であるのに対して、国際的な振替価格は、現実に付される価格である点において、両者の間には決定的な差異がある。

企業による国際的な振替価格の設定に対して影響を与える外的な要因は様々あるが、特に重要なのは租税制度である（逆に、そうであるからこそ、移転価格対策税制のような制度に存在意義があるともいえる）。もっとも、企業の内的要因が、企業による国際的な振替価格の設定について意味をもたないわけでは決してない。すなわち、企業が、その海外子会社を経営管理上どのように位置づけるかに応じて（すなわち、企業グループ全体の利益を重視するか、それとも海外子会社の業績評価を重視するか、等々）、国際的な振替価格のあり方も異なったものになってこよう。

国際的な振替価格の設定方法としては、市場価格（arm's length price）、最適価格（企業グループとしての利益を最大化する価格）、中立的価格（海外子会社の利益が、その子会社の業績を適正に反映するように評価して、示す価格）等が考えられようが、

どれが採用されるかは，管理会計においていかなる目的を追求するかによりかわってくる。

4　管理会計の特色

　管理会計における国際的な振替価格は，租税制度や，各種の適正価格規制の影響を強く受けて決定される。したがって，逆に，租税制度や，各種の適正価格規制の影響のまったく存在しない場合における管理会計上の振替価格設定方法が一義的に決まるものであるならば，それは市場価格と同様に一定の客観性を有するものといえるから，あらゆる適正価格規制において適正な価格を算定するための基礎となりうるかもしれない。

　しかし，以上において見てきたように，管理会計における振替価格は，各企業が管理会計においていかなる目的を追求するかにより異なったものとなってくる。また，目的が決まったとしても，管理会計における振替価格は，それを行う企業の活動方針，取引の対象物について企業外において成立する市場の状況等により，その設定方法が異なったものとなってくる。したがって，租税制度や，各種の適正価格規制の影響のまったく存在しない場合における管理会計上の振替価格設定方法というものも，必ずしも，一義的には決まりそうにない。各種の適正価格規制の影響が存在しない場合における管理会計上の振替価格は，市場価格のように客観的な与件として与えられるものではなく，各企業が自主的に自由に決定する理念的なものであるから，それが一義的に決まらないのも，むしろ当然なことなのかもしれない。

　しかし，国際的な局面において企業はとにもかくにも振替価格を現実の取引価格として設定しているのであり，そのようなものが存在する以上，それを各種の適正価格規制制度の目的から見てどのように評価するかという問題が出てくる。本当に，そのような振替価格には，まったく意味がないのであろうか。

　国際的な局面において企業がともかくも設定している現実の振替価格を，各種の適正価格規制における適正価格の基礎とするという考え方は成立しうる。実際問題として，通常の場合には，そのような現実の振替価格が，各種の適正価格規制の目的上も適正なものとして受け入れられているものと考えられる（であるからこそ，通常の場合には，適正価格規制違反の問題が生じないのである）。その限りにおいて，企業が現実に設定している振替価格には，少なからぬ意味があるのである。

　たとえ，そのような管理会計上の国際的振替価格が各種の適正価格規制をか

いくぐるために設定されたものであったとしても，それが適正価格規制をクリアーしていれば，特に問題は生じない。

しかし，問題は，管理会計上の振替価格が，適正価格規制に反するようなかたちで設定されている場合である。この問題は，結局，ある企業の採用する管理会計上の振替価格が，通常の企業の採用する管理会計上の振替価格と異なるというかたちで生ずるということである。この場合，適正価格規制を行う側は，いかなる振替価格が通常のものであるかを判断しなければならない。

三　統一的な評価方法の可能性

上の二の4で述べたように，実体的な意味における「適正価格」が存在しないとすると，適正価格規制の調和というものを考えることは無意味なことになってしまうのであろうか。この点，筆者は，各種の適正価格規制の目的別に，手続的な意味において適正な価格が存在し，これらの適正価格を求める方法に一定の類似性が生まれてくるのではないかと考えている。ここでは，この点について検討する。

1　評価方法・評価額を統一すべきか

各種の適正価格規制は，それぞれの法に定められた，それぞれ異なる制度目的を有している。したがって，制度目的を統一した単独の制度を設けることはできないし，また，異なる複数の目的を同時に達成するような制度も設けることはできない（し，また，その必要もない）と考えるのが自然であろう。

2　手続的理解

このように，統一的な適正価格算定方法というものを実体的に見出すことが理念的に可能でないとすると，各種の適正価格規制は，ばらばらなかたちで行われてよいということになるのであろうか。

もちろん，この問いに対して，それでもよいと答えることも，少なくとも理論的には可能であろう。これは，企業が，価格設定を，各規制との関連でいわば手続的に考えていくということである。この場合，企業は，ほぼ，次のように行動することになろう。

まず，第一に，各企業が，管理会計（および振替価格設定）の基本的な目的・方針を明らかにする。

その上で、第二に、各企業は、様々な公的規制を所与の前提として、管理会計（および振替価格設定）を行っていく。したがって、たとえば、税引き後の連結利益の極大化を目的として、場合によってはいずれかの規制にひっかかってもかまわない（たとえば、外国税額控除で救われるならば、外国子会社が高い法人税をはらうことによるコストは低いと考え、他の規制にひっかからないように行動することを優先させる）と考えて、それを前提として、管理会計（および振替価格設定）を行うことになる。

したがって、これは、個々の企業にとってみれば、結局、実体的な統一的適正価格を求めるのを放棄し（企業はそうせざるをえない）、また、場合によっては、各目的別の適正価格を各行政庁に説明することを念頭においた上での手続的なものにすぎない（すなわち、問題がおきたときの立証責任的な問題にすぎない）と考えて、それとは別に、自らの必要性に応じて、管理会計上の目的追求をはかり振替価格を設定する、というアプローチとでもいうことになろう。すなわち、各行政庁がそれぞれの立場から、国全体としては統一のとれないことを要求していくのに対応して、企業が自らの立場を正当化できる根拠さえあればよい（そして、コストの低い規制については、それさえなくともよい）と考えて行動するということである。

しかし、このような事態は、国家にとっても、企業にとっても不幸な事態であるといわざるをえないであろう。その場合、国家は、各種の適正価格規制の間の調整を放棄し、たとえば、Aという規制を逃れようとすると必ずBという別の規制にひっかかるというような仕組みをつくることも可能になってしまうであろう。逆に、企業は、利益極大化のために必要とあらば、コストの少ない規制にひっかかることを覚悟して、よりコストの高い規制を逃れるように価格設定を行うようになってしまうであろう。

したがって、やはり、何らかのコーディネイションを行うべきであろうが、ことは、複数の国家機関にまたがる調整であり、容易ではなかろう。

3 共通技術・目的共通部分の抽出

もっとも、上のような場合であっても、各種の適正価格規制に共通な価格認定技術を抽出することは可能かもしれない。すなわち、各行政庁がそれぞれの適正価格規制を行う際に用いる適正価格を求める技術（具体的方法）の間には、何らかの共通性があると考えるのが自然であろう。このような共通技術が抽出されれば、適正価格規制の統合への第一歩になるかもしれない。

いかなる目的であれ，何らかの適正な価格を求める方法というものは，それほど数多く存在するわけではない。基本となるのは，市場価格と原価（会計的な原価と，経済学的な限界費用）であろう。もちろん，この他に，当事者が付した価格をそのまま認めるという行き方もあろうが，これは，結局，規制しないということである。そして，それぞれの規制の目的に応じて，この二つを基本としてそれらを修正する方式や，この二つ以外の方式も用いられるということであろう。

もちろん，以上のような共通技術の抽出が行われたからといって，必ずしもコーディネイションの方向へと一歩をふみだせるわけではない。大切なのは，技術自体ではなく，その技術を用いて達成される目的であり，各種の適正価格規制制度間で目的が異なるという点は否定のしようがないからである。

にもかかわらず，適正価格規制においては，何らかの意味での「適正」価格の水準がそれぞれ念頭にあるのであろうから，目的が異なるといっても，それらが完全に異なるわけではなかろう。各種の適正価格規制は，一定の技術を共有するのみならず，目的の一部をも共有しているとみた方がよいであろう。しかし，あとは，各論的に考察するしかないであろう。

ま と め——価格を媒介とした規制の意味
（「適正価格規制の調和に関する諸問題」まとめ）

1 各規制の連動

そもそも，各適正価格規制は，価格を規制することを直接の目的とするわけではなく，そのことにより一定の状態を達成することを目的としている。それぞれの規制目的を実現する手段として，共通して，価格が用いられていることには，それなりの理由が存在すると考えるのが合理的であろう。それは，価格が，様々な現実の経済的取引活動の局面において共通に見出される比較的客観的な存在としてとらえられているためであろう。このことは，所有権の機能と類似に考えることができよう。すなわち，法の世界において所有権の移転という概念に様々な効果が結び付けられているのは，それらの効果を一つのきっかけの下に統一的に発生させることが望ましいという判断に基づいているといえようが，適正価格規制における価格にも，同様の機能が見出されるのである。

2 価格からの乖離の動き

このように，価格は，（規制の手段として）機能的に理解されるべきものであるから，一定の適正価格規制において，価格を用いるのをやめ，別の手段を用いて規制目的を達成しようとする動きが出てきたとしても何らの不思議もない。

たとえば，現実に，移転価格対策税制においては，価格に着目する方法から，利益に着目する方法へのシフトの傾向がみられる。このように，価格を媒介とした規制から乖離する傾向があるということは，とりもなおさず，それが適正価格規制というものではなくなることを意味する。

しかも，この傾向は，一定の場合においては必然的なものなのではないかとも考えられる。なぜなら，サーヴィスや無形資産の取引においては，価格というものが，財の取引における場合とは異なった意味合いを有すると思われるからである。特に，金融取引において，旧来の各種の規制手法は機能不全となるであろう。たとえば，金融機関等が金融取引の対価として受領する利子は，私法上はサーヴィスの対価と観念されるかもしれないが，経済的には，その全額が金融サーヴィスの対価であるわけではない。したがって，金融取引について，価格規制というものを行うことは困難である。そして，問題は，通常の財の取引においても，その取引の構成要素の一部として，金融取引的な要素が入って

いるということである（たとえば，対価の支払条件）。

また，サーヴィスや無形資産の取引は，取引の対象が無形であるという点においても問題をひきおこすであろう。たとえば，このような取引について関税を課すことが困難である。

したがって，将来の方向性としては，各規制ごとに，個別的に，価格にかわる手段をも含めて，規制目的を達成するため手段の見直しをしていかなければならないであろう。

3　価格のセイフ・ガード機能

にもかかわらず，たとえ価格以外の手段を用いた規制が現れてきたとしても，やはり，規制の手段としての価格を完全に放棄すべきではないと思われる。

なぜなら，価格という存在が一定の客観性を有する可能性が高いものである以上，そして，それにかわるべきものが容易には見出しえない以上，それを用いて，一種のセイフ・ガード機能を果たすことが可能なのではないかと思われるからである。したがって，今後の方向性としては，価格という手段の限界も認識しながら，価格とそれ以外の手段の調整を各論的に考えていくということであろう。

第4部 手　続

I

ヨーロッパにおける租税情報の国際的な交換

一　はじめに

　本稿は，租税条約に基づく情報交換と，国内法に基づく租税行政庁の調査・情報収集権（日本でいえば，質問検査権）との関係について，ヨーロッパ諸国，特に，ドイツ，イギリス，および，フランスの状況を概観し，日本との比較の参考に供しようとするものである。

　この問題は，つまるところ，これらの各国の国内法において，調査対象者（すなわち，納税者）に対する，あるいは，その他の第三者に対する課税処分の前提としての調査・情報収集以外の，調査・情報収集のための権限が認められているか否かという問題である。換言すれば，外国における外国課税当局による課税処分のために，自国において調査・情報収集を行うことが，その国の国内法上可能か（あるいは，要求されているか）という問題である。

　租税条約における情報交換に関する規定は，国際法レヴェルにおける締約国の義務に関するものであるから，それについての議論においては，基本的に，各国の国内法における調査・情報収集権限に関する議論が行われることは必ずしも多くはない。しかし，調査・情報収集が基本的には国内法に基づいて行われる以上，国内法に関する議論を無視するわけにはいかない。したがって，この問題について検討を行うためには，とりもなおさず，各国の国内法上認められた調査・情報収集権限の法的範囲について調べ，かつ，各国における租税条約と国内法との関連性についても正確に理解することが必要となる。

　もちろん，本稿におけるようなテーマに関して，一人の人間が短期間の間にいくつもの国の状況について調査を行うことには，自ずから限界がある。にもかかわらず，本稿においては，そのような困難を自覚しつつも，調査しうる範囲の全資料をもとに，できるだけ正確に各国の状況について概観したいと考え

ている。

　以下においては，まず，外国から情報提供の依頼を受けた場合に，ある国家がいかなる対応を行うかという点について，これに積極的なアメリカと，消極的なスイスとを比較することによって，世界の趨勢についておおまかに述べておく（二）。そして，しかる後に，本稿の直接の対象国であるドイツ（三），イギリス（四），および，フランス（五）について，概観を示す。その上で，日本の質問検査権の抱える問題点と，今後の改革の方向について若干の検討を行うこととしたい（六）。

　なお，ドイツも，イギリスも，フランスも，皆，ヨーロッパ共同体の加盟国であるから，EC法（ないし，EU法）が重要な意味をもってくるので，それに関する叙述が，当然のことながら重複することになる。そこで，本稿においては，この点に関する叙述は，ドイツに関する箇所においてまとめて行うこととする。

二　異なる二つの対応

　外国から，租税条約等に基づいて，租税事項に関する情報提供の依頼があった場合の対応は，国によりかなり異なる。これについて最も積極的なのがアメリカ，また，これについて最も消極的なのがスイスであると思われる。そこで，ここでは，イントロダクション的な意味合いで，この二つの国を比較した上で，ドイツ，イギリス，フランスの三国が，両者の間のどのような位置づけになるのかという点について，簡単に整理しておくこととする。

1　スイスにおける消極的対応

　スイスは，承知のように，特に銀行秘密の保護に熱心であり，その帰結として，国際的な情報交換に最も不熱心な国である。この点について，スイスのある論者は次のように述べている。

> 「スイスは，以前から，租税法上の行政協力の領域において，最も抑制的な態度をとってきた。1950年代になってはじめて，租税条約の中に行政協力の条項が設けられた〔これは，すなわち，スイスのアメリカとの条約，フランスとの条約，イギリスとの条約においてである〕が，そのような条項の採用は，当該領域におけるスイスの条約政策の転換を意味するものではなかった。このように抑制的な態度は，租税事項において司法的協力の供与を確固として拒否

する態度と組み合わさって，海外における〔スイスに対する〕批判の増大を引き起こしている。なぜなら，このような態度とは対照的に，諸外国や国際機関は，ますます，租税事項においてすでに存在する協調関係を拡大しようと希望しているからである。」[1]

このように，租税上の国際的な行政的・司法的協力に関するスイスの態度は，従来，租税事項に関して一定の条件の下に司法共助の供与を定める1973年5月25日のアメリカとの間の刑事事件に関する司法共助条約を除けば，きわめて消極的なものであった。このような傾向の転換点となったのは，1981年3月20日の，刑事事項に関する国際的司法共助に関する連邦法の制定である[2]。

現在，租税に関する国際的な行政協力の分野において，スイスは，租税条約締結国に対して，一定の限定された協力を行っている。そして，租税条約は，当該条約が情報交換に関する定めをおいているか否かにかかわらず（たとえば，日本との間の租税条約には，この点に関する定めがない），相手国に対して情報を提供する一定の義務を当然に内包するものであるというのが，スイスの立場である。ただし，スイスは，租税条約上の情報提供の義務をかなり限定的にとらえ，それは，もっぱら，租税条約の適正な執行と，脱税等の防止に必要な情報についてのみ及ぶという立場をとっている。したがって，営業上の秘密，銀行秘密，職業上の秘密等々に係わる情報の提供は，認められない。このようなスイスの立場は，行政協力に関する条項を含む租税条約や，OECDモデル租税条約におけるスイスの留保において明確に表明されている。たとえば，現在のOECDモデル租税条約は，租税条約の適正な執行と，脱税等の防止に必要な情報についての交換を超えて，広く締約国の国内法の実施に必要な情報の交換をも定めているが，スイスは，これに対して留保をおいている。すなわち，スイスの立場によれば，租税条約の適正な執行と，脱税等の防止に必要な情報は，当然に，相互協議条項等に基づいて交換されるのであり，その意味で，租税条約における情報交換条項は，単に確認的な規定にしかすぎないということになる[3]。

スイスは，現在までのところ，アメリカ，フランス，イギリス，ドイツ，デ

---

1) Daniel Lüthi, Informationsaustausch im internationalen Sleuerrecht der Schweiz, in Ernst Höhn (hrgb.), Handbuch des internationalen Steuerrechts der Schweiz, S. 478 (1984). なお，以下におけるスイスに関する記述は，ほとんどすべてが，この書物の該当箇所の要約か翻訳であるという点をおことわりしておく。したがって，煩瑣になることを避けるために，引用頁数は，まとめて段落ごとに示しておくこととする。
2) Lüthi, supra Fn 1, S. 483.
3) Lüthi, supra Fn 1, S. 483-S. 484.

ンマーク，オーストリア，カナダ，イタリア，ベルギー，オーストラリア，オランダとの間の租税条約においてのみ，情報交換に関する条項をおいている（ただし，日本との間の租税条約にはなし）が，対米条約の場合を除けば，条約の適正な執行に必要な情報についてのみの情報交換を定めているだけである。しかし，前述のように，このような情報は，明文の条約上の規定が存在しなくともスイスにより提供されるので，そのような条項は，確認規定にすぎないとされている[4]。

これに対して，対米租税条約には，アメリカのこの点に関する積極的な態度を反映してか，より包括的な情報交換条項が含まれている。すなわち，その16条によれば，条約の適正な執行に必要な情報のみならず，詐欺等の防止に必要な情報も交換の対象とされているのである。スイスの連邦最高裁判所は，その二つの基本的な判決において，この条項の意義等について判示している（BGE 96 1 737, 101 Ⅰb 160)[5]。すなわち，そこで確定されたのは，租税条約に基づく，詐欺等の防止のためのアメリカ課税当局に対する情報の提供に際して，必要に応じて，銀行調査も行われうるのであり，銀行秘密は，そのような調査やその調査に基づく情報提供と対立するものでない，という点であった。ただし，もちろん，16条の規定は，情報提供の依頼を受けた国の国内法上，入手可能な情報のみを対象とするものであり，特別な措置をとること（証言をとったり，文書を作成したり）までを対象とはしていない[6]。そのような措置は，より包括的な共助義務の下ではじめて行われる[7]。

スイスは，租税条約の適正な執行と脱税等の防止に必要な情報については，特別な規定がない場合でも提供するのが，租税条約上の義務であると考えている。情報提供に関する定めのないスウェーデンとの租税条約に関する判決において，スイスの連邦最高裁判所は，このような実務上の扱いを確認した上で，次のように述べた。すなわち，条約の相互協議条項は，また，条約の適正な執行と脱税等の防止に必要な情報を提供するという目的にも奉仕しうるものであり，その場合，租税秘密（の保護の要請）は，情報の提供を妨げはしない[8]と

---

[4] Lüthi, supra Fn 1, S. 484.
[5] もっとも，BGE 101 1b 160 においては，租税条約が要求しているのは司法共助ではなく情報交換であるから，租税条約に基づいて提供される情報が，アメリカにおける司法手続で利用可能な形式である必要性はないとされた。
[6] OECDの1963年モデルにおける立場と同様であろう。
[7] Lüthi, supra Fn 1, S. 485.
[8] BGE 96 Ⅰ 733.

述べた[9]。

　国際的な情報交換における関係者の法的地位については，基本的に，1968年12月20日の行政手続法に定められている。のみならず，租税条約に関する様々な施行命令も，また，情報の交換の際に従うべき手続きや，関係者の法的地位に関して定めている。それは，スイス連邦の課税当局が外国の課税当局に対して情報を提供する前に，関係者に対して，情報の提供についての態度を決定するための機会と，外国への情報提供をやめさせるための意思表明を行う機会を与えようというものである。課税当局が，関係者により持ち出された根拠は，外国への資料提出を拒否するのに十分ではないという結論に達するか，あるいは，関係者が外国からの情報要求について意見を述べることを怠ると，スイス課税当局は，そのための処分を行うが，この処分に対しては，スイス連邦裁判所に対して行政訴訟を提起することが認められている。そして，スイス課税当局の原処分が法的効力を有するとされる場合に，はじめて，外国の課税当局が要求する資料の提出が行われる[10]。

　なお，以上のような，租税条約に基づく通常の情報交換のほかに，スイスにおいては，源泉所得税の外国税額控除のための情報交換，相互協議に基づく情報交換，条約漁りに対抗するための情報交換等が存在する[11]。

2　アメリカにおける積極的対応

　スイスが各国と結んでいる租税条約とは逆に，きわめて幅広い情報交換が定められているのが，アメリカとカナダの間の1980年の租税条約である[12]。この条約には，（スイスとは対照的な）アメリカの情報交換についての積極的な姿勢が明確に表現されている。

　すなわち，この租税条約に基づいて情報提供の要求がなされた場合，要求を受けた側は，要求をなした国の国内租税法律自体が関連していたとするならば当該（要求をなした）国家が入手可能であるのと同じ程度において，情報を入手し，要求された形式で提供しなければならない（同条約27条(2)）。この条項は，

---

9) Lüthi, supra Fn 1, S. 485.
10) Lüthi, supra Fn 1, S. 486.
11) Lüthi, supra Fn 1, S. 486-S. 488.
12) William Innes and Janice McCari, Transfer-Pricing Disputes: Access to and Disclosure of Information, 43 Canadian Tax Journal 821, 852-859 (1995). なお，アメリカに関する叙述は，もっぱら，この論文に基づくものである点を，ここに明らかにしておく。

OECD モデル租税条約にはみられないが，この点について，アメリカの連邦上院の Committee on Foreign Relations は，次のように述べている[13]。

「その意味するところは，要求を受けた国は，自らの目的のためには必要のない情報であっても，subpoena の権限や，summons の権限や，あるいは，相手国により要求された情報を収集するための国内法上のその他の権利，を用いなければならないということである。要求を行っている国が，自らの法律の下で行使できないような権限であっても，要求を受けた国は行使しなければならないことが意図されている。したがって，当該規定が厳密な意味で相互主義的であることが意図されているわけではない」

特に，要求を受けた国は，自らの国における目的のためには必ずしも必要のない情報であっても，それを入手し，相手国に対して提供しなければならないとされている点が重要である。これは，この問題に関するアメリカにおける著名な判決である，United States v. A. L. Burbank & Co., Ltd., 525 F. 2d9 (2d Cir. 1975), cert. denied, 96 S. Ct. 2647 (1976) 判決において示された考え方を，租税条約上取り入れたものである。

もちろん，租税条約に基づく情報交換は，大きく国内法に依存している。すなわち，国内法上入手不可能な情報を提供することはできないのである。したがって，一方の国が租税条約に基づいて提供すべき情報は，その国の租税法律の通常の執行の過程において入手可能なものである。

3　世界の趨勢

ここでは，三以下における叙述の鳥瞰図を得るために，スイスとアメリカ以外の国の状況について，その傾向を，スイス・アメリカとの比較において，ごく簡単に整理しておくこととする[14]。

国際的な司法共助に関する条約が租税行政庁により用いられることは，実際上ほとんどない。これは，おそらく，租税行政庁が情報を必要とするのが，司法手続に移行するよりもはるかに以前の段階だからであろう（あるいは，一種の国際的な縦割り行政のために，租税条約が課税・財政当局により，他の分野の条約とは独立に発展させられてきたことも，その一因なのかもしれない）。いずれにせよ，こ

---

13) Report of the Senate Committee on Foreign Relations Accompanying the 1980 U. S.-Canada Income Tax Treaty and 1983 and 1984 Protocols, Exec. Rep. no. 98-22,98th Cong., 2d sess. (1984).
14) ここの部分は，ほとんどが，Sol Picciotto, International Business Taxation, 272-282 (1992) の叙述の紹介である。

の意味で，租税条約に基づく情報交換の果たす役割は大きい。

　国際的な情報交換においては，国により，提供できる情報の内容と形式に差が生ずる。このような差異は，主として，情報収集に関する各国の国内法（日本でいえば，質問検査権に関する定め）の差異から生ずる。その結果，上述のように，スイスは，租税条約に基づく情報交換について，きわめて制限的な立場をとっており，OECD モデル租税条約 26 条に対しても留保をおいている。

　これに対して，合衆国は，スイスの対極に位置し，租税条約の情報交換条項の目的との関連において，ある国の租税行政庁の権限が，自国の租税の執行に関してのみならず，条約相手国の租税の執行のためにも用いられるべきであるとして，情報交換について，これをきわめて広く認める立場をとっている。その結果，合衆国は，第一に，租税条約に定める租税のみならず，すべての租税に関して，情報交換を行おうとする（1981 年のアメリカモデル租税条約 26 条(6)）。また，第二に，合衆国は，情報提供の要求を受けた国は，自らの課税とまったく関係のない場合であっても，情報提供により課税されることになる租税が自国のものであるかのように，自らの執行権限を完全に利用する義務を負う，という立場をとっている[15]。

　この点について，ある書物は，次のように述べている[16]。

　　「合衆国の裁判所は，内国歳入庁が，それに対して認められている通常の権限を用いて，租税条約に基づく要求に応えて情報を入手することを認め，また，合衆国外の情報収集を行うことさえ認めた。……（U. S. v. Bache, Halsey, Stuard, 563 F. Supp. 898（1982））。さらに，当該権限の国内問題に関する使用が，他の理由で認められていないような場合においても，外国の要求に応じて権限を行使できるとした。……（U. S. v. Stuart et al., 489 U. S. 353（1989））。」

　しかし，これに対して，アメリカ以外の国は，必ずしも，それほど積極的ではない[17]。特に，イギリスの国税庁（Inland Revenue）の立場はかなり消極的な

---

15) U. S. v. A. L. Burbank & Co., 525 F. 2d 9（1975）は，OECD モデル租税条約が，内国歳入庁のサモンズの権限の行使を，合衆国の課税と関係なく，相手国がその国内法上そこまでの調査を行うことができないような場合においても，認めるものであると解した。裁判所は，その際に，"types of administrative measures authorised for the purpose of the requested state's tax must be utilised, even though invoked solely to provide information to the other contracting state" と述べる OECD モデル租税条約のコンメンタリーに言及した。アメリカのモデル租税条約は，このような広い権限行使を行うことができる点を明確にしている。また，この点に関連して，Philip Baker, Double Taxation Conventions and International Tax Law, A Manual on the OECD Model Tax Convention on Income and on Capital of 1992, 441-442（2nd ed. 1994）を参照のこと。

16) Picciotto, supra note 14, at 275-276.

もので，これが情報提供できるのはすでに保有している情報のみであって，外国により要求された情報の収集がイギリスの課税の根拠となる可能性を十分に示している場合でなければ，外国の課税当局のために調査を行うことはできないというものである。これは，現在の日本の立場とかなり類似したものである。そして，これは，シティーの金融センターとしての地位が脅かされることを危惧した結果であるとの考え方も存在する。1972年のECの行政協力に関するディレクティヴができるときも，イギリスの対応は，きわめて消極的なものであった。

もっとも，イギリスも，結局は，Finance Act 1990 の 125 条により，やっと，EC 加盟国の租税に関しては，調査官に対して国内法上認められたすべての権限を行使することが認められ，現在にいたっている。しかし，これは，あくまでも EC 加盟国との関係のみにおいてのことである。なお，Income and Corporation Taxes Act 1988 の 788 条(2)は，条約相手国の法律を執行するために必要な情報交換に関する規定を含む条約の定めに対応するための法的権限を定めているが，イギリスの租税とまったく関係のない場合において，外国のために情報収集を行う権限までそこに含まれているかは，明らかではない。しかし，実際上，多くの場合において要求されるのは，国税庁の手元にすでに存在する情報であろう。

三　ドイツ

ドイツにおける，国際的な情報交換に関する状況を正確に理解するためには，ドイツ行政庁による国際課税に関する情報収集権限と，情報交換の二つに分けて議論することが必要である[18]。

---

17) Picciotto, supra note 14, at 276-277.
18) Vgl. Harald Schaumburg, Internationales Steuerrechi, §19, 1993, Volker Kluge, Das deutsche Internationales Steuerrecht, 3., völlig uberarb. Aufl., §34, 1992 ; Günter Dreßler, Gewinn- und Vermögensverlagerungen in Niedrigsteuerländer und ihre steuerliche Überprüfung, 2., wesentlich erweiterte Auflage, III, 1995 ; Marion Farnschläder, Internationale Steuerauskunft, in Michael Maßbaum, Dir Meyer-Scharenberg und Helmut Perlet (hrsg.), Die deutsch Unternehmensbesteuerung im europäischen Binnenmarkt, Besteuerungsgrundlagen und grenzüberschreitende Steuerplanung in Deutschland, S. 1043 ff., 1994 ; Kurt Michlcr, Sachverhaltsgestaltungen mit Auslandsberührung in der Verfahrenspraxis, in Wilhelm Haarmann (hrsg.), Grenzen der Gestaltung im Internationalen Steuerrecht, Mißbrauchsverhütung in der Diskussion : EU-Recht・DBA・Hinzurechnungsfinanzierung・Verrechnungspreise・Verfahrenspraxis, S. 5ff., 1994 ; Klaus Tipke und Heinrich Wilhelm Kruse (hrsg.), Abgabenordnung, Finanzgerichtsordnung,

1　総　　説[19]

ドイツ租税通則法88条1項によれば，租税行政庁（Finanzbehörde）は，納税義務の成立等に関する事実関係に関して，職権で調査しなければならないが，このことは，国際課税の領域についても同様である。そして，この職権による事実解明義務（Sachaufklärungspflicht）と対応するのが，租税通則法90条に基づく関係者の協力義務（Mitwirkungspflicht）である。

この事実解明義務を果たすことを可能にするために，租税行政庁には，法の制限の下に，様々な手段が認められている。このような制限には，他国の領域で調査活動を行うことはできないという国際法上の制限も含まれる。そこで，国際課税の領域においては，関係者の協力義務が強化されることになる。

2　納税者等の協力義務[20]

この問題は，それ自体が，日本の状況との比較において興味深いものであるが，ここでは，以下における議論の前提として必要な範囲で，納税者等の協力義務について，その概要を示しておく。

(1)　一般的協力義務

租税通則法88条1項の職権による調査義務（Sachaufklärungspflicht）をみたすために，租税行政庁は，租税通則法90条にしたがって納税義務者あるいはその他の関係者に対して課された協力義務（Mitwirkungspflicht）を利用する。租税通則法90条1項が，一般的な協力義務を定めている。

協力義務がみたされない場合は，行政庁の事実解明義務が解除され，推計が可能となる（租税通則法162条）。

(2)　国際課税における協力義務の強化

国際法上の制限により，租税行政庁は，他国の領域内において調査を行うことはできない（それは，重大な国際法違反となる）ところから，租税通則法90条2項は，関係者の協力義務を強化している。

また，対外関係課税法（Außensteuergesetz）の17条1項は，協力義務の強化を定めた租税通則法90条2項の特則であり，特に，タックス・ヘイヴン対策税制を念頭においた特別な定めである。

　Kommentar zur AO 1977 und FGO (ohne Steuerstrafrecht), 15. Aufl., §117. なお，以下の叙述は，主に，Schaumburg, a.a.O. の記述を翻訳し，要約したものにすぎないという点に留意されたい。
19)　Schaumburg, a.a.O. Fn. 18, S. 837-839.
20)　Schaumburg, a.a.O. Fn. 18, S. 839-849.

(3) 特別な協力義務

　租税通則法 90 条 1 項の一般的協力義務を具体化した，国内課税問題にも国際課税問題にも適用される各論的定めとしては，租税通則法 93 条から 100 条にかけて，第三者の情報提供義務 (93 条)，宣誓による尋問 (94 条)，宣誓にかわる保証 (95 条)，等々が定められている。

　また，国際課税問題に関しては，いくつかの特別な定めも存在する。すなわち，租税通則法 123 条 (ドイツ国内に住所も居所も本社住所も管理支配の場所もない関係者は代理人を指名すべきことを定める)，138 条 2 項 (無制限納税義務者が租税行政庁に対して国外事業等に関して要求なしに報告すべき義務を定める)，146 条 2 項 (国外事業所に関する会計帳簿を国内で作成し，租税行政庁がいつでも見られる状態にしておくことを定める。なお，さもないと，そのような支払について控除・損金算入が認められない。この点については，さらに，対外関係課税法 16 条により強化されている) 等がそれである。しかし，ここでは，これらについて，これ以上詳しくはふれない。

3　国際的情報交換——総説[21]

　以上のような，租税行政庁の事実解明義務 (Sachaufklärungspflicht) と関係者の協力義務 (Mitwirkungspflicht) は，かなり広範なものである。しかし，たとえそれが国際的な取引に関するものであるとしても，それは，あくまでも，ドイツ国内における義務にすぎない。しかし，国際取引に対して適正な課税を行うためには，このような国内に限定された調査等には，やはり限界がある。そこで，重要な意味を有することになるのが，国際的な情報交換 (Internationaler Informationsaustausch)[22] を通じた海外における情報の収集である。

　ドイツにおける，国際的な情報交換の法的根拠としては，次のようなものがあげられている。

・EG Amtshilfegesetz

　EG Amtshilfegesetz (EC 行政共助法) は，二つの EC の指令 (EG-Richtlinien 77/799/EWG vom 19.12.1977 と 79/1070/EWG vom 6.12.1979) を国内法化したものである。これは，EC 諸国間の所得税，資産税，付加価値税に関する情報交換を定めるものである。EC 指令を国内法化したものであるから，これによる情報交

---

21) Schaumburg, a.a.O. Fn. 18, S. 849–854.
22) この問題についての詳しい参考文献リストは，Schaumburg, a.a.O. Fn. 18, S. 849 に掲げられている。

換は国際法的に義務的なものである。その1条3項は，他の根拠による情報交換との競合が存在する場合，それを認めているので，ドイツの租税行政庁は，この法律の2条1項の定める義務を超えて，租税通則法の117条3項に基づく自発的な情報提供を行うことができる。なお，この法律の実際の運用は，大蔵省の覚書（Merkblatt zur zwischenstaatlichen Amtshilfe durch Auskunftsaustausch in Steuersachen）[23]に基づいて行われているので，この法律の理解のためには，その覚書を参照することが必須となる。

・Amtshilfe-Verordnung der EG

これは，EC諸国間の付加価値税に関する情報交換を定めている。これによる情報交換も国際法的に義務的なものである。しかし，他の根拠による情報交換との競合が存在する場合，それを認める。

・租税条約における情報交換条項

租税条約締結相手国との情報交換を定める。これによる情報交換も国際法的に義務的である。租税条約も，他の根拠による情報交換との競合が存在する場合，それを認めている（否定していない）。租税条約が，単に，租税条約の適正な執行に関する情報交換のみを認めているにすぎない場合も，同様である。したがって，条約上の義務を超えて，ドイツ租税行政庁は，租税通則法117条3項に基づく自発的な情報提供を行うことができる。実際の運用は，大蔵省の覚書（Merkblatt zur zwischenstaatlichen Amtshilfe durch Auskunftsaustausch in Steuersachen）に基づいて行われている。

・租税事項における行政協力を定めた特別な条約

これは，行政協力条約締結相手国との情報交換を定める。これによる情報交換も国際法的に義務的である。実際の運用は，大蔵省の覚書（Merkblatt zur zwischenstaatlichen Amtshilfe durch Auskunftsaustausch in Steuersachen）に基づいて行われている。

・租税通則法117条

これは，国内法に基づく自発的な情報提供等について定めている。これによる情報提供は義務的ではない。実際の運用は，大蔵省の覚書（Merkblatt zur

---

[23] BMF-Schreiben v. 1. 12. 1988, BStB1, 1988 I 466. なお，この覚書については，vgl. Matthias Werra, Die Grenzen der zwischenstaatlichen AmtshiHe in Steuersachen, Zum 3. Entwurf eines Merkblatts der Bundesministers der Finanzen, Betriebs-Berater 1988, 1160 ff. 参照。なお，国際的な租税の徴収共助に関する覚書（Merkblatt zur zwischenstaatlichen Amtshilfe bei der Steuererhebung（beitreibung），BStB1. 1987 I 402）も存在する。

zwischenstaatlichen Amtshilfe durch Auskunftsaustausch in Steuersachen）に基づいて行われている。

　これらの法的根拠は，必ずしも，相互に適用を排除しあうものではなく，したがって，重なりあって適用されることがある。もっとも，それぞれの根拠の射程範囲は異なる。このような，国際的な情報交換の法的根拠が重なりあった場合，すなわち，具体的には，ドイツの租税行政庁が，（EG Amtshilfegesetz, Amtshilfe-Verordnung der EG，租税条約，租税事項における行政協力を定めた特別な条約，上の義務を果たす際に，それを超えて）租税通則法117条3項に基づいて外国に対して情報提供を行った場合，納税者にとって最も有利な保護が優先される。具体的には，租税通則法117条3項に基づいて外国に対して情報提供を行う場合，同項に定める要件の他に，EG Amtshilfegesetz の3条，4条に定める（情報提供の制限に関する）要件や，租税条約に定める国際的な租税秘密の保護の要件を遵守しなければならない。これに対して，EG Amtshilfegesetz による情報提供は，原則として，他の国際的情報交換に関する法規の制限を受けないこととされている。

　EG Amtshilfegesetz, Amtshilfe-Verordnung der EG，租税条約，租税事項における行政協力を定めた特別な条約，上の義務を超えた情報提供は，租税通則法117条の制限の下においてのみ許される。すなわち，租税通則法117条3項の要件をみたさない限り，好意による情報（Kulanzauskünfte）の提供は許されないのである。なお，情報を外国に対して提供すべきか否かについての決定（これは，行政処分とはされない）は，連邦大蔵大臣の裁量に委ねられている。

4　ドイツ租税行政庁による，外国への情報提供
(1)　概　　観[24]

　ドイツ租税行政庁による外国への情報提供については，行政庁の事実解明義務（租税通則法88条1項）の要請と，納税者等の権利保護の要請の対立の中で考えなければならない。その結果，納税者の権利保護の要請をみたすために，一定の要件をみたす場合においてのみ，外国への情報提供が許されることになる。なお，国際的な情報交換の際には相互主義が要件とされるから，ドイツの方から情報を提供しないと，相手国からも情報の提供を受けられないということになる。したがって，情報の提供は，結局は，国内問題なのである。

---

24)　Schaumburg, a.a.O. Fn. 18, S. 857-860.

ドイツ租税行政庁から外国への情報提供の根拠となる条文としては，以下のものが存在する。
  ・EG Amtshilfegesetz の1条2項，2条1項・2項
  ・Amtshilfe-Verordnung der EG の4条，7条
  ・租税条約の規定
  ・租税事項における行政協力を定めた特別な条約[25]
  ・租税通則法117条2項・3項

これらは，互いに，他の適用を排斥するものではなく，重疊的に適用することが可能である。しかも，それぞれの射程範囲と情報の提供の態様が異なっている。このように，複数の根拠が重なる場合，前述のように，納税者等にとって最も有利な要件が適用される。

ドイツ租税行政庁が自発的に行うのではなく，外国から要求を受けて行う情報提供は，義務的な場合（すなわち，ドイツが，情報提供に関して国際法上の義務を負う場合）と，任意的な場合の二つに分けられる。義務的な場合とは，次の根拠に基づいて情報提供が行われる場合である。
  ・EG Amtshilfegesetz の1条2項，2条1項
  ・Amtshilfe-Verordnung der EG の4条，7条
  ・租税条約の規定
  ・租税事項における行政協力を定めた特別な条約

これに対して，租税通則法117条3項の情報提供は，義務的なものではなく任意的なものであり，その意味で，一般的に，好意による情報（Kulanzauskünfte）の提供と呼ばれている。もっとも，租税通則法117条3項は，EG Amtshilfegesetz の1条3項が認め，また，租税条約の情報交換条項が禁じていないところを，単に明確にしているだけであると解される。

これに対して，相手国からの要求がないにもかかわらず自発的になされる情報提供は，EG Amtshilfegesetz の2条2項と，Amtshilfe-Verordnung der EG の4条，7条により認められており，また，租税条約の情報交換条項も，一般的には，これを禁じていない（例外あり）。

なお，米独租税条約26条に関するプロトコール26は，ドイツが諸外国と結んだ租税条約の中では特別なものであり，ドイツの情報提供を，EG Amtshilfegesetz の範囲に拡大している。

---

25) これについて，詳しくは，Tipke/Kruse, a.a.O. Fn. 18, §117, Tz. 7, Übersicht B 参照。

(2) 相手国の情報要求に対して情報提出義務のある場合[26]——EG Amtshilfegesetz に基づく場合

外国からの情報要求が，EG Amtshilfegesetz, Amtshilfe-Verordnung der EG，租税条約，租税事項における行政協力を定める特別な条約により認められる場合，ドイツは，国際法上，当該情報を相手国に対して提供すべき義務を負う。このうち，EG Amtshilfegesetz の 1 条 2 項と 2 条 1 項は，EC 加盟国間の情報交換についてのみ適用される。この情報交換に加えて，EC 加盟国は，相互の間で，Amtshilfe-Verordnung der EG と，租税条約に基づいて，義務的情報（国際法上の義務として提供される情報のこと）を要求することもできる（EG Amtshilfegesetz 1 条 3 項）。租税通則法 117 条 2 項も，これを確認している。

EG Amtshilfegesetz に基づいて義務的情報が提供されるのは，同法 1 条 2 項の要件がみたされ，かつ，3 条 1 項の情報提供禁止事由が存在しない場合である。同法 3 条 2 項は，さらに，一定の場合における情報提供拒絶権を認めている。なお，提供を拒絶できるにもかかわらず提供された情報は，任意的に提供された情報として扱われる。

以下が，EG Amtshilfegesetz に基づいた義務的情報の提供の要件である。

・義務的情報が提供されるのは，要求国自身の所得税・資産税・付加価値税の確定に関して重要な情報についてのみである。したがって，たとえば，第三国の課税のための情報要求や，租税上の付随義務の確定のための情報要求や，徴収のための情報要求は，対象とはならない。

・EG Amtshilfegesetz の 1 条 2 項に基づく義務的情報は，租税通則法 117 条 4 項の要件の下においてのみ提供される。それによれば，情報要求の処理に際して，ドイツ租税行政庁は，ドイツの租税の課税標準の算定に関して認められるのと同じ権利・義務を有するとされる（租税通則法 117 条 4 項第 1 文）。また，租税通則法 117 条 4 項第 3 文は，関係者の前もっての聴聞を要求している。

・EG Amtshilfegesetz の 3 条 2 項は，ドイツが情報提供を行う必要はないが，自発的に行うことのできる（好意で行うことのできる）要件を定めている。すなわち，次のような場合に，ドイツ租税行政庁は，情報提供を拒否することができるが，拒否しなくともよいとされている。

・相手国が自らの調査をつくしていない場合（EG Amtshilfegesetz の 3 条 2 項第 1 文）

---

[26] Schaumburg, a.a.O. Fn. 18, S. 861-865.

・相互主義の要件がみたされない場合（EG Amtshilfegesetz の 3 条 2 項第 2 文）
・情報提供を行うのに多額の費用を要する場合（EG Amtshilfegesetz の 3 条 2 項第 3 文）
・ドイツ租税行政庁が，自らの義務の履行を危うくされる場合（EG Amtshilfegesetz の 3 条 2 項第 4 文）

・EG Amtshilfegesetz の 3 条 1 項は，ドイツによる外国への情報提供が禁止される場合について定めている。すなわち，外国から情報提供の依頼を受けたドイツ租税行政庁は，ドイツ法上認められた手段では入手できない情報や，その入手がドイツの行政実務に反するような情報については，提供してはならないとされている。すなわち，情報提供の依頼を受けたドイツ租税行政庁がドイツ法上できないことは，情報交換の目的のためにもできないのである（同項第 1 文）。

・また，租税条約に反する課税をもたらすような情報の提供も認められない（EG Amtshilfegesetz の 3 条 1 項第 2 文）。

・公序を侵害するような場合についても，情報提供は行われない。同様に，人権，安全保障等にかかわる情報は，提供してはならないとされている（EG Amtshilfegesetz の 3 条 1 項第 3 文）。

・また，営業秘密等の保護を目的とした情報提供の禁止も存在する（EG Amtshilfegesetz の 3 条 1 項第 4 文）。実務上，最も重要なのは，これであろう。ここで対象となるのは，情報提供により損害が生ずるおそれがある場合である。営業上の秘密の絶対的な保護を定める租税条約上の情報交換規定とは異なり，EG Amtshilfegesetz 上のそれは，損害のおそれのある場合についての留保をおいたことにより，その効力は相対化されたものとなっている。なお，租税条約上の情報交換規定と，EG Amtshilfegesetz とは，前述のように，重畳的に適用することが認められているので，関係者に有利な方が優先される。

(3) 相手国の情報要求に対して情報提供義務のある場合[27]——租税条約に基づく場合

租税条約における情報交換条項の人的射程範囲は，租税条約の他の条項におけるそれよりも広いので，情報要求国において制限的納税義務を負うにすぎないような者にもその適用が及ぶ。

ドイツの租税条約は，原則として，租税条約の適正な執行のための情報交換

---

27) Schaumburg, a.a.O. Fn. 18, S. 865-872.

のみを定めるものではなく（kleine Auskunftsklausel），1977年のOECDモデル租税条約と同じく国内租税法の執行のための情報交換をも認めるもの（große Auskunftsklausel）である。なお，いずれの場合においても，この他に，租税回避・脱税の防止といった目的のための情報交換が認められることがある。

　国際的な情報交換の中でも，移転価格課税に関連した情報交換は，実際上，かなり重要であるが，そのような情報の提供は，租税条約のうち，国内租税法の執行のための情報交換をも認めるもの（große Auskunftsklausel）の下においてのみ認められる点に留意しなければならない。

　なお，第三国における事実関係等の解明のために国際的な情報要求がなされる場合がある。たとえば，移転価格課税のために，情報要求を受ける国と第三国の両方で活動を行う企業の情報が要求される場合等が，これである。このような情報交換も，租税条約が国内租税法の執行のための情報交換をも認める場合（große Auskunftsklausel）にのみ認められる。これに対して，ある国家Ａが情報を第三国Ｃから直接的に入手できない場合に，相手国Ｂに対して，当該第三国Ｃで活動するその相手国Ｂの企業の情報の提供を求めたとしよう。この場合，確かに，このＡ・Ｂ二国の間の租税条約に国内租税法の執行のための情報交換をも認める規定（große Auskunftsklausel）が含まれていれば，その情報提供の要求は認められる。しかし，情報提供の要求を受けた国Ｂからの（当該情報提供義務を果たすための）当該第三国Ｃに対する追加的情報提供要求が，そのＡ・Ｂ二国間の租税条約の適正な執行とも，Ｂの国内租税法の執行とも関係がない場合においては，租税条約の適正な執行のための情報交換のみを定める規定（kleine Auskunftsklausel）によっても，国内租税法の執行のための情報交換をも認める規定（große Auskunftsklausel）によっても，ＡのＢに対する情報提供の要求は認められない。なぜなら，租税条約に基づく情報提供の要件は，一般的に，租税条約の適正な執行と，国内租税法の執行にとって必要があるということだからである。

　租税条約に基づく情報提供は，国際法的な相互主義の前提においてのみ認められる。特に，提供される情報が，情報を要求した国において，情報を要求した国の国内法に基づいて入手された情報と同じように秘密とされる，ということが重要である。

　情報提供の拒否については，ドイツ連邦大蔵大臣の裁量が認められる。この裁量は，情報の提供を求められた国の法律と行政実務の留保の下にある（すなわち，当該国の国内法上あるいは行政実務において入手可能な情報のみが提供される）

ので，この情報収集に関して国内法が権限を認めていない場合は，情報の提供はなされない。すなわち，情報提供を求められたドイツ租税行政庁がドイツ国内法上できないことは，情報提供のためにもできないのである。

国際的な情報交換に関する規定においては，一定の場合に，情報提供拒否権が認められている。ドイツは，自国の国内法律や行政実務によって入手できない情報や，相手国が自国の法律や行政実務によって入手できない情報（これは，相互主義の結果である）について，提出義務を負わない。この制限の範囲内において，情報提供を求められた国は，自国の国内租税のために用いることを認められた行政手続を用いて，情報を入手しなければならない。したがって，国内法上の調査権限の制限は，租税条約上もかなり重要な意味をもつことになる。

租税条約上の秘密の保護については，EG Amtshilfegesetz の 3 条 1 項第 4 文や，租税通則法 117 条 3 項第 4 文の場合とは異なり，関係者の保護のための秘密保護のみならず，ドイツの国益の擁護のための産業スパイ防止も重要な意味をもつ。なお，秘密の概念は，国内法によって決定される。

(4) 相手国の情報要求に対して情報提出義務のない場合[28] ——租税通則法 117 条 3 項による場合

この点に関しては，租税通則法 117 条の規定について検討を行う必要性がある。同条は，次のように規定している。

「租税通則法 117 条　　租税事項における国際的な司法・行政上の協力

(1) ドイツ租税行政庁は，ドイツ国内法にしたがって，国際的な司法・行政上の共助の要求を行う。

(2) ドイツ租税行政庁は，国際的な司法・行政上の共助の要求を，国内的に適用される国際法，国内的に適用される EC 法，および，EG Amtshilfegesetz にしたがって行う。

(3) その他の場合においても，ドイツ租税行政庁は，次の場合においては，要求に基づく国際的な司法・行政上の共助を，義務的裁量にしたがって行うことができる。

1　相互主義の保証がなされていること
2　供与される情報と資料が，要求国の課税手続と租税処罰手続（秩序罰手続を含む）のためにのみ用いられること，および，供与される情報と資料が，租税事項の調査と租税犯罪の訴追にたずさわる者，行政庁，裁判所に対してのみ入手可能とされることの 2 点を，要求国に保証すること

---

[28] Schaumburg, a.a.O. Fn. 18, S. 872-875.

3　所得税，収益税，資産税においては，生じうる二重課税を，相互協議において，課税ベースの適正な制限により避ける用意があることを，要求国が保証すること
　4　情報要求の処理が，連邦あるいはその領域団体の主権，安全保障，公序，およびその他の基本的利益をそこなわず，また，商業上，産業上，営業上，および職業上の秘密，若しくは，要求によって明らかにされるべき事業過程がもらされる場合においては，国内関係者に司法・行政上の共助の目的と調和しない損害が発生するという危険が存在しないこと
　国際的な司法・行政上の共助が，ラントの租税行政庁により執行される租税に関する場合には，連邦大蔵大臣は，管轄権を有する最高のラント官庁と協力して，決定を下す。
　(4)　司法・行政上の共助の執行にあたっては，租税行政庁の権限と，関係者およびその他の者の権利・義務は，〔租税通則法〕1条1項の意味の租税について適用される諸規定にしたがう。……〔以下，省略〕」

　このうち，相手国の要求に応える義務がないにもかかわらず情報提供を行える場合について定めているのが，3項である。そこに挙げられた要件は，他国において同様の規定を設ける際に，大いに参考となるであろう。
　なお，ここで，本稿の目的との関連で特に重要な意味を有すると思われるのは，4項の規定である。承知のように，ドイツの租税通則法は，直接的には，あくまでも，その1条1項の意味におけるドイツの租税について適用され，外国の租税については適用されない。そこで，国際的な情報交換の前提として，外国の租税に関してもドイツ租税行政庁の手による調査等を可能にするために，租税通則法117条4項は，租税通則法の調査に関する定めを，外国の租税に関する行政共助の場合においても認めることとしたのである[29]。
　この点について，ある論者は，次のように述べている。少し煩雑となるが，本稿におけるテーマと直接的に係わるものなので，ここに引用しておく[30]。

　「調査権限を有するドイツの租税行政庁は，他国の要求する情報を——その要求が許されるか否かを決定した後に——ドイツの課税が関係している場合と同じ方法で，入手しなければならない（租税通則法117条4項）。……情報提供の禁止は，国内法を根拠としてあるいは条約に反する課税の結果として（たとえば，租税通則法101条以下の情報・資料拒絶権）生ずる（その場合，相互

---

29) Tipke/Kruse, a.a.O. Fn. 18, §117, Tz. 14.
30) Volker Kluge, Das deutsche Internationale Steuerrecht, 3., völlig überarb. Aufl., 1992, S. 331-332.

協議が行われる)。さらに，禁止は，秘密保持の観点，および，営業・事業上の秘密保護の観点から生ずる。これについては，Merkblattの3.3.1をみよ。

　ドイツの課税が関係している場合と同じように調査する権限が与えられている（租税通則法117条4項）ことにより，それ以上の問題が解消される。なぜなら，外国の課税当局により要求される情報は，多くの場合，国内者がそれを用意している場合にのみ供与可能だからである。それに対応する（行政庁への）情報提出義務〔＝行政庁の質問検査権〕が存在しないと，そのように用意していることにはなりにくい。実務的には，（行政庁への）情報提出義務〔＝行政庁の質問検査権〕の存在とその範囲に関しては，しばしば争いが存在する。連邦財政裁判所は，スウェーデンからドイツ連邦共和国に対してあてられた情報要求に関する問題について，スウェーデン法人の株式をドイツの銀行に預けているあるスウェーデン居住者の氏名に関する情報の要求がなされた事件において，見解を表明した。所轄のドイツ租税行政庁は，スウェーデンに対して提供するために，当該情報をその銀行に求めたが，無駄であった。これについて，連邦財政裁判所は，その提出を銀行に対して義務づけた（BFH, BStBl. 1979 II 268）。確かに，国内課税のためにのみ関係者およびその他の者の情報提供義務（租税通則法93条）は存在するのに対して，外国のためにそれが存在するのは，その義務が，特別な法規範により定められている場合のみである。スウェーデンとドイツの関係におけるそのような法規範は，スウェーデンの依拠している1935年5月14日の行政・司法共助に関するドイツ・スウェーデン条約である。しかし，そのような法規範に基づいて外国に対する情報提供義務が存在するならば，国内者は，当該情報が国内における課税のために必要ではない，という点を主張することができない。しかし，この問題は，租税通則法117条4項により，明らかにされている。」

　このように，ドイツ租税通則法117条4項は，課税庁の調査権限の根拠として非常に重要な意味を有しているのである。

(5) 国内法上の調査権の根拠

　ドイツにおける課税庁の調査権限一般の問題に関しては，ここで議論する余裕はない。それについては省略するが，それは，上の説明で，本稿における問題に対して答えるには十分であると考えたからである。

四　イギリス

1　調査権限一般

　ここで，イギリスにおける租税行政庁の国内法上の調査権限一般について詳しく議論する余裕はない。ここでは，本稿の問題に答えるのに必要な範囲で，租税行政庁の調査権限一般について概観的に述べておくこととする。

　イギリスにおける租税行政庁の国内法上の調査権限一般に関して，ある論者の述べるところを次に示しておく[31]。

> 「国税庁（Inland Revenue）は，納税者以外のソースから，ある者の所得に関する情報を入手することができる。すなわち，たとえば，雇用者からは，被用者の氏名と支払の詳細（TMA 1970 s. 15）を；商人等からは，被用者以外の者に対するサーヴィス対価支払，すなわち，コミッションや backhanders の詳細（TMA 1970 s. 16）；銀行からは，預金口座に関してその課税年度中に 15 ポンドを超える利子を支払った先の顧客の氏名（TMA 1970 s. 17）；グロスで利子を支払っている者（すなわち，Director of National Savings）からは，利子の受取人の氏名と支払額（TMA 1970 s. 18）；政府部局とその他の公権力主体からは，サーヴィスに対する支払や助成金・補助金支払の詳細；および，賃借人その他の土地利用者から，賃料その他の土地利用の対価としての支払の詳細（TMA 1970 s. 19）である。
>
> 　加えて，国税庁は，その取引が調査の対象となっている者に関する情報を入手する広範な権限を有している。たとえば，TMA 1970 s. 20 によれば，その者，あるいは，第三者は，関連文書を提出する義務を負わされることがある。この規定は，キース委員会によりなされた勧告の結果として，Finance Act 1989 により修正された。その結果，関連文書の提出を要求することに加えて，納税者に対して質問に文書で答えることを要求することが可能となった。情報が当該納税者の現実の知識として存在（第三者から書面の回答を求めることができない）する場合に，この改正は意味あるものであり，そのような手段がなければ文書の山を調査しなければならないような際に，国税庁の手間を省くこととなろう。この条文のもう一つの改正点は，文書提出義務を負う「第三者」の定義

---

31) Chris Whitehouse, Revenue Law-Principles and Practive, 12-14（11th ed. 1993）. なお，イギリスにおける租税行政庁の国内法上の調査権限一般に関しては，たとえば，David Jeffery, Brian Sturgeon and Michael O'Brien, Tolley's Tax Investigations, 1988; Simon's Taxes, part A3; Halsbury's Laws of England, vol. 23, 1373-1560 参照。

を，一定の範囲の者（おおまかにいって，事業者と，納税者の親族）から，すべての者へと拡大したことである。租税調査官が，納税者や第三者に対して関連文書を提出することを正式に要求しうるようになる前に，彼は，まず，その情報をインフォーマルなかたちで要求し，ついで，正式の命令に関して，General Commissioner，あるいは，Special Commissioner の同意を得なければならない。

情報が privileged である（すなわち，弁護士等の守秘義務により守られている場合），第三者に対する情報要求権は制限される。……」

2 情報交換

イギリスにおいても，租税条約に基づく情報交換そのものについて国際租税法的な見地から議論した文献はそれなりに存在する[32]が，国際的な情報交換に関するイギリス課税当局の対応や，国際的な情報交換に関するイギリス国内法の状況等について論じたものは少ない[33]。この点は，この問題に関する日本における状況と似通っているといえよう。

この国際的な情報交換に関するイギリス課税当局の対応や，国際的な情報交換に関するイギリス国内法の状況等の点については，上の二の3で多少の叙述を行っておいたが，ここでは，さらに，この点に関してふれた文献における記述を，以下に，多少詳しく紹介しておく。

「情報交換に関する国税庁の権限に対する最大の潜在的制限は，国内租税法律において定められた情報収集権限（の限界）と，租税条約と EEC の 1977 年ディレクティヴにおいて定められた，外国課税当局への情報の開示に関する権限との関連で検討することができる。しかし，制度が実際にどのように運用されているかという点に関して完全に理解したり，情報収集権限の制限について正確に述べることは，ほとんど不可能である。これには，二つの理由が存在する。すなわち，第一に，国税庁は，この分野における活動についてまったく最小限の情報しか出さない。また，第二は，納税者が自らの取引に関する情報に

---

32) この点については，たとえば，David Davies, Principles of International Double Taxation Relief, 212–218 (1985)；Philip Baker, Double Taxation Conventions and International Tax Law, 441–452（2nd ed. 1994）；Asif H. Qureshi, The Public International Law of Taxation, Text, Cases and Materials, ch. 6（1994）等，参照。
33) この点について述べた書物としては，Picciotto, supra note 14, at 276–277 と，Jill C. Pagan, Country Report for the United Kingdom, 75b Cahiers de droit fiscal international 455（1990）くらいしか，見出すことができなかった。

ついて，外国への開示がなされるであろうことを前もって知らされるべきであるという定めが存在しないために，開示の可否が裁判所で争われることがほとんどないという点である。なぜなら，この点に関して納税者に対して認められている権利というのは，裁判所に訴え出て，開示を禁止する決定を求めることであるが，そうするためには，納税者は，開示が行われるであろうことを前もって知っていなければならないからである」[34]。

「イギリスは，その国内法によれば，情報交換その他の外国の課税当局に対する協力形式，に関するユニラテラルな措置を提供しないことになっている。

国税庁は，納税者と第三者の両方から情報を入手するための，非常に広範な権限を保有しているが，このような情報収集が行われるのは，もっぱらイギリスの課税に関する義務を確定するためであり，情報収集は，Taxes Management Act 1970……に定められた厳格な秘密保護の要請に服する。国税庁のコミュショナーは，その職務遂行上入手したいかなる情報をも，職務目的のためを除けば，開示しないという約束に署名しなければならない。……Finance Act 1989 の 182 条は，租税行政庁の職員が，その任務遂行の過程で入手した情報を違法にもらした場合には，guilty of an offence になると定めている。この結果，国税庁の外の者にそのような情報をもらすことを認める，イギリス法の定めが存在しない限り，秘密保持の要求は厳格である。

イギリスが，行政共助に関する 1977 年の EC のディレクティヴにしたがうことを可能とするために，Finance Act 1978 の 77 条が制定されたことにより，〔上に述べたような〕秘密保護の責任は特別に解除された。さらに，イギリスは，ここ 40 年ほどの間に，情報交換の定めをもつかなりの数の租税条約を締結したけれども，政府は，1986 年に，租税条約に関する Income & Corporation Taxes Act 1970 の 497 条の定めが情報交換に関する十分な権限を〔イギリス租税行政庁に対して〕与えるものではないという点を指摘され，それに応えて，Finance Act 1987 の 70 条という新たな定めがおかれた。この定めは，今は，Income and Corporation Taxes Act 1988 の 788 条におかれている。」[35]

「行政共助の提供の際には，二つの制限が存在する。すなわち，第一に，国税庁自身がその職務を遂行する際に入手することを認められている情報の制限であり，第二に，そのようにして入手された情報のうち，どの程度が，情報交換条項の文言の下に相手国に対して提供されるかという点に関する制限である。」[36]

---

34) Pagan, supra note 33, at 455.
35) Pagan, supra note 33, at 455-456.
36) Pagan, supra note 33, at 462.

「国内法上の制限

国税庁は，特定の納税者に対してのみならず，銀行や共同事業者のような第三者に対して適用されるところの，広範な情報収集権限を保有している。しかしながら，これらの権限は，国税庁がその権限を果たす過程における情報を入手するという目的のみのために認められており，この権限は，イギリスの課税に関する義務を確定するためのものに限定されている。その結果，国税庁は，イギリスの納税義務に関連のない情報を入手することが国内法上できないので，条約相手国の課税に関する定めについてのみ関連する情報を適法に入手することができず，それ故に，提供を要求された情報が，要求を受けた国の租税行政庁の手元にあるか否かにかかわらず，要求を受けた情報の交換を行うことを要求する租税条約上の規定を，守ることはできない。

しかしながら，イギリスは，すべてのイギリス源泉の所得，内国法人の全世界所得・利得，イギリス居住者の全世界所得・利得に対して課税している。このように，課税の対象がきわめて広いので，国税庁の手元に存在しないにもかかわらず，外国の課税当局からの要求の対象となりうるという情報は，イギリス源泉の所得・利得と外国から現実にイギリスに送金された所得・利得についてのみ納税義務を負うところの，非永住者（resident but not domiciled individuals）の国外源泉の所得・利得に関する情報のみであろう。したがって，実務上は，国税庁は，租税条約の相手国により要求された情報を保有していることが多い。……」[37)]

「〔1977年12月のECのディレクティヴの77/779号には〕加盟国が自らの国における課税目的上は必要としない情報をも，他の加盟国に対して提供すべきであるという定めが存在する。しかし，イギリスは，定めにしたがうための国内法律をいまだ制定してはいない〔1989年の段階において〕。……

しかし，ECのディレクティヴについては，事態が急速に進展している。1977年のディレクティヴの改正に関する1989年2月2日の草案は，国内法および行政慣行の下において入手できない情報については情報交換の義務はないと定めている1977年のディレクティヴの1条を改正するための定めを含んでいる。この改正は，加盟国が一定の状況において情報提供を行うべきことを義務づけ，また，行政慣行によれば情報の入手要請に応えることができないという事実に依拠〔して情報提供を拒否〕することを不可能とするものである。この草案は，また，1990年7月1日までに草案の条件にあわせて必要な国内法を制定することを加盟国に義務づける定めを含んでいる。しかし，イギリスが，

---

37) Pagan, supra note 33, at 462-463.

この草案の提案にしたがうための立法を行うべきであるか否かの議論においては，これ以上の改正は不必要であると一般に考えられている。」[38]

結局，Finance Act 1990 の 125 条により，イギリスは，EC 加盟国の租税との関連においては，どうやら，租税行政庁はその有するすべての権限を行使することができることが認められたが，これを租税条約の相手方のすべてに対して適用すべき義務があるわけではないのである[39]。

五　フランス

以上のように，ドイツにおいては，国内法的な整備がほぼ完成していて，ドイツ租税行政庁は，租税条約に基づく情報交換のための広範な情報収集権限を国内法により認められている。これに対して，同じ EC 加盟国とはいっても，イギリスにおいては，(EC 加盟国との間の情報交換の場合の国内法規の整備はほぼ完了しているが) 租税条約の情報交換規定に基づいて，イギリスの租税と関連のない調査を行うことは，国内法上，認められていない。

以上の二国と比べて特徴的なのが，フランスである。フランスにおいては，もっぱら，国内法上の広範な調査権限に基づいて条約上の義務に応えようとしている。ここでは，フランスの状況について，簡単に記述しておこう。

1　情報交換の国内法上の根拠

フランスの国内租税法には，国際的な情報交換に関する明文の定めが存在する。ある論者は，この点について，次のように述べている[40]。

「租税手続法典は，その 114 条に基づいて，外国との間で情報の交換がなされることを定めている。同条は，いう。

『租税行政庁は，海外自治領その他の特別な租税制度に服するフランス共和国の領域の団体の租税行政庁，および，フランスの行政庁との間で情報交換のために租税に関する共助条約を締結した国家と，情報を交換することができる。』

この定めは，職務上の秘密に関する定めの例外の一つであり，フランスの租税行政庁が，その保有することのできる情報を外国の租税行政庁に対して提供

---

38) Pagan, supra note 33, at 466-467.
39) Picciotto, supra note 14, at 276. また，Halsbury's Laws of England, vol. 23, 1477-1478 参照。
40) Patrick Michaud, National Report, 75b Cahiers de droit fiscal international 339, 340 (1990).

することを可能にする。

　EC共同体のディレクティヴの定めは，租税手続法典のL.114A条，R.114A 1 条からR.114A 5条において，フランス国内法に取り入れられている。L.114A条は，次のように定めている。

　　『相互主義の留保の下に，フランスの租税行政庁は，ヨーロッパ経済共同体の加盟国の行政庁に対して，所得税，資産税，ならびに付加価値税の賦課および徴収のために，情報を提供することができる。』

　　したがって，国内法は，外国の行政庁との情報交換に際して，情報交換を規定した租税条約の存在と，相互主義を要求しているのである。」

このような国内法の定めは，条約の定めを国内法的に確認しているだけである。したがって，これらの条文に関して，詳しい解説等が存在するわけではない。

2　情報交換に関する条約上の定め

フランスにおいても，情報交換に関する条約上の定めに関して，ドイツやイギリスにおけると同様の解説がなされている。たとえば，ある論者は，この問題に関して，次のように述べている[41]。

　　「情報の交換は，各国家の領土主権の通常の原則に反する。すなわち，情報交換に関しては，租税行政庁の権限と行為手段が，国家の課税を行うために行使されるのではなく，外国の租税法律の適正な執行を確保することを助けるために行使される。

　　情報の提供を求められた国は，たとえ，情報の提供を求めた国が当該事項についてより広範な権限を保有している場合であっても，自らの立法と通常の行政実務により課される制限を超えて行動することはできない。

　　反対に，仮に，外国の行政庁が，フランスの法律と行政実務を適用して通常収集することのできない情報を要求してきた場合においては，フランスの行政庁は，この要求に応えることが不可能であることを主張することができる（Instruction du 27 mai 1969, BOCD 1969-Ⅱ-4530, n. 134）。

　　『通常保有する』という表現は，国内法により定義されるところの，各国の租税行政庁の調査・監督権限の行使に関するものであり，より負担が重くなる強制的な手続による拡大を意味するものではない。もっとも，1993年の統一市場の計画の中で，行政共助の執行は，加盟国の行政実務により制限されては

---

41)　Michaud, supra note 40, at 348-349.

ならないと定める，1989年2月13日のECディレクティヴのScrivener草案により，以上のような制限は，〔EC内においては〕もはや適用されなくなるおそれがある。」

しかし，フランスの行政庁が，（フランスの課税にかかわりなく，もっぱら外国の租税に関して）外国からの依頼に基づき情報収集を行う（ドイツの租税通則法117条4項のように，それを認める明文の定めはないのであるが）ことを国内法が認めているか否かという点に関しては，国際租税法に関するフランスにおける最も権威ある書物である，TixierとGestの教科書[42]をはじめとして，筆者の知るかぎりの文献においては，特に言及はなかった。しかし，これは，次の書物にあるように，実際には認められていると解されているのではないかと思われる[43][44][45]。

「国家は，外国の要求に応えるために，自らの立法や通常の行政実務の範囲を超えることはできない。しかし，フランスに関していえば，このような制限は，行政庁の権限が広いことを考慮するならば（租税手続法典L.81条下に定めるdroit de communicationの権限），あまり重要ではない。」

六　まとめ

1　日本の状況

日本においては，質問検査権が個別の租税法上にばらばらに規定されているところからみても，国内法上，外国の租税の賦課徴収のための質問検査権は，認められていないものと解されている。そもそも，質問検査権の行使権限は，客観的な必要性等の様々な制限によりかなり限定されたものなので，所得税・法人税等の賦課・徴収のための抽象的な必要性（すなわち，調査を行うともしかすると賦課処分を行うことができるかもしれないといった程度のもの）のみでは，質

---

[42] Guy Gest et Gilbert Tixier, Droit fiscal international, 2ᵉ éd. refondue, 1990.

[43] Bruno Gouthière, Les impôts dans les affaires internationales, Trente études pratiques, 622-623（1989）．なお，「ドイツにおけるように，一定の国においては，納税者は，自らに関する情報の交換に関して告知を受けることになっているが，このようなことは，アメリカ，イギリス，フランスにおいては，要求されていない。」(ibid.)

[44] なお，フランスで開設された銀行口座の存在と，そこでなされた取引についての外国の行政庁によりなされた情報の要求に関して，Patrick Dibout, Assistance fiscale internationale, Juris-classeur fiscal, Fasc. 17. p.8 参照。

[45] droit de communication については，Olivier Fouquet, Droit de communication, Juris-classeur fiscal, Fasc. 1451 参照。

問検査権の行使が正当化されない[46]可能性があり，簡単に結論づけることは必ずしもできないが，この点が，アメリカやドイツやフランスにおける広範な調査権限とは少し異なったものとなっているといってよいのではないかと思われる。

また，この問題に関しては，租税条約上の情報交換の義務を定めた規定が国内法として self-executing であると考えることはできないであろう。なぜなら，第一に，租税条約それ自体が，国内法による制限を前提とした情報提供義務を定めている。また，第二に，租税条約においては調査権限がだれに存在するか等々の具体的な点について，必ずしも明確に定められていないから，国内法の定めなくして，租税条約の規定を直接適用することは困難であろう。

しかし，国際協調主義を一種の国是とする日本のような国において，ドイツ租税通則法117条のような，外国の租税に関する情報・資料の収集権限の行使を認める国内法の規定が存在しない点は，不可思議とさえいえるかもしれない。その意味で，この点に関する日本の状況は，スイスやイギリスと似たものなのである。

2　改革の方向

しかし，上の点に関連して，国内法上の特別な定めを設けるとしても，その際に留意しなければならない点が少なくない。ここでは，次の三つをあげておこう。

第一に，租税条約上の情報交換規定に基づく，国内法上の調査権限の定め方である。この点については，ドイツの租税通則法117条のように，所得税法・法人税法等における質問検査権を定めた規定にいう租税には，外国の租税も含まれるという条文をおく形式と，フランスにおけるように，国内法上の広い一般的な調査権限を認める方式の二つが考えられようが，単純さと明確さからいって，前者の方式の方が望ましいのではなかろうか。もちろん，一つの考え方としては，フランスやアメリカにおけるように国内法上の調査権限を（租税条約上の情報交換規定と直接的に関連させた明文の定めをおかないで）広く定めるということも考えられる。日本の質問検査権の範囲がかなり狭いものであると思わ

---

[46]　質問検査権については，それがもっぱら確定処分のためのものか，あるいは他の処分（たとえば，青色申告の承認等の処分）のためにも行使できるのかという点が議論されている（最決昭和48年7月10日刑集27巻7号1205頁は，後者の場合をも肯定）のであるから，調査すると何かでてくるかもしれないというのでは，その行使は認められないであろう。

れることを考慮するならば、厳格な手続的保障の留保の下に質問検査権の範囲を広げることは、情報交換の問題とは切り離しても、必要なことなのかもしれない。しかし、そのような改正には時間がかかるであろうことを考えるならば、とりあえず目的をしぼり、日本の租税のみならず外国の租税に関しても質問検査権を行使できる権限を租税行政庁に対して与えることで十分であろう。

　第二に、いかなる規定を設けて、情報交換のための質問検査権の行使を認めるにせよ、秘密保護の見地からの手当てが必要であろう。まず、形式的な点からいうならば、外国に情報を提供する場合には守秘義務が解除されるという定めをおくことが必要であるかもしれない。また、外国からの情報要求を拒否できる場合を、プライヴァシー保護等の観点から明確化した規定をおく必要性があろう。

　第三に、納税者等に対する手続的保障の確保が必要である[47]。すなわち、外国からの情報提供の要求に応えて、日本の課税当局が質問検査権を行使し、その結果得られた情報を外国の課税当局に提出した結果として、納税者が当該外国の課税当局から不測の課税を受ける可能性もあると思われるところから、少なくとも、外国の当局に対して情報を提供する旨を納税者等に対して知らせることが必要となってくるかもしれない。考え方にもよるが、場合によっては、通常の国内的な質問検査権の行使の場合よりも、厳密な要件が必要な場合もありえよう。

　いずれにせよ、先進国の趨勢としては、スイスとイギリスの他は、かなり広い権限が租税行政庁に対して認められているのであり、スイス・イギリスが自国の金融市場の保護の見地からそのような姿勢をとっている点に対しては、批判の対象とさえされているのが現状である。したがって、この点に関して、日本も世界の趨勢にあわせることが望ましいのではなかろうか。

　そうすることが、また、相互主義の原則の下に行われる情報交換を日本が外国に対して要求する場合の便宜ともなり、ひいては、日本における課税の公平性を確保する道でもあるからである。

---

47) 調査権限の拡大と手続的保障の確保はパラレルに考えていくべきであろう。

II

移転価格課税に関連する付随的問題点
―― フランスにおける状況を中心に ――

一 はじめに

　本稿においては，移転価格課税に関連する付随的問題点のうちいくつか重要と思われるものをとりあげ，主としてそれがフランスにおいてどのように扱われているかという点について，できるだけフランスにおける現状に忠実なかたちで詳しく紹介する。具体的には，移転価格における第二次調整の問題と，相互協議の手続の問題の二つをとりあげる。いずれも，日本における今後の制度整備を考える際に避けては通れない問題であり，これらの問題に関するフランスの制度を正確に紹介することは，日本にとっても，それなりの意味があるものと考えられる。フランス租税法の紹介は日本においてあまり行われていないことを考えれば，なおさらである。
　ただし，これらの問題に関するフランスにおける様々な文献の叙述は簡潔で，どれもほぼ類似のものである（この点については，いくつかの文献の叙述が重複していることを示すこととする）ところからみて，これらの問題に関するフランスにおける議論も，日本におけると同様に，必ずしも十分に行われていないことがうかがわれる。まず，第一の第二次調整の問題についてであるが，みなし配当（的なもの）に対する源泉徴収一般についてはフランスにおいてかなり詳しい議論が行われているにもかかわらず，移転価格における第二次調整との関連における議論は，どれも似たようなもので，その分量もかなり限られている。
　また，第二の相互協議の手続についても，この問題に関する通達（これについては，最後に全文訳を掲げる）が存在するものの，学説も基本的に当該通達に関する解説を行うのみで，それ以上に詳細な検討は，筆者の知るかぎりにおいては，行われていない。しかし，このような状況であるという点をも含めて，ここではフランスの状況をできるだけ客観的に紹介しようと考えている。

なお，本稿においては，これらの二つの問題に加えて，外国において第二次調整が行われた場合に日本において外国税額控除をどの範囲で認めるべきであるかという問題についても，付随的に検討しておくこととしたい。フランスの第二次調整においては，フランス法人に対して益金加算された（あるいは損金算入を否定された）額について，かなり包括的に配当とみなして，フランスにおいて移転価格課税を受けた当該フランス法人の関連会社である外国企業に対して（いわば，支払が行われたとみて）源泉徴収を行うという制度になっているから，当該外国企業が日本企業である場合に，日本においては資本等取引等として益金に算入されない金額に対する源泉徴収がフランスにおいて行われる可能性がある（たとえば，フランスにおける移転価格課税が日仏租税条約に反する場合等がこれに当たる）。フランスの源泉徴収所得税が一般的には外国税額控除の対象となる外国法人税であるとしても，そのような場合についてまで，日本において自動的に外国税額控除を認めるべきであるか否かは，実務上，深刻な問題となると思われるからである。

以下においては，まず，フランスにおける移転価格における第二次調整の問題を検討し（二），次に，フランスにおける相互協議手続について議論を加えた上で（三），外国において第二次調整が行われた場合の日本における外国税額控除の問題について付随的に検討を行う（四）。そして，最後に，本稿の付属資料として，フランスにおける相互協議手続に関する通達の全文訳を掲げる（五）。

なお，この種の問題を本格的に議論する際には，フランス租税法についての一定の予備知識が要求されるのであるが，本稿において，それを行う余裕はない。したがって，この点に関しては，筆者がかつて発表した関連論文を参照していただきたい。

二　移転価格における第二次調整

1　概　要

ここでは，移転価格における第二次調整がフランスにおいてどのように行われているかという点に関して，概要を述べることとする。

フランス企業に対してフランス課税当局により移転価格課税が行われた場合の第二次調整に関し，フランスにおいては，移転価格課税が行われると（たとえば，一般租税法典57条が発動されると），フランス企業の課税利益に対する加算

が行われる（益金の加算あるいは損金算入の否定による，増額更正）と同時に，利益の間接的移転を受けた相手方外国企業に対して配当等を得たものとして課税が行われる（第二次調整）。この後者の課税は，フランス国内法の定めによれば，実際には，分配所得（revenus distribués）に対する源泉徴収税（impôt de distribution）として，移転価格課税を受けたフランス法人の段階で源泉徴収されることになっている。

　一般的にいって，（法人税ではなく）所得税の課税を受ける企業（人的企業）については，企業の利益が直接出資者の利益（所得類型は，多くの場合，商工業利益であるが，これは，ほぼ，日本の事業所得に対応するものである）として課税されるのに対して，法人税の課税を受ける企業については，法人税を支払った後の税引き後利益が現実に社員に分配（配当等）された（あるいは，分配されたとみなされる）段階で，当該企業の社員である個人に対して資本所得（これは，日本でいえば，配当所得に当たるものと考えてよい）として課税される（ただし，もちろん，社員が法人税の課税を受ける企業であれば，法人税の課税が行われる）。

　さて，所得税の所得類型の一つである資本所得の算定は，フランスにおいては，まず，会社の分配所得の総計（la masse des revenue distribués）が計算され（一般租税法典109条から109 quinquies条），次に，これが各株主に対して配分計算される（一般租税法典116条から117 bis条）という二段階の手順で行われる。なお，この分配所得は，所得税の所得類型の一つであるが，法人もこれについて一般租税法典119 bis条2項により，源泉徴収を受けることとされている点に留意しなければならない。

　ここにいう「分配所得」の概念は，狭義の配当（商法上のそれ）よりもかなり広い概念である。すなわち，分配所得について，一般租税法典109条1項は，次のように定めている。

　　「次のものは分配所得（revenus distribués）とされる。
　1　積み立てられずあるいは資本に組み入れられないあらゆる利益および所得
　2　社員，株主および持分保有者の処分に委ねられ，利益から払いだされないあらゆる額あるいは価値」

　その結果，商法上の正規の手続を経て支払われた配当以外のものも，上の定義に該当すれば，課税上は分配所得として扱われる。そして，上の1号を受けた一般租税法典のアネクスⅡの47条が，

　　「ある年度の法人税の課税利益に関するあらゆる更正は，同一年度の分配された額の算定において考慮される（Tout redressement du bénéfice imposable à l' impôt sur les sociétés au titre d'une période sera pris en compte au titre de la même période pour le calcul des sommes distribuées.)。」

と定めて，更正の際に会社の利益に加算された額が分配所得に含まれることを認めている。そして，この分配所得については，一般租税法典119 bis 条 2 項により源泉徴収が行われるわけである。

しかし，コンセイユ・デタが，第一に，上の109条の1項1号は，法人の株主等に対してのみ適用されると判示した（C. E. 3 mai 1968, req. 70. 904, Recueil des décisions du Conseil d'Etat 1968, p. 278）ために，フランス法人の株主等でない外国法人（すなわち，株主等でない関連法人）に対して利益が移転された場合に，（移転価格課税の主要な根拠条文である）57条の発動の結果として，当該外国法人に対する源泉徴収が可能か否かが問題となった。また，第二に，コンセイユ・デタが，上の109条1項1号は，法人税を課された利益に対してのみ適用されると判示した（C. E. 5 mai 1970, req. 77. 721, Recueil des décisions du Conseil d'Etat 1970, p. 296）ために，フランス法人が赤字の場合にも源泉徴収が可能か否かが問題となった。

その結果，現在は，一般租税法典111条（これは，正規の配当以外のもののうち，資本所得とされるものの代表例を列挙した条文である）の，

「特に，次のものは分配所得とされる。
 a 反対の証明がない場合の，貸付金……として……社員の処分に委ねられたあらゆる額
 ……
 c 受取人の隠された報酬・利益
 ……」

という定めをも考慮して，以下のような取扱いとなっている。すなわち，
・フランス法人が黒字の場合は109条1項1号が，
・フランス法人が赤字で外国法人がその株主である場合には109条1項2号と111条aが，
・フランス法人が赤字で外国法人がその株主等でない場合には111条cが，
それぞれ適用され，いずれにせよ源泉徴収が行われると解されているのである。このように，フランスにおいては，移転価格の当事者である法人間の法的関係にかかわらず，みなし配当としての源泉徴収課税がきわめて幅広く行われる（その当然の結果として，本稿の四において検討するような問題が発生することとなる）。これは，フランスにおける源泉徴収課税が，かなり流通税的な色彩を帯びてい

る（追いかけ課税等が行われることも，この反映である）ことの結果ではないかと推測される。この源泉徴収の（フランス国内法上の）税率は，25/75である。

　このようにフランスにおける「みなし配当」課税は，その課税される範囲が著しく広く，フランスにおいて移転価格課税がなされた場合には，外国にある相手方関連法人に対して源泉徴収が行われる可能性がきわめて高いのである。考えてみれば，フランス国際租税法においては，外国法人が（そのフランス支店を通じて）フランスで得た利益を原資として国外で配当した場合に，当該外国法人から配当を受ける外国株主に対して源泉徴収を行う（いわゆる追いかけ課税）ことさえ認められているのであるから，これは，別に驚くには値しないのであろう。

　もっとも，以上述べたのは，フランス国内法における源泉徴収のシステムであり，これは，当然のことながら，租税条約の修正を受ける。特に，一般租税法典57条によりフランス法人の課税利益に加算された額は，租税条約によっては，外国法人に対する配当としては扱われず，その他所得（OECDモデル条約21条）としてフランスの課税を免れる（源泉徴収されない）とされる場合があるという点に留意する必要がある。OECDモデル租税条約の場合と同じく，一般租税法典57条によりフランス法人の課税利益に加算された金額が利益の間接的移転を受けた外国企業の配当所得とはならず，その他所得となるために，一般租税法典119 bis条2項の源泉徴収が行われないとされた具体的な判例として，たとえば，次のようなものが存在する。

・仏独租税条約
　　C. E. 26 nov. 1982, req. 28. 177, Droit fiscal 1983, n. 23, comm. 1266
　　C. E. 19 décembre 1986, rec. n. 54. 101, Droit fiscal 1987, n. 17, comm. 852, note Tixier et Rommer
・フランス・ベルギー租税条約
　　C. E. 27 juill. 1984, req. n. 16. 649, Droit fiscal 1984, n. 39, comm. 1570
・仏伊租税条約
　　C. E. 10 juin 1983, req. n. 27. 391, Droit fiscal 1984, n. 10, comm. 489
・フランス・デンマーク租税条約
　　C. E. 14 oct. 1985, req. n. 37. 583-37. 585 et 42. 516-42. 564, Droit fiscal 1986, n. 24, comm. 1170

2 Gest/Tixier における叙述

フランスにおける国際租税法の分野の最も権威ある書物である，Guy Gest et Gilbert Tixier, Droit fiscal international, 2e édition refondue, 1990 においては，移転価格に関する一般租税法典 57 条の解説の一部として，「加算された利益の課税」と題して，479 頁から 481 頁にかけて，以下のような叙述があるので，該当箇所を翻訳して，詳しく紹介しておくこととする。

この書物は，まず，移転価格の課税を，益金加算と第二次調整の二つに分けて考える必要があるとして，次のように述べている。第二次調整に，当然のこととしてきわめて詳細に議論されているという点は，フランスにおける特色であると考えてよかろう。

「価格の訂正手続が開始された場合，そこから生ずる課税について決定する必要がある。まず，実現された利益に対して課される基本となる租税の税額の訂正を行う必要がある。次に，法人によって実現された利益の間接的な移転の場合に，当該法人から徴収される分配税（日本流にいえば，源泉税）の税額の訂正を行う必要がある。

利益に対する租税の課税ベースへの加算

加算された額が申告利益の増額をもたらす場合には，この加算された額は，法人の場合，法人税の税率で課税され，また，個人の場合には，所得の課税に対応する限界税率で課税される。もし，法人に損失がある場合，加算された額は，当該損失に加算される。そして，加算額が損失額をこえる場合には，その額が課税される。

分配された利益に対する課税

行政庁は，経営上の異常な行為（租税回避のこと）に基づく加算額に対して通常の法人税率で課税するだけではなく，罰則的なことも行う。1973 年 5 月 4 日の通達によれば行政庁は，当該加算額を分配所得と同視する。行政庁は，この方法を正当化するためにいくつもの条文を引き合いに出す。

フランス企業の事業年度が黒字である場合，行政庁は一般租税法典 109 条 1 項を用いる。この条文は，次のように定めている。

『次のものは分配所得（revenus distribués）とされる。
1　積み立てられずあるいは資本に組み入れられないあらゆる利益および所得
2　社員，株主および持分保有者の処分に委ねられ，利益から払いだされな

いあらゆる額あるいは価値』

　フランス企業の事業年度が赤字の場合と，利益の移転により利益を受ける外国法人がフランス法人の社員ないし株主である場合には，行政庁は，前掲の109条1項2号と111条a項を用いる。11条a項は，次のように定めている。

　『特に，次のものは分配所得とされる。

　a　反対の証明がない場合の，前払金，貸付金，割引額として，直接的に，または他者や法人を仲介として社員の処分に委ねられたあらゆる額』

　最後に，その他の前提の場合，行政庁は，『受取人の隠された報酬・利益』を分配所得とみなすところの111条c項に依拠する。

　これらの条文に基づいて，行政庁は，外国に移転された額は，分配された利益ないし分配されたとみなされる利益に固有の，法人税に付加されるところの3パーセント（1989年に終了する事業年度）ないし5パーセント（それ以降に終了する事業年度）の追加負担に服させるが，その際には，配当に関する源泉徴収のメカニズムが適用される。さらに，移転された額が純額であるとみなされる場合には，源泉徴収の税率は，移転された額の75分の25となる。このような国内法の措置は，租税条約に違反する場合がある。」

　次に，この書物は，第二次調整の際の源泉徴収と租税条約との関係に関して，次のように，きわめて詳細な議論を行っている。

　「条約により分配されたとみなされる所得の性格付け—Patrex判決

　1983年3月25日にコンセイユ・デタで判決の下された事案において，行政庁は，フランスの法人とベルギーの法人の間で行われた取引を，経営上の異常な行為（租税回避のこと）を構成するものと主張した。行政庁は，フランス法人に対して請求書の送られたある製品の購入価格がその時価を大きく超過していると考えた。コンセイユ・デタは，この理論を認めた。しかし，課税庁は，さらに，フランス法人に対して，配当の分配に関するフランス・ベルギー間の租税条約15条により定められた税率で源泉徴収税を賦課しようとした。しかし，フランス法人によれば，ベルギー法人はフランス法人の社員ないし株主ではないので15条は適用されないという。フランス法人は，本件に関しては，［その他所得に関する］18条のみが適用されると考えた。この18条の条文は，『本条約の前条文に別段の定めのない限りにおいて，一方の締約国の居住者の所得は，当該国家においてのみ課税される』と定める。コンセイユ・デタは，フランスにおいて行われる源泉徴収と，その他所得について居住地国，すなわちベルギーにおける課税を定める条約18条の規定との調和の問題を提起した。コンセイユ・デタは，対外関係大臣の解釈を待つために，判決を延期した。

　1984年7月27日のPatrex社事件において，コンセイユ・デタは，一般租税

法典 119 条の 2 に定める源泉徴収は条約 15 条により定義された配当に対しても適用されるが，そうでない場合には，源泉徴収の執行は条約の 18 条により阻まれるという省の解釈を法的に確認した。それ以来，フランス・ベルギー租税条約の 18 条の規定は，統合的に適用されている。以上の条件の下で，フランスにおいて源泉徴収された額は，Patrex 社に対して返却されなければならない。

　一般的に，コンセイユ・デタは，分配を行う法人の居住する国家の国内法により分配とみなされる所得は，仏独租税条約や仏伊租税条約により定められた配当のカテゴリーに入らないと判断する。」

これは，フランスの第二次調整における源泉徴収制度に関するきわめてわかりやすい記述であり，相当に詳しいもので，外国の者がフランスの制度に関して研究する際に大いに参考になるものと思われるので，該当個所を翻訳して上に掲げておいた。全体の構成が，移転価格課税（すなわち，第一の「利益に対する租税の課税ベースへの加算」の箇所），第二次調整（すなわち，第二の「分配された利益に対する課税」の箇所），租税条約との関係（すなわち，第三の「条約により分配されたとみなされる所得の性格付け―Patrex 判決」の箇所）という三段階になっている。

これらのうち，最後のところの「条約により分配されたとみなされる所得の性格付け―Patrex 判決」の箇所における解説は重要である。すなわち，そこにおける，第二次調整による源泉徴収と，租税条約との関係に関する経緯の説明（すなわち，「一般租税法典 119 条の 2 に定める源泉徴収は条約 15 条により定義された配当に対しても適用されるが，そうでない場合には，源泉徴収の執行は条約の 18 条により阻まれる」という取扱い）は，実務的観点から見て重要である。この部分について理解しておくことは，四における議論に際して，大いに参考となるであろう。

3　Bruno Gouthierè における叙述

次に，上の書物のみでは叙述に偏りがあるといけないので，念のために，Bruno Gouthierè, Les impôts dans les affaires internationales, Trente études pratiques, 4e ed., 1998, etude 26 の叙述についても，一応，ごく簡単に紹介しておくこととする。この書物は，移転価格に関する記述の中で，「一般租税法典 57 条の適用の効果」と題して，以下のように述べている（830～831 頁）。

「行政庁の見解によれば，法人税の課税ベースに加算された額は，そのまま，

以下の条文にしたがって，分配所得とみなされなければならない。
　・当該事業年度が黒字の場合は，109 条 1 項 1 号
　・当該事業年度が赤字で，間接的に移転された利益の受益者である外国法人が当該フランス法人の社員，株主，持分権者である場合は，109 条 1 項 2 号と 111 条
　・上の二つの場合に該当しない場合は，隠れた利益に関する 111 条

　その結果，行政庁によれば，間接的な分配は，租税条約の留保の下に，75 分の 25 の税率で源泉徴収に服する（D. adm. 4 A 1212, n. 14 1 septembre 1993）。この行政庁の理論に関しては，二つのコメントが必要である。
　〔税率に関するコメントは省略〕
　配当に関する租税条約の規定適用可能性の問題については，コンセイユ・デタがいくつもの事件で取り組んだ。現在の状況は，以下のとおりである。
　ある租税条約における配当の定義が OECD モデル条約 10 条 3 項と同じ場合には，受領者が株主である場合を除けば，同一視は不可能である。
　〔中略〕
　配当に関する規定が適用されない場合，一般的に，その他所得条項（OECD21 条）を適用することが可能であろう。この場合，フランスは，課税する権利を失う。なぜなら，これらの所得は，通常，受領者の居住地においてのみ課税されるからである。しかし，その他所得条項がない場合，フランスは，課税する権利を保有し，一般租税法典に定める税率で源泉徴収を行うことができる。」

　これは，上の 2 で引用した書物における叙述と比べるとかなり簡潔な叙述であるが，それでも，上の 2 の書物と基本的にまったく同様の記述がなされているという点を指摘することができる。また，租税条約との関係に関する記述も参考になる。

4　まとめ

　以上，要するに，フランスにおいては，移転価格に関する第二次調整がかなり積極的に行われており，源泉徴収が行われる可能性が高い。しかし，租税条約が存在する場合においては，移転価格課税を受けた法人の外国の関連会社が，当該移転価格課税を受けた法人の株主等に該当しない場合，租税条約の「その他所得」条項が適用され，源泉徴収が行われない場合が存在するのである。

三　フランスにおける相互協議の手続

　次に，フランスにおける租税条約上の相互協議の手続について，具体的に述べておくこととする。フランスにおいては，相互協議の手続がかなり整備されており，日本における租税条約上の相互協議手続について考えていく際に，非常に参考になると思われるからである。

1　Gest/Tixier における叙述

　上でも引用した，フランスにおける国際租税法の分野の最も権威ある書物である，Guy Gest et Gilbert Tixier, Droit fiscal international, 2^e edition refondue, 1990 においては，租税条約上の相互協議の手続に関して，概ね，以下に概要を示すような記述がなされている（107〜113頁）。この書物における説明は，記述に際しての項目の立て方も含めて，きわめて明確なものであり，参考になる。そこで，以下においては，必ずしもその逐語的な翻訳ではないが，その内容をできるだけ原文に忠実に即したかたちで示すこととしたい。まず，この書物は，以下のように，相互協議手続をおおまかに二つに分類している。

　　「租税条約がうまく機能するためには，両締約国の行政庁間の連絡が不可欠である。国内法を条約で修正して適用する場合であっても，条約の一方的な解釈・適用がなされれば，差異が生じ，企業の取引の柔軟性が害される結果となる。そこで，国家間の手続によってそのような問題を解決するために，相互協議手続が設けられている。この手続は，納税者のイニシアティブによって開始される場合と，権限ある当局により開始される場合とがある。」

　その上で，この書物は，「納税者のイニシアティブによる場合」について，次のようにきわめて詳細な記述をおいている。ただし，ここで留意しなければならないのは，この記述の多くが，最後に全訳を掲げた通達の内容の紹介を主な内容としているという点である。相互協議に関する通達が存在し，また尊重されている点が，研究者の著作に対しても大きな影響を及ぼしているのである。

　　「・納税者のイニシアティブによる場合
　　　この場合，納税者は，手続の開始のイニシアティブを有するが，手続の進展の当事者ではない。
　　　A　手続の進展
　　　申立て権限と，申立て期間

条約に特別な定めがある場合（たとえば，相続税に関する仏米条約の14条は，選択を認めている）を除いて，納税者は，自らが居住者であると考える締約国の権限ある当局に対して手続の開始を申し立てる。ただし，アメリカは，相手国が合衆国で課税された所得について外国税額控除を拒否する場合の，合衆国の権限ある当局に対して申立てを行う可能性を納税者に対して認めている（Rev. Proc. 77-16）。また，OECDモデル租税条約にしたがって，多くの条約は，納税者が無差別取扱禁止条項に反するような取扱いを受けた場合に，自らが国籍を有する国において，相互協議手続を申し立てることができると定めている。

申立て（その手続は，かなり柔軟なものである）は，納税者が問題の措置の通知を受けてからかなり短期間のうちに行わなければならない（3年とする条約，2年とする条約，1年とする条約）。中には，期間の定めのないものもある。

会計記録の保存期間との関係で，フランスの当局は，外国で行われた措置で，申立ての期日よりも6年以上前の課税に関連するものについては，受理を拒否する。フランスにより行われた措置については，出訴（réclamation，租税手続法典のart. R 196-1 から 5）の期間をすぎた課税についての申立てを，原則として，拒絶する（五で翻訳を掲げてある通達参照）。

開始が認められる場合

二重課税の場合にのみ申立てを行うことのできる条約と，より広く，条約の定めに適合しない課税を受けた場合に申立てを行うことのできる条約とがある。

この後者の場合，納税者は，条約の規定が無視されているか，あるいは，条約の定めから見て国内法の定めが誤ってあるいは恣意的に適用されている，ということを主張する必要がある。相互協議手続は，二重課税が存在しない場合にも行われうる。たとえば，無差別取扱禁止条項が尊重されていなかったり，所得分類が誤っていたり，誤って恒久的施設の存在が認定された場合等である。しかし，モデル条約25条1項は，納税者が条約の空白をうめるために手続を用いることを禁じている。無差別取扱禁止条項が問題となる場合を除くと，手続の申立てを行うことができるのは，条約の対象となっている税目に関してのみである。また，条約に適合しない課税が行われる前の時点においても，申立てが行われることがある。たとえば，締約国によりなされる更正処分のような措置が条約に適合しない課税をもたらす可能性があることを示した場合である。予防的ではないとしても，迅速な対応が要求されるからである。

実際には，法的及び経済的二重課税が，相互協議手続が行われる主要な場合である。特に，条約において国内行政庁に対して広い選択の余地等を認めている場合等には，この手続が行われることが多い。たとえば，移転価格の場合等がこれに当たる。

国内法上の救済手続と相互協議手続との関係

相互協議手続は，例外的な普通法上の手続なので，国内法上の救済措置を尽くす前においても，納税者は申立てを行うことができる。また，相互協議手続が開始されているからといって，国内法上の救済措置が受けられないわけではなく，また，国内法上の司法手続が停止されるわけでもない。逆に，訴訟において確定した結論がでる場合においても，相互協議手続は可能である。

権限ある当局は，納税者からの申立てを検討し，それに理由があると考えるにもかかわらず自らのみの力で解決できない場合には，相手国の権限ある当局との協議を開始する。しかし，それは義務ではない。申立てが拒否された場合，せいぜい，明らかな誤りに対して裁量権限踰越訴訟の可能性があるのみである。
（注）『権限ある当局が相互協議を拒否すると，納税者は解決方法を失うことになる』
　　（concl. Fouquet sous CE 2 juin 1986, Dojcinovic. RJF, 8-9/ 1986, p. 472)。」

以上が，相互協議手続の開始に関する総論的な記述である。この中で，特に注目すべきは，最後の「国内法上の救済手続と相互協議手続との関係」の部分である。相互協議手続の法的位置づけに関しては，今後，より詳細な検討が必要であると思われるが，その際には，国際法と国内法の関係に関する理論的な議論が出発点とならなければならないであろう。

上記の書物は，上の記述に引き続いて，手続の中身について，以下のような記述を行っている。

「B　手続の開始と，協議の定め

純粋に好意的な手続

相互協議手続は二国間の関係に関するものであるが，協議は，外交的ルートとは別のインフォーマルな手続で行われる。単純な問題は，文書交換により処理され，複雑な問題は，権限ある当局を代表する専門家からなる混成委員会の会合を必要とする場合もある。納税者は，この手続（それは対審的な性格を有していない）の当事者ではないから，納税者がそれについて必ずしも情報を得られるわけではない。それにもかかわらず，納税者の協力が必要な場合がある。それは，事実を確定したり，書類を提出したり，納税者がイニシアティブをとった要求を基礎付ける証拠を提出したりする際に，必要である。

相互協議の定めの範囲

権限ある当局は，争われている問題について解決を見いださなければならないわけではない。当局は，結果について義務を負うわけではなく，そのための努力をする義務を負うだけである。それにもかかわらず，権限ある当局は，満足のいく結論を引き出すべく努力し，また，国内法やその実務や判例からの独立性を有していることが，その義務の前提である。相互の譲歩が必要である。

事実の考慮が決定的であるが，最終結論は係争と無関係の考慮により引き出されることはないので，しばしば衡平性に基づいて求められる。このような理由，および，先例をつくり出したくないという配慮から，権限ある当局の到達した結論は公表されない。

権限ある当局の達した合意は，間違いなく，締約国の課税庁を拘束し，課税庁は，合意に反する行政的・司法的先例にかかわらず，合意を実行に移さなければならない。すなわち，あらゆる手続上の障害を取り除き，特に，相互協議手続の時間がかかることを考慮して，除斥期間の経過の主張がなされないように留意しなければならない。OECD モデル租税条約の2条において提唱されている，そのような主張を行わないことは，今日，たとえば，米仏租税条約（1984年以来）において定められている。

しかし，合意それ自体に対する直接的な上訴・不服申立ては，国内裁判所においても国際裁判所においても不可能であるから，いずれにしても，相互協議の定めの適用は納税者の同意と，必要があれば，継続中の訴訟手続における納税者による取り下げを条件とする。そのような取り下げがない場合，問題の課税が相互協議の合意において認められても，フランスの租税事件の裁判官は，当該訴訟において，相互協議とは独立に行動し，当該課税が問題となっている事件に適用される条約法や国内法に適合しているという判決を下す。最後に，納税者が相互協議の合意を拒絶した後に徴収手続が開始された課税は，無効となり，訴訟手続の対象となりうる。

『相互協議の合意が課税の法的基礎を構成するのは，それに基づいて相互協議手続が行われるところの租税条約が，国内秩序におけるその直接的介入・適用を定めている場合に，その限りにおいてである』（concl. Bissara sous CE 13 mai 1983, Dr. Fisc., 1983, n. 29-30, comm. 1568）。したがって，権限ある当局の権限は限られており，また，手段に関する義務が結果に関する義務に変わる。このようにして，権限ある当局は，二重居住に関する条約の定めを適用するにあたり，当該合意において，ある納税者の居住地を一方の締約国にあるものとした。しかし，居住地の決定に関する他の基準（それに関して相互協議の合意は補充的なものにすぎない）の適用が何らの結果ももたらさないならば，租税事件の裁判官がそれを確定する努力をしなければならない（前掲の判決）。

この仮定を除いて，相互協議手続は，納税者に対して，条約に適合する課税あるいは二重課税の排除に関してそれが到達した保証を与えることはまったくできない。相互協議手続が失敗した場合のヨーロッパ仲裁手続の併置は，EC委員会により1977年に提案されたものであるが，少なくともヨーロッパの枠内においては，以上のような事実状態を救済することができるかもしれない。

しかし，国家の行政の承認をいつか得られるようにすることが急務であろう。

せいぜい，仲裁手続の導入は，今日，二国間関係において可能である。そこで，仏独租税条約の1989年の改訂（25条a）で，第三国に居住する自国民が議長をする仲裁委員会の任意的介入が定められ，その決定は，権限ある当局が関与して24ヵ月中に相互協議手続が失敗した場合，強制力を持つとされた。」

この部分の叙述は，日本において議論のあまり行われていない論点に関するものであり，今後の日本における相互協議のあり方について考えていく際に，大いに参考になる部分である。もっとも，上の記述の多くが，最後に全訳を掲げた相互協議に関する通達の内容の紹介を主な内容としているという点に留意しなければならない。

なお，これに続く「権限ある当局のイニシアティブによる場合」の部分は，条約の適用に関する一般的困難に関する定めに関する記述であるが，ここでは省略することとする。

2　Bruno Gouthièreにおける叙述

次に，念のために，上の1で引用した文献と比較するために，Bruno Gouthière, Les impôts dans les affaires internationales, Trente études pratiques, 4e ed., 1998, etude 29 の叙述の概要のみを，ごく簡単に紹介しておこう。この書物は，比較的最近に執筆されたもので，相互協議手続についてかなり詳しくふれている。この書物は，まず，第29講「条約の適用の困難に関する定め」という箇所において，相互協議に関して，次のように分けて叙述している。

第一部　「相互協議手続による場合の条件」
   A　納税者は自らが居住者である国に申立てを行わなければならない
   B　納税者は条約に適合しない課税を受けていなければならない
   C　条約に適合しない課税は国家のとった措置から生じたものでなければならない
   D　相互協議が開始されるその他の場合
第二部　「手続の開始」
   A　納税者の役割
   B　権限ある当局の役割
第三部　「相互協議の結果」
   A　手続の終結
   B　対応的調整の問題

C　仲裁

このように記述の体系は1と多少異なる。しかしながら，そこに記述されていることの中身は，基本的には，上の1で挙げた文献と内容的に同一である。より具体的には，五で翻訳を掲げた通達の解説が行われているわけである。したがって，相互協議手続については，論文その他を参考にするというよりは，基本的に，この通達を参照すべきであるといえよう。相互協議という，実務主導の柔軟性を有する紛争解決手続において，理論的な研究よりも通達が尊重されるということには，相当の理由があろう。

四　外国における第二次調整と外国税額控除

そこで，次に，上の二と三におけるフランスの状況に関する紹介を受けて，以下では，第二次調整の際の源泉徴収課税が外国において行われた場合の外国税額控除の許容性に関して，議論を行うことにしよう。

1　問題の所在
(1)　フランスにおける課税——日仏租税条約11条

上の二で述べたように，移転価格課税の適用によりフランス法人に対する課税がフランスで行われた場合，当該フランス法人に対する利益の加算額は，フランス国内法上，取引の相手方である日本法人に対する分配としてフランスにおける源泉徴収に服することになる（これは，基本的には，当該金額が日本法人の手元にとどまっているからである）。しかし，これに対しては，同じく上の二で見たように，租税条約による修正が加えられる。その結果，フランスにおいては，（日仏租税条約11条の配当の定義の定めはOECDモデル租税条約とほぼ同様であるから）当該日本法人が当該フランス法人の株主等である場合においては，日仏租税条約11条により，フランスで源泉徴収が行われるが，そうでない場合は，租税条約の「その他所得」条項が適用され，フランスで源泉徴収は行われない，という結論になるものと思われる。

それでは，次の段階の問題として，このような場合の，日本における当該日本法人に対する外国税額控除については，どのように考えるべきであろうか。それが，フランスとの関係において，ここで議論したい問題である。

(2) 日本で出資の払戻等とされる支払等に関して行われた外国の源泉徴収等の扱い

また，上の問題について移転価格課税の問題を離れてより一般的に考えてみよう。このように考えた場合にいかなる状況が問題となるかというと，国によっては，日本の国内法上は配当等に当たらない金額について，当該外国の国内法に基づく源泉徴収が行われる場合が存在すると思われるが，このような場合に，はたして日本において外国税額控除が認められるのであろうかという点である。

特に，現実に問題となるのは，日本法人が外国法人から支払を受ける等した場合に，当該金額が日本においては出資の払戻等の資本等取引に該当する金額で，（日本の国内法上）課税の対象とならないにもかかわらず，支払等の行われた外国においては，源泉徴収の対象となるような場合である。より具体的にいえば，たとえば，（本稿で議論している第二次調整の場合とは多少異なるが）日本で移転価格課税が行われて，外国でそれに対する対応的調整が行われた場合に，外国から日本に送金される額について外国で源泉徴収が行われる場合（これは，日本において課税済みの資金の送金であり，日本ではさらに課税はなされないものと思われる）や，外国における株式譲渡等の関連で，日本の国内法や租税条約の規定のために日本では課税が行われない所得に対して外国で国内法律に基づいて課税（これは，源泉徴収でない場合もあろう）が行われた場合（この場合，国際的二重課税は存在しない）等の扱いである。

これらの場合においては，第一に，そのような源泉徴収等がはたして相手国の国内法や租税条約上許されるものであるか否かが問題となるであろう。このうち，特に，租税条約上の問題は，第二次調整に関する源泉徴収についてフランスに関して議論したように，配当条項と，その他所得条項の内容により異なる結論が導き出されるが，多くの場合には，そのような源泉徴収等は，当該日本法人が当該外国法人の株主等である場合においてのみ許されるということになろう。これは，租税条約上，そのような支払が源泉地国で源泉徴収の対象となる「配当」とされるのは，株主等に対する支払である場合のみであり，その他の場合には，「その他所得」として，源泉地における課税が否定される場合が多いからである。

また，第二に，（相手国の国内法や租税条約上の扱いの問題とならんで）日本において，当該外国で源泉徴収された税額について，はたして外国税額控除を認めるべきであるか否かが問題となろう。日本における課税の問題として実際に重

要なのは、この第二の論点である。

以下においては、これらの問題についても、第二次調整の際の源泉徴収の場合とあわせて、簡単に論ずることとする。

2 外国税額控除の趣旨

まず、議論の前提として、外国税額控除制度の趣旨について明らかにしておくこととしよう。

第一に、何よりも最初に確認しておかなければならないのは、外国税額控除制度が、基本的には、国家の課税公権の一方的な譲歩であるという事実を反映した、きわめて政策的な存在であるという点である。したがって、憲法上、外国税額控除制度を採用すべきことが要求されているわけでは決してない。また、第二に、租税条約においても外国税額控除に関する規定が存在するが、そもそも一定の相手国と租税条約を締結するか否かという点そのものが高度に政策的な意思決定に基づくものであるという点を無視してはならない。したがって、外国税額控除制度を設けることは、一般国際法により強制される国家の義務ではないのである。このように外国税額控除制度は、国内法的にも国際法的にも、国家の政策判断の結果として設けられるものである。この点を、より詳しく論ずると、ほぼ以下のようになろう。

第一に、国家の課税に関する立法管轄権については、国際法的な制限があまり存在せず、各国家は、それを（それぞれの判断に基づいて様々なかたちで、一方的に国内法により、またはバイラテラルなかたちで条約により制限しつつも）比較的自由に行使することができる。そして、日本やアメリカを含むいくつかの国家は、その判断の結果として、内国法人について、その全世界所得に対して課税するという方式を国内法において採用している。これは、居住地管轄に基づいて日本が課税管轄権を行使する場合においては、日本の内国法人が外国で得た利益も、日本国内で得た利益と同じように課税しなければ、課税の公平性は維持できないという考慮に基づいていると考えることができよう（Stanley Surrey, Current Issues in the Taxation of Corporate Foreign Investment, 56 Columbia Law Review 815 (1956) 参照）。

他方で、内国法人について全世界所得主義を採用した場合に生ずる国際的な二重課税に関して、日本を含む多くの国家は、国内法における外国税額控除により、これを排除しようとしている。これは、要するに、（日本の課税権行使のみを念頭において考えると）国外で得た所得についてのみ特に課税を軽減しよう

とするものであるから，その認められている理由が明らかにされなければならない。そして，この点に関しては，一般的には，国外投資の促進のためのインセンティブとか，国際競争力の確保といった政策的理由が挙げられている。いずれにせよ，このように，国際的二重課税を排除するか否かは，各国家の政策的判断により決定される事項であるという点を正確に認識しておく必要がある。この点については，サリー教授の前掲論文にも明示されている。また，外国税額控除に関する古典的な書物である，Elizabeth A. Owens, The Foreign Tax Credit, 1961においても，外国税額控除の政策性に関して明示的に述べられている（同書2頁）。ある国家が内国法人の全世界所得に対して課税するという方式を採用する場合であっても，外国税額控除を認めることは当該国家の国内法上の当然の義務でも一般国際法上の義務でもないのである。国家は一定の政策的考慮に基づいて，外国税額控除を認めたり認めなかったりすることができるし，また，外国税額控除を認める場合であってもそれに一定の制限を付することができる。なお，外国税額控除の政策性は，外国税額控除が国内法によりユニラテラルに認められている点，および，租税条約において選択的に認められている点に明らかにされているといえよう。

これに対して，外国税額の損金算入は，所得課税（それは純所得に対してなされるものである）に関する限り当然に要請される理論的帰結であるということになろう。ある一つの主権国家を中心に考えた場合に，他の国家の課す租税は，課税所得算定上，単なる通常の費用であるということになるからである（したがって，外国税額の損金算入は，本来は，国際的二重課税の排除を目的とする制度ではないということになろう）。したがって，外国税について損金算入すべきことは当然であるが，それをこえて外国税額控除を認めるべきか，あるいは，どの範囲で認めるべきかという問題は，政策的にのみこたえられるものである。このように国際的二重課税の排除を目的として設けられた外国税額控除の制度は，つきつめると，資本輸出中立性の確保という政策目的実現のために課税を減免するという，国家による一方的な恩策的措置であり（したがって，たとえ外国税額控除制度を設けなくとも，憲法違反になることはなかろうし，一般国際法に反することにもならず，外国税額の損金算入で十分といえよう），国際法上の要請でも憲法上の要請でもない。

また，以上のような政策的考慮により設けられた課税減免のための制度であるという事実を反映して，外国税額控除の制度には，一定の控除限度額が設けられている。これは，外国税額控除により，国内源泉所得に対する日本の法人

税の税収が浸食されないようにするための制度である。見方を変えれば，外国税額控除の控除限度額制度の存在それ自体が，外国税額控除という政策的恩恵が政策的見地から制限を受けているという点を明確に示しているということになる。

3　相手国の国内法や租税条約に反する第二次調整と外国税額控除

さて，以上の外国税額控除制度の趣旨・目的を前提として，ここでは，上の1で挙げた問題について検討することとする。まず，問題となるのは，相手国においてその国内法や租税条約に反する（たとえば，第二次調整等による）源泉徴収が行われた場合に，当該外国税について，はたして，日本において，外国税額控除が認められるか否かという点である。

まず，相手国の国内法に反する課税が行われた場合に，それについて日本において外国税額控除を認めるべきであるか否かという問題について考えてみよう。この点について，金子教授は，一般論として，次のように述べておられる（金子宏「外国税額控除制度──主要な問題点の検討」租税法研究10号98〜99頁）。

> 「アメリカの内国歳入規則は，また，『強制負担原則』とも呼ぶべき考え方を採用している。それによると，外国政府に納付すべき又は納付した税額のうち，その国の所得税法上の納税義務を超過する部分については，外国税額控除は認められない。これは，当然のことのようにきこえるが，しかしその内容は次のように相当に酷しい。すなわち，外国政府への納付税額が納税義務を超過していないと認められるのは，その国の租税法（適用される租税条約を含む）の実体規定及び手続規定の合理的な解釈及び適用と両立する方法でその金額が決定され，且つすべての効果的で実際的な救済手段がつくされた場合である。外国法の解釈と適用は，それが誤りである旨の〔アメリカ政府の〕通知があった場合には，合理的であるとは認められない。救済手段はそれによる税額の減少がその費用をつぐなってあまりあると考えうる場合にのみ，有効且つ実際的であると認められる。
>
> 　この規定は，適用の仕方いかんによっては，納税者に過重な負担を強いることになりかねない。かりにわが国で立法上又は解釈上同じ考え方をとるとしても，それは厳重な要件の下にせまい範囲でのみ認めるべきであろう。」

その例として，金子教授はアメリカにおける次のような場合を挙げておられる（金子・前掲論文100頁注21）。

>「アメリカ法人AがX国に子会社Bを設立し，それとの間で取引を行っていると仮定する。X国とアメリカの間には租税条約があり，それは関連企業の

利益は独立当事者間取引の原則にしたがって決定される旨を定めているとする。AとBは両者間の取引につき，3万ドルをAに7万ドルをBに配分した。アメリカの内国歳入庁が，内国歳入法典482条及び条約の規定に基づいて2万ドルの所得をBからAに再配分したとする。この再配分は，X国の法律及び租税条約の解釈が誤りである旨の通知となる。BがX国に対して還付を請求せず，そのX国に対する税額がX国の法律と条約の合理的解釈と両立する方法で決定されたことを明らかにしない場合には，BがX国に納付した税額のうち，この2万ドルに対応する部分は，Bの納税義務を超過し，Aの外国税額控除の対象とならない。」

　確かに，日本の外国税額控除制度の目的からいうならば，相手国においてその国内法上違法に行われた課税に関して，当該国において十分に救済手続をつくしていない納税者に対して外国税額控除を認めることによって，わざわざ日本の税収を失わなければならない理由はどこにもない。また，そのような場合に外国税額控除を安易に認めるならば，日本において外国税額控除が認められることを見越した外国が日本法人に対して恣意的な課税を行わないとも限らない。したがって，このような場合においては，原則として，相手国の国内法上違法な課税については，日本において外国税額控除を認めるべきではないと考えられる。そして，このことは，現行法の解釈論としても十分に妥当するのではないかと思われる。

　もっとも，相手国における課税が相手国の国内法上違法であるか否かについての判断は日本の課税庁にとっては実際上きわめて困難であり，また，その点についての立証責任が行政庁側にあるとすれば，現実には，外国税額控除が否定される場合はあまり多くはないものと思われる。

　次に，相手国における課税が日本と当該相手国との間の租税条約に反する場合について，考えてみよう。この場合についても，基本的には国内法違反の場合と同様に考えればよいであろう。しかし，相手国の国内法にのみ違反する課税と，相手国との租税条約に違反する課税とでは，本質的な意味を異にするのではないかと思われる。なぜなら，国内法にどのように定めるかは，当該相手国のみで判断できることであるが，租税条約は日本と相手国との合意だからである。したがって，単なる国内法違反の場合と比較して，租税条約に違反する相手国の課税については，より強い理由で日本においては外国税額控除を認めるべきではないと考えられよう。そのように考えても，納税者には，相互協議による救済の道も開かれているのであるから，不都合は少ないであろう。

4 租税条約にしたがった第二次調整と外国税額控除

これに対して，最も問題となるのは，相手国における課税が，相手国の国内法にも租税条約にも反しない場合である。この場合には，一般的には外国税額控除を認めるべきであるということになろう。

しかし，例外的に，このような場合であっても外国税額控除を認めるべきであるか否かを議論すべきであると思われる事例がないわけではない。すなわち，特に，現実に問題となるのは，

- 相手国における移転価格税制の適用の結果として，相手国に配分された金額が日本法人の手元にとどまっており，それについて，相手国において源泉徴収が行われる場合
- 日本法人が外国法人から支払を受ける等した場合に，当該金額が日本においては，出資の払戻等の資本等取引に該当する金額で，課税の対象とならないにもかかわらず，支払の行われた外国においては，源泉徴収等の対象となるような場合（より具体的にいえば，日本で移転価格課税が行われて，外国で対応的調整が行われた場合に，外国から日本に送金される額について外国で源泉徴収が行われる場合等がこれに当たる〔これは，日本では，資本等取引であり，課税されない〕）

のような場合である。

外国税額控除の対象となる外国法人税の範囲は，一般的には，法人税法69条により，「外国の法令により課される法人税に相当する税で政令で定めるもの」であり，その具体的内容については，法人税法施行令141条に詳しい規定が存在する。この条文の定めは抽象的に，外国の租税が，日本の外国税額控除の対象となる外国法人税の範囲に含まれるか否かを定めたものである。したがって，日本法人が課された租税が一般的にここにいう「外国法人税」に該当するのであれば，たとえ当該所得が支払等を受けた日本法人において日本の法人税法上課税されないものであったとしても，（それが相手国の国内法にも当該相手国との租税条約にも違反しない以上）それは外国税額控除の対象となるという考え方も成立しうるものと思われる。その場合に，外国税額控除の与えすぎの問題は，控除限度額一般の問題として処理することも不可能ではないからである。

しかし，逆に，そのように当該所得が支払等を受けた日本法人において日本の法人税法上課税されないものである場合においては，第二段階の具体的・個別的判断の問題として，当該外国の租税のうち当該支払等に係る部分は，日本において外国税額控除の対象となる「外国法人税」には当たらないという解釈

も不可能ではないのではなかろうか。外国税額控除が政策的見地から設けられている恩恵であるとするならば，国際的二重課税の存在しない当該支払等に関しては，外国税額控除を認めるべきではないという考え方も成立するからである（すなわち，国際的二重課税が存在しない支払に関して，外国税額控除を認めることまでを，法人税法69条は予定していないという解釈は可能である）。法人税法69条がある外国の租税が税目として「外国法人税」に該当する場合には，当該税目として課されたものについては，すべて一般的に外国税額控除を認めるべきであるとした定めであると解釈する必要性はなかろう（個別具体的な例外を条文の趣旨・目的から導き出すことは可能であろう）。

また，仮に解釈論としてそのようにいえないとしても，外国の租税のうち，日本において非課税所得とされる支払に対して課された部分を，外国税額控除の対象から除外するという立法は，妥当なものといえよう。

いずれにせよ，外国税額控除の対象となる「外国法人税」の範囲に関する一般的・抽象的議論ばかりをするのではなく，ここで論じたような個別具体的な問題について，もう少し議論する必要があるといえよう。

五　資　料
――フランスにおける相互協議に関する通達の翻訳

「1986年3月4日通達」
　　（Bulletin Official de la Diection Générale des Impôts.
　　　14F-1-86,
　　　No. 37 du 4 mars 1986）

序　説

　相互協議手続は，二重課税を排除するための条約の適用により引き起こされる問題に関する特別な申立ての方法である。しかし，それは，裁判所で行われる法的な手続ではない。一般的には二つの国の課税当局が関与するので，それは，バイラテラルな性格を有している。

　この手続の法的根拠は，租税条約における該当規定により与えられている。それらの規定は，原則として，OECDモデル租税条約の25条の文言と同一又は類似の文言で規定されている。それらの規定の定めによれば，国内法の定める法的な手続とは独立に，条約に適合しない課税を受けた納税者は，二国の権

限ある当局の間の相互協議手続の開始を要求することができるとされている。

OECDモデル租税条約（1977年の租税委員会報告書の183頁以下）は，この手続に関して，役に立つ注釈を提供している。文言は，条約によって異なることがあり，OECDモデル条約の文言と多少異なった定めを含むことがある（たとえば，申立ての仕方について）。したがって，個別の場合ごとに，問題となっている条約の該当条文を参照することが望ましい。

いずれにせよ，OECDモデル租税条約の条文とコメンタリーにおいても，一定の租税条約の文言自体においても，定められていることであるが，相互協議手続は，法的二重課税（同一の納税者が同一の所得について二国で課税される）にも経済的二重課税（ある国における納税者の課税が，それと関連する納税者の他国における課税と重複することで，たとえば，同一グループ内の二つの会社の間の利益の移転の場合などがこれに当たる）にも適用される。

この通達は，この相互協議手続の適用範囲，適用条件，およびその展開についての指針を与えるものである。

・相互協議手続の適用範囲
1　対象となる納税者

ある一定の租税条約の下における相互協議手続の開始は，当該条約の締約国の一方または他方の居住者である個人あるいは法人により，要求されうる。この者は，当然のことであるが，正当に授権された代理人に自らを代理させることもできる。

課税の目的上法人とみなされる者は，実際の課税自体がその社員等に対してなされる場合であっても，相互協議手続の開始を要求することができる。同様に，人的会社や，un groupement d'intérêt économique（すなわち，英米法でいう「パートナーシップ」）は，自らの活動が問題となっている場合には，相互協議手続の開始を要求する権利がある。このことは，そのような者の社員が，同様に，そのような者への出資に関連する限度で，相互協議手続の開始を要求することを禁止する趣旨ではない。

ある特定の租税条約に定められた相互協議手続は，原則として，その国籍にかかわらず，当該条約の締約国の一方または他方の居住者に対してのみ，認められる。しかし，租税条約の中には，無差別取扱いに関する規定の適用については，相互協議手続は，その居住地にかかわらず両締約国の国民に対して認められると規定しているものもある。

2　対象となる租税および状況

相互協議手続は，条約に適合しない課税あるいは課税のリスクが存在する場合にのみ開始されるものである。したがって，この手続は，条約において規定された租税（場合に応じて，所得税，法人税，財産税，相続税）に対してのみ関連する。条約の「対象税目」条項により列挙された関連税目のリストを参照するのが便利である。

無差別取扱いに関する規定（一方の国の国民は，他方の国において，当該他方の国の国民よりも不利に扱われてはならない）の適用については，相互協議手続は，多くの場合，あらゆる性質のあるいは呼び名の租税に関連する。

たいていの条約において，相互協議手続に関する規定は，権限ある当局に対して申立てをなすことのできる係争の種類に関する指針を示していない。この手続が用いられる場合は，実際には大変に広いのである。しかし，条約の中には，例示的に実例を挙げているものもある[注]。

　（注）　たとえば，対ベルギー条約（関連企業），対独条約（恒久的施設の利益の算定），あるいは，対スイス条約（相続税の適用に関する課税上の居住地の決定）がある。

権限ある当局に付託される古典的な問題としては，以下のようなものがある。
・納税者の居住地の判定
・所得の性格付け
・条約上の文言や原則の解釈
・恒久的施設の利益の算定と，費用，特に一般管理費の配分の問題
・関連者間の関係，すなわち，同一のグループに属する会社の間の，移転価格に関するすべての問題，費用の配分，財務上の関係，等々

・相互協議手続の開始の条件

1　申立てをなす権限

原則として，納税者の居住地国の権限ある当局に対して，申立てがなされる。一定の条約（たとえば，対デンマーク条約）においては，この点に関する定めが存在しないが，その場合は，納税者は，両国の権限ある当局のいずれに対しても申立てを行うことができる。無差別取扱いに関しては，納税者は，通常，自らが国籍を有する国の権限ある当局に対して申立てを行う。

居住地に関して争いがある場合には，納税者は，自らがその国の居住者であると考える国に対して申立てを行う。

フランスの締結した条約は，一般的に，フランスの権限ある当局とは，予算

を所轄する大臣，あるいは，その権限ある代理人であると定めている。経済・財政・予算省の組織を考慮すると，相互協議手続に関する限り，権限ある当局とは，租税立法局のE部である（le service de la Légistlation fiscale（sous-direction E））。

2　相互協議手続の開始が許容されるための手段

相互協議手続については，通常，納税者が「……国の措置によりこの条約の規定に適合しない課税を（自らが）受け又は受けることになると認める」（OECDモデル条約）場合に，その申立てがなされる。

したがって，この手続の開始は，すでになされた課税，あるいは，権限ある当局が条約の規定に適合しない課税のリスクを評価することができるように，その根拠（すなわち，関連する租税，問題となる年度，課税の動機）において十分に明確な将来の課税を，もたらす行政的措置があらかじめ存在することが条件となる。

したがって，フランスに関していえば，「国の措置」という文言の下に理解されるのは，以下のようなものを受けた場合である。すなわち，

・通常の更正手続の場合における更正の通知
・申告義務違反の場合の更正・決定における課税ベース等の通知
・納付金の確定の場合における徴収開始命令

〔中里・注〕これらについては，フランスにおける租税行政手続について正確な知識がなければ，いくら日本語に訳しても，その内容を理解できるものではないので，ここでは，一応の訳をあてるにとどめる。なお，この点については，中里「フランスにおける中小企業課税」日税研論集3号（本論集1巻第3部Ⅲに収録）を参照されたい。

納税者が源泉徴収の対象となっている場合には，当該源泉徴収がなされたことを知った日から，同様に相互協議手続に訴えることができる。

外国によりなされた措置に関しては，類推により考えることには理由がある。この点に関して，合衆国の場合，合衆国の権限ある当局と見解の一致を見ていることであるが，納税者（あるいは，会社のグループの場合には，関連会社）が，検討の対象となっている更正の性格（たとえば，使用料の額，移転価格等）について明確に言及されたレター1853号（P）の名宛人であった場合，相互協議手続に訴えることが可能である。

同様に，「相互協議手続の申立てを可能にする外国の措置」に該当するのは，課税の確定（納付金の徴収開始），および，課税ベース等の通知である。

最後に，相互協議手続の開始手続がフランスで行われようが外国で行われようが，明示的であれ黙示的であれ納税者（あるいは，経済的二重課税の場合には，

関連納税者）により更正の受領が行われたからといって，当該納税者に，相互協議手続の開始を求める権利がなくなってしまうわけではないという点が確認される。しかし，この受領は，権限ある当局が相互協議手続の申立てを評価する際に考慮される要素の一つであることは当然である。

3 申立ての期間

いくつかの条約は，相互協議手続の開始のための期間を，3ヵ月から3年と様々であるが，定めている。この期間は，条約に適合しない課税を引き起こす措置の通知の時点から開始する。

同様に，フランスの側では，期間の開始点は，納税者が上記に列挙した手続の書類を受け取った時点であると考えられる。

条約の文言は実に様々であるから，当然に，それぞれの条約の正確な条文を参照すべきである。

条約に期間に関する定めが存在しない場合，相互協議手続の開始をできるだけすみやかに要求することをすすめる。

4 相互協議手続の時間における効果

フランスではないもう一方の締約国の行った措置に対して開始された相互協議手続の場合，特に会計書類の保存期間と関連する実際的理由により，権限ある当局への申立ての日から6年以上前の年度の課税に関する要求は，原則として考慮されない。

フランスの行った措置に対して開始された相互協議手続の場合，（裁判所への）出訴権が行使できる年度のみが考慮される。租税手続法典のR.*196-3条の適用により，ある納税者が課税庁による更正手続の対象となる場合，納税者は申立てをなすについて，課税庁が当該手続について認められているのと同じ期間が認められているという点を想起しなければならない（Documentation 130-2123）。

この期間は，通知がなされる期間に続く4年目の開始時に終了する。当該期間が，R.*196-3条に定める期間の後に終了する場合には，租税の徴収の開始に続く2年目の終了時まで存続する一般の期間が適用される。

本通達の適用上の疑問点は，租税立法局のE部（le service de la Légistlation fiscale（sous-direction E））に対して提出するものとする。

・手続の展開
1 相互協議手続の開始――納税者の申立て
　相互協議手続は，形式的には，納税者の請求により開始される。この請求は，関係する権限ある当局，すなわち，フランスにおいては租税立法局のE部（le service de la Législation fiscale, sous-direction E），rue de Rivoli, 75001 Paris あてになされなければならない。
　この請求に関しては，いかなる形式も要求されない。当通達の付属資料にあるひな型を参考にしていただきたい。
　この手続の進行を加速しかつ容易にするために，一般的には，できるだけ正確に，対象となる租税とその年度，正確な関係する課税当局，納税者が受けた条約に適合しない課税の性格，関係する課税当局により主張された理由，手続の態様（課税標準・税率等，徴収，行政争訟），国内的な司法手続に訴えることになるか，等々について示すことが望ましい。もちろん，これらの情報を当局からすべて提出する必要はない。
　租税立法局が，申立てを受理した旨を知らせる。もし，当該申立てが全体としてあるいは部分的に受理できないものである場合は，租税立法局は，その旨，できるだけ早く納税者に対して知らせる。
　相互協議手続は，国内法における調査手続とは無関係であり，国内手続を停止させることはない。また，たとえば，フランスの課税庁により開始された調査を理由とする等して，相互協議手続が外国で行われなければならない時は，特に，納税者の権利が時効等で消滅してしまうのを避けるために必要なあらゆる手段をとるのは納税者の義務である。

2　本手続の行政的局面
　OECDモデル租税条約の条文は，国内的側面と国際的側面を分けている。
　最初，申立てを受けた権限ある当局は，申立てについて検討し，もしそれが根拠のあるものと考えられる場合には，ユニラテラルな解決を見いだす。
　しかし，多くの場合，相手国の権限ある当局に対して申立てをなす必要がある。この場合，手続はバイラテラルなものとなり，文書もしくは口頭の意見の交換により進められ，場合によっては，OECDモデル条約に定めるように[注]，両国の権限のある当局の代表者により構成される「委員会」において行われる。

　　（注）たとえばフランスとアルジェリアの間の条約のように，一定の条約は，この委員会の構成と開催の頻度についてより詳しい定めを含んでいる。

　フランス側においては，この手続は，租税立法局において行われる。

租税立法局と，一般租税庁の諸局は，予備手続のこの段階中に，納税者とコンタクトをもつことになる。納税者は，自らの見解を述べたり，情報や釈明を提出するよう求められる。納税者は，権限ある当局のイニシアティブあるいは納税者自らの要求により，委員会の審理を受ける。この意見聴取は，調査官の代表の出席の下に行われる。ただし，委員会の合議には，いずれも参加できない。

3　手続の結論と，国内手続との関連

申立てを受けた権限ある当局は，手続の結果と，両当局の共通の合意により提案される解決を（あるいは，場合により，手続の失敗を示す不一致の証明を），納税者に知らせる。申立てを受けた権限ある当局は，提案された主文の適用の結果として生ずる特別な条件等を示す。

それゆえ，相互協議の同意により確定された期間内に，提案された解決に関する納税者の立場を知らせる義務は，納税者にある。納税者がそれを受け入れる場合には，その同意は両国において適用される。納税者が拒否する場合，同意は無効となり，納税者の租税上の地位は，それぞれの国において，それぞれの国がその国内法と条約についてなす解釈の下に規律される。もちろん，この場合，そこから生ずる課税については，常に，それぞれの国において，国内法に定める争いの手段を通じてあらそうことができる。

相互協議手続は，原則として，国内法に定められた司法手続とは独立のものである。したがって，相互協議手続は，国内法における時効等による権利の喪失を避けるために必要な手続を納税者がとらなくていいようにするものではない。

しかしながら，相互協議手続の同意を一般的に執行するための条件の一つは，手続の衝突を避けるために，国内法上のあらゆる法的手続を取り下げることである。逆に，当該取引に対して確定的な司法判断が下された場合には，相互協議手続の開始は可能である。フランスの場合は，いうまでもなく，相互協議手続は，国内法上の判決との比較において納税者を不利に扱うような結果をもたらすことは許されない。また，双方の権限ある当局は，当然に，確定的な司法判断が下されたという事実を考慮する。したがって，そのような相互協議手続は，例外的な状況においてのみ納税者の利益となるであろう。

付属・
OECD モデル条約 25 条〔省略〕

付属・
〔申立てのひな型〕

局長殿

　……の課税当局は，（関係する納税者の名……）に対して，以下のような措置を取りました（申立て対象となる措置を上げる）。

　私は，これらの措置は，フランスと……との間の租税条約の規定に適合しない課税をもたらしている（もたらすであろう）と考えます。したがって，私は，前述の条約の……条に従い，この事案を貴殿に対して提出します。

　本件申立てを受領したことをお知らせくださればば，貴殿に対して感謝いたします。

租税立法局長殿
E 部
リヴォリ通り 93
パリ 75001

III

相互協議における合意と国内法との調整

一　はじめに

　租税条約に基づいて行われる相互協議において成立した両締約国の権限ある当局間の合意と国内法との関係については，実に様々な局面において複雑な問題が生ずる。特に，日本においては，憲法上，条約の国内法的効力について国内法に対する条約の優位という原則を採用しているために，どこまでが条約で定められている事項として国内法に優位するか（条約に定められていない事項であれば，国内法に優位するということはありえない），あるいは，条約そのものではない相互協議の合意は国内法に優位するか，といったかなり基本的な点までが問題となる。しかし，日本においては，このような点については未だ必ずしも十分な検討が行われているとはいいがたいのが現状である。そこで，ここでは，それらのうちのいくつかの論点について検討を加え，日本における相互協議の国内法的位置付けの将来の方向性について多少考えてみることとする。

　本稿における最大の問題は，このような事項に関する調整が単なる法解釈ですむ話か，それとも立法的手当てが必要なものかという点につきる。そして，結論を先取りすることをお許しいただくならば，このように現在の法的状況に関して深刻な不明確さがつきまとうような問題については，仮に解釈ですむ話であっても，立法によって取扱いを明確にしておいた方が望ましいであろう。

　なお，本稿においては，読みやすさを考えて，注はすべて本文の中に含めて記述を行った。

二　租税条約の解釈権限

　まず，最初に，予備的考察として，租税条約の最終的解釈権限をだれが有す

るかという基本的な問題について，若干の整理を行っておこう。日本における，従来における租税条約に関する議論においては，租税の専門家も（はなはだしき場合には会計の専門家までが参加して），時には多分に情緒的とも思えるかたちで租税条約の効力に関する議論を行ってきた（これは，国際法に対して十分な注意をはらっていない議論なのであるから，ある意味において当然のことなのかもしれない）。たとえば，租税条約は専門的で複雑なものであるから，その解釈は目的的に行わなければならないといった主張が行われているが，これなどは，条約の解釈について「条約法に関するウィーン条約」（日本国もこれを批准している）において基本的には文言解釈を前提とする規定が存在することを無視した，かなり問題の多いものである。

　しかし，租税条約が条約である以上，国際法的検討が不可欠であることはいうまでもないのみならず，条約の解釈に関する日本国憲法上の検討も必要である。そのような検討をおろそかにすれば，相互協議の合意の国内法的効力といった，複雑な問題を引き起こす事項に関して立法作業を行う場合等において，事後に大きな禍根を残しかねない。そこで，本稿においては，できるだけこのような視点を盛り込んだ検討を心がけることとしたい。

　国際法における国内法と国際法の関係に関する議論は錯綜しているが，ここでは，大方の合意を得ている二元論に立って物事を考えていくこととしたい。したがって，租税条約の解釈に関する最終的権限をだれが保有するかという問題は，これを国際法的局面と国内法的局面に分けて考えなければならないというのが，本稿におけるまずもっての大原則であるということになる。

　第一に，国際法の局面に関しては，租税条約に解釈協議に関する定めが存在するところからも明らかなように，両締約国の権限ある当局の合意により租税条約の最終的解釈が決定されると考えられる。そのような合意が存在しない場合においては，事実上，それぞれの締約国が同一の条約について異なる内容の解釈を主張することになるから，結局，国際的合意は存在しなかったことになり，したがって，国際法的効力は生じないと考えてもさしつかえない。もちろん，そのような場合に，国際司法裁判所等に事件がもちこまれれば，そこにおける解釈が尊重されるのであろう。しかし，租税条約について国際司法裁判所に事件がもちこまれることはほとんどない（この点については詳しく調べたわけではないが，そのような事例は基本的には存在しないのではないかと思われる）から，両締約国の権限ある当局の間で共通の解釈に関する合意が形成されない場合は，以上のように考えるしかないのである。

これに対して，第二に，国内法的局面に関しては，それぞれの締約国の国内法により，それぞれの国において異なった方式で，租税条約の解釈が決定される。したがって，日本においては，日本国憲法の定めにしたがって，最高裁判所が，租税条約の最終的解釈権限を有するということになる。

　ここで留意しなければならないのは，二元論の立場からは，一般的にいって，国内法的局面において条約の最終的解釈権限を有する者は，必ずしも国際法的局面における解釈に拘束されないという点である。国内法的局面における最終的解釈権限を有する者が一定の解釈を採用した場合に，仮にそれが国際法的局面における最終的解釈と異なったとしても，国際法的局面においては違法となることはあっても，国内法的局面においてはまったく合法である。

　しかし，日本においては，日本国憲法があらゆる場合において条約の国内法に対する優位を定めている結果として，条約に関する日本の最高裁判所の解釈は，国際法的局面における最終的解釈に拘束されることにならざるを得ないのではないかと思われる。したがって，日本の状況は，条約の国内法的効力に関して，後法優位の原則を採用するアメリカ等とは，根本的に異なるといわなければならない。そして，このことは，租税条約にも同様に妥当する。

　さて，以上の点をおさえた上で，以下に議論を展開してみよう。

三　相互協議に関する法の定め

　まず，相互協議に関する法の定めが，国際法及び国内法においてどのようになっているかという点について，ごく簡単に見ておこう。ただし，規定の具体的な中身については，条文の羅列になるので入りこまないことにする。

1　国際法上の定め

　まず，相互協議に関する租税条約の定めについて，簡単に見てみよう。日米租税条約における相互協議に関して英文で書かれたある書物は，相互協議について以下のような叙述をおいている。英文をそのまま引用すると，次のようになる。

　　"The mutual agreement procedure between the United States and Japan is a creation of the U. S.-Japan Treaty. Consequently, the basic source of authority granted to the competent authorities is found in the U. S.-Japan Treaty provision itself. However, the U. S.-Japan Treaty mutual agreement provision sets forth merely the general rules and framework for the mutual agreement procedure. No specific rules, standards or guidelines for implementing this procedure are found in the treaty. As a result, it is necessary to refer also to domestic laws, orders, regulations, and circulars for additional details."（897-1st Tax Management Portfolio 33-V-B）

　このように，租税条約における相互協議に関する定めは，一般に非常にあっさりしたもので，そこから相互協議の内容に関する具体的な定めを発見することは必ずしも容易ではない。

　そこで，相互協議に関する日本の国内法の方を見てみると，次の2で見るように，実は，そこにおいても，具体的な定めは必ずしも十分には存在しない。そうであるからこそ，本稿のような研究も必要となるわけであろう。逆にいえば，そのような状態を冷静に認識して，将来においては，相互協議に関する国内法の定めを拡充する必要があるということになろう。

2　国内法の定め

　日本においては，相互協議における合意に関して，国内法上も，必ずしも十分な定めが存在するわけではない。たとえば，次に引用するように，相互協議を行う権限を有する当局とはどこであるのかといった基本的な点についてまで，必ずしも明確にはされていないという驚くべき指摘までなされているのが現状である。すなわち，この点について，ある英語の文献は，租税条約の実施に伴なう所得税法，法人税法及び地方税法の特例等に関する法律について，次のように述べている。

　　"Reference to Japanese domestic laws and orders is required in order to determine the 'authority' of Japan's competent authority. One possible source of authority would be the special law for the implementation of tax treaty provisions which has been adopted by Japan. According to this law, when the Minister of Finance reaches an agreement with the competent authority of another country pursuant to a tax treaty, the district taxation office director may make a revision to the income of the resident of Japan. The only other provision in this law regarding competent authority requires the Minister of Finance to engage in prior consultations with the local governments in regard to competent authority negotiations and agreements which may be related to the taxes imposed by such local governments. Under a delegation provision, other matters concerning the enforcement of treaties is delegated to ministerial orders. *However, those orders do not contain specific information as to the identity and authority of the competent authority in Japan.*（897-1st Tax Management Portfolio 33-V-B．強調・中里）

　上のような状況を考慮すると，相互協議の権限について国内法的観点からより正確に分析するために，基本にたちかえって，権限ある当局に関する行政組織法的観点からの分析が有用であるかもしれない。

　ところが，相互協議の権限に関して組織法的観点から国内法を見た場合においても，実は，そこには必ずしも十分な定めが存在しないのが現状である。この点については，上の英語の文献においても次のように述べられている通りである。すなわち，この文献は，次のように，大蔵省設置法等の国内法における組織法関係の法令について詳しく検討を加え，相互協議に関する権限について国内法上どのように定められているかという点について検討している。

　　　In the absence of any provisions in the treaty implementation law, one would expect that identification of and delegation of authority to a 'competent authority' in Japan would be found in the Law for Establishment of the Ministry of Finance ('MOF Law') and its subordinate orders, regulations and circulars. According to the MOF Law itself, the Ministry of Finance is responsible, among other things, for research, planning and legislative proposals concerning taxation (including conventions concerning taxation with foreign countries). The MOF may engage in necessary supervision of officers of the NTA. In addition, the MOF is granted the authority to impose and collect taxes, provided that this is done in accordance with applicable laws and orders. *No specific reference is made, however, to the competent authority function in the MOF Law.*

　　　However, the MOF Law also establishes the NTA as an external bureau of the MOF with its principal duty being the imposition and collection of domestic taxes. The NTA is required to administer the imposition and collection of domestic taxes, which in general is granted to the MOF. Pursuant to the Ministry of Finance Organization Order ('MOF Order'), the Deputy Commissioner, International, is established to participate in research, planning and legislative proposals pertaining to matters within the jurisdiction of the NTA requiring international disposition and to engage in the comprehensive regulation of related affairs. In addition, the General Affairs Division of the Commissioner's Secretariat is charged with administering matters within the jurisdiction of the NTA involving international cooperation and overseas liaison. However, this function is in fact delegated to the Office of International Operations pursuant to regulations. *Again, no provision in either MOF Order or associated regulations specifically refer to the competent authority functions.*

　　　Reference might also be made to the procedures set forth for invoking the mutual agreement procedure, which, as will be discussed below, involve submission of a claim to the 'competent authority.' Under the pertinent ministerial order, a resident or a domestic corporation, neither of which is a resident of the other treaty country, may submit an application for mutual agreement consideration under the pertinent treaty to the Commissioner of the National Tax Administration, through the director of the district taxation office with jurisdiction over the taxpayer.

However, no further details in such order specify which office or officer is to serve as the 'competent authority' for all or any particular purposes of the mutual agreement procedure.

Due to the lack of specific published information, it is not clear what offices of the MOF or NTA are charged, under law, with specific competent authority functions. As noted above, however, it is understood that, by means of internal directives, the Ministry of Finance has delegated the competent authority functions to the Commissioner of the NTA, who in return has delegated the Deputy Commissioner, International, as the competent authority to engage in direct discussions with foreign tax administrations pursuant to the general duties otherwise granted to the Deputy Commissioner. In addition, it is understood that the Deputy Commissioner in fact relies upon the Director, Office of International Operations, and his staff to administer certain aspects of the competent authority function, such as the exchanges of information and negotiations of specific cases."（897−1st Tax Management Portfolio 33−V−B. 強調・中里）

以上に詳しく引用したように，権限ある当局とは何かという点そのものからして，国内法の規定は必ずしも明確ではない（少なくとも，このような英語の文献において明示的にそう指摘されている）といえるのではなかろうか。まさに，このような基本的な事項に関する規定さえ明確でないところに，現行の日本の国内法の根本的問題があるのではなかろうか。

次に，上で引用した文献は，"Scope of Administrative Authority" と題して，相互協議に関する当局の権限の内容についても詳しい検討を行っている。

"Having identified the Japanese Competent Authority, the next issue concerns the general scope of its administrative authority. As noted above, the pertinent organizational laws, orders and regulations specify the functions of various bodies in the National Tax Administration. The Commissioner of the NTA, as chief of the NTA, is charged with overseeing the overall functions of the NTA. The Deputy Commissioner, International, is charged with participating in research, planning and legislative proposals pertaining to matters within the jurisdiction of the NTA requiring international disposition and engages in comprehensive regulation of related affairs. The Director, Office of International Operations has been given the authority to handle liaison in connection with foreign-related matters. *However, no specific mention is made of his rule in the mutual agreement procedure.*

　The question arises as to whether the authority which is specifically mentioned can be interpreted as encompassing the acts which are normally required for a competent authority to perform its duties under the U. S.-Japan Treaty. These duties include in particular (i) consideration of a case presented by a taxpayer for mutual agreement assistance, including possible requests for additional information from the taxpayer, (ii) encouraging to resolve such case by mutual agreement with a foreign competent authority, and (iii) implementation of an agreement by imposing taxes or refunding taxes.

　To the extent that the competent authority function might involve only discussions with foreign tax administrations, the authority granted in the pertinent orders or regulations to the Deputy Commissioner, International or the Chief, Office of Intenational Operations may be sufficient. *However, it appears that they do not have legal authority (i) to demand additional information from a taxpayer during deliberation of a action, (ii) to conclude a binding agreement with a foreign tax administration as to the disposition of a claim, or (iii) to impose or refund taxes to implement an agreement.* Of course it may not be necessary to have any authority to demand information from a taxpayer, because, if the taxpayer does not cooperate in the mutual agreement procedure, the Japanese competent authority can merely refuse to handle the claim. In addition, to the extent that Japan's competent authority, for purposes of a formal agreement, is the Deputy Commissioner, International and the authority to 'comprehensively regulate' in intenational affairs under pertinent regulations is interpreted to encompass reaching agreements with foreign tax authorities, it would appear that sufficient authority exists for this aspect of the competent authority function.

　However, the actual imposition or refunding of taxes appears not to be within the scope of the authority of the Deputy Commissioner, International. Any actual imposition or refund of taxes to implement a mutual agreement must be handled by the district director of the district taxation office having direct jurisdiction over the taxpayer. Apparently, the Deputy Commissioner, International is considered internally to have the authority to direct the appropriate district director to comply with the mutual agreement." (897-1st Tax Management Portfolio 33-V-B. 強調・中里)

特に、その最後の部分の指摘は実際上大変に重要なのではないかと思われる。

現行法上は，租税条約実施特例法7条により，相互協議の合意が成立した場合には，納税者から更正の請求を受けて税務署長が更正を行うことが認められている。しかし，そもそも，国税審議官が租税条約に基づいて相互協議の合意を結んだとしても，なぜ，国内法上，それが税務署長を拘束するのかという点に関する根拠法規は必ずしも存在しない。少なくとも，この点を明確にすることは必須のことであると思われる。なぜなら，相互協議の合意が（場合によっては国内法に優位し）税務署長を法的に拘束するのでなければ，いくら納税者からの更正の請求があったとしても，税務署長は更正を行うことは困難であると思われるからである。

四　相互協議の合意の効力

1　様々な相互協議

一口に相互協議の合意といっても，実に様々なものが存在する。たとえば，OECDモデル租税条約25条を見ると，
- 「いずれか一方の又は双方の締約国の措置によりこの条約の規定に適合しない課税を受け又は受けることになると認める者」が，「当該事案について，当該締約国の法令に定める救済手段とは別に，自己が居住者である締約国の権限ある当局に対して」行う申立てについての合意
- 「当該事案が第24条1の規定の適用に関するものである場合に」，「自己が国民である締約国の権限のある当局に対して行う」申立てについての合意
- 「この条約の解釈又は適用に関して生ずる困難又は疑義」を解決するよう努めるための合意
- 「この条約に定めのない場合における二重課税を除去するため」の合意が定められている。これらのうち，本稿で以下において考察するのは，もっぱら第一の場合である。

相互協議は，租税条約を円滑に執行するために不可欠な手続であり，その執行がうまくいくか否かは，租税条約そのものの有用性に大きな影響を及ぼすことになる。しかし，相互協議に関する租税条約の定めは一般的にいってきわめて簡潔であり，また，相互協議の合意が実行されるか否かは，実際には，締約国の国内法に大きく依存することになる。したがって，相互協議の手続や，合意の内容の執行に関する国内法の整備は，非常に重要な意味を有することになる。

2 相互協議手続と diplomatic protection

　外交関係に関するウィーン条約3条は，国際法にいうところの外交的保護について定めている。すなわち，国際法は国家間の関係に関する法である（個人は，基本的には法関係の当事者としては登場しない）から，個人が直接に外国をあいてどって国際法に基づいて権利救済等の請求を行うことは本来は予定されていない（もちろん，当該外国の国内法における救済手続は，国際法とは別の問題である）。そこで，そのような場合，当該個人が国籍を有する国家が，当該個人の権利保護のために当該外国に対して行うのが，外交的保護の手続である。

　相互協議と外交的保護の関係については必ずしも明確ではないが，しかし，相互協議も，個人や法人が外国において受けた（ないし受ける）課税について，当該外国の国内法の手続とは別に，自らの居住する国家に対して申立てを行い，当該国家が当該外国と交渉するものであるから，両者の間には，密接な関係があるといえよう。この点は，考え方にもよるが，相互協議は，租税条約によって特別に定められた外交的保護の手続の一種といえるのかもしれない。

　以上と関連する点について，小松芳明『逐条研究日米租税条約』（1995年）222頁は，次のように述べている。

　　「課税上の問題が生じた場合，各国の国内法上は一般的に，行政段階における救済と裁判所における救済と二つの救済手続が存する。しかしながら，本項に規定する相互協議の申立てによる救済手続は，これら国内法上の救済手続きとは別個のかつ独立した手続として位置付けられるものである。従って，納税義務者は，自己が受けた課税処分についてその国の国内法上の救済手段を求めないで本項の相互協議の申立てを行うことが可能である。一方，国内法上の救済手段に訴えてから本項に基づく相互協議の申立てを行うことも可能である。そのような場合には国内法上の異議申立て又は訴訟と本項に基づく相互協議申立てとが同時に進行することにもなり得る。」

　この叙述は，必ずしも国際法上の理論的検討を行った上でのものとは思われないので国際法に対する直接的な言及はなされてはいないが，その中身を考慮すると，結局のところ，相互協議の手続が国際法上の外交的保護の手続と類似のものであるという点を述べたものなのではないかと思われる。

3 相互協議の合意の国際法的位置付け──ソフトロー

　租税条約において特別に定められた相互協議の手続に基づいて成立する合意について，その法的位置付けを考えてみよう。ここにおいても，条約について

考える場合とまったく同様に，その国際法的位置付けと国内法的位置付けを厳密に峻別する必要があるものと思われる。しかし，日本の文献においては，相互協議の合意の国際法的位置付けについてふれたものはほとんど存在しない。そこで，まず，相互協議の合意の国際法的位置付けから考えることにしよう。

相互協議そのものは，租税条約により定められた特別な紛争解決の手段である。そして，相互協議によって成立する合意は，租税条約に基づいて行われる両締約国の権限ある当局（すなわち，行政庁）間の国際的な合意である。問題は，相互協議により成立した合意の国際法上の位置付けである。租税条約における相互協議に関する条文からも明らかなように，租税条約により定められた手続により成立した相互協議の合意は，条約そのものと同様に，両締約国を国際法的局面において法的に拘束することに疑いの余地はない。これは，「合意は拘束する（pacta sunt servanda）」という法原則の当然の帰結である。しかし，相互協議の合意は，条約そのものではない（それについては，批准の手続はとられない等の形式的な違いが存在する）ところから，条約とは国際法上の法的位置付けが若干異なる。それは，形式的には，批准の不要な行政協定，ないし，non-treaty agreement として位置付けることができるのではないかと考えられる。以下においては，相互協議の合意を国際法上どのように位置付けたらよいかという点について，もう少し詳しく見ておくことにしよう。

ここで参考となるのが，国際法におけるいわゆるソフトローの概念である。国家は，様々な理由から正式の条約を締結せずに（あるいは，締結できずに），それにいたらない簡易な手続で国際的な合意を結ぶことが少なくない。このような簡易な手続により成立する合意は，国際法的に見て条約とは異なるものの，それは国家間の合意という意味において国家を拘束する（条約とは規範力が異なる）ものと思われる。そして，このような場合の国家間の合意をソフトローとして位置付けて，それに一定の拘束力を認める方向が国際法において打ち出されている（ソフトローの概念については，たとえば，位田隆一「ソフトローとは何か──国際法上の分析概念としての有用性批判」法学論叢 117 巻 6 号 4 頁，Prosper Weil, Towards Relative Normativity in International Law, 77 American Journal of International Law 413 (1983)；Hartmut Hilgenberg, A Fresh Look at Soft Law, 10 European Journal of International Law 499 (1999)；Ulrich Fastenrath, Relative Normativity in International Law, 4 European Journal of International Law 305 (1993) 等を参照）。

したがって，相互協議の合意の国際法的な局面における規範性は，一般的には，条約ほど強いものではないといえよう。しかし，そのことは，相互協議の

合意が両締約国を拘束しないということを必ずしも意味しない。それは，いったん成立すれば，租税条約における「相互協議の効力」に関する定めからも明らかなように，両締約国を法的に拘束するのである。

4　国際法における他の紛争解決手続との比較

　国際法において，相互協議以外の様々な紛争解決手続において到達された結論がどの程度，国家を拘束するのかという点については，相互協議の合意との比較において，今後，なお一層の検討が必要である。たとえば，ガットにおけるパネルの裁定等について，このような議論は不可欠であろう。また，租税条約において，相互協議をこえて，仲裁条項が設けられるような場合においては，なおのこと，そのような議論が不可欠となるであろう。仲裁条項を設けることが許されるかといった基本的な点のみならず，第三者に課税に関する権限の包括的委任のごときものを行ってしまっていいのかといった点も深刻な問題となるであろう。しかし，ここでは，そのような点に関して十分な議論を行う余裕はとてもない。

5　相互協議の合意と国内法

　では，相互協議の合意の国際法上の拘束力が上のようなものであるとして，相互協議の合意の国内法的な位置付け（特に，その国内法との関係）については，どのように考えるべきなのであろうか。この点について，上で引用した英語の文献は，次のように述べている。

> "While the mutual agreement provision grants authority to the 'competent authorities' to resolve tax disputes, the provision does not set forth any details as to the scope of that authority. As a result, many questions arise in regard to the exact scope of that authority, particularly in relation to the other domestic law provisions concerning the handling of tax audits, determinations, administrative appeals and court disputes."
> （897-1st Tax Management Portfolio 33-V-A）

　相互協議の合意が国内法的な局面において，国内法と衝突する場合，合意と国内法のいずれを優先させるかは，国家の国内法の定めにより異なる。しかし，相互協議における合意に関しては，前述のように，国内法上も，必ずしも十分な定めがないのが実情である。では，相互協議の合意は，国際法上は批准の不要な行政協定であるとしても，国内法上は，どのように位置付けられるのであろう。以下においては，日本におけるこの問題について，多少の検討を行って

みよう。

　まず，第一に留意しなければならないのは，相互協議の合意が国際法上は批准の不要な行政協定にすぎないとしても，それは，日本国憲法98条2項が，「日本国が締結した条約及び確立された国際法規は，これを誠実に遵守することを必要とする」として，遵守を定めているところの「条約」には含まれるものと思われる点である。同条は，条約の批准（憲法73条3号が，「条約を締結すること」を内閣の権限の一つとして列挙した上で，「但し，事前に，時宜によっては事後に，国会の承認を経ることを必要とする」と定め，また，61条は，国会の「条約の締結に必要な承認」については，法律に関する60条2項の規定を準用すると定めている）とは無関係な規定であると思われるからである。また，日本国憲法前文の国際協調主義の趣旨からもそのようにいうことができよう。さらに，条文の国内法的な効力に関して，常に条約を国内法に優位させるという，世界的に見てもかなり特異な考え方を憲法上採用する日本においては，国会における批准を経ておらず行政協定にとどまる相互協議の合意についても，国内法的に強い効力を認めてもよいといえるかもしれない。したがって，相互協議の合意は，たとえそれが国内法に反する場合であっても，国内法的な拘束力をもつと考えるべきであろう。ただし，そのためには，前提として，相互協議の合意が，当該合意の基盤となる租税条約の定めに合致したものでなければならないことは当然であろう（もっとも，この点についても，さらにつきつめて考えると，租税条約の規定に反した相互協議の合意が国際法上拘束力を有するか否かという困難な問題についてどのように考えるかにより，結論は異なるのであろうが，ここでは，その点について，とりあえず否定説をとっておこう）。

　もちろん，国内法的な局面において，批准された条約ではない相互協議の合意に対して国内法に優先する効力を認めることには批判も存在するであろう。しかし，相互協議の合意に関する国内法的なコントロールは，権限ある当局に対する権限委譲法規を定めて，そこにおいて合意できる内容に制限を加える定めを置くなどして，事前の見地から行う（そして，権限ある当局が，そのような法規に違反して合意を結んだ場合には，その者を処分するなどしてもよい）べきであって，いやしくもいったん合意が国際法上有効に成立してしまった以上，それは国際法の局面においてはあくまでも拘束力をもつのであるから，国際協調主義を標榜する日本国憲法の下においては，国内法に反する場合といえども国内法的な拘束力を認めるべきなのではなかろうか。

　また，租税条約により，相互協議の合意の国内法に対する優先が定められて

いると考えることもできる。たとえば，OECDモデル租税条約25条2の「成立したすべての合意は，両締約国の法令上のいかなる期間制限にもかかわらず，実施されなければならない」という定めや，あるいは，日米租税条約25条(4)の「権限のある当局が合意に達した場合には，両締約国は，その合意に従って，租税を課し及び租税の還付又は控除を行うものとする」という条文から，相互協議の合意の日本における国内法的な効力に関しては，そのような結論を導くことは必ずしも不可能なことではない。そもそも，日本においては，租税条約が相互協議の合意の国内法に対する優先を定めている場合であれば，租税条約そのものが（相互協議の合意の国内法に対する優先を定めていると考えられる規定をも含めて）国内法に優先する結果として，相互協議の合意も国内法に対して優先するのではなかろうか。

もちろん，それでは，租税条約が行政庁（すなわち，権限ある当局）に対して，課税に関する一種の包括的委任ないし白紙委任を行っている（したがって，租税法律主義に反する）のではないかという批判も出てくるかもしれない。しかし，それは，条約が常に国内法に優位するという特異な方式を日本が採用しているところからくる必然的結果にすぎないといえよう。

ただし，この点は，さらに理論的につきつめて考えると，日本国憲法において，課税要件に関して行政庁に対する包括的委任を行うことの禁止の要請と，条約の国内法的効力に関する国内法に対する条約の優位の要請のいずれが優先されるかという根本的な法的問題と関連する。しかし，日本国憲法前文の国際協調主義の見地から考えると，この両者の間では，後者の要請の方が前者の要請よりも優先されるという考え方は，特に不合理なものとは思われない。そもそも，条約によって国内法に反することを定めることが認められている（そうであるからこそ，国内法的な局面において，条約と国内法の優先関係が問題となる）以上，そして，条約が常に国内法に優先するとされている以上，これは，条約（や相互協議の合意）に対する日本国憲法のあり方そのものの反映といえるのではなかろうか。

ただし，上にも述べたように，相互協議の合意に関しては，権限ある当局に対して国内法により合意の範囲を規定するように定めることは，そのような限定が租税条約に反するものでない限り，特に問題はない（そもそも，合意が成立しなければ，それが拘束力を有さないことは当然である）から，そのような方法で，行政庁に対する包括的委任という批判を避けるよう努力すべきであろう。

ところで，小松芳明『逐条研究日米租税条約』の222頁から223頁にかけて，

以下のような叙述がなされている。

「国内法上の救済手続と本項の相互協議とが同時に進行する場合において，両者の結論が異なるような事態が生じたときに，両者のいずれが優先するのか，又は両者の間に調整がなし得るのか等の問題が生ずる。この点に関しては，少なくともわが国にこのようなケースが生じた例はこれまでのところなく，また，各国の考え方も必ずしも一様でない現状にあると言わざるを得ない。たとえば，権限のある当局間で成立した合意が国内の司法上の決定を拘束するのか否かについては，拘束するという議論と拘束しないという議論とがあり得るが，後者については，たとえば，裁判所はそもそも政府の政策を実行するためではなく法律を解釈するために存在するものであるから，仮に裁判所が権限のある当局間の合意に拘束されるとすればそれは納税者の権利の制限にもつながることになるといった議論がある。また，後者の立場を採る場合にあっても，現行の権限ある当局間の相互協議の合意手続と現行の国内法上の司法上の手続との関係を矛盾なく整合的に整理する考え方又は法令上の規定等が存在しているわけではないこと，すなわち現状においては両者の手続が両立したものであるとはいえないという認識から後者の考え方を採る立場もある。」

「この点に関し，OECD モデル条約のコメンタリーでは，ある事案について司法上の決定の内容と相互協議の合意の内容とが異なることによる困難な問題を生じさせないようにする見地から，実際上の合意のあり方について，合意内容を納税者が受け入れること及び合意により解決が図られた点については納税義務者が訴訟を取り下げることを条件として相互協議の合意内容を実施していくという方法が通常と思われる旨述べている。」

この叙述は，実状の紹介であるためか，法的に見てわかりにくい部分を含んでいる。のみならず，ここではあえて何の結論も導き出されておらず，その意味で，この叙述を理論的議論の参考にするわけには必ずしもいかないであろう。

なお，租税条約におけるプリザベーションの原則からいって，相互協議の合意においては，租税条約における定めよりも納税者にとって厳しい内容の国内法に基づいた課税が認められることは原則としてないものと思われる（もっとも，仮に，そのようなことがおこるとしても，納税者は，国内法に基づく救済手続を奪われるわけではない）から，その限りで問題は生じないであろう。

したがって，相互協議の合意が国内法に反する場合というのは，実際には，相互協議の合意によって，国内法よりも緩やかな課税がもたらされる場合に限られると考えていいのではないかと思われる。換言すれば，相互協議の合意と国内法の衝突の問題とは，要するに，相互協議の合意によって，特定の納税者

に対して国内法におけるよりも緩やかな課税を行うことがそもそも国内法的に許されるのかという問題に還元されるのではないかと思われる。

そして，この問題は，上に述べたような考え方を採用する場合には，日本においては結局，相互協議の合意が条約と同様に国内法に優位すると考えられるならば，（合意優先というかたちで）解消されるものである。

以下においては，個別の論点として，国内法における期間制限と還付手続という問題に関して，相互協議の合意との関連で，多少の議論を行うこととする。

五　国内法における期間制限と合意の実施

相互協議の申立てと，成立した合意の実施という二つの局面に関して国内法上の期間制限との関連で，以下に検討を加える。

1　申立ての期間

小松芳明『逐条研究日米租税条約』221頁は，相互協議の申立期間について，次のように述べて，いつでも申立てが可能であるとしている。

>「相互協議の申立てに関し，本項［日米租税条約25条1項］では特に申立て期間についての定めが置かれていない。従って，条文上はいつでも申立てができることになるが，実際上は，税務当局における納税者の税務書類の保存等の期間にも限りがあること等から，納税義務者はこの条約に適合しない課税を受け又は受けるに至ると認める場合にはできるだけ速やかに申立てを行う等の合理的な期間内における対応が必要となろう。」

国税通則法に基づく通常の救済手段は，処分があったことを知った日から2ヶ月という期間制限に服するが，しかし，2ヶ月を経過した後においても，租税条約に基づいて相互協議の申立てを行うことが認められている（ただし，租税条約の中には，2年の期間制限を置くものもある）。

2　合意の執行

他方，成立した合意の国内における実施について，OECDモデル租税条約25条2は，「成立した合意は，両締約国の法令上のいかなる期間制限にもかかわらず，実施されなければならない」と定める。また，日本が締結している租税条約の多くにおいても，これと同様の規定が置かれている。さて，この場合，国内法との関係がどのようになるのであろうか。

この点について考えるためには，国内法的局面における相互協議の合意と国内法の関係に関して上の四の5で述べた国際法優位の考え方を前提とする必要がある。そこで述べたように，相互協議の合意が国内法に優位するものであるならば，租税条約に「両締約国の法令上のいかなる期間制限にもかかわらず」という定めが存在する以上，相互協議の合意は，国内法における期間制限にかかわらず実施されなければならないことはいうまでもないことである。したがって，たとえば，減額更正の除斥期間が経過してしまっている場合等の，納税者に有利な事項が期間制限にかかる場合については，課税庁は，「両締約国の法令上のいかなる期間制限にもかかわらず」減額更正を行わなければならないということになる。

ただし，相互協議が基本的に納税者の権利救済のための手続である以上，そこで成立した合意も納税者にとって有利なものである（そうでなければならない）と考えられる。すると，国内法において期間制限が存在するにもかかわらず，「両締約国の法令上のいかなる期間制限にもかかわらず」という租税条約の定め故に，相互協議の合意にしたがって納税者が不利益な扱いを受ける（たとえば，期間制限をこえて課税処分を受けるようなこと）ということは，徴収権に関しては基本的にはありえないと考えるべきであろう（租税条約における，国内法上の恩典のプリザーベーションの考え方）。もっとも，そもそも，そのような場合に，自分に不利になる課税を求めて，わざわざ納税者が相互協議の合意の申立てを行うことはないであろう。

これに対して，国内法における納税者の権利救済に関する期間制限がすぎてしまっているような場合には問題が生ずる。たとえば，納税者の側の租税債権に係る還付請求権の消滅時効に関しては，明らかに，納税者に不利な事項である。では，このように納税者に不利な事項について期間制限が存在する場合の国内法上の取扱いについて，相互協議の合意との関連において，はたしてどこまで考える必要があるのであろうか。この点について，筆者は，このように，相互協議の合意に関して国内法における権利救済に関する期間制限がすぎてしまっている場合においても，上の四の5で述べたように，国内法的局面における相互協議の合意の国内法に対する優位という基本的な位置付けから考えて，国内法の期間制限の存在にもかかわらず，相互協議の合意が実施されなければならないのではないかと考える。

では，租税条約に「両締約国の法令上のいかなる期間制限にもかかわらず」という定めが存在しない場合については，どのように考えるべきであろうか

(対カナダ条約，対イギリス条約等）。

このような場合においては，期間の問題について租税条約は何らの定めも置いていないのであるから，その限りで国内法の定めが適用されると考えざるをえない。したがって，そのような場合においては，一応，日本の権限ある当局は，日本の国内法上の期間制限をこえるような効果をもつ合意をなすべきではないといえよう。しかし，権限ある当局がそれにもかかわらず合意をなしてしまったような場合においては，合意が成立している以上，成立した合意は国際法的局面において両締約国を拘束するのみならず，国内法的な局面においても合意が国内法に優位するから，国内法における期間制限は適用されないということになるものと思われる。これは，一見したところ矛盾するように思われるが，この場合も，上の四の 5 で述べた相互協議の合意の国内法に対する優位の原則の一つの局面にすぎないと考えられよう。

六　相互協議の合意と還付

最後に，相互協議の合意に基づく租税の還付について考えてみよう。この点に関して，移転価格との関連においてではあるが，小松芳明『逐条研究日米租税条約』226 頁は，以下のように述べている。

> 「[日米租税条約 25 条 4 項は]権限のある当局が合意に達した場合には，両締約国は，その合意に従って，租税を課し及び租税の還付又は控除を行う旨定めている。
> 　本項にいう『租税の還付又は控除を行う』の規定と国内法上の還付等の期間制限との関係については，本項の規定が国内法上の期間制限に優先することとなる。すなわち，たとえば，一方の締約国の国内法に定める期間制限が経過した後に他方の締約国からの価格操作規制事案に係る所得配分の提案があった場合，当該一方の締約国が権限のある当局間の合意に基づき対応的調整を行い本項に基づく還付を行うことができることになる。」

もっとも，問題は，必ずしもそれほど単純なものではないといえよう。ここにおいては，具体的には，以下のような問題について考えておこう。

すなわち，第一に，租税の還付を行う場合の国内法上の法的手続の整備についてである。現行法上，相互協議の合意が成立した場合の申告納税に係る租税の還付の手続に関しては，国内通則法 23 条 2 項，租税条約実施特例法 7 条等により，更正の請求の特例（具体的には，判決等の後発的事由による請求期限の特

例）が定められている。しかし，これに対して，源泉徴収所得税については，この点に関して法令上明文の規定は存在しない。そこで，このような状況の下において，日本において，相互協議の合意の成立を受けて源泉徴収所得税を還付するとした場合の還付金の法的位置付けが問題となる。そこで，この場合の還付金の法的性格付け（過誤納か，後発的事由か）をめぐる疑問が生ずるのみならず，過誤納と後発的事由のいずれとして扱う場合においても，新たな法的手当てが必要か否かが問題となる。

　この問題は，申告納付と源泉徴収のバランスの問題として考えることも確かに重要ではあろうが，しかしそれよりも，相互協議の合意の性格によって還付金の法的位置付けがそもそも異なる（換言すれば，相互協議の合意に基づいて還付が行われる場合には，過誤納となる場合も，後発的事由となる場合もある）と考えるべきなのではなかろうか。相互協議の内容は個別事案により千差万別であり，したがって，それによりなされる合意の中身も様々な場合が存在するのではないかと思われる。したがって，このような問題については，現行法の下での取扱いについて，すべて一律に過誤納付か後発的事由かの振り分けを論ずるよりも，立法的手当てによっていずれかに決めてしまえば，それでいいのではなかろうか。その場合に，いずれにすべきかは困難な問題であろうが，相互協議の合意が紛争解決の手続の一種であることに鑑みるならば，判決等と同様に，後発的事由の一種としておけば，それでよいのではなかろうか。もちろん，過誤納となる場合と後発的事由となる場合の区分に関する具体的な基準を設けて，法律上振り分けを行うことも考えられよう。

　また，より具体的に，次のような消滅時効の問題についても考える必要がある。すなわち，現行法上，申告納税の場合には，判決を含めた後発的事由について更正の請求の特例が規定されており，相互協議の合意もこれに含められることになっている。これに対して，源泉徴収所得税の還付に際しては，そのような特例が設けられていない。すなわち，源泉徴収所得税の場合には，過誤納金の消滅時効が納付時に開始すると規定されているところから，たとえば，源泉徴収の前提となった支払等につき訴訟が提起され，それに基づいてその全部又は一部を取り消す判決が下されたような場合，その判決の存在にもかかわらず，その判決の確定時に消滅時効の期間が開始するのではなく，あくまでも当初の納付時から開始するとされる（ただし，相互協議の合意の場合の取扱いについては，明確にされていない）。したがって，相互協議の合意に基づいて源泉徴収所得税の還付を行う場合に，どのように考えたらいいかが問題となりうるとい

うのである。そこで，源泉徴収所得税についてどのような特例を設けるべきか，また，相互協議の合意について特例を設けなければならないとしても，一般の判決について特例が設けられていないのに，なぜ相互協議の合意について特例を設けなければならないのか，さらに，具体的にどのような規定を設けるべきであるかという点について，明らかにする必要がある。

この問題については様々な考え方が可能であろうが，たとえば，源泉徴収所得税の還付の場合の消滅時効の期間の開始を判決確定時とする等の特例規定を設けるべきであろう。一般の判決についてそのような特例が設けられていないとしても，相互協議の合意は，国際的な合意に基づくものであるから，そのような規定を設けたからといって特に不都合とはいえないであろう。

さらに，源泉徴収所得税の還付請求については，国内法上，一般的にその請求権者は源泉徴収義務者であるとされている。他方，相互協議の申立ては，国内の源泉徴収義務者ではなく，相手国の納税者がこれを行うことになっている。これは，還付金を最終的に受領するのは源泉徴収義務者ではないからである。そこで，源泉徴収義務者以外の者による還付請求を認めるような（換言すれば，相手国の居住者に対して直接還付を行うような）ことが，源泉徴収に関する国税通則法上の仕組みからいってそもそも認められるか，また，その場合，いかなる法的手当てが必要か，さらに，源泉徴収義務者に滞納等があった場合に，どの程度その点を考慮することが許されるか，という問題についても明らかにする必要がある。

この問題も，源泉徴収に係る法律関係の複雑さを前提に理論的に議論すると大変に困難な事態になることが予想される。しかし，相互協議における合意が成立している場合には，当該合意は国内法に優位するという前提に立ってものごとを考えるならば，相手国の居住者である納税者の立場を中心にものごとを考えるべきであり，国内法における源泉徴収に関する法律関係の理論的構成にかかわらず，直接還付を行わなければならないのではなかろうか。そして，そのような取扱いは，現行法においても要求されるのではないかと思われる（国税通則法がどうであれ，日本は，国内法上も還付の義務を負う）が，明確性を期して，明文の規定を設けるべきであろう。源泉徴収義務者に滞納等があった場合においても，相互協議の合意が成立しているならば，直接還付を行うべきであろう。また，税務署長に還付を行わせようとするからこそ，国税通則法との関連が問題となるのであるから，上のような場合における還付を，国庫からの還付と構成する法律を制定するという方法もありうるかもしれない。そして，直接還付

を行いたくないというのであれば，そのような場合には，相互協議の合意を行わないように新たに制定する国内法で定めておけば良いのではなかろうか。
　なお，ついでのことなので，相互協議の合意の存在しない場合の一方的な救済の可能性についても一言述べておこう。前に引用した英文の文献は，この点について以下のように述べている。

> "If no treaty or no mutual agreement can be reached, the question may arise as to whether Japan would be willing to grant unilateral relief in the form of a withdrawal or reduction of the proposed pricing adjustment by a foreign tax authority. There are no provisions in the current law or regulations for a 'unilateral' adjustment in Japan solely to avoid double taxation. One authoritative source indicates that unilateral adjustments will not be possible (Hayuka, at 226)." (897-1st Tax Management Portfolio 33-V-B)

　これは，許されるか許されないかという問題というよりも，どのような国内法政策を日本が採用するかという問題であるといえよう。

七　ま と め

　本稿で詳細に指摘したように，相互協議や，相互協議の合意に関する日本の国内法の定めは，かなり不十分である。したがって，不十分な現行国内法の規定を前提として，このような問題について現行法の解釈をいかに理論的に追及しようとしても，どこかで必ず不都合や不明確さが出現することになるであろう。したがって，このような問題については，新しい法律を制定するなり，新しい法律の条文を設けて，国内法で日本の政策をできる限り明確に明文の規定で示しておくべきであろう。それが，納税者保護の見地からも，外国との紛争を避けるという見地からも，実務の執行の観点からも，もっとも賢明な解決方法といえよう。
　なお，そのように相互協議の合意に関して新しい法律の定めを設ける際に，留意しなければならないのは，日本においては，相互協議の合意が成立している以上，それが国内法に優位して尊重されると考えられる可能性が非常に高いという点である。したがって，そのような事態を避けたいのであれば，一定の場合には相互協議の合意を結ばないという方針を国内法の定めにおいて明確にしておくべきなのではなかろうか。このように権限ある当局の，相互協議に関する権限を制限しておけば（ただし，租税条約に反しないようにする必要はある），問題を引き起こすような相互協議の合意はそもそも成立しにくくなるから，問

題は大部分解決されるであろう。

IV

国際的租税回避否認規定によりもたらされる
国内的二重課税

一　はじめに

　この東京大会では，増井教授が租税条約の解釈について報告を昨日してくださいました。条約の解釈に関しては，ウィーン条約法条約がございまして，これは基本的に国際法の世界ですから，租税の人間にとってなじみが薄く，非常にテクニカルなところがありまして，これについて本格的にきちんとしませんと，国際法の人から相手にされません。条約の解釈ですから，やはり国際法の方法論を借りて解釈する話です。今まで税務ではこうやっていたからということで，国際法のことを考えずに議論するわけにはいきません。条約の解釈についてウィーン条約法条約はご覧のとおり文理解釈が基本であり，これはもう当たり前の話なのですが，それすらも税務の世界に届いているかどうかわからなかったような状況の時代もありましたが，だんだん状況が変わってきております。

　2日目の今日は，私が今度は条約の解釈ではなくて，国際的な租税回避否認をめぐる国内法の解釈というのか，問題点について多少のことを述べ，そして，岡村先生が午後から包括的な濫用防止規定についてお話します。アメリカでの立法の動向が日本に大きな影響を及ぼすと思いますので，今回のこの報告は注目をしているところです。これが全部まとまればかなりの方向性になるのだろうと思います。ただ，私の今日申し上げることはあまりそんな大した内容のことでもなくて，普段疑問に思っていることを漠然と述べることにとどまります。

　今年（2010年）の7月6日に生保年金の最高裁判決が出まして（民集64巻5号1277頁），実務に重大な影響を及ぼすような判決が，出たわけです。今，主税局も国税庁も生命保険会社もいろいろなところが対応に追われて大変なのではないかと思います。いつも念頭に置くようにしているのですが，理屈が通っ

ていることと実務が動くことの両方を常にわれわれは考えないと，租税の問題というのは結論が下せません。理屈だけ通すのであればある意味それはできますし，実務が動くだけであればそれはそれでできるのですが，その両方のバランスの中に真実があるような気がします。

　生保年金については，いろいろな方がいろいろな論文を発表なさっています。11月に「ジュリスト」に生保年金の判決についての特集号が出ることになっております。そこで私は割引現在価値の求め方について，いろいろ数字を使って年金の種類ごとにこれはこうで，これはこうでということをやって，二重課税の調整措置について，理論的にはこうだという方法から，現実的にはこれでないと動かないという方法まで四つの方法を提案しております（本論集3巻第4編第1部Ⅳ「租税法におけるストックとフローの関係」）。そのときに今のようなことを非常に濃厚に思ったわけです。理屈も通っていなければいけない，しかし，実務が動かなければいけないという，この状況の中でどうしたらいいのかということだと思います。

　それ以前もそうですが，特に司法制度改革以降，裁判所がいろいろな面でポジティブになっていらっしゃることがあるのではないかと思います。このこと自身，とてもいいことではないかと思います。日本は法律による行政の原理で動く司法国家ですから，その中で裁判所の役割というのが非常に重要な意味を持ってくるということです。裁判所の役割が強くなると，逆に言いますと行政庁の位置というのが，少し相対的には低下するかもしれません。これは悪くなるということではなくて，今まで司法部が比較的沈黙していたことに対して，司法部がより発言をするようになると，行政部の方はどうしてもその影響を受けることが起こってくるのではないかと思っています。これは租税法だけではなくて，刑事法等でも同様の傾向がでてくるかもしれません。行政不服審査法の改正，国税通則法の改正等も，いつ，どういう方向で行われるのかわかりませんが，そういうことも出てきていますから，これから予断を許さない状況だと思うのです。

　ただ，一つだけ言えるのは，司法の役割が非常に強くなってきています。租税法の世界は税務の感覚でずっと動いてきたわけですが，司法の役割が強くなってきて，裁判所や或いは弁護士の先生，法務省，そういうところの法的な感覚というのが，今までも強かったわけですが，もっともっと影響力を増していく。その中で現実のプレーヤーである国税と納税者両方が，税務の感覚，これは当然わかっていなければいけない常識の世界なのですが，それだけではなく，

プラスアルファで司法をにらんだ対応というのを迫られるということなのです。
　私たちの感覚ですと，会計的にこうであるから通達とかを見てこうなっている，日常というのはこれでないと動かないわけです。それは実務が動くということですが，それに対してさらに，実務はそうかもしれないけれども，裁判所でそれがもつのかという視点を入れなければいけなくなる。これが理屈の方が重要になってくるということの意味です。司法制度改革の中で実務の重要性と法律理論の重要性というのが，両方ともバランスを取らなければいけないことになってきたわけです。会計事務所で行政手続法とか言われても，感覚が違うと思いますから困るかもしれません。でも，優秀な会計事務所や税理士事務所の先生方は，問題なくクリアされると思うのですが，発想は多少転換を求められることがあるのではないかと思っています。
　そういう前置きの中で，現実の問題についてお話をするということになります。

二　租税回避否認規定の問題点

　実務の感覚がどうであるかはさておき，理屈の世界では租税回避が行われた場合には，租税回避否認規定がなければ租税回避否認は行えないというのは，これは裁判所に行ったらそうなのだろうと思います。それを覆すことは多分できないだろうと思うわけです。ところが，租税回避否認規定があれば何でもできるかという問題が次に起こってきています。しかし，租税回避否認規定がなければ否認できないのだけれども，租税回避否認規定があった場合にどの程度否認ができるかという問題について，あまり今までは議論されてこなかったのです。なぜかというと，租税回避否認規定がないにもかかわらず否認しようという動きをめぐって，否認規定がなければ駄目だという段階で議論がとどまっていたわけです。租税回避否認規定があった場合にそれがどの範囲で及ぶかに関してまでは，まだ十分に議論が行われていなかったというのか，そういう状況があったのではないかと思うわけです。
　それが裁判所の動き，法務省の動き，それから，弁護士の先生方，例えば山田二郎先生とか，今村隆先生とか，ご出身は裁判所だったり，法務・検察だったりするわけですが，それぞれの信念でもってご活躍になって，少しずつ方向性が変化してまいりました。この中で，租税回避否認規定があるから，ではそれを適用したら問題は解決だということではないことが，だんだん個別の事例

を通じて明らかになってきたのではないかと思うわけです。国税は当然それに対して対応するわけで，その問題についてごく簡単に述べたいと思います。

1　一般的租税回避否認規定

まず，一般的租税回避否認規定，これを入れようという動きが一部では非常に強いわけです。一般的租税回避否認規定が入ると，何かと便利だとご当局の方はお思いになるかもしれませんが，ただ，そう簡単な話なのかということをちょっとお話ししたいということです。これは，岡村先生の午後のお話と関連するわけで，岡村先生は，アメリカの濫用防止規定，これは否認規定とちょっと違いますが，についてしかるべくお話をなさると思います。岡村先生の先生である清永先生，租税回避否認の法理でもって学会に重要なる貢献をなさった方，その方の正統の後継者である岡村先生ですから，これはしかるべく非常に論理的なお考えをお持ちだと思うのです。この点について，ここで申し上げたいのは，一般的租税回避否認規定を設けると問題はすべて解決してしまうのだという，こういう感覚を持っている実務家の方はいらっしゃらないと思うのですが，もしいるとしたら，それは多分誤解なのではないかということです。

漠然とした規定を持つことは，何も持っていないのと実は同じだというところがあるわけです。何も持っていないのと同じというよりも，例えば立証責任的なところで多少の変化があるということはあるのかもしれません。立証責任と言うと話が違ってきますが，何となく攻めと守りが転換されるという傾向があるかもしれませんが，実質のポイントはあまり変わらないのではないかということです。これは法律家であれば，一般的規定があったからといって世の中はそうそう変わるわけではないことがすぐわかるのではないかと思います。民法1条があってもなくても恐らく結論は変わらないと思うのです。民法1条を廃止したら，信義誠実の原則がなくなり，世の中が変わってしまうというものではないのだと思うのです。一般条項と一般的租税回避否認規定を一緒にしていいのかどうかも謎ですが，一般的な規定というのは，非常に効力において限定されたものであるということを，われわれは認識しなければいけないわけです。

したがって，一般的租税回避否認規定を設けたところで，現実にはなかなかこれは機能しにくいのではないか。護摩札を張っておくと問題がすべて解決すると仮に思って，一般的租税回避否認規定を作るとしたら，それは当局がそういう動きを示したとしても，当局にとってあまり助けにはならないのではない

かという気がするわけです。ドイツの一般的租税回避否認規定も現実にはあまり適用されていない。ごく例外的には適用される場合もあると思うのですが，そのようにごく例外的な場合には一般的租税回避否認規定がなくても，恐らく裁判所は同じような結論を出すはずなのです。それが裁判所というもので，司法部が強くなれば余計そうなるのではないかと思っています。

(1) 租税回避の定義

租税回避の定義ですが，これは学問上の定義なので，別に法律上の定義というわけではありませんが，私法上の形成可能性の濫用だということです。同じ経済目的を達成するのに際しても，いろいろな私法上のアレンジメントが可能で，その中で笑ってしまうほど面倒くさい，迂遠な，迂回的なことをやると租税回避だという，ほとんど定義になっていないような定義です。アメリカの感覚では，笑いだしてしまうようなわざとらしいものを租税回避と呼ぶのだそうです。本当かうそか知りませんが，アメリカの大学の先生からそう聞きました。何でここまでやるかということが行われていたら，それは租税回避なのだということのようです。

(2) 私法上の権利濫用

租税回避が私法上の権利濫用と一緒なのかという問題が起こってくるわけです。イコールだと言っているのではなくて，イコールなのかということなのです。権利濫用という概念は，いろいろこれはあると思うのですが，基本的には私法上の概念です。私たちが知っている権利濫用の一番重要な事件は，大審院の宇奈月温泉事件です。何か土地を買ったら，隅っこの方に温泉の配管か何かがなされていて，わざとそれについてクレームを付けるためにこの土地を買って，これをどけろと言った。隅っこの方にちょっと何かが通っていたからといって，別に大きな問題はないだろう。しかし，所有権は絶対だと考えれば，法律上はこれはどけろと言えるはずなのですが，そんなことを言ったって仕方がないではないかということで，大審院がもち出したのが，権利濫用の法理です。それは権利濫用だと。権利濫用というのは民法上恐ろしい効果を持っています。無効です。それから，場合によっては不法行為になる。多分不法行為になる場合が多いのではないかと思いますが，不法行為になり得る話ですから，私法上の権利濫用というのは相当強烈なものです。

権利濫用というのはこのように私法上の概念なのですが，租税回避も基本的に同様と解せるか。租税回避も基本的に権利濫用と同じものだと解せるかどうかという問題が起こってくるわけです。一部の研究者の中には，租税回避とい

うのは権利濫用だから，租税回避否認規定がなくても否認ができるのだとおっしゃっている方もいらっしゃるようですが，これは何かの誤解ではないかと私は思っています。民法上の権利濫用はかなり強烈な話なのです。通常の租税回避の中で，民法上の権利濫用にまで当たるようなもの，私法上の権利濫用，本来の権利濫用に当たるようなものはそれほど多くはないのではないかと思うわけです。そうすると，権利濫用の法理と租税回避とを結び付けて，租税回避は否認規定がなくても否認できるのだと考えるのは，もちろん両者は発想的には似ているところがあると思うのですが，ちょっと短絡的ではないか。別にそういう議論をなさっている方を批判するということではなくて，もうちょっと考えてみてもいいのではないかという気がするわけです。

　結局，租税回避というのは，権利濫用そのものでない場合が多いのではないか，私法上の権利濫用にならない場合が多いのではないかと思っています。もちろん異なる場合もあるのでしょうが，そういう場合にはもう言わずもがなで，否認規定がどうのという問題以前に，私法上の権利濫用のごとき強烈な租税回避がなされたら，これは無効ですから，それが無効なことを前提として課税をすればいいので，これは私法上のアレンジメントとして無効なのですから，租税回避否認規定がなくても否認したのと同様の課税ができるのは当たり前です。私法上無効だと考えればいいわけです。

　そうではなくて，私法上の権利濫用までいかない，私法上の形成可能性の濫用，この濫用というのが微妙ですが，本当の意味の権利濫用と同じ意味での濫用という言葉では多分ないのだと思うのですが，それが行われた場合にどうなるかということです。租税回避が権利濫用そのものであるとすれば，私法上無効になってしまうから否認規定は要らない。しかし，私法上の権利濫用とまでは言えないような租税回避については，これは私法上は無効と言えないわけですから，特別な立法を使って対応するということではないかと思っております。

　フィルムリース事件というのが，限りなく私法上の権利濫用に近かったのではないかと私は思っています。当時の租税訟務課長は今村隆先生ですが，いろいろ議論をさせていただきました。これは私法上の権利濫用だから，私法上無効となる可能性はありうると私は思っていましたが，やはりあれだけ強烈なものであっても，裁判所がそれを正面から認めてくれるかどうかという点は，なかなかそう簡単ではない。裁判所は結局はそういう認め方ではなくて，所有権が移転していないから減価償却を否定するという判決を出した。これは裁判所の非常に賢明な判断だったのではないかと思います。そうすると私法上の権利

濫用に当たるような租税回避で無効となってしまうものは，多分あるとは思いますが，そんなに多くはないかもしれない。そうではないもの，そこまで行かないものが多いのだという話だと思います。

(3) 租税法独自の権利濫用

権利濫用であれ，それから，権利濫用までいかない普通の租税回避であれ，それは私法上の話です。租税回避というのは私法上の形成可能性の話ですから，租税法の話と違うとは言いきれませんが，基本的には私法上の話なのです。それとは全然別に租税法独自の権利濫用に近いものもないわけではないのです。恐らくそれが外国税額控除事件だったのではないか。租税法上の権利濫用というのは何か変な言い方ですが，私法上の権利ではなくて，69条の外税控除の権利という制度が濫用されたという，これは私法上の権利濫用とは多少違う話なのです。権利濫用という言葉は使っていませんが，最高裁は，賢明にも，濫用という言葉を使って，69条を限定解釈したのです。

(4) 一般的租税回避否認規定における具体的指針の必要性

そういうふうに租税回避の概念を突き詰めて考えていくと，これはこれでどう考えていったらいいのだろうか。そのときに民法を無視して，あくまでも租税法の問題としてだけ考えることができるかといったら，私はできないと思っています。民法の議論と連動させながらいろいろ考えていく中で，今，一応の位置付けを申し上げたわけです。私法上の権利濫用になるもの，そこまで行かない租税回避，それから，租税制度の濫用，その三つを一応分けたわけですが，別にそれが正しいと言っているわけではなくて，そういう細かな議論というのを，これから多分若い世代の研究者の方々なり，或いは国税の方々なり，裁判所関係の方々なりがなさる必要があるのではないかということです。一緒くたで租税回避で終わりという時代は多分過ぎてしまったのでしょう。

そういう中で一般的租税回避否認規定を入れたとしても，租税回避の概念自体が何だかよくわかっていないわけですから，その否認規定を入れたとしても，非常に漠としたものになるわけです。これはもうなかなか具体的な適用は困難な場合が非常に多いのではないかと思います。

一般的否認規定を置いたときには，不可避的に，その一般的否認規定を具体的に適用するための指針が必要になってきます。では，それはどうするのか。通達で設けるといっても，通達で設けたところを裁判所が採用してくれるとは限らないわけです。一般条項というのはあってもなくても裁判所は似たようなことをやってくれると考えれば，裁判官の良心に委ねられるところがあるので

はないかという気がするわけです。これは租税回避で一般的な否認規定に当たるような話だから否認するという，要するに私法上の形成可能性の濫用を課税上無視して，通常の私法上のアレンジメントがなされたものとして課税する，すなわち，私法上のアレンジメントを無視して課税環境を考えることを裁判所がやる場合ということは，一般的否認規定があれば，ごく特殊な場合にはもちろんあると思うのですが，具体的にそれがどうであるかに関しては，結局は裁判所であれこれと議論をせざるを得ないということです。

一般的否認規定があれば，具体的に裁判所で議論をし，裁判所がこれは租税回避だと認定すれば否認が行われる点では，国税にとっては大進歩です。それまで一般的否認規定がない状況では，裁判所で議論をしても否認規定がないから駄目だということで否認が認められないわけですから，認められるようになっただけ大進歩なのですが，認められる場合というのはそんなに多いかというとそうではなくて，裁判所で個別具体的議論をして，やっと例外的に認められるということなのではないかという気がするわけです。一般的否認規定があるから，青色申告に何条を根拠として否認と書いてしまえばそれで済むかといったら，そんな話ではないのです。それ以前にもっと裁判官を説得する何か実質的な議論が必要だということではないかと思うのです。

何か著しく租税負担を減少させれば，全部租税回避だということで否認を認めるほど，裁判所は甘くないのではないかと思っているわけです。一般的租税回避否認規定がある場合には，裁判官を説得できればそれが適用されることによって，租税回避を否認できるという点では進歩であり，その点でないよりはいいのだけれど，あったからといってその規定の解釈についてはなかなか難しい問題があるということ，これはもう認識しなければいけないわけです。要するに，ゴマ札ですべての問題を解決するわけにはいかないということです。

2 個別的租税回避否認規定

では，個別的に租税回避否認規定はどうかということなのですが，これは具体的な取引を念頭に置いて，こういう場合には課税しますと書いてあるわけです。それを租税回避否認規定ということで，われわれがそういう性格付けで説明しているだけですから，条文はこういう場合には課税すると書いてあるだけですから，それを否認規定と考えなければそこまでなのですが，やはりできた経緯を考えると否認規定なわけです。細かい議論をしていると否認できないから，こういう場合には形式的基準でもってもう一緒くたに課税してしまおうと

いうのが，個別的な租税回避否認規定です。

　そうすると，どういう欠点があるかというと，何か一般的租税回避否認規定よりも個別的租税回避否認規定の方がいいというのが学説上の議論ですが，個別的租税回避否認規定には当然欠点があるわけです。それは形式的な一定の要件に当てはまると課税されてしまうのではないかというところ，つまり形式的だということなのです。実質的な基準がなくて，例えば組合その他を使って不動産所得の赤字が出た場合には，その赤字は使えない。別に租税回避をしていようがしていまいが，組合等を使って不動産所得の赤字が出ると使えないというのは，強烈な立法です。何ら悪さをしていなくて，ここまで引けて当然ではないかというのが引けないとなってしまうのです。それをわれわれは当然だと思っているわけです。しかし，本当にそうなのかというのが，常々疑問に思っていることです。

　今，所得税法，法人税法に対応させる形で租税特別措置法の条文を，有斐閣の六法全書の編集の過程で割り振るという作業をしていますが，年中，改正がありますし，なかなか大変です。その措置法の中に，租税特別措置法41条の4の2の規定を置いた場合に，それですべて済んでしまうと考えるのはなぜかというと，措置法にあるのだから，これで終わりと思ってしまうからでしょう。でも，本当にそうなのでしょうか。これは後でまた詳しく申し上げますが，法人税法なら法人税法があって措置法がある。所得税法なら所得税法があって措置法がある。両者は，一般法と特別法の関係に立っているわけです。

　ところが，税務の方というのは，私もそうですが，租税特別措置法の解釈をするときには，租税特別措置法だけを解釈して，一般法である所得税法なり，法人税法なりとの関係は考えないことが多いわけです。つまり，措置法にそうなっていれば課税してしまう。これはタックスヘイブン対策税制や移転価格税制でも同じことですが，措置法でそうなのだからいいではないか。だから，措置法ではっきり課税すると書いていなくても，形式的要件から措置法だけ見ていると非課税にはできない，だから課税だとやってしまうわけですが，本当にそれでいいのでしょうか。措置法に明文で課税すると明らかにされていない場合は，一般法に戻るという感覚が措置法の解釈にはないのですが，それは正しい解釈方法なのでしょうか。

　私たち法学部で一番最初に習うことは，一般法と特別法ということです。特別法というのは，特別に定めた限りにおいてのみ一般法に優位するわけです。何か特別法に定めると一般法の規定がなくなってしまうわけではありません。

特別法に明確に定められた限りにおいて一般法に優先するわけですから，課税を決める，課税を拡大する租税特別措置法の条文については，課税することが明確に読み取れなければ課税できないという一般法に戻るはずだというのは常識的だと思うのです。

　何よりもこれはご当局も認めているところですが，租税特別措置法が非課税規定だとしたら，非課税規定に厳格に当てはまらないと，原則である一般法の課税に戻るということを当局はやっていますよね。租税特別措置が課税を減免するものである場合には，そこに明確に書いていない限りは一般法である所得税法，法人税法に戻って課税する。しかし，タックスヘイブン対策税制や移転価格税制のような課税を重くする措置法の場合には，そこに明確に書いていなくても，一般法に戻らないというのが，これはちょっと裁判所で通るかということなのです。それが正しいかどうかは私が言えるほど影響力のある立場にはありませんが，裁判所で通るかどうかという議論があるのではないかと思うわけです。

　そうすると，租税回避否認規定が措置法に仮にあった場合（国際的な租税回避の場合には，租税回避否認規定というのは多くの場合に措置法にあるわけです），この措置法の規定というのは，一般法と特別法の関係で考えた場合に，そこに明確に課税と書いていない場合に，非課税に戻らないで措置法だけで解釈してしまって，措置法の解釈の問題としてここは明確には書いていないけれども，措置法だけを見て課税なのだと言ってしまっていいのかということは，突き詰めるとそう簡単ではないのです。個別具体的に見ていくと，いろいろな問題が起こってくるのではないかと思います。つまり，個別的租税回避否認規定の（文理解釈という名の）形式的基準によって，本来課税する必要のない行為についてまで課税が行われてしまう可能性があるとすれば，それを個別具体的に救済するのは，いつもとは言いませんが，司法の役割だし，裁判所はそういう場合にそれを救済するだけの高い見識を持った組織になっているのではないかと考えています。

　生保年金の判決を見ますと，それが実務にどんな影響を及ぼすかということを，裁判所は当然わかっていてあえてなさったのではないかと思うのです。実務は混乱しますが，しかし，そうであってもそうだという。これは，あの判決に賛成・反対というのはいろいろな立場があると思うのですが，最高裁が踏み出してこう言ったことの意味は大きいのです。今の最高裁はかなり力強く司法の尊厳というのか，それを前面に押し出す形で判決を下しているのではないで

しょうか。

　去年（2009年）の夏から今年（2010年）の夏まで十何件か，最高裁の判決が租税法で出ていますが，納税者勝訴が半数以上なのではないかと思います。これはなかなか強烈でして，別に国税が悪いわけでも何でもないのですが，要するに司法として言うべきことは言っておこうという気構えがそこから感じられます。法律家というのは，裁判所の方であれ，法務省の方であれ，検察庁の方であれ，内心は一つですから，両側に分かれますが，しかし，どこかでリーガルマインドというのがあって，それはやはり感覚として共有されているのではないかと思います。この法律家としての良心というのが，中立的な立場で前面に出ているのが今の裁判所ではないかと思います。

　そうすると，租税回避否認規定であるにもかかわらず，租税回避でないのに否認してしまうのは許されるのかという問題が当然に出てまいります。いや，そんなものは，例えばタックスヘイブン対策税制について，措置法の課税規定の中に特に非課税だと書いていなければ課税されるのだというのは，措置法だけ読めばおそらくそうなるのかもしれません。でも，それは措置法が特別法であるということを忘れた議論ではないかと思うわけです。特に租税回避否認規定があって，租税回避でないことが行われている場合に，それが形式的要件から言うと適用されてしまう。それはそのまま放置していいのか。形式的な条文がある以上，一定程度は放置せざるを得ない。それはそうかもしれません。しかし，例外的な場合に，租税回避でないものまで否認されてしまうのはおかしいのではないか。そういう場合には，一般法である所得税法なり，法人税法なりに帰って，非課税となってもいいのではないかという議論は，法律家の論理から言えば，個別具体的に何がそれに当たるかはともかく，そうむちゃくちゃではないということが言えます。100％違っているとまで言われるような議論ではないということだけはおわかりいただけると思うのです。もちろん，個別具体的にどうであるかはまた別な話です。

3　法人税法22条2項と私法上の法律構成
(1)　自動車会社の事案

　ついでに後の議論にも関係してくる話なので，最近の事例も込みの話で申し上げますと，22条2項，これもなかなか微妙です。22条2項というのは別に租税回避否認規定ではありません。それにもかかわらず，22条2項については，なかなか強烈なことが行われるわけです。ここで客観的な時価なるものがある

ということで，課税が行われてしまうことがあります。

　最近の事例で申し上げますと，某自動車会社の旧商法の 375 条の事案があります。これは強制減資の事案です。当事者が低い価格で強制減資を決めたと課税庁は考えました。旧商法の 375 条の規定によると，これは一定の限度額，例えば 100 なら 100 という限度額が条文上 375 条から出てくるわけです。その 100 よりも低い金額で当事者は契約を結んで減資を行いました。それに対して国税は 100 を大幅に超える，例えば 700 とか，800 とかの金額で減資が行われたものと認定して，課税を行ったわけです。この，旧商法 375 条が 100 と決めていたのに，700 とか 800 を認定して課税処分をしていいのかという話だけを考えると，商法違反の課税処分が許されるかという問題のように一見思えるわけです。

　でも，これは課税処分が商法違反とか，そういう話とはちょっと違う，もちろん関連はしてきますが，そういう話ではなくて，90 でも 80 でもいいですが，当事者が 100 よりも下の金額で合意した，この当事者の合意が課税上認められるかどうかという，租税法における契約の尊重の話ではないかと思います。明文の規定がないにもかかわらず，当事者の結んだ契約上の金額を否定して課税をすることは，当事者の結んだ私法上のアレンジメントにおける金額を否定して課税をするわけですから，租税回避の否認ということになります。とにかく私法を無視して課税をする。それには租税法上の根拠条文が必要です。まして，旧商法 375 条を上回る金額でもって処分をしようというのですから，これは法律上の根拠が必要です。法律上の根拠があれば，別に旧商法の 375 条の 100 なら 100 という限界を超えて処分したって構わないわけです。しかし，そのような根拠条文が存在するかどうかというのがここでの問題です。

　もちろん，当事者の 100 以下での，例えば 90 なら 90 でのアレンジメントが，これが民法上無効だというのであれば，かなりの処分ができると思うのです。しかし，これが有効だとしたときに，その契約を無視した課税ができるかという問題についてどう考えるかは，微妙です。その場合に，法人税法 22 条 2 項でいくのか，株式の問題ですから 61 条の 2 でいくのか。22 条 2 項とは違って 61 条の 2 には，例えば対価という文言が使われているので，これをどう解釈するかとか，いろいろな問題が起こってくるのです。いずれにせよ一番の問題は，当事者が私法上有効な形で取り決めた価格を無視した課税は，許されるのかという問題なのだと思うのです。そして，もちろん，場合によると思うのですが，そういう課税処分が許されない場合というのは当然あるのではないかと

いう気がいたします。

　新聞報道等でしか知りませんからそれ以上は言えませんが，この事案について事実を詳細に把握すれば，恐らく二つの議論，国税のような議論も可能かもしれませんが，このような処分は許されないという議論も当然に可能ではないか。どちらが勝つかはこれは裁判所次第になるのではないかと思っているわけです。

　(2) 新株発行の事案

　それから，今までは私法上の合意の話だけしてきたわけですが，価格についてどうかという問題に行ってみましょうか。例えば新株の有利発行というのがなされた場合，有利であるかどうかという問題に関しては，何か例えば受贈益課税の関係で，有利発行がなされていて，時価で見てそれが有利発行かどうかが決まって，その差額について例えば受贈益課税とか，寄付金課税がなされるということ，これにはいろいろな論点がありますが，今は一つの論点だけ申し上げます。当事者が例えば100という金額で新株を発行した。これは有利か不利かということに関して，課税庁が22条2項で受贈益課税を行うとして，事後的に判断できるかという問題が起こってくるわけです。そんなの当たり前ではないかというのが，多分税務の感覚だと思うのです。22条2項から見て，そういう言葉は使っていないかもしれませんが，適正な時価を用いて課税処分してしまっても何の問題もないではないかという考え方は成り立つと思うのです。

　しかし，これは会社法の構造を無視した議論だと言わざるを得ません。ご承知のとおり，会社法にはあまりこれを広げて考えるわけにはいきませんが，経営判断原則というのがございます。取締役会が一定の判断をした場合に，それが取締役の裁量権の範囲内であれば，それを裁判所は基本的に認容して，例えば株主代表訴訟でもって役員に責任を負わせないというのが経営判断原則です。経営判断原則という言葉が重要なのではなくて，これは役員には経営上の裁量が当然あるだろうと。それを認めるかどうかという裁量を裁判所が持っているわけで，司法裁量を否定することはできませんから，裁判所の司法の裁量の範囲内で，これはもう別にあのときはあれで仕方がなかったのだと言えば，これは代表訴訟で役員が負けることがありません。

　それから，会社法上，取締役には第三者責任というのがございます。例えば債権者等の第三者に対する責任においても，アメリカの判例などでは経営判断原則が効いてきます。日本でも経営判断原則と呼ぶかどうかはともかく，取締

役がやったことが，裁量の範囲内であって，裁判所もそれをオーケーだとした。そうしたら，第三者責任はないということです。この第三者責任においても一種の経営判断原則が効いて取締役が守られるわけです。要するに会社の判断が守られるのです。

　これは商法の有名な先生に聞いたのですが，この第三者に国税庁は含まれるかと私は聞きましたら当然含まれるということでした。ということは，国税庁が，役員が経営判断の下に一定の裁量の範囲内でちゃんとしたことをやって，そして，裁判所もそれを認めたら，事後的に国税がこれについてあれこれ言って課税処分をすることはできない場合もあり得ることを，例外的だとは思いますが，認めざるを得ないのではないでしょうか。そういう解釈が正しいのかどうかわかりませんが，私は今そう考えています。

　特に，価格については，レックス・ホールディングスの事件，これは株式の買取請求の価格の問題ですが，株式の価格が適正なものであったかどうかは，取締役会が内部的に決められた一定の手続に従い，外部のいろいろな専門家の意見を聞いて評価した，例えば監査法人等の意見を聞いて評価をして，一定の手続に従ってやった場合には，これは一応認められるとされました（最高裁平成21年5月29日決定・金判1326号35頁）。裁判所の裁量を認めるということは，その前提としての取締役の裁量がそこにあるはずですから，その決めた価格は適正なのです。だとすれば，有利発行であるかどうかも，取締役会がそこで一定の手続に従い，外部の意見を聞きながら決めた価格であれば，それを不適切であるということで，これに対して，適正な時価ということで事後的に22条を使って課税処分を打てるかどうかですが，できる場合もあると思うのですが，できない場合もあるのではないかと思うわけです。

(3) 租税法と会社法

　このように商法の話というのは，通常は租税法とのかかわりでは計算規定のことばかりが出てくるのですが，計算規定以外のいろいろなところが商法と絡んできます。租税法と私法の議論では民法だけ出てくる場合が多かったわけですし，商法は出てきたとしても会社の計算のところだけだったわけですが，会社法の今のような部分が，租税法との関係で問題になる時代がきているのではないかと思います。先ほどの自動車会社の事案とか，新株発行の事案，これはいっぱいあると思うのです。

　これは緻密な議論が必要なので，そう簡単な話ではないと思いますが，課税庁は客観的な時価なるものを天から降ってきたものとして，事後的な判断でも

って課税処分を貫徹できると考えるわけにはいかないかもしれません。多分，課税庁はもっと緻密に考えていると思うのですが，会社法の議論さえ必要になってくると思うわけです。

三　国際的租税回避否認規定の位置付け

1　租税回避が行われていない場合にも租税回避否認規定は適用できるか

次に，国際的租税回避否認規定の位置付けです。繰り返しになりますが，租税回避否認は不自然な私法上の法形式の利用が行われた場合に，通常の法形式が用いられたかのように見て課税関係を考えることです。つまり，あるべき姿に戻すということです。あるべき姿がこれだったとして，租税回避が行われるとそこより税額が引き下げられるわけです。これに対して，あるべき姿まで戻すのが租税回避否認です。これが学問上の定義です。では，租税回避が，これがあるべき税額で，租税回避が行われてこんなに低くなったのを，処分でこのあるべき額よりも上回った場合に，これは租税回避の否認だと言えるか。この差額については，あるべき姿よりも上回る部分については租税回避の否認ではないのに，ついでにいただきますということは可能でしょうか。これは程度の問題ですから，一定程度はいいのかもしれません。それは幅の範囲内ですから，裁判所の判断としていいとされる場合もあると思うのですが，あるべき税額がここまで下げられたときに，処分により例えばあの天井まで届いてしまったらどうかと。これはいくら何でもやりすぎだろうと考えるのが裁判所ではないかと思うのです。何でもそうですが，程度問題ですから，あまり形式的な要件からいってそれでいいのだといつもなるわけではないでしょう。形式的な要件でこの条文を適用した結果，本来あるべき姿よりも超えて，100倍も税金がかかったと。それだって形式的な条文を形式的に適用しただけだから別に問題ないと課税庁が仮に考えても，裁判官はそれはやはりなかなか認めてくださらないのではないか。要は程度問題なのでしょう。あまり法律の学者が程度問題で鉛筆をなめるような議論をするのはどうかと思うのですが，裁判所というのはそれを許すほど甘い組織ではないと思うのです。

そうすると課税庁は，形式的な要件に合致しているから，それでいいのだと安心することはできないし，納税者の方もいくら何でもこれはひどいのではないかという場合には，しかるべき理論武装は可能ではないか。それは租税回避の否認をはるかに越えているではないかといえる場合もあるのではないでしょ

うか。いや，条文には租税回避の否認とは書いていないと。こういう場合には課税しろと書いてあるだけだから課税したのだ。これでどこまで済むかという話なのです。法律に常にはありませんから，例外のない規則はないわけで，必ず何らかの例外的な取扱いが出てくるわけです。それが法律の法律たるところです。

　これは公共政策大学院等で授業をしていると，法律専攻以外の学生がとまどうわけです。「何だ，そのあいまいなのは。どうやって判断するのだ」「いや，われわれにはリーガルマインドというのがこの辺に埋め込まれているんだ」と言うと，「数式で示せ」といわれるわけです。とまどう人の気持ちもわかります。わかるのですが，裁判官がどう行動するかに関しては，やはりあまり極端だったらそれは通らないのでしょう。宇奈月温泉事件を見ればわかるとおりです。形式論理を追求しても，あまり極端な場合には駄目だということになるわけです。どういう場合に駄目になるかというと，いわく言い難いわけで，個別具体的に判断するしかないとしか言いようがないわけですが，課税庁も形式に乗ったからすべていいのだとは言いきれないところがあるのではないか。それがどういう場合か知りませんが，そういう例外的な場合があるのではないかということは認めざるを得ないのではないかと思います。要するに否認というのは懲罰ではありませんから，あるべき姿に戻せばいいのですが，それをちょっと越える場合もあるかもしれません。しかし，天井まで行ってしまうとなると，これはちょっと問題だということです。

　さらに今の問題を一般的に述べると，租税回避が行われていない場合にも，租税回避否認規定を適用できるのか。あるべき姿以上に課税できるのかという話です。租税回避が行われていなくても課税が行われてしまうことは，形式基準を用いる以上，一定程度はもちろん不可避ですが，それでも程度問題なのではないかということです。

2　形式的否認規定の形式性をどこまで貫くか

　ただ，課税庁は程度問題を考えて，ここではちょっとあまり極端だから課税をやめておくという，そういう裁量は課税庁にはないわけです。そうすると，課税庁は法律を粛々と形式主義で解釈して，処分を打つしかありません。課税庁がけしからんというのは，これも違います。課税庁はやらざるを得ないのです。それをちょっとこの辺はいいのかとさじ加減で処分を遠慮するような課税庁では，これは逆に困ります。ただ，課税庁がそういう処分を形式主義に基づ

いてした場合に，裁判所がどうするかというときに，課税庁が負ける場合もあり得る。それは課税庁が悪いわけではない。行政部の義務と司法部の義務が違うから起こることなので，どちらが勝ったとか負けたとかいうよりも，日本国の法律制度が円滑に機能していることなのではないかと思えてならないわけです。

　形式的否認規定の形式性をどこまで貫くのか。この問題は，結局裁判所が個別具体的に判断せざるを得ないということです。今のようなことを論文で，理論として書くことは非常に難しいのですが，過去の判例を見てこうだという議論を組み立てることはできるかもしれません。ケースロー（case law）というのか，判例法のようなものが何か出てくるのです。絶対に否認できないようなというと言いすぎですが，例えば外税控除の事案（最高裁平成17年12月19日判決・民集59巻10号2964頁等）の場合には，法人税法69条からいうと，外税控除をやはり認めなければいけなかったのかもしれません。それを別の理由をつけて認めなかったわけです。そういう納税者が極端なことをやった場合に，形式的にこれはもう当然課税できないだろうといった場合にも，あまりひどいと裁判所は何らかのことを見つけ出してくるわけです。では，逆に課税庁のやっていることがあまりに極端だと，裁判所というのはどちらの味方でもありませんから，納税者が極端に形式性を追求した場合も，課税庁が極端に形式性を追求した場合も，やはりあまり程度がすぎるとそこには限界線が引かれる。それが司法国家の意味だし，裁判というのはそういうものなのではないでしょうか。そういう裁判の制度を信頼するという考え方の下で日本国憲法はできているわけです。

　この前，非常にびっくりしたのですが，消費税の免税事業者，1,000万円，昔は3,000万円ですか，あれを支払額で判断をすることに対する批判を聞きました。これは対価なのですから当たり前だという判決（最高裁平成17年2月1日判決・民集59巻2号245頁）が，3,000万円だった時代に出されているわけです。これについてある講演会で，「この最高裁の判決は間違っている」と言われました。「いや，法律家が最高裁の判決を間違っていると断言するというのはなかなかできることではない」，日本国憲法の下で最高裁の出した結論が，法律の解釈として正しいという前提の下にわれわれは動いているわけで，それに賛成とか，反対とかというのはもちろんあると思うのです。この判決の射程範囲はここまでだとか，こうするとここは不都合が起こるということは言っていいのですが，「間違っている。自分の方が正しい」というのは，なかなかも

ってそう簡単に言えるものではありません。

そのことをおっしゃった方は法律関係の方ではないので，これは法律学のjurisdictionの外ですから，最高裁の判決が間違っていると言っても別にいいのでしょうが，私が法科大学院の授業で「この最高裁の判決は間違っている。自分の論理の方が正しい」と言ったら，或いは，学生から非難を受けるかもしれません。もちろん，別の考えもあり得ることは言っていいと思うのですが，そういうことです。

3　形式性を重視することは実質性を放棄すること

形式性を重視するということは，実質性を放棄することだということです。ここに問題があるわけです。それ故に，実質性を放棄することは，一般的な否認規定を否定することだと述べたのです。例えば，課税庁が，個別的租税回避否認規定については形式性を追求することがあり得ます。その場合に，形式的にこうなのだから，実質的に租税回避に当たるかどうか，そんなものは判断する必要がない。形式的要件に当てはまればそれでいいのだと，個別的否認規定については言い，他方で一般的否認規定も必要だとその方が言っているとします。すると，一般的な否認規定というのは形式的ではありませんから，実質的な審査が必要なのです。個別的否認規定については形式的な審査を放棄して，一般的否認規定による実質的な審査が可能だというのは，これは矛盾なのです。だから，個別的否認規定の形式性を強調する方は，一般的否認規定を欲しがってはいけないのかもしれません。そんなことを言うと批判を受けそうですが，そこには何らかの矛盾がありそうです。その辺がなかなか微妙な問題です。

4　裁判所における社会通念の判断

結局，そうすると落としどころは何か。これは社会通念です。もちろん，何でも社会通念で判断するというわけにはいかないのですが，興銀税務訴訟（最高裁平成16年12月24日判決・民集58巻9号2637頁）が貸し倒れの判断基準を社会通念だと述べましたが，あれは非常に賢い判決でした。これは何を意味するかというと，裁判所が判断しますということを言っているわけです。貸し倒れの判断基準について，納税者も課税庁もあまり張り切らなくて結構です，裁判所が社会通念で判断しますということです。社会通念といったってアンケートを取るわけではありませんから，裁判所が社会通念だと考えるものが社会通念ですから，要するに裁判所が判断するという意味です。裁判所が判断すると言

わずに、社会通念という言葉を使うのです。だから、新株発行の価格が妥当かどうかも社会通念だし、租税回避がない場合に否認規定を発動できるかどうかも社会通念だしという、事実認定以外に社会通念がどこまで拡大できるのかわかりませんが、この社会通念というのはキーワードなのではないかと思うわけです。

四　国際的二重課税と国内的二重課税

次に「国際的二重課税と国内的二重課税」で、今日の本論に入っていきます。国際的二重課税の排除措置は、それなりに存在します。これに対して、国内的な二重課税があちこちで起こっていて、それについては放置されている場合があります。しかし、措置法限りの措置でもって国内的二重課税が惹起される場合に、一般法である所得税法、法人税法に帰らずに、措置法だけ見て、形式的にそれはそうなのだから、国内的二重課税があったって別にいいのだと言えるかという問題は、これは結構深刻な問題ではと思えてなりません。もちろん法人と株主のいわゆる経済的二重課税、すなわち法人段階の課税と株主段階の課税という、経済的二重課税は容認されているのですが、それ以外の国内的な二重課税を租税回避否認規定によってあえて作り出すことができるのかという問題です。

もっと言いますと、単に措置法に形式的にあてはまりうるというだけの理由で、所得のないところに所得を創出することが許されるのかという問題です。所得のないところに所得を作り出して、形式的にやむを得ないというのであれば、裁判所というのは世の中で役割を果たしていないことになってしまいますし、それほど日本の裁判所は甘い存在ではありません。国税が形式性を追求するのは、これはこれで職務上やむを得ない。そうすると、一定の処分について裁判所が国税と別の判断を下すこともあり得るのではないか。もちろん、例外的にです。いつもそうだなんていうことはないので、例外的なことを言っているわけです。

五　移転価格課税によりもたらされる国内的二重課税

個別的な否認規定の形式性の追求によって、国内的二重課税が惹起される場合として、「移転価格によりもたらされる国内的二重課税」が考えられます。

外国の子会社から受け取った配当と，当該会社に対する移転価格課税の適用の関係ということですが，これは前に租研でお話をしました（中里実「移転価格課税と他の課税との二重課税——外国子会社配当益金不算入制度導入の影響」租税研究720号）が，移転価格課税が行われた後に配当が支払われた場合には，これは益金を加算しないという措置が行われているわけです。しかし，逆に，配当が行われた後に移転価格課税がなされている場合も当然あるのですが，この場合にも救っていいのではないかと，前にこの租研の大会で申し上げたことがあります。なぜかというと，国内的な二重課税が惹起されるからだという，ただそれだけのことなのです。

　ほかにも例えば移転価格課税とタックスヘイブン対策税制の両方適用される場合というのはそんなにないと思いますが，仮にあったとしたらそこで二重課税が起こり得ますから，その回避をどうしたらいいのかという問題があります。会社段階と株主段階以外の国内的な二重課税が，タックスヘイブン対策税制とか，移転価格税制の適用によって惹起される場合に，それをどの程度放置できるのか，場合によっては引っ込めなければいけないのかということに関しては，常に形式主義だけで押し通すことは多分難しいのではないかと思います。私がそう思うというよりも，裁判所がそれを許さないのではないかと私が予想しているということです。

　私は立法当局でも，公的な解釈権限を持っている者でもありませんから，こういう解釈が正しいなんていうことをそう軽々しく言えるわけではありませんし，言ったところで誰も聞いてくれません。ただ，裁判所がこうなのではないかという予想はある程度できますし，その予想する際に外国でこうなっているからこうだとか，理論的にこうだからこうだということは，多分，学者というのはそういうことを言うのが仕事だと思いますので，それは言っていいのだと思うのです。自分が正しいというのは，なかなかそういうトレーニングは受けていないので，自分の言っていることは正しくて，ほかの人の言っていることは間違っているというのは，あまり法律の研究者の態度ではないのかもしれません。こういう考え方もあり得るのではないか，裁判所だったらこうではないかというのを予想することがここでのポイントだと思います。

六 タックスヘイブン対策税制によりもたらされる
　　国内的二重課税

1　タックスヘイブン子会社からの配当と合算課税の関係について

　次に，タックスヘイブン対策税制によりもたらされる国内的二重課税ですが，タックスヘイブン子会社からの配当と，タックスヘイブン対策税制による合算課税との関係について，これも前に書いたことがあります（中里実『デフレ下の法人課税改革』（2003 年））が，合算課税が行われた後に配当がなされた場合には，これは条文の定めがありますから二重課税が排除されます。といっても，その条文の定めに期限が付いていますから，期限後は国内的二重課税を放置していいのだということです。しかし，これはタックスヘイブン対策税制の中で放置していいと明文で書いてあるわけですから，政策論としてはともかく，ある意味これは仕方がないのです。これに対して裁判で文句を言っても仕方がないわけです。

　ただ，今，現実に問題になっている事件がありまして，株式の譲渡益課税の後に合算課税がなされたという事案があります。大阪の方で議論されている事案ですが，タックスヘイブン対策税制の合算課税が，株式の譲渡益課税の後になされた場合がありました。ここであまりその詳しい事案について触れる時間はありませんが，大阪のシンガポールとの絡みでのタックスヘイブン対策税制の事案ですから，ご興味のある方は見ていただきたいと思います。これは譲渡益課税の後に合算課税がなされていて，所得のないところに所得が作り出されている感を否めないわけです。恐らくこの場合には，合算課税が否定される可能性もあるのではないかと思っています。

　いずれにせよ，国内的な二重課税の話については，そんなに簡単にこんなの当たり前ではないかとか，二重課税の何が悪いのかということはできないのではないかと思っています。大阪のタックスヘイブン対策税制の最高裁での議論について，非常に注目しています。これは個人の事案と法人の事案の両方があるのですか。詳しいことはよくわかりませんが，割と興味深い判決が出る可能性はあるのではないかと思っています。

2　タックスヘイブン子会社の日本支店の課税と合算課税の関係

　それからさらに，タックスヘイブン子会社の日本支店の課税と合算課税の関

係というのが，大きな問題になるのではないかと思っています。日本法人がタックスヘイブンに，例えばケイマンに子会社を作ったとします。このケイマンの子会社は単なるペーパーカンパニーで実体も何もないというのは言いすぎですが，とにかくタックスヘイブン子会社です。そのタックスヘイブン子会社の支店が日本国内にあり事業活動を行っている。そうするとこれは実体があるのです。タックスヘイブンには実体がないですが，支店は日本で立派に例えばビルを持つなり，借りるなりして営業をしている。こういう例は結構あります。本店はタックスヘイブンの弁護士事務所のロッカーの中のファイルだけれども，支店は立派であるという場合です。

そうすると，これは実体がないのかあるのか，タックスヘイブンでは実体がないけれども，日本では実体があるので，法人というのは一体と考えると，本店の実体はないが，全体としては実体のある法人です。それは日本法人だと事実認定ができてしまえばいいのですが，なかなかそうはいかないわけです。こういうふうに本店はペーパーだけれども，日本支店が十分な事業活動をやっていて，かなり稼いでいるという場合に，この日本支店というのは，外国法人の日本支店です。1号外国法人で，1号所得等を得ているわけですから，当然のことですが，外国法人に対する法人税の課税を受けます。これは当たり前のことです。

ところが，この外国法人税の課税を受けた，税引き後の所得というのは支店・本店一体ですから，留保所得ということです。法人の内部に留保される，本店に送ってもいいわけですが，別に送らなくてもいいのでしょう。留保所得になります。そうすると，タックスヘイブン対策税制が適用されて，タックスヘイブンの子会社の所得が株主である親会社の所得に合算されると，先ほどの外国法人税との関係で，国内的な二重課税が起こってしまうわけです。もちろん，それは二重課税ではない，一つは外国法人という子会社レベルでの課税で，もう一つは，親会社に対する課税だから，納税義務者が違うからこれは二重課税ではないのだということが，どこまで言えるかということです。

タックスヘイブン対策税制というのは，昔の改正税法のすべての解説を私は見てみましたが，子会社の所得を親会社に対して課税するとはっきり書いてあります（昭和53年のタックスヘイブン対策税制導入時の資料を調べ直したところ，法案立案担当者の解説において，タックスヘイブン対策税制により親会社において合算課税される所得は，子会社の所得そのものであるということが，直接に記述されている（『昭和53年度版　改正税法のすべて』タックスヘイブン対策税制の導入，156頁））か

ら，それはまぎれもなく子会社の所得に対する課税なのです。納税義務者が親会社なだけです。『改正税法のすべて』が正しいと仮定すればですが。だとすると，今の二重課税はどうなのですか，許されるのでしょうかという問題が残ってくるわけです。

こういう場合に，日本に対して払った税金を外国税額控除するという通達がございます。租税特別措置法関係通達66の6-20（外国法人税の範囲）がそれで，「措置法第66条の7第1項及び措置法令第39条の14第2項第1号に規定する外国法人税の額には，特定外国子会社等が法第138条又は所得税法第161条に規定する国内源泉所得に係る所得について課された法人税，所得税及び法第38条第2項第2号に掲げるものの額を含めることができる。」と定めています。

日本も，確かに，本店所在地国であるタックスヘイブンから見て外国だから外国税額控除なのだと言うのですが，何か制度自体が微妙な感じがします。また，この通達の適用範囲も制限されていますし，控除限度額の問題もあります。

タックスヘイブン対策税制の趣旨・目的，それから，いろいろあるのだと思いますが，そういうのを考えた場合に，こんな場合にまで課税する必要があるものなのかどうかということは，きちんと裁判所が考えると思うのです。国税はもちろん形式要件に当てはまる以上は，それで処分せざるを得ないと思うので，これをいいとか，悪いとか言っても，担当者に気の毒というものです。しかし，裁判になったときに，ではそれが通るかと聞かれたら，なかなか……。特別法としてのタックスヘイブン対策税制で，そんな場合にまで課税することが要求されているのでしょうか。一般法に帰るということは無視してしまっていいのでしょうか。要するに租税回避があった場合に課税するという制度を用いて，租税回避ではない場合に国内的二重課税をあえて惹起してまで課税する必要があるのでしょうか。つまりそういう場合に課税しなくていい場合もありうるのではないでしょうか。特別法だけで判断して本法に戻らないという扱いがどこまで許されるかということに関して，形式論理だけで押し切ってくれるほど，裁判所は甘くはないと思うのです。

何しろ最高裁の判決に割引現在価値という言葉が使われる世の中なのです。私は冒頭に述べた7月6日の最高裁判決が出たときに，これは実務が混乱するかということで，国税庁なり，主税局は大変なのではないかと思ったのと同時に，ついに，『金融取引と課税』という本や『キャッシュフロー・リスク・課税』という本で，租税法におけるファイナンス理論の適用に関して検討を行った私の考え方が，もはや異端とは言えなくなったということで，一種の感動を

覚えました。最高裁判決が現在価値とか，割引とか，そういう言葉を使ってくれたと。長年私が単純なモデルを使ってキャッシュフローとか，リスクとか，現在価値とかやってきましたが，ああいう感覚で論文を書いても，法律学の議論として最高裁で認められる時代が来たのだという点においては，率直に喜びました。

だから，今度の「ジュリスト」の特集には数値例を多く出します。ただ，「ジュリスト」では，モデルは文字式ではなく，数学アレルギーの方にも受け入れられるように，全部整数で書いてあります。ある先生が，中里の数字のモデルは小数点以下の扱いが不正確であるという批判を書かれたそうですが，わざとわかりやすく概数に丸めているのですから，あまり先生方は細かいことを言わないでください。小数点以下が間違っているではないかとか，小数点以下何位まで書かなければいけないという，そういうやぽなことは，そんなのは大人同士の了解だと思っていますから，先生方はそれで批判されることはないと思いますが，よろしくお願いいたします。実は，文字式で書くよりも，丸めた整数で書く方が大変な場合も少なくないのです。

いずれにせよ，国内的二重課税は相当問題だと思っています。具体的な問題が起こりつつあるのではないかという話も聞いていますので，ちょっと興味を持っているところです。

七　配当益金不算入

1　法人と株主との二重課税と国際的二重課税の関係

それから，配当の益金不算入です。法人と株主との二重課税の問題と，国際的二重課税の問題というのは，分けなければいけないのです。外国法人からの受取配当の益金不算入というのは，両方をいっぺんに済ませているわけです。源泉税は別として，法人段階と株主段階の課税と国際的二重課税の排除の話を一つで全部やってしまっているわけで，非常にシンプルでいい制度だと思いますが，ここに何か問題を複雑化させる要因が含まれているような気がします。ものの考え方としてどうなのか，私もよくわからないのですが，法人と株主段階の二重課税の基本構造を守りつつ，でも，国際的二重課税として排除してしまっているわけですが，そちらが先で，後が国際的二重課税の排除の話なのか，よくわかりません。先に受取配当の益金不算入で，それから配当について先方で課された外国法人税について直接外国税額控除，これが後ですから，順番と

してはそういう順番になるのかもしれませんし，混乱します。国際的な話と国内的な話をいっぺんに済ませているところからいろいろ問題が出てきます。すると，両者がずれてくる場合があり得るのではないかと思います。

2　例外としてのタックスヘイブン対策税制

　タックスヘイブン対策税制は受取配当益金不算入の例外ということになっていますが，これも何でタックスヘイブンの場合だけ例外なのか。向こうでの税率が低いからということなのでしょうが，なかなか微妙な問題が起こってきます。移転価格との関係で，これも前に租研の大会でお話をしました（前掲参照）が，受取配当の益金不算入は法律に入ったけれども，移転価格で別途課税強化するのだということが仮にあったとして，それが理論的に妥当かどうか，私は必ずしも妥当ではないと思っています。そこは見解の対立が起こるだろうということを申し上げておきましたが，具体的な問題がいつ起こるのかはちょっとわかりません。

　配当益金不算入についてもうちょっといろいろとお話しようと思っていたのですが，混乱するだけですから，ここではパスいたしたいと思います。

3　外国法人の本店から日本の支店への資産の移入

　もう一つついでに触れたいのが，これは全然関係ない話で，国内的二重課税の話ではないのですが，外国法人の支店が事業用資産を持っていたという場合です。事業用資産でなくてもいいのですが，例えばアメリカの本店から日本の支店に資産を移したときに，支店での帳簿価格がどう付くかという話がありまして，これは私はある税理士の先生と意見が違ってびっくりしたものです。私がどちらであったかということはここでは重要ではないのですが，棚卸資産とかだったら，持ち込み（移入）のときの金額でもって日本支店に計上されるわけです。株式だったらどうなるかとか，いろいろな問題を考えると興味深い問題が出てきます。例えばアメリカで100で取得したものが持ち込みのときに時価300であるときに，支店に100で帳簿に載せるのか，300で載せるのかというのは，なかなか微妙な問題です。法人税法施行令188条に，棚卸資産については持ち込みのときの価額と書いてありますが，事業用資産については条文を見ても書いていないわけです。株式とかだったらどうするのだという問題です。一つの考え方は，100で向こうで買ったものをこちらに持ち込むときに，別に日本で課税されていないのだから，100のままでいいではないかという考え方

があるのです。200について課税するかどうかは，外国の話ですから日本は関係ないわけです。これに対して，本店と支店とできるだけ独立な関係者として見るという発想だとすれば，これは300で載せていいのではないかという気がするのです。

　私はそう思うのですが，どうも「根拠もないのに何でそんなことを言うのだ」という考え方も強そうです。これに対しては，こちらも「根拠もないのになぜそんなことを言うのだ」と同じことを言いたいわけですよね。「いや，実務はそうだ」「根拠のない実務は根拠がないのではないか」ということで，これは水かけ論になってしまうわけです。私は実務を知りませんからおかしなことを言っているのかもしれませんが，今の問題というのは割と深刻な話を引き起こすわけです。それがさらに複雑化すると，日本法人のタックスヘイブン子会社の支店に資産を本店から持ち込むときの話が出てきたら，何が何だかわからなくなってしまうことがあります。だから，ついでに mention したのです。

　いろいろな解説書を読んでも何も書いていないところを見ると，あまり考えてこなかったのではないか。いや，国税が考えていないはずはない，何か考えているはずだ，といういずれの推測も成り立ち得ます。どこにも書いていない。では，どうしたらいいのだろうという，この辺は謎としてここにとどめておきたいと思います。

八　ま と め

1　外国子会社との調整の二方法

　最後のまとめのところですが，外国子会社と日本の親会社との利益の調整の問題というのは二つあって，連結法と持分法です。すなわち，利益を合算する方法と株式保有に応じて配当やキャピタルゲインとして処理する方法です。これは連結に理論的に2種類あるというのと全く一緒です。合算してしまう方法と持分法と両方あるということです。外国子会社と日本の親会社との関係については，常に二つの調整がありうるのですが，この二つの方法が法人と株主との間の二重課税の話と，国際的な二重課税の話のそれぞれについてどう適用されるかに関して，どの程度正確に，議論されてきたのかという点について，疑問があります。抽象論として議論することはできませんし，今まであまりにも抽象的なことを言っているのでわかりにくいと思いますが，後で個別の事例でもお考えになりながら考えていただきたいのです。なかなか整理されきってい

ない話がいっぱいあります。

　生保年金でも二重課税という言葉がいろいろなところで使われますが，人によって意味することが違うわけです。資産税と所得税の二重課税，それから，所得税内部での二重課税もあります。貯蓄の二重課税と経済学の人はよく言いますが，稼いだ所得に課税され，税引き後の所得から生まれる利子にも課税されるということです。これは二重課税という言葉を使うよりも時間選好という言葉を使った方が正確です。二重課税には違いないので，何か悪いことのように聞こえてしまいますが，それ自体は所得税の本質なので悪いとかいいとか言ってもはじまりません。そういう話とか，キャピタルゲインの話とか，いろいろな二重課税が複層的に出てきて，今の生保年金の判決の後を受けて，どんな場合に判決の射程を及ぼすのかということで，いろいろな方がいろいろなことを言っているのです。

　ただ，私は本当にこれを突き詰めて考えてみたのですが，自分が正しいという自信があるわけではありませんが，あれと同じような扱いが出てくる場合というのは，実はあまりないのではないか，いや，そんなことないだろうとおっしゃる方もいらっしゃるかもしれませんが，後で「ジュリスト」を読んでみてください，そういう気がします。もちろん，年金の場合もありますし，学資保険とか，何かそういうものについては同様の扱いが必要です。要するに元本があってそこから運用益が生まれるわけです。相続時に元本というか，何か資産があるわけです。それについて相続税が課される。元本の運用益についてだけ課税がされればいいのだけれども，運用益と一緒に元本も払い出される場合に，その元本にも課税してしまうから二重課税になるわけです。なぜ元本も課税されてしまうかというと，減価償却のようなメカニズムがないからでしょう。

　生保年金だって相続時にはいっぱい価値があったのが，1回払い出しをすると現在価値が落ちます。2回払い出しをするとさらに現在価値が落ちます。この現在価値の落ちた分というのは，いわゆる減価償却資産の減価償却と同じですから，その分を引けということをあの判決は言っているわけです。したがって，減価償却が認められている資産だったら，二重課税にならない。このような考え方で100％カバーしているかどうかはともかく，減価償却の認められている資産だったら二重課税にならないというのが私の出した結論です。そして，生保年金のように，元本の払い出しにまで完全に所得税の課税が及ぼされているような資産はなかなかないのです。

　一つ，二つ考えたのは，個人の発明家がぽっと何か思いついて，趣味的な発

明で経費をいっぱいかけて発明したのだけれども，この経費が事業所得の経費等として落とされていないという場合です。所得も何もないので経費どころではなく，申告も何もしていないような人がお金をいっぱい使って，特許権を生み出して死んだ。そうすると，自家創出の取得価格ゼロの特許権ですから，減価償却はないです。でも，相続したときに，例えば1億円なら1億円に対して相続税がかかるわけです。しかし，減価償却はない。通常は買ってくれば減価償却は特許権についてはありますが，今の場合にはないわけです。相続税がかかって，それからの収益に対して，だんだん価値が減っていくのですから，その減価償却なしに所得税がかかるということになります。しかし，そういう場合はその他に一体現実にあるだろうか。

定期借地権がそうだという話もあるのです。定期借地権を使って事業をしているとします。権利金部分について償却を認めておりません。でも，期限がありますからどんどん定期借地権は減っていくわけですから，償却を認めないとおかしいではないかと言うのですが，最後に権利金部分を全額落とせるのです。最後に落としてしまったら，それが妥当かどうかはともかく一応落としているではないかということで，あまり問題はないのではないかというのが私の結論なのですが，「いや，そんなことはない。無限に広がるのだ。株式もそうだし，債券もそうだし，特許権もそうだ」といろいろなことをおっしゃる方がいるのですが，あれがそんなに広がることはないだろうと今のところ思っているわけです。しかし，その話を今日はしにきたのではありません。

2 二つの方法の調整

二重課税という言葉が定義されずに，私どももそうなのですが，あまりにも安易に使われてしまう結果としていろいろな混乱が生ずるということです。この混乱を排除するために国際的な二重課税，国内的な二重課税，法人段階と株主段階の二重課税，それから，先ほど言った時間選好の問題の二重課税というふうに，いろいろ分けてみようというのが実は今日一番言いたかったことです。国内的二重課税という言葉はあまり使わないですが，国内的二重課税があるのは事実で，これを無視してしまって形式論理で課税してしまうことでいいのか。二重課税という言葉に世論は敏感かもしれません。いかにも悪いことのように聞こえるではないですか。しかし，本当はそんなことを言ったって仕方がない場合もあります。どうしても避けられないものがあるし，所得税の制度というのはそもそも時間選好の問題の存在を前提としてできているわけです。貯蓄の

二重課税を，それを悪いと言ってしまったら仕方がないのです。いかにも二重課税と言うと，よくないことをしているように聞こえます。裁判所の方はそれで動くとは思いませんが，何となくそういうことがあるのです。しかし，国内的二重課税について，当局は二重課税が起こっても形式論でいくしかない。それでいらっしゃる以外ないと思うのですが，何というか，理論武装をよほど国税の方は国税の方でしていただき，納税者は納税者の方で別途理論武装をしていただくことが必要なのではないかと思っています。

　以上で終わりにさせていただきます。

初 出 一 覧

　　第 5 編　国際課税

第 1 部

Ⅰ　「国際租税訴訟概論」中里実＝太田洋＝弘中聡浩＝宮塚久編著『国際租税訴訟の最前線』1〜11 頁（有斐閣，2010 年）

Ⅱ　「租税訴訟に有用な理論的フレームワーク」中里ほか編著・前掲『国際租税訴訟の最前線』47〜61 頁

Ⅲ　「最近の国際課税制度の流れ」ジュリスト 1468 号 12〜16 頁（2014 年）

Ⅳ　「タックスヘイブン対策税制と子会社の赤字」西村あさひ法律事務所西村高等法務研究所編『グローバリゼーションの中の日本法［西村利郎先生追悼論文集］』225〜240 頁（株式会社商事法務，2008 年）

Ⅴ　「タックス・ヘイブン対策税制改正の必要性」中里実＝太田洋＝伊藤剛志＝北村導人編著『タックス・ヘイブン対策税制のフロンティア』2〜37 頁（有斐閣，2013 年）

Ⅵ　「課税管轄権からの離脱をはかる行為について」フィナンシャル・レビュー 94 号 5〜34 頁（財務省財務総合政策研究所，2009 年）

Ⅶ　「外国子会社配当益金不算入制度導入の影響」中里ほか編著・前掲『国際租税訴訟の最前線』362〜386 頁

Ⅷ　「国際通信と課税」NIRA 政策研究 1988 Vol. 1 No. 10『企業の多国籍化に伴う法的諸問題——国際通信』18〜23 頁（1988 年）

Ⅸ　「中間持株会社について」中里実＝太田洋＝弘中聡浩＝伊藤剛志編著『クロスボーダー取引課税のフロンティア』95〜113 頁（有斐閣，2014 年）

Ⅹ　「国内支店への海外本店からの資産の持ち込み」論究ジュリスト 4 号 187〜194 頁（2013 年）

Ⅺ　「BEPS プロジェクトはどこまで実現されるか」ジュリスト 1483 号 25〜30 頁（2015 年）

Ⅻ　「付加価値税と国際取引」税研 10 号 3〜10 頁（1987 年）

ⅩⅢ　「税制改革と貿易収支」税研 18 号 26〜33 頁（1988 年）

ⅩⅣ　「タックスヘイブン対策税制」トラスト 60 研究叢書『国際商取引に伴う法的諸

問題⒁』33〜49 頁（2006 年）

第 2 部
- Ⅰ 「地方税の管轄権と地域間調整」総務省編『地方自治法施行 70 周年記念自治論集』101〜111 頁（総務省，2018 年）
- Ⅱ 「地方税条例の効力の地域的限界」地方税 51 巻 11 号 2〜9 頁（2000 年）
- Ⅲ 「固定資産税の負担状況について」『「固定資産税の課税標準の合理性について」に関する報告書』14〜22 頁（日本税務研究センター，1996 年）（非公刊）
- Ⅳ 「地方税における企業課税」岩波講座『現代の法 8 政府と企業』233〜256 頁（岩波書店，1997 年）
- Ⅴ 「これからの法定外税のあり方」『課税自主権の活用のあり方について（課税自主権活用研究会における議論のとりまとめ）』55〜61 頁（自治総合センター，2001 年）
- Ⅵ 「間接税と地方税」日本都市センター編『地方分権と地方税制度』23〜32 頁（日本都市センター，1995 年）

第 6 編　移転価格課税問題の生成

第 1 部
- Ⅰ 「所得税・法人税と国際的取引」，「国際的租税回避」，「国際通信と課税」総合研究開発機構編『経済のグローバル化と法』76〜83 頁，99〜113 頁，145〜156 頁（三省堂，1994 年）
- Ⅱ 「日米租税摩擦と対抗立法」月刊 NIRA 8 巻 4 号 11〜14 頁（1986 年）
- Ⅲ 「移転価格税制」ジュリスト 1104 号 123〜128 頁（1997 年）

第 2 部
- Ⅰ 「OECD モデル租税条約 7 条における利益の計算方法について」日本税務研究センター『移転価格に関する調査結果報告書』102〜161 頁（1998 年）（非公刊）
- Ⅱ 「グローバル・トレーディングにおける利益の配分」トラスト 60 研究叢書『国際商取引に伴う法的諸問題⑼』91〜128 頁（2001 年）
- Ⅲ 「ベリー・レイショに関する覚え書」（2002 年）（未公表）

第 3 部

I 「国際課税におけるリスクの取扱い」日本租税研究協会編『第 46 回租税研究大会記録』107〜130 頁（1995 年）

II 「移転価格課税における無形資産の扱い」日税研論集 64 号 25〜68 頁（2013 年）

III 「移転価格課税と経済理論：実務における経済理論の利用可能性」中里実＝太田洋＝弘中聡浩＝宮塚久編著『移転価格税制のフロンティア』21〜41 頁（有斐閣，2011 年）

IV 「本研究の意義」「管理会計は，統一的な基準を提供しうるか」「まとめ──価格を媒介とした規制の意味」『適正価格規制の調和に関する諸問題』1〜3 頁，37〜45 頁，95〜96 頁（国際貿易投資研究所・公正貿易センター，1995 年）

第 4 部

I 「ヨーロッパにおける租税情報の国際的な交換」トラスト 60 研究叢書『国際商取引に伴う法的諸問題(6)』101〜133 頁（1997 年）

II 「移転価格課税に関連する付随的問題点──フランスにおける状況を中心に」『移転価格課税における第二次調整』及び「各国における相互協議の手続面の整備」に関する調査報告書〔国際業務課委託研究〕185〜217 頁（日本税務研究センター，2000 年）（非公刊）

III 「相互協議における合意と国内法との調整」財団法人トラスト 60『国際商取引に伴う法的諸問題(10)』61〜84 頁（2002 年）

IV 「国際的租税回避否認規定によりもたらされる国内的二重課税」日本租税研究協会第 62 回租税研究大会記録『税制改革の課題と国際課税の潮流』88〜107 頁（2010 年）

索　引

あ　行

アームズ・レングス基準 …………484
空き家 ………………………………239
足による投票 ………………………276
あたかも取引 ………………………391
アドヴァンス・プライスィング・アグリーメント ……………………………380
アドビ事件 …………………………526
アメリカ 1992 年の規則案…………323, 348
アメリカとカナダの間の租税条約 ……570
アンシステマティック・リスク ……482
アントレプレヌールシップ ………490
暗黙の保険料 ………………………486
域　外 ………………………………283
域外者に対する課税 ………………244
域外適用 ……………………………85
域外の企業に対する課税 …………244
域内と域外との区分 ………………249
イギリス王室属領 …………………54
イギリス貴族院 ……………………58
意見書（訴訟の） …………………15
──の有効活用 ……………………26
一号外国法人課税とタックス・ヘイブン対策税制の二重課税 …………………55
一括限度額方式 ……………………309
一括納付 ……………………………297
一般国際法 …………………………5, 18
一般消費税 …………………………216
一般的協力義務 ……………………574
一般的租税回避否認規定 …………147, 647
一般法と特別法 ……………………10
一般法と特別法の関係 ……………12, 69, 652
──から見た租税特別措置 ………70
──に関する原則 …………………70
移転価格 ……………………………313, 336, 339
移転価格課税 ………………………31
──における無形資産 ……………505
──におけるリスク ………………484, 486
移転価格課税後の返還 ……………138
移転価格事務運営指針 ……………507
──2-11 ……………………………515
移転価格税制 ………………………342
──における無形資産 ……………514
──の導入 …………………………340
移転価格に関するガイドライン …348
移転価格に関する白書 ……………347, 439
移転価格によりもたらされる国内的二重課税 …………………………………662
移転価格問題の発生メカニズム …499
移　入 ………………………………182, 189
インカムアプローチ ………………197
インターネット取引…………………29
インタンジブルの問題（課税庁との意見の対立） ……………………………8
インバージョン ……………………120
ヴィークル …………………………168
ウェストファリア条約………………29, 193
迂回的な私法上の構成（配当後の移転価格課税） ……………………………135
受取配当益金不算入 ………………128
宇奈月温泉事件 ……………………648, 659
埋め立て ……………………………250
売上税 ………………………………216
売上比率法 …………………………359
衛星中継 ……………………………151, 326
益金加算 ……………………………599
役　務 ………………………………386
役務提供の対価 ……………………513
エコノミスト誌………………………29
エンティティアプローチ …………197
円の上昇 ……………………………219
追いかけ課税 ………………………598
応益課税 ……………………………261

応益税 …………………………………254
応能的 …………………………………258
王は自らの王国において支配者である …193
オウブンシャホールディング事件 ……111
大口少数の納税者 ……………………296
大蔵省告示 ……………………………79
大蔵省設置法 …………………………627
大阪府 …………………………………251
大牟田市電気税訴訟 …………………271
オール・オア・ナッシング …………144
汚染者負担の原則 ……………………287
オフバランス …………………………479
親子会社間の利益配分 ………………414
親子会社同一体論 ……………………61
オランダ総督 …………………………195

か 行

ガーンジー島 …………………………92
ガーンジー島事件 ……………………54
海外移転 ………………………………120
海外本店からの資産の持ち込み ……180
開業するエコノミスト ………………550
会計事務所 ……………………………8, 19
外交関係に関するウィーン条約3条 …631
外交的保護 ……………………………631
外国会社 ………………………98, 115
外国株式 ………………………………176
外国子会社からの受取配当益金不算入制度
　………………………………………141
外国子会社配当益金不算入制度 ……127
外国税額控除 …………………………612
　──の控除限度額 …………………413
　──の趣旨 …………………………610
　タックス・ヘイブン対策税制上の── …62
外国税額控除事件 ……………17, 650
外国税額控除に関する最高裁判決 ……40
外国税額控除方式 ……………………308
外国税額の損金算入 …………………611
外国政府の政策 ………………………526
外国投資信託 …………………………123

外国の公益法人 ………………………108
外国の公法上の概念 …………………91
外国の事業体 …………………………97
外国の私法上の概念 …………………94
外国の租税の賦課徴収のための質問検査権
　………………………………………591
外国への情報提供 ……………………577
外国法上の概念 ………………………91
外国法人 ………………………95, 115
　──からの受取配当 ………………31
　──と内国法人の区分 ……………305
　──の概念 …………………………90, 91
　──の恒久的施設帰属所得に係る行為又
　　は計算の否認 ……………………32
　──の国外所得 ……………………121
　──の国内支店 ……………………30
　──の日本支店に対する法人税課税 ……68
外国法人課税 …………………………304
外国法人税 ……………………………614
外国法に準拠する事業体 ……………168
解釈協議 ………………………………624
会社法2条2号 ………………………95
『改正税法のすべて』 …………10, 59, 108,
　　　　　　　　　　　　　128, 665, 666
外部コンパラブル ……………………527
価　格
　──からの乖離 ……………………563
　──のセイフ・ガード機能 ………564
　──を媒介とした規制 ……………563
価格操作 ………………………………314
価格を重視する方法（市場取引への引直し）
　………………………………………541
書かれた理性 …………………………11, 71
拡張的貸借対照表 ……………………540
家計の貯蓄 ……………………………213
過去の投資 ……………………………320
加算された利益の課税 ………………599
加算税 …………………………………76
貸倒れの認定 …………………………27
貸　付 …………………………………382

過少資本 ……………………312, 337
過少資本税制 …………………171
カストディアン …………………185
課税恩典 ………………………524
課税管轄権………84, 146, 193, 246, 350, 413
　　──という観点 …………………265
　　──の種類…………………87
　　──の衝突の解消 …………274
　　──の配分 …………………402
課税管轄権からの離脱…………83
　　──の態様 …………………89
課税技術上の要請 ……………256
課税客体 ………………………416
課税権
　　──の間の調整 ……………278
　　完全なる── ………………268
課税減免 ………………………611
課税減免規定
　　──の射程範囲の限定 ……40, 63
　　──の目的的解釈……………63
課税自主権 ……………………244
　　──の行使 …………………283
課税主体 ………………………416
課税上の恩典 …………………525
課税済み利益からの配当………67
課税庁間の国際的協力 ………209
課税とリスク …………………483
課税取引 ………………………204
課税に関する立法管轄権の調整 …248
課税の中立性 …………………257
　　──の確保 …………………208
仮装の行為………………………20
過大支払利子税制 ……………171
合算済み所得を原資として配当が支払われ
　　た場合 ………………………52
合衆国モデル条約 ……………376, 387
合衆国モデル租税条約 ………366
活動拠点（役務提供者の）……205
株式譲渡益………………………67
株式の買取請求 ………………657

株主代表訴訟 ……………………8
株主を顧客とするサーヴィス …163
為替スワップ …………………422
為替リスク ……………………487
管轄権……………………………84, 245
環境賦課金 ……………………288
関税と貿易に関する一般協定 …217
間接外国税額控除………………53
間接課税 …………………………61
間接税
　　──と地方税 ………………292, 296
　　新型の──の導入 …………216
　　直接税と── ………………296
間接的方法（恒久的施設の利益の算定）…387
間接法
　　──（国内営業所得の算定）……367
　　──（支店の純所得の算定）……388
完全競争市場 …………………345
還付請求権の消滅時効 ………638
管理会計 ………………409, 551, 554
管理支配地主義 ………………305
関連会社間取引 ………………424
関連会社間の利益の配分 ……403
期間制限 ………………………637
企業活動の病理…………………13
企業グループ内取引 ……342, 343, 535, 539
企業グループ内の組織再編 …161
企業経済学 ……………………396
企業内取引 ……………342, 343, 498, 535
　　──と市場取引の選択 ……343, 538
企業の組織形態の選択 ………557
企業の多国籍化に伴う法的諸問題に関する
　　研究会 ……………………324, 334
企業の利益………………………51, 376
企業の利得 ……………………230
企業の理論 ……………410, 533, 538
擬制（恒久的施設のみなし独立性）………400
貴族院判決 ……………………227
帰属主義…………………………28, 198
帰属所得 ………………………260

帰属所得主義……………………30, 307
帰属の変更……………………………38
帰属変更説……………………………57
帰属モデル…………………………224
北イタリア……………………………11
機内食製造部門……………………191
機能的方法（独立企業原則の理解）………417
機能のリターン……………………393
機能分析……………………391, 474
寄付金課税…………………………346
規模の利益…………………315, 541
基本原則………………………………9
基本三法の限界……………………548
基本問題小委員会（政府税制調査会）……31
義務的情報開示ルール……………198
逆進性（→所得に対する逆進性）……253, 259
客観的な時価………………654, 657
キャッシュ・フロー………………404
キャッシュフロー…………………492
　　　──の束……………………498
キャピタル・ゲイン………………384
キャピタルゲイン…………………477
　　　──の国外流出……………121
強行法規…………………………94, 99
強制管轄権……………………………85
行政共助の提供……………………587
行政協定……………………………632
強制減資……………………………655
業務地主義…………………152, 327
協力義務……………………………574
居住地…………………………………90
　　　──の移転…………89, 90, 122
許　　諾……………………………326
銀行取引……………………………490
銀行秘密……………………………569
　　　──の保護…………………567
銀座4丁目…………………………524
金　　銭
　　　──の時間的価値…………490
　　　──の代替性………………405

金融機関
　　　──の内部利子……………428
　　　──の本支店間取引………422
金融資産……………………………255
金融仲介機関………………………491
金融仲介サーヴィス………160, 162
金融的機能…………………………392
金融取引……………………422, 426
　　　──とリスク………………490
『金融取引と課税』…………………108
金融派生商品………………………281
国
　　　──の行政区画………………98
　　　──の債務…………………194
　　　──の措置…………………618
国と地方……………………………236
　　　──の対立……………237, 295
国別限度額方式……………………309
グラクソ事件………………………197
グラクソ事件最高裁判決……………52
グローバル・ディーリング・オペレイショ
　　ンに関する規則案……………430
グローバル・トレーディング…355, 380, 408,
　　　　　　　　　　425, 429, 494
経営指導……………………506, 549
経営指導料…………………………516
　　　──の寄附金該当性………511
経営上の異常な行為………………599
経営上の裁量………………………656
経営判断……………………161, 169
　　　──における裁量…………170
経営判断原則………………………656
軽課税国指定制度……………………80
景気変動……………………………278
経済学的発想………………………320
経済的二重課税……………………226
経済理論……………322, 497, 532
　　　──の受容…………………505
形式基準（本支店間の利益の配分）………360
形式性………………………………661

形式的市場取引 …………………345, 536
形式的否認規定の形式性 ……………659
形成可能性の濫用（私法上の法律関係）…32
ケイマン諸島 …………………………115
契約が不存在ないし無効である場合（租税
　法総論と私法の関係）………………20
契約法……………………………………99
経理部……………………………………26
ケースロー ……………………………660
ゲームの理論 …………………504, 547
欠損金の利用制限 ……………………286
ケベック問題 …………………………276
原　　価 ………………………………558
限界コスト ……………………………546
限界集落 ………………………………239
限界生産性 ……………………………345
減額更正の除斥期間 …………………638
減価償却 …………………………321, 670
減価償却資産 …………………………189
研究者……………………………………25
県境税調整 ……………………………300
権限ある当局 ………603, 605, 618, 632
　──のイニシアティブによる場合 ……607
現在価値 ………………………………531
原産地原則 ……………………………416
源泉管轄からの離脱……………………90
源泉徴収 ………………………………325
源泉徴収義務……………………………18
源泉徴収所得税の還付 ………………640
源泉徴収体系 …………………………282
源泉徴収免除の申請 …………………173
原則と例外 ………………………………12
謙　抑 …………………………………289
権利章典 ………………………………195
権利能力 ………………………………101
権利濫用の法理 ………………………648
行　　為 …………………………………33
好意的な手続 …………………………605
好意による情報 …………………577, 578
合意の執行 ……………………………637

合意の実施 ……………………………637
合意は拘束する ………………………632
公益法人改革 …………………………108
公開会社の傘下にある同族会社 ……171
恒久的施設 …………154, 228, 329, 354
　──の独立性 ………………………382
　──のみなし独立性 ………………399
恒久的施設原則 ………………………416
恒久的施設なければ課税なし……52, 158, 333
恒久的施設なければ事業所得課税なし …354
恒久的施設に帰属する利益 …………354
　──の算定 …………………………401
恒久的施設の制限的独立の原則 ……373
恒久的施設の利益
　──の計算方法 ……………………417
　──の額 ……………………………370
興銀事件…………………………………26
興銀税務訴訟 …………………………661
航空機リース事件………………………20
広告費 ……………………321, 503, 546
耕作地の放棄 …………………………239
控除限度額 ……………………………309
控除枠の彼此流用………………………78
高成長 …………………………………212
更正の請求の特例 ……………………639
高貯蓄率 ………………………………212
行動 12（BEPS プロジェクト）……198
合同行為 ………………………………105
後発的事由 ……………………………640
公表されたデータ ……………………467
項目別方式 ……………………………187
合　有 …………………………………107
小売売上税 ……………………………300
効率性 …………………………………294
ゴーイング・コンサーン・ヴァリュー …384
コースの企業の理論 …………………500
コーポレートの問題（課税庁との意見の対
　立）………………………………………8
コーポレート・ファイナンス …348, 501, 546
子会社の赤字……………………………35

子会社の留保所得の租税条約上の性質 …230
子会社を顧客とするサーヴィス ………163
顧　　客 ……………………………382
国外移転所得金額の返還 ……………518
国外源泉所得 …………………………109
　　――に対する課税 ………………114
国外所得免税 …………………………53
国外所得免税方式 ……………………308
国際運輸業所得 ………………157, 333
国際課税ディスカッショングループ（政府
　税制調査会） ……………29, 30, 198
国際課税における源泉徴収 …………307
国際協調主義 …………………………634
国際金融取引とリスク ………………490
国際司法裁判所 ………………………624
国際租税訴訟 …………………………4
「国際租税法上の諸問題」 …………334
国際通信 …………………………149, 324
　　――と付加価値税 ……………155
国際通信所得 …………………153, 328
国際的課税問題
　　――の種類 ……………………6
　　――の特色 ……………………6
国際的な経済秩序 ……………………200
　　――の縛り ……………………194
国際的情報サービス提供の対価 ……332
国際的な租税回避
　　――の諸類型 …………………311
　　――否認規定の性格 …………75
国際的な課税逃れ ……………………31
　　――の対策 ……………………197
国際的な情報交換 ………210, 570, 575
国際的な税源の配分 …………………350
国際的な振替価格 ……………………559
国際的な礼譲 …………………………93
国際的二重課税 ………………………171
　　――の排除 ……………………307
国際取引 ………………………………304
　　――に係る租税回避否認規定 …32
国際法 …………………………………4

　　――違反 ………………………145
国際放送 ………………………………151
国際法との関係（租税法総論） ……18
国際法は国内法に優位する …………23
国際法優位の考え方 …………………638
国際連盟 …………………………357, 394
国税庁 …………………………………23
国税と地方税の調整 …………………263
国税不服審判所平成14年5月24日裁決
　……………………………………519
小口多数の納税者 ……………………296
国内課税主義 …………………203, 204
国内業務 ………………………………152
国内源泉所得 …………………………305
　　――の算定方法 ………………30
　　――の支払 ……………………150
　　――の範囲 ……………………109
国内事業から生じた所得 ……………181
国内事業所帰属方式 …………………187
国内事業所得 …………………176, 186
　　――と独立企業原則 …………187
　　――に該当しない資産の譲渡による所得
　……………………………………180
国内事業所に帰属する資産の譲渡から生ず
　る所得 …………………………179
国内資産所得 …………………………176
国内所得主義 …………………357, 415
国内的二重課税 ………49, 130, 644, 662, 664
　　――の惹起 ……………………67
国内にある資産の運用，保有若しくは譲渡
　により生ずる所得 ……………176
国内法上の救済手続と相互協議手続との関
　係 ………………………………605
国内法の整備 …………………………198
国務院 …………………………………225
国連モデル条約 ………………369, 386
国連モデル租税条約 …………………310
個人の負担 ……………………………253
国家管轄権 ……………………………85
　　――の属地性 …………………85

索　引　683

国家間の税源配分 …………………403
国家主権
　　──の縛り ……………………193
　　──の属性 ……………………266
国境税調整 ……………………280, 299
国境における調整（付加価値税）……201, 207
国権の最高機関………………………21
固定資産課税台帳 …………………256
固定資産税
　　──の転嫁 ……………………263
　　──の負担状況 ………………253
　　──の物税としての性格 ……255
固定的な施設 ………………………365
個別具体的な事例の集積 …………148
個別的な租税回避否認規定 …166, 651
護摩札 ………………………………647
コモンローと制定法の関係…………11
コンセイユ・デタ ……………597, 600
コンティンジェント・ペイメント ……493
コンプライアンス ……………………8
　　──の視点 ……………………13

さ　行

サービス貿易 …………………157, 330
在外資料
　　──の収集 …………………313, 337
　　──の要求 …………………339
最近の国際課税制度…………………28
最高裁平成 16 年 12 月 24 日判決………661
最高裁平成 17 年 2 月 1 日判決………660
最高裁平成 17 年 12 月 19 日判決………660
最高裁平成 21 年 5 月 29 日決定 ……657
最高裁平成 22 年 7 月 6 日判決………531
最終的な解釈権限……………………10
財政軍事国家 ………………………194
財政と金融 …………………………194
最適価格 ……………………………558
差異の調整 …………………………528
裁判管轄権 …………………………246
裁判所………………………………15

　　──の法創造機能……………10
裁判上の問題（国際租税訴訟）…………9
裁判所出頭命令 ……………………337
裁判対応……………………………25
再放送 ………………………………326
債務確定主義 ………………………477
裁量的判断 …………………………170
サブスタンス ………………………294
サプライ・サイド ……………213, 349, 542
差別的課税 …………………………339
三角合併 ……………………………120
産業スパイ防止 ……………………582
産業組織論 ………343, 408, 410, 500, 555
産業廃棄物処理税 …………………287
産業廃棄物税 ………………………285
産業廃棄物の埋め立て ……………250
産業廃棄物排出者 …………………250
三十年戦争 …………………………193
残余利益分割法 ………………517, 520, 522
シークレット・コンパラブル ……526, 528
時価主義 ………………………281, 414
時価取引 ……………………………171
時価評価 ……………………………414
事業経費控除機能 …………………312
事業譲渡類似の株式譲渡 …………116
事業上の要素 ………………………380
事業所得留保機能 …………………311
事業税
　　──の外形標準化 ……………278
　　──の外形標準課税 …………251
事業に係る行為 ……………………182
事業用資産の譲渡 …………………178
　　──から生ずる所得 …………182
事業リスク …………………………487
資金効率 ……………………………174
事　後 ………………………………476
自国産品と輸入品の間の競争条件 ………202
自国中心主義 ………………………87
自国内の地方団体相互間の関係 ………247
自己資本比率とリスク ……………489

事後的調整（移転価格）……………197
事後の対応（国際的な課税問題への法的対
　応）……………………………………13
資　産
　──とは何か…………………………521
　──の概念……………………………502
　──の取得形態………………………515
　──の持ち込み………………………176
資産移転……………………………………122
資産格差……………………………………218
資産価値の移転……………………………111
資産収益率法………………………………439
資産選択行動………………………………213
資産の国境を越えた企業内移転…………384
事実解明義務………………………574, 575
事実認定………………………15, 24, 46, 116
　──による否認…………………… 6, 170
　──の重要性……………………………21
　──の問題……………………………510
事実を認定する全能者の立場………………22
自主財源の調達手段………………………268
市　場
　──と企業……………………………409
　──の失敗…………………………503, 546
市場価格……………………………………556
市場構造としての課税恩典………………525
市場収益率…………………………………348
市場取引……………………………………343
　──の内部化…………………………538
　──への引直し………………………347
システマティック・リスク………………482
事　前………………………………………476
事前の対応（国際的な課税問題への法的対
　応）……………………………………13
実　演…………………………………151, 326
実現概念……………………………………413
執行可能性…………………………………404
執行管轄権……………………………85, 88, 246
執行の便宜……………………………………75
実質企業内取引……………………………345

実質所得者課税の原則………………………36
実質性………………………………………661
実質的関連所得……………………………364
実質的企業内取引…………………………536
実物資産……………………………………255
私的なデータ………………………………467
支　店………………………………………388
　──の純所得…………………………388
　──の独立会計………………………190
支店利益……………………………………190
　──の算定……………………………179
支払利子控除否認制度……………………213
司法共助条約………………………………568
司法国家……………………………………660
司法試験の科目………………………………25
私法上の形成可能性の濫用………………648
私法上の権利濫用…………………………648
私法上の法形式……………………………165
　──の尊重………………………………10
私法上の法形成を無視して課税を行うこと
　はできない……………………………24
私法上の法律構成…………………………654
司法制度改革………………………………646
私法との関係（租税法総論）………………19
私法の尊重…………………………………10
資本構成……………………………………171
資本所得……………………………………596
資本等取引…………………………………609
資本取引……………………………………113
資本・負債比率………………………171, 172
仕向け地原則………………………………351
社会通念………………………………27, 661
借用概念の理論……………………………10
社　団………………………………………101
社団性………………………………………104
射程範囲の限定………………………………35
社内体制の整備………………………………26
収益率で考える考え方（移転価格課税）…500
収益率法……………………………………439
宗　教………………………………………196

索　引　685

囚人のジレンマ ……………319, 504, 547
住宅の取得形態 ……………………214
重要な無形資産 …………………520, 522
主権国家 ………………………………83
　　──の併存状態 ……193, 200, 246
主権の概念 ……………………………193
主権免除 ………………………………87
主権免除法 ……………………………88
主権免税 ………………………………87
　　──の原則 ………………………193
受贈益 …………………………111, 112
出資の払戻 ……………………………609
出　訴 …………………………………604
純粋リスク ……………………………480
準ずる計算（法人税法142条）………188
準則法 …………………………………274
償還差益 ………………………………116
　　──の分離課税 …………………118
商慣習法 ………………………………71
商業活動 ………………………………87
証券投資信託 …………………………123
証　拠 …………………………………22
証拠法 …………………………………21
商事会社 ………………………………107
使用地主義 ……………………152, 327
消費型付加価値税 ……………………351
消費志向 ………………………………218
消費税 …………………………………156
　　──の輸出免税 …………………28
消費地主義 ……………………………201
消費統計 ………………………………280
商品の供給 ……………………………385
商　法
　　──1条（平成17年改正前）……12
　　旧──1条 ………………………71
情報交換 ………………………………586
　　──に関する条項 ………………569
情報交換条項 …………………………569
情報収集 ………………………………566
情報通信技術 …………………………425

情報提供
　　──の拒否 ………………………581
　　──の対価 ………………………157
情報提供義務 …………………………580
　　──のない場合 …………………582
情報提出義務 …………………………579
情報の独占的利用 ……………………548
条約漁り ………………………………312
条約適用認容論 ………………………224
条約適用否定論 ………………………224
条約法に関するウィーン条約 ………624
将来キャッシュフロー ………………545
　　──の束 …………………………502
条　例
　　──の管轄権 ……………………247
　　──の法令審査 …………………251
諸外国のCFC税制 ……………………78
植民地競争 ……………………………195
所得課税におけるリスク ……………475
所得に対する逆進性 …………………260
所得に対する累進性 …………………259
所得別限度額方式 ……………………309
処分や異議申立ての段階（国際課税問題への対応）………………………………7
所有者不明土地問題研究会 …………241
資料提出・証言命令 …………………337
白いカンヴァス ………………………292
新株の有利発行 ………………………656
新株発行 ………………………………656
シンガポール …………………………232
申告納付の方式 ………………………306
審査請求や訴訟の段階（国際課税問題への対応）………………………………8
新　税 …………………………284, 289
人　税 …………………………………255
新制度派経済学 ………………………195
人的要素 ………………………………168
真理は細部に宿る ……………………236
推計的要素 ……………………………529
スイス …………………………………567

スイス課税当局 …………………………381
スイス国際的司法共助に関する連邦法 …568
スーパー・ローヤルティー・ルール …347
数理計画法 ………………………………558
スキーム …………………………………22
スクリーニング …………………………15
筋の良い事件 ……………………………16
ストラドル ………………………………431
スワップ取引 ……………………………423
制限的独立性 ……………………………372
政策税制 …………………………………66
　──の射程範囲限定論の拡張 …………42
　──の目的的解釈 …………………35, 39
政策目的 ……………………………40, 611
政策立法 …………………………………74
生産地主義 ………………………………201
生産物 ……………………………………320
生産物市場 ……………………320, 500, 540
生産要素 …………………………………320
　──の投資額 …………………………404
生産要素市場 …………………319, 501, 540
税収の配分 ………………………………238
税制改正
　昭和37年度── ……………………187
　昭和53年度── ………………………61
　昭和53年度の──に関する答申 ……36
　平成4年度── ………………………80
　平成26年度── ………………………198
　1986年── …………………………317
製造機能 …………………………………392
制定法 ……………………………………11
制定法の解釈 ……………………………20
　──と普通法の発見 …………………21
制定法律 …………………………………21
静的リスク ………………………………480
正当性 ……………………………………293
制度的保障税 ……………………………272
製品保証 …………………………………486
政府委員 …………………………………225
政府税制調査会 ………28, 30, 198, 236

政府の規制 ………………………………525
生保年金 ………………531, 644, 653, 670
税務 ………………………………………9
　──のセクション ……………………8
　──の専門家 ……………………17, 25
　──の知識 ……………………………23
税務会計 …………………………………25
税務会計的なもの ………………………25
税務訴訟 ……………………………9, 24
政令 ………………………………………110
セカンド・ベスト ………………………292
設立行為 …………………………………105
設立根拠法 ………………………………96
設立準拠法 ………………………………101
設立準拠法主義 …………………………305
全所得主義 ……………30, 189, 306, 364
先進国 ……………………………………310
専任の役員 ………………………………167
専用の事業所 ……………………………167
双輝汽船事件 ………………………37, 51
双輝汽船事件最高裁判決 ……………45, 46
総合的な判断 ……………………………25
相互協議 ………………313, 607, 625
　──と外交的保護の関係 ……………631
　──に関する権限 ……………………627
　──の効力 ……………………………633
相互協議手続 …………………603, 616
　──の開始 …………………617, 620
　──の時間における効果 ……………619
　──の同意 ……………………………621
相互協議における合意 …………………641
　──と国内法との調整 ………………623
相互協議の合意 ………………606, 635
　──と還付 ……………………………639
　──の効力 ……………………………630
　──の国内法的効力 …………………624
相続税に関する仏米条約 ………………604
相続税法10条 …………………………123
相対の金融取引 …………………………427
相対の内部取引 …………………………426

索　引　687

贈与税 …………………………………123
ソース・ルール ………………………305
訴訟を睨んだ場合（課税処分の回避）……24
租税回避
　　――が存在しない場合の租税回避否認規
　　　定の適用の可否 …………………146
　　――の定義 …………………………648
租税回避否認
　　――と事実認定………………………44
　　――の本質 …………………………135
租税回避否認規定 ………………6, 658
　　――と条約との関係…………………52
　　――の問題点 ………………………646
租税裁定取引……………………………83
租税情報 ………………………………566
租税条約 …………………………309, 414
　　――との関係（タックス・ヘイブン対策
　　　税制）………………………………51
　　――における情報交換条項 ………576
　　――に反する場合 …………………613
　　――の解釈権限 ……………………623
租税条約実施特例法7条 ………630, 639
租税制度全体としての累進性 ………261
租税訴訟 ……………………………9, 24
　　――に有用な理論的フレームワーク……15
　　大型の―― ………………………16, 26
租税特別措置法……………………11, 652
　　――1条 ……………………………70
　　――66条の6 ………………………37
租税特別措置法基本通達
　　――66条の4(8)-1 …………………133
　　――66の6-20………………73, 77, 666
租税特別措置法上の否認規定…………76
租税の概念………………………………92
租税法
　　――と会社法 ………………………657
　　――における契約の尊重 …………655
　　――の解釈…………………………24
租税法総論 …………………………16, 17
租税法的なもの…………………………25

租税法独自の観点からの事実認定 ………170
租税法独自の権利濫用 …………………650
租税法律主義………………………………12
　　――の厳格な縛り ……………………72
租税立法局 ………………………………621
租税を重くする特別措置 …………13, 74
租税を軽くする特別措置 …………13, 74
外税控除の事案 …………………………660
その他所得 …………………………598, 609
その他所得に関する政令 ………………110
ソフトロー …………………………631, 632
損金・必要経費算入 ……………………262

た　行

ターム・ストラクチュア・オブ・インタレ
　スト……………………………………493
対応的調整（親会社の本国における）……336
対　価 ……………………………………660
対外関係課税法 …………………………574
対抗立法 ……………………………123, 338
第三者責任 ………………………………656
第三者割当増資 …………………………112
大使館には源泉徴収義務はない…………18
大使館の日本人職員………………………18
台帳課税主義 ……………………………256
第二次調整（移転価格課税）……132, 594, 595,
　　　　　　　　　　　　　　　　599, 612
　　――と外国税額控除 ……………608, 614
　　――の際の源泉徴収と租税条約との関係
　　………………………………………600
第四の方法
　　――（移転価格に関する）…………449
　　――（独立当事者価格）……………315
代理人PE………………………………430
多国籍企業の理論 ………………………537
出さなくても良いもの（課税に関する情報）
　…………………………………………22
多段階（地方消費税）……………………299
タックス・プランニング ………………310
タックス・ヘイヴン子会社

──の利用 …………………311
タックス・ヘイブン子会社
　　──の海外支店……………52
　　──の支店 …………………130
　　──の日本支店 ………49, 67
タックスヘイブン子会社
　　──からの配当 ……………664
　　──の事業所得 ……………226
　　──の日本支店 ……………664
タックス・ヘイブン対策税制…………12, 142
タックスヘイブン対策税制………31, 35, 38, 87, 197, 221
　　──と租税条約の関係 ……221
『タックス・ヘイブン対策税制の解説』…233
縦割り ……………………………25
棚卸資産 …………………189, 668
他法分野との関連（課税処分の回避）……23
単なる計算上の数字 ………………59
ダンピング ……………………209
弾力性（為替変動についての）…………488
地域慣習法 …………………11, 70
地域間調整 ………………………236
地域的限界 ………………………237
チェックザボックス ……………173
地方自治 …………………………236
　　──の本旨 ……………236, 264
　　──の理念 ………………295
地方消費税 ………238, 280, 293, 298
地方税
　　──と企業課税 ……………277
　　──と国際課税 ……………266
　　──における望ましい課税物件 ……277
　　──の管轄権 ………………236
地方税条例 ………………………251
　　──の効力の地域的限界 ……243
地方税制改革 ……………………294
地方税における企業課税 ………264
　　──の問題点 ………………278
地方税法 …………………244, 249, 269
地方団体 …………………………269

　　──から受ける受益 …………258
　　──と外国・外国の地方団体 ……275
　　──と国 …………………274, 277
　　──と他の地方団体 ………274
　　──と地方団体の間の対立 ……237
　　──の課税管轄権 …………237
　　──の課税権の憲法上の位置づけ …271
　　──の固有の財源 …………264
　　──の財政破綻 ……………240
　　──の主権 …………………264
　　──の地域的区画割り ……274
地方団体間の課税権の調整 ……281
地方団体間の対立 ………………243
地方団体相互間の課税権の衝突 ……247
地方団体相互間の権限の調整 ……245
地方団体対外国 …………………247
地方団体対自国 …………………247
地方団体どうしの対立 …………264
地方団体の課税権 ………………267
　　──の固有性 ………………273
地方と地方 ………………………236
　　──の対立 ………………295
地方の窮乏 ………………………236
地方の疲弊 ………………………238
地方分権 …………………………243
中央集権的経済体制 ……………240
仲介機関 …………………………174
中間処理 …………………………250
中間層
　　──の経済的・社会的行き詰まり …238
　　──の没落 ………………238
中間本部 …………………………162
中間持株会社 ……………159, 162
　　──の利用 ………………166
仲裁条項 …………………………633
抽象度 ……………………………293
中世ヨーロッパ…………………11
中立的価格 ………………………558
超過利益 …………………………524
超過利潤 …………………………505

索　引　689

調査段階（国際課税問題への対応）………7
徴収等に関する国際的協力 ……………210
懲罰的性格………………………………75
懲罰的な意味合い………………………62
直接法
　　──（国内営業所得の算定方法）…367, 371
　　──（支店の純所得の算定）…………388
著作権 ……………………………………325
　　──の使用料 ……………………150, 325
著作物 ……………………………………151
著作物の利用 ………………………150, 325
　　──の許諾 …………………………151
著作隣接権 …………………………151, 326
　　──の使用料 ……………………151, 326
貯　蓄 ……………………………………215
追加の情報提供要求 ……………………581
通商条項 ……………………………245, 248
通信衛星 ……………………………154, 329
通信技術 …………………………………281
通達の援用………………………………23
つまみ申告………………………………18
定額定期所得 ……………………………365
定期借地権 ………………………………671
帝国議会 …………………………………20
ディマンド・サイド …………349, 502, 542
データの質 ………………………………459
データの出所 ……………………………467
データベース ………………………150, 325
適正価格規制 ……………………………551
　　──の統合 …………………………561
適正価格規制制度 ………………………554
適正所得算出説………………………57, 537
手続的保障 ………………………………593
『デフレ下の法人課税改革』……………50
デラウェア州法……………………………95
デリバティブ ……………………………479
デリバティブ的な手法を用いた保険………20
デリバティブ取引 ……………………29, 429
転嫁（課税の）…………………………256
電気ガス税 ………………………………271

ドイツ大蔵省の覚書 ……………………576
ドイツ租税通則法
　　──88条1項 ………………………574
　　──90条 ……………………………574
　　──117条 …………………………576
　　──117条4項 ……………………583
ドイツにおける恒久的施設に帰属する利益
　の算定方法 ……………………………366
ドイツの人的会社 ………………………101
同一所得…………………………………60
統一的適正価格 …………………………561
統一的な評価方法 ………………………560
同一又は類似の活動 ……………………371
同一又は類似の条件 ……………………372
同位でない課税権者 ……………………277
当期営業費用 ……………………………456
投機的リスク ……………………………480
登記名義人 ………………………………256
東京地裁平成12年3月3日判決………510
東京都 ……………………………………237
　　──の銀行税 ………………………284
当局の租税法解釈………………………23
統　合
　　──の程度 …………………………355
　　──の利益 ……………………315, 541
動産の引渡 ………………………………204
投資所得受取機能 ………………………311
投資の現在価値 …………………………404
動的リスク ………………………………480
登　録 ……………………………………106
独自の少数説……………………………15
独自の理論………………………………15
独占禁止法 ………………………………164
特定外国信託 ……………………………125
特定の地方公共団体の存在 ……………295
特別徴収義務者 …………………………250
特別な協力義務 …………………………575
特別法である租税特別措置法……………68
特別法は一般法を廃する ……………11, 70
独立企業間価格算定方法 ………………469

独立企業原則 …………………186, 354
独立企業の擬制 ……………………394
独立性（企業の）……………………377
独立当事者価格 ……………………314
独立当事者間取引価格 ……………336
土地の所有義務 ……………………241
トランスファー・プライシング ……313
取締役の裁量 ………………………169
取締役報酬 …………………………119
取引 …………………………………112
　——に着目する方法（移転価格課税）…500
取引単位営業利益法 ………………526
取引費用 ……………………………344
取引費用経済学 …………498, 533, 537
トレイシング ………………………405

な 行

内外無差別（地方税の課税）………249
内閣法制局 …………………………251
内国歳入庁 …………………………313
内国歳入法典
　——351条 ………………………447
　——482条 ………………………313
　——482条に関する White Paper ………542
　——482条による配分の検証手段 …446
内国法人 ………………………95, 115
内部コンパラブル …………………527
内部取引 ……………………33, 409, 418
内部利子 ……………………………427
名寄せ（固定資産の）………………258
逃げ足の遅い人 ……………………488
二元論（国際法と国内法の関係）……624
二重課税 ………………………670, 671
日仏租税条約11条…………………608
日米租税摩擦 ………………………336
日星租税条約 ………………………230
日本国憲法
　——前文 ………………………634
　——98条2項 …………………634
日本社会の変化 ……………………218

日本の支店への資産の移入 ………668
ニューヨーク・タイムズ ……………196
ネット・コンテンツ ……………28, 30
狙い撃ち ……………………………284
納税者
　——等の協力義務 ………………574
　——のイニシアティブ …………603
　——の申立て ……………………620
納税の義務 …………………………290
ノウ・ハウ …………………………546
ノン・レコグニッション ………423, 447

は 行

バーチャルリアリティ ………………22
パートナーシップ …………………406
ハーバード・ビジネススクール ……534
配当益金不算入 ……………………667
配当擬制税 ……………………………56
配当後の移転価格課税 ……127, 130, 136
配当と移転課税との二重課税 ……518
配当モデル …………………………224
売買 …………………………………24
ハイブリッド ………………………491
バイラテラルな制限 ………………247
ハイリスク・ハイリターン ………482
白書 …………………………………542
漠然とした規定 ……………………647
破産自治体 …………………………240
パススルー・エンティティー ……106
裸の実質主義 ………………………170
破綻法制の整備 ……………………240
発生主義会計 ………………………477
発展途上国 …………………………310
バミューダ親会社への再保険料の支払 …122
パリティー …………………………537
判決確定後の対応（国際課税問題への対応）
　……………………………………8
万国著作権条約 …………………152, 327
非永住者 ……………………………588
比較可能性 …………………………484

索　引　691

――の判断基準 …………………………469
非課税規定 ………………………………653
非課税貯蓄制度の廃止 …………………212
引当金 ……………………………………476
ビジネス・リスク ………………………483
非正規雇用の拡大 ………………………239
費用分担契約 ……………………………422
病理現象 …………………………………19
比例税率 …………………………………255
ファイナイト事件 ………………………54
ファイナンシャル・リスク ……483, 489
ファイナンスの問題（課税庁との意見の対
　立） ………………………………………8
ファイナンス理論 ………404, 405, 540, 550
ファンドの課税 …………………………114
フィックスト・ペイメント ……………492
フィルムリース事件 ………17, 20, 649
プエルトリコ ……………………………447
フォーミュラ ……………………………408
付加価値税
　――と国際取引 ………………………201
　――の輸出促進的効果 ………………217
不確実性 …………………………………476
複数の課税団体による多重課税 ………278
仏伊租税条約 ……………………………598
普通法 ……………………………………11
物　税 ……………………………………255
物的要素 …………………………………168
仏独租税条約 ……………………………598
不　当 ……………………………………170
不動産登記 ………………………………242
不文の法 …………………………………5
フランス一般租税法典
　――57条 …………………595, 599, 601
　――119 bis 条 2 項 …………………596
　――209 B 条 ………………………79, 224
フランス国務院 …………………………224
フランス 1986 年 3 月 4 日通達 ………615
フランス相互協議に関する通達 ………615
フランス租税手続法典 114 条 …………589

フランス・デンマーク租税条約 ………598
フランスにおいてなされた取引 ………204
フランスにおける相互協議 ……………603
フランスへの輸入 ………………………205
フランス・ベルギー租税条約 …………598
ブランド …………………………………546
プランニング（国際課税問題への対応）……7
フリーライダー ………………504, 546
振替価格 …………………………411, 555
プリザベーションの原則 ………………636
ブリュメール 18 日 ……………………200
古い租税は良税である …………………289
ブルーカラーの没落 ……………………238
プレス等への対応（国際課税問題への対応）
　………………………………………………8
文化団体 …………………………………196
分割・配分 ………………………………297
分配された利益に対する課税 …………599
分配所得 …………………………596, 599
分離会計 ……355, 358, 360, 371, 378, 407, 421
分離観察法 ………………………………179
分離企業の擬制 …………………………395
分離性（企業の） ………………………377
分類所得税 ………………………………356
別個のかつ分離した企業 ………………372
ヘッジ取引 ………………………………427
別世界（タックス・ヘイブンの二つの地域）
　………………………………………………79
別表 4 ……………………………………16
ベルヌ条約 ………………………152, 327
ポアソン分布 ……………………………481
貿易収支 …………………………………212
貿易摩擦 …………………………………207
放棄される土地 …………………………241
法　人
　――に対する課税 ……………………244
　――に対する固定資産税の課税の根拠
　　……………………………………254
　――の意義 ……………………………96
　――の概念 ……………………………95

──の負担 …………………253
──の利用 …………………161
法人格 ………………………424
　──の有無 ……………161, 411
　──の付与 …………………97
法人課税 ……………………296
法人課税ディスカッショングループ（政府
　税制調査会） ………………31
法人擬制説 ……………254, 256, 258
法人自体のメリット …………168
法人実在説 ……………………254, 258
法人税
　──等の退行現象 ………………29
　──の実効税率 …………………31
　──の納税義務者 ……………412
法人税法
　──11 条 …………………35, 37
　──11 条とタックス・ヘイブン対策税制
　　との関係 ……………………51
　──22 条 2 項 …………………654
　──69 条 ………………………614
　──132 条 ……………………166
　──138 条 1 号のその他所得 …110
　──140 条にいう政令 …………113
　──147 条の 2 …………………32
　──における外国法人 …………95
　──の全文改正（昭和 40 年） …189
　一般法である── ………………68
　旧──別表 ……………………109
法人税法施行令
　──176 条 5 項 ………………114
　──178 条 5 号 ………………110
法人税法上の外国法人 …………101
法人税法上の否認規定 …………76
法人成り ………………………161
法人法定主義 …………………96
法　曹 ………………………20
　──が作り出した民法 …………21
　──の矜持 ……………………71
放　送 ……………………151, 326

放送局 ………………………150
法曹資格 ……………………251
法曹職業人 ……………………24
法定外税 ……………244, 249, 251, 283
法的二重課税排除 ……………226
報道機関 ………………………27
法の発見 ………………………16
報復的課税 ……………………339
法務のセクション ………………8
法務部 …………………………26
法　律
　──で定められていない課税はできない
　　………………………………12
　──で明確に定められていない課税 …72
　──の役割 ……………………272
法律事務所 …………………7, 8, 19
　──と会計事務所の役割分担 …25
法律分野の総合 …………………25
法令監査 ……………………290
法令審査 ……………………251
簿記上の取引 ……………………19
保　険 ……………………20, 476
保険事業 ……………………181
保険の契約に基因する所得 ……182
ホテル税 ……………………291
本支店間取引 ……………389, 422, 424
本支店間の所得配分 ……………33
本支店間のスワップ ……………427
本支店間の利益配分 ……362, 414, 421
本　店
　──と恒久的施設との間の利益の配分
　　………………………………401
　──と支店の一体性 ……………402
本店経費の支店配賦額 …………427
本店所在地国主義 ………………80
本店所在地主義 ………………305

ま　行

マーク・トゥ・マーケット ……492
マーケッティング機能 …………392

索　引　693

マイナンバー・税務執行ディスカッション
　　グループ（政府税制調査会）……………31
前川レポート………………………………212
マグナカルタ…………………………………21
マサチューセッツ方式 ……………………336
ミクロ経済学………………………………550
　　――の理論……………………………533
未実現キャピタルゲイン……………………56
みなし配当…………………………… 594, 598
民　法
　　――1条…………………………… 5, 647
　　――35条1項………………………95, 98
　　――旧36条…………………………107
　　――の解釈……………………………24
民法上適正に有効に成立した契約…………24
無形資産…………………315, 317, 319, 497, 544
　　――の意義…………………………502
　　――の移転…………………………392
　　――の価格…………………………504
　　――の特殊性………………………503
　　――の範囲確定……………………504
　　――の本質………………320, 503, 545
無差別取扱い………………………… 276, 617
無償取引……………………………………346
明文の租税回避否認規定が存在する場合…19
名誉革命……………………………………194
メンタリティの問題…………………………17
申立て
　　――の期間……………………… 619, 637
　　――をなす権限……………………617
持株会社
　　――の解禁…………………………159
　　――の機能…………………………162
持ち込み（棚卸資産）……………………668
持分法…………………………………55, 669
モデル条約7条と9条……………………402
モデル条約に関する解説…………………377
モデル租税条約……………………………366
モデル租税条約コメンタリー……………383
文　言………………………………………18

や　行

役員報酬……………………………………120
有害な租税競争………………………………29
有価証券……………………………………184
有価証券譲渡益の非課税制度 ……… 213, 216
有形固定資産の移転 ……………………384
有形財を媒介としない役務提供
　　………………………………155, 206, 331
有償性のある取引…………………………509
有償でなされた役務の提供 ………………204
有利発行による第三者割当増資 …………111
輸出中立性追求型の企業課税 ……………279
輸出品免税…………………………………203
輸出免税……………………………………330
輸出免税・輸入課税………………………155
ユニタリー・タックス ……………… 297, 336
輸入課税……………………………………330
輸入中立性追求型の企業課税 ……………279
輸入に対する付加価値税 …………………205
輸入品課税…………………………………203
ユニラテラルな制限 ………………………246
ヨーロッパ仲裁手続 ………………………606
横浜市の勝馬投票券発売税 ………………284
汚れた所得……………………………50, 198
予測可能性…………………………………170
読める………………………………………431

ら　行

ライセンス契約……………………………322
来料加工………………………………………52
濫用防止規定………………………………647
リーガルマインド…………………………654
利益水準指標………………………… 433, 435
利益調整に関するEC条約 ………………377
利益付け替え………………………358, 421, 424
利益に着目する方法（移転価格課税）
　　………………………………347, 349, 501, 541
利益比準法……………………404, 433, 435, 526
利益分割………………………………391, 407, 421

利益分割法 …………401, 408, 415, 420, 425
　──の適用範囲 ………………421
利益を重視する方法（市場取引への引直し）
　…………………………………347
利子所得非課税制度 ………………216
　──の廃止 ……………………214
利子のアロケイション ……………405
利子非課税制度 ……………………212
利子費用 ……………………………406
リスク ………………………………474
　──と利益の相関関係 ………485
　──の配分と評価 ……………489
　──の引受け …………………486
　──の分類 ……………………479
　大きな── …………………481
　小さい── …………………481
　中くらいの── ……………481
リスク・アバース …………………490
リスク・テイキング ………………478
リスク・ニュートラル ……………490
リスク・プレミアム …………491, 544
リスク分析 …………………………474
リスク・マネジメント ……………480
リターンの均衡 …………348, 501, 541
立法管轄権 …………………85, 87, 246
立法者の裁量 ………………………272
立法趣旨に反する解釈 ………………76
リティゲーション ……………………5
リミティッド・パートナーシップ …103, 115
領域原則 ……………………………416
領域的方法（独立企業原則の理解）………418
リヨン・サミット …………………276
臨時特例企業税 ……………………285
累積売上税 …………………………201
レイショ ……………………………433
レジティマシィ ……………………293
レックス・ホールディングス ……657
レピュテーション・リスク ………199
レポ取引 ………………………………21
レポ取引事件 …………………………20

連結納税制度 ………………………342
連結法 …………………………57, 669
レント …………………319, 505, 524
連邦の支分国 ………………………267
老後のための備え …………………214
老齢者人口の増加 …………………219
ローマ条約 ……………151, 326, 327
ローマ法 ………………………………11
　普通法である── ……………70
ロジスティクス ……………………294

　　　　　わ　行

猥褻の概念 ……………………………27
割引現在価値 …………………503, 666
割引債 ………………………………118

　　　　　A-Z

A Study of Intercompany Pricing …………318
Act of State …………………………93
Amazon ……………………………199
Amtshilfe-Verordnung der EG ……576
Annual Report Concerning Advance Pricing
　Agreements ……………………436
APA 手続き ………………………437
arm's length price ……314, 336, 347, 540
arm's length 基準 ………354, 401, 408, 415
arm's length 原則 …………………395
Außensteuergesetz …………………574
BALRM …………………321, 505, 543
Base Erosion and Profit Shifting ……28, 192
basic arm's length return method ………321, 543
BEPS …………………………………28
BEPS プロジェクト ………………192
Berry ratio ………………316, 433, 454
Bricom Holdings Ltd. ……………227
Bricom 事件 ………………………58
capital asset pricing model …321, 543
capital employed …………………316
CAPM …………………………321, 543

Carroll Report	357	Finance Act 1990	573
case law	660	financial innovation	495
City	195	financial instrument	491
Comity	93	Fiscal Military State	194
Commercial Activity	87	fixed place of business	365
Comparable Profit Interval	323	Foreign Investors Tax Act	364
comparable uncontrolled price method	314	formal document request	338
Conseild' Etat	225	Google	199
convergence	275	große Auskunftsklausel	581
corporate finance	320	groupement d'intérét économique	616
Corporate Inversion	121	Guernsey	93
costplus method	314	guilty of an offence	587
CPM	526	IBM 事件	175
Crown Dependencies	54, 93	IFA	424
debt	171	impôt de distribution	596
Delaware Revised Uniform Limited Partnership Act	103	inbound transaction	304
		incorporated legal entity	104
diplomatic protection	631	information return	338
disappearing taxpayer	29	input	320
Double Irish With a Dutch Sandwich	199	Instruction du 27 mai 1969	590
Du Pont 判決	445, 462	intermediate holding companies	164
E. I. du Pont de Nemours & Co. v. United States	445	Internal Comparable	527
		Internal Revenue Code	313
economic capital employed method	316	Internal Revenue Service	313
economies of integration	315	internalization	538
economies of scale	315	international communications income	328
EC 行政共助法	575	International Religious Freedom	196
effectively connected income	364	Internationaler Informationsaustausch	575
EG Amtshilfegesetz	575, 579	IRC	313
Eli Lilly & Co. v. Commissioner	447	Irene Burgers	415
Eli Lilly 判決	439, 447	IRS	313
enforcement jurisdiction	85	Isbrandtsen Co. v. Johnson	11, 71
engaged in trade or business	364	isolierende Betrachtungsweise	179
equity	171	kleine Auskunftsklausel	581
ex ante	476	Kulanzauskünfte	577, 578
External Comparable	527	la compensation (ou aménagement) aux frontières	207
extraterritorial application	85		
factors	320	lex specialis derogat legi generali	11, 70
FATCA	196	Limited Partnership	95
FIFA	196	LL. C.	102

LLC 判決 ·················· 106
location saving ················ 447
location savings ················ 525
LPS ····················· 102
　——への投資 ··············· 123
Management Fee ················ 516
Managerial Service ··············· 516
market-based approach ············· 315
Merkblatt zur zwischenstaatlichen Amtshilfe
　·························· 576
microeconomic theory ············· 319
Mitwirkungspflicht ··············· 574
Multinational Enterprise and Economic Analysis
　···················· 318, 542
National Semiconductor 判決 ········· 464
New York State Bar Association ········ 366
New York Times ················ 215
nondiscrimination ··············· 276
non-treaty agreement ············· 632
normal rate of return ············· 315
notional principal contract ·········· 493
OECD ····················· 29
　——のメンバー ·············· 232
OECD コメンタリー ············· 419
OECD 租税委員会 ·············· 192
OECD モデル条約 ·········· 369, 378
OECD モデル租税条約 ············ 310
　——7 条 ············ 354, 368, 415
　——7 条 4 ················ 419
　——25 条 ·················· 630
　——25 条 2 ················· 635
　——26 条 ·················· 572
OECD モデル租税条約のコメンタリー ··· 232
operating profits ················ 316
Ostime v. Australian Mutual Provident Society
　························· 228
Ostime v. Australian Mutual Provident Society
　判決 ······················ 58
outbound transaction ············· 304
output ····················· 320

pacta sunt servanda ··············· 632
Parliament ··················· 195
Patrex 判決 ··················· 600
PE の意義 ··················· 306
periodic adjustment ·············· 321
Present Law and Certain Issues Relating to
　Transfer Pricing ·············· 316
principle of origin ··············· 416
principle of territoriality ··········· 416
products ···················· 320
profit level indicators ············· 457
profit-split method ··············· 315
R & D ····················· 321
Rahmengesetz ················· 274
rate of return ·········· 316, 317, 449, 543
ratio of operating profits to operating expenses
　························· 457
réclamation ··················· 604
Report on the Application and Administration of
　Section 482 ················· 434
resale price method ·············· 314
reservation price ················ 547
return on assets ·········· 316, 454, 455
return on equity ·········· 316, 449, 452
return on operating cost ····· 316, 450, 453, 454
revenus distribués ············ 596, 599
Rex est Imperator in Regno suo ········ 193
Sachaufklärungspflicht ·········· 574, 575
saving clause ·················· 231
Schneider Electric 社事件 ··········· 225
self-executing ················· 592
separate legal entity ·············· 102
Société Schneider Electric ··········· 224
sociétés holding intermédiaires ········ 164
Starbucks ··················· 199
Stewardship Service ·············· 516
subpoena ··················· 337
summons ··················· 337
super royalty ················· 318
　——条項 ················ 318, 542

索　引　697

supply-side	319
Swiss Trading Company	199
systematic risk	544
tainted income	50
tax competition	275
territorialité	203
theory of the firm	500, 538
thin capitalization	312
time value of money	490
TNMM	526
Toll charge	122
total input return	319
transactional advantage	318
treaty shopping	313
United States v. A. L. Burbank & Co., Ltd.	571
unsystematic risk	544
vanishing taxpayer	29
Westreco 判決	465
White Paper	318, 505
Xilinx 事件	506
Zwischenholding	164

人　名

浅川雅嗣 OECD 租税委員会議長 …… 192
岡村忠生 …… 314
髙橋　元 …… 36, 233
谷口勢津夫 …… 224
西村正雄日本興業銀行頭取 …… 26
山本草二 …… 266

ウァン・ラート …… 397
ウィリアムとメリー …… 195
カール・マルクス …… 199
クラウス・フォーゲル …… 368
グランフィールド …… 457
ケイス・ウァン・ラート …… 397
サリー …… 611
ジェームズ 2 世 …… 195
シュトラウス …… 215

ダグラス・ノース …… 195
ダントー …… 30
ハーシュライファー …… 556
ビーアラー …… 394
フォーゲル教授 …… 368
ヘルムート・ベッカー …… 387
ボーダン …… 193
リング …… 422
ルイ・ボナパルト …… 199
ロナルド・コース …… 343, 410, 538

Adams, T. S.（アダムス）…… 394
Albrecht（アルブレヒト）…… 86
Avi-Yonah, Reuven（ルーヴァン・アヴィ-ヨナ）…… 140
Berry, Charles H.（チャールズ・ベリー）…… 434, 455, 534
Bierlaagh, Hubert M. M.（フウバート・ビーアラー）…… 394
Carroll, Mitchell B.（ミッチェル・キャロル）…… 357, 374, 394
Caves, Richard（リチャード・ケイヴス）…… 318, 499, 538, 542
Chipty（チプティー）…… 547
Eccles（エクルス）…… 534
Frisch（フリッシュ）…… 321, 543
Gest（ジェス）…… 591, 599, 603
Gouthierè, Bruno（ブルーノ・グーティエ）…… 601, 607
Granfield, Michael E.（マイケル・グランフィールド）…… 322, 457, 534
Higinsbotham（ヒギンスボタム）…… 316, 534
Hirshleifer（ハーシュライファー）…… 499, 533, 537, 556
Holmstrom（ホルムストローム）…… 557
Jones, Ralph C.（ラルフ・ジョーンズ）…… 361
Lewis（ルイス）…… 436
Norr, Martin（マーティン・ノア）…… 85
Owens, Elizabeth A.（エリザベス・オーエン

ズ）……………………………………611
Radcliffe, Lord（ロード・ラドクリフ）…228
Ring, Diane M.（ダイアン・リング）……422
Sandler, Daniel（ダニエル・サンドラー）
　　……………………………………228
Sheppard, Lee A.（リー・シェパード）……437
Shulman（シュルマン）………………533
Surrey, Stanley S.（スタンレー・サリー）
　　……………………………………85, 610
Tirole（チロル）………………………557

Tixier（ティクスィエ）…………591, 599, 603
van Raad, Kees（ケイス・ヴァン・ラート）
　　……………………………………397
Vogel, Klaus（クラウス・フォーゲル）
　　……………………………………230, 368
Weston（ウェストン）…………………534
Wheeler, James E.（ジェームズ・ウィーラー）
　　……………………………………439, 454
Witte（ウィッテ）………………………547

〈著者紹介〉

中里　実（なかざと　みのる）

　1954 年　埼玉県生まれ
　1978 年　東京大学法学部卒業
　　　　　同助手，一橋大学法学部助手，同講師，同助教授，
　　　　　東京大学法学部助教授，教授等を経て，
　現　　在　東京大学名誉教授，西村高等法務研究所理事・所長

国際課税の研究　租税法論集Ⅳ

2024 年 11 月 30 日　初版第 1 刷発行

著　者	中　里　　　実	
発行者	江　草　貞　治	
発行所	株式会社　有　斐　閣	

郵便番号 101-0051
東京都千代田区神田神保町 2-17
https://www.yuhikaku.co.jp/

印刷・大日本法令印刷株式会社／製本・牧製本印刷株式会社
© 2024, Minoru Nakazato. Printed in Japan
落丁・乱丁本はお取替えいたします。
★定価はカバーに表示してあります。

ISBN 978-4-641-22869-6

[JCOPY] 本書の無断複写（コピー）は，著作権法上での例外を除き，禁じられています。複写される場合は，そのつど事前に（一社）出版者著作権管理機構（電話03-5244-5088，FAX03-5244-5089，e-mail：info@jcopy.or.jp）の許諾を得てください。

本書のコピー, スキャン, デジタル化等の無断複製は著作権法上での例外を除き禁じられています。本書を代行業者等の第三者に依頼してスキャンやデジタル化することは, たとえ個人や家庭内での利用でも著作権法違反です。